STUDIEN ZUR DEUTSCHEN LITERATUR

Band 87

Herausgegeben von Wilfried Barner, Richard Brinkmann und Conrad Wiedemann

Gunther Kleefeld

Das Gedicht als Sühne

Georg Trakls Dichtung und Krankheit
Eine psychoanalytische Studie

Max Niemeyer Verlag Tübingen 1985

Für Marianne und Fabien

CIP-Kurztitelaufnahme der Deutschen Bibliothek

Kleefeld, Gunther:
Das Gedicht als Sühne : Georg Trakls Dichtung u. Krankheit ;
e. psychoanalyt. Studie / Gunther Kleefeld. – Tübingen : Niemeyer, 1985.
(Studien zur deutschen Literatur ; Bd. 87)
NE: GT

ISBN 3-484-18087-0 ISSN 0081-7236

Satz: Bernhard Walter, Tübingen
Druck: Sulzberg-Druck GmbH, Sulzberg im Allgäu
Einband: Heinr. Koch, Tübingen

Inhalt

Teil I:
DAS SCHIZOPHRENIEPROBLEM:
GEGENSTAND, FRAGESTELLUNG UND METHODIK DER UNTERSUCHUNG

Teil II:
DIE PASSION DES GEORG TRAKL:
VERSUCH EINER PSYCHOBIOGRAPHIE

Teil I

DAS SCHIZOPHRENIEPROBLEM: GEGENSTAND, FRAGESTELLUNG UND METHODIK DER UNTERSUCHUNG

1. Person und Werk: Aporien der Trakl-Forschung

Durch die sinnliche Intensität ihrer Bildersprache zieht die Lyrik Trakls den Leser in Bann – gleichwohl bleibt diese Sprache dunkel, rätselhaft. Der Leser, der der Faszinationskraft dieser Verse auf den Grund kommen will, der »begreifen« will, was ihn »ergreift«, muß sehr schnell feststellen, daß die Gedichte sich einer rationalen Durchleuchtung nachdrücklich widersetzen. Was meint der Dichter mit einem »Lämpchen«, das »in feuchter Bläue leuchtet«, was mit »blutspeienden Purpurschnecken«? Welche Bedeutung hat das Bild der »flatternden Sonnenblumen«? Warum läßt Trakl Engel in einem »Haselgebüsch« auftreten? Jeder, der sich auf diese Weise um ein inhaltliches Verständnis der Bilderwelt Trakls bemüht, sieht sich abgewiesen; er wird die Erfahrung Rilkes teilen, der 1915 unter dem Eindruck von Trakls Gedichtband »Sebastian im Traum« bekannte, bei aller Ergriffenheit habe er doch »wie an Scheiben gepreßt ..., als ein Ausgeschlossener« vor den Gedichten gestanden, wie vor einem Raum, »der unbetretbar ist, wie der Raum im Spiegel«.[1] Die Bemerkung Rilkes wurde zum geflügelten Wort der Trakl-Forschung. Auch in der Literaturwissenschaft artikulierte sich immer wieder eine kaum verhüllte Ratlosigkeit angesichts der kryptischen Verse Trakls. So schreibt etwa Kurt Wölfel:

> Der hermetische Charakter des Gedichts setzt dem Verstehen teilweise unüberschreitbare Schranken. Die Sprache bleibt ihrer Intention nach wohl stets bedeutend und mitteilend; aber der Abstand zwischen Dichter und Leser (...) ist so weit, das Gedicht zu einem aus so ferner Entrücktheit gesprochenen Monolog geworden, daß eigentlich nur mehr die Identität mit dem Dichter selbst die Voraussetzungen für das Verstehen böte.[2]

Die Kluft scheint nicht mehr zu überbrücken, intersubjektive Verständigung nicht mehr herstellbar zu sein. Der Begriff der Hermetik: markiert er das Ende aller Hermeneutik?

---

1 In einem Brief an L. v. Ficker. Zitiert nach: *Erinnerung an Georg Trakl. Zeugnisse und Briefe*. Hg. v. Ignaz Zangerle, Salzburg, 3. Aufl. 1966, S. 9.

2 »Entwicklungsstufen im lyrischen Werk Georg Trakls«, *Euph.* 52, 1958, S. 75.

So sehr sich nun die Lyrik Trakls einer rationalen Aufschlüsselung widersetzt – bei der Begegnung mit seinen Versen verdichtet sich doch immer wieder das Gefühl, daß sie aus einer seelischen Bedrängnis heraus gesprochen sind:

Auf meine Stirne tritt kaltes Metall
Spinnen suchen mein Herz.
Es ist ein Licht, das in meinem Mund erlöscht. (I, 46)

»Das Gedicht ist aus Not geschrieben«, konstatiert Killy angesichts dieser Zeilen aus Trakls »De Profundis«.[3] Was aber ist die Not des Dichters? Nicht nur im Prosagedicht »Offenbarung und Untergang« spricht Trakl von Wahnsinn und Selbstmord:

Aber da ich den Felsenpfad hinabstieg, ergriff mich der Wahnsinn und ich schrie laut in der Nacht; und da ich mit silbernen Fingern mich über die schweigenden Wasser bog, sah ich daß mich mein Antlitz verlassen. Und die weiße Stimme sprach zu mir: Töte dich! Seufzend erhob sich eines Knaben Schatten in mir und sah mich strahlend aus kristallnen Augen an, daß ich weinend unter den Bäumen hinsank, dem gewaltigen Sternengewölbe. (I, 169)

Auch diese lyrische Prosa Trakls, so ist der unmittelbare Eindruck, zeugt von einer seelischen Bedrohung, einer tiefen Verstörtheit des Dichters. Spricht hier ein Dichter, der vom Wahnsinn bedroht ist? Angesichts solcher Bilderfolgen stellt der Leser unwillkürlich die Frage nach der Person des Autors, wie auch schon Rilke sie gestellt hatte: »Wer mag er gewesen sein?«[4]

Gezwungen durch seine prekäre finanzielle Situation, kommt Trakl im Juli 1913 nach Wien, um dort eine Stelle als Rechnungspraktikant im Kriegsministerium anzutreten. Franz Zeis, ein Bekannter von Trakls Freund Buschbeck, erklärt sich bereit, dem menschenscheuen Dichter bei der Zimmersuche behilflich zu sein, und lernt ihn bei dieser Gelegenheit kennen. In einem Brief schildert er seine Eindrücke:

Er ist ein lieber Mensch, schweigsam, verschlossen, scheu, ganz innerlich. Sieht stark, kräftig aus, ist aber dabei empfindlich, krank. Hat Hallucinationen, »spinnt« (sagt Schwab). Wenn er hie und da irgendetwas Geheimnisvolles ausdrücken will, hat er eine so gequälte Art des Sprechens, hält die Handflächen offen in Schulterhöhe, die Fingerspitzen umgebogen, eingekrampft, Kopf etwas schief, Schultern etwas hochgezogen, die Augen fragend auf einen gerichtet.

Er kann z. B. in der Eisenbahn nicht sitzen, nie, das Vis-à-vis eines Menschen verträgt er nicht. Er steht, und wenn er stundenlang fährt – auch in der Nacht – immer am Gang. Er kann nicht telefonieren, kann einfach nicht. Er kann nicht allein sich einem Aufzug anvertrauen. Schwab fährt morgen von Wien weg und hat mir Trakl, den er schon lange kennt, »ans Herz« gelegt. Ich soll mich umsehen um ihn, ihn beeinflußen, daß er keinen Unsinn macht, ihm dies und das suggerieren, aber nicht widersprechen. (II, 713/14)

---

3 Walther Killy, *Wandlungen des lyrischen Bildes*. Göttingen, 7. Aufl. 1978, S. 127.

4 Rilke, in: Erinnerung ..., S. 9.

»Trakl spinnt«, behauptet sein Freund Schwab und bringt das seltsame Verhalten des Dichters damit auf einen geläufigen Nenner. Zweifellos – eine solche Persönlichkeit weckt die Aufmerksamkeit des Psychiaters. Er erkennt Symptome, Anzeichen einer psychischen Störung. Und der Sachverstand des Arztes vermag die Behauptung des Freundes schließlich zu bestätigen und zu untermauern. Kurz nach dem Beginn des Ersten Weltkrieges wurde bei dem Medikamentenakzessisten Trakl, der nach der Schlacht bei Grodek einen seelischen Zusammenbruch erlitten hatte und nach einem von Kameraden vereitelten Selbstmordversuch zur Beobachtung seines Geisteszustandes in das Militärhospital Krakau eingeliefert worden war, eine Dementia praecox diagnostiziert, d. h. Schizophrenie (Vgl. II, 736). Wenig später, am 3. 11. 1914, nahm sich Trakl durch eine Überdosis Kokain das Leben – nachdem er noch zwei seiner eindringlichsten Gedichte vollendet hatte (»Klage« und »Grodek«). Was in »Offenbarung und Untergang« poetisch thematisiert war, Wahnsinn und Selbstmord, das wird hier schließlich zur biographischen Realität. Das Krankenblatt verzeichnet für den 10. Oktober: »Verhält sich ziemlich ruhig, nachts gewöhnlich schlaflos, schreibt verschiedene Gedichte« (II, 730). Gegenüber Ludwig v. Ficker, der bei einem Besuch in Krakau noch am 25/26. Oktober vergeblich um Herausgabe des Patienten nachsuchte,[5] bekundete der behandelnde Arzt, sich die Formel des italienischen Psychiaters Lombroso zu eigen machend, sein besonderes Interesse an diesem Fall von »Genie und Irrsinn«.[6] Für ihn ist es klar, daß die poetische Produktivität des Patienten mit dessen Krankheit zusammenhängt, daß ihr Symptomcharakter zukommt – gerade Schizophrene sind ja häufig zu erstaunlichen kreativen Leistungen fähig. Und so vermerkt er auch im Krankenblatt, daß der Patient »in Zivil seinen Beruf nicht ausübt, sondern ›dichtet‹« (II, 729). Die vom Psychiater verwendeten Anführungszeichen machen klar, was nach seiner Einschätzung von den unverständlichen Gedichten Trakls zu halten sei.

War Georg Trakl geisteskrank? Sind seine Gedichte Produkte des Wahnsinns? Ist ihre Dunkelheit vielleicht eine prinzipiell unauflösliche, das Ergebnis psychotischen Sprachzerfalls? Die Trakl-Philologie zeigte wenig Neigung, sich auf eine solche Fragestellung einzulassen: ihr galt das schmale Werk des Österreichers doch längst als schönstes Zeugnis expressionistischer Dichtung und als Meilenstein in der Entwicklung der deutschen Lyrik. Die von Lombroso sich herleitende Tradition pathographischer Literaturbetrachtung hatte sich zudem gründlich in Mißkredit gebracht, indem sie Dichtung mit diagnostischen Dokumenten verwechselte, allzu unbekümmert ästhetische Phäno-

5 Vgl. dazu den Bericht Fickers über seinen Besuch in Krakau: »Der Abschied«. In: Ludwig v. Ficker, *Denkzettel und Danksagungen. Aufsätze, Reden.* Hg. v. Franz Seyr, München 1967, S. 80–101.

6 Cesare Lombroso, *Genio e follia.* Pavia 1864.

mene subsumierte unter die Kategorien der Psychopathologie. Verwischt wurde die entscheidende Differenz zwischen Krankheitssymptom und Kunstprodukt.[7] Unter dem abschätzigen Etikett des »Psychologismus« erhob die Literaturwissenschaft gegenüber solchen Versuchen, das literarische Werk aus der Persönlichkeit des Autors und aus dessen höchst privater Pathologie zu erklären, einen weithin berechtigten Reduktionismusvorwurf. Wie das »sprachliche Kunstwerk« adäquat zu betrachten sei, das hatte Wolfgang Kayser für lange Zeit bindend festgelegt: »Eine Dichtung lebt und entsteht nicht als Abglanz von irgend etwas anderem, sondern als in sich geschlossenes sprachliches Gefüge.«[8] Und daraus folgte: »Der Dichter ist in dem eigentlichen Gegenstand der Literaturwissenschaft nicht enthalten.«[9] Werktranszendente, autorpsychologische Fragestellungen erschienen unter dieser Prämisse als völlig ungeeignet, das dichterische Werk einem Verständnis zu erschließen; als eine Spielart der Scherer'schen Positivismus galt Literaturpsychologie als überholt. Vor diesem Hintergrund war denn auch die Frage, was die Poesie Trakls zu tun haben könne mit seiner Psychose, für die Literaturwissenschaft kein Diskussionsthema.

Schwierigkeiten hatte die Literaturwissenschaft im Umgang mit Trakls Werk indessen genug. Es mangelte zunächst nicht an Interpreten, die die hieroglyphische Bilderschrift Trakls zu entziffern suchten, seine dunkle Metaphernsprache in Klartext auflösen wollten. Das Gedicht, auf diese Weise mißverstanden als ein vom Autor entworfenes kunstvolles Bilderrätsel, sollte preisgeben, was nach Meinung der Interpreten in ihm verborgen lag, eine »eigentliche Bedeutung«, eine »Aussage« des Dichters. Daß der Poesie Trakls mit einem solchen Lyrikverständnis nicht beizukommen sei, das stellte dann Walther Killy nachdrücklich klar. Bei seiner editorischen Arbeit war er in den Handschriften und Typoskripten Trakls auf weitere Unklarheiten, massive Verständnisprobleme gestoßen. In den Gedichtentwürfen zeigte sich nämlich eine anscheinend fast beliebige Austauschbarkeit der Bilder, eine große Anzahl sprachlicher Versatzstücke und eine verwirrende Fülle widersprüchlicher Varianten. Der Einblick in die poetische Werkstatt des Dichters konnte also keineswegs den erhofften Beitrag leisten zur inhaltlichen Erhellung dieser Lyrik, sondern verstärkte noch den Eindruck ihrer Hermetik. Killy resümiert: »Wir geraten also in eine bemerkenswerte Unsicherheit, wenn wir mit Hilfe des handschriftlichen Befundes ein inhaltliches Verstehen begründen wollen.«[10]

---

7 Der pathographische Sammeleifer ist eindringlich dokumentiert in: Wilhelm Lange-Eichbaum / Wolfram Kurth: *Genie, Irrsinn und Ruhm.* München/Basel, 6. Aufl. 1967. Über Trakl: S. 545.

8 Kayser, *Das sprachliche Kunstwerk.* Bern, 13. Aufl. 1968, S. 5.

9 Ebd., S. 17.

10 Walther Killy, *Über Georg Trakl. Göttingen, 3. Aufl. 1967, S. 43.*

Es war offenbar unmöglich, das vom Dichter Gemeinte begrifflich zu identifizieren, das Gedicht auf einen Gehalt festzulegen, wenn für Trakl ein »Heiliger« ebensogut ein »Verruchter« sein, wenn er »weiß« mit »dunkel«, »heiter« mit »eisig«, eine »blühende Flur« mit einem »steinigen Acker« vertauschen konnte. Mit dem Hinweis auf den unverständlichen Entstehungsprozeß von Trakls Lyrik entzog Killy allen inhaltlichen Deutungsversuchen den Boden – angesichts der poetischen Verfahrensweise dieses Dichters schienen sie von vornherein verfehlt: »Diese Poesie will nicht eigentlich inhaltlich verstanden sein.«[11] Trakls Metaphorik ließ sich nicht mehr auf herkömmliche Weise auflösen, sie erwies sich als »absolut«; Killy sprach jetzt von »lyrischen Chiffren« und stellte den Dichter in die Tradition der von Hugo Friedrich beschriebenen »modernen Lyrik«,[12] in die Tradition der Sprachmagie Baudelaires und Rimbauds. Die Interpreten, die sich bislang um eine inhaltliche Exegese der Verse Trakls bemüht hatten, waren also mit falscher Fragestellung an ihren Gegenstand herangegangen, ihre Hermeneutik blieb hinter der modernen Poetik des Dichters zurück:

> Der ›Sinn‹ dieser Gedichte ist mit ihrer Musik untrennbar verbunden; die Frage nach der Weltanschauung, die Erbsünde deutscher Literaturbetrachtung, muß ihn notwendig verfehlen. (...) Es ist kein Sinn, der sich irgendwie begrifflich fassen ließe; es ist ein Sinn, zu dem uns diese Gedichte überreden, indem sie ihm Raum schaffen. Welcher Art er sei, sagen sie nicht. Sie schlagen nur Töne an, geben unserer Imagination Richtungen (...). Die offenen Räume, welche die Deutungen vergebens mit Gedankengut zuzuschütten trachten, sind Gegenstand dieser Verse. Ihre Widersprüchlichkeit, ihre oft unheimliche Vieldeutigkeit will nicht festgelegt werden.[13]

Mit dem Bekanntwerden der verwirrenden Entwürfe und Varianten Trakls stellte sich aber auch die von der Literaturwissenschaft so beharrlich ausgeklammerte Frage nach der Beziehung von Kunst und Krankheit mit neuem Nachdruck. Einem inhaltlichen Verständnis entzogen die Gedichte sich nun definitiv; ließ sich im Gewirr der widersprüchlichen Lesarten, im Labyrinth der Entwurfskomplexe überhaupt noch ein künstlerischer Formwille, eine leitende Idee ausmachen? Konnte noch von einer reflektierten, planvollen Verfahrensweise des Dichters die Rede sein, oder war die »unheimliche Vieldeutigkeit« seiner Sprache nicht doch das Anzeichen einer schizophrenen Zerfahrenheit? Die charakteristischen Merkmale psychotischer Sprachschöpfungen finden wir auch in Trakls Gedichten: parataktisches Bauprinzip, Antithetik, Inkohärenz des Gedankenganges, eine Tendenz zu Formelhaftigkeit und

---

11 Ebd., S. 34.

12 Hugo Friedrich, *Die Struktur der modernen Lyrik. Von der Mitte des neunzehnten bis zur Mitte des zwanzigsten Jahrhunderts*. Hamburg, 3. Aufl. der Neuausgabe 1970.

13 Killy ('67), S. 50.

Wortspiel, Klangassoziationen und Begriffsverschmelzungen, eine bildhafte Ausdrucksweise und eine fremdartige, traumhafte Gesamtstimmung. Die Beschreibung, die Kaufmann von der Sprache Trakls gibt, könnte, als Beschreibung psychotischen Sprachzerfalls, einem psychiatrischen Handbuch entnommen sein:

> Die Sprache ist bei Trakl weitgehend nicht mehr folgerichtig und zielstrebig; die Sätze stehen alle meist bezugslos und sinnlos nebeneinander. Die Aussage ist nicht gegliedert und verfolgt nicht den Zweck einer sinnerfüllten Information oder einer Sinngebung. Der persönliche Einsatz, den Folgerichtigkeit und Zielstrebigkeit erfordern würden, ist nicht mehr möglich, sowenig wie irgend eine vernünftige Leistung der Sprache: denn der menschliche Geist trägt nicht mehr. Die Sätze stehen isoliert nebeneinander; zwar sind noch teilweise Bezüge und Gliederungen vorhanden, aber sie erweisen sich vielfach nur als äußerlich und scheinbar; der Sprachkörper entleert sich bei Trakl eines durchgängigen Sinnes; die Sprache zerbröckelt, und der Mensch ist nicht mehr fähig, die dichten Bezüge einer eindeutigen logischen Gliederung herzustellen, weil ihm die Übersicht, die Voraussetzung für jegliche Gliederung, fehlt.[14]

Es mangelt an Übersicht und Folgerichtigkeit, es gibt keinen logischen Faden, der menschliche Geist trägt nicht mehr: so beschreibt der Psychiater die Schizophrenie – und eine Schizophrenie wurde bei Trakl in Krakau diagnostiziert. In ihrer negativen Wertigkeit gleichen die von der jüngeren Trakl-Forschung entwickelten Kategorien auffällig dem diagnostischen Vokabular des Psychiaters: eine »Entleerung der Wortinhalte« und »Auflösung der Kontiguitätsverhältnisse«[15] ist auch das Charakteristikum der bizarren Sprachgebilde psychotischer Patienten. Bei Trakl finden wir befremdliche Zeilen wie »Rasend an die Mauer von Stein klopft der kahle Baum« (I,97) oder klangassoziativ strukturierte Unsinns-Formeln wie »In feuchter Bläue leuchtet das Lämpchen« (I,407). Nicht weniger faszinierend und ebenso hieroglyphisch sind die Texte des hospitalisierten Schizophrenen Alexander, die Leo Navratil veröffentlicht hat: »Lila ist unsere Farbe der toten Fahnen« heißt es hier etwa, oder »Schwarz ist der Farbe helles Gold«.[16] Hier wie dort bleibt der Sinn dunkel: ist der hermetische Charakter solcher Sprachgebilde nicht einfach ihr Symptomcharakter? Sind Trakls unverständliche Verse unsinnige Sprachspiele eines funktionsgestörten Bewußtseins?

---

[14] Hansjakob Kaufmann, *Fallender Mensch und entgleitende Wirklichkeit bei Georg Trakl*. Zürich 1956, S. 52.

[15] Eckhard Philipp, *Zur Funktion des Wortes in den Gedichten Georg Trakls. Linguistische Aspekte ihrer Interpretation*. Tübingen 1971, S. 137.

[16] Leo Navratil, *Schizophrenie und Sprache. Zur Psychologie der Dichtung*. München, 2. Aufl. 1968, S. 106.

Das Damoklesschwert eines psychiatrischen Verdikts, so scheint es, schwebt drohend über der Poesie Trakls. »Unheimliche Vieldeutigkeit« – auch Killy kommt einmal zu sprechen auf die Nähe dieser Dichtung zum Wahnsinn:

> Von hier ist es nicht mehr ferne zum Wahnsinn, allerdings keinem physiologisch begründeten (den man deshalb in solchen Versen nicht eher annehmen darf, als bis jede andere Möglichkeit der Deutung erschöpft ist), sondern dem Wahnsinn, der aus der Verzweiflung kommt.[17]

Angesichts der Verständnisschwierigkeiten, die die autistische Bilderschrift Trakls bereitet, angesichts andererseits auch der biographischen Sachlage, vertrat im literaturwissenschaftlichen Disput um Trakl Hanns Haeckel eine radikale Position. Die seelische Zerrüttung des Dichters, sei sie nun zurückzuführen auf Trakls Drogenabhängigkeit oder auf eine Geisteskrankheit, habe seiner Poesie allemal ihren Stempel aufgedrückt, und so sei es müßig, über Möglichkeiten des Verständnisses sich den Kopf zu zerbrechen:

> Ob die Wirkungen von Meskalin, Haschisch oder Kokain ... oder von Schizophrenie sich abzeichnen in der Dichtung oder nicht, wir brauchen es nicht zu wissen: die Annahme liegt doch nahe, daß eine einerseits so empfindsame, andrerseits so vitale Natur wie Trakl durch seine Drogenhörigkeit von früher Jugend auf über seine zerrissene Anlage hinaus vollends psychisch zerrüttet wurde. Wie sollte denn seine Dichtung anderes als Produkt dieses Zustandes sein?[18]

Er fordert von der Trakl-Forschung eine »Grundbesinnung« über das Verhältnis von Symptomcharakter und Kunstwert der Gedichte und stellt schließlich die ketzerische Frage, ob ihre Deutung »dann überhaupt noch Aufgabe der Literaturwissenschaft zu sein hat und nicht anderer Fachgebiete«.[19]

Mit seinen häretischen Überlegungen stieß Haeckel bei der Trakl-Philologie natürlich auf eisige Ablehnung: mit Schweigen gestraft wurde der Abtrünnige, der es wagte, der Poesie Trakls ihre ästhetische Geltung gänzlich abzusprechen und sie in den Zuständigkeitsbereich des Nervenarztes zu überweisen. Dennoch sind die drängenden Fragen, die sich bei Trakl im Hinblick auf die Beziehung von Person und Werk, von Poesie und Psychose, stellen, nicht einfach von der Hand zu weisen; die Strategie ihrer Ausklammerung ist der Beförderung des Trakl-Verständnisses wenig dienlich. Kemper, der sich als Erster eingehend mit dem Problem der Entwürfe und Varianten Trakls befaßt hat, stellt fest:

> Wenn so manche Anzeichen in der Sprache Trakls auf Schizophrenie deuten können, dann ist dieser Poesie – und ihren Entwürfen zumal – das Odium des Un-Sinns

---

17 Killy ('67), S. 9.

18 Hanns Haeckel, »Verfall und Verfallenheit. Anläßlich eines Deutungsversuches an einem Gedicht Georg Trakls.« In: *ZfdPh.*78, 1959, S. 389.

19 Ebd., S.386.

nicht abzustreiten, solange es der Literaturwissenschaft nicht gelingt, den Entstehungsprozeß der Gedichte und die Poesie selbst als sinnvoll zu verstehen.[20]

Es ist die Aufgabe des Literaturwissenschaftlers, den Kunstcharakter, die ästhetische Geltung der Gedichte Trakls nachzuweisen und sie damit dem Zugriff des Psychiaters zu entziehen. Er soll als Anwalt des Dichters fungieren, dem die künstlerische Entmündigung droht. Wie ist es nun um die Argumente bestellt, die die Verteidigung vorzubringen hat?

Durch Killys Mahnungen genötigt zum Verzicht auf inhaltliche Exegese, konzentrierte sich die Trakl-Forschung mehr und mehr auf die formalen Aspekte des Gedichts. Konnte dieses sich schon nicht durch seinen gedanklichen Gehalt ausweisen, so sollte doch in Anbetracht des drohenden psychiatrischen Verdikts seine kompositorische Fügung ihm die Legitimation des »sprachlichen Kunstwerks« verleihen. Die Interpretation beschränkte sich nun auf eine Beschreibung der Architektur des dichterischen Sprachgebildes, auf asketische Formanalyse. Kemper sieht seine Aufgabe als Interpret so:

> Wohl heißt es einsehen, daß das, was der Dichter vor dem Horziont der Sprachlosigkeit nicht zu sagen vermochte, erst recht kein Interpret formulieren kann. Das braucht er auch nicht. Ihm bleibt genug zu tun in der ›Fläche‹ des Gedichts, und seine Aufgabe scheint mir erfüllt, wenn er möglichst allseitig die ästhetischen, semantischen und kompositorischen Bezüge offenlegt, welche die gehaltliche Richtung des Gedichts konstituieren.[21]

Diese rigorose methodische Selbstbeschränkung brachte zweifellos einen Fortschritt in der Trakl-Forschung, hob sich wohltuend ab von der bisherigen Praxis oft tendenziöser Zwiesprachen mit dem Dichter. Hier suchten die Interpreten nicht länger nach etwas, das ihnen hinter oder zwischen den Zeilen verborgen zu liegen schien, sondern befaßten sich endlich mit der manifesten Sprachgestalt dieser Poesie selbst, mit dem, was so manchem tiefschürfenden Deuter nur als hinderliche Fassade gegolten hatte, die ihm den Einblick in das Eigentliche des Gedichts verstellte. In einer Vielzahl minutiöser Detailuntersuchungen entwarf die Literaturwissenschaft nun ein neues Trakl-Bild, ein Bild, das dem des Psychiaters diametral entgegensteht: der Dichter, dessen Verse dem ärztlichen Sachverstand ihren Symptomcharakter nicht verbergen konnten, erschien jetzt als ein souveräner Architekt der Sprache, als Sprachartist, der reflektiert und aus kühler Distanz sein Material bearbeitet, sich dessen ästhetische Wirkungsmöglichkeiten umfassend zunutzezumachen versteht. Killy hatte dieser Trakl-Deutung den Weg gewiesen: der Dichter präsentierte sich jetzt als ein Vertreter moderner, absoluter Poesie, als Magier der Sprache in der Tradition des französischen Symbolismus. Gegenüber der Behauptung

---

[20] Hans-Georg Kemper, *Georg Trakls Entwürfe. Aspekte zu ihrem Verständnis.* Tübingen 1970, S. 4.

[21] Ebd., S. 201.

Haeckels, »daß nicht der Formwille, sondern die seelische Problematik diese Bilderspreu schuf«,[22] gelang der jüngeren Forschung ohne Zweifel der Nachweis, daß die Lyrik Trakls nicht einfach als Produkt geistiger Zerrüttung abzutun ist. Hier ist kein verwirrter Psychotiker am Werk, sondern ein Dichter mit deutlichem Gestaltungswillen und Kunstverstand. Gustav Kars faßt das Plädoyer der Verteidigung zusammen: »So arbeitet kein Wahnsinniger.«[23]

Ist mit einer detaillierten Analyse seiner kompositorischen Fügung jedoch bereits alles über das Gedicht Trakls gesagt? Ist es als ein in sich ruhendes, kunstvolles Geflecht poetischer Sprachfiguren hinreichend begriffen? Auch gegenüber dem von der neueren Forschung gezeichneten Trakl-Bild bleibt ein deutliches Gefühl des Unbehagens. Wird man Trakl wirklich gerecht, wenn man ihn nur als Sprachartisten – etwa im Sinne Benns – sieht, wenn man sein Gedicht nur als ein Spiel der Sprache mit ihren ästhetischen Möglichkeiten begreift, als faszinierende Montage, als Wortmusik? Ist hier nicht ebenso ein Reduktionismusvorwurf zu erheben, wie er gegenüber den frühen naiven Auslegungsversuchen, wie er gegenüber dem pathographischen Eifer des Psychiaters am Platze war? Das bei der Begegnung mit den Versen Trakls sich einstellende Gefühl, daß sie aus einer seelischen Not heraus gesprochen sind, wird durch Äußerungen des Dichters selbst eindringlich bestätigt. Im Juli 1910 schreibt er an seinen Freund Buschbeck:

> Aber ich bin derzeit von allzu viel (was für ein infernalisches Chaos von Rythmen und Bildern) bedrängt, als daß ich für anderes Zeit hätte, als dies zum geringsten Teile zu gestalten, um mich am Ende vor dem was man nicht überwältigen kann, als lächerlicher Stümper zu sehen, den der geringste äußere Anstoß in Krämpfe und Delirien versetzt. (I,479)

Das Dichten ist für Trakl nicht ein kühl-reflektiertes Experimentieren im Laboratorium der Sprache, sondern ein Versuch der Selbstbehauptung am Rande des seelischen Untergangs. »Bedrängt werden« und »überwältigen« heißt es hier: der Dichter tritt einem bedrohlichen Chaos formend entgegen. Als »Rythmen aus meinem Inferno« bezeichnet Trakl ein andermal seine Verse (I,549). Mit der problematischen seelischen Situation ihres Autors hat diese Poesie also doch mehr zu tun, als mancher um die Geltung der Gedichte besorgte Philologe einzuräumen gewillt ist.

Wie die anfänglichen Versuche inhaltlicher Decodierung, wie die pathographische Fahndung nach Symptomen, so scheint also auch der rein formalästhetische Ansatz nicht geeignet, die eigentümliche Poesie Trakls einem adäquaten Verständnis zu erschließen: um offensichtlich wichtige Dimensionen wird diese Dichtung auch hier verkürzt. Auf welchem Wege aber kann sich dann ein Zugang zum Gedicht eröffnen? Auf welche Weise kann der Brückenschlag

---

[22] Haeckel, a. a. O., S. 392.

[23] »Georg Trakl in wechselnder Deutung«, in: *Literatur und Kritik* 1975, S. 135.

zu dieser inselhaften Sprachwelt gelingen? Die Lyrik Trakls in ihrer Dunkelheit zu verstehen, das heißt vor allem, ihren Entstehungsprozeß zu begreifen. Als kompetent darf sicherlich das Urteil der Herausgeber der historisch-kritischen Edition gelten:

> Erst indem der Vorgang des Dichtens begreiflicher wird, werden die Gedichte begreiflicher. Es gibt vielleicht keinen neueren Dichter von Rang, bei dem die Genesis der Poesie so sehr die Poesie selbst erschließt. (II,35)

Die poetologischen Äußerungen Trakls machen indessen sofort klar, daß der Entstehungsprozeß seiner Lyrik nicht zu reduzieren ist auf den Prozeß ihrer sprachlich-technischen Herstellung, wie er durch das Handschriftenmaterial dokumentiert ist. Die Genese umfaßt weit mehr als die eigentliche Textgeschichte, kann daher durch textimmanente Untersuchungen allein auch nicht zureichend geklärt werden. Wenn wir uns über den Entstehungsprozeß dieser Lyrik, über ihren Inhalt und ihre Bedeutung Klarheit verschaffen wollen, so müssen wir zunächst den Ort ihrer Geburt, den Ausgangspunkt des schöpferischen Prozesses näher in Augenschein nehmen: das seelische Inferno, von dem Trakl spricht, das ihn bedrängende Chaos. Damit wird die Notwendigkeit einer werktranszendenten, einer psychologischen Fragestellug deutlich. Selbst Wellek und Warren, denen als Vertretern des »New Criticism« gewiß kein Hang zum Psychologisieren nachgesagt werden kann, sehen die Notwendigkeit, den Vorgang dichterischer Produktion in diesem Sinne umfassender zu begreifen:

> Der Begriff ›Schaffensprozeß‹ sollte auf die gesamte Entwicklung von den unterbewußten Ursprüngen eines literarischen Werkes bis zu jenen letzten Überarbeitungen angewandt werden, die bei einigen Dichtern den am echtesten schöpferischen Teil des Ganzen darstellen.[24]

In seinem Forschungsbericht sieht Kemper das »Kardinalproblem« der weiteren Diskussion um Trakl in der Frage, »welchen Anteil eine unwäg- und unerforschbare Inspiration an dem Entstehungsprozeß der Gedichte hat«.[25] Trakls Formulierung von den sich »zudrängenden« Bildern bezeugt, daß bei der Entstehung dieser Lyrik der Anteil des Irrationalen nicht gering zu veranschlagen ist. Andererseits aber machen Trakls oft über Jahre sich hinziehende Arbeit an einem Gedicht, sein besessenes Feilen am Detail deutlich, daß es verfehlt wäre, in ihm nur einen passiven Visionär zu sehen, der seinen Gesichten ausgeliefert ist. Das Gedicht entsteht nicht durch eine »écriture automatique«, nicht nur durch Inspiration – es ist Produkt einer harten Arbeit. Inspiration und Elaboration: beide Phasen zusammen erst machen die Gedichtgenese aus. Für die zukünftige Trakl-Forschung hält Kemper daher fest:

---

24 René Wellek / Austin Warren, *Theorie der Literatur.* Frankfurt/Berlin 1968, S. 71.

25 Hans-Georg Kemper, »Trakl-Forschung der sechziger Jahre. Korrekturen über Korrekturen.« Sonderdruck aus *DVjs* 45, 1971, S. 533.

> Im Blick auf weitere Untersuchungen wird man vorderhand gut daran tun, zwischen dem ersten Schritt, der erfindenden Inspiration, und dem zweiten, der Integration des Gefundenen, zu unterscheiden. (...) Wieweit der Inspirationsakt sezierbar ist, welchen Anteil er an den Variationen in den Entwürfen hat, wieweit sich der erste und der zweite Schritt immer trennen lassen und ob sich nur durch Analyse des letzteren Trakls Muse entschleiert: dies sind für die kommenden Jahre interessante, wichtige, aber auch schwierige Forschungsprobleme.[26]

Der von Kemper skizzierte Weg, den die künftige Trakl-Forschung zu nehmen hat, führt eindeutig hinaus über die Grenzen des literaturwissenschaftlichen Territoriums, er kann vom Philologen nicht im Alleingang bewältigt werden. Den Inspirationsakt zu sezieren, das ist eine mit den herkömmlichen Mitteln der Literaturwissenschaft nicht zu lösende Aufgabe. Bei der Beschäftigung mit den von Trakls Gedichten aufgeworfenen Fragen gelangt der Literaturwissenschaftler unausweichlich zu dem Punkt, an dem er seinen rigorosen methodischen Standpunkt revidieren muß; das Postulat der strikten Trennung von Person und Werk erweist sich hier als unfruchtbar. Aus einem seelischen Inferno drängen sich die Bilder zu, die Trakl sprachlich überwältigt und zum Gedicht versammelt: der Rückgriff auf die Person des Autors ist bei der Beschäftigung mit der Genese dieser Poesie nicht nur erlaubt, sondern unumgänglich. Unumgänglich ist damit auch die Auseinandersetzung mit der Frage, welche Rolle die Krankheit Trakls beim Entstehen seiner Dichtung spielt, und das heißt: eine kritische Überprüfung des psychiatrischen Beitrags zur Trakl-Diskussion.

Der Gegenstand ruft nach der Methode: diese Trakl-Studie will versuchen, mit den Mitteln der Psychoanalyse einen neuen Zugang zum Dichter und zu seinem Werk zu finden. »Es wäre vergeblich, sich darüber zu täuschen, daß die Leser heute alle Pathographie unschmackhaft finden«, bemerkte Freud schon 1910.[27] So soll es in dieser Studie auch nicht darum gehen, psychopathologische Befunde zu sichern, den Dichter einer Krankheit zu überführen; ihr Endziel ist es vielmehr, das schwierige Werk Trakls einem besseren Verständnis zu erschliessen – auch was seinen Gehalt betrifft. Die strikte Alternative ›Kunstwerk oder Krankheitsprodukt‹ entwirft ganz offensichtlich auf beiden Seiten ein verkürztes Bild von Trakls Gedicht. Nur wenn es gelingt, diesen unfruchtbaren Antagonismus von psychopathologischer und rein ästhetischer Textbetrachtung aufzuheben in einer Synthese, kann sich der in verschiedenen Aporien festgefahrenen Diskussion um Trakl eine Perspektive nach vorwärts eröffnen. Um den von der Sache selbst geforderten Dialog zwischen Literaturwissenschaft und Psychiatrie, um ein solches synthetisches Verständnis Trakls bemühen sich die folgenden Untersuchungen.

---

26 Ebd., S. 535.
27 Sigmund Freud, »Eine Kindheitserinnerung des Leonardo da Vinci«, G. W. VIII, S. 202.

2. Das Schizophrenieverständnis der traditionellen Psychiatrie und die Diagnose bei Trakl

Die Literaturwissenschaft, so wurde deutlich, sah sich in der Sache Trakl in die Defensive gedrängt; als Anwalt der Verteidigung versuchte sie, die gegen den Dichter vorgebrachten Argumente des Psychopathologen zu entkräften. Plädiert wurde auf Freispruch, ohne daß jedoch dieses Plädoyer hätte gänzlich zu überzeugen vermögen: ein Teil der Wahrheit blieb außer Acht. Nun ist eine überzeugende Verteidigung zweifellos nur dann möglich, wenn der Anwalt sich zuvor völlige Klarheit verschafft hat über den Inhalt der gegen seinen Mandanten vorgebrachten Beschuldigungen. Eben dies aber hat die Trakl-Philologie unterlassen. Der Dichter wurde vor dem diagnostischen Zugriff des Arztes ängstlich in Schutz genommen, ohne daß je geklärt worden wäre, wessen Trakl eigentlich ›bezichtigt‹ wird. Befragen wir also den Psychiater doch zunächst einmal näher: was verbirgt sich unter dem Etikett der »Dementia praecox«, mit dem der Dichter in Krakau versehen wurde? Was ist das Wesen, das Charakteristische dieser Krankheit, an der Trakl angeblich litt? Mit dieser Frage stoßen wir bei dem Psychiater auf eine bemerkenswerte Unsicherheit: angesichts dieser Tatsache gibt es für die Literaturwissenschaft keinen Grund, sich vom Arzt in die Defensive drängen zu lassen. Der Anwalt der Gegenseite ist angreifbar; die Prozeßgrundlagen in der Sache Trakl sind in höchstem Maße unklar.

Geisteskrankheiten sind Krankheiten des Gehirns – mit diesem so berühmten wie folgenschweren Satz Wilhelm Griesingers beginnt um die Mitte des 19. Jahrhunderts das wissenschaftliche Denken in der deutschen Psychiatrie.[1] Das Bild der Geisteskrankheiten, die lange als Besessenheit, als Folge der »Sünde« gegolten hatten, wird entmythologisiert, die Anstaltspraxis reformiert: man begnügt sich nicht mehr mit einer bloßen Verwahrung der »Irren«, sondern bemüht sich um ihre therapeutische Behandlung. Notwendige Voraussetzung der Therapie ist eine klare Theorie der Krankheit; wenn seelische Störungen hirnorganische Ursachen hatten, galt es, diese genau zu lokalisieren: hirnphysiologische und anatomische Forschungen nahmen ihren Auf-

[1] Wilhelm Griesinger, *Die Pathologie und Therapie der psychischen Krankheiten*. Stuttgart 1845.

schwung. Nachdem im Falle der progressiven Paralyse tatsächlich organische Veränderungen des Gehirns nachgewiesen werden konnten, erlangte der Lehrsatz Griesingers unumstrittene Geltung, und er begründete das wissenschaftstheoretische Selbstverständnis der Psychiatrie: Grundlage der psychiatrischen Forschung wurde die empirische Naturwissenschaft.

Angesichts des breiten Spektrums psychopathologischer Symptome war es das Ziel einer wissenschaftlichen Systematik, nosologische Einheiten zu klassifizieren mit jeweils einer Ursache, einem Zustandsbild, einer Verlaufsform und einer Therapie; eine scharfe Trennung der Krankheitsbilder erwies sich jedoch immer wieder als unmöglich. Eine Noxe setzt nämlich niemals ein von der individuellen Persönlichkeit des Kranken, seiner besonderen Disposition und Vorgeschichte unabhängiges psychopathologisches Zustandsbild, sondern wirkt immer ein auf vorgegebene subjektive Strukturen und verändert diese. So kann ein Symptom verschiedene Ursachen, eine Beschädigung verschiedene psychische Auswirkungen haben: mit diesen Schwierigkeiten hat die nosologische Systematik der Psychiatrie zu kämpfen. Die Ergebnisse zahlloser Pionierarbeiten führten schließlich zu einer grundsätzlichen Unterscheidung zwischen den exogenen Psychosen mit nachgewiesener äußerer Verursachung (Hirntrauma, Intoxikation etc.) und einem unerklärten Rest, den endogenen Psychosen mit unbekannter Ätiologie. Hier faßte nun Emil Kraepelin nach dem Kriterium des Verlaufs – einem rapiden psychischen Siechtum bis zur völligen Demenz – unter dem Begriff der »Dementia praecox« verschiedene, bislang getrennt beschriebene Krankheitsbilder zusammen und stellte sie einer zyklisch auftretenden und ohne Defekt abklingenden Psychose, dem manisch depressiven Irresein, gegenüber.[2] Fraglos blieb, daß es sich bei der Dementia praecox um eine organische Substraterkrankung – eine autochthone Gehirnstörung oder eine Körperkrankheit mit Psychosyndrom – handle, deren innere Ursachen eben noch nicht gefunden waren.

Wegen einer solchen »Dementia praecox« also stand Trakl im Garnisonsspital Krakau in Behandlung; nach Auffassung des Psychiaters litt der Dichter an einem unbekannten organischen Krankheitsprozeß, der in dem seltsamen Verhalten des Patienten und in seinen unverständlichen Versen bereits greifbare Auswirkungen gezeitigt hatte und der über kurz oder lang die Persönlichkeit Trakls völlig zerrüttet hätte. Nur durch seinen Suizid konnte der Dichter diesem Schicksal, dem Schicksal Friedrich Hölderlins, entgehen. Was der Psychiater und berühmte Pathograph Moebius 1901 über die Krankheit Hölderlins schrieb, das hätte demnach auch für Trakl Geltung:

> Hölderlin erkrankte mit 32 Jahren an Dementia praexoc, d. h. er verfiel einer Entartung des Gehirns, die ihn blödsinnig machte. Es handelt sich hier um eine endogene

---

[2] Emil Kraepelin, *Lehrbuch der Psychiatrie*. Leipzig, 6. Aufl. 1899.

Erkrankung, d. h. um eine, die ihre Ursachen in der individuellen Anlage hat, zu der der Keim mit auf die Welt gebracht wird. Hölderlin war eigentlich von vorneherein krank; alle seine Eigentümlichkeiten, seine Überschwänglichkeit, seine Haltlosigkeit, seine Unfähigkeit, sich in der Welt zurechtzufinden, sind Ausdruck seiner krankhaften Beschaffenheit. Hätte er andere Leute und Ereignisse getroffen, so wäre der Erfolg wahrscheinlich derselbe gewesen, es hätte auch Schwankungen, Täuschungen usw. gegeben und schließlich wäre die Krankheit auch zu ihrer Zeit ausgebrochen.[3]

Trakl findet sich im Leben nicht zurecht und scheitert schließlich, weil er eben krank ist; die Krankheit des Dichters ist nicht zu verstehen aus seiner Lebensgeschichte heraus, liegt nicht in dieser begründet, sondern umgekehrt: die Lebensgeschichte ist ein Produkt der Krankheit.

Bereits drei Jahre vor Trakls Tod hatte Eugen Bleuler gegen das von Kraepelin gezeichnete Bild dieser Geisteskrankheit Einspruch erhoben. Seine Kritik richtete sich schon gegen den von Kraepelin geprägten Begriff der »Dementia praecox« selbst: »... denn es handelt sich weder um lauter Kranke, die man als ›dement‹ bezeichnen möchte, noch ausschließlich um frühzeitige Verblödungen.«[4] Mit der Fortentwicklung der therapeutischen Methoden hatte sich auch die Krankheitsprognose verbessert; neben dem als typisch erachteten geistigen Siechtum wurden jetzt Spontanremissionen und Heilungen mit Defekt registriert. Die Demenz erwies sich als allenfalls partiale oder nur zeitweise auftretende; Intelligenz und Gedächnis der Patienten waren oft sogar überraschend gut. Bleuler prägte nun den bis heute gültigen Begriff der »Schizophrenie«, der nach seiner Ansicht das Wesentliche dieser Krankheit zum Ausdruck bringt: die Aufspaltung der psychischen Funktionen. Als Erster stellt er 1911 eine umfassende Theorie dieser Psychose vor. Auch er nimmt einen noch unbekannten organischen Krankheitsprozeß an, der als primäre Folge eine Lockerung der assoziativen Bindungen bewirkt:

Die Assoziationen verlieren ihren Zusammenhang. Von den tausend Fäden, die unsere Gedanken leiten, unterbricht die Krankheit in unregelmäßiger Weise da und dort bald einzelne, bald mehrere, bald einen großen Teil. Dadurch wird das Denkresultat ungewöhnlich und oft logisch falsch. Ferner schlagen die Assoziationen neue Bahnen ein, von denen uns bis jetzt folgende bekannt sind: Zwei zufällig zusammentreffende Ideen werden miteinander in einen Gedanken verbunden, wobei die logische Form der Verknüpfung durch die Umstände bestimmt wird. Klangassoziationen bekommen eine ungewohnte Bedeutung; ebenso die mittelbaren Assoziationen. Zwei oder mehrere Ideen werden in eine verdichtet. Die Neigung zu Stereotypierung bewirkt, daß der Gedankengang an einer Idee hängenbleibt, oder daß der Kranke immer wieder auf die gleichen Ideen zurückkommt. (...) Sind die schizophrenen Assoziationsstörungen hochgradig, so führen sie zu Verwirrtheit.[5]

---

3 Moebius, in: *Die Zeit* Nr. 362, Wien 1901. Zitiert nach: Wilhelm Lange, *Hölderlin. Eine Pathographie*. Stuttgart 1909, S. 169.

4 Eugen Bleuler, *Dementia praecox oder Gruppe der Schizophrenien*. Leipzig/Wien 1911, S. 4.

5 Ebd., S. 10.

Diese organisch bedingte Denkstörung bildet die Grundlage für die weitere Entfaltung des Krankheitsbildes. Affektbetonte Ideenkomplexe grenzen sich nach der Lösung der assoziativen Bindungen ab und verselbständigen sich, woraus die charakteristische Dissoziation der Persönlichkeit und das Phänomen des Sprachzerfalls resultieren; Sprunghaftigkeit und Zerfahrenheit des schizophrenen Patienten finden so ihre Erklärung. Das bunte Bild der psychopathologischen Symptome entsteht durch die Reaktion der Psyche auf diese fundamentale Beschädigung, teils als normale psychische Funktion unter veränderten Bedingungen, teils als Ergebnis eines mißglückten Anpassungsversuchs an die primäre Störung. Bleuler faßt seine Krankheitstheorie wie folgt zusammen:

> Allen diesen Tatsachen wird restlos eine Auffassung gerecht, welche eine (anatomische oder chemische) Störung im Gehirn annimmt, die meist chronisch, aber mit akuten Schüben und Stillständen verläuft und die primären Symptome setzt (Assoziationslockerung, eventuell die Disposition zu Halluzinationen und Stereotypien, ein Teil der manischen und depressiven Syndrome und der Benommenheitszustände usw.); in schweren Exazerbationen sind psychische Symptome wie gewisse Verwirrtheits- und Stuporzustände direkte Folge des Prozesses. Die übrigen psychischen Symptome entstehen indirekt durch abnorme Wirkungen normaler Mechanismen in der primär gestörten Psyche, indem vor allem die Affektivität ein pathologisches Übergewicht über die geschwächten logischen Funktionen bekommt.[6]

Dieser hypostasierte organische Krankheitsprozeß ist zunächst nur faßbar in seinen vielfältigen und eindrucksvollen Auswirkungen; solange er empirisch nicht nachzuweisen ist, bleibt auch die Diagnose einer Schizophrenie problematisch, denn sie kann sich zunächst nur stützen auf das Krankheitsbild, den aktuellen Querschnitt der psychopathologischen Symptome, und langfristig auf Kriterien des Krankheitsverlaufs. Dabei ist es unerläßlich, die Schizophrenie klar und eindeutig gegen andere Geistesstörungen abzugrenzen. Bleuler trifft daher die Unterscheidung zwischen differentialdiagnostisch relevanten Grundsymptomen und akzessorischen Symptomen, die auch bei anderen Psychosen anzutreffen sind. In den folgenden Grundsymptomen tritt der wesentliche Kern der Schizophrenie in Erscheinung:

– Die *Assoziationsstörung* manifestiert sich in der Inkohärenz des Gedankenganges, in Gedankensperrungen, Klangassoziationen, Neologismen, in fragmentarischen und bizarren Äußerungen des Patienten. Die Beeinträchtigung der Fähigkeit zu verbaler Planung kulminiert schließlich in einer totalen Sprachzerstörung, im Chaos eines völlig unverständlichen »Wortsalates«.

– Hinzu kommt die *Affektivitätsstörung*: die Gefühlsreaktionen des Kranken sind unangemessen und inkonsistent, es fehlt ihm die Modulationsfähigkeit.

---

[6] Ebd., S. 374

Im fortgeschrittenen Stadium ist häufig eine völlige affektive Verödung festzustellen.
– Besonders charakteristisch für die Schizophrenie ist das Phänomen der *Ambivalenz*: gegensätzliche Wünsche und Gefühle bestehen gleichzeitig, ohne daß es dem Kranken möglich wäre, diesen Widerspruch handelnd zu überwinden.
– Die *Aktivitätsstörung* zeigt sich im Fehlen von Willenskraft, in mangelnder Fähigkeit zur Selbstgestaltung.
– Bleuler prägte in diesem Zusammenhang schließlich noch den Begriff des *Autismus*: der Kranke schließt sich von der Außenwelt ab, zieht sich in seine Innenwelt zurück und lebt nach höchst eigenen Gesetzen; sein Verhalten verstößt gegen die soziale Norm, wird unverständlich – »hermetisch«.

Diese Grundsymptome also sind die charakteristischen Kennzeichen der Schizophrenie, sie sind von differentialdiagnostischer Relevanz. Das Erscheinungsbild dieser Krankheit wird indessen darüber hinaus meist bestimmt durch eine Vielfalt spektakulärer akzessorischer Symptome, und je nach dominanter Symptomatik und nach Verlaufsform unterscheidet Bleuler (er spricht ja von einer »Gruppe von Schizophrenien«) vier Varianten der Krankheit, die sich allerdings gegenseitig ablösen und überlagern können: die durch Wahnideen und Halluzinationen bestimme *paranoide Schizophrenie*; die in akuten Schüben verlaufende und durch motorische Störungen ausgezeichnete *Katatonie*; schließlich die *Hebephrenie*, die akut einsetzt mit Depressionen, amentischen Dämmerzuständen, bizarren Verhaltensstörungen u. .a., ohne ausgesprochen paranoiden oder katatonen Charakter zu entwickeln. Während nun diese Formen der Schizophrenie sich eindringlich bemerkbar machen, ist die vierte Krankheitsvariante, die *Schizophrenia simplex*, gekennzeichnet durch ihre Symptomarmut: durch einen chronischen Verlauf zum Defekt unter Auftreten nur der beschriebenen Grundsymptome. Die Psychose manifestiert sich in diesem Falle oft nur in einem sozialen Versagen in der Spätpubertät – der Psychiater spricht hier von dem charakteristischen »Knick in der Lebenslinie«. Der Kranke verliert ganz allmählich an Lebensfreude, an Motivation und Kommunikationsfähigkeit, er wird verschroben, entzieht sich den gesellschaftlichen Verpflichtungen. Durch das Fehlen der akzessorischen Symptomatik liegt bei dieser Form der Schizophrenie die diagnostische Schwelle sehr hoch; häufig wird die eigentliche Störung zudem überdeckt durch Alkoholismus oder Drogensucht. Ein hoher Prozentsatz der Krankheitsfälle bleibt nach Bleulers Überzeugung undiagnostiziert:

> Sehr viele Leute werden bei genauerem Zusehen der einfachen Schizophrenie verdächtig, ohne daß man im gegebenen Moment die Diagnose sichern kann. Sehr oft wird aber nach Jahr und Tag die Vermutung bestätigt, so daß es ganz unzweifelhaft ist, daß viele Schizophrene herumlaufen, deren Symptome nicht ausgesprochen

genug sind, um die Geisteskrankheit erkennen zu lassen. (...) Reizbare, sonderbare, launenhafte, übertrieben pünktliche Leute erregen unter anderen den Verdacht, schizophren zu sein. Oft findet man versteckt noch das eine oder andere katatone oder paranoide Symptom, und Exazerbationen von verschiedenstem Habitus im späteren Leben beweisen, daß alle Formen der Krankheit latent verlaufen können.[7]

Für irgendein sonderbares Verhalten kann der Psychiater keinen plausiblen äußeren Grund erkennen, ein soziales Scheitern bleibt ihm unverständlich – so schließt er auf eine endogene Geistesstörung. Alles von der Norm Abweichende ist schließlich geeignet, den Verdacht auf eine Psychose zu wecken; Bleuler vermutet denn auch »unter den verschrobenen Köpfen aller Arten, die als Weltverbesserer, Philosophen, Schriftsteller, Künstler auffallen, neben ›Degenerierten‹ viele einfache Schizophrene«.[8]

Auf der skizzierten Schizophrenietheorie Bleulers basiert nun auch die »psychiatrisch-anthropographische« Trakl-Studie Spoerris.[9] Eine detaillierte Untersuchung der »Strukturen in Leben, Persönlichkeit und Werk« läßt den Psychiater zum Schluß kommen, daß Trakl aller Wahrscheinlichkeit nach an einer Schizophrenie litt; damit pflichtet er seinem Krakauer Kollegen bei, der 1914 allerdings noch mit dem Begriff Kraepelins operiert hatte. Anzeichen einer Schizophrenie gibt es bei Trakl in der Tat genug; unschwer erkennt Spoerri die Störung der Affektivität und den Autismus. Wenn Trakl etwa, wie Freunde berichten, einmal während eines Kirchweihfestes den als Preis ausgesetzten Kalbskopf unvermittelt mit Christus identifiziert und dabei eine tiefe seelische Erschütterung erkennen läßt, so haben dieses abnorme Bedeutungserleben und dieser abrupte Wechsel des seelischen Zustandes aus der Sicht des Arztes klaren Symptomcharakter:

Ein solches inadäquates Verhalten, das plötzlich unangepaßt an die äußere und vermutlich sogar an die innere Situation – was sich im Zittern und Erschrecken zeigt – auftritt, findet sich oft und nahezu ausschließlich bei Schizophrenen.[10]

Sodann zeigt sich, in der Persönlichkeit Trakls wie in seinen Gedichten, auch das für die Schizophrenie so charakteristische Symptom der Ambivalenz: »Als eines der auffallendsten Gestaltungsprinzipien des Trakl'schen Lebens und Werks erscheint die Gegensätzlichkeit, und zwar nicht als ein Nacheinander, sondern als gleichzeitige Gegensätzlichkeit«.[11] Auch Killy führte in einem seiner Trakl-Aufsätze die inhaltlichen Widersprüchlichkeiten dieser Poesie

---

7 Ebd., S. 196.
8 Ebd., S. 195.
9 Theodor Spoerri, *Georg Trakl. Strukturen in Persönlichkeit und Werk. Eine psychiatrisch-anthropographische Untersuchung*. Bern 1954.
10 Ebd., S. 102.
11 Ebd., S. 97.

zurück auf das ambivalente Erleben des Dichters; die so schwer zu begreifenden kontradiktorischen Varianten Trakls, so vermerkt er, entsprängen »einer schrecklichen Notwendigkeit: einer doppelten Erfahrungsweise, deren sich ausschließende Bewertungen gleich wahrhaftig erfahren werden können«.[12] Diese »schreckliche Notwendigkeit« ergibt sich nach Auffassung des Psychiaters aus den Gesetzen der Krankheit – sie ist eine Folge des endogenen Zerstörungsprozesses. Spoerri räumt ein, daß das Phänomen der Ambivalenz bei Gesunden wie bei Kranken vorkommen könne, verweist jedoch auf die entscheidende qualitative Differenz: die Gegensätzlichkeit blockiert bei dem Schizophrenen die Aktivität, seine Persönlichkeit erleidet eine Desintegration. Eben dies aber sieht er bei Trakl als gegeben an:

> Bei Trakl ist diese Strukturierung in Gegensatzpaare eine der hervorstechendsten Eigentümlichkeiten seines Wesens, und wie im letzten Lebensjahr die Zwiespältigkeit seine Aktivität immer mehr blockiert, so nehmen auch in seinem Werk die gleichzeitigen, stimmungsmäßig grauenerregenden Gegensätzlichkeiten zu, die aber wie mechanisch zwangshaft und kaum noch voll erlebt wirken.[13]

Die Störung der Aktivität und der Affektivität, die Ambivalenz und den Autismus: Spoerri hat keine Mühe, diese vier Grundsymptome der Schizophrenie bei Trakl zu diagnostizieren. Schwieriger indessen gestaltet sich der Nachweis der schizophrenen Assoziationsstörung. In den Briefen Trakls ist von einer solchen nichts zu verspüren, nichts in den Berichten der Freunde könnte darauf hindeuten. Die Diagnose hätte sich mithin allein zu stützen auf die dichterischen Texte. Zwar ist die Affinität dieser Poesie zu den sprachlichen Produkten psychotischer Patienten unverkennbar, doch gibt Spoerri – vorsichtiger als manch ein Lombroso-Schüler – zu bedenken, daß die Inkohärenz der Gedichte nicht so ohne weiteres als schizophrene Zerfahrenheit ausgelegt werden dürfe:

> Abgesehen davon, daß andere Eigentümlichkeiten der Denkstörung wie Sperrungen, Gedankendrängen, Vertauschen des Wichtigen mit Nebensächlichem usw. nicht beschrieben sind, war diese Gestaltungsweise seinerzeit in der Literatur Mode und gewisse Beeinflussungen werden sicherlich eine, wenn auch nur untergeordnete Rolle gespielt haben.[14]

Spoerri räumt also ein, daß die Sprachgestalt der Poesie Trakls auch in Zusammenhang mit der expressionistischen Stilepoche zu sehen sei, ästhetische Gesichtspunkte nicht gänzlich unberücksichtigt bleiben dürften; als Psychiater beharrt er indessen auf dem Primat des Individualpsychologischen: »literarische Beeinflussungen« gelten ihm als sekundär, der Symptomcharakter der

---

12 Killy ('67), S. 60.
13 Spoerri, S. 103.
14 Ebd., S. 105.

Verse Trakls scheint ihm, durch allen formalästhetischen Gestaltungswillen des Dichters nicht überdeckt, dennoch klar ersichtlich.

Spoerris Diagnose stützt sich nicht nur auf das beschriebene Krankheitsbild, das die Grundsymptome der Schizophrenie zeigt, sondern auch auf den Gesichtspunkt des Krankheitsverlaufs. Bei der Beschäftigung mit dem biographischen Werdegang Trakls, auch dessen dichterischer Entwicklung, entdeckt der Psychiater Anzeichen, die auf eine Geisteskrankheit schließen lassen, verdichtet sich bei ihm der »Eindruck des Prozeßhaften«:

> Wenn man sich auch bewußt sein muß, daß für eine sichere Beurteilung aus dem Verlauf das Leben Trakls zu kurz ist, so drängt sich einem das Gefühl auf, daß in dem Vager- und Unfaßbarerwerden der Gestalt etwas wirksam ist, das verändert und zerstört. Versucht man dieses Gefühl psychiatrisch zu benennen, so könnte man es als den Eindruck des Prozeßhaften bezeichnen, das einem in dem Verlust der Konturen und festen Bezüge des Trakl'schen Lebens und Werkes spürbar zu sein scheint.[15]

Etwas greift in den normalen Gang der Entwicklung ein, etwas verändert und zerstört; Spoerri findet bei Trakl auch den signifikanten »Knick in der Lebenslinie«, der den Ausbruch der Krankheit markiert. Ein fortschreitender endogener Prozeß prägt den Lebenslauf des Dichters und die Physiognomie seines Werks, bewirkt eine zunehmende Unfähigkeit zu aktiver Wirklichkeitsbewältigung und einen allmählichen Verlust des Realitätsbezugs, ein Nachlassen der poetischen Gestaltungskraft und einen progressiven Formzerfall der Gedichte – eine mehr und mehr sich durchsetzende psychotische Desintegration. Spoerri räumt ein, daß die Diagnose wegen der fehlenden akzessorischen Symptomatik nicht mit Sicherheit gestellt werden könne, doch deute eben dieses Fehlen spektakulärer Symptome auf eine Form der Schizophrenie, »die man für gewöhnlich aus dem alleinigen Vorkommen der Grundsymptome und dem Verlauf im Sinne einer langsamen Senkung der Lebenslinie diagnostiziert«[16] – auf die Schizophrenia simplex. Spoerri faßt seine Überlegungen zusammen:

> Wenn man sich die bisher geschilderten, möglicherweise für eine Schizophrenie sprechenden Anzeichen bei Trakl ins Gedächtnis ruft, wie den Autismus, die Gefühlsstörungen, Ambivalenz, die fragliche Assoziationsstörung, so ist die Versuchung groß, bei dem gleichzeitigen Fehlen von Sekundärsymptomen wie Wahnideen, Halluzinationen und in Anbetracht des Lebenslaufes das Vorliegen einer einfachen Schizophrenie anzunehmen.[17]

Spoerri sah sich 1954 nicht in der Lage, ohne klinische Beobachtung des Patienten, allein anhand der sich zu diesem Zeitpunkt bietenden Hinweise, einen sicheren diagnostischen Schluß zu ziehen: eine Schizophrenie hält er bei

---

[15] Ebd., S. 106.
[16] Ebd.
[17] Ebd.

Trakl für wahrscheinlich, nicht für erwiesen. Nachdem 1967 das im Krakauer Spital geführte Krankenblatt Trakls aufgefunden wurde, rundete sich indessen das Bild einer schizophrenen Psychose ab. Hier nämlich wird berichtet über die von Spoerri vermißte akzessorische Symptomatik, über katatone Zustände, Halluzinationen und Wahnvorstellungen Trakls:

> Trakl weißt (!) seit der Abreise von Innsbruck am 26/VIII abwechselnd katatone wie Erregungszustände auf. Am Tage der Schlacht bei Grodek (13/X) wollte er unbedingt in die Front und mußte durch 6 Mann entwaffnet werden. (...) Seit Jahren schon leidet er zeitweise an schweren psychischen Depressionen mit Angstzuständen, dann fängt er an stark zu trinken, um sich von dieser Angst zu befreien. Seit seiner Kindheit schon hat er zeitweise Gesichtshallucinationen, es kommt ihm vor wie wenn hinter seinem Rücken ein Mann mit gezogenem Messer steht. Von 12–24 Jahren hat er keine solche Erscheinungen gehabt, jetzt seit drei Jahren leidet er wieder an diesen Gesichtstäuschungen außerdem hört er sehr oft Glockenläuten. Seinen Vater hat er nicht für eigenen gehalten, sondern er hat vermutet, daß er von einem Kardinal abstammt und das (!) er in der Zukunft ein großer Herr wird. (II,729/30)

Diese zusätzlichen Hinweise sind geeignet, den Verdacht des Psychiaters auf eine Geisteskrankheit zu bekräftigen – Spoerri scheint mit seiner Diagnose Recht zu behalten. In einem Brief an Stupp betont er, daß »auf Grund dieser Dokumentation eine Schizophrenie doch ernsthaft diskutiert werden muß«.[18]

Auch der Psychiater Benedetti sieht in seinem am 2.2.1976 in Salzburg gehaltenen Festvortrag (der sich weitgehend auf die Vorarbeiten Spoerris stützt) Trakl als Geisteskranken. Wohl weist er – in der Nachfolge Bleulers – den von Kraepelin geprägten und von seinem Kollegen in Krakau gebrauchten Begriff der »Dementia« zurück:

> Wenn wir bedenken, daß die Lyrik von Georg Trakl noch heute als ein Höhepunkt geistiger Kreativität angesehen wird und daß der Dichter bis kurz vor seinem Tode schöpferisch blieb, so erscheint uns die Bezeichnung ›Demenz‹ einfach grotesk.[19]

Indessen hält er fest am herkömmlichen Schizophrenieverständnis: die »latente Psychose«, die er Trakl zuschreibt,[20] gilt ihm als »ein im medizinischen Sinne schweres Geistesleiden«.[21] Viel unbekümmerter als sein Vorgänger Spoerri liest er aus Trakls Gedichten Symptome heraus:

---

[18] Brief an Johann Adam Stupp vom 13.3.1968. Zitiert in: J. A. Stupp, *Georg Trakl der Dichter und seine südostdeutsche Abkunft*. Hg. v. der Landsmannschaft der Donauschwaben, Stuttgart 1969, S. 22.

[19] Gaetano Benedetti, *Ein Schicksal der radikalen Verzweiflung*. Festvortrag vom 2.2.1976 im Trakl-Haus in Salzburg, S. 16. (Der Vortrag lag mir als vervielfältigtes Typoskript vor.)

[20] Ebd., S. 2.

[21] Ebd., S. 1.

> Man findet bei Trakl die eigentümliche psychotische Angst, die sich ohne verstehbaren Grund aus dem Nebeneinander der Dinge selber ergibt: ›Die Uhr, die vor der Sonne fünf schlägt –/ Einsame Menschen packt ein dunkles Grauen‹.[22]

Nach übereinstimmender Auffassung der drei Psychiater litt also Georg Trakl an einer (zumindest latenten) Schizophrenie, und seine Verse können dem ärztlichen Sachverstand ihre Herkunft aus psychotischem Erleben nicht verbergen; es gibt eine klare Entsprechung der »Strukturen in Persönlichkeit und Werk«. Obwohl es dem Dichter gelungen sei, so Benedetti, das eigene Leiden in die Sphäre des Allgemeingültigen zu heben,[23] sei doch unverkennbar, daß das Werk »die Störungen des vitalen Bereichs voll wiederspiegelt«.[24] Die Angst vor dem Wahnsinn, die in den Gedichten Trakls sich bekundet, ist demnach nicht nur ein gängiges literarisches Motiv – sie ist biographisch wohlbegründet. Die Verfalls-, Todes- und Weltuntergangsstimmungen des Dichters sind ebenso ein Produkt des endogenen Prozesses, wie das ihn bedrängende Bilderchaos, aus dem sein Gedicht hervorgeht. Trakls Lyrik ist, wie kunstvoll auch immer gestaltet, wie weit auch immer über den Raum des Persönlichen hinausgehend, geprägt vom Leiden des Dichters, sie ist die Lyrik eines Geisteskranken. Ein unbekannter, noch nicht faßbarer organischer Krankheitsprozeß hätte demnach – horribile dictu – dieser Dichtung seinen Stempel aufgedrückt; die Gedichte Trakls könnten letztlich doch nur als ergreifende Dokumente der Krankheit, höchst privater Pathologie, gelten. Sollte Haeckel mit seiner häretischen These am Ende doch nicht so ganz im Unrecht sein?

»Ein im medizinischen Sinne schweres Geistesleiden«: es gibt für die Literaturwissenschaft keinen Grund, das Urteil des Psychiaters resigniert hinzunehmen, gar ihre hermeneutischen Bemühungen um das Werk Trakls deshalb einzustellen. Die Autorität des ärztlichen Gutachters schwindet, wenn man das Fundament näher in Augenschein nimmt, auf dem seine Diagnose steht. Die Schizophrenie, so wird behauptet, sei eine endogene Psychose, ein sich auf somatischer Grundlage eigengesetzlich vollziehender Krankheitsprozeß, der psychologisch nicht ableitbare Symptome setzt und schließlich zu einer völligen Zerstörung der Persönlichkeit führt. Trotz einer mehr als hundertjährigen intensiven Forschungsarbeit konnte indessen der hypostasierte organische Prozeß bis heute nicht empirisch nachgewiesen werden. In seinem Vorwort zu einer Sammlung von Beiträgen aus der neueren soziologischen Schizophrenieforschung stellt Kulenkampff fest:

---

22 Ebd., S. 2.

23 »... alles wird rein und klar formuliert, die eigene Todesstimmung wird stets zu einer Existenz erhoben, wo jeder Mensch sich identifizieren kann, allgemeines menschliches Schicksal wiederfindend.« Ebd., S. I.

24 Ebd.

> Man neigt dazu, die somatogenetische These mehr mit Pathos vorzutragen, als mit kritischen Argumenten zu belegen. Dabei hat der Elefant einer weltweiten biochemischen, anatomischen, genetischen und sonstigen naturwissenschaftlichen Forschung auf dem Gebiet der Ätiologie von Schizophrenien bis heute nicht einmal eine Maus geboren.[25]

Ein kritisches Überdenken des traditionellen Krankheitsverständnisses scheint angesichts dieser Tatsache wohl angebracht, ein kritisches Überdenken mithin auch der Schizophreniediagnose bei Georg Trakl. Die Symptome seines Leidens sind beeindruckend, nicht wegzuleugnen – doch woran leidet der Dichter?

[25] Caspar Kulenkampff, in: Bateson / Jackson / Laing / Lidz / Wynne u. a., *Schizophrenie und Familie*. Frankfurt/M. 1969, S. 9.

3. Die ›wirkliche‹ Genese des Leidens: Psychoanalyse als kritisch-hermeneutisches Verfahren

Während die traditionelle Psychiatrie sich damit befaßte, die organischen Funktionsstörungen nachzuweisen, die sie als Ursache der psychischen Erkrankung vermutete, Endogenes in Somatogenes aufzulösen suchte, näherte sich die Psychoanalyse dem Schizophrenieproblem mit einem anderen Vorverständnis. Freud und seine Schüler verwiesen auf die deutliche Übereinstimmung psychotischer Symptome mit Phänomenen des Traums, der Hypnose und der Fehlleistung, und sie deckten Zusammenhänge auf zwischen dem Symptom und seelischen Konflikten des Patienten. Psychotische Entwicklungen, so wurde zunehmend klar, lassen sich nicht einfach als organische Zerfallsvorgänge begreifen, sondern besitzen ihre eigene Logik; bei schizophrenen Zustandsbildern handelt es sich keineswegs um ein sinnloses Nebeneinander von prozeßbedingten Funktionsstörungen. Geisteskrankheiten sind Krankheiten des Gehirns: sollte diese Hypothese bei der Schizophrenie trügen? Sollte diese Psychose vielleicht gar kein ›morbus‹, keine Krankheit im medizinischen Sinne sein? Ein neues Krankheitsverständnis bildete sich heraus: die Theorie von der Psychogenese der Schizophrenie.

Im Rahmen des von ihm entwickelten Strukturmodells der Psyche begreift Freud die Schizophrenie als Resultat einer verfehlten Abwehrstrategie des in schwere Konflikte verwickelten Ich. In der ständigen Auseinandersetzung zwischen den Triebansprüchen des Es und den – in Gestalt des Überich verinnerlichten – gesellschaftlichen Verzichtsforderungen übernimmt das Ich die Aufgabe einer Vermittlungsinstanz. Das der Konfliktspannung auf andere Weise nicht gewachsene Ich greift zu Abwehrmechanismen, wobei ihm letztlich die Wahl bleibt zwischen zwei defensiven Strategien: der Wendung gegen das Es oder der Wendung gegen die Gebote der Realität bzw. des Überich. In dieser Alternative liegt nach Auffassung Freuds die wichtigste genetische Differenz von Neurose und Psychose: »... die Neurose sei der Erfolg eines Konflikts zwischen dem Ich und seinem Es, die Psychose aber der analoge Ausgang einer solchen Störung in den Beziehungen zwischen Ich und Außenwelt«.[1] Neurotische und psychotische Störungen haben indessen einen gemeinsamen

[1] »Neurose und Psychose«, G. W. XIII, S. 387.

Ursprung – sie wurzeln in dem elementaren Konflikt zwischen der Triebnatur des Menschen und den Bedingungen seiner gesellschaftlichen Existenz:

> Die gemeinsame Ätiologie für den Ausbruch einer Psychoneurose oder Psychose bleibt immer die Versagung ... Diese Versagung ist im letzten Grunde immer eine äußere; im einzelnen Fall kann sie von jener inneren Instanz (im Über-Ich) ausgehen, welche die Vertretung der Realitätsforderungen übernommen hat. Der pathogene Effekt hängt nun davon ab, ob das Ich in solcher Konfliktspannung seiner Abhängigkeit von der Außenwelt treu bleibt und das Es zu knebeln versucht, oder ob es sich vom Es überwältigen und damit von der Realität losreißen läßt.[2]

Das gegenüber dem medizinisch-naturwissenschaftlichen Denken der klassischen Psychiatrie wesentlich veränderte Krankheitsverständnis wird deutlich. Das Konzept des endogenen Prozesses wurde ersetzt durch das Konzept von intrapsychischem Konflikt und Abwehr. War die Psychiatrie ausgegangen von der Vorstellung der Einheit des (von einem morbus affizierten) Subjekts, so löste Freud mit seinem Strukturmodell diese Einheit auf in konfligierende Instanzen. In der »normalen« inneren Widersprüchlichkeit des Subjekts ist die Möglichkeit der psychotischen Störung schon angelegt: mit dieser Erkenntnis wird die kategoriale medizinische Unterscheidung von »krank« und »gesund« hinfällig. Lorenzer hebt das grundlegend Neue der Lehre Freuds hervor:

> Die Verankerung des Störungsbegriffs *in* Momenten der Persönlichkeitsstruktur und die Verabschiedung der Pauschaletikette für den »Kranken« stellen einen Wendepunkt in der Geschichte der Psychiatrie und Medizin dar.[3]

Vor allem aber enthält das psychoanalytische Schizophreniekonzept gegenüber dem der traditionellen Psychiatrie ein entscheidendes Novum: Gesellschaft spielt bei der psychotischen Entwicklung nicht länger nur eine sekundäre Rolle als Quelle äußerer Reize, die allenfalls die »Krankheit manifest machen können« (Bleuler), als ungünstiges, krankheitsbeförderndes Milieu, vielmehr hat die psychotische Störung letztlich ihre Wurzeln in dem für die menschliche Psyche konstitutiven Konflikt zwischen Natur und Kultur, zwischen Triebstruktur und Gesellschaft.

Welche Faktoren bestimmen nun das Ich, seine Zuflucht nicht bei den Abwehrmechanismen neurotischen Musters, sondern bei der psychotischen Regression zu suchen? Freud stellt fest: »Auf den Weg der Regression wird die Libido durch die Fixierung gelockt, die sie an diesen Stellen ihrer Entwicklung zurückgelassen hat.«[4] Damit eröffnet die Psychoanalyse den Blick auf die diachrone Dimension der psychotischen Störung: die Schizophrenie ist das Endresultat einer psychosexuellen Fehlentwicklung des Individuums. In der

---

2 Ebd., S. 390.

3 Alfred Lorenzer, *Sprachspiel und Interaktionsformen. Vorträge und Aufsätze zu Psychoanalyse, Sprache und Praxis*. Frankfurt/M. 1977, S. 139.

4 »Vorlesungen zur Einführung in die Psychoanalyse«, G. W. XI, S. 373.

typischen Vorgeschichte einer schizophrenen Psychose stößt man weniger auf ein singuläres, eng umrissenes Trauma, vielmehr findet man eine schon im frühen Entwicklungsstadium einsetzende »ganze Serie von Behinderungen aller Lebensfunktionen, insbesondere der objektstrebigen Tätigkeiten«.[5] Die Pathogenese läßt sich zurückverfolgen bis in die frühe Kindheit des Patienten; die Schizophrenie, die der Schulpsychiatrie gegolten hatte als ein Fremdes, das schicksalhaft, unvermittelt eingreift in das Leben des Individuums, läßt sich nun einfügen in den Zusammenhang einer Lebensgeschichte.

Der Weg, den die folgenden Untersuchungen zum Schizophrenieproblem bei Trakl zu nehmen haben, ist damit klar vorgezeichnet. Das Phänomen der Krankheit erschließt sich uns nur, wenn wir betreiben, was Ricœur die »Archäologie des Subjekts«[6] nannte: wenn wir versuchen, die gesamte seelische Bildungsgeschichte des Dichters zu rekonstruieren. Dabei können wir aber Georg Trakl nicht rein individualpsychologisch betrachten, ihn als seelisch gestörtes Individuum herauslösen aus dem sozialen Kontext. Freud selbst war sich über die sozialpsychologische Dimension der Psychoanalyse im klaren:

> Im Seelenleben des Einzelnen kommt ganz regelmäßig der Andere als Vorbild, als Objekt, als Helfer und als Gegner in Betracht und die Individualpsychologie ist daher von Anfang an auch gleichzeitig Sozialpsychologie in diesem erweiterten aber durchaus berechtigten Sinne.[7]

Wenn der Psychoanalyse immer wieder vorgeworfen wurde, Triebschicksale zu diskutieren, nicht aber das soziale Schicksal des Subjekts, so weist Lorenzer diese Kritik mit der Feststellung zurück, »daß Psychoanalyse als ihren Gegenstand immer schon Interaktionsformen, realisiert im Sozialisationsprozeß, zur Debatte stellt«.[8] Triebschicksal bedeutet immer zugleich Schicksal der Objektbeziehungen, und insofern ist die psychoanalytische Triebtheorie auch eine Theorie der Objektbeziehungen. Es gilt freilich, die zunächst individualpsychologisch anmutenden Konzepte der Instanzenlehre in ihrer Verdinglichung zu durchschauen:

> Der psychoanalytische Gegenstand ist das ›Produkt‹ der Synthesis von menschlicher Natur und gesellschaftlicher Praxis. Er ist das sozial hergestellte Persönlichkeitsgefüge, dessen Instanzen – Es, Ich, Über-Ich – produziert werden.[9]

Subjektivität bildet sich durch Interaktion: Sozialisation wird begriffen als gesellschaftliche »Bearbeitung« menschlicher Natur, subjektive mentale

---

5 Otto Fenichel, *Psychoanalytische Neurosenlehre*. 3 Bde., Olten 1974f. Bd. 2, S. 347.

6 Paul Ricœur, *Die Interpretation. Ein Versuch über Freud*. Frankfurt/M. 1974, S. 429ff.

7 »Massenpsychologie und Ich-Analyse«, G. W. XIII, S. 73.

8 Alfred Lorenzer, *Über den Gegenstand der Psychoanalyse oder: Sprache und Interaktion*. Frankfurt/M. 1973, S. 7.

9 Alfred Lorenzer, *Die Wahrheit der psychoanalytischen Erkenntnis. Ein historisch-materialistischer Entwurf*. Frankfurt/M. 1976, S. 284.

Strukturen werden zurückgeführt auf objektive Prozesse. Dies aber stellt klar: im Unterschied zur medizinisch-naturwissenschaftlichen Psychiatrie thematisiert die Psychoanalyse seelische Krankheit als eine im Bildungsprozeß des Subjekts mißglückte Synthese von Natur und Gesellschaft.

Aus diesen Überlegungen geht klar hervor, daß die Psychoanalyse – auch wenn Freud selbst anfänglich dieser Meinung war – keine Naturwissenschaft vom Seelischen ist, sondern ein hermeneutisches Verfahren besonderer Art. Grenzt sie sich ab gegen medizinische Psychiatrie und experimentelle Psychologie einerseits, so ist sie als hermeneutische Disziplin andererseits doch nicht reine Geisteswissenschaft. Wohl bemüht sich der Analytiker um das Verstehen fremder Sinnzusammenhänge, um die Herstellung von Intersubjektivität; indessen geht es der analytischen Hermeneutik darüber hinaus darum, die realgeschichtliche Genese der fremden Sinnstrukturen zurückzuverfolgen bis auf die Interaktionsfiguren, aus denen die Subjektivität des Analysanden hervorgegangen ist. Dieses »szenische Verstehen« der Psychoanalyse zielt also ab auf eine Vermittlung von Sinnstrukturen mit Lebenspraxis:

> Im psychoanalytischen Verfahren kann der Kontext nicht nur ein bloßes Gedankensystem sein. Das Ganze, auf das hin die in ihrer Bedeutung zu ermittelnden Einzelphänomene zu beziehen sind, ist nicht in den staubfreien Höhen der geistigen Figuren zu suchen, sondern muß lebenspraktisch unmittelbar sein, muß sich auf die Lebenspraxis *dieses* Patienten einlassen. Die Hermeneutik, dieses feine Fräulein aus alter Familie, wird in der Psychoanalyse zu einem sinnlich-unmittelbaren Verhältnis verführt.[10]

Lorenzer betont, daß der Status der Psychoanalyse sich anhand der herkömmlichen Unterscheidung von »Naturwissenschaft« und »Geisteswissenschaft« bzw. »Erklären« und »Verstehen« nicht bestimmen lasse:

> Tiefenhermeneutik orientiert sich nicht an der Diltheyschen Unterscheidung: »Die Natur erklären wir, das Seelenleben verstehen wir«. Der Gegenstand der Tiefenhermeneutik ist ein ebenso »natürlicher« wie seelischer. Die Interaktionsformen, auf die hin Tiefenhermeneutik angelegt ist, gehören als Resultate einer Synthesis des praktisch-dialektischen Bildungsprozesses ebenso zur Natur wie in den Bereich gesellschaftlich-geschichtlicher Gegenstände. (...) Von beiden Positionen hebt sich Psychoanalyse eindeutig ab. Psychoanalyse ist als Tiefenhermeneutik den Naturwissenschaften wie den Kulturwissenschaften gegenüber das Paradigma eines Verfahrens, das diese Trennung aufhebt.[11]

Gegenstand der insofern als ›materialistische‹ Hermeneutik begriffenen Psychoanalyse sind die dem gestörten Verhalten, aber auch dem Traum und der Fehlleistung zugrundeliegenden unbewußten Interaktionsentwürfe des Subjekts; da diese Beziehungsfiguren verdrängt, dem individuellen Bewußtsein

---

[10] Ders., *Sprachspiel und Interaktionsformen. Vorträge und Aufsätze zur Psychoanalyse, Sprache und Praxis*. Frankfurt/M. 1977, S. 155.

[11] Ebd., S. 122/23.

nicht zugänglich sind, entziehen sie sich dem unmittelbaren hermeneutischen Sinnverstehen; hier bedarf es des besonderen Verfahrens tiefenhermeneutischer Exploration. Psychoanalyse sucht die – ihm selbst unbegreifliche – Deformation des Subjekts zu verstehen und den lebenspraktischen Entstehungszusammenhang der Beschädigung aufzudecken: »Es gilt, konkretes Leiden in seiner ›wirklichen‹ Genese zu hinterfragen ...«.[12]

Eben dies soll nun das Ziel der im ersten Hauptteil dieser Arbeit folgenden psychobiographischen Untersuchungen sein. Es wird hier der Versuch unternommen, Trakls seelische Entwicklung verstehend nachzuvollziehen und dabei – in szenischem Verstehen – seinem Leiden auf den ›wirklichen‹ Grund zu kommen. Bei dieser Archäologie des Subjekts befinden wir uns natürlich gegenüber dem Psychoanalytiker, der im direkten therapeutischen Dialog die psychische Bildungsgeschichte seines Patienten zu erkunden vermag, in einem gravierenden Nachteil. Das in reichem Umfang vorhandene biographische Material bietet indessen eine solche Vielzahl markanter Hinweise auf die problematischen Punkte in der psychischen Entwicklungsgeschichte Trakls, daß dieser Versuch einer archäologischen Rekonstruktion dennoch gewagt werden soll. Diese psychobiographische Studie will versuchen, der in den bisherigen Trakl-Biographien vielerorts anzutreffenden ungesicherten psychologischen Spekulation[13] ein konsistentes und methodisch fundiertes Bild entgegenzusetzen; ihre Argumentation wird sich stützen auf die Erkenntnisse einer jahrzehntelangen psychoanalytischen Forschung zur Frage der Schizophrenie und zur psychischen Entwicklungsgeschichte des Individuums. Das Bild, das diese Studie vom Seelenleben Trakls und von seinem Weg in den ›Wahnsinn‹ zeichnet, wird sich ausweisen müssen durch seine Stimmigkeit und Plausibilität. Beizupflichten ist Wolff, der den Fortschritt hervorhebt, den die analytische Psychobiographie sowohl gegenüber der herkömmlichen Biographie, als auch gegenüber der Pathographie in der Tradition Lombrosos darstellt:

> Die psychoanalytische Pathographie ist wegen ihres ... ›desillusionierenden‹ Effektes häufig und unter großem emotionalem Aufwand kritisiert worden, stellt jedoch gegenüber der in der Literaturwissenschaft üblichen Form hausbacken-intuitiven Psychologisierens, wie auch gegenüber der psychiatrischen ›Entlarvungstradition‹ (›Genie und Wahnsinn‹) unleugbar einen Fortschritt dar, da sie die biographischen Daten in einem geschlossenen und in der klinischen Praxis empirisch überprüften Konzept integriert. (...) Der Objektivitätsstatus solcher Pathographie freilich ist der

---

[12] Alfred Lorenzer, *Zur Begründung einer materialistischen Sozialisationstheorie.* Frankfurt/M. 1972, S. 15

[13] Gleichermaßen apodiktisch wurden die Depressionen Trakls von verschiedenen Autoren zurückgeführt auf: erotische Frustration in der Pubertät; den endogenen Prozeß; das Inzesterlebnis; die geistesgeschichtliche Situation der Epoche; den Glaubensverlust.

> der historischen Wissenschaften: sie stützt sich auf die hermeneutischen Kriterien der Plausibilität, Evidenz und der Stimmigkeit der Datenintegration.[14]

Angesichts der vielen offenen Fragen der Trakl-Forschung soll der Versuch gewagt werden, mit psychoanalytischen Mitteln einen neuen Zugang zum Schizophrenieproblem bei Trakl zu eröffnen. Systematisch ausgeklammert bei diesen psychobiographischen Untersuchungen bleibt das dichterische Werk; ihm ist der zweite Hauptteil dieser Studie gewidmet, der neue Wege zu einem Verständnis der hermetischen Poesie Trakls und ihrer Genese aufzeigen will.

Subjektivität wird gesellschaftlich hergestellt, bildet sich durch Interaktion; die schizophrene Störung, Resultat eines verzerrten Bildungsprozesses, weist zurück auf verzerrte Interaktionsformen. Wenn wir uns unter dieser Prämisse mit der ›Krankheitsgeschichte‹ Trakls befassen wollen, so rückt zunächst in den Blick das soziale System, innerhalb dessen die primäre Sozialisation des Dichters sich vollzog: die Familie. In den Blick rückt, als Schauplatz, an dem seine Lebenstragödie ihren Anfang nimmt, das komfortable Heim der Familie Trakl am Waagplatz in Salzburg:

> Eine wohlhabende, angesehene, loyale, also kaisertreu gesinnte, gemäßigt religiöse Familie ..., in einer der schönsten Städte der Monarchie lebend – das ist der Schauplatz, auf dem sich das Werden des Dichters Georg Trakl abspielt.[15]

Die Idylle trügt. Es wird sich herausstellen, daß die realen Sozialisationsbedingungen sich für den Dichter keineswegs so unproblematisch darstellten, wie es die Schilderung Basils hier glauben macht. Hinter der Fassade einer heilen bürgerlichen Familie verbirgt sich eine unheilvolle Wirklichkeit, deren Bedeutung für die so katastrophal endende Lebensgeschichte Trakls bislang kaum erfaßt wurde.

---

[14] *Psychoanalytische Literaturkritik*. Hg. v. Reinhold Wolff, München 1975, S. 447.

[15] Otto Basil, *Georg Trakl in Selbstzeugnissen und Bilddokumenten*. Reinbeck 1965, S. 23.

Teil II

DIE PASSION DES GEORG TRAKL: VERSUCH EINER PSYCHOBIOGRAPHIE

1. Die familiale Bildungsgeschichte

1.1. Die verfehlte Synthese von Mutter und Kind

1.1.1. Die Störung der symbiotischen Beziehung

Nach dem Verlust der nutritiven Einheit mit dem mütterlichen Organismus ist das neugeborne Kind angewiesen auf Betreuung; die natürliche Symbiose mit der Mutter wird ersetzt durch eine soziale Symbiose. An die Stelle der verlorenen intrauterinen Geborgenheit tritt das befriedigende Wechselspiel von Mutter und Kind:

> ... es macht die Einbuße an primärnarzißtischer Ungestörtheit zwar nicht zunichte (die Störung legt ja nur die reale Trennung zwischen den Organismen bloß), ersetzt aber in der mütterlichen Fürsorge reparativ die verlorene Einheit durch eine gelungene Objektbeziehung, durch ein Wechselspiel, das als Objektbeziehung freilich noch nicht bewußt erfahrbar ist.[1]

Aus dem Erleben des ständigen Wechsels von Situationen der Befriedigung und der Versagung entwickelt sich bei dem Kind eine erste Objektvorstellung; Ich und Nicht-Ich, die im Stadium des primären Narzißmus noch eine ungeschiedene Einheit gebildet haben, werden jetzt getrennt. Diese primitive Objektvorstellung des Kindes erfaßt die Person der Mutter jedoch zunächst noch nicht als ein Ganzes, sondern spaltet sie auf in ein positives und ein negatives Partialobjekt: eine ›gute‹, befriedigende Brust und eine ›böse‹, versagende Brust. An die positive Objektrepräsentanz heftet das Kind nun seine libidinösen Strebungen, während das negative Objekt Ziel all seiner primitiven aggressiven Regungen wird:

> Die wiederholten Erfahrungen von Befriedigung und Versagung sind starke Reize für libidinöse und destruktive Regungen, für Liebe und Haß. Demzufolge wird die

[1] Lorenzer ('72), S. 43.

Brust, insoweit sie befriedigt, geliebt und als ›gut‹ empfunden; insoweit sie die Quelle von Versagung ist, wird sie gehaßt und als ›böse‹ empfunden.[2]

Die Qualität des Interaktionsangebotes, mit dem die Mutter auf die psychophysischen Bedürfnisse des Kindes antwortet, entscheidet darüber, welchen Stellenwert die ›gute‹ und die ›böse‹ Brust in der archaischen Vorstellungswelt des Kindes gewinnen, darüber, ob es die durch die Mutterbrust repräsentierte Außenwelt vornehmlich unlustbetont, als eine versagende erlebt und damit seine aggressiven Regungen überwiegen, oder ob es sie als eine Quelle der Befriedigung erlebt und damit ein positives Selbstgefühl und ein positives objektgerichtetes Interesse entwickelt. Die angeborene körperliche Triebausstattung des Kindes (die natürlich individuell variiert) wird also im Wechselspiel mit der Mutter überformt; ihre Betreuungspraxis prägt das frühe Schicksal der Triebe, das Verhältnis, das die aggressiven und libidinösen Regungen zueinander gewinnen. Im Zusammenspiel mit der Mutter bildet sich einerseits das spezifische Triebprofil des Kindes heraus, andererseits gewinnt hier zugleich ein Mutterbild seine Konturen, das die Keimzelle des späteren »Weltbildes« ist:

Versagungen und ihre jeweils spezifischen Aufhebungen erbringen so die allmähliche Konturierung in konkreten Formeln der Einigung, die zunehmend das Merkmal lebensgeschichtlicher Unaustauschbarkeit erhalten. (...) In der durch eine bestimmte Interaktionsform gekennzeichneten konkreten Interaktion einer Mutter-Kind-Dyade wird keineswegs die Beziehung zwischen einem umrissenen Triebprofil und einem ihm äußerlichen Gegenüber in der Umwelt ›hergestellt‹, – ›Triebprofil‹ wie ›Umwelthorizont‹ werden umgekehrt erst aufgebaut in der Einigung auf Interaktionsformen.[3]

Die Triebstruktur des Individuums, so ist im Hinblick auf spätere Überlegungen hier ausdrücklich festzuhalten, ist nicht unmittelbare Trieb-»Natur«, sondern das Resultat eines Sozialisationsprozesses, der Dialektik, die in der frühen Mutter-Kind-Beziehung in Gang kommt.

Natürlich sind einschneidende Erlebnisse der Versagung unvermeidlich. Nur wenn sich im Austausch mit der Mutter eine Balance von Befriedigungs- und Versagungserlebnissen herstellt (Prinzip der optimalen Frustration), kann sich indessen beim Kind ein Potential an Frustrationstoleranz entwickeln, können die Sekundärprozesse sich ausbilden, die einen stabilen Realitätsbezug ermöglichen: »Das ist von lebenswichtiger Bedeutung, denn letztlich ist die Fähigkeit, Versagungen zu ertragen (Frustrationstoleranz), der Ursprung des Realitätsprinzips.«[4] Auf die Erfahrung postnataler Geborgenheit gründet sich die Zuversicht des Kindes, daß die Befriedigung seiner Bedürfnisse durch die

2 Melanie Klein, *Das Seelenleben des Kleinkindes und andere Beiträge zur Psychoanalyse*. Reinbek 1972, S. 145.
3 Lorenzer ('72), S. 44/45.
4 René A. Spitz, *Vom Säugling zum Kleinkind. Naturgeschichte der Mutter-Kind-Beziehungen im ersten Lebensjahr*. Stuttgart, 2. Aufl. 1969, S. 187.

Mutter letztlich doch nicht ausbleiben wird, eine Zuversicht, die Erikson mit seinem berühmten Begriff des »Ur-Vertrauens« bezeichnet hat.[5] Dieses Ur-Vertrauen bildet die Ausgangsbasis einer gesunden Persönlichkeitsentwicklung; als subjektiver Niederschlag des geglückten Wechselspiels von Mutter und Kind gibt es den stimmungsmäßigen Hintergrund ab für alles weitere Realitätserleben und legt so einen Grundzug des späteren Persönlichkeitsprofils fest. Das Ausbleiben des Ur-Vertrauens hat gravierende Folgen für die weitere Bildungsgeschichte des Kindes:

> Beim Erwachsenen drückt sich die Verletzung des Ur-Vertrauens in einem Ur-Mißtrauen aus. Ein solcher Mensch zieht sich in einer bestimmten Weise in sich selber zurück, wenn er mit sich selbst und anderen uneins ist. Deutlicher wird diese Verhaltensweise, wenn die Betroffenen in psychotische Zustände regredieren.[6]

Auf einem schadhaften Fundament läßt sich kein stabiles Haus errichten – mit der verfehlten Einigung von Mutter und Kind, mit dem Ausbleiben des Ur-Vertrauens, rückt schon die Psychose in den Horizont möglicher Lebensgeschichte.

Nachdem die Bedeutung der Austauschprozesse in der Mutter-Kind-Dyade skizziert wurde, können wir uns der frühen Kindheit Trakls zuwenden: wie gestaltete sich hier die Beziehung zwischen Mutter und Kind? Das biographische Material deutet darauf hin, daß diese Beziehung schon von Anfang an gestört war. Dies erscheint plausibel, wenn man sich die Schilderung vor Augen führt, die Fritz Trakl, der jüngste Bruder des Dichters, von dem Verhältnis zwischen Mutter und Kindern gibt: »Die Mutter kümmerte sich mehr um ihre Antiquitätensammlungen als um uns. Sie war eine kühle, reservierte Frau; sie sorgte wohl für uns, aber es fehlte die Wärme«.[7] Maria Trakl führte ein Leben für sich, jenseits der Familie; ihr zentraler Lebensinhalt waren offenbar ihre Antiquitäten. Tagelang zog sie sich in ihre Museumswelt zurück: »Wir Kinder waren etwas unglücklich darüber, denn je länger ihre Leidenschaft dauerte, desto mehr Zimmer wurden für uns tabu«.[8] Maria Trakl

---

[5] »Als erste Komponente der gesunden Persönlichkeit nenne ich das Gefühl eines *Ur-Vertrauens*, worunter ich eine auf die Erfahrungen des ersten Lebensjahres zurückgehende Einstellung zu sich selbst und zur Welt verstehen möchte. Mit ›Vertrauen‹ meine ich das, was man im allgemeinen als ein Gefühl des Sich-Verlassen-Dürfens kennt, und zwar in bezug auf die Glaubwürdigkeit anderer wie die Zuverlässigkeit seiner selbst. Wenn ich davon als einer *Ur*-Erfahrung spreche, so meine ich damit, daß weder diese noch die später hinzutretenden Komponenten sonderlich bewußt sind, in der Kindheit sowenig wie im Jugendalter. Tatsächlich gehen alle diese Kriterien, wenn sie sich in der Kindheit entwickeln und im Jugendalter integriert werden, in der Gesamtpersönlichkeit auf.« Erik H. Erikson, *Identität und Lebenszyklus*. Frankfurt/M., 2. Aufl. 1974, S. 62.

[6] Ebd., S. 63.

[7] Basil, S. 17.

[8] Ebd., S. 28.

vermochte sich mit ihrer Rolle als Mutter nicht zu identifizieren, ihren Kindern trat sie in kühl-abweisender Haltung vor Augen. Basil vermerkt lapidar, sie habe offenbar »mit dem vollzogenen Geburtsakt das Nötige als geleistet angesehen«,[9] und er stellt fest: »Für die Stellung von Frau Trakl-Halick in der Familie ist es bezeichnend, daß zwei ihrer Kinder unsichere, voneinander abweichende Angaben über die Religionszugehörigkeit der Mutter machen.«[10] Spoerri bescheinigt der Mutter psychopathische Züge und macht darauf aufmerksam, daß sie rauschgiftabhängig war.[11]

Spoerri, der auch bei mehreren Geschwistern des Dichters auffällige Suchttendenzen konstatiert, bringt die schwere Rauschmittelsucht Georgs in Verbindung mit der Tatsache, daß Maria Trakl ihr Kind nicht selbst stillte; Basil wendet dagegen jedoch ein, daß gerade Trakls Schwester Gretl, als einziges Brustkind der Mutter, nach dieser Theorie, die die Sucht auf frühkindliche orale Frustration zurückführt, der Verführung durch Rauschgifte hätte widerstehen müssen: gerade sie aber war später derart suchtgeschädigt, daß sie sich mehrfach ohne Erfolg Entziehungskuren unterwerfen mußte.[12] Dieser Einwand Basils ist nicht stichhaltig; anderseits ist aber auch mit dem Schlagwort ›orale Frustration‹ der Entstehungszusammenhang von Suchttendenzen völlig unzureichend umschrieben. Vor allem Spitz und Mahler[13] haben in ihren entwicklungspsychologischen Studien darauf aufmerksam gemacht, daß die Rolle der Mutter in der symbiotischen Beziehung sich nicht beschränkt auf die materielle Versorgung des Kindes, sich schon gar nicht reduzieren läßt auf die Stillfunktion. Das Zusammenspiel innerhalb der Dyade ist sehr viel komplexer. Unerläßliche Voraussetzung für eine gesunde seelische Entwicklung des Kindes sind ein beständiger motorischer, visueller und verbaler Austausch, die Pflege intensiven Körperkontaktes und eine kontinuierliche emotionale Zuwendung. Bleiben diese vielschichtigen Bedürfnisse des Kindes unbefriedigt, so trägt das Kind, auch bei gesicherter materieller Versorgung, gravierende psychische Schäden davon: es kann zu einem psychophysischen Entwicklungsstillstand, schließlich sogar zu Marasmus mit letalem Ausgang kommen.[14] Mit dem Stillen des Kindes hat die Mutter ihre Aufgabe also keineswegs erfüllt; sie muß auch die Bereitschaft und die Fähigkeit mitbringen, sich ganz auf die umfassenden Kontaktbedürfnisse ihres Kindes einzulassen

---

9 Ebd., S. 27.
10 Ebd., S. 20.
11 Spoerri, S. 42.
12 Vgl. Basil, S. 28 und Spoerri, S. 90.
13 Margaret S. Mahler, *Symbiose und Individuation. Bd. 1: Psychosen im frühen Kindheitsalter*. Stuttgart 1972.
14 René A. Spitz, *Hospitalism: An Inquiry into the Genesis of Psychiatric Conditions in Early Childhood*. 1945.

und ihr eigenes Verhalten an die infantile Stufe zu adaptieren. Und hieraus wird nun klar, daß – unabhängig davon, ob sie das Kind nun selbst stillte oder nicht – die emotionale Frigidität der Maria Trakl (»Es fehlte die Wärme«) das eigentliche Problem der frühkindlichen Entwicklung Georgs darstellt. Die komplexen Austauschprozesse der Dyade waren beeinträchtigt; in der Kindheit des Dichters, so dürfen wir nach Lage der Dinge annehmen, fehlte es an der elementaren Voraussetzung für eine gesunde psychische Entwicklung, dem warmen affektiven Klima, in dem das Kind sein Urvertrauen bilden kann.[15] Mit dem Scheitern der Synthese von Mutter und Kind ist der erste, grundlegend wichtige Sozialisationsschritt mißglückt. Es ist nun genauer zu klären, welche Folgen die Störung der symbiotischen Beziehung für die psychische Entwicklung des Kindes, für das frühe Schicksal der Triebe hat. Inwiefern gewinnt die gestörte Interaktion von Mutter und Kind Bedeutung für das Seelenleben des Dichters, für seine Rauschmittelsucht und für seinen psychotischen Zusammenbruch?

1.1.2. Destruktionswunsch und Verfolgungsangst

Aus dem Erleben der mütterlichen Betreuungspraxis entwickelt das Kind die ersten Objektvorstellungen, wobei es sich bei diesen Objekten, wie bereits dargelegt, noch um einander diametral entgegengesetzte Partialobjekte handelt, um eine ›gute‹, befriedigende Brust und um eine ›böse‹, versagende Brust. Melanie Klein bezeichnet dieses frühe Entwicklungsstadium im Seelenleben des Kindes als »paranoid-schizoide Position« und sieht in ihm das Vorbild der pathologischen Regressionszustände der Schizophrenie bei Erwachsenen. Als »schizoid« kann diese frühe Entwicklungsphase insofern bezeichnet werden, als sie durch Spaltungsphänomene charakterisiert ist: dem kindlichen Selbst mangelt es noch an Kohärenz, das Objekt ist aufgespalten in ein positives und ein negatives Partialobjekt. Inwiefern aber hat dieses Entwicklungsstadium paranoische Züge? Das Kind heftet seine libidinösen Wünsche an die gute Brust, während es seine destruktiven Regungen auf die böse, frustrierende Brust richtet. Die Situation kompliziert sich nun aufgrund von Projektionsmechanismen. Das Kind schreibt die eigenen Triebregungen dem Objekt zu:

> Das Kind projiziert seine Liebesregungen und schreibt sie der befriedigenden (guten) Brust zu, ebenso wie es seine destruktiven Impulse, die es nach außen proji-

---

[15] Basil stellt die Behauptung auf, die Gouvernante habe für Georg als Mutter-Ersatz eine bedeutende Rolle gespielt (»Marie Boring, Trakls mütterlicher Leitstern durch die Kinderjahre«; S. 40) Dies gilt auf keinen Fall für die hier zu Diskussion stehende, entscheidend wichtige Phase der frühen Kindheit: als Ersatzmutter im Rahmen der Interaktionsdyade konnte Marie Boring schon deshalb nicht fungieren, weil sie erst um 1890 in die Dienste der Familie trat.

ziert, der versagenden (bösen) Brust zuschreibt. Gleichzeitig werden durch Introjektion eine gute und eine böse Brust im Innern aufgebaut. So ist das Bild des äußeren und inneren Objekts in der kindlichen Seele durch seine Phantasien, die mit der Projektion seiner Triebregungen auf das Objekt verbunden sind, verzerrt. Die gute (äußere und innere) Brust wird das Vorbild aller hilfreichen und befriedigenden Objekte, die böse Brust dasjenige aller äußeren und inneren verfolgenden Objekte.[16]

Projektionsvorgänge also führen dazu, daß das Kind die versagende Brust als eine aggressive, verfolgende erlebt; die eigenen destruktiven Regungen erzeugen eine intensive Angst vor Vergeltung: die Angst, die dem paranoischen Verfolgungswahn zugrundeliegt. Entsprechend dem jeweiligen Stand seiner Trieborganisation, ergeht sich das Kind zunächst in oral-, dann analsadistischen Zerstörungsphantasien, die sich auf das böse Objekt richten, und befürchtet von dessen Seite analoge Angriffe.[17] Verfolgungsangst entsteht durch Projektion der eigenen Aggressionen auf das Objekt: bei der Betrachtung von Trakls Verfolgungswahn werden wir dies zu bedenken haben.

Die Beziehung des Kindes zum positiven Partialobjekt, zur guten Brust, hat nun die Aufgabe, diesen Ängsten entgegenzuwirken; in welchem Ausmaß das gelingt, darüber entscheidet die Qualität des mütterlichen Interaktionsangebotes:

Selbst in der frühesten Phase wird der Verfolgungsangst durch die Beziehung des Kindes zur guten Brust in gewissem Maße entgegengewirkt. Obgleich sich die Gefühle des Kindes ... auf die Nährbeziehung zur Mutter, die von der Brust repräsentiert ist, zentrieren, kommen schon andere Aspekte in die Beziehung zur Mutter hinein. Selbst sehr kleine Kinder reagieren auf das Lächeln der Mutter, ihre Hände, ihre Stimme, und auf die Art, wie sie es hält und pflegt. Die Befriedigung durch die Liebe, die das Kind in diesen Situationen erfährt, hilft, der Verfolgungsangst ... entgegenzuwirken.[18]

Durch ihre liebevolle Zuwendung beweist die Mutter dem Kind, daß sie nicht die ›böse‹ (verfolgende, verschlingende, zerstückelnde) Mutter ist, mindert dadurch die destruktiven Regungen des Kindes und seine Verfolgungsangst; zugleich hilft sie ihm so, die Sehnsucht nach dem verlorenen primärnarzißtischen Urzustand allmählich zu überwinden durch eine vertrauensvolle Zuwendung zum guten Objekt.

Die Störung der Austauschprozesse zwischen Mutter und Kind, die wir bei Trakl anzunehmen gute Gründe haben, beeinträchtigt nun eben diese Ent-

---

16 Klein ('72), S. 145/46.

17 »Wenn wir das Bild betrachten, das in der kindlichen Seele besteht – wie wir es zurückblickend in den Analysen von Kindern und Erwachsenen sehen können –, so finden wir, daß die gehaßte Brust die oral-destruktiven Qualitäten der kindlichen Triebe im Zustande der Versagung und des Hasses erworben hat. In seinen Zerstörungsphantasien beißt, zerreißt, verschlingt und vernichtet es die Brust, aber es fühlt, daß die Brust es in derselben Weise angreift.« Ebd., S. 146.

18 Ebd., S. 146/47.

wicklung und setzt das Kind in starkem Maße den frühesten Ängsten aus. Die defiziente Beziehung zum guten Objekt vergrößert den Einfluß der destruktiven Mutter-Repräsentanz, verwandelt dem Kind die Außenwelt in eine Stätte der Gefahr, die Objekte in Feinde (Vgl. das »Ur-Mißtrauen« bei Erikson). Die Durcharbeitung der paranoid-schizoiden Position ist gefährdet, und so wird das Kind auch beim nächsten Entwicklungsschritt scheitern, bei der Bewältigung der Ängste und Ambivalenzkonflikte der depressiven Positon, in der es eine Beziehung zur Mutter als integriertem (›gutem‹ und zugleich ›bösem‹) Objekt aufbauen muß. Die daraus resultierende Fixierung des Kindes an die paranoid-schizoide Position mit ihren spezifischen Angsterlebnissen und Spaltungsphänomenen setzt die Disposition zur Schizophrenie:

> Wenn Verfolgungsängste sehr stark sind und aus diesem und anderen Gründen das Kind die schizoid-paranoide Position nicht durcharbeiten kann, ist die Durcharbeit der depressiven Position ebenfalls gestört. Dieses Versagen kann zu einer regressiven Verstärkung von Verfolgungsängsten führen und die Fixierungspunkte für schwere Psychosen (d. h. für die Gruppe der Schizophrenien) bilden.[19]

Bei der Erörterung der psychischen Auswirkungen der gestörten Mutterbeziehung auf das kleine Kind galt unser Augenmerk zunächst dem Schicksal des Aggressionstriebes: im Rahmen der defekten Dyade, so ist festzuhalten, profilieren sich in der kindlichen Psyche starke Destruktionswünsche, die begleitet werden von ebenso ausgeprägten Verfolgungsängsten. Welchen Weg nimmt nun die libidinöse Entwicklung?

1.1.3. Die Fixierung des Fusionswunsches

Nach ursprünglicher Auffassung Freuds führt die psychosexuelle Entwickung vom Autoerotismus über den Narzißmus zur Objektliebe in ihren verschiedenen Organisationsstufen, bis hin zur reifen genitalen Objektbeziehung. Der Aufbau libidinöser Objektbesetzungen impliziert demnach eine Abkehr vom Narzißmus; Freud sieht einen Gegensatz zwischen narzißtischer Libido und Objektlibido: »Je mehr die eine verbraucht, desto mehr verarmt die andere.«[20] Dieses Narzißmus-Konzept, das auf einem energetischen Konstanzprinzip basiert (das Freud der Physik entlehnte), ist zentraler Bestandteil von Freuds klassischer Schizophrenietheorie, dem Regressions-Restitutions-Modell.[21] Aus

---

[19] Ebd., S. 102.

[20] »Zur Einführung des Narzißmus«, G. W. X, S. 141.

[21] Freud begriff die Schizophrenie als das Resultat einer konfliktbedingten libidinösen Regression, einer Verwandlung von Objektlibido in narzißtische Libido: »Ein dringendes Motiv, sich mit der Vorstellung eines primären und normalen Narzißmus zu beschäftigen, ergab sich, als der Versuch unternommen wurde, das Verständnis der Dementia praecox (Kraepelin) oder Schizophrenie (Bleuler) unter die Vorausset-

Gründen, die hier nicht im einzelnen erörtert werden können, erwies sich das Narzißmus-Konzept Freuds im Lichte neuerer psychoanalytischer Forschungsergebnisse als revisionsbedürftig – und infolgedessen auch die Schizophrenietheorie Freuds. Wie Kohut u. a. gezeigt haben, ist der primäre Narzißmus nicht nur eine Phase, die durch die Objektliebe abgelöst wird: er ist zugleich Ausgangspunkt einer sich parallel zur libidinösen Entwicklung vollziehenden narzißtischen Entwicklung. In der Objektbeziehung müssen also libidinöse und narzißtische Wünsche unterschieden werden.[22] Ausgehend vom primären Narzißmus, entsteht sowohl eine libidinöse (orale) Objektbesetzung, als auch eine narzißtische Beziehung zum Objekt, bei der sich die primäre Einheit von Ich und Nicht-Ich zerlegt in die komplementären Repräsentanzen eines narzißtischen Subjekts (Größenselbst) und eines narzißtischen Objekts (idealisierte Elternimago).[23] Während die libidinöse Beziehung zum Objekt dem Lustprinzip folgt, stehen die narzißtischen Wünsche im Zeichen des Sicherheitsprinzips; sie zielen auf ein homöostatisches Wohlbefinden, wie es für die Intrauterinexistenz kennzeichnend ist. Narzißtische und libidinöse Objektbeziehungen sind also qualitativ verschieden und müssen – dies ist wichtig für den weiteren Gang unserer Untersuchungen – klar auseinandergehalten werden:

> Die libidinöse Besetzung eines Objekts entspricht inhaltlich einer lustvollen Szene mit Spannungszuständen, ihrer Entlastung und den begleitenden körperlichen Gefühlen der Lust, die narzißtische Besetzung eines Objekts führt zu einer Szene völlig anderen Inhalts mit einem begleitenden ozeanischen Gefühl.[24]

---

zung der Libidotheorie zu bringen. (...) Die der Außenwelt entzogene Libido ist dem Ich zugeführt worden, so daß ein Verhalten entstand, welches wir Narzißmus heißen können. (...) Somit werden wir dazu geführt, den Narzißmus, der durch Einziehung der Objektbesetzungen entsteht, als einen sekundären aufzufassen, welcher sich über einen primären ... aufbaut.« (Ebd., S. 139/40.) Im Zuge der weiteren Entwicklung der psychoanalytischen Theorie (Ichpsychologie, Theorie der Aggression, der Angst und der Abwehrmechanismen) erwiesen diese Auffassungen Freuds sich als korrekturbedürftig. Unsere Trakl-Studie bemüht sich, dem heutigen Kenntnisstand der Psychoanalyse Rechnung zu tragen.

22 »Die Antithese zum Narzißmus ist nicht die Objektbeziehung, sondern die Objektliebe. Was einem Beobachter des sozialen Feldes als Fülle der Objektbeziehungen eines Menschen vorkommen mag, kann dessen rein narzißtisches Erleben der Objektwelt verhüllen.« Heinz Kohut, »Formen und Umformungen des Narzißmus«. In: *Psyche* 20, 1966, S. 563.

23 »Das Gleichgewicht des primären Narzißmus wird durch die unvermeidlichen Begrenzungen mütterlicher Fürsorge gestört, aber das Kind ersetzt die vorherige Vollkommenheit a) durch den Aufbau eines grandiosen und exhibitionistischen Bildes des Selbst: das *Größen-Selbst*; und (b) indem es die vorherige Vollkommenheit einem bewunderten, allmächtigen (Übergangs-)Selbst-Objekt zuweist: der *idealisierten Elternimago*.« H. Kohut, *Narzißmus. Eine Theorie der psychoanalytischen Behandlung narzißtischer Persönlichkeitsstörungen*. Frankfurt/M. 1976, S. 43.

24 Hermann Argelander, *Der Flieger*. Frankfurt/M. 1972, S. 23.

Wie Kohut darlegt, gelingt die allmähliche Umwandlung des primären Narzißmus in die reiferen narzißtischen Konfigurationen (d. h. zunächst: Größenselbst und idealisierte Elternimago) nur unter der Bedingung optimaler Versagung:

> Bei allen geringen Einfühlungsstörungen, Mißverständnissen und Verzögerungen zieht des Kind narzißtische Libido von der archaischen Imago bedingungsloser Vollkommenheit (primärer Narzißmus) ab und erwirbt stattdessen einen Baustein einer inneren psychischen Struktur, die die mütterlichen Funktionen im Dienst der Aufrechterhaltung des narzißtischen Gleichgewichtes übernimmt, z. B. ihr ursprüngliches tröstendes und beruhigendes Verhalten, ihr Angebot körperlicher und affektiver Wärme und andere Arten narzißtischer Zufuhr.[25]

Eine funktionierende Dyade, eine geglückte Synthese von Mutter und Kind, ist also Voraussetzung dieser »strukturwandelnden Verinnerlichung«, durch die das Kind eine Frustrationstoleranz im narzißtischen Bereich entwickelt.

Die anhaltende Versagung narzißtischer Zufuhr, die sich im Falle Trakls im Austausch mit der kalt-abweisenden Mutter ergibt, bedeutet eine traumatische Kränkung des kindlichen Selbstgefühls und beeinträchtigt den Prozeß der Ablösung vom primären Narzißmus. Das von der Mutter enttäuschte Kind hält fest an der phantasierten Szene ozeanischen Daseins, besteht auf seinem primärnarzißtischen Fusionswunsch:

> Übermäßige Befriedigungen rufen ..., genauso wie schwere Frustrationen, regressive Phantasien von Verschmelzung zwischen Selbst und Liebesobjekt hervor. Ein ständiges Zuviel an Befriedigung oder ein Übermaß an Frustration behindern deshalb das Kind bei der Herstellung fester Grenzen zwischen den Objekten und dem Selbst und können von daher die Ich- und Überich-Entwicklung und den normalen Individuationsprozeß stören.[26]

Natürlich wird die Entwicklung des Narzißmus nicht völlig unterbunden, die Scheidung von Selbst und Objekt nicht gänzlich verhindert, doch kommt es hier zu einer primärnarzißtischen Fixierung, die dann die späteren psychischen Transformationsprozesse, vor allem die der ödipalen Phase, beeinträchtigt.

Wir können jetzt zurückkommen auf die Frage nach den Ursachen der Rauschmittelsucht Trakls. Schon während der Schulzeit war Trakl nie ohne irgendwelche Süßigkeiten anzutreffen; ein Freund erinnert sich, daß Trakl sich einmal zu erschießen drohte, als der Zuckerbäcker ihm keinen Kredit mehr geben wollte.[27] Früh entwickelte der Dichter sich zum Kettenraucher; Suchttendenzen manifestieren sich in häufigem exzessivem Alkoholgenuß und schließlich im Griff zu Droge. Spoerri berichtet, daß Trakl »bereits mit fünf-

---

[25] Kohut ('76), S. 85/86.

[26] Edith Jacobson, *Das Selbst und die Welt der Objekte*. Frankfurt/M. 1978, S. 67.

[27] Basil, S. 51.

zehn Jahren seine Zigaretten in Opiumlösung tauchte und sich mit Chloroform selbst zu narkotisieren liebte«, daß er zu diesem Zweck ständig eine kleine Narkoseflasche bei sich trug.[28] Auch die Entscheidung für den Apothekerberuf dürfte Trakl nicht zuletzt unter dem Aspekt des geringeren Zugriffsaufwandes zu Drogen gefällt haben. Kokain und Veronal (als Narcoticum mit Gegenwirkung) wurden schließlich die dauernden Begleiter des Dichters – bis ins Militärhospital Krakau, wo er an einer Kokainvergiftung starb. Die Auffassung Basils, Trakl habe »anfänglich gar kein echtes Bedürfnis nach Rauschgiften gehabt«,[29] erweist sich angesichts dieser Fakten als unhaltbar; der Sachverstand des Psychologen muß zu anderen Schlüssen kommen.

In seinen Ausführungen über die seelischen Ursachen der Rauschmittelsucht wies schon Otto Fenichel darauf hin, daß die Droge als Substitut vermißter mütterlicher Zuwendung fungiere; die Intoxikation wird als Zufuhr von Nahrung und Wärme empfunden und befriedigt den Wunsch nach einem Zustand spannungsfreier Homöostase:

> Süchtige verfügen ... über eine Disposition, auf die Wirkungen von Alkohol, Morphium oder anderen Rauschmitteln in einer besonderen Weise zu reagieren, indem sie nämlich die Wirkungen dieser Mittel dazu verwenden, ein archaisches orales Verlangen zu befriedigen, das ein sexuelles Verlangen, ein Sicherheitsbedürfnis und ein Bedürfnis nach Aufrechterhaltung des Selbstgefühls in einem ist. Ursprung und Wesen der Sucht werden also nicht durch die chemische Wirkung der Rauschmittel bestimmt, sondern durch die seelische Struktur eines Patienten.[30]

Der auf toxischem Wege erreichte Zustand entspricht der primärnarzißtischen Szene mit ozeanischem Wohlbefinden und Omnipotenzgefühl, an die das Kind aufgrund früher Enttäuschungen im Zusammenspiel mit der Mutter fixiert blieb. Auch Kohut sieht die Wurzeln der Sucht in einer Störung der Austauschprozesse der Dyade. Er schreibt über Menschen, die süchtig werden:

> Ihr Trauma ist sehr häufig eine schwere Enttäuschung durch die Mutter, die wegen ihrer mangelnden Einfühlung in die Bedürfnisse des Kindes (und aus anderen Gründen) diese Funktionen nicht ausreichend übernehmen konnte (als Reizschutz; als optimale Quelle benötigter Reize; als Spender von spannungsbehebender Befriedigung und so weiter), die der reife seelische Apparat später überwiegend selbst erfüllen (oder in die Wege leiten) sollte. (...) Die Droge dient ... als Ausgleich für einen Defekt in der psychischen Struktur.[31]

---

28 Spoerri, S. 24.

29 »Höchstwahrscheinlich hat Trakl anfänglich gar kein echtes Bedürfnis nach Rauschmitteln gehabt; auslösende Momente könnten Neugier und die Lust gewesen sein, etwas Verpöntes, Gewagtes zu tun. (...) Oder sollen wir noch einmal an eine literarische, diesmal verhängisvolle Imitation glauben? Wollte er Baudelaires Traum von den ›paradis artificiels‹ nachträumen, um auf solche Art die Kunst des Meisters zu erlernen, ›le patois incomparable de ce siècle‹ zu sprechen?« Basil, S. 49.

30 Fenichel, Neurosenlehre Bd. 2, S. 259.

31 Kohut ('76), S. 66.

Trakls Rauschmittelsucht weist zurück auf die verfehlte Synthese von Mutter und Kind; die Störung der Austauschprozesse in der Dyade, die wir – ausgehend von der emotionalen Frigidität der Mutter – vermuten konnten, wird jetzt faßbar in ihren Folgen. Der Zusammenhang ist nicht zu »beweisen«, doch scheint er aus psychoanalytischer Sicht evident genug.

1.1.4. Der Mythos von der »glücklichen Kindheit« Trakls

Wenn wir die Mutterbeziehung Trakls als eine elementar gestörte, seine frühe Kindheit als eine Phase folgenschwerer psychischer Fehlentwicklung beschrieben haben, so scheinen wir uns damit in Widerspruch zu befinden zur Aussage des Majors Fritz Trakl, der sich an keinerlei Verhaltensauffälligkeiten bei seinem drei Jahre älteren Bruder erinnern konnte: »Georg war ein Kind wie wir anderen auch, fröhlich, wild und gesund.«[32] Haben wir mit unserer Darstellung ein Zerrbild entworfen, eine phantastische innere Biographie konstruiert, die jeder realen Grundlage entbehrt? Es gibt zu denken, daß von Georgs Schwester Gretl, die wie er durch Suizid endete, fast Gleichlautendes berichtet wird: auch sie sei »heiter und unbekümmert« aufgewachsen.[33] In Anbetracht des von Fritz Trakl an anderer Stelle als keineswegs so glücklich geschilderten Verhältnisses von Mutter und Kindern, des Mangels an mütterlicher Wärme, anbetrachts weiterhin der Tatsache, daß Georg und Gretl – wie ihre Mutter – eine Rauschmittelsucht entwickelten, scheinen solche Aussagen wenig glaubhaft. Weiterhin ist bei den Erinnerungen des Majors in Rechnung zu stellen, daß er als Kind wohl nur über eine sehr beschränkte Wahrnehmungsfähigkeit verfügte bezüglich der seelischen Probleme seines Bruders, mit dem die Kontakte offenbar ohnehin nicht besonders eng waren.[34] Und schließlich drängt sich die Vermutung auf, daß es sich bei dem Bild einer problemlosen, glücklichen Kindheit des Dichters um eine diplomatische Fiktion des Majors handelt, der verständlicherweise den inzwischen berühmt gewordenen älteren Bruder dem Verdacht des Pathologischen entziehen und ihn, wie das ganze Innenleben der Familie, vor psychiatrischer Neugier schützen will. Ein Gesprächspartner erinnert sich: »Ja, das Gespräch ist schwierig, der pensionierte Major ist vorsichtig; er hat seine Gründe. Es hat hier Zudringliche gegeben und Verantwortungslose ...«[35] Basil selbst stellt fest, daß die Verwandten

32 Basil, S. 36.

33 Spoerri, S. 39.

34 »Major Trakl hat ... auf die Fragen ›Was für ein Kind war Ihr Bruder Georg? Sie verstanden sich gut mit ihm?‹ eine diplomatische Antwort gegeben: ›Er und ich, wir waren die besten Spielkameraden. Er spielte mit seinen Freunden an den Turngeräten in unserem Garten, ich hatte meine Bleisoldaten.‹«Basil, S. 36.

35 Wolfgang Cordan, zitiert bei Basil, S. 72.

Trakls sich bei heiklen Punkten »auf unzugängliche Positionen zurückzogen«.[36] Es kann allerdings nicht die Alternative sein, sich fehlende biographische Information aus Trakls Gedichten zu besorgen, wie Basil es gelegentlich tut: »Für Trakl selbst bedeutete Kindheit Geborgensein im Fraulichen und Mütterlichen: Ruhig wohnte die Kindheit / In blauer Höhle.«[37] Es wäre ein Leichtes, mit Zitaten aus dem lyrischen Werk auch das Gegenteil zu beweisen.

Wir brauchen uns durch die skizzierten Schwierigkeiten nicht entmutigen zu lassen; es gibt doch eine ganze Reihe gesicherter biographischer Fakten, die Aufschlüsse ermöglichen über das Seelenleben des jungen Trakl. In einem Gespräch mit Karl Röck, das dieser in seinem Tagebuch festhielt, erzählt Georg Trakl Ende 1912 selbst von seiner Kindheit; seine Hinweise sind vor dem Hintergrund unserer Überlegungen recht bedeutsam und geeignet, die Erinnerungen des Bruders zu korrigieren:

> Trakl erzählt, wie er sich vor rasende Pferde geworfen; wie ihn Wasser magisch anzog; wie man ihn mit zwei Jahren noch für blöd gehalten, wie seine Mutter ihn im Opiumrausch ... [38]

Betrachten wir diese biographischen Fakten der Reihe nach genauer. Vor »rasende Pferde« habe er sich geworfen: Trakl zeigte als Kind eine auffällige Bewegungsabneigung, die verbunden war mit einer Tendenz zu Panikreaktionen; dies ging soweit, daß er nicht nur, wie bei Röck vermerkt, einen scheuenden Rappen, sondern sogar einen Eisenbahnzug in seiner Bewegung stoppen wollte. Dieser Vorfall, der vom unbefangenen Biographen als eine kuriose lebensgeschichtliche Episode erwähnt wird, den andererseits traditionelles psychiatrisches Denken zurückführt auf natürlich Bedingtes, auf die angeborene Körperkonstitution Trakls, [39] entpuppt sich bei psychoanalytischer Betrachtung als ein Symptom der gestörten Mutter-Kind-Beziehung. Kohut bringt einen solchen Mangel an Fähigkeit zur Reizverarbeitung in Zusammenhang mit einer Fehlfunktion der Dyade:

> Sehr frühe Störungen in der Beziehung zum idealisierten Objekt führen anscheinend zu einer allgemeinen Strukturschwäche ... die weitgehend die Fähigkeit des

---

[36] Basil, ebd.

[37] Ebd., S. 17.

[38] Hans Szklenar, »Beiträge zur Chronologie und Anordnung von Georg Trakls Gedichten auf Grund des Nachlasses von Karl Röck.« In: *Euph.* 60, 1966, S.227.

[39] »Wenn man von der äußeren Erscheinung Trakls ausgeht, so zeigt sich, daß nach den von E. Kretschmer festgestellten psychophysischen Korrelationen dem athletischen Körperbau Trakls gewisse Eigentümlichkeiten des viskösen Temperaments entsprechen, und zwar findet sich neben allgemeiner Tenazität die bedächtig-behutsame Psychomotorik, die einerseits eine deutliche Bewegungsabneigung zeigt, auf der anderen Seite jedoch die für die Polarität dieses Formenkreises typische Tendenz zu explosiven Kurzschlußreaktionen in sich schließt.« Spoerri, S. 88.

psychischen Apparates beeinträchtigt, ein grundlegendes narzißtisches Gleichgewicht zu erhalten. Ein so geschädigter Mensch leidet an einer diffusen narzißtischen Verwundbarkeit.[40]

Die Neophobie, ein ängstliches Bemühen um die Bewahrung von Ordnung und Gleichheit, ist bei frühkindlichen Entwicklungsstörungen häufig zu beobachten; diese panische Veränderungsangst deutet auf eine mangelhaft ausgebildete Reizschranke, eine Störung der Reizverarbeitungsfunktion.[41] Bezeichnenderweise tritt dieses Symptom auch im präpsychotischen Stadium bei Erwachsenen auf; Searles stellt fest, »daß einer der Hauptgründe für die Angst des Einzelnen vor Veränderung darin zu suchen ist, daß jede Veränderung droht, ihn seines Identitätsgefühls zu berauben, das um diese Zeit bereits auf sehr schwachen Füßen steht«.[42] Buschbeck schreibt in seinem Requiem für den Dichter: »Im Knaben erwacht ein Haß ... gegen das stete Sichändern des ruhend Geliebten. Als den Feind erkennt er am Grunde überall die Bewegung.«[43] Basil sieht in dieser Bewegungsabneigung des Jungen, seinem Bedürfnis nach Statik, das Anzeichen einer früh erwachten ästhetischen Sensibilität für »Maß und Gesetz«, einer Sensibilität, zu deren Entfaltung die Antiquitätensammlung der Mutter wesentlich beigetragen habe.[44] Damit verharmlost der Biograph die Bedeutung des Symptoms, verschleiert er die wirklichen Zusammenhänge: die Angst des Kindes vor schneller Bewegung legt Zeugnis ab von einer Störung seiner seelischen Entwicklung, von der frühen Bedrohung der Psyche Georg Trakls. Was das Bemühen des Dichters um »Maß und Gesetz« mit dieser seelischen Bedrohung zu tun hat, das wird uns noch eingehend beschäftigen.

Wie Trakls Angst vor schneller Bewegung, so ist auch seine mimosenhafte Empfindlichkeit ein Anzeichen der gestörten psychischen Entwicklung. Diese Empfindlichkeit steigert sich bei Trakl bis zu einem Gefühl der Unberührbarkeit seines Körpers; Buschbeck erinnert sich, daß der Dichter »wahnsinnig zu

---

40 Kohut ('76), S. 67.

41 Die Neophobie findet sich auch bei dem von Kanner ('43) beschriebenen frühkindlichen Autismus, der seine Ursache hat in einer hirnorganisch bedingten Reizverarbeitungsstörung. Das hieraus resultierende autistische Syndrom (Kontaktstörung, Objektfixierung, dissoziierte Entwicklung der Intelligenz, sensorische Abnormitäten etc.) ist also genetisch anders zu beurteilen als die ähnliche Symptomatik des frühkindlich frustrierten Kindes: die Störung der Dyade ist nicht der Mutter anzulasten, sondern auf die zerebrale Teilleistungsstörung beim Kind zurückzuführen. Aufgrund von Frustrationen der Mutter kann sich freilich eine sekundäre Neurotisierung der Beziehung ergeben. Vgl. dazu Lempp ('73).

42 Harold F. Searles, *Der psychoanalytische Beitrag zur Schizophrenieforschung*. München 1974, S. 173.

43 »Georg Trakl – Ein Requiem.« In: *Erhard Buschbeck. Mimus Austriacus. Aus dem nachgelassenen Werk*. Hg. v. Lotte v. Tobisch, Salzburg/Stuttgart 1962, S. 59.

44 Vgl. Basil, S. 28/29.

werden« drohte, als er bei einer nächtlichen Auseinandersetzung einen leichten Schlag erhielt.[45] Karl Röck berichtet aus dem Jahre 1912, daß Trakl seine mit Mühen erlangte Stellung als Apotheker im Heeresdienst deshalb verlor, weil er sich aus banalem Anlaß (er wurde beschuldigt, auf den Boden gespuckt zu haben) maßlos empörte und in eine heftige Auseinandersetzung mit einem Offizier geriet.[46] Solche narzißtischen Wutausbrüche fallen bei Trakl schon im Kindheitsalter auf. Spoerri berichtet von deutlichen Verhaltensstörungen des Kindes, einer auffällig flackernden Stimmung, plötzlichen Zornesanfällen; zweifellos übersteigt es die Ausmaße einer gewöhnlichen kindlichen Trotzreaktion, wenn der Junge seinem Mißfallen an dem ihm vorgesetzten Essen dadurch Ausdruck verschafft, daß er den Teller samt Inhalt auf die Straße wirft.[47] Solche Zornesausbrüche des Knaben deuten zurück auf die im frühen Austausch mit der Mutter erlittene Kränkung des kindlichen Narzißmus, auf eine seelische Beschädigung, deren Kennzeichen nach Kohut bestehen »in einer Überempfindlichkeit gegen Störungen des narzißtischen Gleichgewichtes ... mit einer Neigung, auf die Ursachen narzißtischer Beeinträchtigung mit einer Mischung von totalem Rückzug und rachsüchtiger Wut zu reagieren.« [48]

»Die Verletzbarkeit Trakls wird durch eine ebenso große Unempfindlichkeit und Rücksichtslosigkeit gegenüber anderen kontrastiert«, schreibt Spoerri, und er zitiert in diesem Zusammenhang Karl Röck: «... er kannte keine Art von Gefühlen«.[49] Aus diesem Grunde kündigte Röck dem Dichter wiederholt die Freundschaft auf. Auch Ludwig von Ficker spricht in einem Brief vom 28.IV.1913 von der Härte Trakls, davon, daß ihn oft »ein Ungerechtes« und »ein Unbarmherziges« getroffen haben, und fährt dann fort:

> Und wenn es bisweilen geschah, daß ich unter der Schwere eines Wortes, das von Ihren Lippen fiel, plötzlich zu leiden hatte und Feindliches, schwerunterdrückt, in mir aufstehen wollte, so genügte mir oft schon ein Blick auf Ihre Stirne oder auf die seltsame Entrücktheit Ihres Gegenübersitzens, um zu fühlen, daß das Wort aus einer Tiefe gekommen war, die gar nicht mehr zu Ihnen gehörte ... (II,762)

Mimosenhafte Empfindlichkeit auf der einen Seite, fehlendes Einfühlungsvermögen und rücksichtslose Härte auf der anderen – diese Charakterzüge Trakls bilden sich keimhaft schon im frühen Austausch mit der Mutter:

> Die schwersten Mängel der Einfühlung ... sind *primärer* Natur; d. h. sie sind Folgen narzißtischer Fixierungen und Regressionen insbesondere im Bereich der archaischen Stufen der Entwicklung des Selbst. Sie können frühen Störungen der Mutter-Kind-Beziehung zugeschrieben werden (als Folge affektiver Kälte der Mutter, des

[45] Buschbeck, S. 63.
[46] Basil, S. 117.
[47] Spoerri, S. 23.
[48] Kohut ('76), S. 86.
[49] Spoerri, S. 32.

Fehlens eines beständigen Kontaktes mit der Mutter, der angeborenen affektiven Kälte des Kleinkindes oder des Rückzuges der Mutter von einem wenig ansprechbaren Kind usw.)[50]

Im Rahmen einer gestörten Interaktionsdyade vermag das Kind kein empathisches Vermögen zu entwickeln, und damit ist bereits die Voraussetzung geschaffen für das Mißlingen späterer zwischenmenschlicher Beziehungen, für das Mißlingen von Intersubjektivität: »Die affektive Wahrnehmung anderer Menschen ist durch die frühe Störung der Mutter-Kind-Beziehung dauerhaft gehemmt.«[51]

Betrachten wir nun den zweiten Punkt aus Röcks Tagebuchaufzeichnung: Trakl erzählt von der magischen Anziehungskraft, die das Wasser auf ihn ausgeübt habe. Auch Anderen gegenüber behauptete der Dichter, »bis zu seinem zwanzigsten Lebensjahr von der Außenwelt nichts als das Wasser bemerkt zu haben«.[52] Diese Formulierung des Dichters ist zweifellos überspitzt, doch unterstreicht sie eben dadurch die außergewöhnliche Bedeutung, die das Wasser für ihn besaß. Die unwiderstehliche Anziehungskraft dieses mütterlichen Elementes auf Trakl ist ein weiterer gewichtiger Hinweis auf die Störung der frühen Mutter-Kind-Beziehung. Der frustrierende Austausch mit der Mutter verhinderte die Abkehr des Kindes vom primären Narzißmus, seine vertrauensvolle Zuwendung zum Objekt; die Wasser-Fixierung Trakls ist, wie seine Rauschmittelsucht, Symptom einer psychosexuellen Entwicklungsstörung, Ausdruck seines Festhaltens am ozeanischen Verschmelzungswunsch. Was Horkheimer im Hinblick auf die ödipale Situation feststellt, gilt in viel stärkerem Maße für die schon im Elementarstadium mißglückte Einigung mit der Mutter: »... die gehemmte Neigung zur Mutter kehrt in der schwärmerischen, sentimentalen Empfänglichkeit für alle Symbole dunkler, mütterlicher, erhaltender Mächte wieder.«[53] Im Krakauer Krankenblatt wird berichtet von einem Selbstmordversuch Trakls im Alter von fünf Jahren, von einem Suizidversuch durch Ertrinken: »Als Kind versuchte OB. sich selbst zu töten. Zum ersten Mal als 5jähriges Kind in's Wasser gesprungen« (II,729). Diesen Vorfall, der auch anderweitig verbürgt ist, suchte man zu trivialisieren, mit einer »Geistesabwesenheit« des Jungen zu erklären:

Wie früh er schon zu versunkener und abwesender Stimmung neigte, ist u. a. auch daraus ersichtlich, daß er einmal im Alter von ungefähr acht Jahren, ohne zu sehen,

---

50 Kohut ('76), S. 339/40.

51 Marina Neumann-Schönwetter, *Psychosexuelle Entwicklung und Schizophrenie.* Frankfurt/M. 1973, S. 85.

52 Spoerri, S. 31.

53 Max Horkheimer, »Autorität und Familie«. In: *Traditionelle und kritische Theorie. Vier Aufsätze.* Frankfurt/M. 1968, S. 224/25.

wohin er lief, in einen Teich hineinspazierte, und nur sein großer, auf dem Wasser schwimmender Hut zeigte, wo er verschwunden und wieder heraufzuholen war.[54]

Die eigenen Aussagen Trakls legen eine andere Interpretation des Geschehens nahe. Plausibler scheint hier die Einschätzung Neumanns:

> Offenbar ist dies gut verbürgte Geschehen Ausdruck einer psychotischen Situation, besonders wenn man weiß, wie schwer diese Art von Selbstmord ist, das heißt, wie groß die Kraft der inneren Sehnsucht ›ins Wasser‹ schon bei dem Kinde gewesen sein muß.[55]

Der Junge versucht, den ihn beherrschenden Wunsch nach Rückkehr in den Schoß der archaischen Mutter auszuagieren, ihn in die Tat umzusetzen – mit lebensbedrohenden Konsequenzen.

Der narzißtischen Fixierung Trakls an die archaische Mutterrepräsentanz steht kontrastiv gegenüber sein aggressiver Bezug zur realen Mutter als der zentralen frustrierenden Gestalt; Ludwig v. Ficker gegenüber bemerkt Trakl einmal, daß er die Mutter bisweilen so sehr gehaßt habe, »daß er sie mit eigenen Händen hätte ermorden können«.[56] Auch Spoerri kommt zum Schluß, daß sich bei Trakl ein Mutterbild entwickelte, »in dem Aggressionen gegenüber den normalen kindlichen Regungen die Oberhand hatten«.[57] Für den weiteren Gang unserer Untersuchungen bleibt indessen ausdrücklich festzuhalten, daß nicht von *einem* Mutterbild Trakls gesprochen werden kann; charakteristisch für ihn ist gerade der scharfe Gegensatz zwischen einer primärnarzißtisch verzeichneten Mutter-Imago (die Mutter als diffuses Versorgungsobjekt), an die sich ozeanische Wünsche knüpfen (vgl. die Bedeutung des Wassers für Trakl), und einem deutlich konturierten, aggressiv besetzten Mutterbild. Das Triebprofil, das sich bei dem Kind im Austausch mit der kaltabweisenden Mutter herausbildet, ist einerseits gekennzeichnet durch eine Prävalenz aggressiver Regungen, die begleitet werden durch entsprechend

---

54 Spoerri, S. 23. – Man kann geteilter Meinung sein darüber, wie erschöpfend die Dokumentation einer historisch-kritischen Ausgabe zu sein habe. In seinem Forschungsbericht stellt Kemper ('71, S. 507) die Frage, ob es sinnvoll sei, auch das Freischwimmerzeugnis in die Trakl-Edition aufzunehmen (II,639). Eben dieses belanglose Dokument gewinnt nun aber im gegebenen Zusammenhang doch einiges Gewicht, wenn es darum geht, Trakls eigene Aussage (Suizidversuch mit fünf Jahren) abzuwägen gegen die von Spoerri wiedergegebene Darstellung der Verwandten (Geistesabwesenheit des Achtjährigen). Diese an sich schon nicht sehr überzeugende Version verliert weiter an Glaubwürdigkeit, wenn wir erfahren, daß Trakl schon mit sieben Jahren schwimmen konnte: den aus Versehen in den Teich gefallenen achtjährigen Knaben hätte man wohl kaum aus dem Wasser »heraufholen« müssen.

55 Erich Neumann, »Georg Trakl. Person und Mythos.« In: E. N., *Der schöpferische Mensch*. Zürich 1959, S. 251.

56 Spoerri, S. 42.

57 Ebd., S. 90.

starke Verfolgungsängste; andererseits hält das von der Mutter enttäuschte Kind fest am primärnarzißtischen Verschmelzungswunsch, entwickelt also keine stabilen Ich-Grenzen. Es verfügt nur über eine geringe Frustrationstoleranz, reagiert auf narzißtische Kränkungen mit Wutausbrüchen. Im Rahmen der gestörten Mutter-Kind-Dyade erhält die Persönlichkeit des Dichers ihre grundlegende Prägung: Georg Trakl wird zu einem mißtrauischen, aggressiven Menschen. Die frustrierende und verfolgende Brust ist das Vorbild aller späteren Objekte, die Keimzelle des sich entwickelnden Weltbildes; dieses Kind wächst auf in einer aggressiv verzeichneten Welt. Die Aggressivität des Knaben ist gut dokumentiert, sie klingt auch in der Erinnerung der Geschwister mehrfach an. Fritz Trakl charakterisiert seinen Bruder als »wild«, und Frau Geipel setzt – nicht weniger vorsichtig formulierend – hinzu, Georg sei »seiner robusten Natur entsprechend, besonders derb und ausgelassen gewesen und habe vornehmlich den zwei älteren Schwestern mit Püffen und Kneifen zugesetzt«.[58] Auf seine Gesprächspartner machte der Dichter einen »dämonisch aggressiven« Eindruck; es wird berichtet, »daß man sich bei seinem Anblick gefragt habe, ob er einem nicht unversehens gefährlich werden könne«.[59] Die aggressive Kompenente in der Persönlichkeit Trakls macht sich allenthalben bemerkbar.

Wie die Aggressivität, wo wird bei Trakl schon früh auch die Tendenz zu narzißtischem Rückzugsverhalten deutlich. Beim Kind schon fiel die Neigung zu Geistesabwesenheit und Selbstversunkenheit auf; dieser Charakterzug macht sich die ganze Lebensgeschichte Trakls hindurch bemerkbar und schlägt schließlich bei der Schizophreniediagnose als psychopathologisches Symptom, als Autismus zu Buch. Erhard Buschbeck, der Trakl in der Volksschulzeit kennenlernte, konnte schon damals bei seinem Mitschüler »ein Sichfernhalten von den andern, ein scheues Absonderungsbedürfnis« feststellen.[60] Karl Borromäus Heinrich, ein Freund Trakls aus dem Brenner-Kreis, bringt in seinen Erinnerungen das gleiche Gefühl der Fremdheit zum Ausdruck:

> Man konnte ihn nicht kennenlernen, wie man gemeinhin anderer Leute Bekanntschaft macht, nämlich indem man an irgendwas anknüpft; denn seine Erscheinung bot keine Anknüpfungspunkte.[61]

Auch die nächsten Freunde Trakls vermochten dem verschlossenen Dichter nicht innerlich nahe zu kommen: »... ihn nach Persönlichem, Intimem zu fragen, hat keiner gewagt.«[62] Auf Annäherung reagierte Trakl mit scheuem

58 Basil, S. 36.
59 Spoerri, S. 32/33.
60 Basil, S. 37.
61 »Die Erscheinung Georg Trakls«. In: Erinnerung ..., S. 113.
62 Spoerri, S. 31.

Rückzug oder mit Aggressivität, und nicht selten führte diese Distanziertheit zu offenen Differenzen mit den Freunden. Der tiefe Eindruck, den Trakls Verschlossenheit bei Anderen hinterließ, spiegelt sich in Berichten, in denen die Rede ist von seinem maskenhaft steinernen Gesicht und seiner »leisen, eintönigen Stimme, die wie aus einer Höhle kam«.[63] Trakl umgab sich mit einer schützenden Mauer der Abwehr, seine Persönlichkeit zeigt deutlich schizoide Züge. Kohut rechnet eine solche schizoide Abwehrorganisation den Borderline-Zuständen zu, erachtet sie als charakteristisch für Persönlichkeiten, die von einem psychotischen Zusammenbruch bedroht sind. Das labile Ich sucht sich durch Distanzierung zu versichern gegen die Gefahr einer durch narzißtische Kränkung ausgelösten unkontrolliert-psychotischen Regression:

> Die schizoide Abwehrorganisation ist das Ergebnis der (vor-)bewußten Wahrnehmung eines Menschen, daß er nicht nur narzißtisch verwundbar ist, sondern auch und spezifischer, daß eine narzißtische Kränkung die Gefahr einer unkontrollierten Regression auslösen kann ... Diese Menschen haben daher gelernt, sich von anderen zu distanzieren, um die spezifische Gefahr zu vermeiden, die eine narzißtische Kränkung für sie darstellen würde.[64]

Diese Distanzierung dient indessen nicht nur zum Schutz des Selbst vor narzißtischer Kränkung und Verfolgung (vgl. das »Ur-Mißtrauen«), sondern auch zum Schutz des Anderen vor den eigenen destruktiven Regungen. Die narzißtische Verwundbarkeit Trakls, sein Rückzugsverhalten, seine Aggressivität, seine Wasser-Fixierung und sein Haß auf die Mutter: dieses Bündel eigentümlicher Persönlichkeitsmerkmale weist zurück auf die verzerrte seelische Entwicklung Trakls im frühen Kindheitsalter. Es ist das Syndrom nicht einer organischen, sondern einer sozialen Störung: der verfehlten Synthese von Mutter und Kind.

Betrachten wir schließlich noch den dritten bei Röck vermerkten Punkt: Trakl erzählt seinem Freund, daß man ihn mit zwei Jahren noch für »blöd« gehalten habe. Da der Nachlaß von Karl Röck erst im Zuge der editorischen Arbeit Killys und Szklenars der Trakl-Forschung zur Kenntnis kam, blieb dieses vorher unbekannte biographische Faktum bislang undiskutiert. Der Bemerkung Trakls dürfen wir wohl entnehmen, daß seine frühkindliche Entwicklung nicht den Erwartungen gemäß verlief und so auffällig retardierte, daß man zunächst das Vorliegen einer Debilität vermutete. Diese Entwicklungsstörung des Kindes ordnet sich, gemeinsam mit den anderen besprochenen Symptomen, gemeinsam auch mit der verbürgten emotionalen Frigidität der Mutter, ein in das von uns gezeichnete Bild einer gravierend gestörten Interaktionsdyade. Nicht nur Melanie Klein hat Zusammenhänge aufgezeigt

---

63 Ebd.
64 Kohut ('76), S. 29.

zwischen einer defizienten frühkindlichen Mutterbeziehung, Triebschicksalen und der intellektuellen Entwicklung:

> Übertriebene Verfolgungsängste und schizoide Mechanismen in früher Kindheit können nach meiner Erfahrung einen schädlichen Einfluß auf die Anfangsstadien der intellektuellen Entwicklung haben.[65]

Auch Spitz hat in seinen oben schon erwähnten Hospitalismus-Studien dargelegt, daß bei mangelhafter mütterlicher Betreuung des Kindes ein psychophysischer Entwicklungsstillstand eintreten kann. Mangelhafte mütterliche Betreuung: als ein letzter Mosaikstein fügt sich in das Bild die Tatsache, daß die Gouvernante im Leben Trakls erst dann als mögliche Ersatz-Mutter in Erscheinung trat, als er bereits drei Jahre alt war. Bis zu diesem Zeitpunkt aber hatten sich längst gravierende seelische Beschädigungen ergeben, hatte das Kind ein Ur-Mißtrauen erworben, waren die Grundzüge seines Triebprofils bereits festgelegt.

Ein normales Kind, »fröhlich, wild und gesund«: dieses Bild einer glücklichen, unbeschwerten Kindheit Trakls darf wohl als gründlich widerlegt gelten. Aus allen diskutierten Einzelheiten ergibt sich ein völlig anderer Gesamteindruck: das Bild einer schwer gestörten Mutter-Kind-Dyade, die der Ausgangspunkt ist einer verzerrten seelischen Bildungsgeschichte. Dieser Befund wird bedeutsam, wenn wir uns die Kontroverse über die Ätiologie der Schizophrenie in Erinnerung rufen: nach traditionellem psychiatrischem Verständnis setzt ein endogener Krankheitsprozeß meist während der Pubertät seine psychologisch nicht ableitbaren Symptome. Die Psychose gilt hier als ein Krankheitsgeschehen, das unvermittelt, als etwas Neues, in das Seelenleben des Patienten eingreift, eigenen Verlaufsregeln folgt, verändert und zerstört. In den Trakl-Biographien hat sich der Topos von der erschreckenden pubertären Zäsur im Leben des Dichters eingebürgert, ein Topos, der zurückgeht auf Äußerungen Bruckbauers, wonach die Persönlichkeit Trakls »sich in der Pubertätszeit ruckartig und gründlich änderte«.[66] Trakl, bis dahin ein »sonniger Junge«, sei mit einem Mal »mürrisch, zänkisch, arrogant, selbstbewußt und lebensüberdrüssig« geworden.[67] Dazu ist zunächst zu bemerken, daß in der seelischen Entwicklung jedes Jugendlichen natürlich die Pubertät einen merklichen Einschnitt bedeutet, eine gewisse Wesensveränderung mit sich bringt. Sodann wird der Darstellung Bruckbauers von Buschbeck und Minnich ausdrücklich widersprochen: sie sehen keine Zäsur, sondern einen »langsamen und allmählichen Übergang«.[68] Und schließlich kann auch Bruck-

---

[65] Klein ('72), S. 111.
[66] Spoerri, S. 23.
[67] Ebd.
[68] Ebd.

bauer, der (im Gegensatz zu Buschbeck) Trakl ohnehin erst als Elfjährigen kennenlernte, nicht umhin, eine schon vor diesem angeblich so grundlegenden Wandel bestehende Verschlossenheit und Zurückhaltung seines Mitschülers einzuräumen – was das »sonnige« Wesen des jungen Trakl doch wohl in Frage stellt.[69] Theodor Spoerri, der seine Schizophreniediagnose u.a. auf den »Eindruck des Prozeßhaften« stützt, mag sich verständlicherweise mit den doch eher auf eine Entwicklungskontinuität deutenden Aussagen Minnichs und Buschbecks weniger befreunden als mit Bruckbauers Hinweis auf einen »Knick in der Lebenslinie«, der den »Ausbruch« der Psychose, den Beginn des endogenen Prozesses markieren würde – und damit den Beginn einer Krankheitsgeschichte im medizinisch-naturwissenschaftlichen Sinn.[70] Auch Christa Saas übernimmt in ihrer Trakl-Biographie von 1974 weiterhin unreflektiert den Mythos von der glücklichen Kindheit Trakls und von der seine Entwicklung schicksalhaft zum Schlimmen wendenden pubertären Zäsur: »Seit der Pubertät scheint sich bei Trakl ... eine entscheidende Veränderung seines Wesens vollzogen zu haben: der fröhliche, offene Junge wurde mürrisch, zurückgezogen und arrogant.«[71] Die Passion des Georg Trakl beginnt nicht erst in der Pubertät – Symptome des Leidens sind schon bei dem Kinde nicht zu übersehen.

1.2. Die mißglückte Lösung des Ödipuskonfliktes

1.2.1. Die Bedeutung des ödipalen Konfliktes

Die frühe Kindheit Trakls stellte sich uns dar als ein mißglückter erster Sozialisationsschritt, als eine Phase psychosexueller Fehlentwicklung. Zwei Aufgaben vermochte die Mutter des Dichters nicht zu erfüllen: das Kind zu bewahren vor übermäßigen Destruktionswünschen und Verfolgungsängsten, sowie seine Abkehr vom primärnarzißtischen Fusionswunsch zu bewerkstelligen. Verfolgen wir nun die Passionsgeschichte des Georg Trakl weiter, so rückt als ihre zweite Station in den Blick das ödipale Familiendrama, in das das Kind verstrickt wird, sobald es der Dyade entwächst. Der Ödipuskonflikt nimmt die Schlüsselstellung ein für den gesamten weiteren Sozialisationsprozeß des Individuums: im Durchgang durch diese Krise eignet das Kind sich nämlich seine primären Rollen an, die Geschlechts- und die Generationsrolle. Die Geschlechtsrollenkategorisierung blockiert für den Knaben die einseitige

---

69 Ebd.
70 Ebd.
71 Christa Saas, *Georg Trakl.* Stuttgart 1974, S. 29.

Identifikation mit der Mutter, während die Generationsrollenkategorisierung ihm die Übernahme der Vaterrolle gegenüber der Mutter verwehrt. Die Definition der Geschlechtsidentität bei gleichzeitiger Errichtung der Generations- und Inzestschranke ist die Voraussetzung für eine spätere Lösung des Kindes aus den familialen Bindungen, für seine heterosexuelle, extrafamiliale Objektwahl; es kommt damit zu einer Internalisierung der elterlichen Autorität, wodurch das Kind überhaupt erst zu einer selbständigen Verhaltenssteuerung befähigt wird. Produktiv bewältigt wird der Ödipuskonflikt, indem der Knabe angesichts der Kastrationsdrohung des Vaters seine inzestuösen Wünsche gegenüber der Mutter aufgibt und sie ersetzt durch Identifikationen; durch Internalisierung der Elternautorität bildet sich die psychische Instanz des Überich:

> Die ins Ich introjizierte Vater- oder Elternautoriät bildet dort den Kern des Über-Ichs, welches vom Vater die Strenge entlehnt, sein Inzestverbot perpetuiert und so das Ich gegen die Wiederkehr der libidinösen Objektbesetzung versichert. Die dem Ödipuskomplex zugehörigen libidinösen Strebungen werden zum Teil desexualisiert und sublimiert, was wahrscheinlich bei jeder Identifizierung geschieht, zum Teil zielgehemmt und in zärtliche Strebungen verwandelt.[72]

Das Gelingen dieses eminent wichtigen psychosexuellen Entwicklungsschrittes hängt also ab von der Durchsetzung des väterlichen Inzestverbotes und vom Ingangkommen der komplexen Identifikationsprozesse des vollständigen (positiven und negativen) Ödipuskonfliktes; mit der Lösung dieses Konfliktes hat das Kind eine neue Stufe psychischer Organisation erreicht:

> So kann man als allgemeinstes Ergebnis der vom Ödipuskomplex beherrschten Sexualphase einen Niederschlag im Ich annehmen, welcher in der Herstellung dieser beiden, irgendwie miteinander vereinbarten Identifizierungen besteht. Diese Ichveränderung behält ihre Sonderstellung, sie tritt dem anderen Inhalt des Ichs als Ichideal oder Über-Ich entgegen.[73]

Eine Störung dieser ödipalen Entwicklung hingegen ist von unmittelbarer Bedeutung für das Mißlingen der weiteren Sozialisation, das Mißlingen der Identitätsbildung, für das Zustandekommen neurotischer und psychotischer Störungen.

Nun leuchtet es ein, daß diese komplizierten ödipalen Bildungsprozesse nur dann in befriedigender Weise ablaufen können, wenn das Kind nicht schon aus dem frühen Austausch mit der Mutter eine seelische Deformation mitbringt. Die adäquate Lösung des Ödipuskonfliktes hängt sowohl ab von diesen subjektiven Voraussetzungen, der präödipalen Entwicklung des Kindes, als auch von den objektiven Gegebenheiten, unter denen es diesen Konflikt

---

72 Sigmund Freud, »Der Untergang des Ödipuskomplexes«, G. W. XIII, S. 399.

73 Ders., »Das Ich und das Es«, G. W. XIII, S. 262.

durchzuarbeiten hat, davon, ob innerhalb einer intakten familialen Triade die notwendigen emotionalen Austauschprozesse gewährleistet sind, die zu den entsprechenden Identifikationen führen sollen:

> Der Untergang des Ödipuskomplexes hat spezifische Bedingungen; dazu gehört die relativ gelungene Lösung präödipaler Probleme, die die Entwicklung eines Ich begünstigt, das den Anforderungen der infantil-genitalen Phase genügen kann. Die Voraussetzung dafür bildet eine Mutter-Kind-Beziehung, die das Bedürfnis nach Nähe und Distanz dialektisch versöhnt und in die der Vater mit einbeschlossen ist.[74]

Wenn wir nun die ödipale Bildungsgeschichte Georg Trakls erörtern wollen, so müssen wir einerseits also die äußere Situation der Kernfamilie betrachten, die Wechselbeziehungen innerhalb der Triade analysieren, andererseits überlegen, inwiefern all das, was wir im letzten Abschnitt über die Störung der Dyade und das frühe Schicksal der Triebe herausgefunden haben, als wirksames Moment eingreift in die Dynamik des ödipalen Dramas. Werfen wir zunächst einen Blick auf die äußeren sozialen Gegebenheiten.

1.2.2. Die Desintegration der Triade

Das soziale Feld, in dem die Persönlichkeit des Dichters sich heranbildet, ist charakterisiert durch markante Beziehungsstörungen. Wie schon das frühe Zusammenspiel von Mutter und Kind folgenschwere Defizienzen erkennen ließ, so ist auch die Beziehung zwischen Vater und Mutter deutlich gestört. Fritz Trakl berichtet von den Einsamkeitsgefühlen und Kontaktschwierigkeiten seiner Mutter:

> Sie fühlte sich unverstanden, von ihrem Mann, von ihren Kindern, von der ganzen Welt. Ganz glücklich war sie nur, wenn sie allein mit ihren Sammlungen blieb – sie schloß sich dann tagelang in ihre Zimmer ein.[75]

Demgegenüber wird Tobias Trakl geschildert als unproblematischer, bedächtiger Mensch, dessen hauptsächliches Interesse seiner Eisenwarenhandlung galt und der »vom Leben neben dem beruflichen Erfolg nicht mehr als etwa ein Tarokspiel im Café oder ein Glas Wein des Abends verlangte«.[76] Aus dem vorliegenden biographischen Material ist es nun nicht ersichtlich, inwieweit dem Vater das Unglück seiner Ehefrau überhaupt zu Bewußtsein kam, ihm die eheliche Disharmonie zum Problem wurde – Fritz Trakl betont die unbeschwerte, ausgeglichene, lebensfrohe Natur seines Vaters. »Der Haushalt wurde patriarchalisch und, wie es scheint, ohne sonderliche Reibungen geführt«, schreibt

---

74 Neumann-Schönwetter, S. 136.
75 Basil, S. 17.
76 Spoerri, S. 42.

Basil.[77] Die Unvereinbarkeit der Charaktere, das Fehlen emotionaler Solidarität zwischen den Eltern liegt klar zutage; »reibungslos« kann eine solche Ehe nur verlaufen, wenn die bestehenden Konflikte nicht ausgetragen werden, Auseinandersetzungen vermieden werden: durch eine Strategie wechselseitiger Distanzierung der Ehepartner. Jeder geht seine eigenen Wege; der Vater widmet sich seiner Eisenwarenhandlung, die Mutter zieht sich zurück in das Schneckenhaus ihrer Antiquitätensammlung: »Sie lebte ein Leben für sich, teilte es nur selten mit der Familie, und die Kinder verspürten dies weit mehr als der mitten im geschäftlichen Leben stehende und von ihm stark beanspruchte Vater.«[78] Das eheliche Schisma, das Fehlen wechselseitiger Verständigung zwischen den Eltern ist unübersehbar; Basil stellt fest, daß Georg »den Riß im Gefüge der Familie schmerzhaft empfunden« hat.[79] Es ist jedoch nicht damit getan, die schismatische Ehe der Eltern als eine »schmerzliche Erfahrung« des Jungen zu bezeichnen und diese als biographisches Faktum abzubuchen: der Riß in der Elternkoalition definiert ein pathogenes Sozialisationsfeld, wird zu einem wichtigen Moment der verzerrten seelischen Bildungsgeschichte Georg Trakls.

Bis auf das Klavierspiel, das von der Mutter überwacht wurde, war die Erziehung des Jungen delegiert an die Gouvernante. Über sie berichtet Basil: »Marie Boring wird als kluge, energische, sehr bigotte Person geschildert, sie war eine strenggläubige, beinahe fanatische Katholikin.«[80] Ihre pädagogische Praxis orientierte sich an den damals geltenden autoritären Leitbildern und war getragen von einem ausgeprägten religiösen Sendungsbewußtsein:

> Frl. Boring erzog die Kinder mit glühender, nach außen hin strenger Liebe. Abgesehen davon, daß sie immer wieder versuchte, ihre Schutzbefohlenen in katholischem Sinn zu beeinflussen, was zu allerlei Verwicklungen führte, scheint sie sich an die klassischen Regeln französischer Erziehungskunst ... gehalten zu haben.[81]

Aufgrund des Missionseifers von »Mademoiselle« kam es offenbar zu Differenzen; sie gab schließlich ihre Stellung im Hause Trakl vorübergehend auf und wurde für die Dauer von zwei Jahren durch eine andere französische Gouvernante ersetzt. Fritz Trakl erzählt, daß die Kinder sehr an Marie Boring gehangen haben; indessen konnte auch sie nicht für Georg als konstante Bezugsperson fungieren, ihm die Mutter ersetzen.[82] Mit Erstaunen vermerkt Basil den Umstand, »daß die Trakl-Kinder untereinander fast ausschließlich französisch

---

77 Basil, S. 23.
78 Ebd., S. 27.
79 Ebd.
80 Ebd., S. 38.
81 Ebd.
82 Vgl. auch oben, S. 33, Anmerkung 15.

und im Haus nur mit den Eltern und den Dienstboten deutsch sprachen«.[83] Der für die seelische Entwicklung des Kindes so bedeutsame erzieherische Dialog fand offensichtlich in französischer Sprache statt; die Eltern blieben im Hintergrund – »als Respektspersonen mit unbeschränkter Autorität«.[84] Auch in dieser Formulierung Fritz Trakls schwingt noch die emotionale Distanz mit.

Aus all dem ergibt sich das Bild einer wenig günstigen Erziehungssituation. Das für die Bewältigung der ödipalen Konflikte unerläßliche Zusammenspiel von Elternkoalition und Kind war offenkundig beeinträchtigt, der affektive Austausch innerhalb der Triade weithin lahmgelegt. Die Elternkoalition ist zerbrochen; der wechselseitigen Entfremdung von Vater und Mutter entspricht die Distanz zwischen Eltern und dem Kind, das zudem durch wechselnde Erziehungspersonen mit rigiden Triebverzichtsforderungen konfrontiert wird. Die Anlehnungsbedürfnisse des Knaben bleiben in dieser Situation unerfüllt. Schon die äußere soziale Situation, die Desintegration der familialen Triade, stand einer adäquaten Lösung des Ödipuskonfliktes entgegen: »Die deformierte Rollenstruktur verhindert, was Freud den Untergang des ödipalen Konfliktes genannt hat.«[85] Daß Trakl die Probleme der ödipalen Phase nicht produktiv zu bewältigen vermochte, wird vollends deutlich, wenn wir zudem die ungünstigen subjektiven Voraussetzungen bedenken, die das Kind aus der Dyade, der präödipalen Beziehung zur Mutter, bereits mitbrachte.

1.2.3. Das frühe Schicksal der Triebe und die verzerrte Dynamik des Ödipuskomplexes

Gegenstand der ödipalen Auseinandersetzungen ist die erotische Werbung des Knaben um die Mutter; ihr tritt der Vater mit seinem Inzestverbot, seiner Kastrationsdrohung entgegen. Das ödipale Drama kommt indessen nur in Gang, wenn der Held die Bühne betritt: der Knabe, der dem Vater den Krieg erklärt. Diese ödipale Werbung um die Mutter und die Rivalität mit dem Vater setzen jedoch voraus eine gewisse Eigenständigkeit des Knaben, seine innere Abgrenzung vom mütterlichen Objekt. So hat die präödipale Fehlentwicklung Trakls nun auch Konsequenzen für die Dynamik des Ödipuskomplexes. Zunächst einmal ist, aufgrund seines Festhaltens am primärnarzißtischen

---

83 Basil, S. 39. In ihrer Rezension von Basils Monographie zweifelt Jutta Nagel den Wahrheitsgehalt dieser Aussage (wohl Mizzi Trakls) an, ohne allerdings ihre Zweifel überzeugend zu begründen. Vgl. J. N., »Für welches Publikum?« In: *Die Zeit* Nr. 19 vom 6. V. '66, S. 27/28.

84 Basil, S. 23.

85 Jürgen Habermas, »Stichworte zu einer Theorie der Sozialisation«. In: J. H., *Kultur und Kritik. Verstreute Aufsätze.* Frankfurt/M., 2. Aufl. 1977, S.172.

Verschmelzungswunsch, die ödipale Werbung des Knaben um die Mutter nur schwach: es geht weniger um eine sexuelle Eroberung der ödipalen Mutter, als vielmehr um eine Fusion mit der archaischen (präödipalen) Mutter. Der Inzestwunsch Trakls steht unter dem Primat narzißtischer Bedürfnisse, und diese narzißtische Disposition wirkt sich andererseits auch aus auf sein Verhältnis zum Vater. Der Sohn stellt sich der eigentlich ödipalen Situation nicht, er geht dem Rivalitätskampf mit dem Vater aus dem Weg:

> Der ›Untergang‹ des Ödipus findet dann nicht definitiv statt; es wird auch nicht die stabile Identifikation mit dem Vater als ›Sieger‹ verarbeitet. Stattdessen wird die Auseinandersetzung mit dem Rivalen überhaupt vermieden; der ödipale Konflikt gipfelt nicht in einem Entscheidungskampf von Rivalen, denn der Sohn könnte es nicht ertragen, den Omnipotenzanspruch an sein narzißtisches Selbst durch reale Niederlagen korrigiert zu sehen. Der ödipale Konflikt bleibt also in gewisser Hinsicht ›unentscheiden‹ und unabgeschlossen.[86]

So wird der Ödipuskonflikt nicht bewältigt, mit der Folge, »daß die unbewußte Mutterbindung über die phallische Phase hinaus bestehen bleibt – und zwar nicht in Form einer Libidofixierung, sondern als primärnarzißtisch fundierte«.[87] Der Vater vermag diese präödipale Mutterbindung nicht aufzulösen – seine Rolle im ödipalen Drama ist aufgrund der fehlenden affektiven Solidarität der Eltern ohnehin geschwächt:

> Die offene oder versteckte Feindseligkeit der Mutter gegenüber dem Vater läßt eine Identifikation mit ihm nur partiell zu. (...) Da der Sohn sich daher kompetenter als der Vater in der Beziehung zur Mutter fühlt, werden die inzestuösen Wünsche nicht durch Identifikation mit ihm aufgegeben; vielmehr umgeht er die inzestuöse Mutterbeziehung und die Gefahren der Kastration, indem er die präödipale Mutter zum Sexualobjekt nimmt.[88]

Der Knabe wird nicht zum Mann, zum Helden des Dramas; er bleibt ein Kind, beherrscht von der Sehnsucht nach Rückkehr in den Schoß der archaischen Mutter. Noch einmal sei an dieser Stelle verwiesen auf die Bedeutung des Wassers für Georg Trakl.

Auch die wichtigste Errungenschaft der ödipalen Phase, das Überich, bleibt unter diesen Umständen rudimentär. Das Überich ist Erbe des Ödipuskomplexes, wird aufgebaut durch eine Identifikation, durch Internalisierung der väterlichen Autorität. »Bemerkenswert bleibt es, daß das Über-Ich häufig eine Strenge entfaltet, zu der die realen Eltern nicht das Vorbild gegeben haben«, stellt Freud fest[89] und modifiziert damit seinen früheren Satz, daß das Überich vom Vater die Strenge entlehne.[90] Der Charakter des Überich korre-

---

86 Thomas Ziehe, *Pubertät und Narzißmus*. Frankfurt/M., 2. Aufl. 1978, S. 130.
87 Ebd., S. 131.
88 Neumann-Schönwetter, S. 153/54.
89 »Abriß der Psychoanalyse«, G. W. XVII, S. 136/37.
90 Vgl. oben, S. 49.

liert keineswegs mit dem Charakter des Vaters, wie er sich dem Kind faktisch präsentierte, mit seiner tatsächlichen Güte oder Strenge. Die ödipale Szenerie ist eine intrapsychische, das Drama spielt in einer Welt der Repräsentanzen, und seine Dynamik wird ganz wesentlich mitbestimmt durch die Triebregungen des Kindes selbst: »Die Beziehung zwischen Über-Ich und Ich ist die durch den Wunsch entstellte Wiederkehr realer Beziehungen zwischen dem noch ungeteilten Ich und einem äußeren Objekt«.[91] Das ödipale Vaterbild des Kindes ist nicht ein innerseelisches Abbild des äußeren Vaters, sondern ein subjektiver Entwurf, mitgestaltet durch die infantilen Triebwünsche, abhängig mithin vom präödipalen Schicksal der Triebe, von den Erfahrungen, die das Kind aus der frühen Mutterbeziehung mitbringt:

> Waren diese Eindrücke sehr enttäuschend und haben sie den objektfeindlichen, destruktiven Regungen Vorschub geleistet, ist es den libidinösen Regungen infolgedessen nicht gelungen, die sadistischen Regungen hinreichend einzuschränken, dann kann sich ... auch auf einen tatsächlich ›guten‹ Vater ein lebhafter Sadismus richten, der sich dem Kind als grausames Vaterbild widerspiegelt.[92]

Wenn nun Fritz Trakl den Vater als »gütig« beschreibt,[93] so können wir also daraus keine direkten Rückschlüsse ziehen auf das Vaterbild Georgs, auf den Charakter des Überich, das sich bei dem Jungen entwickelte. Vielmehr müssen wir bedenken, daß die der frühen Mutterbeziehung entstammende starke Aggressivität des Kindes als wirksames Moment eingreift auch in seine ödipale Entwicklung. Die durch die Projektion der eigenen destruktiven Regungen bewirkte aggressive Verzeichnung der Mutter-Imago hat Folgen für die ödipale Vaterbeziehung des Kindes, mithin für den Prozeß der Überich-Formation:

> Durch die Projektion überwiegend oral-sadistischer, aber auch anal-sadistischer Impulse wird die Mutter immer als potentiell gefährlich erlebt; der gleichzeitig bestehende Haß auf die Mutter weitet sich bald auch auf den Vater aus, so daß dann später beide vom Kind als bedrohliches ›vereinigtes Elternpaar‹ erlebt werden.[94]

Das Mutterbild färbt ab auf das Bild des Vaters, die ödipalen Elternfiguren werden verzeichnet durch die starken destruktiven Regungen des Knaben. Seine ödipalen Kastrationsängste werden verstärkt durch die präödipalen Destruktionswünsche und Verfolgungsängste, die Dynamik des Ödipuskomplexes wird verzerrt. Der intervenierende Vater erscheint als ein furchterregender Riese, der mit Vernichtung droht – schneller Rückzug scheint hier

---

91 S. Freud, »Das Unbehagen in der Kultur«, G. W. XIV, S. 489.

92 *Die Krankheitslehre der Psychoanalyse. Eine Einführung*. Hg. v. Wolfgang Loch, Stuttgart, 3. Aufl. 1977, S. 107.

93 Basil, S. 23.

94 Otto F. Kernberg, *Borderline-Störungen und pathologischer Narzißmus*. Frankfurt/M. 1978, S. 64.

geboten. Es kommt nicht zum eigentlichen ödipalen Rivalitätskampf, der Ödipuskomplex bleibt unaufgelöst.

Der Abbau dieser ödipalen Ängste kann nur gelingen, sofern der Junge im Rahmen einer intakten familialen Triade ein befriedigendes Zusammenspiel mit den Eltern erlebt; sie werden »in dem Maße vermindert, in dem das Kind ein wachsendes Gefühl von Sicherheit aus der Beziehung zu den Eltern schöpft«.[95] Die vom Kind phantasierte, durch Aggressionen verzeichnete ödipale Szenerie, so können wir schließen, wird unter den gegebenen äußeren Bedingungen, der Desintegration der Triade, nicht korrigiert; Aggressionen und Ängste werden durch die realen, enttäuschenden Interaktionserfahrungen nicht abgebaut, sondern verstärkt. Damit aber kommt es zu einer Pathologie der Überich-Bildung: »Die projektive Verzerrung der Objektimagines im aggressiven Sinne wirkt sich in der Folge auch auf die Überich-Entwicklung pathologisch aus«.[96] Das Überich nimmt die Aggressionen des Es auf und wendet sie gegen das Ich, wird insofern zu einer Agentur des Es. Das Vaterbild, das sich bei Georg Trakl entwickelt, nimmt grausame Züge an, sein Überich gewinnt sadistisch-strafenden Charakter – nicht weil der Vater des Dichters durch rücksichtslose Strenge in Erscheinung getreten wäre, sondern weil die präödipale Destruktivität des Kindes nicht gezügelt werden konnte.

Das Überich entwickelt sich aus den Kernen der präödipalen Imagines, nimmt libidinöse und aggressive Triebanteile auf: es setzt sich zusammen aus einer liebenden, belohnenden und einer versagenden, strafenden Komponente. Nicht nur die libidinöse und die aggressive Elternbeziehung muß vom Kind in der ödipalen Phase verinnerlicht werden, sondern auch die narzißtische Objektbeziehung, die Beziehung zu den idealisierten Eltern:

> Die Verinnerlichung der narzißtischen Anteile der Beziehung des Kindes zu den ödipalen Eltern ... führt zur narzißtischen Dimension des Über-Ichs, d. h., zu seiner Idealisierung. Die Verinnerlichung der mit Objektlibido besetzten Anteile der Elternimago formt diese in die Gehalte und Funktionen des Über-Ichs um; die Verinnerlichung der narzißtischen Aspekte erklärt die erhöhte Stellung, die diese Inhalte und Funktionen dem Ich gegenüber haben.[97]

Diese strukturwandelnde Verinnerlichung wird bewirkt durch optimale, phasengerechte Frustrationsschritte, durch Enttäuschung an den ödipalen Eltern, die zu einer allmählichen Korrektur des idealisierten Elternbildes und einer gleichzeitigen Idealisierung des Überich führt. Voraussetzung dieses Verinnerlichungsprozesses ist aber, daß dem Kind zuvor überhaupt ein ausreichende Idealisierung der Gebote und Verbote der realen ödipalen Eltern möglich war, daß die kindlichen Idealisierungsbedürfnisse sich an den realen Eltern fest-

---

95 Klein ('72), S. 165.
96 Kernberg, S. 52.
97 Kohut ('76), S. 61.

machen ließen. Nur wenn das Kind für seine Eltern Achtung und Bewunderung zu empfinden vermochte, kann dann auch im Überich die »charakteristische Aura absoluter Vollkommenheit der Werte und Normen«[98] zustandekommen. Wenn nun aber das Kind im Austausch mit den ödipalen Eltern fortgesetzt enttäuscht, die ödipale Dynamik durch Aggressionen verzerrt wird, so kommt es zu Störungen der Überich-Formation auch im narzißtischen Bereich. Die Elternautorität wird zwar – aus Angst vor Bestrafung, über eine defensive Identifikation – verinnerlicht, doch werden die Gebote und Verbote des Überich nicht idealisiert: so gewinnt das Überich vorherrschend strafenden, versagenden Charakter. Wie das grandiose Selbstbild, so bleibt auch sein Gegenstück, das Wunschbild der idealisierten Eltern, unkorrigiert bestehen – als Gegenentwurf zum Bild der versagenden, bedrohlichen ödipalen Eltern:

> Die traumatischen ödipalen Konflikte ... haben zur Folge, daß das präschizophrene Kind versucht, durch Verstärkung der narzißtischen Selbstbesetzung, des ›grandiosen Selbst‹, und durch Verstärkung der idealisierten Elternimago das ursprüngliche Erlebnis der Mutter-Kind-Einheit aufrechtzuerhalten.[99]

Das Überich kann seine Funktion als Quelle narzißtischer Zufuhr nicht im notwendigen Umfang übernehmen; das Kind bleibt angewiesen auf narzißtische Versorgung von außen und wird sein ganzes Leben hindurch auf der Suche sein nach äußeren Idealfiguren, von denen es »die Zuwendung und Führung bekommen möchte, die das ungenügend idealisierte Über-Ich nicht geben kann«.[100]

Welche Umstände in der Biographie des Dichters sprechen nun für die Richtigkeit unserer theoretischen Überlegungen zur Problematik der ödipalen Bildungsgeschichte Trakls? Buschbeck, der einerseits das »scheue Absonderungsbedürfnis« seines Schulkameraden hervorgehoben hat, berichtet andererseits, daß der junge Trakl seinem Religionslehrer, dem Pfarrer Aumüller, »sehr anhänglich« gewesen sei.[101] Für sich betrachtet, scheint dieses Faktum kaum von besonderer Signifikanz zu sein. Dies ändert sich indessen, wenn wir es in Zusammenhang sehen mit weiteren Fakten, mit analogen Beziehungen Trakls zu anderen Vaterfiguren: ein festliegendes Beziehungsmuster kommt so zum Vorschein. In den Kreisen der Salzburger Literatur- und Kunstgesellschaft »Pan« lernte Trakl 1911 den wesentlich älteren Dichter Karl Hauer kennen; Basil spricht hier von einer »Hörigkeit« Trakls: »Er schloß sich Karl Hauer in einer Weise an, die an das Hörigkeitsverhältnis zur Schwester erinnert«.[102] Eine ähnliche Beziehung hatte schon in den Jahren 1905/06

98 Ebd.
99 Neumann-Schönwetter, S. 156.
100 Kohut ('76), S. 69.
101 Basil, S. 37.
102 Ebd., S. 109.

zwischen Trakl und dem vierzehn Jahre älteren Dichter Gustav Streicher bestanden. Als Buschbeck sich 1909 bei Hermann Bahr für ihn einsetzen will, legt Georg Trakl dem Freund seine Erwartungen mit folgenden Worten dar:

> Alles, was ich von ihm erhoffe ist, daß seine geklärte und selbstsichere Art, meine ununterbrochen schwankende und an allem verzweifelnde Natur um etliches festigt und klärt. Und was auch könnte ich mehr erwarten, als dies! Ist es doch das Hauptsächlichste, was ich je erhofft habe. (I, 476)

Trakl sieht in Bahr nicht nur den bedeutenden Kritiker seiner Gedichte, dessen Urteil er mit Spannung erwartet, er erhofft sich von ihm väterlichen Halt, Orientierung, Führung. Die Selbstzweifel Trakls betreffen nicht nur Fragen literarischen Stils – sie sind fundamentaler Natur. Deutlich wird in dieser Reihe analoger Beziehungen Trakls Suche nach äußeren Leitfiguren, nach dem äußeren idealen Vater, der die Defizienz des Überich zu kompensieren vermag: »... mit ihrem unzureichend idealisierten Über-Ich suchen solche Menschen fortwährend nach äußeren allmächtigen Kräften, von deren Hilfe und Unterstützung sie Stärke erlangen möchten«.[103] Die »ununterbrochen schwankende und an allem verzweifelnde« Persönlichkeit Trakls deutet zurück auf die Störung der ödipalen Bildungsprozesse, der Überich-Formation.

Ziehen wir sodann in Betracht, was das Krakauer Krankenblatt über die Wahnvorstellungen des Dichters berichtet:

> Seinen Vater hat er nicht für eigenen gehalten, sondern er hat vermutet, daß er von einem Kardinal abstammt und das (!) er in der Zukunft ein großer Herr wird. (II, 730)

Der Vater ein Kardinal: hier ist Trakls Suche nach dem äußeren idealen Vater an ihr Ziel gelangt, die Lücke wird phantastisch gefüllt. Das idealisierte Vaterbild, das aufgrund der Enttäuschungen der ödipalen Phase nicht abgebaut werden konnte, das in die Verdrängung getrieben wurde und dort unkorrigiert fortwirkte, kehrt aus der Verdrängung wieder – als Wahnvorstellung. Trakl schafft sich seinen idealen Vater schließlich selbst, einen Kardinal, der in der Hierarchie der Vaterfiguren weit oben, schon nahe bei Gott-Vater, rangiert, weit über dem Pfarrer Aumüller, der diese Väter-Reihe anführt. Und gleichzeitig entwickelt Trakl grandiose Vorstellungen von sich selbst: der Vater ein Kardinal – er selbst ein »großer Herr«. Hier werden die infantilen Repräsentanzen aktiviert, die im defizienten Austausch mit den Eltern nicht reifen konnten, das Größenselbst und die idealisierte Elternimago. Diese Wahnvorstellungen Trakls sind keineswegs das sinnlose Produkt organischer Funktionsstörungen, eines endogenen Prozesses: hier finden die ungezügelten infantilen Wünsche

---

[103] Kohut ('76), S. 107.

ihre phantastische Befriedigung. Die Kraft des Wunsches treibt den Dichter über die Grenze zu dem Bezirk, der gemeinhin »Wahnsinn« genannt wird, nicht der »Schub« eines Geistesleidens im medizinischen Sinn.

Wir fassen den Befund unserer Untersuchung der ödipalen Bildungsgeschichte zusammen. Unter der Voraussetzung einer verfehlten Synthese von Mutter und Kind und unter den gegebenen ungünstigen familialen Bedingungen, der Desintegration der Triade, war für den Knaben eine adäquate Lösung des Ödipuskonfliktes nicht möglich, und es kam zu einer Pathologie der Überich-Bildung. Das sich unter solchen Umständen entwickelnde Überich reduziert sich auf seinen archaischen Kern; es bleibt bestimmt von den aggressiv und narzißtisch verzeichneten infantilen Imagines, die im Verlauf der ödipalen Auseinandersetzungen nicht korrigiert werden:

> Soweit sich Überichstrukturen überhaupt entwickeln, stehen sie einerseits unter der Herrschaft sadistischer, mit prägenital-aggressiven Triebabkömmlingen verbundener (Überich-)Vorläufer und andererseits unter dem Einfluß weiterer, durch primitive Verschmelzung von Idealselbst- und Idealobjekt-Imagines entstandener (Ichideal-)Vorläufer, die eher dazu geeignet sind, Allmachtsphantasien und größenwahnsinnige Ansprüche an das Selbst zu verstärken, als daß sie die Funktion eines flexibel orientierenden Ichideals erfüllen könnten.[104]

Die von Kernberg hier beschriebene Pathologie des Überich ist charakteristisch für Borderline-Patienten: zu ihnen wäre, nach heutigen diagnostischen Kriterien, Trakl ohne Zweifel zu zählen. Die Überich-Funktionen dieser Patienten sind mangelhaft entwickelt, sie bleiben weitgehend personifiziert und werden leicht wieder zurückprojiziert in die Außenwelt. So finden wir Trakl zeit seines Lebens auf der Suche nach dem äußeren idealen Vater, der die orientierende Funktion des Überich übernehmen könnte; zugleich zeigt Trakl eine deutliche paranoide Bereitschaft. Es besteht ständig die Gefahr, daß das sadistisch strafende Überich, der innere Aggressor, reexternalisiert wird, projiziert in die Welt äußerer Objekte, um dort dann als Verfolger in Erscheinung zu treten:

> Primitive Überich-Vorläufer sadistischer Art, die sich aus verinnerlichten bösen Objektimagines im Zusammenhang mit prägenitalen Konflikten gebildet haben, sind derartig übermächtig und unerträglich, daß sie wieder auf äußere Objekte projiziert werden müssen, die dadurch ihrerseits zu bösen Objekten werden.[105]

»... es kommt ihm vor wie wenn hinter seinem Rücken ein Mann mit gezogenem Messer steht«, berichtet das Krankenblatt (II, 730). Auch Freunde erinnern sich, daß Trakl unter solchen Verfolgungsängsten litt[106]: diese Fakten sprechen für die Richtigkeit unserer psychobiographischen Analyse.

---

104 Kernberg, S. 58.
105 Ebd., S. 57.
106 Spoerri, S. 33.

1.2.4. Trakls Beziehung zur Schwester und sein ›Familienroman‹

Abgesehen von seiner Schwester Gretl, gab es im Leben Georg Trakls keine Frau, zu der er eine erotische Bindung entwickelt hätte; seine sexuellen Kontakte beschränkten sich auf gelegentlichen Umgang mit Prostituierten. »Wie von Trakl kein eigentliches Liebesgedicht vorliegt, so ist auch aus seinem Leben nichts überliefert, was mit Berechtigung annehmen ließe, daß er einmal in aller Natürlichkeit und Selbstverständlichkeit verliebt war«, schreibt Spoerri.[107] Das Bestehen einer inzestuösen Beziehung zwischen den Geschwistern ist faktisch gesichert[108]: unsere psychobiographische Studie hat sich mit diesem heiklen Punkt in Trakls Vita nüchtern zu befassen.[109] »Man betritt den privatesten Bezirk der Trakl-Seele mit gebotener Scheu«: diese Mahnung Basils[110] ist wohl zu beherzigen, doch darf die Scheu nicht auf Kosten der Sachlichkeit gehen. Eine sachlich-nüchterne Behandlung hat die Inzestfrage in der Trakl-Forschung selten erfahren; die Schwesterbeziehung des Dichters wurde meist sacht retuschiert oder in metaphysische Bezirke verlagert, andererseits aber auch häufig, als das Sensationelle dieser Dichter-Biographie, zu sehr akzentuiert und zum eigentlichen Schlüssel für ein Werkverständnis erklärt. Welche Bedeutung ist dieser inzestuösen Beziehung nun tatsächlich beizumessen?

Eine »abnorme Persönlichkeit« sei Bedingung für den seltenen Bruder-Schwester-Inzest, schreibt Spoerri[111]; der Begriff der Abnormität scheint in diesem Zusammenhang allerdings wenig erhellend. Inzestuöse Wünsche sind, wie Freud hervorhebt, ja zunächst einmal Bestandteil jeder »normalen« Entwicklung:

> Die erste Objektwahl der Menschen ist regelmäßig eine inzestuöse, beim Manne auf Mutter und Schwester gerichtete, und es bedarf der schärfsten Verbote, um diese fortwirkende infantile Neigung von der Wirklichkeit abzuhalten.[112]

Das Inzestverbot ist der zentrale Gegenstand der ödipalen Auseinandersetzungen; das Tabu erstreckt sich auf Mutter und Schwester. Die Errichtung und Verteidigung der Inzestschranke durch den Vater ist die Voraussetzung für eine spätere extrafamiliale Objektwahl des Sohnes: »Sowohl die Mutter- wie

---

107 Spoerri, S. 36.
108 Ebd., S. 41. (Verbürgt durch L. v. Ficker)
109 »Wenn ein biographischer Versuch wirklich zum Verständnis des Seelenlebens seines Helden durchdringen will, darf er nicht, wie dies in den meisten Biographien aus Diskretion oder Prüderie geschieht, die sexuelle Betätigung, die geschlechtliche Eigenart des Untersuchten mit Stillschweigen übergehen.« Freud, »Eine Kindheitserinnerung des Leonardo da Vinci«, G. W. VIII, S. 135.
110 Basil, S. 16.
111 Spoerri, S. 91.
112 »Vorlesungen zur Einführung in die Psychoanalyse«, G. W. XI, S. 347.

die Schwesterfixierung muß überwunden werden, damit das Männliche zu seiner Reife kommt, die eine erwachsene und die Sexualität einschließende Beziehung zu einer Frau ermöglicht«.[113] Das unverminderte Fortbestehen der inzestuösen Neigungen bei Trakl steht also in direktem Zusammenhang mit einer verfehlten Lösung des Ödipuskomplexes; das Faktum des Inzestes ist das stärkste Argument für die Richtigkeit unserer psychobiographischen Darlegungen zur gestörten ödipalen Entwicklung Trakls: die erotische Schwesterbindung des Dichters zeugt vom Offenbleiben des Ödipuskonfliktes.

Das Inzestproblem gewinnt bei Trakl seinen besonderen Charakter dadurch, daß es sich um eine Bindung an die jüngere Schwester bei gleichzeitigem aggressivem Bezug zur Mutter handelt. Die aufgrund der subjektiven und objektiven Gegebenheiten verzerrte Dynamik des ödipalen Dramas wird durch das Hinzukommen der jüngeren Geschwister Georgs (Fritz '90; Gretl '91; bei Geburt der Schwester ist Georg vier Jahre alt, im Anfangsstadium seiner ödipalen Entwicklungsphase) weiter kompliziert: »Der Ödipuskomplex erweitert sich zum Familienkomplex, wenn andere Kinder dazukommen«.[114] Vor dem Hintergrund der gestörten Mutterbeziehung des Jungen kommt es zu einem Übertragungsvorgang: »Der Knabe kann die Schwester zum Liebesobjekt nehmen als Ersatz für die treulose Mutter«.[115] Die Schwesterbindung Georgs ist dabei von komplexer Natur; sie hat zwar durchaus eine libidinöse Komponente, bedeutet jedoch in erster Linie eine narzißtische Objektwahl:

> Die Geschwisterliebe wird vor allem auf narzißtischem Wege aufgebaut. Zuerst repräsentiert ein neues Kind das, was man selbst ist: ein Kind der selben Eltern, das, was man selbst sein möchte, ein geliebtes Baby, und das, was zu jenen gehört, die man liebt und braucht.[116]

Die Schwester ist für Georg Trakl zwar auch als libidinöses Objekt von Bedeutung, zuerst jedoch als ein Objekt, in dem er sich narzißtisch spiegeln kann, bei dem er Züge idealisieren kann, die seinem eigenen Ideal entsprechen. Wie Bruckbauer berichtet, sprach der junge Trakl über seine Schwester »aus innerer Notwendigkeit hymnisch«, sie war für ihn »das schönste Mädchen, die größte Künstlerin, das seltenste Weib«.[117] Wenn er zu Gretl, wie Basil schreibt, »in einem geistigen, gewiß aber auch sexuellen Hörigkeitsverhältnis« stand, so entspringt Georgs »Leidenschaft zu dem ihm so rätselhaft ähnlichen

---

[113] Neumann, S. 288.
[114] S. Freud, »Vorlesungen ...«, G. W. XI, S. 346.
[115] Ebd.
[116] Alan J. Eisnitz, »Narzißtische Objektwahl, Selbstrepräsentanz«. In: *Psyche* 23, 1969, S. 429.
[117] Spoerri, S. 39.

Geschöpf«[118] dem Bedürfnis, den ursprünglichen Narzißmus zu konservieren in einer narzißtischen Spiegelbeziehung, ja mehr noch: durch die Fusion mit einem idealisierten Selbst-Objekt. In ihrer Rolle, die narzißtische Lücke zu füllen, übernimmt die Schwester das Erbe der präödipalen Mutter. Die von der Mutter nicht erfüllten symbiotischen Bedürfnisse des Knaben sollen von der Schwester befriedigt werden. Auch wenn sich zwischen Bruder und Schwester eine genitale Objektbeziehung entwickelt (intime Beziehungen sind nachgewiesen[119]), so folgt diese doch dem Schema der narzißtischen Objektwahl: »Derart aufgebaute Beziehungen sind genital der Objektqualität nach, und narzißtisch dem Befriedigungsziel nach«.[120] Das heißt:

> Nicht so sehr orgastische Lusterlebnisse werden gesucht als das Erleben symbiotischer Nähe, die über Sexualität geschaffen werden soll. Primäres Motiv des Verhaltens ist nicht der genitale Spannungsabbau, sondern die Sehnsucht nach einer narzißtischen Befriedigungsqualität, die in Form eines Geborgenheits- und Gleichgewichtszustandes angestrebt wird.[121]

»Die Inzestproblematik Schizophrener«, so resümiert Neumann-Schönwetter, »erweist sich als narzißtisches Problem«.[122] Die inzestuöse Schwesterbindung Trakls ist weder eine unbegreifliche »schicksalhafte Fügung«, noch auf eine »abnorme Veranlagung« des Dichters zurückzuführen. Sie ist nicht Symptom individueller Psychopathologie, sondern das Symptom einer sozialen Störung: dieser Inzest dokumentiert die Fehlfunktion der Familie als der Instanz der elementaren Vergesellschaftungsprozesse.

Es hat sich gezeigt, daß die von den Trakl-Biographen meist gebrauchte Formel »Liebe zur Schwester« diese inzestuöse Bindung des Dichters viel zu undifferenziert beschreibt. Noch deutlicher wird dies, wenn wir unser Augenmerk auf eine weitere Komponente dieser Beziehung richten, auf ihren aggressiv-sadistischen Aspekt. Im Hinblick auf eine aus Pietätsgründen von ihm nicht näher geschilderte brutale Bordellszene, bei der die »Erniedrigung des Mutterbildes« im Vordergrund gestanden habe, schreibt Spoerri dem Dichter »perverse Züge« zu und spricht von einem »schwächlichen Sadismus«.[123] Ebenso sieht er ab von der Beschreibung der »von Aggressionen nicht freien Verhältnisse« Trakls mit Kellnerinnen und Dienstmädchen.[124] Auch Neumann hebt die »sadistisch-aggressive Komponente in Trakls Sexualität und Psyche«

---

118 Basil, S. 78.
119 Spoerri, S. 90.
120 Ziehe, S. 179.
121 Ebd., S. 200.
122 Neumann-Schönwetter, S. 122.
123 Spoerri, S. 92.
124 Ebd., S. 36.

hervor.[125] Zum Sadismus (als einer Erscheinung sexueller Devianz) kommt es, wie Schorsch und Becker in ihrer psychoanalytischen Studie darlegen, durch eine Sexualisierung präödipaler Konflikte vor allem im narzißtischen Bereich:

> Die gestörte narzißtische Entwicklung zeigt sich in der unzureichenden Umformung der archaischen Konfigurationen: In der sadistischen Phantasie oder Aktion geht es um Beherrschen, magisches Kontrollieren, omnipotentes Verfügenkönnen über das Opfer; dies entspricht einer punktuellen Aktualisierung von Größenselbstphantasien, beschränkt auf die sexuelle Situation. (...) Mit der gestörten narzißtischen Entwicklung, einhergehend mit einer unscharfen oder instabilen Trennung von Selbst und Objekt, hängt eine diffuse narzißtische Spannung zusammen, die im sozialen Handeln nicht abgeführt werden kann und zu deren Reduzierung sexuell deviante Aktionen eingesetzt werden.[126]

Nur vordergründig geht es in der sadistischen Phantasie oder Handlung um ein lustvolles Zufügen von Schmerz; das eigentliche Ziel ist die omnipotente Kontrolle des Objekts, seine vollständige Unterwerfung. In der sadistischen Handlung werden also unverarbeitete Konflikte der frühen Mutter-Kind-Beziehung aktualisiert: »In der Deviation wiederholt sich die ungelöste, präödipale Mutterbeziehung mit der Problematik von Ablösung und Verschmelzung.«[127] Dabei ist diese sadistische Beziehung ambivalent; der Fusionswunsch provoziert zugleich Verschmelzungsängste, die durch die aggressive Konfrontation abgewehrt werden sollen, durch die »Unterwerfung, Entmachtung und Kontrolle des Opfers«.[128]

Mit der Frage des Sadismus und der komplizierten Beziehung zwischen Täter und Opfer werden wir uns später noch eingehender zu befassen haben; an dieser Stelle ist nur hervorzuheben, daß die inzestuöse Schwesterbeziehung Trakls und die bei ihm deutlich erkennbaren sadistischen Tendenzen psychogenetisch eng zusammenhängen: ihr gemeinsamer Problemkern ist die gestörte präödipale Beziehung zur Mutter. Um eine sadistische Unterwerfung der Mutter, die sich dem Kind zu sehr entzogen hatte, ging es in der erwähnten Szene im Bordell, und dieses Bedürfnis nach allmächtiger Kontrolle des Objekts ist auch ein Aspekt der Schwesterbeziehung Trakls. Er versuchte in großer Eifersucht Gretl gänzlich an sich zu binden. Buschbeck berichtet, daß Trakl die Schwester zeitlebens mit »zärtlicher oder zorniger Sorge« umgab[129]; Basil betont, daß der Dichter »unter Gretes körperlicher Untreue gelitten«

---

125 Neumann, S. 269.

126 Eberhard Schorsch / Nikolaus Becker, *Angst, Lust, Zerstörung. Sadismus als soziales und kriminelles Handeln. Zur Psychodynamik sexueller Tötungen.* Reinbek 1977, S. 73/74.

127 Ebd., S. 74.

128 Ebd., S. 75.

129 Buschbeck, S. 64.

habe.[130] Offenbar erwog er sogar, mit ihr gemeinsam aus dem Leben zu gehen. Hier nun nimmt die sadistische Komponente der Schwesterbeziehung Trakls deutliche Konturen an: es geht um einen Fusionswunsch, um eine Verschmelzung mit der Schwester. Die Eifersucht Trakls entspringt seinem Bestreben, der Schwester ihre Selbständigkeit zu nehmen, sie zu entmachten und zu unterwerfen; nur im gemeinsamen Tod vermag das Selbst sich schließlich dieser Unterwerfung des Objekts gänzlich zu versichern. Der Inzest wird zur mörderischen Vergewaltigung, zur »mythischen Todeshochzeit«.[131] Spoerris Überlegungen gehen in die gleiche Richtung:

> So darf auch Trakls Absicht, die Schwester mit sich in den Tod zu nehmen, nicht nur als Zeichen einer Aggression genommen werden, sondern sie erscheint als das allerdings gewaltsame Erzwingenwollen einer Kommunikation, die die Wirklichkeit versagt.[132]

»Die Wirklichkeit«: für den Jungen wurde sie zuerst und auf das Schmerzlichste repräsentiert durch die Mutter. Was die abweisende Mutter nicht gewährte, das Erleben symbiotischer Nähe, das versucht Georg sich von der Schwester mit Gewalt zu holen. Die durch Verschmelzungswünsche gekennzeichnete inzestuöse Bindung Trakls an die Schwester weist zurück auf die verfehlte Synthese von Mutter und Kind, und sie legt zugleich Zeugnis ab von der mißglückten Lösung des Ödipuskomplexes, von der nicht gelungenen Durchsetzung des väterlichen Inzestverbotes.

Wir müssen in diesem Zusammenhang noch einmal zurückkommen auf die Wahnvorstellung des Dichters, daß nicht Tobias Trakl, sondern in Wirklichkeit ein »Kardinal« sein Vater sei. Solche phantastischen Umdichtungen der Familiengeschichte sind bei Kindern und Neurotikern nicht ungewöhnlich; die Psychoanalyse spricht hier vom »Familienroman«. In Gestalt dieses Kardinals, so stellten wir fest, erschafft sich der vom ödipalen Vater enttäuschte Trakl eine äußere ideale Vaterfigur, an die er sich anlehnen kann. Über diese Ersetzung des wirklichen Vaters durch einen phantastischen, vornehmeren schreibt Freud:

> Er wendet sich vom Vater, den er jetzt erkennt, zurück zu dem, an den er in früheren Kinderjahren geglaubt hat, und die Phantasie ist eigentlich nur der Ausdruck des Bedauerns, daß diese glückliche Zeit entschwunden ist. Die Überschätzung der frühesten Kindheitsjahre tritt also in diesen Phantasien wieder in ihr volles Recht.[133]

Es sind indessen noch andere Wünsche, die durch diese Phantasievorstellung befriedigt werden. So verschafft sich Georg, indem er sein Sohnesverhältnis

---

[130] Basil, S. 71.
[131] Neumann, S. 268.
[132] Spoerri, S. 84.
[133] »Der Familienroman der Neurotiker«, G. W. VII, S. 231.

zum geringgeschätzten Eisenwarenhändler Tobias Trakl aufkündigt und sich als Sohn eines sozial hochgestellten Kardinals ausgibt, in der Reihe der sieben Geschwister eine besonders ausgezeichnete Stellung. Wie Freud hervorhebt, sind es in der Regel »später geborene Kinder, die vor allem ihre Vordermänner durch derartige Dichtungen (ganz wie in historischen Intrigen) ihres Vorzugs berauben ...«[134] Es geht insofern also um eine Erhöhung des Selbstwertgefühls, um eine Herabsetzung der konkurrierenden Geschwister. Sodann stoßen wir bei näherem Zusehen einmal mehr auf die aggressiven Regungen Trakls gegenüber der Mutter. Indem er der Mutter ein heimliches, außereheliches Liebesverhältnis andichtet, macht er sie implizit zur »Hure«, wertet er sie aggressiv ab, und schafft zugleich eigenen erotischen Phantasien in bezug auf sie Raum:

> Mit der Kenntnis der geschlechtlichen Vorgänge entsteht die Neigung, sich erotische Situationen und Beziehungen auszumalen, wozu als Triebkraft die Lust tritt, die Mutter, die Gegenstand der höchsten sexuellen Neugierde ist, in die Situation von geheimer Untreue und geheimen Liebesverhältnissen zu bringen.[135]

Der Wunsch Trakls nach »Erniedrigung des Mutterbildes«, auf den Spoerri in anderem Zusammenhang hingewiesen hatte, kommt also auch in seinem »Familienroman« zum Tragen. Und schließlich hat die Vorstellung Georgs, daß er von einem anderen Vater abstamme als seine Geschwister, auch bedeutsame Konsequenzen für die konfliktbeladene Beziehung zu seiner Schwester Gretl: so wird nämlich die Inzestschranke umgangen, werden Schuldgefühle vermieden oder vermindert. Auch Freud macht auf diesen Aspekt des Familienromans aufmerksam:

> Dabei kann noch ein besonderes Interesse den Familienroman dirigieren, der mit seiner Vielseitigkeit und mannigfachen Verwendbarkeit allerlei Bestrebungen entgegenkommt. So beseitigt der kleine Phantast zum Beispiel auf diese Weise die verwandtschaftliche Beziehung zu einer Schwester, die ihn etwa sexuell angezogen hat.[136]

Trakls Wahnvorstellung vom Kardinal als Vater hat also einen erkennbaren Sinn, sie leitet sich ab aus der ungelösten ödipalen Problematik; mehrere Wünsche zugleich werden in seinem Familienroman befriedigt.

Fassen wir nun die Ergebnisse unserer Überlegungen zur ödipalen Bildungsgeschichte Trakls zusammen. Aufgrund der subjektiven Voraussetzungen, des frühen Schicksals der Triebe, und der objektiven Gegebenheiten, der Desintegration der familialen Triade, kam es nicht zu einer produktiven Lösung des Ödipuskonfliktes. Die inzestuösen Tendenzen des Knaben

---

[134] Ebd., S. 230.
[135] Ebd.
[136] Ebd.

bleiben in Gestalt einer präödipalen Mutterbeziehung unvermindert bestehen; dieser narzißtische Fusionswunsch wird auch bestimmend für die Beziehung Trakls zu seiner Schwester und für die sadistischen Tendenzen des Dichters. Das Überich, das sich bei dem Jungen entwickelt, steht unter dem Einfluß der präödipalen Imagines; infolge der aggressiven Verzeichnung der ödipalen Szenerie nimmt es sadistisch strafenden Charakter an, begründet so eine paranoide Bereitschaft Trakls. Das Ichideal andererseits bleibt archaischen Omnipotenzansprüchen verhaftet; zugleich ist der Knabe ständig auf der Suche nach einem äußeren idealen Vater, der ihm den Halt geben könnte, den das defiziente Überich nicht bietet. Trakls Überich ist, nach der Formel Ziehes, »streng, aber unreif.«[137] Dieses nicht realitätsgerechte, schlecht integrierte Überich kann die ihm zukommende Funktion einer flexiblen Verhaltensorientierung nicht erfüllen; es mobilisiert Schuldgefühle und Bestrafungswünsche, ohne jedoch die libidinösen und aggressiven Regungen des Es in Schach halten zu können. Die Entwicklung der synthetisierenden Ich-Funktionen ist behindert, die schon in ihren Fundamenten labile psychische Organisation des Kindes wird im Durchgang durch die ödipale Phase nur unzureichend befestigt: damit ist die spätere Bewältigung der Adoleszenzkrise von vornherein in Frage gestellt, ein weiterer wichtiger Schritt hin auf den psychotischen Zusammenbruch getan. »In allen Fällen schizophrener Entwicklung gelingt es dem Jungen nicht, eine relativ stabile Identifikation mit dem Vater zu errichten und die inzestuöse Beziehung zur Mutter zu lösen«, konstatiert Neumann-Schönwetter.[138] Die mißglückte Lösung des Ödipuskonfliktes ist die zweite Station auf dem Weg Georg Trakls in den Wahnsinn, auf dem Weg, der so katastrophal begonnen hatte mit einer verfehlten Synthese von Mutter und Kind.

1.3. Schizophrenie und Familie: der ›Eigenwille‹ der Maria Trakl

Bevor wir nun die Passionsgeschichte des Georg Trakl weiterverfolgen, uns der Adoleszenz des Dichters zuwenden, gilt es einen Augenblick innezuhalten und die bisherigen Befunde unserer psychobiographischen Untersuchungen kritisch zu überdenken. Wir haben die seelische Bildungsgeschichte des jungen Trakl begriffen als Geschichte einer gestörten familialen Sozialisation – verzerrte Interaktion erwies sich als Determinante beschädigter Subjektivität. Der Entstehungszusammenhang von Trakls Schizophrenie ließ sich zurückverfolgen bis auf die gestörten Austauschprozesse innerhalb der fami-

---

[137] Ziehe, S. 159.
[138] Neumann-Schönwetter, S. 155.

lialen Triade, bis auf die Defizienzen der frühen Beziehung von Mutter und Kind: kann die Frage nach den Ursachen der seelischen Verstörtheit Trakls mit dem Verweis auf das Fehlen der für die ödipalen Bildungsprozesse so bedeutsamen Elternkoalition und auf die emotionale Frigidität der Mutter aber wirklich als zureichend beantwortet gelten? Kann unsere Archäologie des Subjekts sich begnügen mit dieser rein familialen Kasuistik?

Die jüngere Schizophrenieforschung hat die pathogenetische Bedeutung der Mutter-Kind-Beziehung klar herausgearbeitet; auch im Falle Trakls haben wir es zu tun mit einer solchen ›schizophrenogenen‹ Mutter: die fatalen Folgen, die das abweisende Verhalten der Maria Trakl für die psychische Entwicklung ihres Kindes hatte, konnten aufgedeckt werden. Basil beschrieb das so wenig mütterliche Verhalten dieser Frau mit einem Unterton moralischer Verurteilung; Spoerri bescheinigte der Mutter des Dichters pathologische Charakterzüge. Zu leicht indessen macht es sich der Biograph, der der Maria Trakl ihr Versagen als Mutter als individuelle Schuld zurechnet, der ihr pathogenes Verhalten nicht hinterfragt. Und auch wir greifen zu kurz, wenn wir, auf der Suche nach der causa nocens, in der Krankheitsgeschichte Trakls das ältere Konzept vom »endogenen Prozeß« einfach ersetzen durch das neuere der »schizophrenogenen Mutter« und uns damit aller weiteren Reflexion entbunden glauben. Die Persönlichkeit der Mutter ist ja doch selbst das Resultat einer Sozialisationsgeschichte, und die Mutter bringt ihre hier erlittene Beschädigung ein in den Dialog mit ihrem eigenen Kind: »Die Interaktion, die eine Mutter dem Kind anbietet, ... ist das Produkt ihrer eigenen Lebenspraxis.«[139] Mit der Lebenspraxis der Maria Trakl müssen wir uns – in gebotener Kürze – befassen.

»Mit dem vollzogenen Geburtsakt«, so stellte Basil mißbilligend fest, habe Maria Trakl »das Nötige als geleistet angesehen«.[140] Sie konnte sich mit ihrer Mutterrolle nicht identifizieren, trat ihren Kindern reserviert, in kühl-abweisender Haltung gegenüber. Bezeugt dies nun ihren »pathologischen Charakter«, eine angeborene Gefühlskälte? Eine solche Einschätzung des Problems erweist sich im Lichte der Überlegungen, die Freud in seiner frühen kulturkritischen Schrift über Sexualmoral und Neurose[141] anstellt, als allzu bequeme Simplifikation. Freud begreift hier die Neurose als den Preis, den der Mensch für die kulturellen Errungenschaften seiner Zivilisation zu zahlen hat, als Folge der vom Individuum zu erbringenden Triebverzichtsleistungen, und er rechnet die emotionale Frigidität der Frau zu diesen neurotischen Folgeerscheinungen. Im verbreiteten Typus der anästhetischen Frau sieht Freud

---

[139] Lorenzer ('72), S. 47.
[140] Basil, S. 27.
[141] »Die ›kulturelle‹ Sexualmoral und die moderne Nervosität«, G. W. VII, S. 143–67.

das Produkt einer bürgerlicher Sexualmoral folgenden Erziehung, die sich auszeichnet durch ihre spezifisch gegen die weibliche Sexualität gerichtete Repressivität:

> Die Erziehung nimmt die Aufgabe, die Sinnlichkeit des Mädchens bis zu seiner Verehelichung zu unterdrücken, offenbar nicht leicht, denn sie arbeitet mit den schärfsten Mitteln. Sie untersagt nicht nur den sexuellen Verkehr, setzt hohe Prämien auf die Erhaltung der weiblichen Unschuld, sondern sie entzieht das reifende weibliche Individuum auch der Versuchung, indem sie es in Unwissenheit über alles Tatsächliche der ihm bestimmten Rolle erhält und keine Liebesregung, die nicht zur Ehe führen kann, bei ihm duldet.[142]

Der gefühlskalte Frauentyp wird, so Freud, »durch die Erziehung geradezu gezüchtet, und diese Frauen, die ohne Lust empfangen, zeigen dann wenig Bereitwilligkeit, des öfteren mit Schmerzen zu gebären.«[143] Der mißbilligenden Feststellung Basils und dem diagnostischen Zugriff des Psychopathologen Spoerri entgeht eben diese von Freud aufgezeigte gesellschaftliche Dimension des Phänomens, daß eine Frau ihre Mutterrolle innerlich ablehnt. In seinem Bericht über Forschungen zur Frage der »schizophrenogenen Mutter« gelangt Hans Kind denn auch zu einem in der Tat bemerkenswerten Befund: »Bemerkenswert ist, daß diese Mütter anscheinend schon nach denselben starren und im Grunde dem Kinde gegenüber feindlichen Erziehungsprinzipien von ihren Eltern erzogen wurden.«[144]

Das abweisende Verhalten der Maria Trakl ist mithin als individueller charakterlicher Defekt höchst unzureichend begriffen, es muß vor dem Hintergrund ihrer Sozialisationsgeschichte gesehen werden. Zugleich ist – unter synchronem Aspekt – das defiziente Interaktionsangebot der Mutter gegenüber ihrem Kind nicht herauszulösen aus dem Geflecht interpersonaler Beziehungen, in das die Mutter integriert ist und das ihren seelischen Haushalt bestimmt. Betrachten wir die Störung der Dyade im Rahmen der familialen Gesamtsituation, so fällt ja sofort auf, daß diese Störung nicht isoliert dasteht: nicht nur mit ihrer Mutterrolle, auch mit ihrer Rolle als Ehefrau kommt Maria Trakl nicht zurecht. Aus dem biographischen Material ging der desolate Zustand ihrer Ehe in aller Deutlichkeit hervor: sie lebt in emotionaler Scheidung mit einem fünfzehn Jahre älteren Mann, der ihr mit seinem kleinbürgerlich-geschäftsmännischen Wesen nicht entspricht, mit dem keine wechselseitige Verständigung mehr möglich ist, von dem sie jedoch materiell und als schon einmal geschiedene Frau auch moralisch

---

142 Ebd., S. 160/61.

143 Ebd., S. 161.

144 Hans Kind, »Welche Fakten stützen eine psychogenetische Theorie der Schizophrenie?« In *Psyche* XIX, 1965. S. 209.

abhängig ist.[145] Ihr Leben an der Seite ihres zweiten Ehemanns wird für sie nicht weniger eine Enttäuschung gewesen sein als die erste Ehe; es ist im wesentlichen ausgefüllt durch eine Reihe von sieben unmittelbar aufeinander folgenden Schwangerschaften.[146] Tobias Trakl wird vom Geschäftsleben voll beansprucht, geht auf in seinem Beruf und widmet sich abends dem Kartenspiel; der Bestand an ehelichen Gemeinsamkeiten verfällt einem Erosionsprozeß, allmählich versiegt die Kommunikation, die affektive Solidarität zwischen den Eltern geht verloren. Zeugt es nun von einem »pathologischen Charakter« wenn die junge Frau einen solchen Gebärzwang als Einschränkung ihrer eigenen Persönlichkeit empfindet, wenn sie sich in ihrer Selbstentfaltung behindert und um ihr Lebensglück betrogen sieht, wenn sie ihre Rolle als Ehefrau und ihre Mutterrolle – damit ihre Kinder – innerlich ablehnt? Nicht nur der Charakter der Maria Trakl ist ins Auge zu fassen: zur Diskussion steht auch der Charakter der ihr zugemuteten sozialen Rolle.

Der Haushalt, so berichtet Basil, sei »patriarchalisch und, wie es scheint, ohne sonderliche Reibungen« geführt worden.[147] In seiner Untersuchung über den Ursprung der Familie hat Engels dargelegt, daß es sich bei der patriarchalisch-monogamen Ehe keineswegs um eine naturwüchsige Vergesellschaftungsform des Menschen handelt, sondern um einen Sozialverband, der sich auf ökonomische Bedingungen, auf das Privateigentum, gründet; er bezeichnet den Sturz des ursprünglichen Mutterrechts und den Übergang zur patrilinearen Erbfolge als »weltgeschichtliche Niederlage des weiblichen Geschlechtes«.[148] Der Übergang zur patriarchalischen Ehe markiert den Beginn der Geschichte der Unterdrückung der Frau.[149] In der auf das Privat-

---

145 Die Vorgeschichte dieser Ehe brachte erst in jüngerer Zeit J. A. Stupp zur Kenntnis. Maria Trakl, eine geborene Halik, war eine geschiedene Frau. Trauzeuge ihrer ersten Ehe mit Maximilian Schallner, die 1875 in Wiener Neustadt geschlossen wurde, war der damals schon fünf Jahre verwitwete Tobias Trakl. Dieser heiratete nun im August 1878 die inzwischen wieder geschiedene Maria Schallner-Halik, die bereits im Mai desselben Jahres ein Kind von ihm zur Welt gebracht hatte. Wohl nicht zuletzt dieser einigermaßen delikaten Vorgeschichte der Ehe wegen siedelte der zweiundvierzigjährige Tobias Trakl mit seiner Frau und seinem Sohn aus erster Ehe (sein erstes Kind mit Maria Trakl war bereits im ersten Lebensjahr verstorben) wenig später nach Salzburg um. Vgl.: Johann Adam Stupp, »Der Vater des Dichters Georg Trakl.« In: *Südostdeutsche Semesterblätter* 17/18, 1967, S. 31–41.

146 Zur Illustration: Gustav 1878; Gustav Mathias '80; Maria '82; Hermine '84; Georg '87; Friedrich '90; Margarete '91.

147 Basil, S. 23.

148 Friedrich Engels, *Der Ursprung der Familie, des Privateigentums und des Staats.* Berlin, 11. Aufl. 1973, S. 66.

149 »Der Mann ergriff das Steuer auch im Hause, die Frau wurde entwürdigt, geknechtet, Sklavin seiner Lust und bloßes Werkzeug der Kindererziehung. Diese erniedrigte Stellung der Frau ... ist allmählich beschönigt und verheuchelt, auch stellenweise in mildere Formen gekleidet worden; beseitigt ist sie keineswegs.« Ebd.

eigentum gegründeten monogamen Ehe erscheint die Frau als ein Teil des Besitztums des Mannes, in materieller Abhängigkeit, als seine Leibeigene. Durch die Institutionalisierung des ehelichen Besitzverhältnisses bestimmt sich die Beziehung zwischen Mann und Frau nicht als freie Geschlechtsliebe autonomer Individuen, sondern als ein Herrschaftsverhältnis:

> Der Umstand ..., daß in der normalen bürgerlichen Familie der Mann das Geld, diese Macht in substantieller Form, besitzt und über seine Verwendung bestimmt, macht Frau, Söhne und Töchter auch in der neueren Zeit zu den ›Seinen‹, gibt ihr Leben weitgehend in seine Hand, zwingt sie zur Unterordnung unter Leitung und Befehl.[150]

So präsentiert sich die patriarchalische Ehe in ihrem wahren Charakter keineswegs als eine Form geglückter menschlicher Einigung, sondern als ein repressiver, antagonistischer Sozialverband, als Zellenform einer Klassengesellschaft:

> Der erste Klassengegensatz, der in der Geschichte auftritt, fällt zusammen mit der Entwicklung des Antagonismus von Mann und Frau in der Einzelehe ... Sie ist die Zellenform der zivilisierten Gesellschaft, an der wir schon die Natur der in dieser sich voll entfaltenden Gegensätze und Widersprüche studieren können.[151]

Die mit dem Privateigentum gesetzte, in der Institution der patriarchalischen Ehe als Herrschaftsverhältnis festgeschriebene Entfremdung wird faßbar in einer systematischen Verzerrung von Interaktionsmustern. Entfremdung ist nicht nur ein in ökonomischen Kategorien zu fassendes Phänomen: sie vermittelt sich über eine verzerrte Interaktionspraxis in die Psychologie der Subjekte und wird hier schließlich psychiatrisch kenntlich. Wenn Freud die emotionale Frigidität der Frau in Zusammenhang brachte mit einer Erziehungspraxis, die die weibliche Sexualität an der Entfaltung hindert, so bestimmt sich die Form dieser Praxis durch das vorgegebene Erziehungsziel: die Frau zu domestizieren, sie vorzubereiten auf ihre repressive soziale Rolle. Wie die Gefühlskälte der Maria Trakl, so sind auch ihre Depressionen, denen sie durch Drogengenuß zu entgehen suchte, mehr als nur Symptom der privaten Pathologie dieser Frau – dies zeigt schon ein Blick auf die Statistik. Tellenbach, der in seiner Melancholie-Studie die depressiven Krankheitsfälle nach Geschlecht und Berufsbildern aufschlüsselt, kommt zum Ergebnis, »daß die Hausfrauen, die in vielen Fällen noch Nebentätigkeiten (Feld-, Fabrikarbeit) ausüben, zahlenmäßig mit Abstand an erster Stelle stehen«.[152] Als charakteristischen

---

150 Max Horkheimer, »Autorität und Familie«. In: M. H., *Traditionelle und kritische Theorie. Vier Aufsätze*. Frankfurt/M. 1970, S. 212.

151 Engels, S. 76.

152 Hubertus Tellenbach, *Melancholie. Problemgeschichte, Endogenität, Typologie, Pathogenese, Klinik*. Berlin/Heidelberg, 3. Aufl. 1976, S. 64.

Wesenszug der späteren depressiven Patientin hebt er hervor Fleiß, Ordentlichkeit und Pflichtbewußtsein, um dann hinzuzusetzen: »Die Rangordnung wird respektiert. Die Familie ist durchweg aufs Patriarchalische hingeordnet.«[153] Hier bringt sich die ganz ähnlich klingende Formulierung Basils in Erinnerung.

»Mutter lebt nervenkrank – Opiumesserin«, heißt es im Krakauer Krankenblatt (II, 729). Unser kurzer Exkurs über Maria Trakl wollte deutlich machen, daß mit solchen Feststellungen, die die Mutter des Dichters als pathologischen Charakter abstempeln, die Problematik dieser Familie, die Problematik der Kindheit Trakls nicht erfaßt werden kann. Soziale Zusammenhänge wurden skizziert, die das ätiologische Denken der Schulpsychatrie ebenso verkennt, wie die Trakl-Biographen, die die Mutter des Dichters zum Sündenbock der Familie machten. Wenn in der Krankheitsgeschichte des Dichters Maria Trakl als schizophrenogene Mutter in Erscheinung tritt, so ist der geschichtliche Hintergrund und der soziale Kontext dieser entstellten Mutterrolle mit zu bedenken. Das Interaktionsangebot der Mutter an ihr Kind bestimmt sich von ihrer eigenen Lebensgeschichte, ihren gesellschaftlichen Erfahrungen her:

> Die mütterlichen Gesten, von den Körperbewegungen, die sich dem intrauterinen Organismus mitteilen, bis zum postnatalen Repertoire an fürsorglicher Betreuung sind ... nicht willkürlich, sondern bilden ein in sich abgestimmtes Profil einer Praxis, deren besondere Form sich bestimmt je nach der Lage der Mutter in bestehenden gesellschaftlichen Verhältnissen, d. h. je nach der Art und Weise, in der sie selbst an der materiellen Auseinandersetzung des Menschen mit äußerer Natur teilhat. Diese Feststellung schließt nicht nur ein, daß die mütterliche Praxis ihre Formbestimmung in konkreten gesellschaftlichen Bedingungen hat, sondern auch, daß die Antworten der Mutter auf die Bedürfnisse des Kindes die Interaktionsstruktur der Mutter – erworben in ihrer eigenen primären wie sekundären Sozialisation – wiederspiegelt – entsprechend ihrer Position in realen Interaktionskreisen, die als Gruppen, Schichten, Klassen die Organisationsformen menschlichen Handelns sind.[154]

Der Dialog von Mutter und Kind wird nicht jenseits der Gesellschaft geführt – soziale Kräfte wirken in diesen intimen Regelkreis hinein. Das defiziente Interaktionsangebot der Maria Trakl an ihr Kind muß gesehen werden im Kontext der systematisch verzerrten Lebenspraxis dieser Frau: der unmittelbare gesellschaftliche Ort, von dem aus sie ihre Auseinandersetzung mit dem Kinde führt, ist definiert durch eine verfehlte Einigung von Mann und Frau in der Institution der patriarchalischen Ehe. In dieser Ehe steht Maria Trakl vor einem unlösbaren Konflikt: weder kann sie – aufgrund ökonomischer und

---

153 Ebd., S. 52. Vgl. auch den entsprechenden Befund in: Heinz Völkel, *Neurotische Depression. Ein Beitrag zur Psychopathologie und Klinik*. Stuttgart 1959.

154 Lorenzer ('73), S. 102.

psychologischer Abhängigkeit – die emotionale Scheidung in eine praktische verwandeln, noch kann sie sich wiedererkennen in ihrer Rolle als Mutter und Hausfrau. Die im Vorfeld depressiver Erkrankungen so häufig anzutreffende Entäußerung der Frau in diese Rollen ist der Mutter des Dichters ohnehin verwehrt in einem Haushalt, der nach großbürgerlichem Maßstab mit Dienstpersonal und Gouvernante geführt wird. So bleibt ihr die innere Emigration, der Rückzug hinter die Türen ihres privaten Museums: »Ganz glücklich war sie nur, wenn sie allein mit ihren Sammlungen blieb«, berichtet Fritz Trakl.[155] Der aus ihrer enttäuschenden Situation heraus entwickelte Daseinsentwurf dieser Frau sieht ein Leben innerhalb des ökonomischen, jedoch außerhalb des affektiven Verbandes der Familie vor; in ihrem Unglück, ihrer Einsamkeit sucht sie Zuflucht im Schneckenhaus ihrer Antiquitätensammlung und bei der Droge. Die private Widersprüchlichkeit dieser Ehe findet ihren gegenständlichen Ausdruck in den von den Kindern so schmerzlich registrierten verschlossenen Türen innerhalb der elterlichen Wohnung – in dem privaten Problem, dieser Barriere, dem Riß, der sich durch diese Familie zog, wird jedoch ein objektiv-gesellschaftliches Problem manifest: die Widersprüchlichkeit der Institution der bürgerlichen Ehe selbst. Das Scheitern dieser ehelichen Gemeinschaft ist nicht nur Folge einer »Unvereinbarkeit der Charaktere«, sondern legt tiefere Unvereinbarkeiten bloß: den ökonomisch begründeten, im ehelichen Besitzverhältnis institutionalisierten Antagonismus von Mann und Frau. Maria Trakl erwecke einen »triebhaft-unberechenbaren Eindruck« stellt Spoerri fest.[156] Der Trieb, der sich in diesem familienwidrigen, kindliche Ansprüche kühl abweisenden Verhalten der Maria Trakl bekundet, ist letztlich der Trieb einer Gefangenen nach Freiheit – nicht ein Problem subjektiver Struktur, individueller Psychopathologie, sondern ein Problem der objektv-gesellschaftlichen Situation. Maria Trakl ist in der Tat ein »weiblicher Sonderling«, eine »eigenwillige« Frau[157]: eine Frau, die sich nicht fügt in die repressive Rolle, die ihr von einer patriarchalischen Gesellschaft zudiktiert wurde. Die Suche der Maria Trakl nach Selbstverwirklichung ging auf Kosten ihrer Kinder, der Befreiungsversuch der Mutter machte ihren Sohn zum Gefangenen: das Leben Georg Trakls steht im Banne einer unheilvollen Mutterimago.

Die Familie, so betont Horkheimer, sei nicht nur Zellenform einer antagonistischen Gesellschaft, deren mikrosoziales Abbild – sie stehe auch in einem Gegensatz zu ihr:

> Die Verdinglichung des Menschen in der Wirtschaft zur bloßen Funktion einer ökonomischen Größe ... setzt sich zwar auch in der Familie fort, soweit der Vater zum Geldverdiener, die Frau zum Geschlechtsobjekt oder zur häuslichen Leibeigenen

[155] Basil, S. 17.
[156] Spoerri, S. 42.
[157] Basil, S. 28.

> und die Kinder, sei es zu Erben des Vermögens oder zu lebendigen Versicherungen werden, von denen man alle Mühe später mit Zinsen zurück erwartet. Im Gegensatz zum öffentlichen Leben hat jedoch der Mensch in der Familie, wo die Beziehungen nicht über den Markt vermittelt sind und sich die Einzelnen nicht als Konkurrenten gegenüber stehen, stets auch die Möglichkeit besessen, nicht bloß als Funktion, sondern als Mensch zu wirken.[158]

Familie und Ehe vermag zum Vorbild, zum Vorschein einer besseren Gesellschaft zu werden, sofern in ihrem Rahmen menschliche Einigung gelingt, in der Liebe zwischen Mann und Frau, in der zärtlichen Sorge der Mutter um ihr Kind. Hier sind »Vorstellungen und Kräfte lebendig, die freilich nicht an die Existenz der gegenwärtigen Familie gebunden sind, ja, unter dieser Form zu verkümmern drohen, aber im System der bürgerlichen Lebensordnung selten eine andere Stätte haben als eben die Familie«.[159] Diese Bemerkungen Horkheimers kehren nur umso deutlicher hervor, worum es sich bei der familialen Bildungsgeschichte Trakls eigentlich handelt: um ein Schicksal radikaler Entfremdung. Radikal ist diese Entfremdung insofern, als sie schon auf der Stufe der Mutter-Kind-Beziehung wirksam wird; die gesellschaftlichen Widersprüche schlagen durch bis auf die Mutter-Kind-Dyade, Einigung mißlingt schon in dieser elementaren sozialen Gruppe. In Gestalt der abweisenden Mutter präsentiert sich dem Kind bereits ein Stück Gesellschaft, die Kälte der Mutter nimmt deren Klima vorweg. Die Individualgeschichte der Entfremdung beginnt im pädagogischen Prozeß, nicht im ökonomischen, und bei Georg Trakl beginnt sie bereits im frühen Austausch mit der Mutter. Die verfehlte Synthese von Mutter und Kind, das Scheitern der Einigung im Rahmen der Triade sind Stationen in dieser Individualgeschichte der Entfremdung, einer Entfremdung, die schließlich faßbar wird als psychisches Leiden.

---

[158] Horkheimer, S. 219.
[159] Ebd.

2. Der abortive Ausgang der Adoleszenzkrise

2.1. Adoleszenz und Gesellschaft

Psychotische Störungen treten zumeist auf in der Adoleszenzzeit, oft in einem späten Stadium dieser Entwicklungsphase: so auch bei Georg Trakl. Die Adoleszenz bringt eine tiefgreifende psychosexuelle und psychosoziale Krise mit sich; der Jugendliche, dessen familiale Sozialisation beeinträchtigt war, steht in Gefahr, in diesen Stürmen der Pubertät Schiffbruch zu erleiden. Einerseits muß er die rapiden körperlichen Reifungsprozesse seelisch verarbeiten, andererseits sieht er sich jetzt konfrontiert mit den gesellschaftlichen Forderungen nach Übernahme des Erwachsenenstatus, d. h. nach psychischer und materieller Verselbständigung von der Familie. Damit ist der Heranwachsende vor ein komplexes Adaptionsproblem gestellt, vor die Notwendigkeit einer umfassenden Charakterveränderung; seine Ich-Organisation, wie sie sich beim Eintritt in die Latenzphase hergestellt hat, kommt aus dem Gleichgewicht, ist einer entscheidenden Belastungsprobe ausgesetzt. Dabei entspricht diese Adoleszenzkrise einer modifizierten Neuauflage des ödipalen Konflikts; nur wenn die in der Pubertät wiederauflebenden inzestuösen Wünsche überwunden werden, die Generationsschranke gewahrt bleibt, kann die Adoleszenz einen erfolgreichen Abschluß finden:

> Gleichzeitig mit der Überwindung und Verwerfung dieser deutlich inzestuösen Phantasien wird eine der bedeutsamsten, aber auch schmerzhaftesten, psychischen Leistungen der Pubertätszeit vollzogen, die Ablösung von der Autorität der Eltern, durch welche erst der für den Kulturfortschritt so wichtige Gegensatz der neuen Generation zur alten geschaffen wird.[1]

Ziel der psychischen Entwicklung ist die Errichtung des Genitalprimats und die ich-syntone Integration der genitalen Sexualität in das seelische Erleben; Ziel ist die libidinöse Besetzung eines nicht-inzestuösen, heterosexuellen Objekts und die Distanzierung von den ödipalen Elternrepräsentanzen. Der Inzestwunsch Trakls, so wird jetzt deutlich, muß auch als ein Kernstück seiner Adoleszenzproblematik begriffen werden: das Festhalten an inzestuösen Bindungen ist das Symptom eines gestörten Sozialisationsprozesses.

---

[1] S. Freud, »Drei Abhandlungen zur Sexualtheorie«, G. W. V, S. 128.

Die Adoleszenzkrise stellt eine Neuauflage des ödipalen Dramas dar; die Vaterfigur, mit der der Jugendliche jetzt die Autoritätskonflikte austrägt, ist allerdings mit der Figur des Familienvaters nicht identisch. Schon während der Latenzzeit, vor allem aber in der Adoleszenz tritt die Bedeutung der Eltern mehr und mehr in den Hintergrund:

> Im Laufe der Kindheitsentwicklung, welche zur fortschreitenden Loslösung von den Eltern führt, tritt deren persönliche Bedeutung für das Über-Ich zurück. An die von ihnen erübrigten Imagines schließen dann die Einflüsse von Lehrern, Autoritäten, selbstgewählten Vorbildern und sozial anerkannten Helden an, deren Personen von dem resistenter gewordenen Ich nicht mehr introjiziert zu werden brauchen.[2]

An den Kern des ödipalen Überich lagern sich allmählich weitere Identifikationen an, die der Jugendliche in Anlehnung an verschiedenste Vorbilder aufbaut. Diese Identifikationen sind ungemein bedeutsam für seine psychosoziale Entwicklung:

> Sie dienen nämlich (psychosexuell) der notwendigen Desexualisierung des ödipalen Liebesobjekts und verhindern gleichzeitig die Regression zur archaischen Mutter; darüber hinaus bedeuten sie aber auch (sozialintegrativ) die Bindung an die von den Identifikationsobjekten repräsentierten gesellschaftlichen Normen und Verhaltensmuster.[3]

Diese postödipalen Identifikationen sollen gleichermaßen Individuation und soziale Integration des Heranwachsenden sicherstellen; in ihrer Bedeutung sind sie den Initiationsriten primitiver Gesellschaften vergleichbar. Der Vaterkonflikt in Trakls Adoleszenz, dies haben die folgenden Untersuchungen zu bedenken, transzendiert den Raum des Familiären. »Was der Jugendliche in der Pubertät als Vater erlebt, ist eine Mischung aus dem Familienvater und der sozialen Autorität«, betont Mendel.[4] Dieses Vaterbild setzt sich zusammen aus verschiedenen Komponenten:

> Zu dem während des ersten Ödipuskomplexes im 3. bis 5. Lebensjahr verinnerlichten Vaterbilde kommt das Bild des aktuellen Familienvaters und schließlich das der sozialen Macht hinzu, d. h. der soziokulturellen Institutionen in ihrer Gesamtheit, die eine väterliche Funktion der Vermittlung mit dem Chaos, dem Unbekannten, der Willkür erfüllen sollen ...[5]

Wesentlicher Aspekt des Vaterkonfliktes in der Adoleszenz ist also die Auseinandersetzung des Jugendlichen mit den verschiedenen Trägern der kulturellen Tradition, all den Repräsentanten gesellschaftlicher Autorität, die dem Vaterbild zugeschlagen werden. Wir müssen die Adoleszenzkrise Trakls somit erörtern im Kontext der historisch-gesellschaftlichen Situation, in der sie sich

---

2 S. Freud, »Das ökonomische Problem des Masochismus«, G. W. XIII, S. 380/81.

3 Ziehe, S. 135.

4 Gérard Mendel, *Generationskrise. Eine soziopsychoanalytische Studie*. Frankfurt/M. 1972, S. 146.

5 Ebd., S. 164.

abspielt, im Lichte dessen, was Erikson den »historischen Tag« nennt: »Die Adoleszenz ist ... ein Stadium, in dem das Individuum dem historischen Tag viel näher ist, als es das in früheren Stadien der Kindheitsentwicklung war.«[6] Der geschichtliche Augenblick, in den die Adoleszenzphase Trakls fällt, steht im Zeichen großer gesellschaftlicher Spannungen, einer Krise des sozialen Systems, die auf mannigfache Weise sich bemerkbar macht, nicht zuletzt auf literarischem Gebiet; diese vielberufene epochale Krise am Vorabend des Ersten Weltkriegs bedarf einer genaueren Betrachtung, damit ihre Implikationen für die seelische Bildungsgeschichte Trakls ermessen werden können.

2.1.1. Die Generationskrise im Expressionismus

Die Entstehung des literarischen Expressionismus wurde von der Forschung vielfach in Beziehung gebracht mit den einschneidenden Vorgängen sozialen Wandels, die sich seit der Reichsgründung infolge des rapiden technologischen Fortschritts und wirtschaftlichen Wachstums vollzogen. So postuliert etwa Silvio Vietta einen Zusammenhang zwischen Stilphänomenen expressionistischer Dichtung und der Veränderung des Lebensrhythmus in der modernen, großstädtischen Umwelt.[7] Es mag diese Zusammenhänge geben; die entscheidende Bedeutung des raschen sozialen Wandels für die expressionistische Dichtergeneration dürfte indessen nicht in Veränderungen der Umweltbedingungen zu suchen sein, sondern auf anderem Gebiet: diese Beschleunigung des »Lebenstempos« bringt nämlich eine Veränderung des Generationenverhältnisses mit sich, wirkt sich damit aus auf den Verlauf der individuellen Sozialisationsprozesse und auf die seelische Bildungsgeschichte der Subjekte.

Eine traditionale Gesellschaft, in der sozialer Wandel sich so langsam und unmerklich vollzieht, daß das Autoritätsverhältnis der Generationen davon unberührt bleibt, bezeichnet Margaret Mead als »postfigurative Kultur«:

> Das einzige wesentliche und bestimmende Merkmal einer postfigurativen Kultur ... besteht darin, daß eine mindestens drei Generationen umfassende Gruppe die Kultur als selbstverständlich betrachtet und so das heranwachsende Kind zur bedingungslosen Übernahme dessen bringt, was seine Umweltpersonen ebenfalls bedingungslos akzeptieren.[8]

Der Vater und der Großvater repräsentieren hier die Zukunft des Knaben, ihre Lebenserfahrung verbürgt ihre Autorität; die Kenntnisse des Vaters, seine

---

6 Erik H. Erikson, *Jugend und Krise*. Stuttgart 1970, S. 23.

7 »Die Akzeleration des Sprachrhythmus ist eine wesentliche Bedingung der Mimesis der modernen Großstadt und ihres Lebenstempos.« Silvio Vietta / Hans-Georg Kemper, *Expressionismus*. München 1975, S. 114.

8 Margaret Mead, *Der Konflikt der Generationen. Jugend ohne Vorbild*. Olten/Freiburg 1971, S. 54.

Kompetenz, das von ihm vorgelebte Rollenmodell sind von dem Knaben erst noch einzuholen: »Die Vergangenheit der Erwachsenen ist die Zukunft einer jeden neuen Generation; ihr Leben bildet den Grundplan.«[9] Unter der Bedingung rapiden sozialen Wandels hingegen verliert die ältere Generation ihre Autorität und Leitbildfunktion: die Lebenserfahrung des Vaters, die von ihm verkörperten Normen sind durch die Entwicklung entwertet, sie stammen aus einer antiquierten Welt. Der Vater kennt sich nicht mehr aus, wird vom Jugendlichen überholt: der Sohn ist dem Vater voraus. Mead spricht hier von einer »präfigurativen Kultur«, »weil das Kommende in dieser neuen Kultur vom Kind und nicht mehr von Eltern und Großeltern repräsentiert wird«.[10]

In solchen Auswirkungen auf die Sozialisationsvorgänge liegt die hauptsächliche Bedeutung der rapiden technologischen Umwälzungen um die Jahrhundertwende: das Verhältnis der Generationen ändert sich, es kommt zu einer folgenreichen Schwächung des Vaterbildes. Alter und Lebenserfahrung des Vaters sichern ihm in den Augen der jungen Generation nicht länger die Autorität, sein Ansehen als kompetente Orientierungsfigur; die Rolle des Vaters im Sozialisationsprozeß wird geschwächt. Auch er selbst wird ja durch die rasche Veränderung der äußeren Lebenswelt verunsichert, auch er sieht den Bestand an Traditionen, der ihm selbst noch als gültig vermittelt wurde, zunehmend in Frage gestellt, und so wird er schließlich ungewiß, was er dem Kind noch als verbindliches Erbe weiterzugeben habe: »Auch die Väter überlieferten nicht mehr eine einheitliche Kultur, in allem, was der Expressionismus bekämpfte, spiegelte sich bereits die Ratlosigkeit eines zerfallenden Zeitalters, das nicht mehr ein gültiges geistiges Gesetz durchformte.«[11] Die innerlich erschütterte väterliche Autorität versucht natürlich, ihren Geltungsanspruch weiterhin zu wahren; wenn sie – wie es in der Adoleszenz mehr und mehr geschieht – von seiten des Sohnes mit einer Legitimationsforderung konfrontiert wird, dann bleibt ihr nur die Möglichkeit repressiver Abwehrmaßnahmen. Die Forderung nach offenem Diskurs wird abgewiesen, die Geltung der väterlichen Normen durchgesetzt im Rückgriff auf die reale ökonomische Machtposition des Vaters.

Im November 1911 notiert Georg Heym in seinem Tagebuch: »Ich wäre einer der größten Dichter geworden, wenn ich nicht einen solchen schweinernen Vater gehabt hätte.«[12] Der Vater weckt die Aggressionen des Sohnes, inso-

---

9 Ebd., S. 27.

10 Ebd., S. 121.

11 Fritz Martini, »Der Expressionismus als dichterische Bewegung.« In: *Begriffsbestimmung des literarischen Expressionismus*. Hg. v. Hans Gerd Rötzer, Darmstadt 1976, S. 141.

12 *Dichtungen und Schriften*, hg. v. Karl Ludwig Schneider, Hamburg/München 1962, Bd. 3, S. 171.

fern er der nächste Repräsentant der »banalen Zeit« ist, in der Heym sich eingeengt und in seiner Selbstentfaltung behindert sieht:

> Mein Gott – ich ersticke noch mit meinem brachliegenden Enthousiasmus in dieser banalen Zeit. (...) Ich sehe mich in meinen wachen Phantasieen, immer als einen Danton, oder einen Mann auf der Barrikade, ohne meine Jakobinermütze kann ich mich eigentlich gar nicht denken. Ich hoffe jetzt wenigstens auf einen Krieg.[13]

Dieser Vater-Sohn-Konflikt ist keineswegs nur ein internes Problem der Familie Heym; er darf als repräsentativ gelten für das Generationsverhältnis im Expressionismus. Hans Mayer resümiert:

> Daß der Gegensatz der Generationen ein Grundmotiv des Expressionismus gewesen ist, war bekannt. (...) Was aber durch die Kenntnis zahlreicher Lebensdokumente möglich wurde, ist die Feststellung, daß es sich bei diesem Schema der Vater-Sohn-Literatur nicht bloß um ein literarisches Klischee gehandelt hat. In den Familien der expressionistischen Söhne war der reale Konflikt gegeben. Man muß in einer Familienhölle gelebt haben.[14]

Wie das Revolutions-Motiv bei Heym, so ist die im Expressionismus verbreitete Vatermord-Thematik ein Ausdruck des beschriebenen Generationenproblems. Die junge Generation erlebte den Vater – alle Repräsentanten väterlicher Autorität – auf neue Weise, trat ihm mit verändertem Bewußtsein gegenüber. Der Vater ist seiner sachlichen Autorität beraubt, zur Abdankung jedoch nicht bereit: so erscheint sein Auftreten dem Sohn als schieres Machtgehabe. Unter diesen Umständen also, im Lichte dieses »historischen Tages«, erlebt Georg Heym seinen Vater als »schweinernen Vater«, als den Herrscher einer »Familienhölle«; das Gleiche ließe sich aufzeigen in der katastrophalen Beziehung Franz Kafkas zu seinem Vater. Die mikrosozialen Strukturen sind mitbetroffen von den makrosozialen Veränderungen: diese Vaterkonflikte sind mitnichten als Privatangelegenheit individueller Familien zu begreifen. Die Autorität des Vaters hat in den Augen des Sohnes ihre Legitimationsbasis verloren; was der Vater dem Sohn als Erbe aufzuoktroyieren sucht, scheint diesem antiquiert und unbrauchbar – der Ruf nach Absetzung des Tyrannen wird allenthalben laut.

Die Adoleszenzkrise folgt dem Modell des Ödipuskonfliktes. Nun wird aber in der expressionistischen Vatermord-Literatur Eines immer wieder deutlich: der Sohn rivalisiert nicht mit dem Vater, sondern er lehnt ihn ab. In Fritz von Unruhs Drama »Ein Geschlecht« kommt dies exemplarisch zum Ausdruck, in den Vorwürfen, die der Sohn an die Mutter richtet:

> Erst gabt Ihr eine Sprache auf die Lippen
> die jedes Rätsel unsres Hirns erschlug,
> eh es sich regen konnte selbst zu denken –,
> dann hobt Ihr uns die Väter auf den Sockel
> und jedes Wort der Kinderstube wies,

---

[13] Ebd., S.164.

[14] Hans Mayer, »Rückblick auf den Expressionismus«. In: Rötzer, S. 269/70.

den Urtrotz in mir weckend, streng auf ihn,
bis ich, genährt am Zweifel, kraftentschlossen
dies Vaterbild, das Gott geglichen, stürzte.
Da liegt es wie ein Steinklotz überm Weg!
Ich steige drüber weg und blas den Schutt
von allen Wurzeln meiner Seele ab.[15]

Ödipus tötet den Vater, nimmt die Mutter zur Frau und setzt sich die Krone auf das eigene Haupt; im Gedicht »Aufbruch der Jugend« von Ernst W. Lotz hingegen lesen wir: »Wir fegen die Macht und stürzen die Throne der Alten, / Vermoderte Kronen bieten wir lachend zu Kauf.«[16] Diesen Unterschied zum traditionellen ödipalen Rivalitätskampf führt der Schluß von Bronnens Drama »Vatermord« ganz drastisch vor Augen; nachdem hier der Sohn den Vater erstochen hat, bietet sich ihm die Mutter an – der Sohn aber weist sie zurück:

Ich hab genug von dir.
Ich hab genug von allem.
Geh deinen Mann begraben, du bist alt,
Ich bin jung aber.
Ich kenn dich nicht,
Ich bin frei.
Niemand vor mir, niemand neben mir, niemand
über mir, der Vater tot,
Himmel, ich spring dir auf, ich flieg,
Es drängt, zittert, stöhnt, klagt, muß auf, schwillt,
quillt, sprengt, fliegt, muß auf, muß auf,
Ich,
Ich blühe –[17]

Der Sohn übernimmt nicht die Rolle des Ödipus, tritt nicht die Nachfolge des Vaters an; er weist den Siegespreis – die Mutter – ab, schlägt das väterliche Erbe aus und verzichtet auf die Krone. Die Situation, die uns hier vor Augen tritt, darf als repräsentativ gelten für das Vater-Sohn-Verhältnis im Expressionismus, und sie unterscheidet sich auf markante Weise vom traditionellen ödipalen Muster. Mendel beschreibt diese Situation als eine Generationskrise, hebt sie ab vom traditionellen Konflikt der Generationen:

Der *Generationskonflikt* nimmt Bezug auf den pubertären Ödipuskonflikt. Ihm liegt, bewußt oder unbewußt, der Wunsch des Jugendlichen zugrunde, den Platz des Vaters einzunehmen – im Unbewußten neben der Mutter –, seine Vorrechte zu genießen. Kurz, der Jugendliche wünscht, wie sein Vater, sein Vater zu werden. (...) Im Generationskonflikt schlägt der Jugendliche das Erbe nicht aus: er wünscht im Gegenteil, sofort zu erben. Heutzutage jedoch stellen wir fest, daß sich der Jugendliche weigert, sich mit dem von seinem Vater, den Erwachsenen und der Gesellschaft

[15] Fritz von Unruh, *Ein Geschlecht*. München/Leipzig 1917, S. 33.
[16] Zitiert nach: *Menschheitsdämmerung*. Neu herausgegeben von Kurt Pinthus, Hamburg 1959, S. 225.
[17] Arnolt Bronnen, *Vatermord*. Berlin 1925, S. 96.

> vorgeschlagenen Modell zu identifizieren. Er will vor allem nicht so werden wie sie; er schlägt das Erbe oder das, was von ihm übrig ist, aus. Er will es zerstören, es soll nichts davon bleiben. Es handelt sich hier um einen vom Generationskonflikt ganz verschiedenen Prozeß, den wir *Generationskrise* nennen wollen.[18]

Die Ursache dieses für die moderne Gesellschaft charakteristischen Phänomens sieht auch Mendel in einer historischen Schwächung der Vaterrolle, einer Entwertung des väterlichen Erbes durch den rapiden Fortschritt. Er weist darauf hin, »daß dieses Erbe zum großen Teil durch die industrielle und technische Revolution zu Tode gekommen ist ... und daß die auf dem Alter, der Autorität und der Vergangenheit gründende Erfahrung an sich nicht mehr das Ansehen genießt, das sich einst mit ihr verband.«[19] Die Generationskrise im Expressionismus ist das Symptom eines grundlegenden sozialen Wandels, des Übergangs von einer postfigurativen zu einer präfigurativen Gesellschaft.

Neben den beschriebenen Entwicklungen an der gesellschaftlichen Basis leisteten freilich auch solche des Überbaus einen gewichtigen Beitrag zum Niedergang der väterlichen Autorität: Entwicklungen der Naturwissenschaft, der Philosophie, der Literatur. Zu verweisen ist auf die bei Vietta/Kemper ausführlich erörterte erkenntnistheoretische Grundlagenkrise der Naturwissenschaft[20], auf die Wirkung Darwins und Freuds, vor allem aber auf die Bedeutung Nietzsches. Seine Schriften spielten eine eminent wichtige Rolle bei der Zersetzung des väterlichen Traditionsbestandes, beim Niedergang des bislang überlieferten Weltbildes. Wenn Nietzsche den Tod Gottes verkündet und sich an eine Umwertung aller bisher gültigen Werte macht, wenn er die asketischen Ideale des Christentums als Symptome degenerierenden Lebens, als Ausdruck eines domestizierten, an sich selbst leidenden Menschentums deutet und der christlichen »Sklavenmoral« eine dionysische Lebensbejahung und den uneingeschränkten Willen zur Macht entgegensetzt, so bewirkt dieser vehemente Angriff auf die bislang geltenden Wertvorstellungen und Deutungsmuster der Gesellschaft eine nicht zu unterschätzende Erosion der väterlichen Autorität, eine Entwertung des Erbes, das der Vater dem Sohn weitergeben will. Die Ideologiekritik Nietzsches zeitigt damit nicht nur geistesgeschichtliche Folgen, sondern auch praktisch-gesellschaftliche: sie bewirkt eine spürbare Erschütterung der bürgerlichen Sozialisationsvorgänge. Indem Nietzsche die in ihrem Geltungsanspruch bisher unbezweifelten Traditionsgehalte zur Diskussion stellt, raubt er ihnen die Aura unbedingter Verbindlichkeit, und zugleich wird die Vaterfigur, die als ihr Träger fungierte, ihrer Autorität beraubt. Die durch Nietzsches Grablegung der Metaphysik entstandene Situation »transzendentaler Obdachlosigkeit« (Lukács) stellt sich unter psycho-

[18] Mendel, S. 154.
[19] Ebd., S. 137.
[20] Vietta/Kemper, S. 134ff.

logischem Gesichtspunkt dar als eine Entthronisierung des Vaters und ein damit verbundenes normatives Vakuum. Nietzsches Ideologiekritik ist ein Angriff auf die Legitimationsbasis der Sozialisationsprozesse; der Philosoph bewirkte insofern nicht nur geistige Erschütterungen, sondern auch gesellschaftliche. In diesem Sinne ist es überaus treffend, wenn Benn ihn einmal als das »Erdbeben der Epoche« bezeichnet.[21]

»Wenn in der Literatur einer Epoche in gehäufter Form Familienkonflikte, Wahnsinn- und Selbstmordmotive auftauchen, so ist dies zumeist ein Indiz für extreme Spannungen in der Gesellschaft selbst«: die von Vietta und Kemper hier angesprochenen Spannungen[22] konnten präziser gefaßt werden als eine Generationskrise, eine Krise nicht politischer oder ökonomischer Natur, sondern des soziokulturellen Systems. Wir stehen vor dem Phänomen, das Habermas als »Legitimationskrise« beschrieben hat.[23] Der Bruch zwischen den Generationen, der im Expressionismus deutlich wird, ist sowohl ein Problem der individuellen seelischen Bildungsprozesse, als auch ein gesamtgesellschaftliches; in ihm wird eine Identitätskrise des sozialen Systems manifest:

> In der Geschichtsschreibung gilt ein Traditionsabbruch, mit dem identitätsverbürgende Deutungssysteme ihre sozial-integrative Kraft einbüßen, als Indikator für den Zusammenbruch sozialer Systeme. In dieser Perspektive hat eine Gesellschaft ihre Identität verloren, sobald sich die Nachgeborenen in der einst konstitutiven Überlieferung nicht mehr wiedererkennen.[24]

Die Identitätsproblematik der Gesellschaft wird zur individuellen gerade in der Adoleszenz, wenn der Jugendliche vor der Aufgabe steht, gesellschaftliche Rollen zu übernehmen, seine soziale Identität zu definieren:

> Insofern als die Adoleszenten aufgrund ihrer entwicklungspsychologisch bedingten Reifungskrise sich vor die Aufgabe gestellt sehen, in der Auseinandersetzung mit den überlieferten Traditionen eine eigene Definition ihrer Identität zu erarbeiten, darf man vermuten, daß gerade bei dieser Altersgruppe die Auswirkungen der Legitimationskrise manifest werden.[25]

Die Sozialisationsvorgänge der Adoleszenzphase werden gestört, sie zeitigen nicht mehr das gewünschte Ergebnis: die systemerhaltende Motivationsstruktur kommt beim Jugendlichen nicht mehr zustande. Die Söhne vermögen sich mit ihren Vätern nicht mehr zu identifizieren, sie lehnen das von ihnen vorgelebte Rollenmodell ab, weigern sich, den Anforderungen nachzukommen, die

---

21 Gottfried Benn, »Nietzsche – Nach fünfzig Jahren.« In: *G. W. in vier Bänden*, hg. v. Dieter Wellershoff, Wiesbaden 1962, S. 483.

22 Vietta/Kemper, S. 176.

23 Jürgen Habermas, *Legitimationsprobleme im Spätkapitalismus*. Frankfurt/M., 4. Aufl. 1977.

24 Ebd., S. 13.

25 Rainer Döbert/Gertrud Nunner-Winkler, *Adoleszenzkrise und Identitätsbildung*. Frankfurt/M., 2. Aufl. 1979, S. 60.

die Gesellschaft an sie stellt: die Legitimationskrise schlägt sich nieder in einer Motivationskrise. Zum ersten Mal in diesem Jahrhundert wird im Aufstand der expressionistischen Generation, in ihrer Absage an die Gesellschaft der Väter, in ihrer Suche nach dem »Neuen Menschen« ein Problem deutlich, das sich in der Folgezeit (nur vorübergehend verdeckt durch faschistischen Integrationsdruck, später durch die Sozialisationskraft des Wirtschaftswunders) immer mehr verschärft: daß die Väter es nicht mehr vermögen, ihre Söhne als Erben einzusetzen. Im Expressionismus wird eine Identitätskrise der Gesellschaft manifest. »In der Jugend überschneidet sich die Lebensgeschichte mit der Gesamtgeschichte; hier werden die einzelnen in ihren Identitäten bestätigt und die Gesellschaften in ihrem Lebensstil regeneriert«, schreibt Erikson.[26] Inwiefern überschneidet sich nun die Individualgeschichte Trakls mit der Epochengeschichte? Inwiefern werden Verlauf und Ausgang seiner Adoleszenzentwicklung mitbestimmt durch die skizzierten gesellschaftlichen Spannungen, die epochale Generationskrise?

2.1.2. Die Spaltung der Vater-Imago und Trakls Entscheidung für den Dichterberuf

Die Sozialisationsgeschichte Trakls jenseits der Familie ist schon in ihren Anfängen gekennzeichnet durch ein Scheitern: durch einen recht typischen Fall von Schulversagen. War sein Fortgang in der Übungsschule noch durchaus befriedigend gewesen, so mußte Trakl wegen schlechter Leistungen in Latein, Griechisch und Mathematik die vierte Klasse des humanistischen Staatsgymnasiums wiederholen; nachdem er am Ende der siebten das Klassenziel erneut nicht erreichte und auch die Sonderprüfung für eine Versetzung nicht bestand, mußte er im Herbst 1905 die Schule definitiv verlassen. Aus der Zeit der Vorbereitung auf diese Prüfung stammt der früheste erhaltene Brief Trakls; er schreibt an seinen Freund Kalmár:

> Die Ferien haben für mich so schlecht als es nur möglich ist, begonnen. Seit acht Tagen bin ich krank – in verzweifelter Stimmung. Ich habe anfangs viel, ja sehr viel gearbeitet. Um über die nachträgliche Abspannung der Nerven hinwegzukommen habe ich leider wieder zum Chloroform meine Zuflucht genommen. Die Wirkung war furchtbar. Seit acht Tagen leide ich daran – meine Nerven sind zum Zerreißen. Aber ich wiederstehe der Versuchung, mich durch solche Mittel wieder zu beruhigen, denn ich sehe die Katastrophe zu nahe. (I, 469)

Trakl trat eine Lehrstelle in der Apotheke »Zum weißen Engel« an; die Apothekerlaufbahn war der einzige akademische Beruf, der ihm mit mittlerer Reife offenstand, doch dürfte die Liebe zur Droge bei dieser Berufswahl Trakls wohl den Ausschlag gegeben haben. Den Abgang von der Schule

[26] Erikson ('70), S. 269.

empfand Georg als eine soziale Deklassierung, er bedeutete für ihn eine tiefe narzißtische Kränkung: »Ob seiner Lehrlingstätigkeit ... wurde Trakl von einigen seiner früheren Mitschüler nun über die Achsel angesehen, und den sehr Empfindlichen hat das tief getroffen.«[27]

Welche Bedeutung können wir nun diesem biographischen Faktum zumessen? Zweifellos ist das Schulversagen Trakls nicht einem Mangel an Intelligenz oder einer ›konstitutionsbedingten Lethargie‹ zuzuschreiben. Sein Mitschüler Grimm erinnert sich:

> In der Einstellung zur Welt, in der geistigen Entwicklung, war Trakl den Gleichaltrigen überlegen, und das wurde auch allseits respektiert. Er ist viel vifer gewesen als wir alle und uns weit voraus.[28]

Vielmehr läßt das Verhalten des Jungen ganz deutlich das Fehlen an Leistungsmotivation erkennen. Grimm beschreibt seinen Schulkameraden so:

> Trakl ist genau das gewesen, was wir einen Wurschtikus nannten. (...) Nicht daß er nachlässig gekleidet gewesen wäre ..., aber er hatte etwas Besonderes an sich – er war anders als wir. Auch ging er meist vorgeneigt, wie gebeugt, und sein Blick war nachdenklich und grüblerisch, manchmal auch forschend oder verloren. In der Schulbank saß er gewöhnlich unbewegt wie eine Statue, brütend, die Nase mit den geblähten Nüstern auf die Hand gestützt. Das war eine ganz charakteristische Haltung von ihm. (...) Niemand in der Schule hat ihn je richtig ernst gesehen – immer lag ein stiller, obstinater Spott in seinen Mienen.[29]

Seit der Blamage bei der Versetzung 1901/02 reagierte Trakl, wie Basil schreibt, »auf alles, was die Schule betraf, mit völliger Gleichgültigkeit und zynischer Reserve ...«[30] Unter der Rubrik »Äußere Form der schriftlichen Arbeiten« erscheint in seinen Zeugnissen fast durchweg ein »Minder sorgfältig«, und ein einziges Mal nur wird sein Fleiß mit »befriedigend« bewertet (Vgl. II, 638ff.). Offenbar war Trakl, was Lehrer gemeinhin einen »Faulpelz« und einen »Schlamper« nennen. Schließlich trug der Junge seine spöttische Ablehnungshaltung gegenüber den schulischen Leistungsanforderungen offen zur Schau – er demonstriert sein Desinteresse durch die Abgabe eines leeren Heftes bei einer Klassenarbeit.[31] Basil resümiert: »Die Professoren, offenbar durchschnittliche Schulfüchse, hatten es mit dem schwierigen, verschlagen wirkenden Jungen, von dem es hieß, er dichte, nicht leicht; gegen seinen stoischen Gleichmut, der als Interesselosigkeit oder Unbegabung ausgelegt wurde, war nur schwer anzukämpfen.«[32] Der frustrierende Alltag der traditionellen Schule mit ihrem Zwang zu mechanischem Lernen unter einem rigiden Lei-

---

27 Buschbeck, in: Basil, S. 52.
28 Basil, S. 45.
29 Ebd., S. 43/44.
30 Ebd., S. 42.
31 Ebd., S. 46.
32 Ebd., S. 45.

stungsprinzip ist bei dem Schulversagen Trakls sicherlich in Rechnung zu stellen, doch ist andererseits der subjektive Faktor bei diesem Scheitern nicht zu verkennen: der primäre Mangel an Leistungsmotivation bei Trakl.

Motivationsstörungen, wie sie bei Trakl sich zeigen, lassen in der Regel schließen auf familiäre Schwierigkeiten eines Schülers. Die Bedingungen, unter denen sich bei einem Kind Leistungsmotivation entwickeln kann, beschreibt die Sozialisationsforschung wie folgt:

> Am günstigsten scheint sich ein Erziehungsverhalten der Eltern auszuwirken, das aufgrund einer positiven Eltern-Kind-Beziehung Unterstützung und Anteilnahme gegenüber dem Kind zeigt und ihm gleichzeitig genügend Raum für eigene Entscheidungsprozesse läßt. Die für die Entwicklung erfolgszuversichtlicher Leistungsmotivation wesentliche Unabhängigkeits- und Leistungserziehung zeigt keinen Erfolg, wenn sie vor dem dritten Lebensjahr einsetzt. Bis zu dieser Zeit scheint eine relativ freie Entfaltung der kindlichen Fähigkeiten auf dem Hintergrund einer affektiven Mutterbindung Voraussetzung für die Entwicklung von Leistungsmotivation zu sein.[33]

Eben diese drei genannten Voraussetzungen – eine geglückte Synthese von Mutter und Kind, eine intakte familiale Triade und eine permissive Erziehungsstrategie – waren, wie die Untersuchung der familialen Sozialisationsgeschichte Trakls zeigte, bei ihm nicht gegeben. Es scheint nicht von der Hand zu weisen, daß das durch einen Mangel an Leistungsmotivation bedingte Schulversagen Trakls in Zusammenhang steht mit den beschriebenen Störungen seiner familialen Bildungsgeschichte. Die motivationale Grundlage für den Umgang mit sekundären Rollen, so faßt Habermas Befunde der Sozialisationsforschung zusammen, »wird durch eine komplexe Geschlechtsrollenidentifikation und durch eine Verinnerlichung der elterlichen Autorität (moralisches Bewußtsein) erworben«[34] – mit anderen Worten: durch eine produktive Bewältigung des Ödipuskonfliktes. Zusammenhänge werden jetzt auch erkennbar zwischen dem Beharren des Jungen auf den inzestuösen Bindungen und seiner Weigerung, den gesellschaftlichen Anpassungsforderungen, wie sie ihm im schulischen Bereich vorgetragen werden, nachzukommen. Der Lehrer übernimmt die Hypothek, die auf dem ödipalen Vaterbild lastet; wo die Inzestschranke nicht errichtet wurde und eine idealisierende Verinnerlichung der väterlichen Autorität nicht gelungen ist, da hat der Lehrer – ohnehin in einer schwierigen Position – keine Chance bei dem Jugendlichen: er stößt auf Ablehnung, auf »obstinaten Spott«. Die inzestuösen Tendenzen Trakls manifestieren sich nicht nur in der Liebe zur Schwester, sie machen sich auch bemerkbar in der Auflehnung des Jungen gegen die ihm zugedachten sozialen Rollen, gegen die Imperative der Gesellschaft, die als Nachfolger des Vaters der Lehrer vertritt.

33 Wilfried Gottschalch/Marina Neumann-Schönwetter/Gunther Soukup: *Sozialisationsforschung. Materialien, Probleme, Kritik*. Frankfurt/M. erw. Ausg. 1975, S. 104.

34 »Stichworte zu einer Theorie der Sozialisation«, in: *Kultur und Kritik*, S. 156/57.

Weisen die Motivationsstörungen des jungen Trakl einmal zurück auf die Defekte der familialen Binnenstruktur, die verzerrte seelische Bildungsgeschichte des Kindes, so sind sie doch nicht allein intrafamilialen Ursprungs. Die Leistungsverweigerung Trakls ist auch zu sehen im Lichte des »historischen Tags«, im Kontext des zuvor beschriebenen Generationenproblems. Der Lehrer hat nicht nur zu tragen an der Hypothek, die auf dem ödipalen Vaterbild des Jungen lastet, er ist auch ein Opfer des geschichtlichen Prozesses, der zum Niedergang der väterlich-gesellschaftlichen Autorität führte, zur Entwertung des Erbes. Trakl wird als geistig frühreif geschildert: richtiger wäre es, die Lehrer (»durchschnittliche Schulfüchse«) als geistig überaltert zu bezeichnen. In den Augen des jungen Trakl ist der Lehrer wie für Heym der Repräsentant der »banalen Zeit« – ein Unterschied zwischen dem wilhelminischen und dem k. u. k. Bildungsphilister besteht wohl kaum. Er ist der Vertreter des antiquierten, starren Geistes, von dem der von Trakl verehrte Hermann Bahr schon 1890 geschrieben hatte:

> Die Moderne ist nur in unserem Wunsche und sie ist draußen überall, außer uns. Sie ist nicht in unserem Geiste. Sondern das ist die Qual und die Krankheit des Jahrhunderts, die fieberische und schnaubende, daß das Leben dem Geiste entronnen ist. Das Leben hat sich gewandelt, bis in den letzten Grund, und wandelt sich immer noch aufs neue, alle Tage, rastlos und unstät. Aber der Geist blieb alt und starr und regte sich nicht und bewegte sich nicht und nun leidet er hilflos, weil er einsam ist und verlassen vom Leben. Darum haben wir die Einheit verloren und sind in die Lüge geraten. In uns wuchert die Vergangenheit noch immer und um uns wächst die Zukunft.[35]

Der »stille, obstinate Spott«, mit dem der junge Dichter dem Lehrer begegnet, ist nicht nur ein individueller Charakterzug Trakls; diese respektlose Haltung darf als exemplarisch gelten für das Verhältnis der expressionistischen Generation zu allen Repräsentanten väterlich-gesellschaftlicher Autorität, zu allen Trägern und Vermittlern der Tradition: sie bezeugt in aller Deutlichkeit die Schwächung des Vaters, die Entwertung des Erbes, das er dem Sohn weitergeben will. Der Geist der Väter, den der Lehrer vertritt, ist überholt worden vom modernen Leben und »in die Lüge geraten« – der Sohn bzw. Schüler weigert sich, ihm sich weiterhin unterzuordnen. »Und altes Hausgerät / Der Väter / Lag im Verfall«, schreibt Trakl in »Sebastian im Traum« (I, 88); viele ähnliche Bilder des Niedergangs der väterlichen Tradition, des verfallenden Erbes, werden wir bei unseren Interpretationen im dritten Teil dieser Arbeit zu betrachten haben. Wenn Trakl, wie erwähnt, bei einer Klassenarbeit demonstrativ ein leeres Heft abgibt, so ist dieser Vorfall mehr als eine bloße biographische Marginalie: in diesem provokativen Akt dokumentiert sich ein

35 »Die Moderne«. In: Hermann Bahr, *Zur Überwindung des Naturalismus*. Hg. v. Gotthart Wunberg, Stuttgart 1968, S. 35/36.

Angriff auf die pädagogische Autorität, die in den Augen des Jugendlichen sich nicht mehr zu legitimieren vermag, ein Angriff auf die Vaterfigur, deren Machtanspruch der Heranwachsende nicht länger anzuerkennen bereit ist.

Buschbeck erinnert sich, daß Trakl »sehr früh und mit vollem Einsatz« sich der Lektüre Dostojewskis widmete und daß er dessen Werk bald ebenso eingehend kannte wie das Nietzsches.[36] Er berichtet von seinen vielen Diskussionen über Literatur und Philosophie, die er mit dem Freund führte: »Die Gespräche ... galten stets einem Fragen nach dem Weltbild, das sich in uns formte, in jedem von uns beiden freilich sehr verschieden.«[37] Ein Weltbild wird nicht als »kulturelle Selbstverständlichkeit« (Habermas) einfach von den Vätern übernommen – es steht zur Diskussion, muß erst noch entworfen werden. So wird die Begegnung mit den Schriften Nietzsches und Dostojewskis zu einem wirksamen Moment der Adoleszenzentwicklung Trakls; was sich in der mißglückten Lösung des ersten Ödipuskonfliktes vorbereitet hatte, das wird nun vollends realisiert: die dort schon nur mangelhaft verinnerlichte, unzureichend idealisierte Autorität des Vaters (von deren geschwächtem Geltungsanspruch die inzestuösen Tendenzen Trakls ja ein beredtes Zeugnis ablegten) wird nun vollends vom Thron gestürzt. Der Sohn schlägt das Erbe aus, weist das Identifikationsangebot des Vaters zurück; das vom Vater und vom Lehrer als den Repräsentanten des gesellschaftlichen Realitätsprinzips vorgeschlagene Rollenmodell hat seine Anziehungskraft verloren. Nicht mehr in der Person des Vaters, des homo oeconomicus, sah Trakl seine eigene Zukunft verkörpert – Leitbildfunktion übernahmen die von ihm verehrten großen Dicher. »Die Schulbücher ödeten ihn an, denn er hatte die aufregenden Verse Baudelaires im Ohr«, schreibt Basil.[38] Trakls Beschäftigung mit der Literatur, dies sei noch einmal hervorgehoben, ist nicht nur von Bedeutung für die geistige Entwicklung des Dichters, sie hat Folgen auch für seine psychische Entwicklung, für das Schicksal der Triebe: sie trägt bei zum Sturz des Vaterbildes, entzieht diesem die Anziehungskraft. Für den Adoleszenten ist der Vater kein Identifikationsobjekt mehr.

Um 1904 gründete Trakl mit einigen Gleichgesinnten einen literarischen Zirkel. Die Mitglieder dieses Dichtervereins »Apollo« (später »Minerva«) trugen ihre Auflehnung gegen die spießbürgerliche Welt Salzburgs offen zur Schau. »Exaltiertheit«, so Basil, »war anscheinend die erste Aufnahmebedingung.«[39] Das »épater le bourgeois«, das man nicht zuletzt durch demonstrative Bordellbesuche praktizierte, die Art, in der Trakl sich selbst zum »poète maudit« stilisierte – all dies dokumentiert den Aufstand gegen die Lebensform

[36] Basil, S. 45.
[37] Ebd., S. 46.
[38] Basil, S. 45.
[39] Ebd., S. 56.

der Väter, wie er sich allenthalben im Expressionismus zeigt. Wie zuerst in Paris, so entwickelt sich mit entsprechender zeitlicher Verzögerung auch in Salzburg eine bürgerliche Subkultur, die Bohème. Das »spinnerte Krezl«, das in Salzburg Aufsehen erregt, ist keineswegs nur eine lokale Kuriosität, sondern Symptom einer sozialen Krise. Der Bohémien betritt in Frankreich die Szene in der historischen Phase, da der Citoyen zum Bourgeois degeneriert, in Deutschland in dem Moment, da es – in Nietzsches Worten – zur »Niederlage, ja Exstirpation des deutschen Geistes zugunsten des ›deutschen Reiches‹« kam.[40] Das Auftreten der provinziellen Bohème in Salzburg markiert den bedeutsamen Einschnitt, an dem der »Enthusiasmus« der jungen Generation mit der nur noch ökonomischen Vernunft der Väter nichts mehr anzufangen weiß, den Einschnitt, an dem sich zwischen den Generationen eine unüberbrückbare Kluft auftut.

Wie nun die glühende Nietzsche-Verehrung des jungen Trakl beispielhaft deutlich macht, wäre es falsch, bei ihm von einem völligen Verlust der stützenden Vaterfigur zu sprechen. Die beschriebene Zersetzung des väterlich-gesellschaftlichen Traditionsbestandes hinterläßt ein normatives Vakuum, eine Lücke, die nach Füllung verlangt. Der Verlust des Vaters führt zu einer Suche des Heranwachsenden nach einem neuen, idealen Vater, der ihm Halt geben, mit dem er sich identifizieren kann. Eine solche Vaterfigur fand Trakl in den Literaten Hauer und Streicher, denen er sich in Salzburg anschloß, aber auch in den großen Dichtern, deren Werke er bewunderte. Es entwickelt sich somit in der Psyche Trakls ein Antagonismus zweier Vaterbilder: hier der entwertete, entmachtete (und das heißt im Unbewußten: der kastrierte) Vater, dort ein idealisierter Vater, dem alle Verehrung gilt. Melanie Klein spricht von einer Spaltung der Vater-Imago in der Pubertät:

> Der erhöhte und bewunderte Vater kann nun geliebt und verehrt werden, während der ›böse‹ Vater, der sehr häufig der reale Vater oder ein Vertreter (Lehrer) ist, die in dieser Entwicklungsperiode überaus starken Haßregungen auf sich zieht.[41]

Dem Vaterhaß Trakls entspricht also eine ebenso starke Vatersehnsucht. Dem »obstinaten Spott« des Jungen gegenüber der pädagogischen Autorität steht kontrastiv gegenüber das Hörigkeitsverhältnis, das er zu den wesentlich älteren Dichtern Hauer und Streicher entwickelte. Die Vertreter gesellschaftlicher Tradition, sozialer Integrationsforderungen stoßen auf vehemente Ablehnung, während die bewunderten Repräsentanten des Neuen, der Moderne, der »Geistesrevolution« als Identifikationsobjekte fungieren. Nach dem

---

40 Friedrich Nietzsche, »Unzeitgemäße Betrachtungen«. In: *Werke in 3 Bänden*, hg. v. Karl Schlechta, München 1966, Bd. 1, S. 137.

41 Melanie Klein, *Die Psychoanalyse des Kindes*. Wien 1932, S. 199.

Vorbild der großen Dichter entwarf Georg Trakl sein eigenes Ichideal, nicht nach dem Modell des Vaters.

Diese Identifikationsvorgänge in der Adoleszenz leiten die dichterische Entwicklung Trakls ein, führen zu dem, was in herkömmlichen Biographien meist angesprochen wird als das »Erwachen des dichterischen Sendungsbewußtseins«. Die Spaltung der Vater-Imago zieht nun praktische Konsequenzen nach sich, führt zu äußeren Spaltungen: zum Abgang von der Schule, zur Entfremdung vom Elternhaus, zur Absage an die bürgerliche Berufslaufbahn. Seitdem Trakl begonnen hatte, selbst Verse zu schreiben, galt er bei Eltern und Geschwistern als »Spinner«; sein idealer Selbstentwurf lief dem bürgerlichen Normensystem des Elternhauses direkt zuwider, und so mußte sich die Kluft vertiefen, die schon zuvor zwischen dem Jungen und seinen Eltern bestand. Die Vereinzelung Georgs in der Familie schreitet fort, die interpersonellen Austauschprozesse kommen vollends zum Erliegen; nur in seiner Schwester Gretl fand der Dichter noch einen emotional Verbündeten. Nicht von ungefähr wundern sich die Herausgeber der Gesamtausgabe darüber, wie wenig Trakl nach seinem Weggang aus Salzburg brieflichen Kontakt mit den Angehörigen – die Schwester ausgenommen – pflegte.[42] Mit der Absage des jungen Trakl an das väterliche Lebensmodell, an die bürgerliche Berufslaufbahn ist nun aber auch der Konflikt programmiert, der das Chaos der letzten Lebensjahre ganz wesentlich mitbestimmt hat: der Konflikt zwischen Dichterberuf und Brotberuf. Die Imperative von Trakls Ichideal treten in Widerspruch zu den Imperativen einer von ökonomischen Zwängen bestimmten Realität.

2.1.3. Realselbst und Idealselbst: der Berufsrollenkonflikt

Die Wahl zwischen Dichterberuf und Apothekerlaufbahn mag Trakl empfunden haben als eine zwischen freier Selbstverwirklichung und Selbstentfremdung; objektiv boten sich ihm jedoch nur schlechte Alternativen. Mit der Absage an die bürgerliche Berufsrolle stand Trakl vor der Notwendigkeit, seinen Lebensunterhalt aus dem Verkauf der von ihm produzierten Ware, aus dem Verkauf von Gedichten bestreiten zu müssen. Damit stand er vor einer Unmöglichkeit. Ebenso unmöglich war es ihm aber andererseits, sich als Dichter zugleich in einem Brotberuf einzurichten. Trakl gerät in eine aporetische Situation; dieser für ihn unlösbare Konflikt verdüstert die letzten Jahre seines Lebens zusehends.

Schon während seiner Studienzeit (Oktober 1908 – Juli 1910) und während seines Militärjahres in Wien war Trakl ständig abhängig von Geldzuwendun-

---

[42] »Erstaunlich gering ist die Anzahl der Briefe, die an Eltern und Geschwister gerichtet sind ...« (II, 22) – Der Nachlaß Margarete Langens ging unter obskuren Umständen verloren. Vgl. Basil, S. 71/72.

gen aus dem Elternhaus, dem er sich ja gründlich entfremdet hatte, und von finanzieller Unterstützung durch die Freunde. So beginnt er einen Brief an Buschbeck im Juli 1910 ohne Umschweife mit einer Bitte um Geld, mit der er sich seinem Bruder Wilhelm, der nach dem Tode des Vaters (18.6.1910) die Führung des Geschäfts übernommen hatte, nicht zu nähern wagt:

> Du würdest mir aus einer unsäglich peinlichen Verlegenheit helfen, wenn Du mir dieser Tage den Betrag von 30K vorstrecken möchtest, da ich mich aus guten Gründen nicht an meinen Bruder wenden will. (I, 478)

Angesichts der veränderten Situation im Elternhaus sah Trakl sich nach Beendigung seines Militärjahres (September 1911) definitiv gezwungen, sich nach einer Stellung umzusehen. Praehauser, der den Dichter im Herbst dieses Jahres im Salzburger »Pan«-Kreis kennenlernte, erinnert sich aus dieser Zeit an Äußerungen Trakls, »die auf eine unselige häusliche Atmosphäre haben schließen lassen«.[43] Am 10. Oktober bewarb Trakl sich um eine Praktikantenstelle im Ministerium für öffentliche Arbeiten in Wien; eine zwischenzeitlich aufgenommene Tätigkeit als Rezeptarius in der Engel-Apotheke in Salzburg mußte er aufgrund seiner Angstzustände im Kontakt mit den Kunden bald wieder aufgeben – an einem einzigen Vormittag, so wird berichtet, schwitzte er deshalb sechs Hemden durch.[44] Die finanziellen Nöte wurden schließlich so groß, daß Trakl um seine Reaktivierung nachsuchte; am 1. April 1912 konnte er einen halbjährigen Probedienst in der Apotheke des Garnisonsspitals Innsbruck antreten. Aus Innsbruck schreibt er an Buschbeck in Wien:

> Ich hätte mir nie gedacht daß ich diese für sich schon schwere Zeit in der brutalsten und gemeinsten Stadt würde verleben müssen, die auf dieser beladenen u. verfluchten Welt existiert. Und wenn ich dazudenke, daß mich ein fremder Wille vielleicht ein Jahrzehnt hier leiden lassen wird, kann ich in einen Tränenkrampf trostlosester Hoffnungslosigkeit verfallen. Wozu die Plage. Ich werde endlich doch immer ein armer Kaspar Hauser bleiben. (I, 487)

Der Zwang, eine ungeliebte Berufstätigkeit ausüben zu müssen, und die Isolation Trakls in der fremden Stadt führen dazu, daß sich seine Stimmung gewitterhaft verdichtet:

> Ich glaube nicht, daß ich hier jemanden treffen könnte, der mir gefiele, und die Stadt und Umgebung wird mich, ich bin dessen sicher, immer abstoßen. Allerdings glaube auch ich, daß ihr mich eher in Wien aufscheinen sehen werdet, wohl als ich selber will. Vielleicht geh ich auch nach Borneo. Irgendwie wird sich das Gewitter, das sich in mir ansammelt, schon entladen. Meinetwegen und von Herzen auch durch Krankheit und Melancholie. (I, 487/88)

Trakl traf dann in Innsbruck schließlich doch jemanden, der ihm seine Lage erträglicher zu gestalten vermochte. Im April knüpfte Buschbeck die für den

---

43 Basil, S. 111.
44 Basil, S. 116.

Dichter so bedeutsame Verbindung zu Ludwig von Ficker und zum »Brenner«-Kreis. Im Mai erscheint Trakls Gedicht »Vorstadt im Föhn« im »Brenner«; ab Oktober publiziert Ficker regelmäßig Gedichte Trakls in seiner Halbmonatsschrift.

Nach Beendigung seiner Probezeit wurde Trakl am 1.10.1912 in den Aktivstand übernommen. Zum Monatsende schon ersuchte der Dichter indessen um seine Versetzung in die Reserve, nachdem ihm zum 1.11. die Stelle im Arbeitsministerium verliehen worden war, um die er sich ein Jahr zuvor beworben hatte. Unmittelbarer Anlaß dieser Entscheidung dürfte der bereits erwähnte Konflikt mit einem Offizier gewesen sein.[45] Im November schreibt Trakl an Buschbeck in Wien: »Ich habe sehr schlimme Tage hinter mir. Es wird vielleicht in Wien noch schlimmer werden. Es wäre leichter hier zu bleiben, aber ich muß doch fort gehen« (I, 495). Und es wurde in der Tat schlimmer. Nachdem Trakl mehrfach telegraphisch um Aufschub seines Dienstantritts gebeten hatte, nahm er schließlich am 31.12. seine Tätigkeit als Rechnungspraktikant im Ministerium auf, vermochte diese Arbeit aber nur ganze zwei Stunden zu ertragen. Tags darauf schon reichte er sein Entlassungsgesuch ein und verließ Wien fluchtartig in Richtung Innsbruck. Buschbeck muß die Katastrophenmeldung der Familie überbringen, deren Reaktion unschwer vorzustellen ist.[46]

Im Februar und März 1913 hält sich Trakl in Salzburg auf. Die Mutter löst das Geschäft auf, und so stellt sich die Frage nach seiner finanziellen Unabhängigkeit mit verstärktem Nachdruck; es kommt zu Konflikten mit der Familie. Am 23.2. schreibt Trakl an Ficker, in dem er einen großzügigen Mäzen und väterlichen Freund gefunden hatte:

> Heimgesucht von unsäglichen Erschütterungen, von denen ich nicht weiß ob sie mich zerstören oder vollenden wollen, zweifelnd an allem meinem Beginnen und im Angesicht einer lächerlich ungewissen Zukunft, fühle ich tiefer, als ich es sagen kann, das Glück Ihrer Großmut und Güte, das verzeihende Verständnis ihrer Freundschaft. Es erschreckt mich, wie sehr sich in der jüngsten Zeit ein unerklärlicher Haß gegen mich mehrt und in den kleinsten Geschehnissen des täglichen Lebens in fratzenhafte Erscheinung tritt. Der Aufenthalt ist mir hier bis zum Überdruß verleidet, ohne daß ich Kraft zu dem Entschluß aufbringe, fortzugehen. (I, 504)

In dieser Krisensituation findet er Zuflucht auf der Hohenburg bei Igls, die dem Bruder Fickers gehörte. Von dort wendet er sich am 2. April mit einer Bitte um Geld an Buschbeck in Wien: »Ich bitte Dich *dringend* mir noch 50K zu leihen. Ich wollte Herrn von Ficker darum angehen. Es fällt mir aber wahrhaftig zu schwer« (I, 508). Schon im Januar, gleich nach seinem zweistündigen

---

45 Vgl. oben, S. 42.

46 Vgl. dazu den Brief Minnichs an Trakl (II, 780).

Gastspiel im Arbeitsministerium, hatte Trakl seinen Freund Schwab gebeten, sich für ihn nach einer Stellung in einem Wiener Krankenhaus umzusehen (I, 501); Adolf Loos hatte sich vergeblich bemüht, ihm einen Posten im Handelsmuseum zu verschaffen (II, 704/776). In seiner Notlage greift Trakl verstärkt zum Alkohol und zur Droge; nach Auskunft des Krakauer Krankenblattes ünternimmt er in dieser Zeit auch einen Selbstmordversuch (II, 729).

Am 18.3. richtete Trakl eine Bewerbung an das Kriegsministerium in Wien, die dann, aufgrund der Fürsprache Robert Michels, eines Mitglieds des »Brenner«-Kreises, auch positiv beschieden wurde. Am 15. Juli konnte Trakl dort einen unbesoldeten Probedienst antreten, doch schreibt er schon wenige Tage später an Ficker: »Vielleicht gelingt es mir, wieder als Medikam.Beamter nach Innsbruck versetzt zu werden« (I, 521). Kurz darauf meldet er sich krank und verzichtet auf die Stelle. Mitte August reist er mit Loos, Kraus, Altenberg und Ficker für zwölf Tage nach Venedig; unterdessen reicht die Familie für ihn ein zweites Stellungsgesuch im Arbeitsministerium ein. Auf der Rückreise von Venedig macht Trakl kurz in Salzburg Station, um das noch fehlende amtsärztliche Gutachten zu besorgen, reist aber am gleichen Tag noch weiter nach Innsbruck. Briefe von zuhause läßt er in der Folgezeit unbeantwortet; derweil wird die Familie mit seinen unbezahlten Rechnungen konfrontiert (II, 787). Gegen Ende Oktober bittet Trakl Franz Zeis in Wien, sich beim Ministerium zu erkundigen, ob die Stelle noch frei sei; dieser berichtet am 26.10. von seiner Unterredung mit einem Ministerialbeamten:

> Er erinnerte sich Ihres Namens als des Namens desjenigen, auf den man 2 Monate warten mußte und der dann nach zwei Stunden wegging. Ich erklärte ihm, daß ein nervöser Anfall hievon die Ursache gewesen sei u. daß Sie jetzt vollkommen gesund, arbeitsfähig und -freudig wären. (II, 801)

Trakl solle, so verlangt Zeis, umgehend seinem Bruder schreiben, diesen Brief beilegen, und den Bruder bitten, einen Abgeordneten einzuschalten, der sich beim Arbeitsminister persönlich für ihn verwenden solle. Der Dichter scheint der dringlichen Aufforderung von Franz Zeis tatsächlich nachgekommen zu sein und sich an seinen Bruder Wilhelm gewandt zu haben[47], was ihn große Überwindung gekostet haben muß. Am 2. November wird er telegraphisch von Innsbruck nachhause beordert[48] und umgehend weitergeschickt nach Wien: offenbar ist die Familie der Auffassung, er könne sich um seine Stellung gefälligst auch selbst ein wenig bemühen. Das Drängen der Familie wird

[47] Der Brief von Zeis scheint nach Salzburg gelangt zu sein; seine Formulierungen kehren wieder in dem Brief von Trakls Schwager vom 13.11. (II, 784).

[48] Vgl. I, 525. Anmerkung der Herausgeber: »Das Telegramm ist verschollen; sein Anlaß ist unbekannt« (II, 598). Aus dem Kontext läßt der Anlaß sich unschwer erschließen.

immer massiver; man ist nicht länger bereit, den exzessiven Lebenswandel des Dichters mitanzusehen und zu finanzieren. Anscheinend ist es auch zu Auseinandersetzungen um den Erbteil Trakls gekommen.[49]

Während er in Wien auf den Bescheid des Arbeitsministeriums wartet, hat Trakl eine Phase tiefster Depressionen durchzustehen. Schon Ende Oktober hatte Röck in seinem Tagebuch notiert: »Trakl träumte also drei Nächte hintereinander, daß er sich umbringe.«[50] Am 11. November bittet Trakl Ludwig von Ficker schriftlich darum, im »Kaspar Hauser Lied« einige Änderungen vorzunehmen, und berichtet, daß er sich von einer Veronalvergiftung zu erholen habe:

> Ich bin seit einer Woche in Wien. Meine Angelegenheiten sind ganz ungeklärt. Ich habe jetzt 2 Tage und 2 Nächte geschlafen und habe heute noch eine recht arge Veronalvergiftung. In meiner Wirrnis und all' der Verzweiflung der letzten Zeit weiß ich nun gar nicht mehr, wie ich noch leben soll. Ich habe hier wohl hilfsbereite Menschen getroffen; aber mir will es erscheinen, jene können mir nicht helfen und es wird alles im Dunklen enden. (I, 526)

In einer zweiten Postkarte bittet er tags darauf um eine erneute Abänderung des Wortlauts und fügt hinzu: »Ich habe in der letzten Zeit ein Meer von Wein verschlungen, Schnaps und Bier. Nüchtern.« (I, 527). An Fickers Bruder Rudolf richtet er am gleichen Tag eine Bitte um Geld (I, 527).[51] Die Bewerbung Trakls wird schließlich trotz aller Bemühungen abschlägig beschieden – zuvor schon aber hatte der Dichter seine Pläne geändert: erneut wollte er sich reaktivieren lassen: »Ich kehre vorbehaltlos zum Militär zurück, d. h. wenn man mich noch nimmt.« (I, 528). Trakl reist nach Innsbruck zurück, wo er – abgesehen von einer Reise nach Berlin und einer an den Gardasee – bis zum Kriegsausbruch bleibt; ein Aufenthalt bei der Familie in Salzburg ist nicht mehr bezeugt. Seine Pläne, in den Militärdienst zurückzukehren, zerschlagen sich. Der Hauptmann Robert Michel, der sich noch einmal im Kriegsministerium für ihn verwenden wollte, berichtet, daß Trakl hier inzwischen als »unbeständig« gelte:

> Mir wurden alle seine früheren Gesuche und Akten vorgezeigt, nach welchen er für sehr unbeständig gilt. Es werden nicht nur seine militärischen Rücktritte evident geführt, sondern auch sein Intermezzo im Arbeitsministerium. (II, 725)

---

49 In einem sehr kurz gehaltenen Schreiben Wilhelm Trakls heißt es am 15.11.: »Mama wünscht auch, daß Du ihr den Empfang der gemachten Geldsendungen bestätigst.« (II, 787)

50 Szklenar, S. 231.

51 Vgl. dazu den Brief von Paula Schmid, der Braut Rudolf v. Fickers: »Ludwig las mir gestern eine Karte von Trakl vor die ganz verrückt war. Geld würde ich ihm keines mehr geben, er soll sich doch an Ludwig wenden wenn er eins braucht. Daß man doch nie seine Ruh vor diesen Leuten hat.« (II, 717)

Unter dem Druck der finanziellen Misere nehmen Trakls Berufspläne immer abenteuerlichere Züge an. Im Sommer 1913 schon erwog er, nach Galizien zu gehen (II, 787), als Lazarettgehilfe auf einem Lloyddampfer nach Südamerika zu fahren (II, 706); jetzt bemüht er sich um eine Anstellung als Militärapotheker im albanischen Staatsdienst (II, 724) und um eine Stelle im Sanitätswesen in den niederländischen Kolonien (II, 725). Seine psychische Verfassung verschlechtert sich mehr und mehr. Völlig verstört kehrt er Anfang April aus Berlin zurück, wo er die nach einer Fehlgeburt erkrankte Schwester besucht hat: »schwer vergiftet ..., wir müssen ihn stützen, untern Arm nehmen.«[52] Theodor Däubler berichtet, daß auf ihren gemeinsamen Spaziergängen im Frühjahr 1914 Trakl unablässig vom Tod gesprochen habe.[53] Als Ficker im Juli überraschend in der Lage ist, aus einer Spende Ludwig Wittgensteins für österreichische Künstler Trakl mit 20 000 K. zu bedenken, mit einem Betrag also, der die ökonomische Notlage auf einen Schlag beendet hätte, ist es im doppelten Sinne zu spät. Trakl ist psychisch nicht mehr in der Lage, von dem Geld Gebrauch zu machen; als er, in Fickers Begleitung, von seinem Konto einen Betrag abheben will, erleidet er einen Anfall von Platzangst und verläßt die Bank fluchtartig. Zu spät ist es aber auch, weil der Krieg unmittelbar bevorsteht. Gleich bei Kriegsausbruch meldet Trakl sich als Freiwilliger und verläßt am 24. August mit einem Militärtransport Innsbruck – auf der Suche nach dem Gewitter, das eine seelische Katharsis bringen oder aber die Leidensgeschichte beenden könnte.

Daß sein Patient in Zivil seinen Beruf nicht ausübe, sondern »dichte«, vermerkte der behandelnde Arzt im Krakauer Krankenblatt, und er sah darin ein Symptom der Dementia praecox. Ist das zunehmende Chaos im Leben Trakls nach 1910 verursacht vom Fortschreiten der Geisteskrankheit, des endogenen Prozesses? Spoerri schreibt, daß »die Stimmung Trakls im Verlauf seines Lebens nach dem Knick in der Pubertät ... langsam absinkt und vor allem in den Jahren 1909–10 immer mehr ins ausweglos Verzweifelte und Dunkle gerät.«[54] Dieses Absinken der Lebenslinie, diese zunehmende Verdüsterung im Leben Trakls gilt ihm als Symptom der Schizophrenie, und auch Benedetti führt die anhaltenden Depressionen Trakls zurück auf ein »im medizinischen Sinne schweres Geistesleiden.«[55] Trakl kommt im Leben nicht zurecht, gerät in zunehmende Verzweiflung und scheitert schließlich, weil er krank ist, geisteskrank: sollen wir uns mit dieser Erklärung des Arztes zufriedengeben? Fritz Trakl berichtet, daß sein Bruder erst seit Beendigung des Militärjahres (1911) in diese schweren, anhaltenden Depressionen verfallen sei: »Das war

52 Röck, in: Szklenar, S. 232.
53 Basil, S. 164.
54 Spoerri, S. 28.
55 Benedetti, S. 1.

eigentlich erst nach seinem Jahr als Einjähriger. Da wurde es schlimm mit ihm.«[56] Zu eben diesem Zeitpunkt, mit Ende der Militärzeit, wird aber für Trakl auch der Konflikt akut, mit dem wir uns eben befaßt haben: der Konflikt zwischen bürgerlicher Berufsrolle und Dichterberuf. Sollte dieses zeitliche Zusammentreffen bloß zufällig sein? Oder hat die rapide Verdüsterung der Stimmungslage Trakls doch zu tun mit dem Akutwerden des Berufsrollenkonflikts? Sind diese angeblich endogenen Depressionen nicht vielmehr psychogen? Wie der äußere Konflikt Trakls sich niederschlägt in psychischem Leiden, in »Krankheit und Melancholie« (I, 488), das vermag die Psychoanalyse aufzudecken, indem sie zeigt, wie dieser Konflikt sich darstellt auf der Bühne des Seelischen.

Anzuknüpfen ist hierzu an unsere früheren Überlegungen zur Idealbildung während der ödipalen Phase und der Adoleszenz. Ein wichtiger Schritt in der psychischen Reifung des Individuums ist die Errichtung des Ichideals, dessen Funktion Freud folgendermaßen beschreibt:

> Die Entwicklung des Ichs besteht in einer Entfernung vom primären Narzißmus und erzeugt ein intensives Streben, diesen wieder zu gewinnen. Diese Entfernung geschieht vermittels der Libidoverschiebung auf ein von außen aufgenötigtes Ichideal, die Befriedigung durch die Erfüllung dieses Ideals.[57]

Als Träger des Ichideals übernimmt das Überich unter anderem also die Aufgabe, für die notwendige narzißtische Zufuhr zu sorgen. Das Selbstgefühl des Individuums hängt demnach wesentlich davon ab, ob es ihm gelingt, den Forderungen des Überich nachzukommen, seinem Ichideal in der Realität zu entsprechen:

> Ein Anteil des Selbstgefühls ist primär, der Rest des kindlichen Narzißmus, ein anderer Teil stammt aus der durch Erfahrung bestätigten Allmacht (der Erfüllung des Ichideals), ein dritter aus der Befriedigung der Objektlibido.[58]

Nun hatten wir festgestellt, daß es bei Trakl zu einer Störung der ödipalen Idealisierungsvorgänge kam: im Rahmen der verzerrten Dynamik des Ödipuskomplexes blieben die infantilen Repräsentanzen, das grandiose Selbst und die idealisierte Vaterimago, unkorrigiert bestehen. Damit kam es zu einer Pathologie des Überich und des Ichideals – beide bilden sich unter dem unverminderten Einfluß der archaischen Imagines: »... die überidealisierten Objektimagines und die ›total guten‹ Selbstimagines können nur phantastische Ideale von Macht, Größe und Vollkommenheit hervorbringen, nicht aber die realistischeren Ansprüche und Ziele, die normalerweise aus einer gelungenen

[56] Barbara Bondy, »›Ein Kind wie wir anderen auch ... ‹ Unterhaltung mit dem Bruder Georg Trakls.« In: *Die neue Zeitung* vom 2.2.1952.

[57] »Zur Einführung des Narzißmus«, G. W. X, S. 167/68.

[58] Ebd., S. 168.

Überich-Integration hervorgehen.«[59] Das Ichideal Trakls entwickelt unter diesen Umständen unrealistische Dimensionen, es tritt auf mit einem archaischen Omnipotenzanspruch, dem in der Wirklichkeit die Erfüllung versagt bleiben muß. In einem Brief schildert Trakl im Herbst 1912 seine Konfliktsituation mit folgenden Worten:

> Viel Licht, viel Wärme und einen ruhigen Strand, darauf zu wohnen, ich brauchte nicht mehr, um ein schöner Engel zu werden; allerdings ist es traurig, wenn man dann einen schlechten Witz mit sich macht und k. u. k. Militär-Medikamentenakzessist wird. (I, 491)

In seinem idealen Selbstentwurf sieht der Dichter sich in Gestalt eines »schönen Engels«. Dabei handelt es sich, wie ausdrücklich betont werden muß, um mehr als eine bloße Metapher: dieser Engel, der uns auch in den Gedichten vielfach begegnen wird, vertritt ein unbewußtes Konzept, das psychodynamisch von großer Bedeutung ist: er ist der symbolische Repräsentant des Idealselbst. Die grandiosen, archaischen Züge dieses idealen Selbstentwurfs sind unverkennbar: diese Gestalt ist schön, rein, schwerelos, übermenschlich. Das Problem zeichnet sich ab: das Ichideal Trakls ist nicht von dieser Welt, es ist unerreichbar. Wir können die Figur des »schönen Engels« neben die Größenphantasie vom »großen Herrn« stellen, die Trakl zwei Jahre später in Krakau entwickelt. Vertreten der Engel und der »große Herr« symbolisch das hochfliegende Ichideal, das Größenselbst, so tritt uns in der Wahnvorstellung vom »Kardinal« die komplementäre psychische Repräsentanz vor Augen, die idealisierte Vaterfigur.

Den »schönen Engel« kontrastiert Trakl nun mit dem »k. u. k Medikamentenakzessisten«: diese Kluft zwischen Realselbst und Idealselbst ist nicht zu überbrücken, eine Synthese dieser Selbstentwürfe ist ausgeschlossen. Die Imperative des hochfliegenden Ichideals und die unerbittlichen Anpassungsforderungen der Realität treten sich als unvereinbar gegenüber; eine Erfüllung des Ideals ist in dieser Welt nicht zu erreichen. Der äußere Berufsrollenkonflikt Trakls präsentiert sich uns jetzt als ein intrapsychischer Konflikt zwischen Ich und Überich bzw. Ichideal, als ein Zustand narzißtischer Spannung zwischen Realselbst und Idealselbst. Aus dieser Spannung entsteht das »Gewitter«, das Trakl in seiner Seele heraufziehen sieht, aus dieser Spannung entstehen »Krankheit und Melancholie«. Wie Joffe und Sandler darlegen, ist ein Zustand seelischen Wohlbefindens, narzißtischer Homöostase dann gegeben, »wenn eine weitgehende Übereinstimmung zwischen der psychischen Repräsentanz des aktuellen Zustandes des Selbst und der Idealform des Selbst besteht.«[60] Besteht

---

59 Kernberg, S. 57.

60 W. G. Joffe/J. Sandler, »Über einige begriffliche Probleme im Zusammenhang mit dem Studium narzißtischer Störungen.« In: *Psyche* 21, 1967, S. 163.

eine große Diskrepanz zwischen diesen Repräsentanzen, so bedeutet dies entsprechend eine Störung des narzißtischen Gleichgewichts; es kommt zu einer Herabsetzung des Selbstgefühls, zu einem schmerzvollen Spannungszustand, der auf verschiedene Weise sich äußern kann:

> Seelischer Schmerz ... spiegelt eine erhebliche Diskrepanz zwischen der seelischen Repräsentanz des aktuellen, derzeitigen Selbst und einer Idealform des Selbst wider. Mangelnde Selbstachtung, Minderwertigkeits- und Unwertgefühle, Scham und Schuld sind alles spezielle differenziertere Abkömmlinge des Grundgefühls Schmerz.[61]

Solche Unwertgefühle und Regungen von Selbstverachtung werden bei Trakl tatsächlich immer wieder deutlich. So schreibt der Dichter aus Salzburg an Buschbeck in Wien:

> Wie lange werde ich noch in dieser verfluchten Stadt verziehen müssen? Alles kommt auf die Stunde an, und ich sitze hier und verbrenne vor Ungeduld und Wüten gegen mich selbst. Das Schicksal scheint mir idiotisch, das mich nicht besser verwertet. (I, 549/50)

Das andauernde Remanenzerlebnis in Bezug auf die Forderungen seines Ichideals führt zu Störungen des seelischen Gleichgewichts, provoziert Selbsthaß bei Trakl, ein »Wüten gegen sich selbst«. »Es erschreckt mich, wie sehr sich in der jüngsten Zeit ein unerklärlicher Haß gegen mich mehrt und in den kleinsten Geschehnissen des täglichen Lebens in fratzenhafte Erscheinung tritt«, schreibt Trakl im Februar 1913 aus Salzburg an Ficker (I, 504); dieser »Haß« meint nicht nur die begreiflichen Aggressionen der Familie gegen ihn – dieser als »unerklärlich« empfundene Haß ist auch der Haß Trakls gegen sich selbst. Aus diesem Haß geboren sind dann auch die Zeilen, die der Dichter im Juni dieses Jahres an Ficker richtet:

> Ich sehne den Tag herbei, an dem die Seele in diesem unseeligen von Schwermut verpesteten Körper nicht mehr wird wohnen wollen und können, an dem sie diese Spottgestalt aus Kot und Fäulnis verlassen wird, die ein nur allzugetreues Spiegelbild eines gottlosen, verfluchten Jahrhunderts ist. (I, 519)

Das Selbstwertgefühl ist ein Gradmesser für die Übereinstimmung zwischen aktueller Selbstrepräsentanz und wunschbestimmtem Idealselbst; die Kluft zwischen der »Spottgestalt aus Kot und Fäulnis«, von der Trakl hier spricht, und dem »schönen Engel« des früheren Briefes könnte nicht größer sein, und entsprechend groß ist das Minderwertigkeitsgefühl des Dichters, sein Selbsthaß: »... Größenphantasien führen zu um so schmerzlicheren Inferioritätsgefühlen, je grandioser sie sind; stehen sie doch im größten Gegensatz zur Repräsentanz des realen Selbst.«[62]

---

61 Ebd.
62 Loch, Krankheitslehre, S. 225.

Für das seit 1910/11 deutlich werdende Absinken der Stimmungslage Trakls »ins ausweglos Verzweifelte und Dunkle« (Spoerri) müssen wir nicht einen obskuren endogenen Prozeß verantwortlich machen; es steht ganz offenkundig im Zusammenhang mit seiner lebenspraktischen Problemsituation, mit dem Berufsrollenkonflikt. Die depressiven Verstimmungen des Dichters sind mitnichten Symptome einer Geisteskrankheit im medizinischen Sinn, sondern Ausdruck einer »Krankheit des Ich«, Ausdruck der unlösbaren narzißtischen Spannung zwischen Realselbst und dem grandiosen Ichideal:

> Wenn die individuellen Anpassungs- und Abwehrmanöver scheitern und sich der Mensch hilf- und hoffnungslos dem (bewußten oder unbewußten) Schmerzzustand ausgesetzt fühlt, kann er eine depressive Reaktion entwickeln - auf diese Weise können auch die Depressionen in den großen Bereich der narzißtischen Störungen einbezogen werden.[63]

Die psychologische Situation Trakls ist in der Tat ausweglos. Sein Ichideal ist so sehr überhöht, daß es a priori unerreichbar ist, insofern ständig Minderwertigkeitsgefühle weckt. Der Weg zum Idealselbst, zum »schönen Engel« ist in Trakls Vorstellung (sie wird uns noch ausführlich beschäftigen) der Weg, den er als Dichter gehen will; schon die ersten Schritte auf diesem Weg stoßen auf unüberwindliche Hindernisse: auf die Notwendigkeit, sich durch Ausübung eines Brotberufs eine materielle Existenzgrundlage zu verschaffen – damit einen weitgehenden Verzicht auf dichterische Betätigung zu erbringen. Der Weg des Dichters zu seinem idealen Selbst stößt sehr schnell auf Grenzen, die die Gesellschaft steckt. »Vielleicht geh ich auch nach Borneo«, schreibt Trakl im April 1912 in der Apotheke des Garnisonsspitals Innsbruck (I, 488). Borneo: das ist der Traum von dem »ruhigen Strand«, an dem er ein »schöner Engel« werden könnte, der Traum von einem paradiesischen Ort jenseits aller gesellschaftlichen Zwänge.

Der Engel vermag sich also mit dem Medikamentenakzessisten nicht anzufreunden; aber auch die Alternative, der völlige Verzicht auf eine bürgerliche Berufstätigkeit, bedeutet für Trakl eine kaum geringere Beeinträchtigung seines Selbstgefühls. Auch die Tatsache nämlich, nur in der Abhängigkeit vom finanziellen Großmut Anderer existieren zu können, bringt für ihn eine tiefe, schmerzhafte Kränkung seines narzißtischen Omnipotenzanspruchs mit sich. Als er im April 1913 wieder einmal Buschbeck um Geld bittet, fügt er hinzu: »Ich wollte Herrn von Ficker darum angehen. Es fällt mir aber wahrhaftig zu schwer.« (I, 508) Gemessen am Anspruch des hochfliegenden Ichideals, sind beide Alternativen gleichermaßen unerträglich, beide sind verbunden mit narzißtischen Spannungen, mit depressiven Verstimmungen und Selbsthaß.

---

[63] Joffe/Sandler, S. 164/65.

Aus dem Gewitter, das sich in der Seele Trakls ansammelt, führt keiner der beiden Wege heraus.

Die Versöhnung von Realselbst und Idealselbst ist lebenspraktisch nicht zu erreichen: zu hoch schwebt der »schöne Engel« über dem Medikamentenakzessisten, zu hoch hat dieser seine Ansprüche an sich selbst gesteckt. Dieses Ichideal ist realitätsdyston, kann in dieser Welt nicht eingeholt werden. Die Diskrepanz der Repräsentanzen, die Kluft zwischen Wunsch und Wirklichkeit, wird schließlich beseitigt – nicht indem Trakl sein Ichideal auf realistischere Dimensionen bringt, den Engel auf die Erde zurückholt, sondern indem das verachtete Realselbst, der Medikamentenakzessist, eliminiert wird: übrig bleibt der »große Herr«. Die schmerzhafte Realität wird verleugnet, der infantile Allmachtswunsch findet seine phantastische Befriedigung. Das Resultat ist der Größenwahn, ein charakteristisches Symptom der Schizophrenie. Schon Freud wies hin auf die »häufige Verursachung der Paranoia durch Kränkung des Ichs, Versagung der Befriedigung im Bereiche des Ichideals.«[64] Der Wahnsinn Trakls ist nicht »Krankheit«, sondern der Versuch einer Selbstheilung, der Versuch, den schmerzhaften narzißtischen Konflikt zwischen Realselbst und Ichideal zu beseitigen. Diese Krankheit des Ich wird geheilt um einen hohen Preis: indem Trakl die Welt aufgibt. Auf die phantastische Beseitigung des Realselbst folgt schließlich die praktische – der Suizid. Das Gewitter, das sich in Trakls Seele lange angesammelt hat, entlädt sich; es bringt nicht die Reinigung, sondern die Zerstörung.

2.2. Trakls Kampf mit den »Dämonen des Blutes«

2.2.1. Das Versagen der Triebneutralisierung

Die Adoleszenzkrise Trakls wurde bislang vornehmlich unter dem Gesichtspunkt äußerer Sozialisation betrachtet; deutlich wurden dabei die Probleme, die dem Dichter in der Auseinandersetzung mit den Integrationsforderungen der Gesellschaft erwuchsen. Als zweiter Aspekt dieser Adoleszenzkrise wird uns nun beschäftigen das Problem »innerer Sozialisation«: das Problem der seelischen Anpassung an die pubertären Reifungsprozesse, der Zähmung und Kanalisierung der Triebwünsche des Es. Dabei wird vollends deutlich werden, warum ein Kompromiß zwischen Brotberuf und dichterischem Schaffen für Trakl tatsächlich unmöglich war. Vom Konflikt des Medikamentenakzessisten mit der Gestalt des »schönen Engels« war zuletzt die Rede; ein anderer Konflikt rückt jetzt in den Mittelpunkt des Interesses: der Kampf des Georg Trakl mit den Dämonen.

---

64 »Zur Einführung des Narzißmus«, G. W. X, S. 170.

Nach dem Abschluß seines dreijährigen Apothekerpraktikums in Salzburg siedelt Georg Trakl im September 1908 nach Wien über, um dort sein Pharmaziestudium aufzunehmen. Wenig später schon schreibt der Einundzwanzigjährige an seine in Salzburg verheiratete Schwester Minna:

> Was mir in diesen Tagen geschah, das zu beobachten hat mich genugsam interessiert, denn es schien mir nicht gewöhnlich und trotzdem wieder nicht so außergewöhnlich, wenn ich all meine Veranlagungen in Betracht nehme. Als ich hier ankam, war es mir, als sähe ich zum ersten Male das Leben so klar wie es ist, ohne alle persönliche Deutung, nackt, voraussetzungslos, als vernähme ich alle jene Stimmen, die die Wirklichkeit spricht, die grausamen, peinlich vernehmbar. Und einen Augenblick spürte ich etwas von dem Druck, der auf den Menschen für gewöhnlich lastet, und das Treibende des Schicksals. Ich glaube, es müßte furchtbar sein, immer so zu leben, im Vollgefühl all der animalischen Triebe, die das Leben durch die Zeiten wälzen. (I, 471/72)

Aus dem beschaulichen Salzburg verpflanzt nach Wien, erlebt Trakl die Reizflut der Großstadt; dem hektischen, unüberschaubaren Treiben in der Metropole fühlt er sich nicht gewachsen, er empfindet seine neue Umgebung als bedrohlich. Diese Zeilen könnten als eindringlicher Beleg dienen für das, was Vietta und Kemper über die stilbildende Rolle großstädtischer Wahrnehmungsbedingungen im Expressionismus ausgeführt haben.[65] Bietet aber der Verweis auf die objektive Reizflut der Großstadt wirklich eine hinreichende Erklärung für das angstbetonte Erleben, das Trakl in seinem Brief schildert? Zu fragen ist nach dem »subjektiven Faktor«, nach den individuellen Voraussetzungen solchen Erlebens. Dazu stellt Arlow fest:

> Die Wahrnehmungsdaten werden nicht isoliert erlebt. Sie werden erlebt vor dem Hintergrund der individuellen Vergangenheit und überprüft an früheren Wahrnehmungen und den von diesen zurückgelassenen Erinnerungsspuren. Der derzeitige Zustand des psychischen Apparates des Individuums entscheidet über die Auswahl der Reize, die wahrgenommen werden.[66]

Alle Realitätswahrnehmung hat eine historische Dimension; das augenblickliche Erleben des Individuums wird beeinflußt durch seine lebensgeschichtliche Erfahrung, durch seine Traumen, ungelösten Konflikte, durch seine Wünsche und Ängste: »Die traumatischen Ereignisse der Vergangenheit werden Teil der Phantasiegedanken und haben als solche eine nie aussetzende ... dynamische Wirkung auf die Art, wie wir auf die Realität reagieren und sie beurteilen.«[67]

---

65 »Wir haben gesehen, daß der neuen großstädtischen Lebensform eine gänzlich veränderte Wahrnehmungsstruktur entspricht, die ihrerseits in der literarischen Form sich niederschlägt und daher aus dieser erschlossen werden kann: der frühexpressionistische Reihungsstil als literarische Mimesis einer neuen kollektiven Wahrnehmungs- und Bewußtseinsform.« Vietta/Kemper, S. 41.

66 Jacob A. Arlow, »Phantasie, Erinnerung und Realitätsprüfung.« In: *Psyche* 23, 1969, S. 883.

67 Ebd.

Zu bedenken ist die Triebbestimmtheit des individuellen Erlebens, seine Verankerung in Triebschicksalen. Traumatische Ereignisse in der Vergangenheit Trakls, die mit seinem Erleben in Wien korrespondieren, sind unschwer auszumachen. Als Kind hatte er versucht, in panischer Angst ein scheuendes Pferd, eine Lokomotive aufzuhalten; in Wien verspürt er eine Bedrohung durch die »animalischen Triebe, die das Leben durch die Zeiten wälzen«. Die Analogie ist offenkundig. Trakls Reaktion auf die großstädische Umwelt hat ein frühes Vorbild, subjektive Voraussetzungen; die äußere Realität allein vermag die Angst des Dichters nicht hinreichend plausibel zu machen.

In seiner zweiten Angsttheorie unterscheidet Freud Realangst und neurotische Angst, äußere und innere Angstquellen:

> Das Ich hat sich die Aufgabe der Selbsterhaltung gestellt, die das Es zu vernachlässigen scheint. Es bedient sich der Angstsensationen als eines Signals, das seiner Integrität drohende Gefahren anzeigt. (...) Gefahren drohen dem Ich, das sich in einer Umgebung von übermächtigen mechanischen Gewalten behaupten will, in erster Linie von der äußeren Realität her, aber nicht allein von dort. Das eigene Es ist eine Quelle ähnlicher Gefahren ... Erstens können übergroße Triebstärken das Ich in ähnlicher Weise schädigen wie die übergroßen ›Reize‹ der Außenwelt. Sie können es zwar nicht vernichten, wohl aber die ihm eigene dynamische Organisation zerstören, das Ich wiederum in einen Teil des Es verwandeln.[68]

Das Ich sieht sich also von zwei Seiten bedroht, bedrängt von Außenweltreizen und von Triebreizen; auf die drohende Desintegration (»Ichdissoziation« ist ein zentraler Begriff bei Vietta/Kemper) reagiert das Ich mit Angst. Nun macht Freud darauf aufmerksam, daß solche Angstgefühle oft provoziert werden durch ein Zusammenwirken von innerer und äußerer Gefahr, daß Realangst und neurotische Angst sich vermischen: »Die Analyse zeigt, daß an die bekannte Realgefahr eine unerkannte Triebgefahr geknüpft ist.«[69] Eben dies ist nun auch der Fall bei Trakls Angstreaktion auf die Außenweltreize der Großstadt. Gefahr droht dem Ich nicht nur von außen; Trakl selbst spricht in der Fortsetzung seines Briefs von einer Gefahr, die aus ihm selber kommt, von bedrohlichen Triebreizen:

> Ich glaube, es müßte furchtbar sein, immer so zu leben, im Vollgefühl all der animalischen Triebe, die das Leben durch die Zeiten wälzen. Ich habe die fürchterlichsten Möglichkeiten in mir gefühlt, gerochen, getastet und im Blute die Dämonen heulen hören, die tausend Teufel mit ihren Stacheln, die das Fleisch wahnsinnig machen. Welch entsetzlicher Alp! (I, 472)

Die Reizflut der Großstadt ist so beängstigend, weil sie korrespondiert mit einer Flut bedrohlicher Triebreize aus dem Körperinnern. Die »animalischen Triebe«, die Trakl in der Welt draußen am Werk sieht, sind den »Dämonen«

---

68 »Abriß der Psychoanalyse«, G. W. XVII, S. 130.
69 »Hemmung, Symptom und Angst«, G. W. XIV, S. 199.

nur zu ähnlich, die er in seinem eigenen Blute heulen hört. Die äußere Wahrnehmungsgefahr ist gekoppelt an eine innere Triebgefahr: die Angst, die Trakl in der neuen großstädtischen Umgebung empfindet, ist zu einem wesentlichen Anteil Triebangst, neurotische Angst. Die Feststellung Freuds wird durch Trakls Brief auf eindrucksvolle Weise bestätigt.

Wir hatten uns zuletzt befaßt mit den narzißtischen Konflikten des Dichters, den Konflikten zwischen Ich und Ichideal. Die Angst vor den »Dämonen des Blutes«, die Trakl in seinem Brief aus Wien bekundet, zeugt nun von den Triebkonflikten, in die er während der Adoleszenz verstrickt wurde, Konflikten zwischen Ich und Es. Die physiologischen Reifungsprozesse der Pubertät bringen einen Zuwachs an Triebenergie mit sich, führen zu einer Intensivierung der Es-Ansprüche und zu einem Wiederaufleben der ödipalen Regungen. Die zu Beginn der Latenzzeit errichtete Abwehrformation wird erschüttert, bricht unter dem Ansturm der libidinösen und aggressiven Impulse teilweise zusammen und muß vom Adoleszenten neu aufgebaut werden. Seine psychische Organisation kommt aus dem Gleichgewicht, er durchläuft eine Phase der Es-Stärke und der relativen Ich-Schwäche; zugleich treibt die Verstärkung der Triebansprüche den Jugendlichen aber auch zu verstärkten Abwehrbemühungen. Aus dieser relativen Ich-Schwäche ergibt sich das für den Adoleszenten charakteristische abrupte Umschlagen von asketischer Triebabweisung in den Triebexzess:

> Während dieses Kampfes ... steht sein Ich unter erhöhtem Es- und Überich-Druck und pflegt sich dem Überich abwechselnd zu fügen oder aktiv gegen es zu rebellieren und wenn der Umsturz gelingt, mit dem Es gemeinsame Sache zu machen. Mehr oder weniger stürmische Perioden sexuellen und aggressiven Ausagierens und narzißtischer Aufblähung alternieren mit Perioden von Reue, asketischen Idealen, strikt abstinentem moralischem Verhalten und oft von Schuld, Scham und Minderwertigkeitsgefühlen.[70]

Diesen unvermittelten Wechsel von Exzess und Askese finden wir auch bei Georg Trakl; wie berichtet wird, hat er sich, zumindest während der ersten Pubertätsjahre, »für sexuelle Ausschweifungen ... anschließend selbst bestraft«.[71] »Alle seine Freunde aus jenen Tagen schildern die jähen Umschwünge in Temperament und Stimmung«. schreibt Basil.[72] Der Dichter, der auf aggressive Tendenzen bei Anderen äußerst sensibel reagierte[73], konnte

---

70 Jacobson, S. 188/89.
71 Spoerri, S. 36.
72 Basil, S. 59.
73 »Als ein Freund mutwillig einen Hund aufs Eis lockte, und dieser einbrechend sich nur mit Mühe ans Ufer retten konnte, stürmte Trakl, nachdem die erste sprachlose Bestürzung vorüber war, in namenloser Wut fünf Stunden lang ziellos über Berg und Täler, fluchend auf die Gemeinheit der Welt. Auch wie er ein anderes Mal zusehen muß-

den eigenen Haßgefühlen plötzlich freien Lauf lassen. Sorgsam darauf bedacht, die Unantastbarkeit seines eigenen Leibes zu wahren, konnte er doch auf der anderen Seite im Wirtshaus einen ihm nicht genehmen Gast packen und gewaltsam vor die Tür setzen.[74] Spoerri legt diese Zwiespältigkeit Trakls als Krankheitssymptom, als schizophrene Ambivalenz aus.[75] Wie nun aber eben deutlich wurde, ist eine solche Polarität nicht ein spezifisch krankhaftes Phänomen – sie kennzeichnet ganz allgemein die kritische Phase der Adoleszenz: diese Polarität wurzelt in den Triebkonflikten des Heranwachsenden.

»Mit der Pubertät beginnen große geistige Spannungen in diesem Leben Platz zu greifen«, schreibt Trakls Biograph Basil.[76] Auch diese geistigen Spannungen haben ihre Basis in den mit der Adoleszenz aufbrechenden Triebkonflikten Trakls. Das Bemühen des Jugendlichen, die Triebvorgänge der Herrschaft des Ich zu unterwerfen, führt zu einer zunehmenden Intellektualisierung des Trieblebens, zu einer Transformation der psychischen Konflikte in gedankliche. Dazu bemerkt Jakobson:

> In der Tat können Überich und Es in einem solchen Ausmaß in das Ich infiltrieren, daß die »Weltanschauung« nichts anderes als eine Rationalisierung des einen oder des anderen oder auch beider darstellt. (...) So kann die Lebensphilosophie des Heranwachsenden lange Zeit in fast grotesker Weise zwischen gegensätzlichen Tendenzen schwanken, je nachdem, ob gerade der Einfluß entweder des Überichs oder der des Es auf sein Denken dominiert.[77]

Der Dichter, der sich einem dionysischen Lebenswandel hingibt, der »durch die Nächte tost wie ein brauner, rotbrauner Pan« (I, 490), verschreibt sich auf der anderen Seite dem Ideal mönchischen Lebens; neben dem glühenden Nietzsche-Verehrer steht Trakl, der religiöse Mensch, auf der Suche nach dem verlorenen Gott. Dionysos und Christus treten in Trakls frühem Dialog »Maria Magdalena« als Kontrahenten auf; diese Konfrontation gegensätzlicher Prinzipien ist nicht nur ein Reflex von Trakls Nietzsche-Lektüre – in diesem geistigen Antagonismus spiegeln sich zugleich die seelischen Konflikte des Dichters, an denen er schließlich zerbricht.

Für die Polaritäten im Charakter Trakls, für seine psychischen und geistigen Spannungen brauchen wir also weder Eigentümlichkeiten seines Körperbaus, noch einen obskuren endogenen Prozeß verantwortlich zu machen:

---

te, daß Maikäfer nachts, im Flug gegen eine Laterne stoßend, betäubt zu Boden fielen und von Vorübergehenden zertreten wurden, standen ihm die Schweißtropfen auf der Stirne.« Spoerri, S. 33.

74 Ebd.

75 Ebd., S. 103.

76 Basil, S. 7.

77 Jacobson, S. 195. – Eine solche Intellektualisierung des Trieblebens liegt etwa vor, wenn ein Mitglied des Dichterzirkels »Apollo« sich aus »weltanschaulichen Gründen« selbst kastriert. Vgl. Spoerri, S. 24.

dieser Zwiespalt im Wesen des Dichters entspringt aus seinen Triebkonflikten. Die zentrale Frage ist mithin nicht, wie Trakl in diese Konflikte geraten ist, sondern warum er aus ihnen nicht mehr herausfindet. »Trakl ist an der Krise der Pubertät gescheitert, dem gefährlichen Übergang von der Kindheit in die Welt der Erwachsenen«, konstatiert Neumann.[78] Warum vermochte Trakl die Triebkonflikte der Adoleszenz nicht zu lösen?

Ob dem Adoleszenten die Reorganisation seines Abwehrsystems, die Stabilisierung der synthetisierenden Ich-Funktionen gelingt, das hängt wesentlich davon ab, unter welchen Voraussetzungen er in die Stürme der Pubertät eintritt, d. h. von seiner vorgängigen psychosexuellen Entwicklung. Ein Rückblick auf unsere Befunde zur ödipalen Bildungsgeschichte Trakls macht nun sofort klar, daß bei ihm die Voraussetzungen für eine produktive Bewältigung der Adoleszenzkrise denkbar ungünstig waren. Die präödipale Mutterbindung blieb unaufgelöst, der Vater vermochte das Inzestverbot nicht durchzusetzen. Das strenge, aber unreife Überich Trakls konnte die starken aggressiven und inzestuösen Regungen des Es nicht in Schach halten; es liegt auf der Hand, daß das schwache Ich große Schwierigkeiten haben wird, den pubertären Zuwachs an Triebenergie zu neutralisieren und zu kanalisieren. So kommt es in der Adoleszenz zu einer Invasion von nicht kontrollierbaren Triebregungen:

> Patienten, die nicht imstande waren, ihre infantilen inzestuösen und aggressiven Wünsche mit Hilfe stabiler Abwehrmechanismen abzuwehren, leiden unter einer Invasion ungemilderter sexueller und aggressiver Impulse ins Ich und ins Überich – ein Zeichen ungenügender Triebneutralisierung. Solche Patienten zeigen regelmäßig auch eine Personifizierung des Überichs, das dann von wunschbestimmt-magischen Objekt- und Selbstimagines kaum zu unterscheiden ist und deshalb leicht auf Personen der Außenwelt rückprojiziert wird. In solchen Fällen bleibt die Ich-Überich-Beziehung auf einer personalisierten sadomasochistischen Ebene.[79]

Das schwache Ich findet sich hilflos wieder zwischen übermächtigen, sich gegenseitig bekämpfenden (im Geheimen aber verbündeten) Instanzen, denen es sich abwechselnd unterwirft, zwischen den bedrohlichen Gewalten des Es und einem sadistisch strafenden Überich: ausgesetzt einerseits dem Geheul der »Dämonen des Blutes«, gequält andererseits von starken Schuldgefühlen, die schließlich nur noch durch eine Reexternalisierung des Überich, eine Projektion des inneren Verfolgers in die Außenwelt abgewehrt werden können. Findet der Jugendliche keinen Weg, seine Triebkonflikte zu bewältigen, so kann die Adoleszenzkrise schließlich einen psychotischen Ausgang nehmen:

> In der Folge kann die Entwicklung des Adoleszenten zum Stillstand kommen. Überich- und Ich-Funktionen können desintegrieren und eine ernste und verwirrende Symptomatologie kann sich entwickeln. Sofern das klinische Bild an eine Psy-

---

78 Neumann, S. 295.

79 Jacobson, S. 131/32.

chose denken läßt, kann es differentialdiagnostisch Schwierigkeiten bereiten: bei jungen Menschen, die konstitutionell und ontogenetisch zu einer Psychose prädisponiert sind, sind die psychobiologische Instabilität dieses Lebensabschnitts und die Neigung des Adoleszenten zu wiederkehrenden tiefen Regressionen in der Tat geeignet, echt psychotische Prozesse in Gang zu setzen.[80]

Wenn Trakl an den Konflikten der Adoleszenz gescheitert ist, so liegen die Ursachen dafür also einmal in den Störungen seiner familialen Bildungsgeschichte, in der mißglückten Lösung des ersten Ödipuskomplexes: die psychische Organisation, die sich hier herstellte, ist den Stürmen der Pubertät nicht gewachsen. Die Adoleszenzkrise, so stellten wir aber eingangs fest, bringt selbst eine zweite, modifizierte Auflage des ödipalen Dramas mit sich. Wie dieses Drama sich in der Adoleszenz Trakls in Szene setzt, wird im Folgenden genauer zu untersuchen sein. Noch einmal ist dazu anzuknüpfen an den Brief, den der Dichter 1908 in Wien verfaßte.

2.2.2. Inzestwunsch und Vernichtungsangst

Ohnmächtig ausgeliefert fühlte Trakl sich der großstädtischen Wirklichkeit, dem hektischen Treiben der Metropole Wien; die »animalischen Triebe, die das Leben durch die Zeiten wälzen« lösten Angst bei ihm aus. Wie nun Mendel gezeigt hat, wird diese moderne, unüberschaubare Lebenswelt, die Großstadt mit ihrem rapiden Lebenstempo, ihrer Reizflut, die Welt einer nicht mehr beherrschbaren Technologie, unvorhersehbarer Abläufe und rascher Veränderung, dem unbewußten Mutterbild zugeordnet:

> Die technische Macht erscheint als quasi allmächtig, als eine Macht, die den Menschen, der unfähig geworden ist, sie zu beherrschen, ihre Wirkungen zu kontrollieren und ihre Folgen vorauszusehen, zu einer unbekannten, unvorhersehbaren Welt treibt. Ohnmacht des Menschen, Allmacht einer ihm äußerlichen Entität: wir begegnen hier wieder den Termini, die die ersten Stadien der Menschheitsgeschichte und der kindlichen Vergangenheit eines jeden Individuums charakterisieren, in der die als allmächtig erfahrene Person die Mutter war.[81]

Die Angstgefühle Trakls, so stellten wir fest, werden provoziert durch die Überflutung des Ich von Trieb- und Außenweltreizen. Diesen triebökonomischen Befund können wir nun überführen in einen hermeneutischen, das quantifizierende Konzept der Reizüberflutung inhaltlich-qualitativ fassen: Trakl erlebt in Wien seine Ohnmacht gegenüber einer mütterlichen Allmacht. »Für das Unbewußte des Menschen ist ... aufgrund der alten Erfahrungen eine Allmacht stets dem Wesen nach mütterlich«, betont Mendel.[82] Die Angstgefühle des Dichters werden nur dann verständlich, wenn wir begreifen, wie

[80] Ebd., S. 186.
[81] Mendel, S. 164.
[82] Ebd., S. 147.

seine äußere Situation in Wien sich darstellt auf der Bühne des Seelischen: Trakl erlebt die Großstadt als böse, verschlingende Mutter.

Betrachten wir jetzt die Fortsetzung des Briefes von 1908. Mit dem Ausruf »Welch entsetzlicher Alp!« setzt Trakl der Schilderung seines seelischen Infernos einen Schlußpunkt und fährt dann fort:

> Vorbei! Heute ist diese Vision der Wirklichkeit wieder in Nichts versunken, ferne sind mir die Dinge, ferner noch ihre Stimme und ich lausche, ganz beseeltes Ohr, wieder auf die Melodien, die in mir sind, und mein beschwingtes Auge träumt wieder seine Bilder, die schöner sind als alle Wirklichkeit! Ich bin bei mir, bin meine Welt! Meine ganze, schöne Welt, voll unendlichen Wohllauts. (I, 472)

Hier hat die Szenerie sich plötzlich grundlegend gewandelt. Die bedrohliche Wirklichkeit ist ferngerückt, Trakl findet sich in einer Welt ungetrübter Harmonie, einer Traumwelt. Verstummt sind die »Stimmen, die die Wirklichkeit spricht, die grausamen«, verstummt ist das Geheul der Dämonen des Blutes – jetzt ist die Welt »voll unendlichen Wohllauts«. Natürlich ist der Brief Trakls auch eine literarische Stilübung, ist er zu einem gewissen Grade »Dichtung«, doch spiegelt sich hier authentisches Erleben, bleibt er bei der biographischen »Wahrheit« und ermöglicht psychologische Aufschlüsse.[83] Zwei gegensätzliche Welten beschreibt Trakl: in der einen, der Welt der Großstadt und der »animalischen Triebe«, sieht er sich übermächtigen Gewalten hilflos ausgesetzt, während er in der anderen sich geborgen fühlt wie das Kind im Mutterschoß. »Ich bin bei mir, bin meine Welt!« schreibt er emphatisch. Ich bin meine Welt: die Trennung von Selbst und Objekt ist aufgehoben – dies ist die Welt des primären Narzißmus, die Welt der ozeanischen Gefühle im Schoße der archaischen Mutter, wie sie erlebt werden kann auch im Drogenrausch. In diesem Absatz des Briefes tritt uns wieder vor Augen, was wir schon im Seelenleben des Kindes gefunden haben: Trakls Sehnsucht nach Rückkehr ins Wasser, zum ozeanischen Dasein – eine inzestuöse Verschmelzungsphantasie.

Auch die Gegensätzlichkeit der beiden vom Dichter beschriebenen Welten folgt einem infantilen Vorbild. Wir hatten gesprochen von der Spaltung der Mutterimago, von der paranoid-schizoiden Entwicklungsphase des Kindes: dem Bild der archaischen, gratifizierenden Mutter steht gegenüber das Bild der bösen, verschlingenden Mutter, dem Verschmelzungswunsch des Kindes sein Destruktionswunsch, begleitet von entsprechender Verfolgungsangst. Wenn nun in der Pubertät die inzestuösen Regungen sich wieder mit Nachdruck bemerkbar machen, so gewinnen beide Mutterbilder zugleich Einfluß auf den Jugendlichen:

> Doch wenn ... der Wunsch nach der ödipalen Mutter unbewußt die ganze Sehnsucht nach der gratifizierenden archaischen Mutter, nach ihren nährenden, sensori-

---

83 Im letzten Abschnitt des Briefs sind Anklänge an Hölderlins »Hyperion« vernehmlich; im ersten Teil gibt es Parallelen zu Rimbauds »Seher«-Brief.

schen Gaben, ihrer Wärme, ihrer Liebe, und gleichzeitig damit auch die ganze Sehnsucht nach der magischen und megalomanischen Welt des primären Narzißmus weckt, der die Beziehung zur archaischen Mutter begleitet, – dann weckt dieser Wunsch auch *unvermeidbar* den ganzen Abscheu, der mit der Imago der archaischen bösen Mutter, der zerstückelnden und vernichtenden Mutter zusammenhängt, die eine Folge der Projektion der ersten, verinnerlichten Aggressionen des Subjekts ist.[84]

Der Inzestwunsch des Jugendlichen gilt der »ganzen« Mutter, nicht nur der ödipalen; dies trifft in besonderem Maße zu für Georg Trakl mit seiner unaufgelösten präödipalen Mutterfixierung. Sein inzestuöser Verschmelzungswunsch provoziert nun aber die Angst, von der bösen Mutter vernichtet, verschlungen zu werden – die beiden konkurrierenden Imagines der archaischen Mutter stürzen ihn in schwere seelische Konflikte. Nicht von ungefähr entwirft Trakl in seinem Brief zwei so gegensätzliche Welten: die Ohnmachtsgefühle und die Vernichtungsangst, die er im ersten Abschnitt artikuliert, sind Kehrseite der inzestuösen Verschmelzungsphantasie, die er im letzten Abschnitt entwickelt. Ich bin meine Welt: dies ist die megalomanische Welt des primären Narzißmus, und Kehrseite dieser Omnipotenzphantasie ist das Gefühl äußerster Ohnmacht, das er in der Welt der Großstadt empfindet. Wenn Trakl Wien als verschlingende Mutter erlebt, so hängt dies nicht nur zusammen mit der objektiven Reizflut der Großstadt, sondern vor allem mit seinen eigenen inzestuösen und aggressiven Regungen, die er nicht abzuwehren vermag: mit der Invasion der Dämonen des Blutes.

Von seiner Angst und seiner »fürchterlichen Ohnmacht« spricht der Dichter auch zwei Jahre später in einem Brief an Buschbeck:

> Ich bin ganz allein in Wien. Vertrage es auch! Bis auf einen kleinen Brief, den ich vor kurzem bekommen, und eine große Angst und beispiellose Entäußerung! Ich möchte mich gerne ganz einhüllen und anderswohin unsichtbar werden. Und es bleibt immer bei den Worten, oder besser gesagt bei der fürchterlichen Ohnmacht! (...) Alles ist so ganz anders geworden. Man schaut und schaut – und die geringsten Dinge sind ohne Ende. (I, 477)

Wieder steht dem Gefühl der Ohnmacht der regressive ozeanische Wunsch gegenüber, der Wunsch, sich »ganz einzuhüllen« und »anderswohin unsichtbar« zu werden. Zum Dank für den von Trakl ihm gewidmeten »Psalm« eignete Karl Kraus dem Dichter einige Zeilen zu, die er in der »Fackel« veröffentlichte; sie gipfeln in dem Ausruf: »Zurück in deinen Leib, o Mutter, wo es gut war!«[85] Mit diesem Satz trifft Kraus genau den inzestuösen Verschmelzungswunsch, der Trakl beherrscht, seinen Wunsch nach Rückkehr zur ozeanischen Existenz im Schoße der archaischen Mutter. Trakls telegraphische Antwort zeugt von Betroffenheit: »Ich danke Ihnen einen Augenblick schmerzlichster Helle« (I, 492). Der Inzestwunsch ruft jedoch seinen Kontrahenten auf den

84 Mendel, S. 43.
85 Zitiert nach Basil, S. 119.

Plan, die Angst vor der verschlingenden Mutter, und so finden wir nicht zufällig neben Trakls Wunsch, sich »ganz einzuhüllen« seine Angst davor, lebendig begraben zu werden; Ficker berichtet, daß Trakl in einem Brief an Adolf Loos darum bat, daß an seiner Leiche ein Herzstich vorgenommen werde.[86] Auch die Tatsache, daß Trakl sich nicht getraute, allein einen Aufzug zu benutzen, darf wohl als Anzeichen seiner Klaustrophobie gewertet werden. Die Klaustrophobie ist nichts anderes als die Angst vor der verschlingenden Mutter, die die sadistischen Regungen des Kindes zu vergelten droht: »Die Ängste, die auf die phantasierten Angriffe gegen den Körper der Mutter ... zurückgehen, erwiesen sich als die Basis der Klaustrophobie, die die Angst, in dem mütterlichen Körper gefangen und begraben zu sein, darstellt.«[87] Neben dem anziehenden Bild der archaischen Mutter steht das bedrohliche Bild der verschlingenden Mutter; Kehrseite des inzestuösen Verschmelzungswunsches ist die Vernichtungsangst Trakls. Der Wunsch, sich »einzuhüllen«, verkehrt sich in Klaustrophobie, die Sehnsucht nach dem Wasser in Ertrinkensangst. Wir finden Georg Trakl während seiner Adoleszenzphase verwickelt in einen Kampf mit den konkurrierenden mütterlichen Imagines.

Wie bei dem ersten ödipalen Drama, so spielt auch in der Adoleszenzkrise die Vaterfigur die entscheidende Rolle bei der Überwindung der konfliktbeladenen Beziehung zur Mutter. Allerdings trägt der Jugendliche, wie oben bereits betont wurde, den pubertären Ödipuskonflikt mit einer Vaterfigur aus, die sich aus mehreren Komponenten zusammensetzt: sein Vaterbild ist eine Legierung aus dem Bild des Familienvaters und den verschiedenen Repräsentanten väterlich-gesellschaftlicher Autorität, vom Lehrer über den »Landesvater« bis hin zu Gott-Vater. Alle Träger und Vermittlungsinstanzen der Tradition, des kulturellen Erbes werden dem unbewußten Vaterbilde zugeordnet. Die väterliche Welt in ihrer Gesamtheit also hat die Abkehr des Jugendlichen von der Mutter herbeizuführen, die Inzestschranke zu errichten und damit den Ambivalenzkonflikt der inzestuösen Mutterbeziehung aufzulösen:

> Und da eine jede der beiden Imagines der archaischen Mutter gewissermaßen die andere ›ausgleicht‹, müßte dieser somit unvermeidbare Konflikt zudem unlösbar bleiben, wenn in der ersten ödipalen Phase die Imago des verbietenden Vaters und in der zweiten Phase, der Pubertät, ein gesellschaftliches Verbot in der Form fehlt, die die Ethnologen ›Initiations- oder Übergangsriten‹ genannt haben ... Sowohl das väterliche Verbot ... wie das gesellschaftliche Verbot hätten nicht nur die Funktion, die sexuelle Beziehung zur Mutter zu untersagen ..., sondern auch die Funktion, den Konflikt des mit seinen mütterlichen Imagines ringenden Subjekts aufzulösen und damit die regressive Bewegung zu den ersten Stadien der Beziehung zur Mutter zu blockieren ...[88]

---

[86] Basil, S. 14.
[87] Klein ('72), S. 26.
[88] Mendel, S. 44.

Eingehend haben wir das Generationenproblem im Expressionismus erörtert und dabei gesprochen vom historischen Niedergang der väterlich-gesellschaftlichen Autorität, vom Sturz des Vaterbildes, der vor allem durch das »akzelerierte Lebenstempo«, den rapiden sozialen Wandel bewirkt wurde:

> Die Hauptursache dieser verringerten Kraft des Vaterbildes ist ... die industrielle und technische Revolution, die alle Elemente der Vater-Sohn-Beziehung in der Adoleszenz, insbesondere das Erbe der übertragenen Werte und die Überzeugung des Vaters, im Recht zu sein, berührt und geschwächt hat.[89]

In der Psychologie des Unbewußten stellt sich diese Entthronisierung der legierten Vaterfigur dar als ein Sieg des Mutterbildes über das Vaterbild:

> In dem unbewußten psychischen Universum des zeitgenössischen Jugendlichen hängen die Kraft und das Prestige des Familienvaters zwar von den persönlichen Eigenschaften dieses Vaters ab, aber die sozio-kulturellen Institutionen werden als der Ausdruck eines Vaters erlebt, der der technologischen Allmacht ohnmächtig gegenübersteht, d. h. für das Unbewußte als der Ausdruck eines Vaters, der der mütterlichen Allmacht ohnmächtig gegenübersteht.[90]

Die Vaterfigur wird also entwertet, entdifferenziert, durchdrungen von archaischen mütterlichen Zügen; ein solcher Vater, in der modernen Lebenswelt seiner Regentenrolle beraubt, degradiert zum Vasallen der Mutter, kommt für den Heranwachsenden als Identifikationsobjekt nicht mehr in Frage, er stößt auf »obstinaten Spott«: »Der Vater ist nun kein guter Träger mehr für die Projektion des Narzißmus des Sohns, er kann nicht mehr das Bild eines idealen Vaters liefern.«[91] Diese Vaterfigur vermag im Ödipusdrama der Adoleszenz das Inzestverbot nicht mehr durchzusetzen, und sie kann den Jugendlichen damit auch nicht bewahren von den beschriebenen Konflikten der zu engen Bindung an die Mutter. Die Initiationsriten versagen, die verbietende und anleitende Vaterfigur fällt aus, und so gerät der Jugendliche unausweichlich in den Herrschaftsbereich der konfligierenden mütterlichen Imagines, der archaischen guten Mutter und der bösen, verschlingenden Mutter.

Die historische Entwertung des Vaterbildes schafft objektiv die Gefahr, daß der Heranwachsende den inzestuösen Tendenzen erliegt; von der individuellen Widerstandskraft des Jugendlichen (und das heißt: vom Ausgang des ersten Ödipusdramas) hängt es jetzt zum großen Teil ab, ob er seine Adoleszenzkrise überwinden kann:

> Entweder es konnte ein sowohl starkes wie ideales Vaterbild entstehen, und dann konnte der Heranwachsende dieses Bild dem der sozialen Macht entgegenstellen, die auf unbewußter Ebene notgedrungen als ein archaisches Mutterbild erfahren wird. Oder aber, da die bestehenden sozialen Voraussetzungen nicht zur Konsoli-

---

[89] Ebd., S. 148.
[90] Ebd., S. 165.
[91] Ebd., S. 140.

dierung des idealen Vaterbildes während der Latenzperiode beitragen, nähert sich der Jugendliche ohne hinreichend solides und individualisiertes spezifisches Vaterbild seinem pubertären Ödipuskonflikt: er steht nicht mehr einem Vater gegenüber, sondern der Mischung aus einem schwachen Vater und einer allmächtigen Mutter, und er ist außerstande, seinen Ödipuskonflikt auf der Ebene der unbewußten Phantasie auszutragen. Er kann sich nicht auf das Vaterbild stützen.[92]

Unsere psychobiographische Studie hat gezeigt, daß Trakl diese subjektiven Voraussetzungen für eine Lösung der Adoleszenzkonflikte nicht mitbrachte: die Entwertung der Vaterfigur beginnt schon im Verlauf des ersten ödipalen Dramas. Die schismatische Ehe der Eltern und die Desintegration der familialen Triade führen zu einer Schwächung der Rolle des Vaters in den ödipalen Auseinandersetzungen: der Vater vermag den Sohn der Macht der Mutter nicht zu entreißen, die Inzestschranke nicht zu errichten; der Junge gerät in Gefahr, auf dem Weg zurück zur archaischen Mutter, beim Hinabsteigen ins Wasser, zu ertrinken – nicht nur psychisch, sondern sogar physisch. In der Pubertät werfen die durch die väterlich-gesellschaftliche Autorität nicht blokkierten, ungehindert sich durchsetzenden inzestuösen und aggressiven Regungen Trakl zurück in die Konflikte der frühen Kindheit, die Konflikte der paranoid-schizoiden Position, den Kampf mit den mütterlichen Imagines; jetzt droht die Gefahr, daß die Adoleszenzkrise einen abortiven Ausgang nimmt in eine Psychose:

Wenn kein verbietendes Vaterbild eingreift, bleibt der Konflikt zwischen Wunsch und Abscheu unlösbar, oder er findet vielmehr seine Lösung auf derselben strukturalen Ebene wie der primäre Konflikt, d. h. in einem psychotischen Prozeß. Wer nach totaler Befriedigung strebt, oder besser: wer – mangels väterlicher Unterstützung – der Sehnsucht nach totaler Befriedigung nicht zu widerstehen vermag, strandet letztlich an den Ufern der Psychose; die Psychose, daran sei hier erinnert, ist in erster Linie eine Abwehrmaßnahme gegen eine ebenfalls totale Angst. Somit ist, wenn das Vaterbild fehlt, das Schicksal des Inzestwunschs die Psychose – d. h. das Ende des Menschen und das Ende der Gesellschaft. Das Inzesttabu, das Inzestverbot ist der gesellschaftlich-väterliche Beitrag, der unabdingbar ist, um gleichzeitig mit dem Inzestwunsch auch die Sehnsucht nach einer totalen Rückkehr zu den Ursprüngen, zur Ekstase, zum Unbegrenzten, zum Absoluten, zur Magie, zum Nirwana, zur Megalomanie abzuwenden oder aufzulösen.[93]

Die psychotischen Störungen Trakls, so wird jetzt deutlich, sind nicht die Folge physiologischer Funktionsstörungen, Produkt eines »endogenen Prozesses«; Prozesse ganz anderer Art sind für ihr Zustandekommen verantwortlich zu machen: einmal die gestörten intrafamilialen Austauschprozesse, die Fehlfunktionen der Mutter-Kind-Dyade und der ödipalen Triade, sodann gestörte soziokulturelle Prozesse, die Störungen bei der Übertragung des

---

92 Ebd., S. 165.
93 Ebd., S. 49/50.

väterlichen Erbes auf die Söhne, die Störung der Initiationsriten. Durch den Niedergang der väterlich-gesellschaftlichen Autorität, die während der Adoleszenzphase die Inzestschranke zu verteidigen, damit den ozeanischen Wunsch abzuwehren hätte, wird Trakl der Macht der Mutter preisgegeben, der Anziehungskraft der archaischen gratifizierenden Mutterimago ebenso, wie den Ängsten, die sich an das Bild der archaischen verschlingenden Mutter knüpfen, das Bild, das durch die Projektion der kindlichen Aggression seine Konturen gewann. Die Psychopathologie des Subjekts entspricht einer Pathologie des sozialen Systems: der abortive Ausgang der Adoleszenzkrise Trakls in eine psychotische Störung ist das Ergebnis eines Zusammenwirkens der familieninternen Sozialisationsstörungen mit Störungen der Gesamtgesellschaft, der Krise des soziokulturellen Systems.

Die Abdankung des Vaters, so sahen wir, gibt den Sohn der Macht der Mutter preis und überantwortet ihn den »Dämonen des Blutes«. Gänzlich hilflos gegenüber dem seelischen Inferno, in dem er sich wiederfindet, zeigt Georg Trakl sich allerdings nicht. Dem Chaos, der Macht der verschlingenden Mutter, setzt er das Gedicht entgegen, der Vernichtung durch die »animalischen Triebe« sucht er zu entgehen auf dem Wege poetischen Schaffens. Von einem gänzlichen Verlust des stützenden Vaterbildes konnte bei dem Dichter ja nicht die Rede sein – die Identifizierung mit den idealisierten Künstler-Vätern eröffnete ihm einen gangbaren Ausweg aus dem Reich der mütterlichen Allmacht. Wie Mendel hervorhebt, ist die künstlerische Sublimierung

> ... eine besondere Art der Lösung jener Probleme ..., die zu lösen im Augenblick des ödipalen Konflikts der Identifizierung mit dem Vater obliegt. Der Künstler entgeht der Welt der Mutter, die indes seine Inspirationsquelle bleibt, zum Teil dadurch, daß er sich zu einem bestimmten Zeitpunkt seiner Biographie mit anderen Künstlern durch ihre Werke hindurch identifiziert. (...) Wenn die künstlerische *Inspiration* ihre Quelle im archaischen psycho-affektiven Universum des Autoerotismus, sodann in dem der ersten Beziehungen zu Mutter findet, ist die künstlerische *Arbeit* nur demjenigen möglich, der zur Welt des Vaters Zugang gefunden hat.[94]

Den notwendigen väterlichen Halt gegenüber der verschlingenden Mutter, den nach ihrem historischen Niedergang die väterliche Tradition, die gesellschaftliche Autorität nicht mehr gewähren kann, sucht Trakl im Gedicht. Das Gedicht ist der befestigte Ort, der dem mütterlichen Chaos standzuhalten vermag, eine Burg, die der Dichter sich allerdings selbst erbauen muß, nachdem sie von der Tradition nicht mehr bezugsfertig bereitgestellt wird, nicht mehr ererbt werden kann. Dieser Ort väterlichen Haltes ist ein Ort, an dem »Maß und Gesetz« gelten, an dem das Chaos gebändigt ist; er wird erreicht nur durch eigene Anstrengung, durch schwere Arbeit, die den ganzen

---

[94] Ebd., S. 55.

Einsatz des Dichters fordert. Dem poetischen Schaffen Georg Trakls wendet die Untersuchung sich jetzt zu.

2.2.3. Das Gedicht als Sühne

Trakls Brief von 1908 ist ein »Schlüsselbrief«, er ist von zentraler Bedeutung für das Verständnis der psychischen Problematik des Dichters und für das Verständnis seines poetischen Schaffens. Die hier so eindringlich geschilderte seelische Bedrängnis bestimmt nämlich bis zu seinem Ende in Krakau das Leben Trakls, und sie wird vom Dichter wiederholt auch als Triebkraft seines Schaffens, als Quelle seiner Dichtung beschrieben. Der »Alptraum« des Jahres 1908 weist voraus auf die als poetologisches Zeugnis so häufig zitierten Zeilen eines Briefes von 1910:

> Aber ich bin derzeit von allzu viel (was für ein infernalisches Chaos von Rythmen und Bildern) bedrängt, als daß ich für anderes Zeit hätte, als dies zum geringsten Teile zu gestalten, um mich am Ende vor dem was man nicht überwältigen kann, als lächerlicher Stümper zu sehen, den der geringste äußere Anstoß in Krämpfe und Delirien versetzt. (I, 479)

Auch in einem anderen Brief an Buschbeck (1909 oder 1912) bezeichnet Trakl seine Verse ganz ähnlich als »Rythmen aus meinem Inferno« (I, 549). Von »bedrängenden Bildern« und von ihrer »Überwältigung« spricht der Dichter; sein poetisches Schaffen ist kein Spiel mit der Sprache, sondern ein Kampf: das Gedicht entspringt dem Kampf mit den »Dämonen des Blutes«, die dieses »infernalische Chaos« heraufbeschwören. Das dichterische Schaffen Trakls hat den Charakter eines seelischen Überlebenskampfes; das Gedicht ist ein Ort der Selbstbehauptung des Ich gegenüber den destruktiven Gewalten des Es, die Burg, die dem »infernalischen Chaos«, der Macht der verschlingenden Mutter standzuhalten vermag.

Betrachten wir nun aber das andere wichtige poetologische Dokument, das überliefert ist. Als Trakl am 24. August 1914 von Innsbruck aus mit einer Sanitätsabteilung ins Feld rückt, überreicht er beim Abschied auf dem Bahnhof Ludwig von Ficker einen Zettel mit den einigermaßen kryptischen Worten:

> Gefühl in den Augenblicken totenähnlichen Seins: Alle Menschen sind der Liebe wert. Erwachend fühlst du die Bitternis der Welt; darin ist alle deine ungelöste Schuld; dein Gedicht eine unvollkommene Sühne. (I, 463)

Auf den fragenden Blick Fickers hin setzt Trakl noch hinzu: »Aber freilich – kein Gedicht kann Sühne sein für eine Schuld.«[95] Für ein Verständnis von

---

95 Basil, S. 146.

Trakls Lyrik sind diese Bemerkungen ohne Zweifel von zentraler Bedeutung – nicht weniger als die Gedichte selbst sind jedoch diese Worte rätselhaft, der Interpretation bedürftig. Das Gedicht als Sühne einer Schuld: von welcher Schuld spricht der Dichter, und inwiefern könnte sie durch das Gedicht beglichen werden? Nun bot es sich den Trakl-Interpreten zwar immer an, diese Schuld im religiösen Sinn als Sünde zu deuten, als Abfall von Gott, oder aber sie biographisch zu fixieren an die inzestuöse Schwesterbeziehung des Dichters. Solche Festlegungen bringen indessen wenig Klarheit in das Dunkel. Wie könnte das Gedicht die Versöhnung mit einem Christengott herbeiführen, dessen Existenz Trakl wohl mehr als zweifelhaft war? Oder wie sollte die Inzestschuld wiedergutzumachen sein durch das poetische Schaffen? Das hermeneutische Vermögen des Literaturwissenschaftlers gelangt bei solchen poetologischen Zeugnissen an seine Grenzen; hier werden Fragen aufgeworfen, die nur mit den Mitteln der Tiefenhermeneutik befriedigend zu beantworten sind. Gerade zum Thema »Schuld und Sühne« hat die Psychoanalyse Vieles zu sagen: ihren Beitrag sollte der Philologe zur Kenntnis nehmen.

Wenden wir uns zunächst der Frage nach der Schuld Trakls zu: woher rührt das Schuldgefühl, das den Dichter quält? Bevor wir uns hier auf die üblichen vorschnellen Festlegungen einlassen, wollen wir lieber prüfen, was Trakl sonst noch über seine »ungelöste Schuld« aussagt. Dabei stoßen wir auf den Brief an Ludwig von Ficker, in dem Trakl so rückhaltlos mit sich selbst ins Gericht geht; er schreibt im Juni 1913 aus Salzburg:

> Zu wenig Liebe, zu wenig Gerechtigkeit und Erbarmen, und immer zu wenig Liebe; allzuviel Härte, Hochmut und allerlei Verbrechertum – das bin ich. Ich bin gewiß, das ich das Böse nur aus Schwäche und Feigheit unterlasse und damit meine Bosheit noch schände. Ich sehne den Tag herbei, an dem die Seele in diesem unseeligen von Schwermut verpesteten Körper nicht mehr wird wohnen wollen und können, an dem sie diese Spottgestalt aus Kot und Fäulnis verlassen wird, die ein nur allzugetreues Spiegelbild eines gottlosen, verfluchten Jahrhunderts ist.
> Gott, nur einen Funken reiner Freude – und man wäre gerettet; Liebe – und man wäre erlöst. (I,519)

Fassen wir die Selbstvorwürfe Trakls zusammen: er fühlt sich als herzenskalter Verbrecher, den nur Feigheit von der Tat abhält, als ein Mensch, der erfüllt ist von Haß, unfähig zur Liebe. Vor allem der Mangel an Liebe wird akzentuiert, und ganz klar nimmt die Zettelnotiz vom August 1914 Bezug auf diese Selbsteinschätzung Trakls: »Gefühl in den Augenblicken totenähnlichen Seins: alle Menschen sind der Liebe wert.« Offenbar steht Trakls Schuldgefühl also in Zusammenhang mit seiner Unfähigkeit zur Liebe, mit seinem »Verbrechertum« und seinen Regungen des Hasses.

Greifen wir noch weiter zurück, auf den Brief vom Oktober 1908; dort schreibt er:

> Ich habe die fürchterlichsten Möglichkeiten in mir gefühlt, gerochen, getastet und im Blute die Dämonen heulen hören, die tausend Teufel mit ihren Stacheln, die das Fleisch wahnsinnig machen. Welch entsetzlicher Alp! (I,472)

»Tausend Teufel« verspürt Trakl in seiner Seele, schreckliche Wünsche, die sich durchzusetzen drohen, »fürchterlichste Möglichkeiten«, die zur Wirklichkeit werden könnten. Er spricht von möglichem Verbrechen, nicht von tatsächlichem schuldhaftem Tun, und analog heißt es im Schreiben an Ficker: »Ich bin gewiß, daß ich das Böse nur aus Schwäche und Feigheit unterlasse...« Wir können das Schuldgefühl Trakls somit nicht herleiten aus äußerlich-biographischen *Ereignissen,* aus realen Tatbeständen, sondern müssen es zurückführen auf innerseelische Wirklichkeit, auf *Triebwünsche*. Mit anderen Worten: es geht nicht um Gefühle der Reue über eine böse Tat, sondern es handelt sich um ein Schuldgefühl, das auf Triebkonflikten basiert, um ein neurotisches Schuldgefühl. Freud stellt fest:

> Wir finden nicht Taten, sondern nur Impulse, Gefühlsregungen, welche nach dem Bösen verlangen, aber von der Ausführung abgehalten worden sind. Dem Schuldbewußtsein der Neurotiker liegen nur psychische Realitäten zugrunde, nicht faktische.[96]

Das Schuldgefühl Trakls ist ein Produkt der »Dämonen des Blutes«, es wird provoziert von den archaischen, primitiven Triebwünschen des Es, die dem Überich zwar unannehmbar sind, denen dieses jedoch den Zugang zum Bewußtsein nicht verwehren kann. Die Verdrängungsschranke wird durchbrochen, es kommt zu einer Invasion der Es-Impulse, und dem Geheul der Dämonen, das Trakls vernimmt, gesellt sich ein quälendes Schuldgefühl zu. Das Ich sieht sich bedroht von zwei Seiten: von den »tausend Teufeln mit ihren Stacheln, die das Fleisch wahnsinnig machen«, und von einem sadistisch strafenden Überich.

Wenn das Schuldgefühl Trakls auf diese Weise als ein »neurotisches«, der faktischen Grundlage entbehrendes begriffen wird, so liegt ein Einwand auf der Hand: die Übertretung des Inzestverbotes sei ja doch ein gesichertes biographisches Faktum, mithin gehe es also doch um »Reue«. Dieser Einwand wird der Komplexität des Sachverhalts indessen nicht gerecht. Als Hüter der »Dämonen des Blutes« hat das Überich nicht nur die Aufgabe, libidinöse, inzestuöse Regungen abzuwehren, es muß zugleich auch die aggressiven Triebregungen niederhalten: »Den Kern des Überichs bilden ohne Zweifel das Verbot des Vater- und Muttermords und das Inzesttabu.«[97] Nun ist ja der äußere Vollzug des Inzests nichts anderes als ein punktuelles Ausagieren des fixierten, dauernd virulenten Triebwunsches (hier ist eine der »fürchterlich-

---

96 Freud, »Totem und Tabu«, G. W. IX, S. 191/92.
97 Jacobson, S. 138/39.

sten Möglichkeiten« zur Wirklichkeit geworden), zum anderen geht es, wie aus den zitierten Briefstellen klar hervorgeht, nicht nur um inzestuöse Wünsche, sondern auch und mehr noch um den »Mangel an Liebe«, um Regungen des Hasses: um mörderische Impulse des Es.

Die vorangegangenen psychobiographischen Untersuchungen haben die dominierende Rolle der destruktiven Regungen im Seelenleben Trakls deutlich herausgearbeitet, ihre Wurzel in der frühen Mutter-Kind-Beziehung aufgedeckt. Grundstrukturen der Subjektivität formieren sich in dieser frühen Objektbeziehung:

> Von nun an wird das Subjekt entweder genügend Befriedigungen in seinem Austausch mit dem Objekt finden und sein Objekt-Ich stärken, die Versagung ertragen, seine Aggression auf sich nehmen; oder aber, wenn die Befriedigungen unzulänglich sind, einen tödlichen Haß gegenüber dem Objekt, dem großen versagenden, hegen; dann wird es der von der Realität gewährten Lust die paradiesische Ekstase der Phantasiewelt entgegenhalten und seine Sehnsucht nach ihr nicht unterdrücken können: Sehnsucht nach dem Paradies und Haß auf das Objekt sind dann die beiden Pfeiler des psychischen Lebens.[98]

Eben dies sind die beiden hervorstechenden Züge der Persönlichkeit Trakls; gemeinsam lassen sich sein Haß auf die versagende Objektwelt und sein inzestuöser Verschmelzungswunsch genetisch zurückverfolgen bis auf die gestörten Austauschprozesse zwischen dem Kind und der abweisend-kalten Mutter. Es wird jetzt einsichtig, was die inzestuösen Regungen Trakls zu tun haben mit dem »Mangel an Liebe« und dem »Verbrechertum«, das er sich vorwirft, und klar wird, daß sein Schuldgefühl sich nicht reduzieren läßt auf die Beziehung zur Schwester. Die aggressiven Züge des Dichters werden in den Berichten der Freunde immer wieder angesprochen; seine mörderischen Regungen der Mutter gegenüber sind nicht nur ein psychoanalytisches Postulat, eine Unterstellung: Trakl selbst bekannte einmal, daß er die Mutter so gehaßt habe, daß er sie »mit eigenen Händen hätte ermorden können«.[99] Auch die völlig irrationalen Reaktionen Trakls auf Grausamkeiten Anderer lassen schließen auf die Probleme, die ihm seine eigene Aggressivität bereitete. Jede grausame Szene, mit der er konfrontiert wird (vgl. die Szenen mit dem Kalbskopf, dem Hund auf dem Eis, den Maikäfern), appelliert an seine eigenen destruktiven Wünsche, stellt für ihn ein Schlüsselerlebnis dar, das zur Wiederkehr des Verdrängten, zu einer Invasion der »Dämonen des Blutes« führt. Zu dieser Wiederkehr des Verdrängten bemerkt Loch:

> Sie kommt ... dann zustande, wenn etwa die Triebe ... eine biologische Verstärkung erfahren (Pubertät), ferner ... wenn in der Realität des betreffenden Individuums

---

[98] Mendel, S. 66/67.
[99] Spoerri, S. 42.

ein Ereignis vorfällt, das zu dem unbewußten, in Verdrängung gehaltenen Wunsch oder Trieb in korrelativer Beziehung steht. Hier liegt die psychodynamische Bedeutung der sogenannten Schlüsselerlebnisse, also solcher Vorkommnisse, die bei entsprechender Triebkonstitution die letztere so aufladen, daß die Realität hinfort in korrespondierender Weise erlebt wird, womit jetzt Angst- oder Schuldaffekte evoziert werden.[100]

Das Schuldgefühl Trakls läßt sich also nicht, wie es in der biographisch orientierten Trakl-Forschung bislang der Fall war, zurückführen auf die Beziehung zur Schwester, sich nicht begreifen als Reue über die inzestuöse Verfehlung. Anders als die äußere Gerichtsbarkeit, bestraft das Überich nicht nur die ausgeführte Tat, sondern schon die unterlassene, den bloßen Wunsch. Freud hat darauf aufmerksam gemacht, daß das gemeinhin angenommene Verhältnis von Ursache und Wirkung sich bei Schuldgefühlen sogar umkehren kann; die Tat ist in solchen Fällen nicht die Ursache des Schuldgefühls, sondern dessen Folge: es gibt Verbrecher aus Schuldgefühl.[101] Nicht auf eine Tat gründet sich das Schuldgefühl Trakls, sondern auf die »animalischen Triebe«, die ihn vor die »fürchterlichsten Möglichkeiten« stellen: auf seine inzestuösen und destruktiven Regungen.

Das Gedicht als Sühne einer Schuld: das dichterische Selbstverständnis Trakls ordnet sich jetzt ein in den Zusammenhang seiner seelischen Bildungsgeschichte. Dieses poetologische Konzept ist nicht das arbiträre Produkt später theoretischer Reflexion, und es darf auch nicht mißverstanden werden als christliches Glaubensbekenntnis des Dichters: dieses Konzept folgt Imperativen des Unbewußten. Das für das dichterische Selbstverständnis Trakls konstitutive, ihn zur poetischen Sühnehandlung treibende Schuldgefühl hat seine Wurzeln im Schicksal der Triebe, wie es diese Studie nachgezeichnet hat. Zurückverfolgen ließ sich das den Dichter quälende Schuldgefühl bis auf seine Ursprünge in den gestörten Interaktionsformen der Mutter-Kind-Dyade: hier wurden die inzestuösen und aggressiven Wünsche festgeschrieben, die das Seelenleben Trakls beherrschen. Schon in diesem präödipalen Stadium spielen, wie Melanie Klein aufgedeckt hat, Schuldgefühle und Wiedergutmachungsbedürfnisse eine gewichtige Rolle:

Es erwies sich mir, daß die Wiedergutmachungstendenzen und Phantasien aktiviert werden durch die Angst- und Schuldgefühle, die schon im ganz kleinen Kinde infolge seiner sadistischen Phantasien einsetzen – so daß also die drei Tendenzen: Aggression, Schuldgefühle und Wiedergutmachung im Zusammenhang mit frühen Introjektionsprozessen schon ganz zeitig aufs innigste miteinander verknüpft sind.[102]

---

100 Loch, Krankheitslehre, S. 49.
101 »Einige Charaktertypen aus der psychoanalytischen Arbeit«, G. W. X, S. 364–91.
102 Klein ('72), S. 49/50.

Im Durchgang durch den Ödipuskonflikt blieb die inzestuöse Mutterbindung Trakls unaufgelöst; mit der Einsetzung eines sadistisch strafenden Überich kam es zur Rückwendung der starken aggressiven Regungen gegen das eigene Selbst. Aus der Dynamik des Ödipuskomplexes gehen das Schuldgefühl des Dichters und sein Sühnebedürfnis unmittelbar hervor. Beim vehementen Wiederaufbrechen der ödipalen Triebkonflikte in der Adoleszenz übernimmt nun das dichterische Schaffen Trakls die Funktion eines Abwehrmechanismus: die poetische Sühnehandlung soll das sadistisch strafende Überich besänftigen, das Schuldgefühl beruhigen. Das Gedicht dient der Bekämpfung der zerstörerischen Triebregungen, es soll den in der Phantasie angerichteten Schaden wiedergutmachen, die Schuld begleichen, die Trakl nicht so sehr durch äußere Handlungen, als vielmehr durch den bloßen Wunsch auf sich geladen hat. Fenichel hebt die Bedeutung des Zusammenspiels von Aggressionswunsch und Wiedergutmachungsbedürfnis für das künstlerische Schaffen hervor:

> Handlungen und Einstellungen , die darauf abzielen, eine nur in der Phantasie vollzogene Zerstörung ungeschehen zu machen, kommt besondere Bedeutung zu. Wiedergutmachungsbestrebungen können mehr oder weniger erfolgreich sadistische Antriebe in Schach halten. Sie können das Hauptmotiv für künstlerische oder wissenschaftliche Sublimierungen ebenso sein wie für schmerzhafte Zwangsrituale.[103]

Das poetische Schaffen Trakls gibt seine Verwandtschaft mit zwangsneurotischen Ritualen (etwa dem bekannten Waschzwang) zu erkennen; neurotische Zwangshandlung und dichterisches Schaffen sind zwar nicht einfach gleichzusetzen, haben aber die gleiche Funktion in der Ökonomie der Triebe.

Rufen wir uns jetzt die ebenfalls so häufig zitierten Bemerkungen Trakls über seine poetische Verfahrensweise in Erinnerung: ihr (dem Dichter selbst nicht bewußter!) Zusammenhang mit dem Schuldgefühl und dem Wiedergutmachungsbedürfnis ist evident. In einem Brief an Buschbeck beschreibt Trakl im Juli 1910 seine »bildhafte Manier, die in vier Strophenzeilen vier einzelne Bildteile zu einem einzigen Eindruck zusammenschmiedet«; er hebt die »heiß errungene Manier« seiner Arbeiten hervor und das »lebendige Fieber..., das sich eben gerade diese Form schaffen mußte« (I,478). Die innere Notwendigkeit einer solchen poetischen Verfahrensweise, dieses »Zusammenschmiedens«, begreifen wir, wenn wir den Ursachen des »Fiebers« nachgehen, das den Dichter zur Arbeit drängt: zusammengeschmiedet werden muß, weil vorher zerstört, zerstückelt worden ist. Die destruktiven Regungen Trakls treiben ihn zur Sühnehandlung, zur poetischen Rekonstruktion. Schon beim Kind zeigt sich dieser Drang, angerichtete Zerstörung zu reparieren, Einzelteile wieder zusammenzufügen, der Drang, der auch Trakls dichterischem Schaffen zugrundeliegt:

---

[103] Fenichel, Neurosenlehre, Bd. 1, S. 222.

> Die Versuche, das geliebte Objekt zu retten und wiederherzustellen – Versuche, die bei der Depression mit Verzweiflung verbunden sind, da das Ich an seiner Fähigkeit zur Wiederherstellung zweifelt –, sind entscheidende Grundlagen für alle Sublimierungen und die gesamte Ich-Entwicklung.[104]

Wie der Dichter selbst betont, ist seine poetische Verfahrensweise von innerer Notwendigkeit, nicht Ergebnis kühler Überlegung, sondern geboren aus einem »lebendigen Fieber«: sie folgt Imperativen des Unbewußten. Die im Ambivalenzkonflikt angelegten Schuldgefühle verlangen, daß der phantastisch angerichtete Schaden wiedergutgemacht werde; Destruktion fordert rekonstruktive Bemühungen, der zerstörerische Impuls die reparative Tätigkeit des Architekten der Sprache. Die »Dämonen des Blutes« beschwören ein »infernalisches Chaos« herauf – dieses muß der Dichter »überwältigen«, wieder »zusammenschmieden«. Die beiden »Poetik-Briefe« Trakls hängen nicht nur zeitlich eng zusammen (zweite Hälfte Juli 1910), sondern auch inhaltlich und psychologisch. »Zum Bersten voll von Bewegung und Gesichten« sei jetzt das überarbeitete und verbesserte »Klagelied«, schreibt Trakl 1911 an Buschbeck (I,485). Möglichst viele der ihn bedrängenden »Rhythmen und Bilder« will der Dichter auf möglichst engem, kleinem, überschaubarem Raum zusammenfassen; die auf ihn einstürzende Bilderflut soll, nicht anders als das rasende Pferd, gestoppt werden, aufgestaut werden im Gedicht. Dieses Bemühen um äußerste Verdichtung der Bilder ist zu verstehen als eine Reaktionsbildung auf die verspürte Bedrohung durch chaotische Desintegration; die »Simultaneität des Disparaten« im Gedicht Trakls spiegelt nicht die Wahrnehmungsbedingungen der Großstadt, sondern resultiert aus dem Kampf des Dichters mit den »Dämonen des Blutes«. »Zum Bersten voll«: im Gedicht Trakls herrscht in der Tat ein »Überdruck«; vom Dichter »überwältigt« und unterworfen unter »Maß und Gesetz« eines gereimten Vierzeilers, drohen die Dämonen, zusammengedrängt in ihrem Gefängnis wie der sagenhafte Geist in der Flasche, dieses Gefängnis von innen aufzusprengen, seine Mauern zum »Bersten« zu bringen. Jede Untersuchung zur Entwicklung der Formensprache Trakls bleibt unzureichend, wenn sie diese Funktion der Form in der Ökonomie der Triebe nicht ins Auge faßt.

Kann aber die poetische Sühne der »ungelösten Schuld« gelingen? Können die phantastisch angerichteten Zerstörungen durch das dichterische »Zusammenschmieden« repariert werden? Läßt das sadistisch strafende Überich sich durch das ihm dargebrachte Opfer, das Gedicht, besänftigen? Das Schuldgefühl bleibt ja bestehen, solange die »Dämonen des Blutes« sich regen, solange die beängstigenden Triebwünsche virulent bleiben. Die poetische Sühnehandlung wird solange begleitet von dem Zweifel an ihrem Gelingen. Wir verstehen

---

104 Klein ('72), S. 54.

jetzt, warum Trakl sein Gedicht als eine »unvollkommene Sühne« bezeichnet, warum er hinzusetzt: «Aber freilich – kein Gedicht kann Sühne sein für eine Schuld.« In einem Gespräch mit dem Philosophen Darl Dallago, einem Mitglied des Brenner-Kreises, gab Trakl auf die Frage, ob sein dichterisches Schaffen ihm denn keine Befriedigung verleihe, zur Antwort: »Doch, aber man muß gegen diese Befriedigung mißtrauisch sein.«[105] Dieser Zweifel am Gelingen der Wiedergutmachung treibt den Dichter zur unablässigen Wiederholung der poetischen Sühnehandlung. Das Ich muß unter den gegebenen Umständen seine ganze Aktivität darauf verwenden, dem Überich genügezuleisten, die »Dämonen des Blutes« und das quälende Schuldgefühl zu bekämpfen. Im seelischen Haushalt des Dichters erlangt das poetische Schaffen den Stellenwert eines neurotischen Zwangsrituals, es wird unverzichtbar wie dieses.

Wenn wir das Dichten Trakls auf diese Weise als eine rituelle Sühnehandlung, als einen Versuch magischer Wiedergutmachung phantasierter Zerstörung begreifen, so rücken wir damit sein Gedicht nicht nur in die Nähe neurotischer Zwangshandlungen, sondern auch in die Nähe des Gebetes und anderer religiöser, magischer Handlungen:

> Die Zwangsvorstellungen und Zwangshandlungen sind ... oft auch formal kaum noch von magischen Beschwörungsformeln und zauberhaftem Zeremoniell zu unterscheiden. Gebetsähnliche Sprüche und scheinbar unsinnige Gestikulationen von manchmal höchst verwickelter symbolischer Bedeutung sollen die Objekte vor dem eigenen Sadismus schützen.[106]

In seiner Untersuchung über »Totem und Tabu« hat Freud die Übereinstimmungen zwischen neurotischen Ritualen und magischen Gebräuchen primitiver Völker aufgezeigt; in Zaubersprüchen, die drohendes Unheil abwenden sollen, sieht er auch die Wurzeln der Kunst:

> Mit Recht spricht man vom Zauber der Kunst und vergleicht den Künstler mit einem Zauberer. Aber dieser Vergleich ist vielleicht bedeutsamer, als er zu sein beansprucht. Die Kunst, die gewiß nicht als l'art pour l'art begonnen hat, stand ursprünglich im Dienste von Tendenzen, die heute zum großen Teil erloschen sind. Unter diesen lassen sich mancherlei magische Absichten vermuten.[107]

Wenn wir Trakls dichterisches Schaffen als einen durch Schuldgefühle motivierten Versuch magischer Wiedergutmachung der phantastisch angerichteten Zerstörung, als eine rituelle Sühnehandlung begreifen, so gewinnt der von Literaturwissenschaftlern im Hinblick auf seine Poesie oft gebrauchte Begriff der »Sprachmagie« einen ungeahnten Bedeutungsgehalt. Trakls Gedicht ist in der Tat ein magischer Zauberspruch: eine rituelle Beschwörung der »Dämonen des Blutes«. Seine Lyrik ist kein bloßes Sprachspiel, sie hat die Notwendigkeit

---

105 »Erinnerung an Georg Trakl«, S. 122.
106 Loch, Krankheitslehre, S. 154.
107 »Totem und Tabu«, G. W. IX, S. 111.

einer neurotischen Zwangshandlung, den Ernst eines religiösen Zeremoniells, den Ernst eines Gebetes. Die Bemerkung, die der ebenfalls von schweren Schuldgefühlen gequälte Franz Kafka über sein eigenes dichterisches Schaffen machte, könnte auf Georg Trakl gemünzt sein: »Schreiben als Form des Gebets«.[108]

Vor diesem Hintergrund wird nun auch die Unlösbarkeit des Berufsrollenkonfliktes für Georg Trakl vollends klar. »Ein ›Doppelleben‹, wie Benn oder Döblin es führen konnten, war ihm unmöglich«, schreibt Christa Saas.[109] Warum eine solche »vernünftige« Kompromißbildung für ihn ausgeschlossen war, wird klar, wenn erst die Funktion begriffen ist, die das poetische Schaffen im seelischen Haushalt des Dichters übernahm. Das Dichten ist ein Abwehrmechanismus, eine zwanghafte, rituelle Sühnehandlung, die der Besänftigung des Schuldgefühls und dem Angstschutz dient; jede andere Tätigkeit ist unter diesen Voraussetzungen für den Dichter unerträglich, da sie die Wiedergutmachung blockiert, ihn damit schutzlos den Dämonen und dem quälenden Schuldgefühl preisgibt. Wir müssen es ernst nehmen, wenn Trakl erklärt, daß neben diesem dichterischen Kampf gegen die Dämonen für nichts Anderes Zeit bleibe:

> Aber ich bin derzeit von allzu viel (was für ein infernalisches Chaos von Rythmen und Bildern) bedrängt, als daß ich für anderes Zeit hätte, als dies zum geringsten Teile zu gestalten... (I,479)

Die poetische Sühnehandlung hat den Ernst einer religiösen Übung, den psychischen Stellenwert von zwangsneurotischen Ritualen; sie ist unverzichtbar wie diese:

> Die Zwangshandlungen richten sich durchweg gegen ganz umschriebene unbewußte Triebansprüche bzw. Wünsche, sie sind infolgedessen in ihren wesentlichen Merkmalen auffallend stereotyp und werden in dieser starren Ablaufsform fortwährend wiederholt. Sie weisen sich auch ohne Analyse schon dadurch als Instrumente der Konfliktabwehr aus, daß ihre Behinderung – etwa durch äußere Umstände – sogleich lebhafte Angst auslöst, eine Angst, die sich so steigert, daß sie die Durchführung der Zwangshandlung gegen die Behinderung durchzusetzen sucht.[110]

Die Angstanfälle, unter denen Trakl während seiner kurzen Dienstzeit als Rezeptarius in der Engel-Apotheke litt, sprechen eine deutliche Sprache; nicht anders wird der Dichter reagiert haben, als er sich als Angestellter im Ministerium zum beständigen Addieren verurteilt sah. Trakls Flucht aus dem tags zuvor angetretenen Schreiberposten im Arbeitsministerium (1.1.1913) erklärt Karl Borromäus Heinrich so: »Die Unmöglichkeit, in Wien einen ›Helian‹ zu

[108] *Hochzeitsvorbereitungen auf dem Lande und andere Prosa aus dem Nachlaß.* Frankfurt/M. 1953, S. 348.
[109] Saas, S. 48.
[110] Loch, S. 152.

vollenden, trieb ihn wieder nach Innsbruck zurück.«[111] Trakl wird im echten Wortsinn »getrieben« – die dichterische Arbeit duldet keinen Aufschub, sie ist eine dringliche, mit keiner anderen Tätigkeit zu vereinbarende Angelegenheit.

Als Trakl sich im November 1913 um seine Wiedereinstellung im Arbeitsministerium bemühte, schrieb ihm sein Schwager Erich von Rauterburg: »Du sollst über Wunsch Mama unbedingt trachten *diese* Stelle zu erhalten, erkläre ihm Deine damalige Krankheit und daß Du jetzt gesund und *arbeitsfreudig* wärest« (II,784). Eine »Krankheit« ist es nach Ansicht der Familie, was Trakls Arbeitsfreude trübt, ihn unfähig macht zu einer geregelten Berufstätigkeit, und diese Krankheit erhält schließlich auch einen psychiatrischen Namen: Dementia praecox. Die Tatsache, daß der Patient »in Zivil seinen Beruf nicht ausübt, sondern ›dichtet‹« (II,729) ist demnach symptomatisch, Ausdruck eines »im medizinischen Sinn schweren Geistesleidens«. Unser Befund war ein anderer: was den Dichter aus jeder bürgerlichen Berufsstellung forttreibt, ist keine Geisteskrankheit, sondern Leiden der Seele, eine Krankheit des Ich – das quälende Schuldgefühl, das nur durch die poetische Sühnehandlung besänftigt werden kann.

Bei Kriegsbeginn meldet sich Georg Trakl als Freiwilliger und rückt am 24. August 1914 von Innsbruck aus mit einer Sanitätsabteilung ins Feld. Unter dem Eindruck des Kriegsgeschehens in Galizien erleidet er bald darauf einen seelischen Zusammenbruch und wird nach einem Selbstmordversuch in die psychiatrische Abteilung des Garnisonsspitals Krakau eingewiesen. Trakl erlebt die Schlacht bei Grodek als ein »infernalisches Chaos«, sie ist für ihn erneut ein Schlüsselerlebnis: das von den entfesselten Destruktivkräften des Krieges geschaffene Chaos korrespondiert mit dem Inferno, das er selbst lange schon in seiner Seele trägt, dem Inferno, das die »animalischen Triebe« schaffen. Die äußere Katastrophe beschwört nun eine innere herauf. Das grandiose Zerstörungswerk des Krieges führt Trakl in aller Deutlichkeit vor Augen, daß die »fürchterlichsten Möglichkeiten« brutale Wirklichkeit geworden sind; die Phantasie ist Realität geworden, und der angerichtete Schaden ist zu groß, als daß er noch wiedergutzumachen wäre. Ein solches Chaos läßt sich nicht mehr »zusammenschmieden«, diese Schuld kann durch die poetische Sühnehandlung nicht mehr beglichen werden. Allein das Vertrauen in die reparative Kraft des dichterischen Schaffens, so sahen wir, bewahrt Trakl vor dem Untergang im Inferno. Im Chaos von Grodek geht dieses Vertrauen verloren, die magische Abwehrhandlung versagt: der Dichter ist jetzt schutzlos den »Dämonen des Blutes« preisgegeben. Das Krankenblatt berichtet:

> Trakl weiß seit der Abreise von Innsbruck am 26/VIII abwechselnd katatone wie Erregungszustände auf. Am Tage der Schlacht bei Grodek (13/X) wollte er unbedingt in die Front und mußte durch 6 Mann entwaffnet werden. (II,727)

111 »Die Erscheinung Georg Trakls«, in: Erinnerung, S. 108.

Der motorische Erregungssturm, der Trakl erfaßt, ist der körperliche Ausdruck eines seelischen Sturms, des »Geheuls«, das die »Dämonen des Blutes« veranstalten. Den entfesselten Aggressionen kann nur noch durch einen Totstellreflex begegnet werden, durch völlige Blockierung der Motorik – durch katatonen Stupor.

Ludwig von Ficker, der den Dichter noch in der Zelle des Garnisonsspitals Krakau besuchte, erinnert sich an Trakls Erlebnisbericht vom Kriegsschauplatz:

> Tief habe er sich den Anblick eingeprägt: der Menschheit ganzer Jammer, hier habe er einen angefaßt! Nie könne er das vergessen, und auch den Rückzug nicht; nichts nämlich sei so schrecklich als ein Rückzug in Verwirrung.[112]

Wenn Trakl hier von einem »Rückzug in Verwirrung« spricht, so ist darin nicht nur der äußere militärische Rückzug zu sehen – es handelt sich auch um den innerseelischen Rückzug, zu dem er gezwungen ist. Das Schuldgefühl, das nicht durch die Sühnehandlung, das »Zusammenschmieden« produktiv bewältigt werden kann, muß auf andere Weise bewältigt werden – durch eine Regression. Das Überich, die innere strafende Instanz, unerträglich geworden, wird reprojiziert in die Außenwelt, tritt dort als äußere Strafgewalt, als Verfolger in Erscheinung; das Schuldgefühl verkehrt sich in paranoide Angst. Wie Ficker berichtet, äußerte Trakl die wahnhafte Befürchtung, wegen Feigheit vor dem Feind hingerichtet zu werden[113] – er, den man mit Gewalt davor zurückhalten mußte, sich in vorderster Front in die Kämpfe zu stürzen. Der Verfolgungswahn, den Trakl hier entwickelt, ist nicht gänzlich neu: schon als Kind hatte er die Angst vor dem Mann mit gezogenem Messer hinter seinem Rücken. Georg Trakl, der seine Schuld nicht mehr zu sühnen vermag, ist zum Kaspar Hauser geworden, sieht sich bedroht durch ein persekutorisches Überich.

Das verfolgende Objekt, das nicht besänftigt werden kann, muß schließlich beseitigt werden. Die paranoide Angst kann nur noch abgewehrt werden durch Verleugnung, und indem das abgespaltene und mit Vernichtung drohende Objekt verleugnet wird, werden zugleich die eigenen destruktiven Triebanteile (deren Produkt es ja ist) verleugnet: An die Stelle des Gefühls äußerster Ohnmacht, des Ausgeliefertseins, tritt das Allmachtsgefühl; das Inferno verkehrt sich in sein Gegenteil. Georg Trakl ist plötzlich ein neuer Mensch, wiedergeboren als »Sohn eines Kardinals«, nicht länger ein ohnmächtiges, Verfolgungen ausgesetztes Opfer, sondern ein »großer Herr« – zugleich aber ist er ein psychotischer Patient. Wo die poetische Sühnehandlung als Mechanismus der Abwehr versagt, da treten andere, primitivere Abwehrmechanismen in Funktion, da kommt es zur Spaltung, Projektion und Verleug-

112 »Der Abschied«, in: Denkzettel, S. 84.
113 Ebd., S. 85.

nung; an die Stelle des nicht mehr erträglichen Schuldgefühls treten Verfolgungswahn und Größenwahn, beides Symptome der Schizophrenie:

> Wenn wir die Bedeutung der Verleugnungsprozesse und Omnipotenz in einem Stadium, das durch Verfolgungsangst und schizoide Mechanismen charakterisiert ist, betrachten, können wir uns an den Größen- und Verfolgungswahn bei Schizophrenie erinnern.[114]

Im Gefühl seiner »fürchterlichen Ohnmacht« bleibt Trakl schließlich nichts übrig, als sich »ganz einzuhüllen« und »anderswohin unsichtbar« zu werden, wie er es in seinem Brief aus dem Jahre 1910 ausdrückte. Georg Trakl wird zum Entrückten, zum Verrückten, er folgt seinem Bruder Hölderlin, »der, ein trauriger Gesell, im grünen Schwaben gestorben ist« (II,106). Die Frage, ob es bei dem psychiatrischen Patienten Trakl bei einer vorübergehenden psychotischen Episode geblieben wäre, oder ob der Realitätsbezug dauerhaft verlorengegangen wäre, sich eine echte Schizophrenie bei ihm entwickelt hätte, ist müßig; der Gefahr einer dauernden Hospitalisierung und »Behandlung« entzog der Dichter sich durch den Suizid. Als er in den Tod ging, war er genauso alt wie Johann Christian Günther, der auch mit 27 Jahren verstarb; dessen Gedicht »Bußgedanken« (!) hatte er Ludwig von Ficker in der Zelle in Krakau noch vorgelesen – es schließt mit der Zeile: »Oft ist ein guter Tod der beste Lebenslauf«.

Wir sind am Ende der psychobiographischen Untersuchungen angelangt. Sie haben versucht, Trakls Weg in den Wahnsinn nachzuzeichnen. Die beeindrukkende Vielfalt psychopathologischer Symptome, die sich schon seit dem Kindesalter bei Trakl zeigt, erwies sich dabei nicht als sinnloses Produkt eines endogenen, physiologischen Zerstörungsprozesses: das Symptom legte Zeugnis ab von seelischen Konflikten des Dichters, vom Schicksal der Triebe. Es wurde deutlich, daß dieser Weg Trakls in den Wahnsinn nicht als medizinische Krankheitsgeschichte beschrieben werden kann, aber auch nicht als private Geschichte einer psychosexuellen Fehlentwicklung. Zugleich mit der Vorgeschichte des Wahnsinns im individuellen Schicksal der Triebe deckte unsere Archäologie des Subjekts die soziale Genese von Trakls Leiden auf; das Symptom wies über das verzerrte Triebschicksal hinaus auf das soziale Schicksal Trakls, auf verzerrte Interaktionsformen, auf Störungen der zwischenmenschlichen Beziehungen. Die Stationen von Trakls Passionsweg sind, vom anfänglichen Scheitern der Synthese von Mutter und Kind bis hin zur makrosozialen Katastrophe des Krieges, Stationen mißglückter menschlicher Einigung, Stationen der Entfremdung. Rekonstruiert wurde keine medizinische Krankheitsgeschichte, sondern eine Individualgeschichte der Entfremdung,

[114] Klein ('72), S. 107/08.

einer Entfremdung, die faßbar wird als seelisches Leiden. Die »Krankheit«, die das Leben Trakls überschattet und Triebkraft seines poetischen Schaffens ist, erwies sich nicht als ein »morbus« im medizinischen Sinn, sondern als ein Leiden der Seele, eine Krankheit des Ich: als ein quälendes Schuldgefühl. Die Genese dieses Schuldgefühls ließ sich zurückverfolgen bis auf die Störungen der frühen Mutter-Kind-Beziehung: hier wurden die mächtigen destruktiven und inzestuösen Triebwünsche angelegt, die das Schuldgefühl Trakls provozieren. Unter den letzten Aufzeichnungen Freuds findet sich ein Satz, dessen Wahrheit die seelische Bildungsgeschichte Trakls eindringlich vor Augen führt: »Schuldbewußtsein entsteht auch aus unbefriedigter Liebe. Wie Haß.«[115] Der Bewältigung dieser Haßregungen, der Besänftigung des mit ihnen verknüpften Schuldgefühls dient das dichterisches Schaffen Trakls. Einem magischen Ritual verwandt, soll das Gedicht den Schaden wiedergutmachen, der in der Phantasie angerichtet, »zusammenschmieden«, was schuldhaft zerbrochen wurde. Trakls Dichten ist Sprachmagie: eine Beschwörung der »Dämonen des Blutes«. Das von ihnen verursachte Chaos soll das Gedicht »überwältigen«, als ein Sühneopfer soll es das Schuldgefühl beruhigen, eine Versöhnung mit dem strafenden Überich herbeiführen. Stand bislang die Person Georg Trakls im Mittelpunkt des Interesses, so rückt nun im dritten Teil dieser Studie sein dichterisches Werk in das Blickfeld.

[115] Notiz vom 3. 8. 1938; G. W. XVII, S. 152.

Teil III

DIE NÄCHTIGE LANDSCHAFT DER SEELE: INTERPRETATIONSSTUDIEN ZUM DICHTERISCHEN WERK TRAKLS

1. Der Dichter als Träumer und Sprachartist

Ausgehend von Trakls Bemerkungen über sein dichterisches Schaffen, haben wir sein Gedicht begriffen als eine magische Beschwörung der »Dämonen des Blutes«, als eine rituelle Sühnehandlung. Wenn wir uns jetzt bemühen wollen um ein inhaltliches Verständnis seines Gedichts, so sehen wir uns zunächst von diesem abgewiesen: Trakls Gedicht ist dunkel, hermetisch, es erscheint als ein »unbetretbarer Raum« (Rilke). Auf welche Weise können wir uns zu diesem Raum einen Zugang verschaffen? Es stellt sich die Frage nach einer Trakls Dichtung adäquaten Hermeneutik.

Die Dunkelheit, die Trakls Lyrik weithin kennzeichnet, ist auch charakteristisch für eine Reihe von Phänomenen, zu denen wir seine Gedichte in Beziehung brachten: für Zauberformeln, rituelle Gebräuche primitiver Völker, für neurotische Zwangshandlungen. Darüber hinaus ist solche Dunkelheit auch kennzeichnend für ein vertrautes Phänomen allnächtlichen Seelenlebens: für den Traum. Nicht nur die hohe Rekurrenz des Traum-Motivs in Trakls Dichtung, auch ihre alogische Sprachgestalt, ihre assoziative Struktur, das Oszillieren ihrer Bildbeziehungen, legen den Gedanken nahe, diese Gedichte in die Nähe zu den Gebilden des Traums zu rücken. So kommt etwa Kemper bei seiner Beschäftigung mit Entwürfen Trakls zu folgender Feststellung:

> Insgesamt gesehen läßt sich anhand der Entwürfe auf eine Disposition des dichterischen Subjekts schließen, die sich der Struktur nach mit jener Tätigkeit vergleichen oder sogar in Beziehung setzen läßt, die Sigmund Freud als ›Traumarbeit‹ gekennzeichnet hat und die für die Traumbildung verantwortlich ist.[1]

Der Dichter gleicht dem Träumer, der poetische Text hat Ähnlichkeit mit der Textur des Traumgebildes: soll dieser Vergleich nun zum Verständnis der Gedichte nutzbar gemacht werden, so kann er nicht ohne methodische Konsequenzen bleiben – an die Stelle der herkömmlichen Gedichtinterpretation muß die tiefenhermeneutische Analyse treten. Die Aufgabe des Interpreten kann dann nicht erfüllt sein mit einer Beschreibung der »ästhetischen, semanti-

---

[1] Vietta / Kemper, Expressionismus, S. 256.

schen und kompositorischen Bezüge« in der »Fläche« des Gedichts (Kemper); die Interpretation muß dann, analog der Traumdeutung, einschließen eine Erkundung seiner »Tiefe«, eine Erkundung des Ungesagten, Verschwiegenen, des Unbewußten. Der Entstehungsprozeß des Gedichts sei vergleichbar der Entstehung des Traums: diese Verwandtschaft gilt es präziser zu bestimmen und auf ihre hermeneutischen Implikationen zu befragen.

Von Anfang an war das Literaturverständnis der Psychoanalyse orientiert an der Traumtheorie; das dichterische Kunstwerk wurde in eine Reihe gestellt mit den Phantasiegebilden des Traums und des Tagtraums. Ihren gemeinsamen Ursprung haben Traum und Gedicht demnach in der Phantasiebildung, einer Denktätigkeit, die bei der Vergesellschaftung des Individuums den Zwängen des Realitätsprinzips entzogen blieb:

> Mit der Einsetzung des Realitätsprinzips wurde eine Art Denktätigkeit abgespalten, die von der Realitätsprüfung freigehalten und allein dem Lustprinzip unterworfen blieb. Es ist dies das Phantasieren, welches bereits mit dem Spielen der Kinder beginnt und später als Tagträumen fortgesetzt die Anlehnung an reale Objekte aufgibt.[2]

Der Dichter handelt nach Auffassung Freuds also wie der Tagträumer oder das spielende Kind, er erschafft sich eine Phantasiewelt, in der die in der Realität nicht befriedigten Wünsche ihre Erfüllung finden: »Unbefriedigte Wünsche sind die Triebkräfte der Phantasien, und jede einzelne Phantasie ist eine Wunscherfüllung, eine Korrektur der unbefriedigenden Wirklichkeit.«[3] Die Wünsche, die in den Phantasiegebilden zum Ausdruck kommen, gehören dem Es zu, es handelt sich um unbewußte Triebwünsche. Als verdrängte aber können sie die Zensur des Ich nicht ohne weiteres passieren; auf einen drohenden Einbruch von Es-Inhalten reagiert das Ich mit Angst. Der Traum wird zum Alptraum, zum »entsetzlichen Alp«, heraufbeschworen von den »Dämonen des Blutes«. Unter der Einwirkung des Verdrängungswiderstandes kommt es daher zu einer Kompromißbildung, zu einer Entstellung, Verhüllung des Wunsches. Freud präzisiert daher: »Der Traum ist die (verkleidete) Erfüllung eines (unterdrückten, verdrängten) Wunsches.«[4] Dieser Verhüllung des Wunsches dient die Traumarbeit: sie überführt den »latenten Trauminhalt« in den »manifesten Traum«. Die Phantasietätigkeit des Träumers und Tagträumers schließt an rezentes Erlebnismaterial an, das mit dem verdrängten Wunsch in assoziativer Beziehung steht:

> Die seelische Arbeit knüpft an einen aktuellen Eindruck, einen Anlaß in der Gegenwart an, der imstande war, einen der großen Wünsche der Person zu wecken, greift

[2] »Formulierungen über die zwei Prinzipien des psychischen Geschehens«, G. W. VIII, S. 234.

[3] »Der Dichter und das Phantasieren«, G. W. VII, S. 216.

[4] »Die Traumdeutung«, G. W. II/III, S. 166.

> von da aus auf die Erinnerung eines früheren, meist infantilen, Erlebnisses zurück, in dem jener Wunsch erfüllt war, und schafft nun eine auf die Zukunft bezogene Situation, welche sich als die Erfüllung jenes Wunsches darstellt, eben den Tagtraum oder die Phantasie, die nun die Spuren ihrer Herkunft vom Anlasse und von der Erinnerung an sich trägt. Also Vergangenes, Gegenwärtiges, Zukünftiges wie an der Schnur des durchlaufenden Wunsches aneinandergereiht.[5]

Insofern läßt sich der Traum auch beschreiben als »der durch Übertragung auf Rezentes veränderte Ersatz der infantilen Szene«.[6] Zu dieser materiellen Regression vom Erlebnis zum Wunsch kommt die formale Regression: das Material wird nach den Gesetzen des Primärprozesses bearbeitet. Es kommt zu assoziativen Verknüpfungen,[7] zu Verschiebungen (Ersetzung des latenten Elementes durch etwas ihm Fernliegendes, Unverdächtiges), zu Verdichtungen (ein Element des manifesten Traums vertritt mehrere Elemente des latenten Gehalts), zu Umkehrungen (Darstellung durch das Gegenteil) und zur Aufspaltung (ein Element des latenten Gehalts wird durch mehrere Traumbilder vertreten). Sinngemäße Zusammengehörigkeit erscheint als räumliches Beieinander, Kausalität als zeitliche Folge, Disjunktion als gleichberechtigtes Nebeneinander etc. Die »sekundäre Bearbeitung« schließlich sucht dem entstandenen Chaos der Traumbilder einen mehr oder weniger sinnvollen Zusammenhang zu verleihen. Am Ende dieser Traumarbeit steht der manifeste Traum: »Traum kann man nichts anderes nennen als das Ergebnis der Traumarbeit, d. h. also die *Form*, in welche die latenten Gedanken durch die Traumarbeit überführt worden sind.«[8] Freud spricht hier von »latenten Traumgedanken«; dieser Begriff, entwickelt im Rahmen des frühen topographischen Modells, erwies sich im Rahmen der späteren Strukturtheorie als problematisch. Gemma Jappe korrigiert das Konzept der Traumarbeit entsprechend:

> Nicht ein vorbewußt *bestehender* Gedanke wird in der Zerstückelung eines latenten Textes entstellt; vielmehr trifft ein *intendierter* und allenfalls in diesem Sinne vorbewußter Gedanke in statu nascendi auf bestimmte Bedingungen der Abwehr und erhält durch eben diese Bedingungen solche und keine andere Form. Wegen dieser Bedingungen wird die Intention eben nicht gedacht, sondern geträumt. Ein

---

5 »Der Dichter und das Phantasieren«, G. W. VII, S. 217/18.

6 »Die Traumdeutung«, G. W. II/III, S. 552.

7 In seiner Analyse des Traums von der »botanischen Monographie« beschreibt Freud ein solches Geflecht von Assoziationen: »Zu ›botanisch‹ gehören die Erinnerungen an die Person des Professors *Gärtner*, an seine *blühende* Frau, an meine Patientin, die *Flora* heißt, und an die Dame, von der ich die Geschichte mit den vergessenen *Blumen* erzählt habe. (...) Von der Frau mit den Blumen zweigt ein Gedankenweg zu den *Lieblingsblumen* meiner Frau ab, dessen anderer Ausgang im Titel der bei Tag flüchtig gesehenen Monographie liegt. (...) ›*Botanisch*‹ ist also ein wahrer Knotenpunkt, in welchem für den Traum zahlreiche Gedankengänge zusammentreffen«. Ebd., S. 288/89.

8 »Vorlesungen zur Einführung in die Psychoanalyse«, G. W. XI, S. 186.

> Gedanke im engeren Sinne wird aus ihr erst durch Explikation in der Deutung des Traumes.[9]

Was nun für den Traum gilt, gilt auch für die Tagträume, denen die Träume der Dichter unmittelbar verwandt sind; auch sie sind ihrem Wesen nach Wunscherfüllungen, gestalten Inhalte des Unbewußten:

> Wenn man ihrem Aufbau nachspürt, so wird man inne, wie das Wunschmotiv, das sich in ihrer Produktion betätigt, das Material, aus dem sie gebaut sind, durcheinandergeworfen, umgeordnet und zu einem neuen Ganzen zusammengefügt hat.[10]

Die Phantasie des Tagträumers löst die Vorstellungselemente aus ihrem ursprünglichen Realzusammenhang heraus und ordnet sie zu einem neuen Ganzen, erschafft aus ihnen eine neue Welt. Ganz ähnlich beschreibt auch Baudelaire, der Begründer einer Tradition hermetischer Dichtung, lyrischer Sprachmagie, die Leistung der poetischen Imagination:

> Sie löst die ganze Schöpfung auf und erschafft mit den Stoffen, die sie nach jenen Regeln sammelt und ordnet, deren Ursprung nur in den Tiefen der Seele zu finden ist, eine neue Welt, sie bringt die Empfindung des Neuen hervor.[11]

Diese Regeln »in den Tiefen der Seele«, nach denen die von der dichterischen Phantasie erschaffene Welt gebaut ist – sind sie identisch mit den Gesetzen, denen die Phantasie des Träumers folgt?

Wenn wir eine Analogie postulieren zwischen der Genese des Traums und der Genese des Gedichts, so werden wir im folgenden auch analoge Fragen stellen müssen, das Gedicht zu deuten haben wie einen Traum. Die Traumdeutung geht den Weg der Traumarbeit in umgekehrter Richtung; sie setzt an am manifesten Traumtext und bemüht sich um eine Aufdeckung des Wunsches, der Vater des Traums war, und um eine Rekonstruktion der verhüllenden Traumarbeit. Der primärprozesshaften Traum-Grammatik entsprechen insofern die »Dechiffrierungsregeln« der Traumdeutung; die Hermeneutik des Interpreten folgt der »Poetik« des Träumers: »Weil sich im Traum der Wunsch verbirgt, muß die Interpretation das Dunkel des Wunsches durch das Licht des Sinns ersetzen. Die Interpretation ist die hellsichtige Antwort auf seine List.«[12] Gleicht nun der Dichter dem Träumer, so ist zu fragen nach den seelischen Gesetzen, denen seine Phantasie folgt, nach seiner unbewußten Poetik, und nach den latenten Wünschen, die im manifesten Text ihren verhüllten Ausdruck finden. Es ist zu prüfen, wie im poetischen Prozeß der Wunsch zur Sprache kommt.

---

9 Gemma Jappe, *Über Wort und Sprache in der Psychoanalyse*. Frankfurt/M. 1971, S. 32.

10 Freud, Traumdeutung, S. 496.

11 Zitiert nach: Walter Höllerer, *Theorie der modernen Lyrik. Dokumente zur Poetik*. Reinbek 1965, S. 47.

12 Ricœur, Die Interpretation, S. 168.

Von »zudrängenden Bildern« sprach Georg Trakl, die er »überwältigen« müsse. Bedrängende Inhalte des Es müssen vom Ich gebändigt, »überwältigt« werden – mit den Mitteln der Sprache. Das sprachliche Symbol ist das Werkzeug, mit dem das Ich seine Verteidigung betreibt gegenüber den »Dämonen des Blutes«. So stellt sich der dichterische Prozeß dar als ein Vorgang, in dem Unbewußtes zur Sprache gebracht wird, als ein Vorgang der Symbolbildung. Instanz aller Symbolbildung ist, wie Lorenzer klargestellt hat, das Ich:

> Symbolbildung ist immer Produkt einer einheitlichen Ich-Leistung, die sich auf unterschiedlichen Ebenen abspielt und die ihre Resultate auf unterschiedlichem Niveau organisieren kann. Die Traumsymbole sind auf der niederen Stufe angesiedelt.[13]

Entgegen der ursprünglichen psychoanalytischen Auffassung vom Symbol als einem Produkt der Primärprozesse des Es, muß das Traumbild wie alle anderen Symbole, bis hin zu den abstrakten mathematischen Zeichen, als Produkt einer Ich-Funktion, als Ergebnis eines Erkenntnisvorgangs begriffen werden. Dieser Erkenntnisvorgang kann sich auf verschiedenem Symbolniveau bewegen: auf der Ebene der bildhaft-konkreten, nach Gesetzen des Primärprozesses organisierten »präsentativen Symbolik« (Traum, Mythus, Kunst), oder auf der abstrakten, affektfernen Ebene der »diskursiven Symbolik«. Diese Revision des Symbolbegriffs wurde notwendig im Zuge der Weiterentwicklung der Psychoanalyse, mit Einführung der Strukturtheorie, mit der Begründung der Ichpsychologie. Lorenzer beschreibt die theoretischen und praktischen Vorteile dieses neuen Symbolkonzepts so:

> Die Zentrierung einer jeden Symbolbildung im Ich erzwingt keine Alternative, Psychoanalyse als Ich-Psychologie *oder* Triebpsychologie zu verstehen. (...) An die Stelle der alten Verdoppelung der Bildungsinstanzen in Inhalten, Traumbildern, Symbolen tritt so eine einzige Bildungsinstanz, das Ich, dem durchgehend – von der Traumproduktion bis zu den hochentwickelten abstrakten Operationen mit Symbolen – die Funktion der Symbolbildung zukommt. Das Ubw bzw. Es ist als Reizquelle besonderer Art und Intensität im Zusammenspiel mit dem Ich zu verstehen. (...) Die These einer zweipoligen Anlage der Erkenntnisbildung – das Ich als Organisationszentrum und das Ubw als Reizzentrum ... – läßt der Betonung des Unbewußten in der Psychoanalyse ihr Recht, reinigt aber die psychoanalytische Theorie von dem Einschlag jeder Ontologisierung des Unbewußten.[14]

Für die Diskussion um Georg Trakl ist diese Neuformulierung des psychoanalytischen Symbolbegriffs von unmittelbarer Bedeutung – gab doch das alte Symbolkonzept auch in der Trakl-Forschung Anlaß zu heftigen Kontroversen. Wenn wir den Dichter als Träumer betrachten, eine Parallele sehen zwischen

---

[13] Alfred Lorenzer, *Kritik des psychoanalytischen Symbolbegriffs*. Frankfurt/M., 2. Aufl. 1972, S. 68/69.

[14] Ebd., S. 70–72.

der Genese des Gedichts und der Genese des Traums, so stehen wir jetzt nämlich nicht länger vor der fatalen Konsequenz, das dichterische Bild als eine Offenbarung aus dem Unbewußten, das Gedicht als bloßes Gesicht begreifen zu müssen und damit dem »anderen« Trakl, dem Sprachartisten, nicht gerecht werden zu können. Der Dichter ist kein passiver Visionär, seine Verse folgen nicht dem Diktat des Unbewußten, gar eines ererbten »kollektiv Unbewußten«.[15] Wie der Blick in die poetische Werkstatt Trakls, in seine Handschriften und Entwürfe zeigt, ist sein Gedicht das Resultat einer mühsamen, oft über Jahre sich hinziehenden reflektierten Arbeit. Dieser Dichter ist Träumer *und* Architekt der Sprache. Visionär oder Sprachartist: dies war ein Hauptstreitpunkt der Trakl-Forschung; die vermeintlich unvereinbaren Gegensätze finden ihre Synthese im psychoanalytischen Konzept der Symbolbildung.

Das vom Dichter geschaffene poetische Bild ist als präsentatives Symbol eine Erkenntnisleistung des Ich, das unbewußte Inhalte in Sprache einholt:

> Es ergibt sich ... die unterschiedliche Symbolhöhe – ob presentational symbol oder diskursive Symbolik – aus der Schwierigkeit des aufzunehmenden Materials. So wird es bei der Kunst immer darum gehen, innere Erfahrungen, die sich einer diskursiven Erfassung widersetzen, auf dem bildhaften Niveau zu artikulieren. Denn gewiß kann Lyrik niemals durch wissenschaftliche Begriffsbildung eingeholt und ersetzt werden. Auch das ›Träumen‹ kann niemals abgeschafft werden, wohl aber können einzelne Traumgedanken, zum Beispiel im Laufe eines Deutungsvorganges, von der Ebene bildhafter auf die diskursiver Erfassung gehoben werden.[16]

Dichterische Bildschöpfung setzt voraus ein hohes Symbolisierungsvermögen des Ich, wobei der Erkenntnisvorgang auf der »niederen« Ebene präsentativer Symbolik bleibt. Ob tatsächlich alle Kunst bemüht ist, innere Wirklichkeit in präsentative Symbolik zu fassen, sei dahingestellt – zweifellos treffen die Bemerkungen Lorenzers auf Georg Trakl zu, der im Juni 1909 an Buschbeck schreibt:

> Du kannst Dir nicht leicht vorstellen, welch eine Entzückung einen dahinrafft, wenn alles, was sich einem jahrlang zugedrängt hat, und was qualvoll nach einer Erlösung verlangte, so plötzlich und einem unerwartet ans Licht stürmt, freigeworden, freimachend. (I, 475)

Das aus dem Dunkel des Unbewußten sich dem Dichter Zudrängende kommt, gefaßt ins dichterische Bild, ans Licht des Bewußtseins; die Inhalte

---

[15] In ihrem Forschungsbericht übernimmt Helga Cierpka unkritisch das von den Jung-Anhängern Goldmann und Neumann gezeichnete Trakl-Bild: »Die pathologischen Züge, die bei Trakl im Laufe seines Lebens immer stärker hervortreten, interessieren allenfalls als Indiz: sie erhöhen die Wahrscheinlichkeit, daß Trakl Erfahrungen des kollektiven Unbewußten ausgesetzt war.« H. C., *Interpretationstypen der Trakl-Literatur. Eine kritische Betrachtung der wissenschaftlichen Arbeiten über das Werk Georg Trakls*. Berlin 1963, S. 156.

[16] Lorenzer, ebd., S. 78.

des Es werden vom Ich in Sprachsymbole gefaßt und dadurch »überwältigt«. Er habe »nie die Gabe des Redens besessen«, bemerkt Trakl im September 1906 in einem Brief an seinen Freund Kalmár, und er legt ein Gedicht bei: »Vielleicht liest Du daraus, was zu sagen mir so leicht nicht möglich ist.« (I, 471). Solche Äußerungen des Dichters machen klar, hätten den Interpreten immer schon klar machen sollen, daß seine Poesie nicht kunstvoll verklausulierte Philosophie ist, daß der poetische Prozeß nicht ausgeht von einer vorformulierten Aussage, die dann nachträglich verrätselt würde. Das poetische Bild drückt aus, was vom Dichter anders nicht formuliert werden kann; es bringt Unsagbares, der »Rede« Unzugängliches zur Sprache. Der poetische Prozeß ist ein Akt der Selbstverständigung. So sind die Bilder Trakls andererseits auch nicht, wie Preisendanz meint, reine Sprachfiguren, die nur noch miteinander zu tun haben, über den Raum des Gedichtes nicht mehr hinausweisen:

> Ihre Semantik verbürgt der Kontext des Gedichts, sie stehen nicht mehr für die Wahrnehmung einer real vorfindlichen Außenwelt, sie stehen aber auch nicht mehr für den Ausdruck eines Erlebens oder Gestimmtseins. Art und Ordnung der Bilder haben ihren ›Seinsgrund‹ nur mehr als Sprachfiguren, deren Sinn nicht mehr die Natur oder eine persönliche Situation, sondern nur ihre Funktion auf der Ebene des Gedichts erläutern kann.[17]

Die dichterischen Bilder Trakls weisen sehr wohl über das Gedicht selbst hinaus auf eine Wirklichkeit – nur die Psychoanalyse allerdings vermag diese Wirklichkeit zu beschreiben: die Welt des Unbewußten.

Im Akt poetischer Bildschöpfung faßt das Ich Inhalte des Es in präsentative Symbolik, unbewußte innere Wirklichkeit kommt zur Sprache – in diesem Sinn ist Trakls Dichtung »expressiv«. Was sind nun diese im Unbewußten liegenden Inhalte? Wir haben es nicht zu tun mit ererbten Archetypen eines kollektiven Unbewußten, sondern mit triebbestimmten Handlungsentwürfen, die im Verlauf der seelischen Bildungsgeschichte des Individuums aus dem Bewußtsein ausgeschlossen blieben, oder aber wieder aus diesem verstoßen wurden. Im Unbewußten liegt zunächst einmal das nie in Sprache Aufgenommene, das primär Verdrängte: »Was nicht durch intersubjektiven Konsens wirklich wird, wird primär verdrängt, also von der Überführung in den Sekundärprozeß ausgeschlossen.«[18] Mit dieser Urverdrängung kommt es zu einer Fixierung an die ins Unbewußte verwiesene Interaktionsform; der sprachlich nicht greifbare Triebwunsch bleibt von einer korrigierenden Weiterentwicklung, von der Zähmung durch das Ich ausgeschlossen. Das Gleiche

---

[17] Wolfgang Preisendanz, »Auflösung und Verdinglichung in den Gedichten Georg Trakls.« In: *Immanente Ästhetik – ästhetische Reflexion. Lyrik als Paradigma der Moderne*. Hg. v. W. Iser, München 1966, S. 241.

[18] Loch, Krankheitslehre, S. 53.

gilt für die der späteren eigentlichen Verdrängung anheimgefallenen Interaktionsfiguren; Lorenzer beschreibt diesen Verdrängungsvorgang als eine Desymbolisierung:

> Die Interaktionen und alle damit zusammenhängenden sprachlich gefaßten Subjekt- und Objektrepräsentanzen büßen ihre Prädikatoren ein; die verpönten Zusammenhänge werden aus der Sprache exkommuniziert, desymbolisiert.[19]

Die Interaktionsform, die ohne symbolische Repräsentanzen blieb oder diese wieder verlor, aus dem Bewußtsein verstoßen, desymbolisiert wurde, bleibt im Unbewußten wirksam, sie wird zum unbewußt verhaltensbestimmenden Klischee. Desymbolisierung und Klischeebildung meint innere Exkommunikation, eine Störung der individuellen Selbstverständigung:

> Unbewußtes wird weiter in der verbotenen Weise interagiert, aber diese Interaktionen sind nun nicht mehr der reflexiven Verfügung der Individuen zugänglich, sie sind der Selbstverständigung wie auch der sprachlichen Verständigung mit anderen entzogen. Sie sind weiterhin aktiv, ja, sie gewinnen nun jene Virulenz wieder, die früh eingeübten Interaktionsweisen eigen war. Sie erlangen jene durch keine Reflexion gestörte Zwangshaftigkeit eines bewußtlosen Reaktionszirkels, in dem auf geeignete situative Reize zwangsläufig die entsprechenden Reaktionen erfolgen.[20]

Unter bestimmten Umständen kommt es zur Wiederkehr des Verdrängten: bei einem reifungsbedingten Zuwachs an Triebenergie während der Pubertät etwa, oder bei äußeren Ereignissen, die mit dem unbewußten Handlungsentwurf korrelieren (»Schlüsselerlebnis«). Das Klischee wird jetzt aktiviert und bestimmt das Subjekt über dessen Kopf hinweg. Symbolvermitteltes, bewußtes Handeln weicht klischeebestimmtem, unbewußtem Verhalten, dem das Subjekt allenfalls durch die Lüge der Rationalisierungen einen Sinn abzugewinnen vermag. Verdrängung bedeutet also innere Exkommunikation, eine Sprachzerstörung, die verbunden ist mit einer Schwächung des Ich gegenüber dem Es. Der Dichter, so sagten wir, bringe Unbewußtes zur Sprache. Vor dem skizzierten Hintergrund erweist sich nun der Vorgang poetischer Sprachschöpfung als ein Akt der inneren Selbstverständigung, als ein Schritt der Emanzipation:

> Diese Übertragung von semantischen Gehalten aus dem vorsprachlichen in den sprachlichen Aggregatzustand erweitert den Bereich kommunikativen Handelns auf Kosten des unbewußt motivierten. Das Moment des Gelingens am kreativen Sprachgebrauch ist eines der Emanzipation.[21]

Der Akt dichterischer Symbolbildung ist von großer Bedeutung für die Ökonomie der Triebe: das sprachliche Symbol ist das Werkzeug, mit dem das Ich

---

19 Lorenzer, Über den Gegenstand der Psychoanalyse, S. 165.
20 Ebd.
21 Jürgen Habermas, »Der Universalitätsanspruch der Hermeneutik.« In: Kultur und Kritik, S. 290.

seine Verteidigung betreibt gegenüber der Macht des Es. Wo Es war, soll Ich werden: der kreative Prozeß entspricht partiell den Intentionen der psychoanalytischen Kur. Mit dem Gelingen der Symbolbildung hat das Ich einen Sieg errungen über die »animalischen Triebe«; die »Dämonen des Blutes« werden, gebannt in die poetische Sprachfigur, der Herrschaft des Ich unterworfen, »überwältigt«. Das dichterische Schaffen Trakls kommt in der Tat einer magischen Beschwörung der Dämonen, einem Exorzismus gleich.

Was sich dem Dichter *zudrängt*, ist also das, was in seiner seelischen Bildungsgeschichte *verdrängt* wurde: die triebbestimmten Handlungsentwürfe, die mit den Regeln gesellschaftlichen Zusammenlebens kollidierten. In der dichterischen Phantasie Trakls regt sich das Exkommunizierte, Desymbolisierte, Unterdrückte:

> Gesellschaftlicher Repression fallen immer ›bestimmte Interaktionsformen‹ zum Opfer. Diese vom bewußten Sprachkonsens vorab ausgeschlossenen Interaktionsformen haben (wie später die desymbolisierten Interaktionsformen) nur eine mehr oder minder unbestrittene Freistatt: die Phantasie, in der das Unterdrückte sich, verzerrt und verschleiert, spärlich zu Wort melden darf – stets bedroht von der Zensur.[22]

In Trakls Phantasie meldet das Verdrängte sich zu Wort, und Trakl läßt es zu Wort kommen – er faßt die ihn bedrängenden Es-Inhalte in dichterische Bilder, er bringt sie zur Sprache. Die desymbolisierten Interaktionsfiguren werden überführt in poetische Sprachfiguren. Insofern haben wir es in Trakls Lyrik nicht zu tun mit *»reinen Sprachfiguren«* im Sinne von Preisendanz, sondern mit *»symbolischen Sprachfiguren«* im psychoanalytischen Sinn: diese Sprachfiguren weisen über das Gedicht selbst hinaus auf verdrängte Triebwünsche, auf Klischees. Die Sprachmagie Trakls ist nicht nur ein faszinierendes Spiel mit Worten, poésie pure; als eine Beschwörung der »Dämonen des Blutes« hat sie den Ernst einer magischen Handlung, eines religiösen Zeremoniells. Trakls Gedicht ist ein befestigter Ort am Rande eines »infernalischen Chaos«: die seelische Bedrohung dieses Architekten der Sprache ist bei der Beschäftigung mit seinen Gedichten nicht aus den Augen zu verlieren.

Wenn wir uns nun im folgenden mit dem Bedeutungsgehalt der poetischen Sprachfiguren Trakls befassen wollen, so wird dabei die Funktion des Sprachsymbols in der Ökonomie der Triebe stets zu bedenken sein. Das Spezifische der psychoanalytischen Deutung liegt gerade darin, daß sie eine Hermeneutik des Sinns zu verbinden weiß mit einer Dynamik seelischer Kräfte. Von literaturwissenschaftlicher Seite wurde der Psychoanalyse immer wieder der abschätzige Vorwurf gemacht, sie betreibe »geistlose Seelenmechanik«; demgegenüber betont Ricœur:

[22] Alfred Lorenzer, »Das Spiel der Phantasie«. In: *Sprache im technischen Zeitalter* 46, 1973, S. 149.

> Die Psychoanalyse stellt uns niemals vor nackte Kräfte, sondern immer vor Kräfte auf der Suche nach einem Sinn; diese Bindung der Kraft an den Sinn macht den Trieb selbst zu einer psychischen Realität oder genauer zum Grenzbegriff zwischen Organischem und Psychischem.[23]

Er macht darauf aufmerksam, daß in der »gemischten Rede« Freuds »die Energetik durch eine Hermeneutik *hindurchgeht* und daß die Hermeneutik eine Energetik *entdeckt*«.[24] Im Triebbegriff der Psychoanalyse verbindet Körperliches sich mit Seelischem; psychologisch faßbar wird der Trieb allein auf der Ebene subjektiven Erlebens, der Phantasien, d. h. der Ebene der psychischen Triebrepräsentanzen:

> Phantasien sind nichts anderes als imaginierte Objektbeziehungen, szenische Arrangements, in denen bestimmte Interaktionsmuster ausgelegt werden. Es ist keine Phantasie denkbar, die nicht dieses Wesensmerkmal der Inszenierung hat. In der Phantasie wird der Trieb deshalb sichtbar, weil er sich hier in einer Objektsituation darstellen kann.[25]

Triebschicksale spiegeln sich im Schicksal psychischer Repräsentanzen; im Konzept der Triebrepräsentanz ist die Kraft gekoppelt an einen Sinn, verbindet Energetik sich mit Hermeneutik. Und wie die unbewußten psychischen Repräsentanzen, so sind auch die symbolischen Repräsentanzen zugleich Träger eines Sinns und Vertreter seelischer Kräfte – sie haben eine triebökonomische Funktion: »Repräsentanzen sind, wenn sie erlebt werden können, Symbole. Symbole sind als Objektrepräsentanzen Instrumente der Triebökonomie; sie sind Strukturen, an denen sich die Besetzungen abspielen können.«[26] So werden wir, dies bedenkend, die symbolischen Sprachfiguren Trakls nicht nur zu befragen haben auf ihren Sinngehalt, sondern auch auf ihre Funktion in der Ökonomie seelischer Kräfte. Auf diese Weise wird unsere psychoanalytische Hermeneutik nun aber auch ein altes, umstrittenes Thema der Trakl-Forschung neu angehen können: die Frage der Beziehung von Person und Werk, von Dichtung und Krankheit. Die Hermeneutik des Symbols deckt nämlich eine Energetik auf, die auch dem Symptom zugrundeliegt – so wird die Beziehung von Dichtung und Krankheit bei Trakl zu erörtern sein als Beziehung von Symptom und Symbol.

---

23 Ricœur, S. 161.
24 Ebd., S. 79.
25 Lorenzer, *Sprachzerstörung und Rekonstruktion*. Frankfurt/M. 2. Aufl. 1976, S. 142.
26 Lorenzer, Symbolbegriff, S. 89. – Auch Jappe hebt diese Bindung der Kraft an den Sinn hervor: »Die Triebrepräsentanz ... ist in ihrer Bedeutung für den *Denkvorgang* ein ›Konzept‹, wie unscharf und niedrig im Abstraktionsniveau auch immer; umgekehrt ist die Bindung von Energie durch ein Netz von Vorstellungen ein energetischer Vorgang, und energetisch betrachtet sind die Vorstellungen, wie differenziert sie auch sein mögen, Triebschicksale.« S. 60 (Fußnote).

Im poetischen Prozeß bringt der Dichter Inhalte des Es zur Sprache, er faßt desymbolisierte Interaktionsfiguren in symbolische Sprachfiguren. Wie der Träumer gestaltet er, in seiner Phantasietätigkeit den Gesetzen des Primärprozesses folgend, unter Berücksichtigung des Widerstandes der Zensur, die in seiner seelischen Entwicklungsgeschichte festgelegten Klischees zu Bildern. Hervorgegangen aus phantasierten Szenen, haben die Sprachfiguren Trakls selbst weithin deutlich szenischen Charakter; sie entwerfen Interaktionen zwischen dem Selbst und dem Objekt. Symbolische Selbst- und Objektrepräsentanzen gestalten zusammen eine symbolische Szene: die szenisch-dramatischen Züge von Trakl Lyrik wurden von Interpreten ja gelegentlich schon hervorgehoben. Die Analyse dieser sprachlich gestalteten Szenen wird sich orientieren an den Prinzipien der Traumdeutung. Die Traumdeutung, so stellten wir fest, verfolgt den Entstehungsprozeß des Traums zurück: ansetzend am manifesten Traum, bemüht sie sich um eine Rekonstruktion der verhüllenden Traumarbeit und um die Aufdeckung des latenten Trauminhalts, des Wunsches, der Vater des Traums war. Nicht anders verfährt die psychoanalytische Gedichtinterpretation: sie verfolgt, wie Wellek und Warren es forderten[27], die Genese des Gedichts zurück bis auf seine Ursprünge im Unbewußten, bis auf die exkommunizierten Interaktionsfiguren, die den symbolischen Sprachfiguren zugrundeliegen:

> Die psychoanalytische »Interpretationskunst« und das sie tragende »Verstehen« bleibt – im Gegensatz zur geisteswissenschaftlichen Hermeneutik – nicht auf die Bewußtseinsfiguren, die von den Sprachsymbolen gebildet werden, beschränkt. Psychoanalyse als Analyse des Unbewußten sucht ... die real wirksamen, aus dem Bewußtsein ausgestoßenen, aus dem Sprachkonsens exkommunizierten Beziehungsfiguren, d. h. die »Interaktionsformen« des Subjekts zu begreifen.[28]

Die psychoanalytische Hermeneutik kehrt den dichterischen Prozeß um, sie ist eine umgekehrte Poetik, wie die Traumdeutung die »hellsichtige Antwort auf eine List« (Ricœur). Nicht die Interaktionsfiguren im Unbewußten des Dichters jedoch können letzter Bezugspunkt der Deutung sein. Die Hermeneutik der Psychoanalyse ist eine materialistische; in »szenischem Verstehen« führt sie das Klischee, das phantasierte Beziehungsmuster, zurück auf reale Interaktionsfiguren, auf Lebenspraxis. So wird die Beschäftigung mit Trakls Gedicht uns immer wieder vor die Frage führen nach der realgeschichtlichen, lebenspraktischen Genese des Wunsches, der in der Phantasie des Dichters sich regt. Ein Rückblick auf die Befunde unserer psychobiographischen Untersuchung wird insofern des öfteren geboten sein. Die symbolischen Sprachfiguren Trakls weisen über das Gedicht hinaus auf Wirklichkeit: auf reale Lebenspraxis.

---

[27] Vgl. oben, S. 10

[28] Lorenzer, Das Spiel der Phantasie, S. 147.

2. Das aggressive Klischee

2.1. Blaubart und die sadistische Szene

Auf Schritt und Tritt stößt der Leser in der Dichtung Trakls auf Bilder, deren erotische Bedeutung offen zutageliegt oder doch kaum verdeckt ist, auf Bilder, die nicht selten recht pubertär, oft geradezu pervers anmuten. Wir beginnen unsere Untersuchung mit einem Blick auf eines der frühesten Gedichte, die von Trakl überliefert sind, auf das Gedicht »Der Heilige«, das nach Auskunft Bruckbauers[1] in den Jahren 1905/06 entstanden sein dürfte:

Der Heilige

Wenn in der Hölle selbstgeschaffener Leiden
Grausam-unzüchtige Bilder ihn bedrängen
– Kein Herz ward je von lasser Geilheit so
Berückt wie seins, und so von Gott gequält
Kein Herz – hebt er die abgezehrten Hände,
Die unerlösten, betend auf zum Himmel.
Doch formt nur qualvoll-ungestillte Lust
Sein brünstig-fieberndes Gebet, des Glut
Hinströmt durch mystische Unendlichkeiten.
Und nicht so trunken tönt das Evoe
Des Dionys, als wenn in tödlicher,
Wutgeifernder Ekstase Erfüllung sich
Erzwingt sein Qualschrei: Exaudi me, o Maria! (I, 254)

Basil charakterisiert dieses frühe Poem Trakls als eine »perverse Amalgamierung von Religiosität und Brunst«[2] und schiebt es als eine »pubertäre Leseblüte aus ›Les Fleurs du Mal‹ und allem möglichen«[3] beiseite. Die künstlerische Qualität des Gedichtes bedarf keiner Diskussion – doch ist es wirklich nur eine irrelevante »Leseblüte« des noch unfertigen Dichters, eine mißlungene Stilübung an hier und dort aufgelesenem Bildmaterial? Sind diese Zeilen »unbedeutend«, können wir sie aus dem »gültigen« Werk Trakls hinausverweisen und im hermeneutischen Prozeß übergehen? Mit seiner Thematik

1 Vgl. Basil, S. 46/47.
2 Ebd., S. 61.
3 Ebd., S. 48.

und seinem Tonfall steht dieses Gedicht bei Trakl keineswegs allein; ein solches Neben- und Ineinander von Religiösem und Sexuellem bleibt ein Charakteristikum der dichterischen Phantasie Trakls, und so kann dieses frühe Gedicht sehr wohl einen Ansatzpunkt bieten zum Verständnis der Vorstellungswelt, aus der dann schließlich auch die reife Lyrik dieses Dichters hervorgegangen ist. Die Behauptung läßt sich untermauern. Bei genauerem Zusehen nämlich entdecken wir in diesem Gedicht bereits eine Formulierung, die, wenig verändert, Jahre später in einem Brief Trakls an Buschbeck wieder auftaucht und die dann als eines der wenigen poetologischen Selbstzeugnisse Trakls von den Interpreten immer wieder zitiert werden wird: die Formulierung von den »bedrängenden Bildern«, die es zu »überwältigen« gelte. Die »Hölle« dieses »Heiligen«, die ihn bedrängenden »grausam-unzüchtigen Bilder« weisen doch ganz unverkennbar voraus auf den »entsetzlichen Alp«, den Trakl 1908 in seinem Brief aus Wien schildert, auf das »infernalische Chaos von Rhythmen und Bildern«, von dem er 1910 in seinem Schreiben an Buschbeck spricht. Dies allein ist schon Grund genug, das Gedicht nicht achtlos beiseitezuschieben, es einer eingehenderen Betrachtung zu würdigen.

Basil vermerkte die Legierung von Religiösem und Sexuellem; an dieser Stelle bedarf eine andere Eigentümlichkeit dieser Zeilen der Hervorhebung – die starke aggressive Komponente des Erotischen:

Wenn in der Hölle selbstgeschaffener Leiden
Grausam-unzüchtige Bilder ihn bedrängen

Die Rede ist nicht nur von »unzüchtigen« Bildern, sondern von Sexualphantasien grausamen Inhalts, die dem Heiligen das Leben zur Hölle machen – mit anderen Worten: von sadistischen Phantasien. Auch der Schluß des Gedichts steht deutlich unter dem Primat aggressiver Regungen: »... wenn in tödlicher, / Wutgeifernder Ekstase Erfüllung sich / Erzwingt sein Qualschrei ...« Hier geht es nicht um erotische Werbung und Verführung, sondern um eine gewaltsame Unterwerfung des Sexualobjekts: Erfüllung soll erzwungen werden. Maria hat für den Heiligen einen doppelten Stellenwert: als Frau ist sie einerseits das Objekt seiner sadistisch getönten Triebwünsche, andererseits erhofft er sich von ihr als der Mutter Gottes, als der Inkarnation der Reinheit (»Jungfrau, reine, ohnegleichen«; II, 185) Erlösung aus seiner »Hölle selbstgeschaffener Leiden«. Mit unvereinbar scheinenden Wünschen tritt also der Heilige vor das Marienbild; der Begriff »Erlösung« und das »Exaudi me« haben eine doppelte Lesart. Ein ähnlich oszillierendes Marienbild entwirft Trakl in einem anderen Jugendgedicht, das den Titel »Metamorphose« trägt:

Metamorphose

Ein ewiges Licht glüht düsterrot,
Ein Herz so rot, in Sündennot!
Gegrüßt seist du, o Maria!

Dein bleiches Bildnis ist erblüht
Und dein verhüllter Leib erglüht,
O Fraue du, Maria!

In süßen Qualen brennt dein Schoß,
Da lächelt dein Auge schmerzlich und groß,
O Mutter du, Maria! (I, 252)

Maria als die gute Mutter – Maria als Frau, als Objekt sexueller Begierde: die Metamorphose des Madonnenbildes wird bewirkt durch die aus der Verdrängung wiederkehrenden Triebwünsche dessen, der, bedrängt von »grausam-unzüchtigen Bildern«, gekommen ist, sich Erlösung zu erbitten. Diese Verwandlung des Gegenständlichen ist ein Werk der Dämonen des Blutes, die ihre Fesseln abgestreift haben, die sich nicht länger in die Schranken der christlichen Sexulmoral zwängen lassen. »In süßen Qualen brennt dein Schoß«: auch hier wieder ist die sadistische Tönung des Sexuellen deutlich.

Dieses Nebeneinander von Religiosität, Erotik und Aggressivität bleibt nun, wie schon angedeutet, keineswegs eine pubertäre Episode innerhalb des Jugendwerks, sondern es prägt die Dichtung Trakls bis hin zu den spätesten Werken, die immerhin fast zehn Jahre nach dem Gedicht »Der Heilige« entstehen. Auch hier haben die sexuellen Vorstellungen noch diesen aggressiven, sadistischen Zug. »Anbetung, purpurne Flamme der Wollust und der schwarze Wahnsinn des Messers« schreibt Trakl etwa in der im Oktober 1913 im »Brenner« veröffentlichten Fassung seines Prosagedichts »Verwandlung des Bösen« (E^1; II, 170). Ganz ähnlich heißt es in den Entwürfen zu »Drei Blicke in einen Opal«: »Dolche und schwärende Wunden gaukeln im Weiherauch« (II, 124). Wieder verbindet sich das Religiöse mit Vorstellungen von Sexualität und Gewalt. In dem Gedicht »Drei Träume«, das seine »Sammlung 1909« einleitet, schreibt Trakl:

Meine Seele gebar blut-purpurne Himmel
Durchglüht von gigantischen, prasselnden Sonnen,
Und seltsam belebte, schimmernde Gärten,
Die dampften von schwülen, tödlichen Wonnen. (I, 215)

»Grausam-unzüchtig«, »schwül-tödlich«: hier paart sich Haß mit Wollust, Sexualität mit Aggression. Entsprungen sind diese eigentümlich zusammengesetzten Sprachfiguren dem sadistischen Wunsch, der sich ja auch aus zwei Komponenten zusammensetzt: »Sadismus ist sexualisierte Destruktivität.«[4] Diese Welt voll von »schwülen, tödlichen Wonnen«, die in Trakls Dichtung entworfen wird, ist, wie der Dichter erklärt, »aus seiner Seele geboren«: er gestaltet seine eigenen Phantasien, seine eigenen Träume, die ihn bedrängenden Bilder – hier geht es nicht bloß um ein Spiel mit tradierten Motiven.

---

4 Schorsch/Becker, S. 41.

Nicht von ungefähr auch versucht sich der Dichter 1910 an einem Blaubart-Drama. In diesem »Puppenspiel« ergeht er sich in Bluträuschen, deren Schrecklichkeit schon wieder umzuschlagen droht in unfreiwillige Komik. Auf den Höhepunkt der »Blutbrautnacht« – wieder eine solche »grausam-unzüchtige« Sprachfigur – bereitet Blaubart seine Braut Elisabeth vor mit den nicht ganz wohlgesetzten Worten:

> Hörst du des Asrael Flügelschlag –
> Wie die Vögel du schreien hörtest im Hag.
> Lust peitschen Haß, Verwesung und Tod
> Entsprungen dem Blute, gellend und rot
> Komm zitternde Braut! (Er fällt über sie her) (I, 444)

»Tiefste Lust ist Haß«, hatte Trakl hier zuerst geschrieben (II, 483): das Bekenntnis des Sadisten kann kaum einfacher und klarer formuliert werden. Blaubart fordert von seiner Braut völlige Unterwerfung; er will sie »ganz besitzen« – deshalb muß sie sterben:

> Doch soll ich dich Kindlein ganz besitzen –
> Muß ich, Gott will's den Hals dir schlitzen!
> Du Taube, und trinken dein Blut so rot
> Und deinen zuckenden, schäumenden Tod!
> Und saugen aus deinem Eingeweid
> Deine Scham und deine Jungfräulichkeit (I, 444)

Wie Schorsch und Becker in ihrer Studie gezeigt haben, geht es in der sadistischen Objektbeziehung nur vordergründig um eine Lust am Quälen des Opfers; recht eigentlich zielt der sadistische Wunsch auf eine allmächtige Kontrolle des Objekts, auf seine totale Unterwerfung:

> Sadistische Intentionen als Phantasien oder Handlungen zielen auf die Bemächtigung des anderen, auf ein totales Verfügen über ihn, die Aufgabe seiner Eigenständigkeit. Dominanz – Subordination in extremer Zuspitzung wird zum sexualisierten Thema; es geht nicht in erster Linie um Aggressivität oder Grausamkeit, sondern um Beherrschung. Schmerz zufügen und Verletzen können dabei fehlen, sind aber deshalb ein häufiger Bestandteil sadistischer Aktivitäten, weil das Hinnehmenmüssen von Schmerz, das Erleiden von Qual der deutlichste Ausdruck von Selbstaufgabe und Ohnmacht ist.[5]

Blaubart will die Elisabeth »ganz besitzen« – dieser sadistische Wunsch kommt auch in seiner Eifersucht auf einen Nebenbuhler zum Ausdruck (Elisabeth liebt offenbar den Heinrich; I, 443).

Eine solche Eifersuchtsphantasie hatte Trakl schon in seinem frühen Einakter »Totentag« gestaltet, mit dem er 1906 am Salzburger Stadttheater debütierte. Unter dem Eindruck der schlechten Kritik vernichtete Trakl seine Manuskripte, doch ist der Inhalt des Stücks der Kritik in der »Salzburger

---

5 Ebd.

Chronik« zu entnehmen (II, 512/13). Ein blinder Knabe namens Peter liebt seine Schwester, die den Namen Grete (!) trägt. Sie aber betrügt ihn mit dem Studenten Fritz. Peter richtet die Waffe auf sie, schießt aber nicht; schließlich wird er wahnsinnig und begeht Selbstmord.[6] Zum ersten Mal in Trakls Dichtung tauchen hier die beiden Themen auf, auf die wir auch in seinem reifen Werk ständig stoßen, und die schließlich im Herbst 1914 zur biographischen Wirklichkeit werden: Wahnsinn und Selbstmord. Nun hat die Eifersucht des Peter gegenüber der Schwester ein auffälliges Charakteristikum. Der blinde Knabe »ist Hellseher, er weiß alles, was die Schwester tut« (II, 513). Der Wunsch wird kenntlich: es geht um die allmächtige Kontrolle des Objekts, um sadistische Unterwerfung, um den Wunsch, von dem auch der Blaubart Trakls beherrscht ist. Wir finden dessen Braut Elisabeth in der komplementären Haltung völliger Selbstpreisgabe:

Möcht nackend in der Sonne gehn,
Vor aller Augen mich lassen sehn,
Und tausend Schmerzen auf mich flehn
Und Schmerzen dir tun, zu rasender Wut!
Mein Knabe komm! Trink' meine Glut,
Bist du nicht durstig nach meinem Blut,
Nach meiner brennenden Haare Flut?
Hörst nicht, wie die Vögel im Walde schrien
Nimm alles, alles was ich bin –
Du Starker – mein Leben – du nimm hin! (I, 443)

Die Liebe des Blaubart ist tödlich, sie fordert von ihrem Objekt völlige Selbstaufgabe, das Leben. »Ich habe die fürchterlichsten Möglichkeiten in mir gefühlt«, schreibt Trakl 1908 in seinem Brief aus Wien – es sind die Möglichkeiten eines Blaubart. Die Figur des von »grausam-unzüchtigen Bildern« bedrängten Heiligen ist ein Selbstbildnis des Dichters.

Über die Blaubart-Dichtung Trakls schreibt, von ihr offenbar etwas peinlich berührt, Otto Basil:

> Wieder trifft uns der Atem zurückgestauter, in falsche Bahnen gelenkter Sexualität und ebensolcher Gottesfurcht, die schon so frühe Gedichte wie »Der Heilige« und »Andacht« stigmatisierten. Ein Zeichen, daß Trakl 1910, als von den frühesten reifen Gedichten schon etliche geschrieben waren, sich rückfällig noch immer pubertären Weltanschauungs- und Sexualphantasien hingab.[7]

Dies ist nun eine völlige Fehleinschätzung nicht nur des mißratenen Lustmord-Melodrams. Die Blaubart-Dichtung darf keinesfalls abgetan werden als eine die Aura des Dichterstandbildes trübende Entgleisung, als ein »pubertärer Rückfall« Trakls: das Lustmord-Motiv ist von zentraler Bedeutung für sein

6 Basil, S. 65.
7 Basil, S. 69.

gesamtes Werk. Der sadistische Gewaltakt ist eine szenische Grundfigur der dichterischen Phantasie Trakls, ein Motiv, das mit größter Beharrlichkeit und in vielfältiger Variation in seinem Werk auftritt – auch in den »reifen« Gedichten Trakls fließt immer wieder Blut.

Bei diesen wiederkehrenden gewalttätigen Szenen fällt oftmals ein ausgeprägt oral-sadistischer Charakter auf. Der Aggressor will »auffressen«, »zerfleischen«, »Blut trinken« – er hat die Gelüste des Blaubart: »Muß ich, Gott will's den Hals dir schlitzen! / Du Taube, und trinken dein Blut so rot / Und deinen zuckenden, schäumenden Tod!« In Kenntnis dieser schlimmen Zeilen fällt es uns nicht schwer, zu begreifen, wovon in der folgenden »Ballade« des jungen Dichters eigentlich die Rede ist:

Ballade

Ein Narre schrieb drei Zeichen in Sand,
Eine bleiche Magd da vor ihm stand.
Laut sang, o sang das Meer.

Sie hielt einen Becher in der Hand,
Der schimmerte bis auf zum Rand,
Wie Blut, so rot und schwer.

Kein Wort ward gesprochen – die Sonne schwand,
Da nahm der Narre aus ihrer Hand
Den Becher und trank ihn leer.

Da löschte sein Licht in ihrer Hand,
Der Wind verwehte drei Zeichen im Sand –
Laut sang, o sang das Meer. (I, 229)

Der Narr trinkt den Wein, den die bleiche Magd ihm reicht – er ist rot wie Blut, wie ihr Blut. In dem Paar Narr / Magd verbergen sich Blaubart und Elisabeth, die sadistische Szene kehrt verhüllt wieder, in neuer Besetzung der Rollen. In den Entwürfen zum »Lied des Blaubart« greift Trakl zurück auf das aus vielen Sagen bekannte Paar Drache / Jungfrau und formuliert ganz lapidar: »Er fraß sie auf, mit Haut und Haar« (II, 478). Der Narr stillt seinen Blutdurst mit Wein; in der ersten handschriftlichen Fassung von »Traum und Umnachtung« heißt es von dem hungrigen Knaben Kaspar: »Ihn verlangte nach dem roten Fleisch von Früchten« (II, 265). Daß auch dies kein ganz gewöhnlicher Hunger ist, können wir dem Umstand entnehmen, daß sich das Verlangen nicht auf Früchte im allgemeinen, sondern auf ihr »rotes Fleisch« richtet; wie der Wein, so dient auch die Frucht als Substitut. Eine korrespondierende Zeile finden wir im Gedicht »Sonniger Nachmittag«: »In roten Beeren verbeißt sich mein Mund« (I, 264). Es geht nicht einfach um das Essen, sondern um eine aggressive, oralsadistische Handlung: »verbeißen«. »Tiefste

Lust ist Haß«: diese Definition präzisiert Trakl in den Entwürfen zum »Blaubart« durch die prägnante Formel »fressender Haß« (II, 483). Und eben dieser »fressende Haß« kennzeichnet auch den Knaben, der in »Traum und Umnachtung« einem Kind Gewalt antut; wie Blaubart fällt er als ein »geifernd Tier« (I, 445) über sein Opfer her: »Haß verbrannte sein Herz, Wollust, da er im grünenden Sommergarten dem schweigenden Kind Gewalt tat...« (I, 148). Haß und Wollust – die »grausam-unzüchtigen« Wünsche des Heiligen bringen sich in Erinnerung, die »schwülen, tödlichen Wonnen«, die »Blutbrautnacht« des Blaubart. Der Dichter charakterisiert den Knaben als einen »flammenden Wolf«, spricht in den Entwürfen gar von dessen »schäumenden Lippen« (I, 147 / II, 266). Dieser Knabe ist ganz klar ein Nachkomme des Blaubart, ist wie dieser getrieben von sadistischen Wünschen. Sollen wir auch dieses späte Prosagedicht als einen »pubertären Rückfall« Trakls abtun?

Gleich eine ganze Serie solcher Gewaltakte ereignet sich in »Traum und Umnachtung«. Der Knabe bringt eine Katze um: »Unter kahlen Eichbäumen erwürgte er mit eisigen Händen eine wilde Katze« (I, 148). Eine Taube ist wenig später sein Opfer: »O, das graue Antlitz des Schreckens, da er die runden Augen über einer Taube zerschnittener Kehle aufhob« (Ebd.). Schon Blaubart titulierte Elisabeth als »Taube«, als er sich getrieben sah, ihr »den Hals zu schlitzen«, ihr Blut zu trinken. An das Bild von der getöteten Taube schließt sich unmittelbar an der Satz:

> Huschend über fremde Stiegen begegnete er einem Judenmädchen und er griff nach ihrem schwarzen Haar und er nahm ihren Mund. (Ebd.)

Auch hier gibt es eine Parallele im früheren Puppenspiel. »Erbarmen! Was zerrst du mich am Haar!« ruft Elisabeth (I, 444), als Blaubart über sie herfällt. Auf diesen rüden Griff ins Haar wird noch zurückzukommen sein. Die sadistische Szene kehrt im nächsten Abschnitt des Prosagedichts noch einmal wieder, in erneuter Verwandlung. Ort des Geschehens ist jetzt ein »Dornbusch«, das Opfer die »weiße Gestalt des Kindes«:

> Also fand er im Dornbusch die weiße Gestalt des Kindes, blutend nach dem Mantel seines Bräutigams. Er aber stand vergraben in sein stählernes Haar stumm und leidend vor ihr. (I, 149)

Auch hier bahnt sich eine »Blutbrautnacht« an, doch kommt die Tat nicht zur Ausführung. In den Entwürfen hatte die Szene ursprünglich folgende Gestalt:

> Also fandst du im Dornenbusch das weiße Nönnlein, das in Tränen seinen himmlischen Bräutigam rief; lachtest vergraben in dein stählernes Haar, da der Fuchs eine Henne zerriß. (II, 272)

Trakl erzählt die Geschichte eines Knaben namens Kaspar, wechselt hier aber von der dritten Person plötzlich zum »Du«, das er jedoch sogleich abändert. »Also fand jener... ein Nönnlein«, so lautet die verbesserte Fassung der Zeile.

»Jener Knabe«, der dem »Nönnlein« begegnet, fungiert als Stellvertreter eines lyrischen Ich, und er selbst läßt bei der Ausführung der Mordtat sich vertreten von einem Fuchs. Die »Blutbrautnacht«, die sich zwischen dem Fuchs und der Henne (weiß wie das »Nönnlein«, die »Gestalt des Kindes«, die »Taube«) ereignet, ist eine der »fürchterlichsten Möglichkeiten«, die »jener« in sich verspürt, als Triebimpuls, den er mit aller Macht zu unterdrücken versucht: »Er aber stand vergraben in sein stählernes Haar stumm und leidend vor ihr«. Wie Trakl den Knaben zuvor schon als »flammenden Wolf« charakterisierte, so ist auch jetzt »jener« dem Fuchs nur zu ähnlich. Aufgrund dieser geheimen Identität kann der Dichter dann auch wenig später fragen: »Schimmert nicht das Blut zerrissenen Getiers an jenes Händen...« (II, 274). Wohl versucht der Erzähler sich von dem blutigen Geschehen zu distanzieren (»du«/»jener«), doch spricht er selbst in der Rolle des Kaspar-Blaubart: »O die Wollust des Todes« (I, 149).

Ein Kind im Dornbusch, das auf seinen himmlischen Bräutigam wartet und zu Tode kommt: diesem Motiv begegnen wir auch schon im 1912 entstandenen Gedicht »De Profundis«. Hier ist die Rede von einer »sanften Waise«:

6 Am Weiler vorbei
Sammelt die sanfte Waise noch spärliche Ähren ein.
Ihre Augen weiden rund und goldig in der Dämmerung
Und ihr Schoß harrt des himmlischen Bräutigams.

10 Bei der Heimkehr
Fanden die Hirten den süßen Leib
Verwest im Dornenbusch.

Auch wenn über die Ursache ihres Todes nichts gesagt wird, nur vom Fund der Leiche berichtet wird, so haben wir doch einen bestimmten Verdacht. Wir meinen Täter und Motiv zu kennen, sehen uns in der Lage, die Szene zu rekonstruieren: die Waise ist einem sadistischen Mörder in Menschen- oder Tiergestalt zum Opfer gefallen, einem Blaubart oder einem wilden Wolf. Und tatsächlich werden in der Handschrift (H^1) noch die Täter benannt, wird das Geschehen noch vergegenwärtigt, das später verschwiegen wird; in einem Nachtrag zur zweiten Strophe schreibt Trakl: »Hunde zerfleischen den süßen Leib« (9a; II, 96). Ab Zeile 13, die im Anschluß an das Mordmotiv die zweite Hälfte des Gedichtes einleitet, verwendet Trakl nun plötzlich das lyrische Ich:

13 Ein Schatten bin ich ferne finsteren Dörfern.
Gottes Schweigen
Trank ich aus dem Brunnen des Hains.

Mit dem Übergang zum lyrischen Ich wechselt der Dichter offenbar Thema und Sageweise. Was – so ist zu fragen – hat die tote Waise im Dornbusch zu tun mit dem Ich, das seine Gottverlassenheit beklagt? Diese Frage wird uns später noch eingehend beschäftigen; im Hinblick auf das Thema dieses

Abschnitts ist vor allem die handschriftliche Urfassung der Strophe von Interesse. Sie hat den Wortlaut:

> 13 Ein Schatten bin ich vorbei an finsteren Dörfern
> Haß und Bitternis
> Trank ich aus ihren Brunnen. (II, 96)

In der ursprünglichen Gedichtfassung (H^{1}), in der Trakl noch die mörderischen Hunde agieren ließ, wurde zugleich das lyrische Ich vorgestellt als erfüllt von »Haß und Bitternis«; dieser Haß ist der Grund für sein Schattendasein »vorbei an finsteren Dörfern«. »Am Weiler vorbei« wanderte auch die Waise, dieses sanfte weibliche Geschöpf: was liegt nun näher, als daß das lyrische Ich und das Kind sich an gesellschaftsfernem Ort, in der Dunkelheit, im Dornbusch begegnet sind? Das lyrische Ich in der Rolle des Blaubart, der wilden Hunde, die Waise in der Rolle des Opfers, der unschuldigen Taube, des »weißen Nönnleins«? »Jenen Knaben« ließ der Dichter in »Traum und Umnachtung« agieren in Gestalt eines Wolfs, eines Fuchses – von daher scheint die Annahme keinesfalls so abwegig, daß die Beziehung zwischen den Hunden im ersten Teil von »De Profundis« und dem lyrischen Ich im zweiten Teil des Gedichtes von der gleichen Art sei. Der Haß, durch den das lyrische Ich ursprünglich charakterisiert wird, weist zurück auf das Bekenntnis des Blaubart: »Tiefste Lust ist Haß«; die mörderischen Hunde, die den Leib des sanften Geschöpfes zerfleischen, bringen den »fressenden Haß« dieses Unholds in Erinnerung.

Es dürfte mittlerweile deutlich geworden sein, daß die Figur des Blaubart und das Lustmord-Motiv keineswegs nur eine marginale Rolle im Frühwerk des in Pubertätsnöten steckenden jungen Dichters spielen – sie sind in Trakls Werk von zentraler Bedeutung. Die sadistische Szene ist eine Grundfigur seiner dichterischen Phantasie, ein hochrekurrentes Element seiner poetischen Bilderwelt. Diese Szene setzt sich zusammen aus einer variablen symbolischen Selbstrepräsentanz (vom lyrischen Ich über das »Du« und das »Jener« hin zu den verschiedenen Mördern in Menschen- und Tiergestalt) und einer ebenfalls variablen komplementären Objektrepräsentanz (den wechselnden femininen Opfern der männlichen Gewalttäter). Blaubart und Elisabeth, der Drache und das schöne Kind, der Narr und die bleiche Magd, die Hunde und die Waise, der Knabe und die Katze, der Knabe und die Taube, der Fuchs und die Henne: diese Reihe analoger Paare, analoger Szenen läßt sich beliebig verlängern; alle diese Paare treffen sich zu einer »Blutbrautnacht«. Unter diesen Varianten der sadistischen Szene erscheint auch ein Lieblingsmotiv Trakls, das Paar Jäger / Wild. »Da ich ein wilder Jäger aufjagte ein schneeiges Wild«, schreibt Trakl in »Offenbarung und Untergang« (I, 169). Die mörderischen Hunde in »De Profundis« enttarnten wir als Agenten des lyrischen Ich; dieses nun stellt sich hier explizit als ein »wilder Jäger« vor – und in dessen Begleitung dürfen wir die Hunde vermuten. »Jägerruf und Blutgebell«: diese Kurzformel des Dichters (I, 107) ruft die ganze Tötungsszene mit Jäger, Hunden und Wild vor Augen. Der Jäger verfährt mit dem Wild wie Blaubart mit seinem Opfer: »Unter dem Haselgebüsch weidet der grüne Jäger ein Wild aus. Seine Hände rauchen von Blut...« (I, 97). Das Wild reiht sich ein in das Paradigma symbolischer Objektrepräsentanzen, während der Jäger eine Variante in der Reihe der Selbstrepräsentanzen im Rahmen der sadistischen Szene darstellt. In einem nachgelassenen Gedichtfragment, wohl aus dem Jahre 1912, begegnen wir den Hunden wieder – ihr Opfer ist jetzt »Eva«:

> Im Schatten schwarzer Thujen irrt
> Eva entstellt von Blut und Wunden,
> Der süße Leib zerfetzt von Hunden –
> O Mund der herzzerreißend girrt. (I, 289)

Opfer einer Blaubart-Gestalt sind sie alle: die Waise, die Taube, das Nönnlein, die Magd – alle Lebewesen vom Geschlechte Evas.

In dieser langen Reihe weiblicher Opfer erscheint nun auch eine Gestalt, die immer wieder das besondere Interesse der Interpreten auf sich gezogen hat: die Gestalt der Schwester. Im Gedicht »Frühling der Seele« schreibt Trakl:

> Schwester, da ich dich fand an einsamer Lichtung
> Des Waldes und Mittag war und groß das Schweigen des Tiers;
> Weiße unter wilder Eiche, und es blühte silbern der Dorn.
> Gewaltiges Sterben und die singende Flamme im Herzen. (I, 141)

Die Schwester in »weißer Gestalt«, der Dorn und die Flamme, das Tier und ein »gewaltiges Sterben«: dies sind Vorstellungselemente, aus denen die sadistischen Szenen Trakls sich immer wieder zusammensetzen. Diese Szene hat in diesem Falle aber nicht oralen Charakter (»Blut trinken«), sondern trägt genital-aggressive Züge (»Dorn«). Deutlicher wird dies im Prosagedicht »Offenbarung und Untergang«, wo der Ich-Erzähler, nachdem er ein »totes Lamm« zu seinen Füßen erwähnt hat, berichtet:

> Aus verwesender Bläue trat die bleiche Gestalt der Schwester und also sprach ihr blutender Mund: Stich schwarzer Dorn. Ach noch tönen von wilden Gewittern die silbernen Arme mir. Fließe Blut von den mondenenFüßen, blühend auf nächtigen Pfaden, darüber schreiend die Ratte huscht. (I, 168)

Die Worte der Schwester legt Trakl in seinem ebenfalls Anfang 1914 entstandenen Dramenfragment kaum verändert der Gestalt der Johanna in den Mund (I, 456). Johanna ist hier die Schwester des Knaben Peter, dem wir ja im frühen Einakter »Totentag« schon einmal begegnet sind: dort trug seine Schwester den Namen Grete, den Namen der Schwester Trakls. Verschiedene Interpreten behaupteten nun, mit dem »Wild« meine der Dichter »eigentlich« seine Schwester, sie auch sei das »schweigende Kind«, dem im Garten Gewalt angetan wird, die »Taube«, die dem Knaben zum Opfer fällt. Die Magd, das Nönnlein, die Katze, alle diese wechselnden femininen Opfer – meinen sie alle metaphorisch nur eines, die Schwester Trakls?

Ein frühes Gedicht Trakls, in dem er die inzestuöse Beziehung zu seiner Schwester thematisiert, trägt den Titel »Blutschuld« (I, 249); anders als der Begriff »Blutschande« ist dieses Wort doppeldeutig: es meint auch die Schuld eines Gewalttäters, der Blut vergossen hat. Von einem »traumatischen Inzesterlebnis« des Dichters war in der Forschung oftmals die Rede, von einem gewalttätigen Überfall auf die Schwester.[8] Folgen die mannigfach variierten Bilder eines sadistischen Gewaltaktes in Trakls Dichtung also einem realen Vorbild, sind es Erinnerungsbilder? Eine solche Fragestellung – dies muß nachdrücklich festgestellt werden – führt in die Irre. Die poetischen Bilder Trakls sind nicht autobiographische *Reminiszenzen*, »Bruchstücke einer großen Konfession«, sondern dichterisch gestaltete *Phantasien*, symbolische Szenen, die einem Triebwunsch folgen. Diese phantasierten Szenen lassen aber keine direkten Rückschlüsse zu auf lebensgeschichtliche Ereignisse, sie müssen vielmehr begriffen werden vor dem Hintergrund der »inneren Biographie« des Dichters, im Zusammenhang mit Triebschicksalen, Triebwünschen.[9]

Wie sehr die naiv biographische Leseweise des Gedichts in die Irre gehen kann, das demonstriert eine Deutung von Kars, der das Bild von der Tötung der Katze in »Traum und Umnachtung« als eine Konfession Trakls auffaßt: »Als Jüngling erwürgt er eine Katze.«[10] Indessen hat die Forschung aufgedeckt, daß Trakl in diesem zweiten Abschnitt seines Prosagedichtes eine ganze Reihe von Motiven, darunter auch das der Katze, aus einer literarischen Vorlage übernahm: aus Büchners »Lenz«.[11] Diese Novelle wurde, kurz nach Trakls Gedicht, im April 1914 im »Brenner« abgedruckt. Wenn nun dieses Bild auch nicht von äußeren biographischen Ereignissen Zeugnis ablegt, so doch von inneren Erlebnissen Trakls, von einem Geschehen auf der Bühne des Seelischen. Trakl übernimmt das Motiv zwar aus einer literarischen Vorlage, stellt

8 Zur Frage des Inzests schreibt Spoerri: »Nach den Dichtungen ist – jedoch ohne Beweiskraft – zu schließen, daß sich eine Art Gewaltakt ereignet hat, freilich kaum eine richtige Vergewaltigung, da eine versteckte Aufforderung durch die Schwester spürbar ist.« Spoerri, S. 90.

9 In der Geschichte der Psychoanalyse ist die Revision des Hysterieverständnisses ein wichtiger Schritt: Freud erkannte, daß das hysterische Symptom nicht in einem Erlebnis des Patienten, einem faktischen Sexualtrauma wurzelt, sondern dessen Wünschen, Phantasien entspringt.

10 Kars, S. 134.

11 Rudolf Dirk Schier, »Büchner und Trakl. Zum Problem der Anspielungen im Werk Trakls.« In: *PMLA* 87, 1972, S. 1052-64. Dietmar Goltschnigg, »Büchners ›Lenz‹, Hofmannsthals ›Andreas‹, Trakls ›Traum und Umnachtung‹« In: Sprachkunst 5, 1974, S. 231-43.

es jedoch in neuen Zusammenhang: er bringt es ein in den Kontext seines sadistischen Klischees. Die Katze, auf die er bei Büchner gestoßen ist, ist für ihn ein attraktives Motiv, für ihn brauchbar zur Besetzung einer Rolle, die in seiner dichterischen Phantasie längst festliegt – der Rolle des femininen Opfers. Solche aus Vorlagen übernommenen Elemente, deren es bei Trakl eine große Anzahl gibt (man denke nur an die unzähligen Rimbaud-Anklänge), spielen im dichterischen Prozeß die Rolle der Tagesreste im Traum.

Trakls Gedicht, so bleibt festzuhalten, darf nicht als autobiographischer Erlebnisbericht gelesen werden; es gibt keine direkte Verweisbeziehung zwischen den poetischen Szenen und tatsächlich erlebten Szenen. Indirekt allerdings sind die szenischen Entwürfe eines Gewaltaktes doch zu vermitteln mit biographischer Faktizität: über das Klischee nämlich, das ja in realen Interaktionsabläufen Gestalt annahm. Wenn wir nun in »szenischem Verstehen« eine Beziehung herstellen wollen zwischen Leben und Werk, zwischen der sadistischen Szene in Trakls Gedichten und einer lebensgeschichtlich realisierten Interaktionsfigur, so müssen wir hinter die Beziehung Trakls zur Schwester weit zurückgreifen: die mörderischen Impulse, die Freß- und Saugbedürfnisse, die Trakls Blaubart-Figuren kennzeichnen, haben ihre Wurzeln in den sadistischen Regungen, die das Kind gegenüber der frustrierend kalten Mutter entwickelte. Hier verfestigte sich der Destruktionswunsch, das Klischee, dem die dichterische Phantasie Trakls ständig folgt:

> Die im Sadismus enthaltenen phallischen Elemente wie z.B. Stock und Messer, Aktivitäten wie Schlagen, Stechen oder Schießen sowie Ausdrucksformen von Kastrationsangst, die häufig zunächst am augenfälligsten sind, dürfen nicht dazu verleiten, in der sadistischen Aktion oder Phantasie lediglich eine Bewältigung ödipaler Konflikte und eine Abwehr von Kastrationsangst zu sehen. Daß es sich um sexualisierte orale Konflikte handelt, zeigt sich u.a. in der Bedeutung, die orale Erlebnisweisen und Triebäußerungen wie Rausch und Sucht in der sadomasochistischen Perversion haben, in der Rolle von Saugen, Beißen und Verschlingen. Die Aggressivität, die sich in der Deviation äußert, ist genetisch eine Mischung aus oral-sadistischen Impulsen und phallischer Aggressivität.(...) Der Ausgangspunkt in der Psychogenese sadistischer Deviationen sind heftige oral-aggressive und destruktive Impulse als Reaktion auf traumatische Erfahrungen in dieser Entwicklungsphase.[12]

Wir verstehen jetzt, was es mit dem »Objekthunger«, mit dem »fressenden Haß« und dem »Blutdurst« der Blaubart-Gestalten Trakls auf sich hat, begreifen auch die enge Verwandtschaft der sadistischen Phantasien Trakls mit seinen Suchttendenzen. Der sadistische Wunsch nach allmächtiger Kontrolle des Objekts ist das Produkt der mißglückten Einigung mit der Mutter im Rahmen der frühen Interaktionsdyade; die ursprüngliche Einheit, die traumatisch zerbrach, soll gewaltsam wiederhergestellt werden. Blaubart will seine Braut »ganz besitzen« – deshalb muß sie sterben: »Hei lustig geschnäbelt zur

[12] Schorsch/Becker, S. 230/231.

Nacht – / Bis zweie nur mehr eines macht! / Und eins ist der Tod!« (I, 445). Auf der Ebene symbolischer Interaktionsformen nicht zugelassen, der Exkommunikation unterworfen, mußten die sadistischen Regungen des Kindes gegenüber dem sich entziehenden mütterlichen Objekt den Charakter des Klischees annhemen, als unbewußt verhaltensbestimmendes Interaktionsmuster alle späteren Objektbeziehungen Trakls beeinflussen – auch sein Verhältnis zur Schwester. Die Dichtung eröffnet den verdrängten Triebwünschen schließlich einen Spielraum, in dem sie sich, mehr oder weniger verhüllt, ausleben können; die Phantasien, die im realen Zusammenleben nicht ausagiert werden dürfen, werden von Trakl in Szene gesetzt auf der Bühne seines poetischen Werks.

Es wäre mithin verfehlt, zwischen dem »Wild« in der Dichtung Trakls und seiner Schwester Gretl eine metaphorische Beziehung anzunehmen. Wir können allenfalls sprechen von einer paradigmatischen Beziehung in der Phantasie des Dichters: Elisabeth, die Taube, das Nönnlein, das Wild, die Katze und die Schwestergestalt der Gedichte bilden eine beliebig erweiterbare Reihe symbolischer Objektrepräsentanzen. Alle diesen weiblichen Geschöpfe spielen die gleiche festliegende Rolle als Opfer einer Blaubart-Figur. Und zugeschrieben ist diese Rolle ursprünglich nicht der realen Schwester, sondern der Mutter des Dichters, der Maria Trakl. Auch eine Muttergestalt ist uns ja in dieser Reihe der Objektrepräsentanzen begegnet. Der Mutter Maria galt der »wutgeifernde Qualschrei« des Heiligen, und auch im Gedicht »Metamorphose« weckte die Gestalt der Madonna gewalttätig-inzestuöse Regungen bei dem Knaben. Dem Namen Maria – es ist im übrigen auch der Vorname der Gouvernante, die die Trakl-Kinder betreute – begegnen wir noch mehrfach im Werk des Dichters, und dabei zeugt ein überraschender Befund für die Richtigkeit unserer Überlegungen: auch die Braut des Blaubart trug ursprünglich den Namen Maria (II, 472). In der Figur der Elisabeth verbirgt sich also eine Maria, eine Muttergestalt: ihr gelten die sadistischen Regungen des Blaubart. Aber zugleich erkennen wir bei genauerem Zusehen in der Elisabeth auch eine Schwestergestalt. Wenn sie nämlich den »«Heinrich« liebt (I, 443), so spielt sie damit implizit die Rolle der Margarete aus Goethes »Faust« – in ihr verbirgt sich eine »Gretl«. Mutterimago und Schwesterimago sind in der Phantasie Trakls aufs Engste verknüpft, beide finden in der Gestalt der Elisabeth ihre symbolische Vertretung.

Im Dramenfragment von 1914 trägt die Schwester des Knaben Peter den mütterlichen Namen Maria. Diese Schwester ist – wie auch die Mutter – verstorben; der »Pächter«, die Vatergestalt, nennt beide in einem Atemzug:

> Maria sprichst du ein kleines Irrlicht zu mir, hingegangenes Kind, ein blauer Quell mein verstorbenes Weib und die alten Bäume fallen auf uns. (I, 456)

In der handschriftlichen Urfassung der Zeilen 16–18 tritt die geheime Identität von Mutter und Tochter (bzw. Schwester) noch deutlicher hervor:

> PETER:
> Euere Tochter –
> DER PÄCHTER:
> Sprichst du von deiner Schwester! Ihr Antlitz sah ich heut' Nacht im Sternenweiher, gehüllt in silberne Schleier. Wie gleicht sie ihrer Mutter! (II, 496)

Der »silberne« Schleier verwandelt sich bei der Überarbeitung dieser Zeilen in einen »blutenden« Schleier, und auch in der folgenden Passage ist von Blut die Rede:

> DER PÄCHTER:
> Sprichst du von deiner Schwester! Ihr Antlitz sah ich heut' nacht im Sternenweiher, gehüllt in blutende Schleier. Des Vaters Fremdlingin –
> PETER:
> Die Schwester singend im Dornenbusch und das Blut rann von ihren silbernen Fingern, Schweiß von der wächsernen Stirne. Wer trank ihr Blut? (I, 455)

Wir können die Frage Peters beantworten: die Schwester ist mit Sicherheit dem Blutdurst eines Blaubart zum Opfer gefallen. Wenn nun das Bild der Schwester dem Bild der Mutter so auffällig gleicht, wenn beide denselben Namen tragen, wenn beide das gleiche Schicksal haben, beide sadistischen Angriffen ausgesetzt sind, so ist der Schluß unabweisbar: in der dichterischen Phantasie Trakls überlagern sich zwei Figuren, die Schwestergestalt und die Gestalt der Mutter. Hinter der Schwester, wenn sie einer Gewalttat zum Opfer fällt, als Wild im Dornbusch verblutet, steht immer die Mutter – nicht räumlich, aber historisch, als Vorbild. Die Schwester – dies war schon der Befund unserer psychobiographischen Studie – ist die Erbin der Mutter, sie übernimmt die ursprünglich der Mutter zugedachte Rolle. Nicht die Liebe zur Schwester ist das zentrale Problem im Seelenleben des Dichters, sondern sein Haß auf die Mutter. Das mütterliche Objekt, das sich entzog, soll gewaltsam unterworfen, »ganz besessen« werden:

> Wenn das Selbst die Kontrolle über das Selbstobjekt verliert, kommt es zum Zerfall der freudvollen Selbstbehauptung und in der weiteren Entwicklung zum Aufsteigen und zur Verschanzung chronischer narzißtischer Wut. Folgen der Unfähigkeit des elterlichen Selbstobjektes, ein freudiger Spiegel für die gesunde Selbstbehauptung des Kindes zu sein, können lebenslänglicher Sarkasmus, Bitterkeit und Sadismus sein ...[13]

Er habe die Mutter bisweilen so sehr gehaßt, so erklärte Trakl einmal, daß er sie mit eigenen Händen hätte ermorden können. Im Prosagedicht »Traum und Umnachtung« geht dieser Mordwunsch in Erfüllung, in einer symbolischen Handlung: »Unter kahlen Eichbäumen erwürgte er mit eisigen Händen eine wilde Katze« (I, 148).

---

[13] Heinz Kohut, *Die Heilung des Selbst*. Frankfurt/M. 1979, S. 118.

»In tödlicher, / Wutgeifernder Ekstase« erzwingt sich der Heilige von der Maria Erfüllung, von einer Muttergestalt. Aus etwa der gleichen Zeit wie dieses Gedicht stammt Trakls Episode »Traumland«, seine erste Prosaveröffentlichung (am 12.5.1906 im Salzburger »Volksblatt«). Auch hier begegnet uns eine Maria. Der Erzähler versetzt sich zurück in seine Knabenzeit, als er die Ferien in einer abgelegenen idyllischen Stadt bei seinem alten Onkel verbrachte; dessen Tochter heißt Maria. Insofern der »Onkel« eine Vaterfigur darstellt, wird in der Cousine des Knaben die Schwester kenntlich. Auf eigentümliche Weise fühlt der Knabe sich zu der kranken Cousine Maria, seiner heimlichen Schwester, hingezogen; er hat das »dunkle Gefühl«, daß sein Liebesobjekt dem Tode geweiht ist:

> Anfangs fühlte ich in der Nähe der kleinen Kranken etwas wie eine angstvolle Beklemmung, die sich später in eine heilige, ehrfurchtsvolle Scheu vor diesem stummen, seltsam ergreifenden Leiden wandelte. Wenn ich sie sah, stieg in mir ein dunkles Gefühl auf, daß sie sterben werde müssen. Und dann fürchtete ich sie anzusehen. (I, 190)

Er meidet den direkten Kontakt, zieht sich zurück in seine Dachkammer, in die Einsamkeit der Wälder, doch überallhin verfolgt ihn das Bild (auch dies ein »bedrängendes« Bild) des leidenden Mädchens. Auch beim Anblick der Liebespaare in den abendlichen Straßen der Stadt muß er an die kranke Maria denken:

> ... wenn ich sah, wie beim leise plätschernden Brunnen im Mondenschein zwei Menschen enge aneinander geschmiegt langsam dahinwandelten, als wären sie ein Wesen, und mich da ein ahnungsvoller heißer Schauder überlief, da kam die kranke Maria mir in den Sinn; dann überfiel mich eine leise Sehnsucht nach irgend etwas Unerklärlichem, und plötzlich sah ich mich mit ihr Arm in Arm die Straße hinab im Schatten der duftenden Linden lustwandeln. Und in Marias großen, dunklen Augen leuchtete ein seltsamer Schimmer, und der Mond ließ ihr schmales Gesichtchen noch blasser und durchsichtiger erscheinen. Dann flüchtete ich mich in meine Dachstube hinauf... (I, 190)

Offenbar werden durch den Blick in die Augen dieses leidenden Geschöpfs in der Seele des Knaben nicht nur zärtliche Gefühle geweckt. Da ist etwas, das Anlaß gibt zur Flucht. »Der Mond ließ ihr schmales Gesichtchen noch blasser und durchsichtiger erscheinen«: wir kennen mittlerweile die Rolle, die dem kranken Mädchen hier zugewiesen wird. Sie ist das sanfte Kind, das Wild, das leidende Opfer; noch hat allerdings die männliche Komplementärfigur, der Jäger, der Wolf, die Szene nicht betreten. Deutlich genug wird indessen, daß der Knabe entsprechende Wünsche in sich verspürt. Kennen wir nicht diesen Blick in die Augen des leidenden Opfers schon aus dem Gedicht »Metamorphose«? Ist die kranke Maria aus »Traumland« nicht auch eine schmerzensreiche Madonna, als Schwester des Knaben zugleich auch eine »mater dolorosa«? Wieder verbirgt sich im Bild der Schwester das Bild der Mutter.

Am Schluß der Erzählung stirbt das Mädchen tatsächlich; die zitternde, leidende Braut ereilt ihr Schicksal. Das weibliche Opfer ist vorhanden, nicht aber ein Täter – er bleibt im Dunkeln. Ohne Mörder kein Mord, ohne Blaubart keine »Blutbrautnacht«: Ursache von Marias Tod kann mithin nur die ominöse Krankheit gewesen sein, an der sie litt. Der Erzähler selbst zeigt sich von dieser Erklärung nicht so recht befriedigt: »... mit war, als hätte sie keine Krankheit dahingerafft, als wäre sie gestorben ohne sichtbare Ursache – ein Rätsel« (I, 192). Fürwahr – ein rätselhafter Tod, ein Tod ohne »sichtbare« Ursache. Es ist wie im Kriminalroman: »Etwas ist nicht geheuer, damit fängt das an. (...) Nach einem versteckten Wer ist gefragt ...«[14] Erst der analytische Blick unter die »sichtbare« Oberfläche des Textes erkennt die wahre causa nocens, die den Tod Marias herbeiführte, entdeckt, daß hier ein sorgsam verschleierter Gewaltakt vorliegt. Und wir entdecken auch den flüchtigen Täter, der – sich seiner Schuld selbst zwar nicht bewußt, doch nicht von ungefähr – an sicherem Ort sich versteckt hält: im dunklen Wald etwa oder in einer Dachkammer. Das Motiv der Krankheit in »Traumland« also ist zu begreifen als ein verhülltes Lustmord-Motiv, als eine Kompromißbildung zwischen Wunsch und Abwehr. Gegenüber der vollständigen sadistischen Szene ergib sich der Vorteil, daß der Täter, das mörderische Selbst, ausgespart bleibt, Schuldgefühl so vermieden wird. Der rätselhafte Tod der Maria ist eine verhüllte Erfüllung des sadistischen Wunsches.

2.2. Sebastian und die masochistische Szene

Unter den vielen Varianten der sadistischen Szene sind wir auf ein Lieblingsmotiv Trakls gestoßen, auf das Paar Jäger / Wild. Die Figur des Jägers haben wir eingeordnet in das Paradigma der aggressiven Selbstrepräsentanzen, in der Gestalt des »sanften Wildes« erkannten wir eine symbolische Repräsentanz des szenisch komplementären femininen Objekts. Der Leser, der mit den komplizierten Wechselbeziehungen innerhalb der Bilderwelt Trakls einigermaßen vertraut ist, wird hier Einwände erhoben haben: so eindeutig seien die Verhältnisse in dieser Lyrik doch keineswegs, daß das »Wild« immer die Rolle des weiblichen Opfers einer Blaubart-Gestalt spiele. Dieser Einwand kann sich stützen auf Textstellen, in denen der Dichter das Wild nicht als feminin kennzeichnet, sondern es etwa dem Knaben gleichsetzt: »... als wohnte der Knabe ein blaues Wild/ In der kristallnen Woge des kühlen Quells« (I, 336). Klar als männlich bestimmt erscheint das Wild auch, wenn Trakl es mit »jenem« oder mit einem »Wanderer« identifiziert:

[14] Ernst Bloch, »Philosophische Ansicht des Detektivromans.« In: E. B., *Literarische Aufsätze*. Gesamtausgabe Bd. 2. Frankfurt/M. 1965, S. 242.

Da jener ein blaues Wild am Hügel erwacht (I, 342)

Da ein Wild
Am Saum des Waldes der Wanderer hingeht (II, 249)

In »Traum und Umnachtung« agierte »jener Knabe« als wilder Jäger, als mörderischer Wolf und Fuchs, so daß der Dichter fragen konnte: »Schimmert nicht das Blut zerrissenen Getiers an jenes Händen ...« (II, 274). Gleich darauf wird jedoch »jener« selbst als bedrohte Kreatur, als »sanftes Wild« vorgestellt: »... süßer Gespiele nahte ihm ein rosiger Engel, daß er, ein sanftes Wild, zur Nacht hinschlummerte« (I, 150). Auch ein lyrisches Ich wird bei Trakl als »Wild« identifiziert:

> Am Saum des Waldes will ich ein Schweigendes gehn, dem aus sprachlosen Händen die härene Sonne sank; ein Fremdling am Abendhügel, der weinend aufhebt die Lider über die steinerne Stadt; ein Wild, das stille steht im Frieden des alten Hollunders... (I, 169)

Wir können also nicht umhin, das Motiv des Wildes auch in das Paradigma symbolischer Selbstrepräsentanzen aufzunehmen: Ich – jener – der Knabe – der Wanderer – der Fremdling – das sanfte Wild. An die Stelle eines lyrischen Ich treten bei Trakl häufig synekdochische Bestimmungen wie »Herz« und »Seele«, »Arme«, »Stirn« oder »Schritte«:

Schweigsam stieg von schwarzen Wäldern ein blaues Wild
Die Seele nieder. (I, 185)

Ein purpurner Weinberg ist mein Herz, der leise in die Nacht
hinblutet,
Ein Wild das niederbricht in einem kahlen Busch (II, 142)

Das lyrische Ich tritt in der Dichtung Trakls offenbar in verschiedenen Rollen auf: einmal in einer aktiven Position, als Täter in der Reihe der Blaubart-Gestalten, andererseits aber auch in der passiven Position, als Opfer, als »sanftes« und »blutendes« Wild. In der »Passion« finden wir »jenen« in der Rolle des verletzten Wildes, nicht in der des Jägers:

Jener aber ward ein schneeiger Baum
Am Beinerhügel,
Ein Wild äugend aus eiternder Wunde,
Wieder ein schweigender Stein. (I, 396)

Das Selbst erscheint in der Rolle des Täters und der Rolle des Opfers, wird symbolisch vertreten durch die Figur des »wilden Jägers« und durch die Gestalt des »blutenden Wilds«: die Verhältnisse in dieser Poesie sind in der Tat alles andere als eindeutig. Die zitierten Passagen haben nicht nur noch einmal deutlich werden lassen, daß es keine einfache metaphorische Beziehung zwischen der Schwester Trakls und dem »Wild« seiner Dichtung gibt – offenbar können wir dieses Wild auch nicht festlegen auf seine Funktion als symbolische Repräsentanz des femininen Objekts, die im vorangegangenen Abschnitt doch so zweifelsfrei definiert werden konnte. Das Selbst als Jäger und als Wild, als Täter und als Opfer: wie können wir diesem Befund analytisch Rechnung tragen?

Ein Satz aus Trakls Prosagedicht »Verwandlung des Bösen« mag bei der Klärung dieses Problems weiterhelfen. Auch hier sieht sich das lyrische Ich in einer Doppelrolle: »Du, ein blaues Tier, das leise zittert; du, der bleiche Priester, der es hinschlachtet am schwarzen Altar« (I, 97). Die Figur des »bleichen Priesters« wird durch eine Formulierung Trakls in einem anderen Gedicht näher bestimmt: »Mönche der Wollust bleiche Priester« (I, 66). Dieser »bleiche Priester«, der das Opfertier tötet, ist dem »Heiligen« des frühen Gedichts eng verwandt; er ist ein Bruder des Jägers, ein Bruder des Blaubart. Auch dessen Lustmord stellt sich dar als rituelle Opferung, wenn er seine Braut Elisabeth bezeichnet als »keusch blühende Rose auf meinem Altar« (I, 444). Der Priester ist ein Abkömmling des sadistischen Wunsches. Wie aber ist es nun zu verstehen, daß in der angeführten Passage aus »Verwandlung des Bösen« das Selbst sowohl in der Rolle des Schlächters, als auch in der Rolle des Opfertiers erscheint, als Jäger und als Wild zugleich? Wie kann der sadistische Wunsch sich gegen die eigene Person richten?

Die Psychoanalyse vermag diese paradox erscheinende Situation leicht aufzuklären. Freuds Strukturmodell zerlegt die Einheit der Person in konfligierende Instanzen; das Ich sieht sich konfrontiert mit den Ansprüchen des Es auf der einen, mit den Forderungen des Überich auf der anderen Seite. Ein Blick auf die Entstehung des Überich zeigt, daß es sich bei dieser Instanz nicht nur um eine Vertretung der väterlich-gesellschaftlichen Autorität handelt, sondern auch um eine Agentur des Es. Das Überich nimmt die Aggressionen des Es auf, wendet sie zurück auf das eigene Selbst; dem mörderischen Es tritt ein sadistisch strafendes Überich gegenüber, und dieser Konflikt zwischen Es und Überich äußert sich als Schuldgefühl und Strafbedürfnis:

> Die Aggression wird introjiziert, verinnerlicht, eigentlich aber dorthin zurückgeschickt, woher sie gekommen ist, also gegen das eigene Ich gewendet. Dort wird sie von einem Anteil des Ichs übernommen, das sich als Über-Ich dem übrigen entgegenstellt und nun als ›Gewissen‹ gegen das Ich dieselbe strenge Aggressionsbereitschaft ausübt, die das Ich gerne an anderen, fremden Individuen befriedigt hätte. Die Spannung zwischen dem gestrengen Über-Ich und dem ihm unterworfenen Ich heißen wir Schuldbewußtsein; sie äußert sich als Strafbedürfnis.[15]

In der Beziehung zwischen Ich und Überich stellt sich somit das Verhältnis her, das uns in der zitierten Passage als symbolische Szene vor Augen tritt: das Verhältnis von priesterlichem Schlächter und Opfertier. Das Überich tritt auf mit sadistisch-strafendem Charakter; Bestrafungswünsche verweisen das

---

15 Freud, »Das Unbehagen in der Kultur«, G. W. XIV, S. 482/83.

Selbst in die masochistische Rolle des »zitternden Tiers«, das den Todesstoß erwartet. Nach Freud ist das Strafbedürfnis »eine Triebäußerung des Ichs, das unter dem Einfluß des sadistischen Über-Ichs masochistisch geworden ist.«[16] Die symbolische Szene Trakls findet ihr symptomatisches Korrelat im quälenden Schuldgefühl des Dichters; sie macht die Psychodynamik des Schuldgefühls sinnfällig, das entsteht durch die Rückwendung der Aggression gegen das eigene Selbst. Die psychoanalytische Hermeneutik des Sinns entdeckt eine Dynamik seelischer Kräfte.

Wenn wir jetzt einen Blick zurück werfen auf das frühe Gedicht »Der Heilige«, so bemerken wir, daß dieser Heilige nicht nur »bedrängt« wird von »grausam-unzüchtigen Bildern«, von den Dämonen des Blutes – er wird zugleich auch gequält von Gott, gepeinigt von einer nicht weniger grausamen Vaterfigur, von einem sadistischen Überich: »– kein Herz ward je von lasser Geilheit so/ Berückt wie seins, und so von Gott gequält/ Kein Herz –« (I, 254). Und wir sind nicht überrascht, diese Formulierung wiederzufinden im Blaubart-Fragment; dort kniet ein Greis weinend vor Blaubart und sagt:

Kreist hundert Jahr nun schon mein Blut –
Hab nie Herr einen gesehn in der Welt –
Der so wie Ihr von Gott gequält! (I, 441)

Blaubart, der sadistische Gewalttäter, wird seinerseits gequält, gepeinigt von einem zürnenden Gott. Wir erkennen die intrapsychische Konfliktsituation Georg Trakls wieder – ein schwaches Ich, ausgesetzt dem Geheul der Dämonen des Blutes, gequält zugleich von schweren Schuldgefühlen, ein Ich, hin- und hergerissen zwischen den Ansprüchen des Es und denen des Überich: »Nach beiden Seiten hilflos, wehrt sich das Ich vergeblich gegen die Zumutung des mörderischen Es wie gegen die Vorwürfe des strafenden Gewissens.«[17] Diese innere Zerissenheit dokumentiert sich ganz deutlich am Schluß der Blaubart-Dichtung:

BLAUBART (schreit):
Gott!
(Er zerrt sie in die Tiefe. Man hört einen gellenden Schrei. Dann tiefe Stille. Nach einiger Zeit erscheint Blaubart, bluttriefend, und trunken außer sich und stürzt wie niedergemäht vor einem Crucifix nieder)

BLAUBART (verlöschend):
Gott! (I, 445)

Der sadistische Jäger erlegt das Wild, schlitzt der »Taube« Elisabeth die Kehle, stürzt jedoch gleich darauf selbst »wie niedergemäht« unter dem Kreuz nieder

---

16 Ebd.
17 Freud, »Das Ich und das Es«, G. W. XIII, S. 283.

– in rückhaltloser Unterwerfung, in der Haltung des Masochisten. »Rasend peitscht Gottes Zorn die Stirne des Besessenen« schreibt Trakl im Gedicht »An die Verstummten« (I, 124); dem Heiligen begegnen wir wieder als einem gefolterten Märtyrer: »Das Fleisch des Heiligen auf glühendem Rost hinschmilzt« (I, 72). Dieser gemarterte Heilige ist das masochistische Komplementärstück des »Besessenen«, des von Dämonen getriebenen sadistischen Jägers. Von den »glühenden Martern/ Des Fleisches« ist die Rede im »Abendländischen Lied« (I, 119), und von dem mörderischen Knaben aus »Traum und Umnachtung« heißt es: »Süße Martern verzehrten sein Fleisch« (I, 148). Auf die gleiche masochistische Vorstellung stoßen wir schon in Trakls frühem Sonett »Sabbath«:

Mein Fleisch, ermattet von den schwülen Dünsten
Und schmerzverzückt von fürchterlichen Brünsten. (I, 222)

Die Reihe ließe sich fortsetzen. Wir fassen solche Bilder zusammen als Varianten eines Motivs, das wir als »masochistische Szene« bezeichnen wollen.

Die große Bedeutung dieser masochistischen Szene in Trakls Werk zeigt sich nicht zuletzt daran, daß sie die Anregung gab zum Titel seines zweiten Gedichtbandes: »Sebastian im Traum«. Sebastian, ein römischer Bogenschütze, wurde zum Märtyrer; nach der Überlieferung erlitt er den Tod durch Pfeile. Er gibt sich damit zu erkennen als eine Umkehrung der Jäger-Gestalt Trakls: die Pfeile, die der Jäger ausschickt, werden vom Überich zurückgewendet gegen die eigene Person. Der Jäger wird so zum »sanften Wild«, fällt seinen eigenen Pfeilen zum Opfer – Blaubart verwandelt sich in einen leidenden Märtyrer. Analoge Verhältnisse finden wir, wenn wir die Bilder betrachten, in denen von einem anderen Mordinstrument, vom Messer, die Rede ist. Das Messer, mit dem Blaubart seiner »Taube« Elisabeth die Kehle schlitzt, mit dem der Jäger das Wild ausweidet, begegnet uns wieder in der Hand des »bleichen Priesters«, der als Opfertier sich selbst schlachtet. Seine Zugehörigkeit sowohl zur sadistischen wie zur masochistischen Szene erklärt sodann auch die von vielen Interpreten bemerkte Ambiguität des »Dorn«-Motivs in Trakls Dichtung. Der Dorn fungiert einmal als phallisches Werkzeug der auf ein weibliches Objekt sich richtenden sexuellen Aggression: »Aus verwesender Bläue trat die bleiche Gestalt der Schwester und also sprach ihr blutender Mund: Stich schwarzer Dorn.« (I, 168) Andererseits finden wir bei Trakl aber auch Zeilen folgender Art:

Daß nimmer der dornige Stachel ablasse vom verwesenden Leib (I,121)

Daß er seines Schicksals vergäße und des dornigen Stachels (I,149)

O der Schauer, da jegliches seine Schuld weiß, dornige Pfade geht. (I,149)

O, die dornige Stunde des Grams (I, 327)

Mit silbernen Sohlen stieg ich die dornigen Stufen hinab (I, 170)

Ein Dornenbusch der den roten Mantel des Büßenden sucht (I,422)

Die Aggression, die im Dorn ihren bildhaften Ausdruck findet, ist in diesen Beispielen nicht auf ein feminines Objekt, sondern auf das Selbst gerichtet: der Dorn ist das Werkzeug eines sadistisch strafenden Überich geworden.

Das von Schuldgefühlen gepeinigte Selbst findet sich nicht nur auf dem Altar wieder, als Opferlamm, das den Dolchstoß erwartet, nicht nur als Märtyrer auf »glühendem Rost«, nicht nur als ein von Pfeilen durchbohrter Sebastian – es tritt auch auf in der Gestalt des dornengekrönten Christus. So finden wir im Dornenbusch nicht nur die weiblichen Opfer, die Magd, die Waise, Eva, die blutende Schwester, sondern auch – und dies ist nun keineswegs mehr überraschend – die Gestalt Christi: »Des Heilands schwarzes Haupt im Dornenstrauch« (I, 63). Welche Vorstellungen sich in der Phantasie Trakls mit dem Bild des Gekreuzigten verbinden, wird schon in der frühen Prosadichtung »Maria Magdalena« deutlich. Hier erzählt Marcellus seinem Begleiter Agathon von seinem Wunsch, die Kreuzigung Christi mitzuerleben:

> Und da wollte ich hinausgehen nach Golgatha, wollte Jenen sehen, wollte Ihn sterben sehen. Vielleicht wäre mir ein rätselhaftes Geschehnis offenbar geworden. In Seine Augen wollte ich blicken; Seine Augen würden vielleicht zu mir gesprochen haben. (...) Aber ich kehrte um. Denn ich fühlte, ich würde jene draußen treffen, auf den Knien vor dem Kreuz, zu Ihm beten, auf das Fliehen Seines Lebens lauschend. In Verzückung. Und da kehrte ich wieder um. (I, 197)

Die Vorstellung vom Blick in die Augen des leidenden Opfers kennen wir schon aus »Metamorphose« (lyr. Ich/Maria), aus »Traumland« (Knabe/Maria). Auch die Kreuzigungsszene ist eine Szene der »Wollust des Todes«. Noch deutlicher wird dies in den Zeilen aus »Romanze zur Nacht«: »Die Nonne betet wund und nackt / Vor des Heilands Kreuzespein« (I, 16). Das »Nönnlein« wird hier nicht mit Blaubart konfrontiert, dem »bleichen Priester der Wollust«, sondern mit dessen Alter Ego, dem leidenden Christus; wieder finden wir die charakteristische Mischung von Religiosität, Erotik und Gewalt. Wie eng diese sadomasochistische Anbetungsszene dem Blaubart-Motiv verwandt ist, zeigt der Vergleich mit den Worten der Elisabeth:

> Möcht nackend in der Sonne gehn,
> Vor aller Augen mich lassen sehn,
> Und tausend Schmerzen auf mich flehn
> Und Schmerzen dir tun, zu rasender Wut! (I, 443)

Der dornengekrönte Christus ist nicht nur der Antipode des Blaubart oder, wie in der frühen Prosadichtung Trakls, des Mörders Barrabas (»Der Nazarener ist tot! Es lebe Barrabas!« I, 194) – er ist in der Phantasie Trakls mit diesem Mörder insgeheim identisch: er ist Blaubart, den sein Schuldgefühl in die Rolle des Leidenden gezwungen hat, symbolischer Repräsentant des Selbst in der masochistischen Szene. Der Jäger fällt den eigenen Pfeilen zum Opfer.

Vergleichen wir nun abschließend noch einmal drei Bilder, in denen der Dornbusch eine Rolle spielt:

Die Schwester singend im Dornbusch und das Blut rann von ihren silbernen Fingern, Schweiß von der wächsernen Stirne. Wer trank ihr Blut? (I, 455)

Des Heilands schwarzes Haupt im Dornenstrauch (I, 63)

Ein blaues Wild / Blutet leise im Dornengestrüpp (I, 86)

Es ist jetzt klar geworden, warum die Interpreten in der Vergangenheit ständig Schwierigkeiten haben mußten, sich über die »eigentliche« Bedeutung des »Wildes« bei Trakl zu verständigen. Das »Wild« meint weder metaphorisch die Schwester, noch Christus, nicht Elis, Orpheus, oder was sonst auch immer vorgeschlagen wurde. Eine »eigentliche« Bedeutung ist auf diese textimmanente Weise nicht festlegbar. Erst die Tiefenhermeneutik führt aus diesem Dilemma der vielfältigen Verweisbeziehungen heraus. Wir haben gesehen, daß das Wild in doppelter szenischer Funktion auftreten kann: einmal als Objektrepräsentanz im Rahmen der sadistischen Szene (hier bildet das Wild ein Paradigma mit der Elisabeth des Blaubart, mit dem Nönnlein, der Magd, der Taube, der Schwestergestalt, der Katze etc.), einmal als symbolische Repräsentanz des Selbst in der passiven Position, im Rahmen der masochistischen Szene (hier steht das Wild in paradigmatischer Beziehung zum gemarterten Heiligen, zu Sebastian, zu Christus, zu allen Leidensfiguren). Und wenn wir nun in einem Gedicht Trakls einem Wild begegnen, das in einem Dornenbusch blutet, so ist keineswegs immer eindeutig zu klären, ob dieses Wild symbolisch das feminine Objekt vertritt, oder aber das von Schuldgefühlen gequälte Selbst: häufig überlagern sich die sadistische und die masochistische Szene. Das Bild der Schuld verschmilzt mit dem Bild der Sühne.

In Trakls Dichtung, so wurde deutlich, kommt der Wunsch zur Sprache, in symbolischen Szenen schafft er sich Erfüllung. Nun ist in der Phantasie des Dichters aber der Wunsch nicht die einzig wirkende Kraft, er ist nicht allein, sondern hat einen mächtigen Gegenspieler. Dem mörderischen Es tritt gegenüber ein sadistisch strafendes Überich; die Invasion der Dämonen des Blutes provoziert Angst und quälende Schuldgefühle. So hat der Wunsch auf seinem Weg zur Sprache den Widerstand des Überich zu berücksichtigen, dessen Zensur zu passieren. Freuds Definition des Traums gilt insofern analog für Trakls Dichtung: das Gedicht ist die oftmals nur verhüllte Erfüllung eines verdrängten Wunsches. Nachdem der Zusammenhang von sadistischer und masochistischer Szene in Trakls Dichtung, der Zusammenhang von Triebwunsch und Schuldgefühl klargestellt ist, können wir uns kurz befassen mit der unter dem Druck des Überich zustandekommenden Entstellung des Wunsches, mit den Abwehrmechanismen, derer das Ich, den Angriffen eines sadistischen Überich ausgesetzt, in seinem Kampf mit den »animalischen Trieben« sich bedient.

Als eine verhüllte Wunscherfüllung hatten wir schon das Krankheitsmotiv in »Traumland« begriffen: indem Maria durch eine rätselhafte Krankheit zu Tode kommt, im Rahmen der sadistischen Szene der Gewalttäter also ausgespart bleibt, besteht kein Anlaß für Schuldgefühl; der Täter, der sich versteckt hält, entgeht der Strafe. In seinem Versteck bleibt auch der Knabe, von dem im Gedicht »Kindheitserinnerung« die Rede ist:

Kindheitserinnerung

Die Sonne scheint einsam am Nachmittag,
Und leise entschwebt der Ton der Immen.
Im Garten flüstern der Schwestern Stimmen –
Da lauscht der Knabe im Holzverschlag,
Noch fiebernd über Buch und Bild.
Müd welken die Linden im Blau versunken.
Ein Reiher hängt reglos im Äther ertrunken,
Am Zaun phantastisches Schattenwerk spielt.

Die Schwestern gehen still ins Haus,
Und ihre weißen Kleider schimmern
Bald ungewiß aus hellen Zimmern,
Und wirr erstirbt der Büsche Gebraus.

Der Knabe streichelt der Katze Haar,
Verzaubert von ihrer Augen Spiegel.
Ein Orgelklang hebt fern am Hügel
Sich auf zum Himmel wunderbar. (I, 271)

Wir finden den Knaben an sicherem Ort, in einem »Holzverschlag«. In seinem Versteck lauscht er den flüsternden Stimmen der Schwestern, die in ihren weißen Kleidern den unschuldigen Geschöpfen nur zu ähnlich sind, die in den Gedichten hier und dort zu Tode kommen: dem Lamm und der Taube, dem Nönnlein, dem sanften Kind. Die Schwester (im Plural) spielt in diesem Gedicht die Rolle eines potentiellen Opfers – noch hat der mörderische Wolf seine Höhle nicht verlassen. Die Schwestern verschwinden ins Haus, sie verlassen die Szene. Ihre Rolle wird übernommen von einem anderen weiblichen Wesen, von einer Katze: »Der Knabe streichelt der Katze Haar, / Verzaubert von ihrer Augen Spiegel«. Dieses Bild hebt sich ab von der Szenerie des Schweigens und der Reglosigkeit, die sich in den drei ersten Strophen des Gedichtes aufbaut – es ist ein bedrohliches Schweigen, eine Stille vor dem Sturm. Vor diesem Hintergrund erhält die Beziehung des Knaben zur Katze ihre besondere Tönung. Auch hier herrscht eine Ruhe vor dem Sturm; jeden Augenblick kann die Zärtlichkeit umschlagen in Gewalttätigkeit, kann aus dem »Streicheln« ein »Erwürgen« werden: »Unter kahlen Eichbäumen erwürgte er mit eisigen Händen eine wilde Katze« (I, 148). Das Bild ist in höchstem Maße ambivalent, es schildert die Zärtlichkeit eines Wolfs. Von hier aus wird auch das eigentümliche Eingangsbild des Gedichts verständlich: der Knabe verbirgt sich im »Holzverschlag« vor den Schwestern, er vermeidet die Begegnung mit den sanften Geschöpfen im weißen Kleid, die seine Wolfsnatur wecken könnten. Die Distanzierung des Selbst vom Objekt dient der Abwehr des Wunsches, der allemal kenntlich bleibt. Dieser »Holzverschlag« weist zurück auf die »Dachstube«, in der sich der Knabe aus »Traumland« versteckte:

> Und in Marias großen, dunklen Augen leuchtete ein seltsamer Schimmer, und der Mond ließ ihr schmales Gesichtchen noch blasser und durchsichtiger erscheinen. Dann flüchtete ich mich in meine Dachstube hinauf ... (I, 190)

Der Knabe tritt die Flucht an, bevor er zum Blaubart wird, bevor die »Dämonen des Blutes« ihn überwältigen, die vom Blick in die Augen des weiblichen Wesens geweckt wurden. Die Distanzierung des Selbst vom Objekt dient der Abwehr des Wunsches.

Solche Bilder des Rückzugs in die Einsamkeit, der Selbstisolation, finden sich in vielfältiger Variation bei Trakl – sie lassen sich zusammenfassen als Entwürfe einer »schizoiden Szene«. Und wie die masochistische Szene Trakls im Schuldgefühl des Dichters, so hat auch diese symbolische Szene ein symptomatisches Korrelat: die autistische Abkapselung Trakls. Wie seine fiktiven Knabengestalten, so meidet auch Trakl den engen Kontakt mit Anderen, er umgibt sich, wie Freunde berichten, mit einer »schützenden Mauer der Abwehr«. Diese Mauer soll nicht nur das Selbst vor Angriffen schützen – sie schützt auch das Objekt vor den destruktiven Impulsen des Selbst. Wie Arlow und Brenner betonen, ist der Autismus schizophrener Patienten nicht (wie Freud zunächst annahm) auf eine libidinöse Regression zurückzuführen, er ist vielmehr Ausdruck einer Abwehrformation des Ich gegenüber aggressiven Triebregungen:

> Bei den Psychosen sind Konflikte wegen aggressiver Impulse intensiver und häufiger als bei den Neurosen. Wegen dieser Impulse hat der Patient ein besonderes Bedürfnis, das Objekt gegen seine eigene Aggressivität zu schützen. Infolgedessen steht der Abbruch der Beziehungen des Patienten zu äußeren Objekten zu seiner Umwelt häufig im Vordergrund der Psychopathologie.[18]

Der intrapsychische Konflikt zwischen Triebwunsch und Abwehr wird nicht nur sichtbar in den symbolischen Szenen der Dichtung Trakls, sondern auch im psychopathologischen Symptom.

Der Wolf zieht sich zurück in seine Höhle; diese Distanzierung des Selbst vom Objekt dient der Abwehr des Wunsches. Betrachten wir nun daraufhin die letzte Strophe des Gedichts »Musik im Mirabell«, die exemplarisch die »bildhafte Manier« des Dichters, sein parataktisches Verfahren vor Augen führt:

> Ein weißer Fremdling tritt ins Haus.
> Ein Hund stürzt durch verfallene Gänge.
> Die Magd löscht eine Lampe aus,
> Das Ohr hört nachts Sonatenklänge. (I, 18)

[18] Jacob A. Arlow / Charles Brenner, »Zur Psychopathologie der Psychosen.« In: *Psyche* 23, 1969, S. 413.

Wir begegnen hier dem Hund wieder, dem Begleiter des Jägers; als symbolischer Repräsentant der destruktiven Regungen stellt er eine Gefahr dar für alle weiblichen Geschöpfe in Trakls dichterischer Welt. Dieser Hund ist noch auf der Suche nach einem Opfer – und das dazu geeignete weibliche Wesen ist nicht fern: schon in der folgenden Zeile ist die Rede von einer »Magd«. Zweifellos läuft die Magd Gefahr, diesem Tier »mit keuchendem Rachen« (I, 456) zu begegnen und das Schicksal der Waise aus »De Profundis« zu teilen. In der Tat hat – in einem anderen Gedicht – auch die Magd ihr Geschick ereilt, an bekanntem Ort: »Stille verwest die Magd im Dornenbusch« (I, 421). Die Konstellation »Fremdling« / »Hund« / »Magd« in »Musik im Mirabell« entspricht genau der in »De Profundis«: lyrisches Ich / »Hunde« / »Waise«. Und die Vorstellung vom Auslöschen des Lichtes kennen wir bereits aus der frühen »Ballade«: »Da löschte sein Licht in ihrer Hand« (I, 229). Auch die Magd im späteren Gedicht löscht nicht irgendein beliebiges Licht – es ist »sein« Licht, das »Licht« des Fremdlings: die erotischen Konnotationen dieses Bildes sind deutlich. Die auf den ersten Blick so disparaten Bilder, die in asyndetischem Reihungsstil sich in der letzten Strophe von »Musik im Mirabell« versammelt haben, erweisen sich in der Semantik des Wunsches als keineswegs so unverbunden. Der szenische Zusammenhang, in den sie gehören, läßt sich leicht rekonstruieren.

Nun ist aber diese »Blutbrautnacht« (als Hund, als wildes Tier mit »keuchendem Rachen«, kommt der »Fremdling« über die »Magd«, um seinen »fressenden Haß« zu stillen, das Feuer seines Triebs zu löschen) nicht explizit dargestellt – sie läßt sich nur erschließen aus der Kenntnis des Rekurrentenmaterials. Die Akteure der sadistischen Szene begegnen sich nicht; Fremdling, Hund und Magd bleiben isoliert, säuberlich voneinander getrennt durch Satz- und Zeilengrenzen. Dieses isolierende Verfahren Trakls, so wird jetzt klar, ist kein bloß äußerliches Formprinzip, es ist inhaltlich motiviert: es dient der Verhüllung, der Abwehr des Wunsch, der der Vater dieser Strophe war. Die parataktische Bauform hält voneinander getrennt, was in der Phantasie Trakls faktisch eng zusammengehört: von einer »Simultaneität des Disparaten« kann insofern nicht die Rede sein. Der Psychoanalyse ist diese Technik der Isolierung vertraut, sie rechnet sie zu den Abwehrmechanismen des Ich:

> Gelegentlich schiebt ein Patient reale räumliche oder zeitliche Abstände zwischen die beiden Bereiche, die voneinander getrennt gehalten werden sollen. Räumliche Abstände werden hergestellt, damit gewisse Dinge (die Vorstellungen repräsentieren, die voneinander getrennt bleiben sollen) sich nicht berühren können. Oder aber es wird den Dingen eine Ordnung zugewiesen, die zwischen ihnen eine Distanz aufrechterhält. Zeitliche Abstände werden hergestellt, damit nach einer Handlung eine Pause eintritt, die die Handlung von der Möglichkeit trennt, auf eine andere Handlung einzuwirken.[19]

---

19 Fenichel, Neurosenlehre, Bd. 1, S. 223.

Die parataktische Form der letzten Strophe von »Musik im Mirabell« dient der Abwehr des Wunsches; das isolierende Verfahren verhindert, daß sich die Tat – wenn auch nur symbolisch – vollzieht, daß die »fürchterlichste Möglichkeit« zur dichterischen Wirklichkeit wird.

Die sinnerschließende Kraft des tiefenhermeneutischen Verfahrens vermag sich schließlich auch zu bewähren an einer besonders kryptischen Bilderfolge Trakls. Es handelt sich um die Eingangszeilen seines Gedichts »Nachtlied«, das im April 1913 entstand:

> Des Unbewegten Odem. Ein Tiergesicht
> Erstarrt vor Bläue, ihrer Heiligkeit.
> Gewaltig ist das Schweigen im Stein;
>
> Die Maske eines nächtlichen Vogels. (...) (I, 68)

Diese Zeilen sind keineswegs hermetisch, dem inhaltlichen Verstehen unzugänglich; schon gar nicht zeugen sie von einer geistigen Zerrüttung ihres Autors. Sie sind ungemein sinnhaltig. Bei näherem Zusehen gewinnt nämlich eine symbolische Szene Konturen, die wir aus anderen Gedichten schon kennen. Das Selbst – als »Unbewegter«, als »Tiergesicht«, als »nächtlicher Vogel« – steht vor »heiliger Bläue«, erstarrt vor ihr. Dieses heilige Blau erweist sich als ein mütterliches Attribut, als Kennzeichen der Madonna, der Mutter Maria: sie trägt ein blaues Gewand. Auch der böse Knabe aus »Traum und Umnachtung« – er hat ebenfalls ein »Tiergesicht«, das Gesicht eines Wolfs – erstarrt vor solch einem mütterlichen Blau: »Das blaue Rauschen eines Frauengewandes ließ ihn zur Säule erstarren und in der Tür stand die nächtige Gestalt seiner Mutter« (I, 148). Die sadistischen Regungen des Knaben gegenüber der Mutter sind der Hintergrund, vor dem sein Erstarren überhaupt erst begreiflich wird. Rufen wir uns das frühe Gedicht »Der Heilige« in Erinnerung – es steht mit den beiden zitierten Textpassagen in unmittelbarem Zusammenhang. Auch hier nämlich tritt das Selbst vor eine mütterliche Gestalt in blauem Gewand; allerdings hat die Szene völlig anderen Charakter:

> Und nicht so trunken tönt das Evoe
> Des Dionys, als wenn in tödlicher,
> Wutgeifernder Ekstase Erfüllung sich
> Erzwingt sein Qualschrei: Exaudi me, o Maria! (I, 254)

Hier ist ein sadistischer Angriff auf die Mutter symbolisch ausgeführt, hier heulen die Dämonen des Blutes und toben sich aus. Dieses Bild »rasender Wut« ist nun im »Nachtlied« und im korrespondierenden Abschnitt aus »Traum und Umnachtung« ersetzt durch sein Gegenteil, durch ein Bild des Erstarrens. An die Stelle des wilden »Qualschreis« ist das Bild vom »Schweigen im Stein« getreten, das Motiv der Maske. Wir haben es also zu tun mit kontradiktorischen Varianten der gleichen Szene. Die Erstarrung verhindert den Angriff auf das mütterliche Objekt; das Verstummen verhindert, daß das Geheul hörbar wird, das die Dämonen des Blutes veranstalten. Das Selbst maskiert sich, verbirgt sein »Tiergesicht«, erstarrt, um nicht Unheil anzurichten, um den »animalischen Trieben« zu wehren.

Ziehen wir noch eine andere Passage des Prosagedichts hinzu, die in der Handschrift (H[1]) in zwei verschiedenen Fassungen erscheint:

> A: Also fandst du im Dornenbusch das weiße Nönnlein, das in Tränen seinen himmlischen Bräutigam rief; lachtest vergraben in dein stählernes Haar, da der Fuchs eine Henne zerriß.
>
> B: Also fand er im Dornenbusch die weiße Gestalt des Kindes blutend nach der Süße seines Bräutigams. Er aber stand vergraben in sein stählernes Haar, stumm und steinern vor ihr. (II, 273)

Wo im Ansatz A die Gewalttat stellvertretend vollzogen wird (Fuchs / Henne), da steht im Ansatz B ein Bild der Petrifikation und des Schweigens. »Stumm und steinern« steht der Täter vor seinem Opfer, Motorik und Sprache sind blockiert, um die »fürchterlichste Möglichkeit« nicht zur Wirklichkeit werden zu lassen. In der Handschrift wird der Knabe als »wütender Wolf« mit »schäumenden Lippen« bezeichnet; als kontradiktorische Variante erscheint: »mit steinernem Munde« (II, 266). Diese Kontradiktion entspricht den zuvor beschriebenen, und wie diese weist sie auf einen Konflikt seelischer Kräfte: auf die Aggressionswünsche des Es und den Versuch des Ich, diese durch Blockierung der Motorik, durch das Erstarren abzuwehren.

Unter den vielen Tieren, die in Trakls Dichtung als Repräsentanten destruktiver Regungen fungieren, die »animalischen Triebe« verkörpern, spielt das Pferd – zumeist ein schwarzes Pferd, ein Rappe – eine besonders herausragende Rolle. Aus den vorangegangenen Darlegungen wird nun das Bild ohne weiteres verständlich, auf das wir im Gedicht »Sebastian im Traum« stoßen: »Da er steinern sich vor rasende Rappen warf« (I, 88). Wie schon in der psychobiographischen Studie vermerkt, hat dieses Bild eine Parallele in der Lebensgeschichte Trakls: als Kind wollte er in panischer Reaktion ein Pferd, einen Eisenbahnzug aufhalten. Eine positivistische Rückführung des dichterischen Bildes auf das lebensgeschichtliche Ereignis trägt indessen nichts bei zu seinem Verständnis, führt den Interpreten vielmehr in eine methodische Sackgasse: wer das poetische Bild aus dem biographischen Vorbild kausal herzuleiten versucht, auf diese Weise die Dichtung Trakls im Rückgriff auf sein Leben »erklären« will, verkennt, daß das historische Faktum, das »Erlebnis« des Dichters, selbst der Interpretation bedürftig ist. Positivistischer Biographismus vermag die Beziehung zwischen Leben und Werk nicht befriedigend zu klären, wohl aber die Tiefenhermeneutik. Sie begreift die Beziehung zwischen der Panikreaktion des Kindes und der Zeile aus dem »Sebastian im Traum« als eine Beziehung zwischen Symptom und Symbol, führt beide Phänomene auf ihren gemeinsamen Grund zurück, auf innerseelische Wirklichkeit, psychische Konflikte. Dichterisches Symbol und psychopathologisches Symptom verlangen gleichermaßen nach einer tiefenhermeneutischen Erschließung.

Dem von Trakl vielfach gebrauchten Motiv des Erstarrens können wir als korrelierendes Symptom zur Seite stellen den katatonen Stupor, ein Symptom, das dem Psychiater aus psychotischen Zustandsbildern vertraut ist. In einem Brief vom Februar 1913 berichtet Trakl selbst von solchen körperlichen Erstarrungszuständen:

> Seltsame Schauer von Verwandlung, körperlich bis zur Unerträglichkeit empfunden, Gesichte von Dunkelheiten, bis zur Gewißheit verstorben zu sein, Verzückungen bis zu steinerner Erstarrtheit; und Weiterträumen trauriger Träume. (I, 503)

Die Petrifikation, die als ein hochrekurrentes Motiv in Trakls Werk auftritt, wird hier vom Dichter körperlich empfunden, faktisch erlebt. Auch das Krakauer Krankenblatt verzeichnet solche katatonen Erstarrungszustände bei Trakl:

> Trakl weißt (!) seit der Abreise von Innsbruck am 26/VIII abwechselnd katatone wie Erregungszustände auf. Am Tage der Schlacht bei Grodek (13/X) wollte er unbedingt in die Front und mußte durch 6 Mann entwaffnet werden. (II, 729)

Erregung wechselt mit Erstarrung – auch hier, im Bereich der Symptome, können wir »kontradiktorische Varianten« feststellen. Bei unserer Werkanalyse kamen wir zum Schluß, daß das Motiv der Erstarrung dem Motiv des »Rasens« semantisch entgegengesetzt sei und daß in dieser Kontradiktion des Sinnes ein Konflikt seelischer Kräfte zum Ausdruck komme: die Petrifikation dient der Abwehr der Dämonen des Blutes. Zum gleichen Befund gelangt der Psychoanalytiker bei der Analyse des Symptoms: der Stupor ist zu begreifen als eine Blockade zerstörerischer Triebregungen. Arlow und Brenner demonstrieren dies an einem eindrucksvollen klinischen Beispiel:

> Eine psychotische Patientin, die auf Grund ihrer gegen ihren Mann gerichteten ungestümen sadistischen Impulse in einen Zwiespalt geriet, wehrte sich gegen diese Impulse dadurch, daß sie in einen trance- oder stuporähnlichen Zustand verfiel, in dem sie sich weder bewegte noch sprach, noch dachte. Sie verhielt sich so, als müßte sie ihre Hände und Füße in Fesseln legen, ja als müßte sie sogar ihr Zunge und ihren Verstand zügeln, um nicht in rasender Wut auf den Gegenstand ihres Zorns loszugehen und ihn zu zerstören und zu verschlingen.[20]

Ein »Tiergesicht« erstarrt in der Welt Trakls vor einem mütterlichen Blau, »stumm und steinern« steht das mörderische Selbst vor dem weiblichen Objekt. Das Ich versucht die »animalischen« Triebe dadurch aufzuhalten, daß es die körperliche Motorik blockiert. In steinerner Gestalt wirft Sebastian, der

---

[20] Arlow / Brenner, *Grundbegriffe der Psychoanalyse*, Reinbek, 1976, S. 128.

von Schuldgefühlen gequälte Blaubart, sich in letzter Not dem dahinrasenden Rappen in den Weg. Solche Bilder sind keine »reinen Sprachfiguren«.

2.3. Kaspar Hauser und die paranoide Szene

Der Triebwunsch provoziert ein Schuldgefühl; das Ich sieht sich bedrängt von den Regungen des Es, zugleich gequält von einem sadistisch strafenden Überich. Diese intrapsychische Konfliktsituation wird in Trakls Gedichten symbolisch gestaltet, einmal als sadistische Szene (das Ich folgt dem Drängen des Es), einmal als masochistische Szene (das Ich unterwirft sich dem Überich). Beiden Szenen konnten wir ein Paradigma symbolischer Selbstrepräsentanzen zuordnen, als prototypische Figuren hier Blaubart, dort den Märtyrer Sebastian. Die Gestalt des Sebastian führt uns nun weiter zur Figur des Kaspar Hauser; von der masochistischen Szene ist es nur ein kleiner Schritt zu den Szenen paranoiden Musters. Werfen wir zunächst einen Blick auf Trakls Gedicht »Das Grauen«, das zu einem Zyklus früher Sonette in der »Sammlung 1909« gehört:

Das Grauen

Ich sah mich durch verlass'ne Zimmer gehn.
– Die Sterne tanzten irr auf blauem Grunde,
Und auf den Feldern heulten laut die Hunde,
Und in den Wipfeln wühlte wild der Föhn.

Doch plötzlich: Stille! Dumpfe Fieberglut
Läßt giftige Blumen blühn aus meinem Munde,
Aus dem Geäst fällt wie aus einer Wunde
Blaß schimmernd Tau, und fällt, und fällt wie Blut.

Aus eines Spiegels trügerischer Leere
Hebt langsam sich, und wie ins Ungefähre
Aus Graun und Finsternis ein Antlitz: Kain!

Sehr leise rauscht die samtene Portiere,
Durchs Fenster schaut der Mond gleichwie ins Leere,
Da bin mit meinem Mörder ich allein. (I, 220)

Das lyrische Ich berichtet von einer visionären Selbstbegegnung, einem grauenvollen Erlebnis, wie der Titel des Sonetts schon andeutet. Entworfen wird zunächst ein Szenarium der Bedrohung; die verlassenen, nächtlichen Zimmer sind nicht weniger unheimlich als die stürmische Nacht draußen. Ein Gang über die Felder scheint nicht ratsam – er könnte unversehens enden in einem »Dornenbusch«: der Wanderer läuft Gefahr, wie die »Waise« in »De Profundis« den wilden Hunden zum Opfer zu fallen. Gefährlich aber ist auch, was dem lyrischen Ich von innen entgegentritt: »Dumpfe Fieberglut / Läßt giftige Blumen blühn aus meinem Munde«. Es regen sich die Dämonen des Blutes, das Fieber ist ihr Werk – wir erinnern uns an den »Qualschrei« des »Heiligen«: »Doch formt nur qualvoll–ungestillte Lust / Sein brünstig-fieberndes Gebet ...« (I, 254). Blut fließt nun auch im Gedicht »Das Grauen«: der Tau, der aus den Zweigen fällt, erscheint dem lyrischen Ich wie Blut, das aus einer Wunde tropft. Wessen Blut aber wird hier vergossen? »Hunde« – »Wunde«: ist es das der sanften Waise? Ist in der Phantasie des Dichters das Bild der Eva gegenwärtig – »der süße Leib zerfetzt von Hunden« (I, 289)? Im Spiegel erblickt das lyrische Ich sich selbst in Gestalt des Brudermörders Kain und erkennt voll Angst: »Da bin mit meinem Mörder ich allein«. Auch in diesem frühen Gedicht tritt also schon das Selbst zugleich in der Rolle des Mörders und der des Opfers auf, als Jäger und als Wild, als Priester und als Opfertier. Das Blut, das hier fließt, ist ein »selbstvergossenes«, wie es in den Entwürfen zu »Verwandlung des Bösen« heißt: »Ein Toter besucht dich. Von seiner Schläfe rinnt das selbstvergossene Blut« (II, 171).

»Da bin mit meinem Mörder ich allein«: ein solches Bild paranoiden Musters ist die Keimzelle des »Kaspar Hauser Liedes« vom Oktober 1913:

Kaspar Hauser Lied

Er wahrlich liebte die Sonne, die purpurn den Hügel hinabstieg,
Die Wege des Walds, den singenden Schwarzvogel
Und die Freude des Grüns.

Ernsthaft war sein Wohnen im Schatten des Baums
Und rein sein Antlitz.
Gott sprach eine sanfte Flamme zu seinem Herzen:
O Mensch!

Stille fand sein Schritt die Stadt am Abend;
Die dunkle Klage seines Munds:
Ich will ein Reiter werden.

Ihm aber folgte Busch und Tier,
Haus und Dämmergarten weißer Menschen
Und sein Mörder suchte nach ihm.

Frühling und Sommer und schön der Herbst
Des Gerechten, sein leiser Schritt
An den dunklen Zimmern Träumender hin.
Nachts blieb er mit seinem Stern allein;

Sah, daß Schnee fiel in kahles Gezweig
Und im dämmernden Hausflur den Schatten des Mörders.

Silbern sank des Ungebornen Haupt hin. (I, 95)

Schon im Frühjahr 1912 hatte Trakl in einem Brief an Buschbeck geschrieben: »Wozu die Plage. Ich werde endlich doch immer ein armer Kaspar Hauser bleiben.« (I, 487) Trakl nennt den Findling einen »Ungeborenen«; von sich selbst sagte er: »Ich bin ja erst halb geboren.«[21] Die Identifikation des Dichters mit der Gestalt des Kaspar Hauser ist deutlich. Wenn wir nun das Gedicht Trakls nicht nur als eine poetische Paraphrase des Kaspar-Hauser-Stoffes betrachten, sondern davon ausgehen, daß die Figur des Kaspar Hauser als symbolische Selbstrepräsentanz fungiert, dann eröffnen sich sogleich die Parallelen zu den vorher erörterten Gedichten und Szenen. In dem Paar »Kaspar / Mörder« erkennen wir das Paar »Jäger / Wild« wieder, und damit erschließt sich auch der Sinn der dunklen Wendung »Ihm aber folgte Busch und Tier«. Dieses »folgen« ist nicht wörtlich-realistisch zu verstehen (als seien Busch und Tier ständige Begleiter des Kaspar), auch hebt es nicht nur das Verhaftetsein Kaspars an die paradiesische Naturwelt hervor, aus der er kam (vgl. die Strophen 1 und 2). Dieses »folgen« weist vielmehr auf eine Vorstellungsfolge in der Phantasie Trakls: die Gestalt des Kaspar weckt die Assoziation an »Busch und Tier«, zieht diese Vorstellungen nach sich. So schreibt Trakl in einem anderen Gedicht ganz ähnlich: »Dieses erinnert an Baum und Tier« (I, 122). »Busch und Tier«: dies sind nicht nur Elemente einer paradiesischen Landschaft, sondern auch immer wiederkehrende Elemente des sadomasochistischen Vorstellungsfeldes – das Tier ist das Opfer, der Busch bezeichnet den Ort des blutigen Geschehens. Kaspar übernimmt die Rolle des Wildes; zur vollständigen Szene fehlt noch der Täter, der indessen schon unterwegs ist: »Und sein Mörder suchte nach ihm«. Wenn das Kaspar-Hauser-Thema Trakl faszinierte, so deshalb, weil der blutige Stoff seinen eigenen Phantasien entsprach, Phantasien, die schon früher auf andere Weise dichterische Gestaltung gefunden hatten. Kaspar Hauser übernimmt die Rolle des Wildes, der unbekannte Mörder dieses Findlings – oder sollen wir besser von Kaspar, der »Waise«, sprechen? – den Part des Jägers. Stellen wir nun das frühe Gedicht »Das Grauen« neben das »Kaspar Hauser Lied«, so drängt sich die Vermutung auf, daß auch im späteren Gedicht Mörder und Opfer in einer geheimen Identitätsbeziehung stehen. Auch das Blut des Kaspar Hauser ist eigentlich ein »selbstvergossenes«.

Tatsächlich begegnen wir in der Dichtung Trakls auch einem Mörder, einer Blaubart-Gestalt namens Kaspar. Das Prosagedicht »Traum und Umnachtung« vom Januar 1914 erzählt, wie aus dem ursprünglichen Titel hervorgeht, vom »Untergang des Kaspar Münch« (II, 265). Kaspar Münch: die Herkunft des Vornamens dieses Knaben ist klar, doch wie kommt der Dichter auf den Namen »Münch«? Nur eine winzige graphische Veränderung genügt, und wir erhalten das Wort »Mönch« – und der Mönch spielt in Trakls Dichtung eine wichtige Rolle. Dabei ist er keineswegs eine eindeutige Figur, nicht nur eine sanfte Gestalt in härenem Büßergewand, die von »edleren Zeiten« (I, 65) zeugt. Schon im Gedicht »Der Heilige« sind wir einem begegnet, der diesem

21 Basil, S. 113.

Bild überhaupt nicht entsprach; in »Drei Blicke in einen Opal« bezeichnet Trakl die Mönche als »der Wollust bleicher Priester« (I, 66). Als ein solcher entpuppt sich auch der Knabe Kaspar in »Traum und Umnachtung«. Die eindrucksvolle Serie analoger sadistischer Szenen in diesem Prosagedicht haben wir bereits untersucht; in der Rolle des Opfers wechselten sich ab das schweigende Kind, die Katze, die Taube, das Judenmädchen, das Nönnlein (als eine »Schwester« des »Mönchs«; auch der Begriff »Mönchin« begegnet bei Trakl), die Henne. Auch als ein »Hellseher« wird Kaspar bezeichnet; die sadistischen Implikationen dieses Motivs traten im »Totentag« deutlich hervor. Der Knabe agiert als Wolf: »Ein Wolf zerriß das Erstgeborene und die Schwestern flohen in dunkle Gärten zu knöchernen Greisen« (I, 149). Der Begriff »Erstgeborenes« weckt die Vorstellung eines archaischen Opferrituals. Das Bild von der Flucht der Schwestern wurde bislang vordergründig-biographistisch gedeutet als ein eifersüchtiger Kommentar Trakls zur Heirat seiner Schwester Margarete (die indessen schon im Juli 1912 stattfand). Nicht die Biographie aber erschließt die Semantik des Bildes, diese ergibt sich vielmehr aus der Dynamik des sadistischen Klischees: wenn die Schwestern (die wir uns in weißem Kleid vorstellen dürfen) fliehen, so deshalb, weil sie von der Wolfsnatur des Knaben allerhand zu befürchten haben. So schreibt Trakl bereits im ersten Abschnitt des Prosagedichts: »das dunkle Getier, das seine umnachteten Pfade mied« (I, 147/48). Ein analoges Bild findet sich schon in einem Jugendgedicht: »Und tret' ich ein, deucht mich, daß jemand floh« (I, 239).

Der Knabe mit dem Namen »Kaspar Münch« präsentiert sich also im Prosagedicht einmal als »Mönch«, als »bleicher Priester der Wollust«. Zugleich aber tritt er auf als Mönch in härenem Büßergewand, in der Rolle des Sebastian, des leidenden Märtyrers, des von Gott Gequälten: »Gottes Zorn züchtigte seine metallenen Schultern« (I, 147). Im zweiten Abschnitt lesen wir: »Süße Martern verzehrten sein Fleisch. In einem verödeten Durchhaus erschien ihm starrend von Unrat seine blutende Gestalt« (I, 148). In der Handschrift hieß es ursprünglich: »starrend von Dornen« (II, 269). Der Blaubart namens Kaspar ist zugleich ein leidender Christus, ein Büßender auf seinem Passionsweg: »O der Schauer, da jegliches seine Schuld weiß, dornige Pfade geht« (I, 149). »Bitter ist der Tod, die Kost der Schuldbeladenen«, schreibt Trakl zu Beginn des letzten Gedichtabschnitts (I, 150). Schließlich finden wir auch noch eine ganze Reihe von Bildern paranoiden Musters, Bilder, die den Knaben in der Rolle des Kaspar Hauser zeigen, seine Verfolgungsängste aufscheinen lassen:

> ... der Schatten eines Rappen sprang aus dem Dunkel und erschreckte ihn. (I, 147)
>
> O, die Stunde, da er mit steinernem Munde im Sternengarten hinsank, der Schatten des Mörders über ihn kam. (Ebd.)
>
> Von Fledermäusen gejagt, stürzte er fort ins Dunkel. (I, 148)

Feindliches folgte ihm durch finstere Gassen und sein Ohr zerriß ein eisernes Klirren. (Ebd.)

Blaubart verwandelt sich in Sebastian und in Kaspar Hauser; der wilde Jäger wird zum gejagten Wild. Der Knabe Kaspar Münch spielt drei Rollen zugleich: er ist als Mönch ein »Priester der Wollust«, er ist ein Mönch im Büßergewand, und er ist der Verfolgte Kaspar Hauser. Der Name des Knaben ist entstanden durch ein »Zusammenschmieden«: er stellt eine Synthese von Trakls »Mönch« und der Figur des Kaspar Hauser dar.

Dem Knaben Kaspar begegnen wir wieder im Dramenfragment vom Frühjahr 1914. Gleich zu Beginn berichtet Kaspars Bruder – wie seinen Helden im verlorengegangenen »Totentag« nennt Trakl ihn »Peter« – dem Vater (»Der Pächter«) von einem Leichenfund:

> Bei der Mühle hat man heute die Leiche eines Knaben gefunden. Die Waisen des Dorfes sangen seine schwarze Verwesung. Die roten Fische haben seine Augen gefressen und ein Tier den silbernen Leib zerfleischt; das blaue Wasser einen Kranz von Nesseln und wildem Dorn in seine dunklen Locken geflochten. (I, 455)

Wie der Handschrift (H^2) zu entnehmen ist, handelt es sich bei dem Toten um Peters Bruder; der Pächter antwortet nämlich ursprünglich: »Also ist tot unser Sohn, dein Bruder« (II, 496). Der Name des Bruders geht ebenfalls aus dieser Handschrift hervor, aus den Worten des Pächters: »Kaspar sprichst du ein kleines Irrlicht zu mir, hingemordetes Kind« (II, 498). Der tote Knabe Kaspar, den Trakl in eine Christus-Rolle rückt (Dornenkrone), ist das Opfer eines Wolfs geworden: »Rotes Gestern, da ein Wolf mein Erstgebornes zerriß« (I, 455). Das Bild vom Wolf, der das »Erstgeborne zerriß«, fanden wir eben schon im zeitlich benachbarten Prosagedicht »Traum und Umnachtung« – der Wolf trug dort den Namen Kaspar Münch. Im Dramenfragment nun bekleidet der Knabe Kaspar die Rolle des Opfers, des Kaspar Hauser, der von Mörderhand stirbt. Jetzt ist er selbst das »Erstgeborene«, das vom Wolf zerrissen wird.

In der ursprünglichen Fassung der zweiten Szene erscheint nun der tote Kaspar seiner Schwester Johanna (später ist es dann eine visionäre Begegnung zwischen Johanna und ihrer verstorbenen Schwester Maria; diese Figur kennen wir schon aus »Traumland«); Kaspar, der schon durch die Dornenkrone in die Nähe Christi gerückt wurde, tritt jetzt auf mit einer blutenden Wunde unter dem Herzen:

> JOHANNA:
> Weh, die Wunde die dir am Herzen klafft, lieber Bruder.
>
> KASPAR:
> Brennende Lust; Qual ohne Ende. Sieh wie ich schuldlos krank litt. (II, 500)

Der tote Kaspar trägt die Attribute des gekreuzigten Christus, doch rufen seine Worte auch die Gestalt des »Heiligen« aus dem frühen Gedicht Trakls in Erinnerung: »Brennende Lust; Qual ohne Ende«. Wieder verbergen sich drei

Gestalten in der Figur des Kaspar: Blaubart, der gequälte Sebastian und der durch Mörderhand gestorbene Kaspar Hauser. Im »Schatten« des toten Knaben taucht eine weitere Erscheinung auf:

> JOHANNA:
> In deinem Schatten weß Antlitz erscheint; gefügt aus Metall und feurige Engel im Blick ...
>
> KASPAR:
> Weh! Mein Mörder! (II, 501)

Der wilde Wolf, dem Kaspar zum Opfer gefallen ist (vgl. oben), nimmt jetzt Menschengestalt an, das Kaspar-Hauser-Motiv gewinnt deutliche Konturen. Kaspar, der im Prosagedicht als Wolf, als mörderischer Verfolger in Erscheinung trat, ist jetzt selbst zum Verfolgten geworden.

Das Kaspar-Hauser-Motiv wird im direkten Anschluß an diese Passage von Trakl ausgestaltet. Die Szene wechselt; jetzt fällt ein Mörder mit dem Messer in der Hand über einen nicht näher identifizierten Wanderer her:

> Der WANDERER (sterbend):
> Weg von meiner Kehle die schwarze Hand – weg von den Augen nächtige Wunde – purpurner Alb der Kindheit. (I, 457)

Wenn der Wanderer – in der Rolle des Kaspar Hauser – vom Alptraum seiner Kindheit spricht, von einem »bedrängenden Bild« einer Wunde, so gibt er sich selbst als eine Blaubart-Figur zu erkennen, als der Kaspar Münch, der als Knabe einer Taube die Kehle schlitzte. Wenn er nun durch Mörderhand stirbt, so ereilt ihn die gerechte Strafe, eine Strafe, die dem Talionsprinzip folgt. Kaspar Münch wird zum Kaspar Hauser, der Jäger zum Wild; das Messer in der Hand des Knaben kehrt sich gegen ihn selbst – nicht anders als die Pistole in der Hand des Peter im »Totentag«.

Wir können es uns nicht ersparen, noch tiefer in die verwickelten Verhältnisse des Dramenfragmentes einzudringen. In der zweiten Fassung nämlich kommt diese Mördergestalt, von Trakl jetzt Kermor genannt, selbst als Wanderer, als Fremdling, nachts zur Hütte des Pächters, und zwar mit den Worten:

> Meinem Rappen brach ich im Wald das Genick, da der Wahnsinn aus seinen purpurnen Augen brach. Der Schatten der Ulmen fiel auf mich, das blaue Lachen des Wassers. Nacht und Mond! Wo bin ich. Einbrech ich in süßen Schlummer ... (I, 458)

Diese Sätze finden wir fast gleichlautend in dem ebenfalls im Frühjahr 1914 entstandenen Prosagedicht »Offenbarung und Untergang«, dort allerdings gesprochen von einem lyrischen Ich:

> Und es sprach eine dunkle Stimme aus mir: Meinem Rappen brach ich im nächtigen Wald das Genick, da aus seinen purpurnen Augen der Wahnsinn sprang; die Schatten der Ulmen fielen auf mich, das blaue Lachen des Quells und die schwarze Kühle der Nacht, da ich ein wilder Jäger aufjagte ein schneeiges Wild; in steinerner Hölle mein Antlitz erstarb. (I, 168/69)

Im Dramenfragment heißt der »wilde Jäger« Kermor; das Wild, in dessen Schlummer er bricht, ist Johanna, die Tochter des Pächters:

> JOHANNA:
> Lachende Stimme im Nachtwind –
> KERMOR (erblickt sie):
> Dornige Stufen in Verwesung und Dunkel; purpurne Höllenflamme
> flamme! (Er erhebt sich und flieht ins Dunkel)
> JOHANNA (hoch aufgerichtet):
> Mein Blut über dich – da du brachest in meinen Schlaf. (I, 459)

Die Szene von der Ermordung des Wanderers folgte dem paranoiden Muster, variierte das Kaspar-Hauser-Motiv; jetzt tritt der Mörder auf im Rahmen einer sadistischen Szene, als Blaubart, der ein weibliches Wesen bedroht. Die Tat wird allerdings nicht vollzogen – der Mörder flieht. Wir erinnern uns an die Flucht des Knaben in seine »Dachstube«: die Distanzierung vom Objekt dient der Abwehr des Wunsches. In »Offenbarung und Untergang« stoßen wir auf ein analoges Bild: »Einbrach ein roter Schatten mit flammendem Schwert in das Haus, floh mit schneeiger Stirne« (I, 168).

In »Traum und Umnachtung« war es Kaspar Münch, der als ein wilder Wolf in die Welt des Kindes einbrach, der als Fuchs eine Henne zerriß; und tatsächlich stoßen wir unter den Titelvarianten zu diesem wenig früheren Prosagedicht auch schon auf den Namen »Kermor«. Noch einmal wird es somit deutlich: der Knabe, von dem erzählt wird, ist nicht nur ein Kaspar Hauser, ein Opfer, sondern auch ein Kermor, ein Gewalttäter, eine Blaubart-Gestalt. Auch klanglich sind die Namen »Kaspar« und »Kermor« ja verwandt (vgl. Konsonantenstand); vokalisch klingt in »Kermor« der Vorname des Autors, »Georg« an.[22] Den Namen »Münch« hatten wir oben schon hergeleitet von der Gestalt des Mönchs, die in Trakls Dichtung immer wieder auftritt; so sind wir nun auch keineswegs überrascht, wenn wir in der zweiten Fassung des Dramenfragments nicht mehr die Leiche des Knaben Kaspar Münch im Wasser finden, sondern die Leiche eines – Mönchs (I, 458). Auch diesen »bleichen Priester der Wollust« hat also sein gerechtes Schicksal ereilt: »Rote Fische haben seine Augen gefressen und ein Tier den silbernen Leib zerfleischt; das blaue Wasser einen Kranz von Nesseln und wildem Dorn ins dunkle Haar ihm geflochten« (Ebd.). Die Blaubart-Gestalt »Kermor« und der tote »Mönch« in der zweiten Fassung des Dramenfragmentes: ihre Verwandtschaft mit der Figur des »Kaspar Münch« in »Traum und Umnachtung« ist nicht nur eine des Klanges.

Was den Kritiker der »Salzburger Chronik« schon bei Trakls frühem Einakter »Totentag« so sehr irritierte, das ist im späten Dramenfragment von

[22] In den Ossian-Passagen von Goethes »Werther« tritt der Name »Carmor« auf. Sollte Trakl von daher die Anregung zu seinem »Kermor« erhalten haben, so bedarf die vokalische Abweichung von der Vorlage erst recht einer Begründung.

einer geradezu erschreckenden Deutlichkeit: nichts ist »ordentlich aneinander gereiht«, das Ganze zeigt »keinen Sinn und Verstand« (II, 511). Angesichts eines solchen lyrisch-dramatischen Verwirrspiels hätte es dem Kritiker wohl vollends die Sprache verschlagen. Die Widersprüchlichkeiten und geheimen Wechselbeziehungen, die Rollenwechsel und Metamorphosen, die wir im Dramenfragment finden, sind kennzeichnend für die Verhältnisse im Gesamtwerk Trakls. Das tote Kind im Teich ist einem wilden Tier zum Opfer gefallen, zugleich als Kaspar Hauser durch Mörderhand gestorben; dieser Kaspar ist ein dornengekrönter Christus und gibt sich zugleich als ein »bleicher Priester der Wollust« zu erkennen. Ein Knabe namens Kaspar Münch agiert in »Traum und Umnachtung« als »Wolf mit keuchendem Rachen«; Kaspar und der Mönch sind im Dramenfragment beide Opfer dieses Wolfs geworden. Blaubart ist Sebastian, ist Kaspar Hauser – das Opfer ist selbst der Mörder. Müssen wir dem Autor nicht geistige Verwirrtheit bescheinigen?

Die verwirrenden Verhältnisse klären sich, wenn wir die Rollen, die die dichterische Phantasie Trakls zu vergeben hat, trennen von den wechselnden Figuren, mit denen sie besetzt werden. Blaubart, Sebastian, Kaspar Hauser – sie repräsentieren, in einer Vielzahl von Metamorphosen, symbolisch das Selbst, in je anderem szenischem Zusammenhang: in der sadistischen, der masochistischen, der paranoiden Szene. In jeder dieser Szenen tritt das Selbst in anderer Rolle auf: in der Rolle des Täters (Blaubart), des Gequälten (Sebastian), des Verfolgten (Kaspar Hauser). Als symbolische Selbstrepräsentanzen sind diese drei prototypischen Figuren mithin letztlich identisch, insofern auch austauschbar. Die geheime Identität des Blaubart mit dem Sebastian haben wir aufgeklärt: das mörderische Selbst ist, seit der Einsetzung des Überich, zugleich ein von Schuldgefühlen gequältes Selbst. Das Messer des Jägers kehrt sich gegen ihn selbst, der mit Rosen bekränzte Barrabas stirbt als dornengekrönter Christus. Wie aber wird der Blaubart zum Kaspar Hauser, zum Verfolgten?

Die Beziehung zwischen der sadistischen und der masochistischen Szene Trakls erhellte sich aus der Psychodynamik des Schuldgefühls; dem Psychoanalytiker ist nun der Vorgang vertraut, daß ein sadistisch strafendes Überich, unerträglich geworden, reexternalisiert wird, projiziert auf ein äußeres Objekt, das dadurch zum bösen Objekt, zum Verfolger wird. Schuldgefühl verkehrt sich so in paranoide Verfolgungsangst:

> Primitive Überich-Vorläufer sadistischer Art, die sich aus verinnerlichten bösen Objektimagines im Zusammenhang mit prägenitalen Konflikten gebildet haben, sind derart übermächtig und unerträglich, daß sie wieder auf äußere Objekte projiziert werden müssen, die dadurch ihrerseits zu bösen Objekten werden.[23]

---

[23] Kernberg, S. 57.

Bei unseren psychobiographischen Untersuchungen sind wir auf eben diese Zusammenhänge gestoßen: zum quälenden Schuldgefühl des Dichters gesellte sich Verfolgungsangst. Sie ist biographisch mehrfach dokumentiert: »... es kommt ihm vor wie wenn hinter seinem Rücken ein Mann mit gezogenem Messer steht« (II, 730). Den symbolischen Szenen paranoiden Musters im Werk Trakls können wir erneut ein korrespondierendes Symptom zur Seite stellen: dieser »Mann mit dem Messer« ist das wahnhafte Korrelat der Mördergestalt, die nach Kaspar Hauser sucht, ein enger Verwandter auch des »bleichen Priesters«, der auf dem Altar das Opfertier schlachtet. In der Hand des Verfolgers befindet sich jetzt das Messer, mit dem Blaubart seiner Braut, der Knabe einer Taube die Kehle schlitzte. Der sadistische Wunsch hat sich verkehrt in Verfolgungsangst, das quälende Schuldgefühl wurde paranoid verarbeitet. Blaubart ist zum Kaspar Hauser geworden, bedroht von einem persekutorischen Überich.

In einem Handschriftenkomplex aus dem Vorfeld des Gedichtes »Sebastian im Traum« lesen wir: »da in schwarzem Wahnsinn sein Mörder hinter ihm stand« (II, 458). Im Rücken des Knaben erscheint der Mann mit dem Messer; diese von Trakl oftmals inszenierte paranoide Phantasie verdichtet sich schließlich zur Wahnvorstellung. Wenn es nun in einer Lesartenvariante dazu heißt »ein toter Mörder«, so ist dies keine unsinnige Kontradiktion, sondern von leidvoller Logik. Das von mörderischen Wünschen beherrschte Selbst ist zugleich ein Selbst, heimgesucht von Verfolgungsängsten; der Jäger erscheint in der Rolle des Wildes. Kaspar ist mit Kermor identisch, er ist selbst der Mörder, von dem er sich verfolgt fühlt, Täter und Opfer in einer Person. Und der einzig denkbare reale Fall eines Gewaltverbrechens, bei dem Täter und Opfer identisch sind, ist der Suizid. Daß Trakl drei Nächte hintereinander geträumt habe, er bringe sich um, vermerkt Röck im Oktober 1913 in seinem Tagebuch.[24] Nicht nur im Traum bringt Trakl sich um – auch in seiner dichterischen Phantasie vollzieht er die Tat symbolisch, lange bevor sie schließlich zur biographischen Realität wird: »Purpurne Wolke umwölkte sein Haupt, daß er schweigend über sein eigenes Blut und Bildnis herfiel ...« (I, 150). Diese Zeile aus »Traum und Umnachtung« entstand Anfang 1914, doch finden wir schon in den Jugendgedichten analoge Bilder, etwa in dem Gedicht »Das Grauen«, von dem wir ausgegangen waren: »Da bin mit meinem Mörder ich allein« (I, 220). Wenn auf diese Weise die Dichtung Trakls lebensgeschichtliche Ereignisse vorwegnimmt, so brauchen wir dem Dichter deshalb keine obskuren prophetischen Gaben zu unterstellen: die seelischen Kräfte und Gesetzmäßigkeiten, denen seine poetische Phantasie unterworfen ist, sind auch verhaltensbestimmend wirksam; die phantasierte und symbolisch dargestellte Szene wird schließlich ausagiert, wird zur realen Szene.

---

24 Vgl. Szklenar, S. 231.

3. Szenische Entwürfe des Infernos

3.1. Das Motiv des Feuers

Mit bemerkenswerter Beharrlichkeit setzt Trakl in seiner Dichtung Gewalttätiges in Szene. Von seinen frühesten Arbeiten bis hin ins Spätwerk – allenthalben fließt Blut, sei es nun im Rahmen einer sadistischen, einer masochistischen oder einer paranoiden Szene. Diese Stereotypie konnten wir zurückführen auf eine Fixierung, auf ein Klischee, dem seine dichterische Phantasie beständig folgt. In der Figur des Blaubart erkannten wir den prototypischen Vertreter dieses sadistischen Wunsches; unter dem Einfluß des Schuldgefühls verwandelt er sich in den Märtyrer Sebastian, schließlich in den von einem Mörder verfolgten Kaspar Hauser. Den Dämonen des Blutes, von denen Trakl sich bedrängt sieht, begegnen wir in seinen Gedichten auf Schritt und Tritt, in Menschen- oder Tiergestalt. Die Triebwünsche des Es finden ihre symbolische Darstellung aber auch im Bild elementarer Gewalten, im Bild des Feuers, des Sturms, des Gewitters. Mit diesen Motiven Trakls wollen wir uns im folgenden näher befassen.

Dem Motiv des Feuers sind wir schon mehrfach begegnet. Als ein »flammender Wolf« wurde der Knabe Kaspar in »Traum und Umnachtung« bezeichnet (I, 147); »Purpurne Höllenflamme flamme«, ruft Kermor, als er die Johanna erblickt (I, 459). Bereits in dem frühen Sonett »Sabbath« schreibt Trakl: »Aus meinem Herzen keltern Flammenbrünste« (I, 222). Das Wort »Brunst« weckt gleichermaßen die Vorstellungen eines lodernden Brandes und der Wollust: »brennende Lust« (I, 457). Auch wenn Trakl in einem Brief seine Verse als »Rhythmen aus meinem Inferno« bezeichnet (I, 549), liegt die Assoziation eines solchen Höllenfeuers im Herzen nahe. Der Flamme, die aus »jenes« Herzen springt, fällt nun im Fragment »Erinnerung« (einer Vorstufe von »Verwandlung des Bösen«) ein zartes Geschöpf zum Opfer:

> 18 O das Lächeln des Bösen traurig und kalt, daß der Schläferin rosige Wange erbleicht. Schweigend verhüllte ein schwarzes Linnen das Fenster. Und es sprang eine Flamme aus jenes Herzen und es verbrannte ein Falter daran. (II, 168)

Eine »Henne« vertrat in »Traum und Umnachtung« das »weiße Nönnlein«, Blaubart nahm die Gestalt eines Fuchses an: es ist klar, daß dieser Falter das

Schicksal erleidet, das eigentlich der »Schläferin« bestimmt ist. Wir erinnern uns an den Ausruf der Johanna im Dramenfragment: »Mein Blut über dich – da du brachest in meinen Schlaf« (I, 459). In der Endfassung von »Verwandlung des Bösen« hat die Passsage dann folgende Gestalt:

> O dein Lächeln im Dunkel, traurig und böse, daß ein Kind im Schlaf erbleicht. Eine rote Flamme sprang aus deiner Hand und ein Nachtfalter verbrannte daran. (I, 97)

Die Flamme befindet sich jetzt in der Hand des Bösen, in der Hand, in der Blaubart, der mörderische Knabe Kaspar, Kermor und der wilde Jäger sonst ihren Dolch halten. Die Flamme ist, in Form und Funktion, ein Analogon des Messers und des Dorns – ein »Stachel des Todes« (I, 393). »Purpurne Flamme der Wollust und der schwarze Wahnsinn des Messers«, schreibt Trakl wenig später im gleichen Prosagedicht (E[1]; II, 170). Auch in »Offenbarung und Untergang« wird diese Affinität von Flamme und Mordwerkzeug deutlich: »Einbrach ein roter Schatten mit flammendem Schwert in das Haus« (I, 168).

Auf das Motiv des Feuers greift Trakl in den handschriftlichen Entwürfen zu »Erinnerung« noch mehrfach zurück. So schreibt er in einem verworfenen Ansatz zu den den Zeilen 9–18:

> Hinter dem Hügel klang das purpurne Lache der Hölle, ehern Geschrei. Bei der Mühle zündet die Schwester ein Feuer an, lachend vergraben in ihr scharlachfarbenes Haar, blutet die Nacht lang ein weißes Lamm im Dornenbusch (II, 167)

Die Schwester zündet ein Feuer an: sie weckt die »purpurne Flamme der Wollust«, der sie dann in Gestalt des Lammes, später des Falters zum Opfer fällt. Die Vorstellung vom Anzünden des Feuers weist uns auf das komplementäre Bild vom Auslöschen der Flamme, wie wir es etwa in »Musik im Mirabell« gefunden haben. Hier schreibt Trakl am Schluß der dritten Strophe: »Ein Feuerschein glüht auf im Raum/ Und malet trübe Angstgespenster« (I, 18). Aus der symbolischen Bedeutung des Feuers geht hervor, warum sein »Aufflackern« Angst erregt: es könnte außer Kontrolle geraten, Schreckliches könnte geschehen. Das Aufglühen des Feuers signalisiert die Invasion der Dämonen des Blutes. In der auf diese beiden Zeilen unmittelbar folgenden letzten Strophe des Gedichts nimmt dieses Schreckliche konkretere Umrisse an. Die Dämonen, die »Angstgespenster«, betreten die Bühne, in Gestalt eines im Dunkel gespenstisch »weißen« Fremdlings und eines Hundes, dessen Rolle uns ja inzwischen hinlänglich bekannt ist:

> Ein weißer Fremdling tritt ins Haus.
> Ein Hund stürzt durch verfallene Gänge.
> Die Magd löscht eine Lampe aus,
> Das Ohr hört nachts Sonatenklänge. (I, 18)

Aus dem Kontext geht hervor, was es mit dem Bild der Magd, die eine Flamme löscht, auf sich hat: gelöscht wird nicht irgendein Licht, sondern die Höllenflamme, die Flamme der Wollust, die zuvor so beängstignd aufflackerte. Es ist das »Licht« des Fremdlings, das gelöscht wird: »Da löschte sein Licht in ihrer Hand« (I, 229). Von einer Reihung »disparater« Bilder kann hier nur sprechen, wer ihre symbolische Bedeutung nicht begriffen hat.

Ein bedrohlicher Feuerschein kennzeichnet auch einen Ort, an dem eine ebenso bedrohliche Männergestalt zu finden ist: die Schmiedewerkstatt. Und hierher zieht es auch die Magd, von der eben die Rede war:

43 In der Schmiede dröhnt der Hammer
Und sie huscht am Tor vorüber.
Glührot schwingt der Knecht den Hammer
Und sie schaut wie tot hinüber.

Wie im Traum trifft sie ein Lachen;
Und sie taumelt in die Schmiede,
Scheu geduckt vor seinem Lachen,
Wie der Hammer hart und rüde.

Hell versprühn im Raum die Funken
Und mit hilfloser Geberde
Hascht sie nach den wilden Funken
Und sie stürzt betäubt zur Erde. (I, 13/14)

In dieser vierten Strophengruppe des Gedichtes »Die junge Magd« zeichnet Trakl die Schmiedewerkstatt nicht als einen ländlich-idyllischen Ort, auch nicht als einen Ort menschlicher Schaffenskraft: mit ihrem flackernden Feuer und ihrem dämonischen Knecht ist die Schmiede ein infernalisches Lokal, eine gegenständliche Entsprechung der »Hölle im Herzen« (II, 501). Die Magd hat allen Grund, diesen Raum nicht zu betreten, schnell am Tor »vorüberzuhuschen« – sie läuft Gefahr, dem Knecht in die Hände zu fallen. Unschwer erkennen wir in der Figur des hammerschwingenden, »hart und rüde« lachenden Schmiedeknechts eine Variante der Blaubart-Gestalt. Scheu muß sich die Magd vor dieser phallisch-aggressiven Männergestalt ducken, wie das Wild vor dem Jäger, wie Elisabeth vor ihrem höllischen Bräutigam. »Kehr um – du Magd! Ein Schritt noch vom Tor!« ruft der Knabe Herbert der Braut des Blaubart warnend zu (I, 439). Auch in der Beziehung zwischen Magd und Schmiedeknecht haben wir es zu tun mit einem sexualisierten Herrschaftsverhältnis, mit einer sadistischen Szene. Mit einem getöteten Wild, einem Aas im (Dorn- oder Hasel-)Busch vergleicht Trakl später diese Magd:

73 Und sie liegt ganz weiß im Dunkeln.
Unterm Dach verhaucht ein Girren.
Wie ein Aas in Busch und Dunkel
Fliegen ihren Mund umschwirren. (I, 14)

»Ganz weiß« liegt sie im Dunkel, weiß wie das Lamm, die Lilie, wie die Taube Elisabeth. Das zärtliche »Girren« bildet bei Trakl ein Reimpaar mit dem

»Schwirren« der Fliegen, die vom verwesenden Kadaver angezogen werden: die Liebe das Blaubart ist tödlich. Bedenken wir schließlich noch Eines. Die Rede ist von einer »Magd« und einem »Knecht«, dem Knecht des Schmieds – nicht etwa vom Meister selbst. In Bezug auf den Bauern bzw. Meister befinden sich Knecht und Magd in der Rolle des Untergebenen, in der Rolle von Sohn und Tochter. Sie sind »Kinder des Hausmeisters« (I, 56) und als solche Bruder und Schwester. Diese Überlegung ist nicht bloße Spekulation; in den Entwürfen zu »Traum und Umnachtung« stoßen wir tatsächlich auf die Leseartvarianten »Schwester«/»Hausmeisterstochter« (II, 265).

Der Herr der Schmiedewerkstatt, der Meister des Knechts, tritt bei Trakl an anderer Stelle auf, in den Entwürfen zu »Verwandlung des Bösen«. Hier schreibt der Dichter: »Schreitend auf Felsenpfaden im stillen Schatten des Vaters, o wie ängstigt das feurige Haupt des gewaltigen Schmieds« (II, 166). Hier erscheint der Schmied nicht als sadistischer »Knecht«, der ein weibliches Wesen bedroht, sondern als eine bedrohliche, strafende Vaterfigur, als ein Vertreter des Überich. Die sadistische Szene verkehrt sich in eine Szene der Verfolgungsangst. In den handschriftlichen Entwürfen zu einem späten Gedicht mit dem Titel »Psalm« schreibt Trakl:

> Das rote Gehämmer der Schmiede, ein pochendes Herz.
> Erwachen; in langsamen Händen verbarg das hyazinthene Anlitz der Knabe
> (II,439)

Hier wird die Schmiedewerkstatt explizit dem Herzen gleichgesetzt; ihr flakkerndes Feuer setzt das Feuer ins Bild, das in der »Hölle im Herzen« lodert, das Inferno in der Seele Trakls. Diese Schmiede weckt bei dem Knaben Angst: er sieht sich bedroht von den Dämonen, die dort hausen, von dem rüden Knecht, der seine sadistischen Wünsche verköpert, zugleich von dem »gewaltigen Schmied« mit »feurigem Haupt«, der als strafender Verfolger fungiert. Trakl wandelt das Bild jedoch ab, spricht jetzt von einer Magd, die ihr Anlitz verbirgt: die Logik dieser Variante ergibt sich aus dem Zusammenspiel von sadistischer und masochistischer bzw. paranoider Szene, aus der Dynamik des Schuldgefühls, das dem Wunsch entspringt. So wandelt sich die Schmiede vom Tatort, dem Ort schuldhaften Tuns, in einen Ort der Sühne. Die sadistischen Regungen des Es kehren sich gegen das eigene Selbst, verwandeln sich in Schuldgefühl und Verfolgungsangst. Die Flamme bedroht nicht länger ein feminines Objekt (den Falter), sondern die symbolischen Repräsentanten des Selbst (den Knaben): »O was jagt mit Angst und Feuer den Schritt/ Des Traurigen« (II, 156). Der »bleiche Priester der Wollust« verwandelt sich in einen Heiligen, der im Feuer sein Martyrium erleidet: »Das Fleisch des Heiligen auf glühendem Rost hinschmilzt« (I, 72). Die »purpurne Flamme der Wollust« beschwört ein quälendes Schuldgefühl herauf, »brennende Lust« verursacht eine »Qual ohne Ende« (II, 500). Das triebhafte Feuer der Schmiede wird zum Höllenfeuer, in dem Blaubart, dieser »flammende Wolf«, büßen muß: »Tropfen Blutes auf glühende Platten fallen« (I, 301).

3.2. Das Motiv des Sturms

»Heule Herbststurm!« ruft Kermor im Dramenfragment, als er die Johanna erblickt, und kurz darauf setzt er noch hinzu: »Purpurne Höllenflamme flamme!« (I, 459). Sturm und Feuer stehen in einer Äquivalenzbeziehung, sie dienen gleichermaßen zur symbolischen Darstellung der entfesselten Triebregungen des Selbst. Das Geheul des Sturms tritt ein für das Geheul der Dämonen des Blutes. In seinem »Dezembersonett« (1. Fassg.) personifiziert Trakl den Wind, läßt ihn auftreten in Gestalt eines dämonischen Kiegers: »Der Wind schwingt Schild und Knüppel schwarz und kalt« (I, 297). In dieser Gestalt lassen Wind und Sturm ihre Verwandtschaft erkennen mit der Figur des hammerschwingenden Schmiedeknechts aus dem Gedicht »Die junge Magd«. In der Schmiedeszene mit Knecht und Magd, so hatten wir festgestellt, geht es um eine sadistische Unterwerfung des Sexualobjekts (»rüde«/ »scheu geduckt«). Die gewalttätigen Ereignisse deuten sich in den vorausgegangenen Strophen des Gedichtes schon an; in der dritten Strophe des zweiten Abschnitts entwirft Trakl die folgende unheimliche Szenerie:

> Traumhaft singt ein Knecht im Dunkel
> Und sie starrt von Schmerz geschüttelt.
> Röte träufelt durch das Dunkel.
> Jäh am Tor der Südwind rüttelt. (I, 13)

Das Lied des Knechtes weckt nicht zärtliche Gefühle der Liebe, sondern schreckliche Vorstellungen von Schmerz und von Blut; der Wind rüttelt am Tor wie ein schrecklicher Verfolger, der sich Zugang zu seinem Opfer verschaffen will. Hält der Riegel nicht stand, so bricht der Wind herein, wie es an anderer Stelle ein Gespenst, ein wilder Wolf, ein Tier »mit keuchendem Rachen« tun, dann kommt der wilde »Südwind« über die Magd, wie Kermor über Johanna. Im Gedicht »Das Grauen« fällt die genaue Bildparallele »Hunde«/»Sturm« ins Auge:

> Und auf den Feldern heulten laut die Hunde,
> Und in den Wipfeln wühlte wild der Föhn. (I, 220)

Dem Geheul der wilden Hunde enspricht das wilde Geheul des Föhns; dieser wiederum ist identisch mit dem »Südwind«, der die Magd bedroht. Und wenn wir schließlich die Szenerie der letzten Strophe von »Musik im Mirabell« vergleichen mit der in »Die junge Magd«, so bemerken wir, daß beide nach dem gleichen Muster gearbeitet sind: der Konstellation »Fremdling«/»Magd«/

»Hund« in dem einen Gedicht entspricht die Konstellation »Knecht«/»Magd«/»Südwind« im anderen. Als wilder Hund stürzt der Fremdling (der symbolische Repräsentant des Selbst) durch die Gänge, auf der Suche nach seinem weiblichen Opfer, der Magd; der Knecht wird substituiert durch den wilden Südwind, der Einlaß begehrt. Auch das »Dahinstürzen« haben Hund und Sturm gemeimsam: »Aufschrei im Schlaf; durch schwarze Gassen stürzt der Wind« (I, 141). Der Sturm (Südwind, Föhn etc.) reiht sich ein in das Paradigma der aggressiven Selbstrepräsentanzen, er ist Analogon des Blaubart, des rüden Schmiedeknechts, des Wolfes, wilden Hundes und des Jägers. Wie das Feuer, so dient auch diese Elementargewalt zur symbolischen Darstellung seelischer Kräfte, triebhafter Regungen. Diese Erkenntnis erst ermöglicht es uns, den Sinngehalt der folgenden Zeilen zu verstehen: »Wenn der Südwind leise am herbstlichen Hügel weht/ Flieht erschrocken das Wild« (II, 200). Warum erschrickt das Wild und flieht, wenn der Südwind sich regt? Die Logik dieser Zeilen bleibt unklar, solange die symbolische Funktion des »Südwinds« nicht begriffen ist, solange wir nicht entdeckt haben, daß in diesem augenscheinlich so sanften Wind der wilde Jäger sich verbirgt: vor diesem zu fliehen, hat das Wild nun in der Tat allen Grund.

»Flamme ist des Bleichsten Bruder«, schreibt Trakl in »Verwandlung des Bösen« (I, 97) – auch der Sturm also ist ein »Bruder« des Bösen, des Blaubart. Dieser Befund läßt uns weitere Bildparallelen entdecken, die wichtige Aufschlüsse ermöglichen über die Wege, die die dichterische Phantasie Trakls immer wieder geht. So ist etwa die Analogie der Zeile aus «Das Grauen«

Und in den Wipfeln wühlte wild der Föhn (I, 220)

zu einer Szene der Blaubart-Dichtung ganz unverkennbar. Blaubart zerrt sein Opfer Elisabeth am Haar: »Erbarmen! Was zerrst du mich am Haar!« (I, 444). Nicht anders verfährt der mörderische Knabe aus »Traum und Umnachtung« mit dem »Judenmädchen«, dem er begegnet: »... er griff nach ihrem schwarzen Haar und er nahm ihren Mund« (I, 148). Wie Blaubart und der Knabe, so repräsentiert auch der Föhn das aggressive Selbst, während der Baum als symbolische Objektrepräsentanz fungiert. Das Bild vom Baum im Sturm, vom Wind, der in seinem Wipfel wühlt, dieses von Trakl vielfach gebrauchte Bild, das auf den ersten Blick als reines Naturbild gelten könnte, entpuppt sich bei genauerer Betrachtung, im Vergleich der Parallelstellen, als eine symbolische Szene: dieses Bild inszeniert einen symbolischen Angriff des Selbst auf das weibliche Objekt. Die Zweige und das Laub des Baumes entsprechen dem Haar des Mädchens; so spricht Trakl auch von »der Birke Haar« (I, 267). Umgekehrt gibt der Sturm seine Blaubart-Natur zu erkennen, wenn er sich nicht am Wipfel eines Baumes austobt, sondern direkt zum Angriff ansetzt auf das Haar eines Mädchens. Von der jungen Magd heißt es: »Ihre gelben

Haare flattern«(I, 12); ebenso von der unter obskuren Umständen zu Tode gekommenen Maria in »Traumland«: »Ihr gelöstes Goldhaar flatterte im Wind« (I, 192). »Wie Feuer ihr Haar im Sturme weht«, schreibt Trakl auch in seinem Jugendgedicht »Melusine« (I, 232). Diese Vorstellung hat ihren festen Platz in der dichterischen Phantasie auch noch des »späten« Trakl; in der »Passion« (entstanden Anfang 1914) finden wir die Zeilen:

Über seufzende Wasser geneigt
Sieh dein Gemahl: Anlitz starrend von Aussatz
Und ihr Haar flattert wild in der Nacht. (I, 393)

Der Sturm zerrt am Haar des Mädchens, er agiert als Blaubart. Wenn nun Trakl einmal von einer »Windsbraut« spricht (I, 160), so trägt der übliche Verweis auf das gleichnamige Gemälde Kokoschkas wenig bei zum Verständnis dieses Begriffs; in Trakls Phantasie ist die Braut des Windes die Braut des Blaubart: eine Elisabeth, die am Haar gepackt wird, ein Mädchen, dessen Haar im Winde flattert, oder ein Baum, in dessen Wipfel der Sturm wühlt.

Als Braut des Blaubart und als »Windsbraut« tritt im Gedicht »In der Heimat« die Schwester auf:

Der Schwester Schlaf ist schwer. Der Nachtwind wühlt
In ihrem Haar, das mondner Glanz umspült. (I, 60)

Wenn wir dieses Bild wie seine verkürzte Variante, das Bild vom »flatterndesn Haar«, szenisch verstehen, es deuten als einen symbolischen Angriff des Selbst auf das das feminine Objekt, so werden wir auch die folgende Zeile, die dem Interpreten zunächst keine besondere hermeneutische Anstrengung abzuverlangen scheint, nicht länger einfach überlesen können:

Du träumst: die Schwester kämmt ihr blondes Haar (I, 44)

Das Haar, in dem der Nachwind gewühlt, an dem Blaubart gezerrt hat, wird wieder geglättet; folgen die Bilder vom »flatternden Haar« einem Aggressionswunsch, so ist das Traumbild von der Schwester, die ihr Haar kämmt, eine Vorstellung, in der sich das Wiedergutmachungsbedürfnis erfüllt, ein Wunschbild, das aus dem Schuldgefühl des Blaubart geboren wurde.

Der Baum, so haben wir festgestellt, kann in Trakls Gedichten als symbolische Repräsentanz des femininen Objektes im Rahmen einer sadistischen Szene fungieren. Betrachten wir daraufhin das »Naturbild« in der ersten Strophe des Gedichtes »Ein Frühlingsabend«:

Ein Strauch voll Larven; Abendföhn im März;
Ein toller Hund läuft durch ein ödes Feld
Durchs braune Dorf des Priesters Glocke schellt;
Ein kahler Baum krümmt sich in schwarzem Schmerz. (I, 180)

Wie im Gedicht »Das Grauen«, so nennt auch hier der Dichter den »Föhn« und den »Hund« in einem Atemzug: als aggressive Selbstrepräsentanzen gehören sie in seiner Phantasie eng zusammen. Zum Sturm gehört als szenisches Komplement der Baum – von seiner Qual ist die Rede in der vierten Zeile. Und für seine Schmerzen dürfen wir nach den vorangegangenen Überlegungen sicherlich den wilden Föhn, diesen Bruder des Blaubart,[1] verantwortlich machen, wie Trakl es anderer Stelle selbst tut: »Es bäumt sich die Weide im Föhn« (II, 295). Wir entnehmen diese Zeile den Entwürfen zum Gedicht »Die Nacht« – dem Gedicht, in dem Trakl auch das Bild von der »Windsbraut« gebraucht. Der Föhn und der Baum also gestalten zusammen eine Naturszenerie, die ganz deutlich dem sadistischen Muster folgt. Der Hund hingegen sucht anscheinend vergeblich nach seinem szenischen Komplementärstück, dem weiblichen Opfer, etwa der Magd. Werfen wir indessen einen Blick in die Entwürfe zu dieser Strophe, so stellen wir fest, daß diese Magd keineswegs so fern ist. Die Schlußzeile der ersten Strophe wurde vom Dichter nämlich mehrfach variiert:

Der Mutter Anlitz hart und voll Schmerz
Der Leib der Magd krümmt sich in rotem Schmerz H
Der Schoß der Magd krümmt sich in rotem Schmerz. E^1 (II, 325)

In der am 1. Dezember 1912 im »Brenner« veröffentlichten Fassung dieses Gedichts (E^1) operierte Trakl also noch mit dem Repräsentanzenpaar »Magd«/»Hund«; die Magd ist wohl eine Schwestergestalt (als »Schwester« des »Knechts«), doch wird auch hier deutlich, daß in der Phantasie Trakls das Schwesterbild sich vom Bild der Mutter nicht trennen läßt. Im Entstehungsprozeß dieser Zeile übernimmt die Schwestergestalt die Rolle der Mutter, sie tritt – buchstäblich – deren Erbe an, wird gezeichnet als eine »mater dolorosa«. Wir erinnern uns an das Marienbild aus »Metamorphose«: »In süßen Qualen brennt dein Schoß ...« (I, 252). Bei der weiteren Überarbeitung des Gedichts ersetzt Trakl dann die Frauengestalt durch das Bild des kahlen Baums; der Baum übernimmt jetzt die Rolle des femininen Opfers. Die Analogiebeziehung der Szenen »Magd«/»Hund« und »Baum«/»Föhn« liegt klar zutage. Auch zur zweiten Zeile der Strophe gibt es eine frühere Lesart: »Ein Flammenengel flackert übers Feld« (II, 325). Das Motiv des Feuers, so sahen wir, entspricht dem Motiv des Sturms: die Figur des »Flammenengels« ist das Analogon des Föhns. Der Föhn, der tolle Hund und der feurige Engel bilden ein Paradigma aggressiver Selbstrepräsentanzen.

[1] Auch in Klammers Übersetzung von Rimbauds Ophelia-Gedicht hat der »Föhn« diesen aggressiven Charakter: »... ein Föhn, der dir die Haare peitschte«. Vgl. *Arthur Rimbaud, Leben und Dichtung*. Übertragen v. K. L. Ammer. Leipzig, 2. Aufl. 1921, S. 149.

In seinem »Dahinstürzen« erweist sich nicht nur der wilde Hund als ein enger Verwandter des Sturms, des Föhns (der Vergleich liegt nahe – er gab dem »Windhund« den Namen), sondern auch ein anderes Tier, das bei Trakl eine wichtige Rolle spielt: das Pferd. »Da er steinern sich vor rasende Rappen warf«: mit dieser Zeile aus dem Gedicht »Sebastian im Traum« und ihrem autobiographischen Hintergrund haben wir uns bereits befaßt. Die Farbe des Pferdes, dieses dämonischen Geschöpfs, ist bei Trakl meist Schwarz. Schwarz kann auch die Farbe des Windes sein, der in seiner rapiden Bewegung dem Pferd an Bedrohlichkeit gleichkommt: »Im Stoppelfeld ein schwarzer Wind gewittert« (I, 360). Wenn Trakl wiederholt von einem »Nachtsturm« spricht (I, 155; 160), so führt auch dieser Sturm konnotativ ein Schwarz mit sich. Als Farbe des Todes, der Zerstörung ist Schwarz das geeignete Kennzeichen von Wind und Pferd, diesen aggressiven Repräsentanzen – ebenso jedoch ein flammendes, ein blutiges Rot. So spricht Trakl sowohl von einem »roten Wind« (I, 298), als andererseits auch von »schwärzliche(n) Flammen« (I, 385). Und neben schwarzen Pferden gibt es auch rote: »Ein Zug von Rossen / Sprengt rot ins Dorf« (I, 332). Hier hat das Rot sich abgelöst von seinem ursprünglichen Farbträger, den Pferden, und dient jetzt der Charakterisierung der Bewegung an sich: akzentuiert wird also das, was den Pferden ihren bedrohlichen Charakter verleiht – ihre »rasende« Bewegung. Schwarz und Rot sind bei Trakl eng verwandt, austauschbar, sie stehen in paradigmatischer Beziehung. Sie treten aber auch häufig in syntagmatische Beziehung und bilden so einen elementaren Farbkontrast, den Trakl mit Vorliebe einsetzt: »Der Hirt führt eine Herde von schwarzen und roten Pferden ins Dorf« (I, 97). Diese Szene bringt nun den genauen Gegenentwurf zu dem zuvor betrachteten Bild. Die Pferde »sprengen« nicht ins Dorf herein (zu assoziieren ist der ganze Bildkreis vom »Hereinbrechen« in Trakls Werk), sie »rasen« nicht, sondern werden in geordneter Formation geführt; diese Tiere sind nicht »wild«, sondern befinden sich in der Obhut des Hirten. Die Dämonen des Blutes sind gezähmt, besänftigt – latent gefährlich bleiben diese »schwarzen und roten« Pferde allemal.

Diese Kontrastierung der (semantisch verwandten) Farben Rot und Schwarz ist ein Gestaltungsmittel, auf das Trakl immer wieder zurückgreift. Einige Beispiele mögen genügen:

> Purpurne Flamme der Wollust und der schwarze Wahnsinn des Messers (II, 170)
>
> Röte träufelt durch das Dunkel (I, 13)
>
> Der rote Wind bläht Linnen schwarz und kalt (I, 298)
>
> Und schwarze Augen strahlen aus den Zweigen // Des Ahorns, dessen tolle Röte blendet (I, 385)

Das letzte Beispiel macht einmal deutlich, daß Trakl, wenn er einen Baum in herbstlich rotem Gewand zeigt, das Feuer assoziiert. Dieser Ahorn »brennt«;

das herbstliche Rot ist ein feuriges, oft auch ein blutiges Rot. So erinnert das fallende Laub an Blutstropfen: »Schon tropft vom rostigen Ahorn / Laub« (I, 348). Sodann stellen wir erneut fest, daß in diesem brennenden Baum ein weibliches Wesen (mit »schwarzen Augen«) sich verbirgt: der Baum fungiert als symbolische Objektrepräsentanz im Rahmen einer verkürzten (das aggressive Selbst bleibt ausgespart) sadistischen Szene. Die »herbstlichen Impressionen« Trakls sind abgründiger, als so mancher Interpret sich träumen ließ. »Im kahlen Baum wohnt die Mutter«, schreibt Trakl im Dramenfragment (I, 456).

Der Kontrast von Schwarz und Rot ist auch ein wichtiges strukturierendes Prinzip im Gedicht »Landschaft«, das uns wieder zurückführt zum Motiv der Schmiedewerkstatt. Auf der Grundlage der vorangegangenen Motivuntersuchungen kann dieses Gedicht jetzt eingehend in seinem Zusammenhang analysiert werden:

Landschaft

Septemberabend; traurig tönen die dunklen Rufe der Hirten
Durch das dämmernde Dorf; Feuer sprüht in der Schmiede.
Gewaltig bäumt sich ein schwarzes Pferd; die hyazinthenen Locken der Magd
Haschen nach der Inbrunst seiner purpurnen Nüstern.
Leise erstarrt am Saum des Waldes der Schrei der Hirschkuh
Und die gelben Blumen des Herbstes
Neigen sich sprachlos über das blaue Antlitz des Teichs.
In roter Flamme verbrannte ein Baum; aufflattern mit dunklen Gesichtern die
Fledermäuse. (I, 83)

Die im Gedicht entworfene »Landschaft«, dies fällt sogleich auf, ist nicht homogen: sie setzt sich zusammen aus zwei Szenerien unterschiedlichen Charakters. Das achtzeilige Gedicht wird durch eine deutliche Zäsur in zwei Quartette gegliedert, denen je ein Schauplatz zugeordnet ist: hier das Dorf, dort der »Saum des Waldes«. In der ersten Strophe finden wir Bekanntes wieder, die Schmiedeszene aus dem früheren Gedicht »Die junge Magd«. Die Figur des hammerschwingenden Schmiedeknechtes, der dort die Funken sprühen ließ, hat der Dichter hier ersetzt durch die gleichfalls maskulin-aggressive Figur des sich aufbäumenden Rappen; ein Gestus der Bedrohung ist beiden Bildern gemeinsam (Aufbäumen / den Hammer schwingen). Nicht mehr nach den roten Funken hascht die Magd, sondern nach den »purpurnen Nüstern« des Pferdes, deren »Inbrunst« die Vorstellung eines Feuers allerdings impliziert: wir erinnern uns an die »Flammenbrünste« des Herzens, von denen Trakl an anderer Stelle sprach (I, 222), an die »purpurne Flamme der Wollust« und an die »Hölle im Herzen«. Zwischen Pferd und Flamme gibt es also eine deutliche Analogiebeziehung, die auch unterstrichen wird durch die Gemeinsamkeit der Bewegungsvorstellung: dem »Aufbäumen« des Rappen entspricht das »Aufsprühen« der roten Funken. So kann sich in der dichterischen Einbildungskraft Trakls auch eine Flamme aufbäumen wie das Pferd:

»Die Kerzenflamme, die sich purpurn bäumt« (I, 60). Schwarz kontrastiert mit Rot: die schwarze Farbe des Rappen mit dem Purpur seiner Nüstern, die Dunkelheit im Dorf mit dem Feuerschein aus der Schmiede. Diesen Farbkontrast nimmt die Schlußzeile des Gedichtes noch einmal auf: »rote Flamme«/ »dunkle Gesichter«. Zugleich weisen die Fledermäuse mit ihrer dunklen Farbe und mit ihrer beängstigenden Bewegung zurück auf den Rappen; ihr »Aufflattern« entspricht dem »Aufbäumen« des Pferdes, aber auch dem »Aufsprühen« der Funken, dem »Aufflackern« des Feuers. Tatsächlich finden wir in den Handschriften aus dem Vorfeld des Gedichtes »Landschaft« auch die Formulierung: »...flackern mit irren Gesichtern / Die Fledermäuse« (I, 320). Immer geht es um eine rapide, angsterregende Bewegung, um einen Gestus der Bedrohung:

> Von Fledermäusen gejagt, stürzte er fort ins Dunkel (I, 148)
>
> kommt Angst, / Da mit flackerndem Flügel, die Graue (II, 434)

Wie mit den Flammen, so verbünden die Fledermäuse sich auch mit dem Element, dem in diesem Abschnitt unser besonderes Interesse galt, mit dem Sturm: »Die Fledermäuse schrein im Windgebraus« (I, 296).

Ein Bild der Angst steht am Schluß des Gedichtes; was ging voraus, das geeignet wäre, diese Angst zu wecken? Aus dem Gedicht »Die junge Magd« kennen wir die Schmiedewerkstatt als einen Ort, an dem die Dämonen des Blutes regieren, als Schauplatz einer sadistischen Szene. Zwischen Pferd und Magd besteht eine triebhafte Wechselbeziehung, die ein Subordinationsverhältnis impliziert; der sich aufbäumende Rappe ist dem rüden Schmiedeknecht, der den Hammer schwingt, nur zu ähnlich. Das Purpur seiner Nüstern weist nicht nur auf die »Höllenflamme«, die in seinem Herzen lodert, purpurfarben ist auch das herrscherliche Gewand, das Unterwerfung verlangt. Purpur gehört in eine Welt, in der das christliche Gebot der Demut nicht gilt, in der die Menschen kein »härenes Gewand« tragen (I, 196), die Haltung des Büßers nicht kennen. Insofern konnotiert Purpur bei Trakl auch eine Haltung des Hochmuts, des Trotzes, der Auflehnung gegen Gott (die Vaterfigur, das Überich). Purpur gehört in eine Welt, in der die Menschen nicht Christus, sondern dem Mörder Barrabas zujubeln:

> Es geschah aber zur selbigen Stunde, da sie des Menschen Sohn hinausführten gen Golgatha, das da ist die Stätte, wo sie Räuber und Mörder hinrichten. (...) Es geschah, daß zur selbigen Stunde eine große Menge Volks lärmend Jerusalems Straßen durchzog – und inmitten des Volkes schritt Barrabas, der Mörder, und trug sein Haupt trotzig hoch. Und um ihn waren aufgeputzte Dirnen mit rotgemalten Lippen und geschminkten Gesichtern und haschten nach ihm. Und um ihn waren Männer, deren Augen trunken blickten von Wein und Lastern. In aller Reden aber lauerte die Sünde ihres Fleisches, und die Unzucht ihrer Geberden war der Ausdruck ihrer Gedanken. (I, 193)

»Trotzig hoch« trägt Barrabas sein Haupt – diese Haltung gleicht dem »Aufbäumen« des Rappen in »Landschaft«. Zweimal nur tritt in der Dichtung Trakls das Wort »haschen« auf: einmal in der Prosadichtung »Barrabas«, dann im Rahmen der Schmiedeszene, wie sie uns in »Die junge Magd« und in »Landschaft« begegnet. Die enge Verwandtschaft dieser beiden Szenen ist offenkundig, ebenso die Verwandtschaft des Barrabas mit Blaubart. Mit ihren »hyazinthenen Locken« stellt die Magd in »Landschaft« ebenso eine »Verlockung« dar wie in »Barrabas« die Frauen mit ihren »rotgemalten Lippen«; die Magd »zündet ein Feuer an«, sie weckt die Dämonen des Blutes. Das eigentümliche »Haschen« schreibt andererseits dem weiblichen Objekt selbst einen Triebwunsch zu; es ist eine »Geberde der Unzucht«, die zugleich den Respekt der Magd vor ihrem dominanten Gegenüber zum Ausdruck bringt: es ist eine Geste des triebhaften Verlangens und des unsicheren Zugriffs. Wir stellen also fest: im ersten Quartett des Gedichtes »Landschaft« entwirft Trakl einmal mehr eine Szene sadistischen Musters. Der Rappe, der die Rolle des rüden Schmiedeknechts übernommen hat, fungiert als symbolische Selbstrepräsentanz, während die Magd, wie so oft, das feminine Objekt symbolisiert.[2] Barrabas, der Schmiedeknecht und der Rappe bilden eine Reihe mit den vielen anderen aggressiven Repräsentanzen, die wir besprochen haben: mit Blaubart, dem Jäger, dem Wolf, dem Hund und dem Fuchs, mit dem Feuer und dem Sturm.

Diese Feststellung hilft nun bei der Entschlüsselung des Bildergeflechts von »Landschaft« wesentliche Schritte weiter. Vergleichen wir die Anfangszeilen der beiden Quartette: die »tönenden Rufe« der Hirten kontrastieren mit dem »erstarrenden Schrei« der Hirschkuh. Durch die gemeinsame Position am Zeilenende und die klangliche Verwandtschaft gestaltet sich die Beziehung zwischen »Hirten« und »Hirschkuh« besonders eng; dieser Beziehung wegen dürfte Trakl auch auf das »Rebhuhn« verzichtet haben, von dem hier ursprünglich die Rede war (II, 409). Vor dem Hintergrund des bisher Erarbeiteten fällt es nicht schwer, diese Beziehung zwischen »Hirten« und »Hirschkuh« genauer zu definieren – wir müssen einfach die vom Dichter nur angedeuteten Szenen komplettieren. Zum Hirten gehört eine Herde, eine Herde von Pferden, von Schafen oder aber von – Kühen; als beschütztes Herdentier ist die (nicht explizit genannte) Kuh das Gegenstück zur Hirschkuh, dem bedrohten Wildtier. Bedroht wird dieses klar als feminin gekennzeichnete Wild von einem ebenfalls ungenannten Jäger (das maskuline Komplementär-

---

2 Völlig abwegig ist die Auffassung Goldmanns, wonach die Beziehung zwischen Magd und Pferd sodomitischen Charakter hat (S. 190). Bei seinen Grabungen nach archetypischem Material übersieht der Tiefenpsychologe völlig die stellvertretende Funktion des Pferdes, seine Funktion als symbolische Selbstrepräsentanz.

stück zum »Rebhuhn« wäre etwa der »Fuchs«); dieser im Verborgenen bleibende Jäger wiederum ist das Gegenstück zu den in der Eingangszeile des ersten Quartetts genannten Hirten. Und jetzt wird klar, was es mit dem »erstarrenden Schrei« der Hirschkuh am Waldsaum auf sich hat: dieses Bild variiert die Schmiedeszene, führt sie weiter – zur Gewalttat. Wir können uns unschwer ausmalen, was sich am Waldsaum ereignet, wenn wir etwa die folgende Passage aus »Verwandlung des Bösen« zu Rate ziehen:

> Eine Glocke läutet und der Hirt führt eine Herde von schwarzen und roten Pferden ins Dorf. Unter dem Haselgebüsch weidet der grüne Jäger ein Wild aus. Seine Hände rauchen von Blut... (I, 97)

Wie in »Landschaft«, so kontrastiert der Dichter auch hier zwei Schauplätze, das »Dorf« und den »Waldsaum« (an ihm befindet sich das »Haselgebüsch«), und zwei Figuren, den Hirten und den Jäger. Die in »Landschaft« nur angedeuteten Szenen »Hirt / Herde« und »Jäger / Wild« sind im Prosagedicht vollständig ausgeführt. Dieser Gedichtvergleich macht eindringlich klar: zu interpretieren ist nicht nur, was im Text explizit erscheint, sondern auch das, was nicht gesagt wird, was der Dichter ausspart, nur andeutet. Es genügt nicht, den manifesten Text als kunstvolle sprachliche Architektur zu beschreiben, seine »Oberfläche« zu vermessen – der Interpret hat darüber hinaus die »Tiefe« des Textes, seine Latenzen zu erkunden, den Raum des Verschwiegenen auszuloten. Die Gestalt des Hirten in der Eingangszeile von »Landschaft« verweist auf ihr verdecktes Gegenbild, den Jäger; ebenso kontrastiert die Hirschkuh mit einem nicht Genannten, aus dem Kontext nur zu Erschließenden: mit dem Herdentier in der Obhut des Hirten.

Die Hirschkuh fungiert als symbolische Repräsentanz des femininen Objekts im Rahmen einer sadistischen Szene; damit steht sie in paradigmatischer Beziehung zur Magd aus dem ersten Quartett. Der ungenannte Jäger wiederum bildet ein Paradigma mit dem Rappen, dem sprühenden Feuer und dem ebenfalls ungenannten, im Hintergrund agierenden Schmiedeknecht. In der Hirschkuh »verbirgt« sich die Magd (die »Schwester« des Knechts); die Magd hat sich verwandelt in ein Wildtier: wir können von einer poetischen Metamorphose sprechen. Betrachten wir nun das Bild vom verbrennenden Baum in der letzten Zeile des Gedichts. Trakl spricht, so ließe sich im Hinblick auf die herbstliche Szenerie des Gedichtes argumentieren, metaphorisch von einem Baum in herbstlichem Rot. Diese herkömmliche Leseweise vermag indessen den Bedeutungsgehalt dieses Bildes keinesfalls auszuschöpfen. Wenn wir uns vergegenwärtigen, daß das sprühende Feuer in der ersten Strophe dem sich aufbäumenden Pferd analog ist, daß Pferd und Flamme das aggressive Selbst repräsentieren, so entdecken wir plötzlich, daß auch das Bild vom verbrennenden Baum szenischen Charakter hat, daß es sich nicht um eine einfache Metapher, sondern um eine symbolische Szene handelt. Der Baum steht in einer Reihe mit der Magd und der Hirschkuh, er hat die Rolle übernommen, die in dem Prosagedicht »Verwandlung des Bösen« (das wie »Landschaft« im Herbst 1913 entstand) der Falter spielte: »Eine rote Flamme sprang aus deiner Hand und ein Nachtfalter verbrannte daran« (I, 97). Daß der Baum das weibliche Objekt symbolisiert, wird noch plausibler, wenn wir uns an das Variantenparadigma aus »Ein Frühlingsabend« erinnern: »Mutter« – »Magd« – »Baum«. Auch in dem verbrennenden Baum in »Landschaft« verbirgt sich ein weibliches Wesen, in ihm »wohnt« die Magd, die Schwester. Und daß sich die Aggression letztlich auf die Mutterimago richtet, deutet sich auch in »Landschaft« an: hat doch das weibliche Wild, die »Hirschkuh«, unverkennbar mütterliche Konnotationen (Kuh – Milch – Mutter).

Das Bild vom verbrennenden Baum in der letzten Zeile des Gedichtes variiert also das vorausgegangene Motiv vom Tod des Wildes am Waldsaum, setzt das gleiche triebhafte Geschehen in Szene, das schon im ersten Quartett sich in der Schmiede abspielt. Der Baum wird, als Stellvertreter des femininen Objekts, ein Opfer der »purpurnen Flamme der Wollust«; sein Schicksal weist zurück auf das Schicksal der Magd und der Hirschkuh. Im Baum wohnt die Mutter, aus seinem Geäst blicken die schwarzen Augen eines Mädchens; diesen befremdenden Bildern Trakls können wir ein weiteres, analoges zur Seite stellen: in einer Handschrift aus dem Nachlaß finden wir im Geäst eines Baumes »den Schatten einer Hirschkuh« (I, 304). Über die symbolische Funktion des Baumes, seine Beziehung zur Magd und zur Hirschkuh dürften kaum mehr Zweifel bestehen.

Ist damit der Bedeutungsgehalt des Bildes vom verbrennenden Baum aber schon völlig aufgeklärt? Der Baum weist doch auch zurück auf das Pferd, korrespondiert mit dem »Aufbäumen« des Rappen. Und schauen wir uns in Trakls Gedichten um, so zeigt sich schnell, daß der Baum nicht nur als symbolischer Vertreter des femininen Objekts fungiert:

> Jener aber ward ein schneeiger Baum (I, 396)
>
> Du auf verfallenen Stufen: Baum, Stern, Stein (I, 97)

Nicht ein weibliches Wesen verwandelt sich hier in einen Baum, sondern »jener« – der Baum symbolisiert das Selbst. Könnte es denn sein, daß in dem verbrennenden Baum aus »Landschaft« sich auch der Rappe verbirgt, der sich zuvor »aufbäumte«? In den Entwürfen zu »Traum und Umnachtung« finden wir die Zeile: »Rasend stand er ein böser Baum am Rand des purpurnen Himmels« (II, 275). Der mörderische Knabe Kaspar Münch (bzw. Kermor) erscheint als ein »böser Baum«, und dieser Baum gleicht ganz auffällig dem Rappen: er »rast« wie dieser. Der Dichter wandelt das Bild ab: »Er aber stand ein rasender Baum am steinernen Rand des Himmels, rief den schwarzen Blitz« (Ebd.). Der rasende Baum ruft nach dem Blitz – die aggressiven Regungen des Selbst provozieren ein Strafbedürfnis. »Daß ein Sturm dies Haupt zerschlüge // Nachts mit Blitzen«, schreibt Trakl in einem anderen Gedicht (I, 415). Dieser Wunsch wird nun im Bild vom verbrennenden Baum am Schluß von »Landschaft« als erfüllt vorgestellt: in Gestalt des Baums wird der Rappe bestraft, der sich »aufbäumte«, der ungenannte Jäger, der die Hirschkuh erlegte. Die aggressiven Regungen haben sich gegen das eigene Selbst gekehrt, die sadistische Szene hat sich verwandelt in eine masochistische, in eine Bestrafungsphantasie. Das Bild vom verbrennenden Baum hat also zwei Lesarten, es oszilliert: symbolisch vollzogen wird hier die schuldhafte Tat, eine »Blutbrautnacht«, symbolisch vollzogen wird zugleich die Bestrafung des Selbst. Das Bild ist mithin überdeterminiert, der Baum hat eine Doppelfunktion: er vertritt das Selbst *und* das feminine Objekt. Zu diesem Befund waren wir bereits bei der Untersuchung der Bedeutung des »Wildes« gelangt: die sadistische Szene kann sich überlagern mit einer masochistischen, das Bild der Schuld verschmelzen mit einem Bild der Sühne.

Bei seiner Analyse dieses Gedichts gelangt Preisendanz zur Ansicht, daß es sich hier »nicht mehr um stellvertretende, sondern um sich selbst meinende Bilder« handle[3]; er stellt abschließend fest, »daß durch das Zusammenwirken der Sprachfiguren... ein vielsinniges Modell einer Polarität erscheint, das sich ästhetisch wahrnehmen, aber kaum begrifflich formulieren oder exegetisch paraphrasieren läßt«.[4] Unsere tiefenhermeneutische Analyse erbrachte einen anderen Befund, einen reicheren, sie konnte den Sinngehalt dieses Gedichts überhaupt erst aufdecken. Nicht mit »reinen Sprachfiguren« haben wir es zu tun, sondern mit symbolischen Sprachfiguren, die unbewußte Phantasien ins Bild setzen, einer Semantik des Wunsches folgen. In seinem Gedicht inszeniert Trakl ein komplexes Psychodrama. Wohl ist dieses Gedicht ein kunstvolles Gebäude aus Worten: ein Gebäude jedoch, in dem Dämonen hausen.

3.3. Das Gewitter und der Krieg

Dem Motiv der schnellen, wilden Bewegung (Rasen, Hereinbrechen, Aufflattern u.ä.) haben wir zur Seite gestellt das Motiv des bedrohlichen Feuerscheins (Aufglühen, Aufflackern etc.). Neben einer solchen Motorik und Optik der Angst gibt es in Trakls Gedichten eine entsprechende Akustik. Ein bedrohlicher Lärm, ein Dröhnen und Klirren, ein jäher Mißton signalisieren immer wieder, daß Unheil bevorsteht, daß die »animalischen Triebe« sich regen:

---

3 Preisendanz, S. 241.
4 Ebd., S. 244.

Jäh am Tor der Südwind rüttelt (I, 13)

Vom Hof schrein jäh die Geigen her (II, 77)

Und manchmal hört den Faun man gräßlich schrein (I, 278)

Dem ungestalten Schrei der Fledermäuse (I, 342)

Plötzlich flattern Glockenklänge (II, 67)

Feindliches folgte ihm durch finstere Gassen und sein Ohr zerriß ein eisernes Klirren (I, 148)

Auch die Schmiedeszene enthält solch ein akustisches Element. Der rüde Knecht läßt nicht nur die Funken sprühen, er erzeugt zugleich einen beängstigenden Lärm: »In der Schmiede dröhnt der Hammer« (I, 13). Wenn immer Trakl von einem Gehämmer spricht, ist die ganze Schmiedeszene mit zu assoziieren: »Sterbeklänge von Metall; / Und ein weißes Tier bricht nieder« (I, 54). Der Knecht, der das Metall erdröhnen läßt, ist zugleich derjenige, der das Lamm schlachtet; er stellt eine Bedrohung dar für alle sanften Geschöpfe, und so hat die Mutter Grund zur Sorge, wenn sie seinen Hammer ertönen hört: »Mutter muß ums Kindlein zagen; / Rot ertönt im Schacht das Erz« (I, 163).

Akustik, Motorik und Optik der Angst verbinden sich schließlich auch in einem weiteren wichtigen Motiv Trakls, dem Gewitter. Die Verwandtschaft des Naturschauspiels mit der Schmiedeszene ist dabei unverkennbar. Den sprühenden Funken entspricht das Zucken der Blitze, die schwarze Esse findet ihr Pendant in den dunklen Gewitterwolken: »Da fällt der erste Blitz aus schwarzen Essen« (I, 285). Dem Dröhnen des Hammers endlich entspricht das Donnergrollen. Aber auch das Motiv der bedrohlichen Bewegung kehrt bei den Gewitterszenerien Trakls wieder; in »Der Gewitterabend« setzt er die Wolken »rasenden Pferden« gleich:

6 Staub tanzt im Gestank der Gossen.
Klirrend stößt der Wind in Scheiben.
Einen Zug von wilden Rossen
Blitze grelle Wolken treiben.

Laut zerspringt der Weiherspiegel.
Möven schrein am Fensterrahmen.
Feuerreiter sprengt vom Hügel
Und zerschellt im Tann zu Flammen. (I, 27)

Gleich zweimal taucht das Motiv des dahinstürmenden Pferdes auf; einmal tritt das Pferd ein für die Wolke, einmal (impliziert durch die Figur des Feuerreiters) für den Blitz. Den bedrohlichen Sinneswahrnehmungen im akustischen Bereich (Klirren der Scheiben und des (Weiher-)Spiegels; Geschrei der Möwen) entspricht eine Optik der Angst (Blitze, Feuer).

Dem »Hereinbrechen« des Gewitters (wir erinnern uns an das »wilde Tier«, das »ins Haus bricht«) geht voraus eine spezifische unheimliche Stimmung, die sich treffend als »unheilsschwanger« charakterisieren läßt. Trakl zeigt eine Vorliebe für solche Stimmungen:

Sommer

Am Abend schweigt die Klage
Des Kuckucks im Wald.
Tiefer neigt sich das Korn,
Der rote Mohn.

Schwarzes Gewitter droht
Über dem Hügel.
Das alte Lied der Grille
Erstirbt im Feld.

Nimmer regt sich das Laub
Der Kastanie.
Auf der Wendeltreppe
Rauscht dein Kleid.

Stille leuchtet die Kerze
Im dunklen Zimmer;
Eine silberne Hand
Löschte sie aus;

Windstille, sternlose Nacht. (I, 136)

Angesichts des drohenden Gewitters verstummt die Tierwelt; scheu ducken sich die Pflanzen, das Korn und der Mohn: wie die Magd vor dem Schmiedeknecht, wie das Wild vor dem Jäger. Das Licht erlöscht, der Klang verstummt, die Bewegung erstarrt: das Gedicht mündet in eine lastende Statik, in eine Stille vor dem Sturm. Die letzte Zeile hatte in der Handschrift ursprünglich die Fassung: »Ein Blitz zuckt durch die Nacht« (II, 240). Der Dichter kann auf dieses Bild verzichten – es wird durch die vorangegangenen Strophen ohnehin suggeriert. Das ganze Gedicht steuert zu auf diesen Moment, in dem das Unwetter hereinbricht, in dem die Dämonen das »infernalische Chaos« entfesseln. Betrachten wir die Bildersequenz genauer, so stellen wir fest, daß von dem Hintergrund der Statik und der Totenstille sich ein Bild deutlich abhebt: »Auf der Wendeltreppe / Rauscht dein Kleid«. Das in der Stille allein vernehmbare Rauschen des Kleides zieht die ganze Aufmerksamkeit auf sich – die erotische Spannung zwischen dem lyrischen Ich (das im Gedicht nur an dieser Stelle greifbar wird) und dem weiblichen Wesen ist spürbar. Erotischen Bedeutungsgehalt hat auch, wie wir schon feststellen konnten, das Bild vom Auslöschen des Lichtes: »Da löschte sein

Licht in ihrer Hand« (I, 229). Dieser erotischen Spannung zwischen dem Selbst und dem femininen Objekt entspricht die Gewitterstimmung, die spannungsgeladene Atmosphäre, die im Gedicht zugleich entworfen wird: Unheil droht nicht nur draußen, »über dem Hügel«, sondern auch in der Beziehung zwischen Selbst und Objekt.

Eine schwüle, unheilsschwangere Stimmung entwirft Trakl auch im Gedicht »Die Bauern«, ohne daß hier explizit von einem Gewitter die Rede wäre:

Die Bauern

Vorm Fenster tönendes Grün und Rot.
Im schwarzverräucherten, niederen Saal
Sitzen die Knechte und Mägde beim Mahl;
Und sie schenken den Wein und sie brechen das Brot.

Im tiefen Schweigen der Mittagszeit
Fällt bisweilen ein karges Wort.
Die Äcker flimmern in einem fort
Und der Himmel bleiern und weit.

Fratzenhaft flackert im Herd die Glut
Und ein Schwarm von Fliegen summt.
Die Mägde lauschen blöd und verstummt
Und ihre Schläfen hämmert das Blut.

Und manchmal treffen sich Blicke voll Gier,
Wenn tierischer Dunst die Stube durchweht.
Eintönig spricht ein Knecht das Gebet
Und ein Hahn kräht unter der Tür.

Und wieder ins Feld. Ein Grauen packt
Sie oft im tosenden Ährengebraus
Und klirrend schwingen ein und aus
Die Sensen geisterhaft im Takt. (I, 33)

Das »Schweigen der Mittagszeit«, das der Dichter hier schildert, ist nicht weniger unheimlich als das Schweigen in »Sommer«; auch hier herrscht eine Ruhe vor dem Sturm. Bleiern lastet der Himmel über den in der Mittagshitze flimmernden Feldern – bald wird wohl ein Gewitter heraufziehen. Bedrükkend lastet ebenso die Decke über dem »schwarzverräucherten, niederen Saal«, in dem Knechte und Mägde beim Mittagsmahl sitzen. Es ist keine fröhliche, gelöste Tischgemeinschaft, die hier versammelt ist; ein sprachlicher Austausch findet kaum statt. Bisweilen nur fällt ein »karges Wort«, das die bedrükkende Stille nur noch vernehmlicher macht. Diese unheimliche Szenerie wird verstärkt durch ein Herdfeuer, das »fratzenhaft flackert«: einmal mehr stoßen wir auf das Motiv des bedrohlichen Feuerscheins. Wenn Trakl schließlich mit

»Glut« und »Blut« ein Reimpaar bildet, so steht dabei die Schmiedeszene im Hintergrund: »Und ihre Schläfen hämmert das Blut«. Der beängstigende Klang eines Schmiedehammers liegt über dieser schweigenden Tischgemeinschaft, eine dämonische Akustik des Blutes, des Triebes. Die geisterhafte Stimmung liegt begründet in dem Unausgesprochenen, das die Beziehung zwischen Knechten und Mägden bestimmt:

> Und manchmal treffen sich Blicke voll Gier,
> Wenn tierischer Dunst die Stube durchweht.

Die Dämonen des Blutes drohen jeden Augenblick hereinzubrechen und die Ordnung bei Tisch, den »Frieden des Mahls« (I, 144) zu sprengen. Der Dichter spricht zwar vom »Mittagsmahl«, doch wird aus dem Zusammenhang klar, daß es zugleich um ein »Abendmahl« geht: der Hahn kräht und überführt das »eintönige Gebet« des Knechtes der Lüge; im braven Jünger wird der Judas kenntlich, im Mönch der »bleiche Priester der Wollust«. Dieser Knecht gleicht dem Priester aus Trakls Jugendgedicht »Die tote Kirche«:

> (...) Der Priester schreitet
> Vor den Altar; doch übt mit müdem Geist er
> Die frommen Bräuche – ein jämmerlicher Spieler,
> Vor schlechten Betern mit erstarrten Herzen,
> In seelenlosem Spiel mit Brot und Wein. (I, 256)

Religiöse Implikationen hat schon das in seiner Abstraktheit zunächst kaum verständliche Bild in der Eingangszeile des Gedichtes: »Vorm Fenster tönendes Grün und Rot«. Der Blick in die Handschrift verschafft uns Klarheit über die Herkunft dieser Farben, über den ursprünglichen Farbträger, von dem sie sich abgelöst haben; Trakl hatte nämlich zunächst geschrieben: »Vorm Fenster Gezweige voll Früchten rot« (II, 78). Daß die leuchtende Frucht im Baum ein biblisches Vorbild hat, anspielt auf den Sündenfall, das zeigt die folgende Parallele: »Purpurn leuchtet die Frucht im schwarzen Geäst und im Gras häutet sich die Schlange« (I, 98). Das ursprüngliche Bild legt in seiner Konkretheit die Phantasie des Lesers fest; in seiner abstrakten Fassung besitzt es sehr viel mehr Evokationskraft, setzt es die Phantasie des Lesers (dem damit eine aktive Rolle zugewiesen wird) in Bewegung. Trakl befreit die Farben von ihrer Bindung an Gegenständliches, verleiht ihnen Eigenständigkeit; ihre semantische Ausstrahlungskraft gewinnt dadurch an Intensität. So läßt das Rot vor dem Fenster nicht mehr nur an die Frucht im Baum denken, sondern weist auch voraus auf den Wein, auf das flackernde Rot des Herdfeuers und auf das Pochen des Blutes; zugleich dienen Grün und Rot als Kontrastfolie zu dem Saal mit seiner »schwarzverräucherten« Decke.

Die beklemmende Tischszene des Gedichtes »Die Bauern« findet eine nicht weniger eindrucksvolle Parallele in einer Passage von »Traum und Umnachtung«. Dort heißt es:

> Schweigende versammelten sich jene am Tisch; Sterbende brachen sie mit wächsernen Händen das Brot, das blutende. Weh der steinernen Augen der Schwester, da beim Mahle ihr Wahnsinn auf die nächtige Stirne des Bruders trat, der Mutter unter leidenden Händen das Brot zu Stein ward. O der Verwesten, da sie mit silbernen Zungen die Hölle schwiegen. (I, 150)

Auch hier treffen sich »Blicke voll Gier«, auch hier herrscht ein bedrohliches Schweigen. Wieder stören die Dämonen des Blutes den »Frieden des Mahls«. Im Prosagedicht thematisiert der Dichter eine Bruder-Schwester-Beziehung, in der entsprechenden Szene des Gedichtes »Die Bauern« ist die Rede von Knechten und Mägden; wie wir bereits festgestellt haben, sind Knecht und Magd als Untergebene des Bauern, der Vaterfigur, seine »Kinder« – ebenfalls Bruder und Schwester. So müssen wir schließen: die triebhaften Wünsche, die im Gedicht »Die Bauern« sich regen, sind inzestuöser Natur, wie es im Prosagedicht ja offenkundig der Fall ist. Und daß diese sich anbahnende sexuelle Begegnung zwischen Knecht und Magd nicht eben eine zärtliche sein dürfte, daß es vielmehr zu einer »Blutbrautnacht« kommen müßte, das zu vermuten gibt es gute Gründe: denken wir nur an das Gedicht »Die junge Magd«. Von einem Grauen erfaßt werden Knechte und Mägde angesichts dieser »fürchterlichsten Möglichkeiten«, unter dem Eindruck des »Geheuls«, das die Dämonen des Blutes veranstalten. Die latenten Aggressionen finden schließlich einen deutlichen Ausdruck im »Klirren« der Sensen und im »Tosen« der fallenden Ähren. »Klirrend« stößt bei Trakl auch der Wind an die Scheiben, oder es entlädt sich »tosend« ein Gewitter: es ist dies die Akustik der Gewalt. Die »schwingende Sense« und die fallenden Ähren in der letzten Strophe verweisen in diesem Zusammenhang nicht auf »Frucht und Fülle« (I, 109) des Herbstes, sondern auf eine destruktive Aktion – sie sind die traditionellen Elemente einer Allegorik des Todes. Von den Ähren war ja auch die Rede im Rahmen der Gewitterszenerie des Gedichtes »Sommer«: »Tiefer neigt sich das Korn...«

Wie die Schmiedeszene, so müssen wir auch die Gewitterszenerien Trakls als symbolische Szenen begreifen. Der Dichter schildert nicht ein bloßes Naturschauspiel, vielmehr inszeniert er ein Psychodrama: das »Hereinbrechen« des Gewitters setzt einen seelischen Vorgang ins Bild – die Invasion der Dämonen des Blutes. Der Dichter selbst macht deutlich, daß das Gewitter nicht ein äußerlicher Vorgang ist, sich nicht draußen »über dem Hügel« zusammenbraut, sondern heraufzieht über einer Seelenlandschaft: »...und schwärzer immer umwölkt die Schwermut das abgeschiedene Haupt, erschrecken schaurige Blitze die nächtige Seele« (I, 169). Das Gewitter ist ein

Werk der Dämonen des Blutes: »Ein Dämon sinnt Gewitter in der Schwüle« (I, 285). Die schwüle, unheilsschwangere Stimmung vor dem Gewitter, wie Trakl sie immer wieder entwirft, ist das objektive Korrelat eines Seelenzustandes, den wir in Begriffen der Psychoanalyse genauer definieren können als die Angst, mit der das Ich auf die Bedrohung von seiten des Es reagiert. Die Spannungen, die im Gewitter sich entladen, sind nicht physikalischer, sondern psychischer Natur; das Naturschauspiel findet statt auf der Bühne des Seelischen. Wie die Schmiedeszene, so folgt auch die Gewitterszene dem aggressiven Klischee, dem sadistischen Muster: hier entladen sich die destruktiven Regungen des Selbst. Den »Feuerreiter« aus »Der Gewitterabend« können wir eine Reihe stellen mit dem »Flammenengel« aus den Entwürfen zu »Ein Frühlingsabend« (»Ein Flammenengel flackert übers Feld«), in eine Reihe auch mit dem Föhn, dem Hund, dem flammenden Wolf: er vertritt symbolisch das aggressive Selbst. Andererseits aber – und damit knüpfen wir an das Bild vom Baum an, der nach dem Blitz ruft – kann in den Gewitterbildern Trakls auch das Strafbedürfnis, das Kehrseite des Aggressionswunsches ist, seine symbolische Erfüllung finden. So sind Blitz und Donner nicht nur das Werk der Dämonen des Blutes, Ausdruck der aggressiven Regungen des Es, sondern auch Manifestationen einer strafenden Vaterfigur, eines aggressiven Überich.

Betrachten wir daraufhin Trakls spätes Gedicht »Das Gewitter«, das im Mai oder Juni 1914 entstand. Die erste der vier Strophen hat folgenden Wortlaut:

2 Ihr wilden Gebirge, der Adler
Erhabene Trauer.
Goldnes Gewölk
Raucht über steinerner Öde.
Geduldige Stille odmen die Föhren,
Die schwarzen Lämmer am Abgrund,
Wo plötzlich die Bläue
Seltsam verstummt,
Das sanfte Summen der Hummeln.
O grüne Blume –
O Schweigen. (I, 157)

Geschildert wird, ähnlich wie in »Sommer«, das Verstummen der Natur angesichts des heraufziehenden Gewitters. Trakl setzt die Bäume »schwarzen Lämmern« gleich; geduldig harren sie des Kommenden. Die Semantik des Bildes ist uns vertraut: der Baum erhält die Rolle des Opfers zugewiesen. Doch wo bleibt das szenische Komplement, die Gestalt des priesterlichen Schlächters, die strafende Vaterfigur? Wir entdecken dieses Komplement in den Eingangszeilen: »Ihr wilden Gebirge, der Adler / Erhabene Trauer«. Gebirge und Adler weisen nämlich auf eine archaische Gottesvorstellung, auf den Blitze schleudernden Zeus. Der Adler des Zeus bildet ein Paar mit dem

»geduldigen Lamm«, der Blitz in seiner Hand (vgl. das Messer des Priesters) ein analoges Paar mit der »Föhre«: wir erhalten so zwei vollständige symbolische Szenen, zwei Szenen masochistischen Musters, die ein Strafbedürfnis zum Ausdruck bringen. Aus Bruchstücken einer angeschauten Gebirgslandschaft und mythologischen Vorstellungselementen gestaltet Trakl eine symbolische Szenerie.

Daß nicht das Gewitter als äußeres Naturschauspiel eigentlicher Gegenstand des Gedichts ist, das wird vor allem in der zweiten Strophe deutlich:

13 Traumhaft erschüttern des Wildbachs
Dunkle Geister das Herz,
Finsternis,
Die über die Schluchten hereinbricht!
Weiße Stimmen
Irrend durch schaurige Vorhöfe,
Zerrißne Terrassen,
Der Väter gewaltiger Groll, die Klage
Der Mütter,
Des Knaben goldener Kriegsschrei
Und Ungebornes
Seufzend aus blinden Augen.

Die Stille, auf die die erste Strophe hinführte (der Raum des Schweigens zwischen den Strophen ist integraler Bestandteil des Gedichtes), wird jäh zerstört durch eine Erschütterung des Herzens, durch ein Bild des »Hereinbrechens«. Dieses Wort hat in der Vorstellungswelt Trakls eine ganz zentrale Stellung: es bezeichnet die Invasion der Dämonen des Blutes. Als »des Wildbachs / Dunkle Geister« erschüttern sie das Herz, die Szenerie der Zerrissenheit ist ihr Werk. Von einer »Zerrissenheit / Feuriger Kräfte« spricht der Dichter in der handschriftlichen Fassung der ersten Strophe (II, 290). Die folgenden Zeilen sind nun auf den ersten Blick mit dem Gewitter, das doch im Titel als »Gegenstand« des Gedichtes angekündigt wurde, schwerlich in einen thematischen Zusammenhang zu bringen: »Der Väter gewaltiger Groll, die Klage / Der Mütter, / Des Knaben goldener Kriegsschrei«. Was hat diese triadische Konstellation von Vater, Mutter und Sohn zu tun mit dem Naturereignis? Trakl entwirft kein Bild familiären Friedens, menschlicher Einigung – auch die Triade bietet ein Bild der Zerrissenheit: der Vater (die Vaterfiguren, die gesamte Väterwelt) zürnt; die Mutter erscheint als »Klagegestalt«, wie so häufig bei Trakl; der Knabe kündigt mit seinem »Kriegsgeschrei« den Kampfeswillen an – seine Auflehnung gegen die Autorität des Vaters. Auch diese familiale Szenerie ist eine symbolische, sie stellt eine intrapsychische Konfliktsituation im dramatischen Bild dar: den Konflikt des Ich mit dem Überich. Erinnern wir uns an den Jäger, der »die Pfeile schickt nach Gott« (I, 447), und an die Figur des Sebastian: das von aggressiven Regungen, ödipalen Mordwünschen getriebene Selbst ist zugleich ein Selbst, das sich bedroht sieht durch eine strafende Vaterfigur, ein grausames Überich. Diese intrapsychische Konfliktsituation wird vom Dichter auf doppelte Weise zur symbolischen Szene gestaltet: einmal im Bild des Gewitters, einmal im Bild des ödipalen Familienkonfliktes. Als symbolische Szenen sind Familiendrama und Naturschauspiel äquivalent. Die zwar nicht explizit genannte, doch zu erschließende Gestalt des Blitze schleudernden Zeus führt die Reihe der »Väter« an, von deren Groll in der zweiten Strophe die Rede ist. Das Gewitter ist der Ausdruck dieses »gewaltigen Grolls«: in Blitz und Donner entlädt sich der Zorn des Gottes, der Vaterfigur. »Rasend peitscht Gottes Zorn die Stirne des Besessenen«, schreibt Trakl im Gedicht »An die Verstummten« (I, 124); als Variante zu »Zorn« erscheint in der Handschrift »Sturm« (II, 216).

Auch die Figur des Knaben findet ihr Analogon im Rahmen des Naturbildes, der Gewitterszenerie. Betrachten wir die dritte Strophe des Gedichtes:

O Schmerz, du flammendes Anschaun
Der großen Seele!
Schon zuckt im schwarzen Gewühl
Der Rosse und Wagen
Ein rosenschauriger Blitz
In die tönende Fichte.
Magnetische Kühle
Umschwebt dies stolze Haupt,
Glühende Schwermut
Eines zürnenden Gottes.

Trakl nimmt das Bild des Baumes aus der ersten Strophe wieder auf, spricht vom »stolzen Haupt« der Fichte. Wir erinnern uns an die dominante Gestalt des sich aufbäumenden Pferdes aus »Landschaft«, an Barrabas, der sein Haupt »trotzig hoch« trug, aber auch an die Beziehung des sich »aufbäumenden« Rappen zu dem verbrennenden Baum in der letzten Zeile von »Landschaft«. Sogleich erkennen wir, daß das »stolze Haupt« der Fichte korrespondiert mit dem »Kriegsschrei« des Knaben: dem Gestus des Trotzes, den der Baum verkörpert, entspricht der Aufstand des Knaben gegen die Vaterfigur, seine Auflehnung, sein »Aufbäumen«. Der Baum, der sein Haupt »trotzig hoch« trägt, und der Knabe, der sich »aufbäumt«, fungieren beide als symbolische Repräsentanzen des aggressiven Selbst im Rahmen einer ödipalen Szene. Wenn nun in der ersten Strophe der Baum (und mit ihm der Knabe) als »geduldiges Lamm« vorgeführt wird, so verstehen wir den Zusammenhang dieser zunächst widersprüchlich erscheinenden Bilder: der Aggressionswunsch korreliert mit einem Schuldgefühl, das aggressive Selbst rückt in die passive, masochistische Position. Und von daher erschließt sich nun auch die seltsame Formel: »Magnetische Kühle / Umschwebt dies stolze Haupt«. Der Magnet zeichnet sich aus durch seine Anziehungskraft; wenn der stolze Baum

»magnetisch« ist, so weil er etwas auf sich zieht – den Blitz, den Zorn der Vaterfigur. Noch einmal sei die Zeile aus den Entwürfen zu »Traum und Umnachtung« zitiert: »Er aber stand ein rasender Baum am steinernen Rand des Himmels, rief den schwarzen Blitz« (II, 275). Dieser »magnetische« Baum wird vom Dichter in Verbindung gebracht mit der »Glühende(n) Schwermut / Eines zürnenden Gottes« – in der Tat also zieht der Baum den Zorn Gottes auf sich, »ruft er« nach dem Blitz. Und die Strafe läßt nicht auf sich warten:

27 Schon zuckt im schwarzen Gewühl
Der Rosse und Wagen
Ein rosenschauriger Blitz
In die tönende Fichte.

Trakl setzt das Naturschauspiel des Gewitters einer antiken Kriegsszenerie gleich; noch plausibler wird dadurch, daß bei den Bildern vom »Groll der Väter«, vom »zürnenden Gott«, sowie auch in den Eingangszeilen (»Gebirge« / »Adler«), eine antike Gottesvorstellung, die Figur des Zeus, im Hintergrund steht. Der Blitz des zornigen Gottes trifft nun also den »geduldigen« Baum; sein Adler tötet das sanfte Lamm. Das »stolze Haupt« des Baumes, die trotzige Auflehnung des Knaben haben diese Bestrafung herausgefordert. »Daß ein Sturm dies Haupt zerschlüge / Nachts mit Blitzen«, schreibt Trakl an anderer Stelle (I, 415): dieser aus dem Schuldgefühl geborene Bestrafungswunsch hat, wie am Schluß von »Landschaft«, so auch im Gedicht »Das Gewitter« seine symbolische Erfüllung gefunden.

Werfen wir schließlich noch einen Blick auf die letzte Strophe dieses Gedichts:

35 Angst, du giftige Schlange,
Schwarze, stirb im Gestein!
Da stürzen der Tränen
Wilde Ströme herab,
Sturm-Erbarmen,
Hallen in drohenden Donnern
Die schneeigen Gipfel rings.
Feuer
Läutert zerrissene Nacht.

Das Gewitter entlädt sich, der Zorn des Gottes ist besänftigt, weicht einem »Erbarmen«. Dem kühlenden Regen entspricht der Strom der Tränen – der Regen löst die atmosphärische Spannung, das Weinen die psychische. Die Angst, die mit dem heraufziehenden Gewitter sich eingestellt hatte, wird gebannt, verfliegt. In der handschriftlichen Fassung des Gedichtes stand am Anfang das Bild von der »Zerrissenheit / Feuriger Kräfte«: diese Kräfte haben sich nun ausgetobt, die Konflikte sind beigelegt. Das Gewitter hat, als symbolischer Bestrafungsvorgang, kathartische Wirkung; das Feuer der Blitze bringt eine Läuterung, der Tränenstrom eine Reinigung. »Heilige Reinigung!« schreibt Trakl im Entwurf zur letzten Strophe, deren Schlußzeilen ursprünglich den Wortlaut hatten: »Eine Glocke / Läutet Versühnung zur Nacht« (II, 292). Die Bestrafung des Selbst macht eine Versöhnung mit der Vaterfigur möglich, eine Versöhnung des Ich mit dem Überich.

»Irgendwie wird sich das Gewitter, das sich in mir ansammelt, schon entladen«, schreibt Trakl am 24. April 1912 an Buschbeck, und er setzt hinzu: »Meinetwegen und von Herzen auch durch Krankheit und Melancholie« (I, 488). Auch in einem Brief an K. B. Heinrich spricht er von einem heraufziehenden Gewitter:

> Mir geht es nicht am besten. Zwischen Trübsinn und Trunkenheit verloren, fehlt mir Kraft und Lust eine Lage zu verändern, die sich täglich unheilvoller gestaltet, bleibt nur mehr der Wunsch, ein Gewitter möchte hereinbrechen und mich reinigen oder zerstören. O Gott, durch welche Schuld und Finsternis müssen wir doch gehn. Möchten wir am Ende nicht unterliegen. (I, 532)

Trakl spricht von seiner Schuld und äußert den Wunsch nach einem reinigenden Gewitter. Dieser Brief stammt vom Januar 1914; einige Monate später entstand das Gedicht »Das Gewitter«, in dem dieser Wunsch symbolisch seine Erfüllung findet. Das sprachliche Symbol ist ein Instrument der Triebökonomie, und so vermag das Gedicht, indem es den Bestrafungswunsch symbolisch erfüllt, damit die Spannung zwischen Ich und Überich auflöst, das Schuldgefühl beseitigt, tatsächlich eine solche Reinigung, eine seelische Katharsis zu bewirken. In diesem Sinne ist das Gedicht die Sühne einer Schuld. Mit »reinen Sprachfiguren«, nur noch sich selbst meinenden Bildern einer absoluten Poesie, haben wir es in diesem Gedicht ebensowenig zu tun wie in »Landschaft«.

In seinem Gedicht »Das Gewitter« setzt Trakl das Toben der Naturgewalten einer sozialen Dramatik gleich, einmal einer mikrosozialen, familialen, einmal einer makrosozialen, dem Krieg. Das Bild vom »schwarzen Gewühl / Der Rosse und Wagen« trat an die Stelle des Naturbildes der im Sturm dahinjagenden Gewitterwolken; vorbereitet wurde dieses archaische Kriegsbild schon durch die Wendung vom »Kriegsschrei« des Knaben. In kriegerischer Gestalt war uns der Sturm ja schon früher begegnet: »Der Wind schwingt Schild und Knüppel schwarz und kalt« (I, 297). Auch sein Gedicht »Im Osten« (entstanden im August 1914, noch vor Trakls Abrücken ins Feld) zieht diese Parallele; es beginnt mit den Zeilen:

> 2 Den wilden Orgeln des Wintersturms
> Gleicht des Volkes finstrer Zorn,
> Die purpurne Woge der Schlacht,
> Entlaubter Sterne. (I, 165)

Wieder einmal operiert Trakl mit dem Farbkontrast Schwarz / Rot (»finstrer Zorn« – »purpurne Woge«); die Konnotationen der Farbe Purpur sind im

Zusammenhang des Kriegsbildes unschwer auszumachen: dieses Purpur ruft die Vorstellungen von Blut und von Feuer herauf. Auch das Schuldthema klingt an, wenn vom »Zorn« die Rede ist; die Handschrift hatte anstelle von »des Volkes finstrer Zorn« zunächst den Wortlaut »der Alten« (II, 310). Die Vorstellung vom »Groll der Väter« steht also auch hier im Hintergrund: dieser Zorn äußert sich im Gewitter (bzw. »Wintersturm«) ebensogut wie im Krieg. Erneut wird deutlich: das Gewitter als Naturereignis und der Krieg als geschichtlich-soziales Ereignis sind beide gegenständliche Entsprechungen eines Seelischen, der »Heimsuchung« durch das Überich, durch eine strafende Vaterfigur. Die gleiche Bestrafungsphantasie liegt der Kriegs- und der Gewitterszenerie zugrunde, bei beiden handelt es sich um symbolische Szenen.

Betrachten wir nun aber die letzte Strophe des Gedichtes »Im Osten«; auch hier finden sich Bilder, die wir aus anderen Zusammenhängen bereits kennen:

> Dornige Wildnis umgürtet die Stadt.
> Von blutenden Stufen jagt der Mond
> Die erschrockenen Frauen.
> Wilde Wölfe brachen durchs Tor.

Ganz klar folgt dieses Kriegsbild dem Muster der sadistischen Szene; es enthält, in vergrößertem Maßstab, alle ihre Gestaltungselemente: den Dornbusch, das feminine Opfer, den »hereinbrechenden« Täter. Nicht mit einem Bild der Sühne, der Bestrafung haben wir es hier zu tun, sondern mit einem Bild der Schuld. Der Mond wird als »Jäger« gezeichnet; sein Analogon sind die »Wölfe«, sein szenisches Komplement die »erschrockenen Frauen«, die vor ihm fliehen, wie das Wild vor dem Jäger. Vertritt der Mond, wie der Jäger, das aggressive Selbst? »Du – ein purpurner Mond«, schreibt Trakl in »Verwandlung des Bösen« (I, 98); kurz zuvor war die Rede von der »purpurnen Flamme der Wollust« und dem »schwarzen Wahnsinn des Messers«. »Afras Antlitz / Rührst du mit silbernem Mund«, heißt es in den Entwürfen zu »Am Hügel« (II, 201); dieses Bild wandelt der Dichter jedoch sogleich ab: »Von Afras Blut raucht der kalte Mond« (Ebd.). Der Mond gibt seine Jäger-Natur zu erkennen, »seine Hände rauchen von Blut« (I, 97).

Es wäre demnach eine fatale Simplifikation, wollte man das Gedicht »Im Osten« nur als ein Gedicht über den Krieg lesen, entsprechend das Gedicht »Das Gewitter« etikettieren als Naturgedicht. Nur bei oberflächlicher Betrachtung sind diese beiden Gedichte thematisch verschieden. Die Kriegsszenerie und die Gewitterszenerie sind symbolisch äquivalent, beide gestalten das gleiche »Thema«: das Inferno, das die »animalischen Triebe« anrichten. Die »wilden Wölfe«, von denen in der Schlußzeile von »Im Osten« die Rede ist, meinen nicht nur ein dem Dichter Äußerliches, die entfesselten Destruktivkräfte in fernem Kriegsgeschehen, sie sind zugleich symbolische Vertreter der Dämonen, die in der Hölle seines Herzens wohnen, Repräsentanten der Destruktivkräfte in seiner eigenen Seele. Trakls Bilder vom Toben der Naturgewalten und von kriegerischen Auseinandersetzungen inszenieren symbolisch einen seelischen Konflikt, den intrapsychischen Konflikt zwischen Es und Überich, zwischen Dämonen und Engeln: »Gewitter ziehen über das Schloß, Höllenfratzen und die flammenden Schwerter der Engel« (I, 459). Die »Zerrissenheit / Feuriger Kräfte«, die Trakl immer wieder bildhaft vor Augen führt, meint eine psychische Zerrissenheit, einen Widerstreit seelischer Kräfte. Sein Gedicht ist nicht nur ein kunstvolles Gebäude aus poetischen Sprachfiguren – es ist zugleich ein Raum, in dem psychische Konflikte symbolisch ausgetragen werden, ein Raum, in dem Triebenergien sich entladen.

4. Die Funktion des Häßlichen

4.1. Das Häßliche als Produkt des Hasses

Von Anfang an spielt in der dichterischen Phantasie Trakls das Häßliche eine bedeutende Rolle. Wie Freunde sich erinnern, ließ er schon in der Zeit seiner ersten dichterischen Versuche eine Vorliebe erkennen für Wendungen wie »verschleimte Mondstrahlen«.[1] Ähnlich Antiidyllisches begegnet uns in seinem gesamten Werk auf Schritt und Tritt: Abfallhaufen, Ungeziefer, verwesende Kadaver, Aussätzige, Krüppel, faulende Tümpel, Jauche. Welche Funktion haben diese abstoßenden Bilder, und woher rührt Trakls Vorliebe für das Häßliche? Es soll bei den folgenden Untersuchungen nicht darum gehen, Bekanntes zu wiederholen, indem auf epochale Zusammenhänge, auf die Akzentuierung des Häßlichen im gesamten Expressionismus verwiesen und der Einfluß Baudelaires auf diese Dichtergeneration vermerkt wird. Über die Funktion des Häßlichen in Trakls Dichtung ist mit solchen Hinweisen wenig gesagt; die verallgemeinernden Feststellungen der Literaturgeschichtsschreibung erfassen die Besonderheiten der einzelnen Dichterpersönlichkeit kaum. Den methodischen Überlegungen Eykmans ist insofern beizupflichten:

> Der methodische Vorrang gebührt der Blickrichtung auf das zunächst für sich stehende Werk des jeweiligen Dichters, will man nicht Gefahr laufen, Bezüge zu übersehen, die eben nur dann hervortreten, wenn das lyrische Gesamtwerk eines Autors als eine in sich abgeschlossene und beziehungsreiche Ganzheit erfaßt und erkundet wird.[2]

Um die Erkundung solcher Bezüge wird es im folgenden gehen. Zur Diskussion steht die Individualität von Trakls Werk, die Rolle des Häßlichen in der von seiner dichterischen Phantasie geschaffenen Bilderwelt.

---

1 Spoerri, S. 24.

2 Christoph Eykman, *Die Funktion des Häßlichen in der Lyrik Georg Heyms, Georg Trakls und Gottfried Benns. Zur Krise der Wirklichkeitserfahrung im deutschen Expressionismus*. Bonn, 2. Aufl. 1969, S. 2.

Befragen wir zunächst einmal den Autor selbst nach den Gründen seiner Vorliebe für das Häßliche. In einem Gedicht aus der »Sammlung 1909« gibt er Auskunft darüber; die drei Strophen sind überschrieben mit »Confiteor«:

Confiteor

Die bunten Bilder, die das Leben malt
Seh' ich umdüstert nur von Dämmerungen,
Wie kraus verzerrte Schatten, trüb und kalt,
Die kaum geboren schon der Tod bezwungen.

Und da von jedem Ding die Maske fiel,
Seh' ich nur Angst, Verzweiflung, Schmach und Seuchen,
Der Menschheit heldenloses Trauerspiel,
Ein schlechtes Stück, gespielt auf Gräbern, Leichen.

Mich ekelt dieses wüste Traumgesicht.
Doch will ein Machtgebot, daß ich verweile,
Ein Komödiant, der seine Rolle spricht,
Gezwungen, voll Verzweiflung, – Langeweile! (I, 246)

Der junge Dichter gibt sich als Philosoph, kleidet seine pessimistische Weltanschauung in Verse. Er bringt seine Verzweiflung und seinen Lebensekel zum Ausdruck, einen Ekel, der ihm offenbar aus seiner Einsicht erwachsen ist, daß der schöne Schein der »bunten Bilder« trügt, daß das Leben in Wahrheit ein »heldenloses Trauerspiel« ist, bei dem der Tod Regie führt. Das Gedicht kulminiert in dem Wort »Langeweile« – der Einfluß Baudelaires (bei ihm ist »ennui« geradezu ein Schlüsselbegriff) ist deutlich. Taedium Vitae: vor dem Hintergrund dieser weltanschaulichen Darlegungen Trakls scheint nun seine Ästhetik des Häßlichen verständlich zu werden – das Häßliche fungiert als objektives Korrelat seines Lebensekels, soll im Gedicht zum Vorschein bringen, was er als das wahre Wesen der Wirklichkeit erkannt hat.

Das Ekelgefühl, das Trakl dem Leben gegenüber empfindet, sei eine »emotionale Reaktion auf die Erkenntnis des Verfalls«, schreibt Eykman[3]; Basil stellt fest: »Immer tiefer verirrte er sich in seine Philosophie des Verfalls.«[4] Kann der zunehmende Lebensekel, der ja durch die Biographie auf schlimme Weise beglaubigt wird, aber ernstlich begriffen werden als Folge einer »Erkenntnis« Trakls, seiner weltanschaulichen Entwicklung bzw. »Verirrung«? Wenn Trakl im Leben nur »Angst, Verzweiflung, Schmach und Seuchen« zu sehen vermag, wenn sich seine Stimmungslage mehr und mehr verdüstert, so hat dies wohl nicht allein intellektuelle Gründe. Der weltanschauliche Pessimismus des Dichters ist die Fortsetzung einer emotionalen Verstörtheit auf geistiger Ebene, die Rationalisierung einer tiefsitzenden Enttäuschung am Leben. »Ekel und Angst sind ihm unüberwindbar«, schreibt

3 Eykman, S. 73.
4 Basil, S. 57.

Buschbeck über seinen Freund.[5] Das Gedicht »Confiteor« bringt diesen Ekel nur zum Ausdruck – die Frage nach dessen Herkunft vermag es nicht überzeugend zu beantworten. Die Ursachen des unüberwindlichen Lebensekels sind in der seelischen Bildungsgeschichte (und das heißt: nicht nur der intellektuellen) des Dichters zu suchen; zu fragen ist nach den enttäuschenden Erfahrungen, die Trakls Pessimismus zugrundeliegen.

Die Analyse des Ekelgefühls deckt auf, daß es in der Tat in einem Enttäuschungserlebnis seine frühesten Wurzeln hat. Die Ekelreaktion stellt ursprünglich ein physiologisches Abwehrsyndrom dar, das sich gegen ein unerwünschtes Objekt richtet. Während das kleine Kind gegenüber dem positiven (eßbaren, befriedigenden) Objekt die Distanz zu verringern sucht, es schließlich verschlucken will, sucht es gegenüber dem negativen (nicht eßbaren, frustrierenden) Objekt die Distanz zu vergrößern, das Objekt wird ausgespuckt. Die Ekelreaktion blockiert die orale Inkorporation des Objekts. Wie Edith Jacobson gezeigt hat, wird diese archaische Abwehrreaktion nun zum Vorbild einer spezifischen Form der Aggression, »die auf Abwertung des Objekts zielt und sich in herabsetzenden, geringschätzigen Haltungen ihm gegenüber äußert«.[6] Diese Tendenz zu aggressiver Abwertung des Objekts wurzelt also in Enttäuschungserlebnissen:

> Sie entsteht als die ubiquitäre Antwort auf infantile Frustrations-, Kränkungs- und Enttäuschungserlebnisse und hat ihren Ursprung in der Spuck- und Würgreaktion des Kindes auf unerwünschte oder von ihm abgelehnte Nahrungszufuhr. Diese primitive, anfänglich rein physiologische Reaktion ist der Vorläufer des Ekelgefühls, einer Reaktionsbildung, die für alle Zeit enge Beziehung zu prägenitalem, oralem und analem Erleben behält.[7]

Das Ekelgefühl geht mithin genetisch zurück auf eine orale Abwehrreaktion gegen das frustrierende Objekt (die ›böse‹ Brust): in diesen frühkindlichen Enttäuschungserlebnissen liegt auch bereits der Keim der Ekelgefühle gegenüber dem Leben, die für Trakl so unüberwindlich wurden. Dieser Lebensekel ist, wie sich jetzt zeigt, eine Erscheinungsform aggressiver Regungen.

Wenn wir die Szenerien des Häßlichen in Trakls Dichtung begreifen als objektive Korrelate des Ekelgefühls, so rücken wir sie damit in eine enge Verwandtschaftsbeziehung zu den Szenerien der Gewalt, mit denen wir uns zuvor befaßt haben. Das im Austausch mit der abweisend-kalten Mutter angelegte aggressive Klischee wurde in Trakls Werk faßbar in Gestalt der hochrekurrenten sadistischen, masochistischen und paranoiden Szenen; dem gleichen Klischee entspringt auch seine Bilderwelt des Häßlichen. Die destruktiven Regungen des Es kommen einerseits zum Ausdruck in den Phantasien

[5] Buschbeck, Requiem, S. 65.
[6] Jacobson, S. 111.
[7] Ebd.

eines mörderischen Angriffs auf das Objekt; sie manifestieren sich andererseits in der Tendenz zur Herabsetzung, zur Verhäßlichung des Objekts, seiner aggressiven Abwertung. Diese abwertend-aggressive Reaktion, ursprünglich der oralen Phase entstammend (Ausspucken, Erbrechen), wird im Zuge der Sauberkeitserziehung auf die anale Zone verschoben:

> Schlechte Nahrung, Erbrochenes oder Kot werden in der Vorstellung miteinander verknüpft. Von nun an werden anale Aggressionen und ihre Derivate immer zum Ausdruck tiefer Verachtung verwendet.[8]

Mit dem Eintritt in die phallische Phase entwickelt sich schließlich auch eine genitale Form der aggressiven Abwertung:

> Orale, anale und genitale Formen aggressiver Abwertung werden kombiniert, und das Kind kann seine degradierten Liebesobjekte entweder als schwach und leer oder als schmutzig und ekelhaft oder als zerstört und kastriert erleben.[9]

Trakls Vorliebe für das Häßliche steht also nicht zufällig neben seiner Vorliebe für Bilder der Gewalt. Die im Rahmen der gestörten Dyade gezüchteten destruktiven Regungen beeinflussen, in Gestalt der Tendenz zu aggressiver Abwertung des Objekts, alle späteren Objektbeziehungen Trakls und wachsen sich schließlich aus zu einem diffusen Ekelgefühl gegenüber einer Welt, in der ihm die Befriedigung schon der elementaren Bedürfnisse versagt blieb. Dieses ihm selbst in seinem eigentlichen Entstehungszusammenhang unbegreifliche Ekelgefühl versucht der heranwachsende Trakl zu rationalisieren, auf die intellektuelle Ebene einer Weltanschauung zu heben: verankert im Bereich des Irrationalen, Affektiven bleibt es allemal. Trakls Lebensekel und sein damit korrespondierender Hang zum Häßlichen leiten sich her aus dem aggressiven Klischee, das sein Seelenleben beherrscht. Das Häßliche in seiner Dichtung ist ein Produkt des Hasses: es ist nicht nur ästhetisches Mittel, sondern auch ein Mittel der Triebökonomie – es entspricht dem Wunsch nach aggressiver Abwertung des Objekts.

Lassen diese theoretischen Überlegungen sich nun stützen durch Befunde im poetischen Werk Trakls? Führen sie uns zu einem tieferen Verständnis der Funktion des Häßlichen im poetischen Universum dieses Dichters? Werfen wir zunächst einen Blick auf ein weiteres Jugendgedicht Trakls, sein Sonett »Dämmerung«. Die Quartette haben folgenden Wortlaut:

> Zerwühlt, verzerrt bist du von jedem Schmerz
> Und bebst vom Mißton aller Melodien,
> Zersprungne Harfe du – ein armes Herz,
> Aus dem der Schwermut kranke Blumen blühn.

---

8 Ebd.

9 Ebd., S. 116.

Wer hat den Feind, den Mörder dir bestellt,
Der deiner Seele letzten Funken stahl,
Wie er entgöttert diese karge Welt
Zur Hure, häßlich, krank, verwesungsfahl! (I, 218)

Auch hier gibt der Dichter seinem Lebensekel Ausdruck: die ganze Welt erscheint ihm als eine häßliche Hure. Diesen Ekel begründet Trakl nun allerdings nicht mehr wie in »Confiteor« mit seiner ernüchterten Einsicht in das wahre Wesen der Wirklichkeit (»Und da von jedem Ding die Maske fiel...«), vielmehr wird die Verdüsterung des Lebens zurückgeführt auf die Bedrohung durch einen mörderischen »Feind«, der der »Seele letzten Funken stahl«. Diesem Mörder sind wir in den Gedichten Trakls auf Schritt und Tritt begegnet, in den verschiedensten Maskierungen, in Menschen- und in Tiergestalt, und nach Auskunft des Gedichtes »Dämmerung« ist der Mörder, der symbolische Repräsentant aggressiver Regungen, nun auch verantwortlich für die Verdüsterung der Welt, ihre Verhäßlichung: er »entgöttert diese karge Welt / Zur Hure, häßlich, krank, verwesungsfahl«. Dieser mörderische Feind schafft den »Mißton« in der Seele Trakls, die schwermütige Stimmung und das Ekelgefühl, das sich ihm über alle Gegenstände legt; dieser Mörder ist zugleich auch die Quelle der Angst, die Buschbeck bei Trakl neben dem Ekel hervorhob: »Ekel und Angst sind ihm unüberwindbar«. Nicht die Welt also präsentiert sich dem objektiven Betrachter als häßlich und krank – es ist vielmehr die subjektive Seelenlage des Dichters, die eigene Aggressivität, die ihm die Wirklichkeit so ins Häßliche verzeichnet. Das Häßliche in Trakls Gedicht ist kein naturalistisches Abbild der Wirklichkeit, es ist aus der Phantasie geboren, ein Traumbild: »Mich ekelt dieses wüste Traumgesicht«, schreibt der Dichter schon in »Confiteor«.

Das Häßliche, so unsere These, ist ein Produkt des Hasses, ein Werk des Mörders, der uns in dieser Dichtung ständig begegnet. Damit deuten sich Beziehungen an zwischen der Blaubart-Thematik Trakls und den Motiven des Häßlichen. Unter den verschiedenen Variationen, in denen das »Lied des Blaubart« vorliegt, stoßen wir auf eine in diesem Zusammenhang bemerkenswerte Strophe. Blaubart ist auf Brautschau gegangen, er hat die Wahl zwischen drei Damen. Mit den ersten beiden, der »Schönheit« und der »Reinheit«, weiß er nichts anzufangen; erst die dritte entspricht seinem Temperament – es ist die »blinde, dürre Evelyn«, die personifizierte Häßlichkeit:

Die dritte voll stinkender Grätzen und Schinn
Die blinde dürre Evelyn
Die lachte und sprach: Mein trauriger Prinz
Ihr möchtet die Verwesung frein!
Du bist es, Weib, dich muß ich frein
Sprach und umarmte sie der Prinz. (II, 479)

Die Braut des Blaubart ist häßlich – sie ist das Objekt seines »fressenden Hasses«.

In den Entwürfen zu »Unterwegs II« schreibt der Dichter: »O, ich liebe dich« (II, 142). Diese direkte subjektive Gefühlskundgabe (die Trakls Streben nach dem »unpersönlichen« Gedicht zuwiderläuft) wird jedoch ersetzt durch eine objektive Feststellung: »Schön ist die rote Stille deines Mundes«. Die Schönheit des Objekts korreliert mit einer seelischen Regung des Selbst, mit seiner Liebe – so liegt der Analogieschluß auf der Hand: das häßliche Objekt ist das Objekt, auf das sich Haßgefühle richten, das aggressiv besetzte Objekt. Die Braut des Blaubart ist häßlich, weil sie seine Haßregungen auf sich zieht; die keusche Elisabeth, die liliengleiche, die Taube, verwandelt sich unter seinem Einfluß in eine häßliche Hure, in eine Evelyn, »voll stinkender Grätzen«. Wie die Madonna, vor die der Heilige, der »bleiche Priester der Wollust« tritt, so durchläuft auch sie eine Metamorphose.

Die häßliche Braut des Blaubart begegnet uns in Trakls Dichtung häufig wieder. Ein häßliches Geschöpf ist die junge Magd, die Partnerin des rüden Knechts: »Und umschmeichelt von Verfalle / Senkt sie die entzundenen Lider« (I, 12). Vertreter dieses Knechts ist der Wind, der ihre gelben Haare »flattern« läßt, am Tor rüttelt; die Magd ist eine Vorläuferin der häßlichen Braut, von der in »Passion« die Rede ist:

> Über seufzende Wasser geneigt
> Sieh dein Gemahl: Antlitz starrend von Aussatz
> Und ihr Haar flattert wild in der Nacht. (I, 393)

Es schließt sich hier an das Bild von der Hochzeit der Wölfe: »Zwei Wölfe im finsteren Wald / Mischten wir unser Blut ...« Dieses Mädchen ist zugleich eine Wolfsbraut und eine Windsbraut – das feminine Objekt des aggressiven Selbst. Und als Braut des Blaubart ist sie häßlich. Von den »Schwestern« (einmal mehr im unpersönlicheren Plural) heißt es im »Helian«: »O wie starrt von Kot und Würmern ihr Haar, / Da er darein mit silbernen Füßen steht« (I, 71). Ganz klar haben wir es hier einmal zu tun mit einer Szene sadistischer Unterwerfung: die Magd muß sich ducken. Zugleich wird das weibliche Objekt als häßlich gezeichnet: der aggressiven Unterwerfung entspricht eine aggressive Abwertung des Objekts, seine Verhäßlichung.

Wir haben festgestellt, daß die Bräute der verschiedenen Blaubart-Figuren Trakls mehrfach den mütterlichen Namen Maria tragen; die Gestalt der Mutter führt die Reihe der femininen Objektrepräsentanzen an. Das aggressive Klischee, dem die sadistischen Phantasien Trakls, aber auch sein Ekelgefühl und seine Szenerien des Häßlichen entspringen, hat seine Wurzeln in der Enttäuschung des Knaben durch die abweisend-kalte Mutter. Die Mutter ist die zentrale frustrierende Gestalt im Leben Trakls; in seiner Dichtung spielt die Figur der Mutter nicht nur eine Rolle im Rahmen der sadistischen Szenen, sie steht auch im Zentrum der Thematik des Häßlichen. Mit der Muttergestalt in den Gedichten Trakls haben wir uns erneut, jetzt eingehender zu befassen.

4.2. Die Hure und der blinde Greis

In Trakls Prosagedicht »Traum und Umnachtung« lesen wir gleich zu Beginn den Satz: »... in dunklen Zimmern versteinerte das Antlitz der Mutter« (I, 147). Im folgenden kommen dann weitere »Kindheitserinnerungen« des fiktiven Knaben (für den Trakl die Namen »Kaspar Münch« und »Kermor« erwogen hatte) zur Sprache:

> Manchmal erinnerte er sich seiner Kindheit, erfüllt von Krankheit, Schrecken und Finsternis, verschwiegener Spiele im Sternengarten, oder daß er die Ratten fütterte im dämmernden Hof. (...) Am Abend ging er gerne über den verfallenen Friedhof, oder er besah in dämmernder Totenkammer die Leichen, die grünen Flecken der Verwesung auf ihren schönen Händen. (...) Wenn er in seinem kühlen Bette lag, überkamen ihn unsägliche Tränen. Aber es war niemand, der die Hand auf seine Stirne gelegt hätte. (Ebd.)

»Niemand liebte ihn«, so lautet das Resümee am Anfang des zweiten Abschnitts (I, 148). Schon hier fällt auf, wie Bilder des Häßlichen (Krankheit, Ratten, Verwesung, Verfall) sich verbinden mit dem Thema der Versagung. Die Gestalt der Mutter mit versteinertem Gesicht ist die symbolische Repräsentanz des frustrierenden Objekts, der Imago der abweisend-kalten Mutter. In der dichterischen Phantasie Trakls spielt diese Figur eine wichtige Rolle; sie tritt in dem Prosagedicht noch einmal auf zu Beginn des vierten Abschnitts: »Tief ist der Schlummer in dunklen Giften, erfüllt von Sternen und dem weißen Antlitz der Mutter, dem steinernen« (I, 150). Wie der Knabe in »Traum und Umnachtung«, so geht auch der Knabe Sebastian über den Friedhof – »an der frierenden Hand der Mutter« (I, 88). »Der Mutter Antlitz hart und voll Schmerz«, heißt es in der Handschrift von »Ein Frühlingsabend« (II, 325), und im Gedicht »Entlang«: »Erscheinung der Mutter in Schmerz und Graun« (I, 106). Immer wieder präsentiert sich die Mutter als eine kalte, »steinerne« oder als »Klagegestalt« (I, 121).

Im letzten Abschnitt von »Traum und Umnachtung« stoßen wir aber auch auf das folgende Bild: »... der Mutter unter leidenden Händen das Brot zu Stein ward« (I, 150). Steinern wie die Mutter selbst ist das Brot, das sie dem Kind reicht. Das gleiche Bild findet sich auch im späten Dramenfragment Trakls; dort ruft der Pächter: »O das Rauschen der Linde von Kindheit an, vergebliche Hoffnung des Lebens, das versteinerte Brot!« (I, 456). Das Komma hatte der Dichter zunächst anders plaziert, deutlicher noch artikulierte sich so die Verzweiflung, die seinen eigenen Erfahrungen entspricht: »Von Kindheit an vergebliche Hoffnung des Lebens« (II, 499). Das versteinerte Brot: kein Bild könnte die Enttäuschung eindringlicher veranschaulichen, auf die Trakls Gefühle des Hasses und des Ekels genetisch zurückzuführen sind. Die Mutter reicht dem Kind ungenießbare (und das heißt: ekelerregende) Nahrung, gibt es damit dem Hunger preis. »Hunger, der grüne Augen zerbricht«, schreibt Trakl im Gedicht »An die Verstummten« (I, 124). Das Hunger-Motiv ist auch impliziert, wenn der Dichter im »Psalm« feststellt: »Es ist ein Raum, den sie mit Milch getüncht haben« (I, 55). Die Milch ist eigentlich als Nahrung für das Kind bestimmt (insofern die Antithese zum »versteinerten Brot«), hier aber einer zweckentfremdeten Verwendung zugeführt, dem Kind vorenthalten worden. Das Kind ist derweil zum Hungertod verurteilt:

Quartiere dräun voll Elend und Gestank.
Violenfarben und Akkorde ziehn
Vor Hungrigen an Kellerlöchern hin.
Ein süßes Kind sitzt tot auf einer Bank. (I, 294)

Auch diese vier Zeilen lassen die enge Verflochtenheit der Bilder des Häßlichen mit dem Motiv der Versagung erkennen. Der Hunger, von dem der Dichter immer wieder spricht, meint freilich nicht nur den Mangel an Nahrung (Brot, Milch etc.), sondern einen umfassenderen Mangelzustand, den Mangel an Liebe: »... der primäre Hunger verlangt nach Milch; die narzißtische Zufuhr wird späterhin auf ähnliche Weise in einer Art seelischem Hunger vermißt.«[10] Trakls Bilder des Hungers und der Kälte (»frierende Hand der Mutter«) sind insofern eng verwandt.

Auch der ungeliebte Knabe Kaspar aus »Traum und Umnachtung«, der verlassen und frierend in seinem »kühlen Bette« liegt, empfindet Hunger. »Ihn verlangte nach dem roten Fleisch von Früchten«, heißt es in der Handschrift (II, 266), und es folgt wenig später der Satz: »An der Pforte des Klosters bat er um ein Stück Brot« (I, 147). Das versteinerte Brot in den Händen der Mutter vermochte den Hunger des Kindes nicht zu stillen. Auch von seinem Durst ist die Rede: »Im Hof trank er, ein wildes Tier, von den blauen Wassern des Brunnens, bis ihn fror« (I, 148). Das Trinken schafft keine Befriedigung, sondern resultiert in einem Mangelzustand, in einem »Frieren«. Wie das versteinerte Brot, so ist auch das kalte Wasser »schlechte Nahrung«. Nicht anders das verseuchte Wasser, von dem in »Unterwegs« die Rede ist: »Ein Herd von Seuchen Trinkende umkreist« (I, 296). In seinem Jugendgedicht »Ermatten« spricht Trakl von einem Herz, »das Ekel nur sich trank aus aller Süße« (I, 242). Und schließlich bringt sich auch die Formulierung in Erinnerung, die wir im handschriftlichen Entwurf von »De Profundis« gefunden haben: »Haß

[10] Fenichel, Neurosenlehre, Bd. 1, S. 195.

und Bitternis / Trank ich aus ihren Brunnen« (II, 96). »Kälte trinken«, »Ekel trinken«, »Haß trinken«: der Vergleich dieser Parallelstellen zeigt die enge Verbundenheit der Bilder der Versagung, des Häßlichen und des Hasses. »Nachhallen die purpurnen Flüche / Des Hungers in faulendem Dunkel«, schreibt Trakl in »Vorhölle« (I, 133): Haß und Ekel sind eine Folge des Hungers, der Versagung.

In »De Profundis« kommt das lyrische Ich, das »Haß getrunken« hat, in Gestalt des Jägers, der wilden Hunde über die Waise; der hungrige, dürstende, frierende Knabe Kaspar des Prosagedichtes wird zu einem Tier »mit keuchendem Rachen«, »schäumenden Lippen«, zu einem Wolf, einem Fuchs, einem wilden Hund, der »Blut trinken« will und den es verlangt nach »rotem Fleisch« – nicht nur von »Früchten«. Der Sinnzusammenhang zwischen dem Bild vom versteinerten Brot in der Hand der Mutter und der Wendung vom »fressenden Haß« des Blaubart ist evident. Als zentrale frustrierende Gestalt weckt die Mutter mit »steinernem Antlitz« und »frierender Hand« Aggressionswünsche, ihr gelten die sadistischen Angriffe des Knaben – auf diese Weise wird die »steinerne Mutter« zur »Schmerzensmutter«, zum gequälten Objekt: »In süßen Qualen brennt dein Schoß, / Da lächelt dein Auge schmerzlich und groß, / O Mutter du, Maria!« (I, 252).

Diese Haßgefühle können andererseits zum Ausdruck kommen in dem Wunsch, das Objekt aggressiv abzuwerten. So stoßen wir bei Trakl auf eine häßliche Muttergestalt, die dieser mater dolorosa nicht von ungefähr auffällig verwandt ist. In der zweiten Strophengruppe des Gedichts »Die Verfluchten« tritt die Mutter als personifizierte Seuche, als Pest auf:

16 Am Abend säumt die Pest ihr blau Gewand
Und leise schließt die Tür ein finstrer Gast.
Durchs Fenster sinkt des Ahorns schwarze Last;
Ein Knabe legt die Stirn in ihre Hand.

Oft sinken ihre Lider bös und schwer.
Des Kindes Hände rinnen durch ihr Haar
Und seine Tränen stürzen heiß und klar
In ihre Augenhöhlen schwarz und leer.

Ein Nest von scharlachfarbnen Schlangen bäumt
Sich träg in ihrem aufgewühlten Schoß.
Die Arme lassen ein Erstorbenes los,
Das eines Teppichs Traurigkeit umsäumt. (I, 103/04)

Die Pest trägt einen blauen Mantel: das Attribut der Madonna, der Mutter Maria. Auch das phallisch-aggressive Bild der Schlangen, die sich in ihrem Schoß »aufbäumen« (vgl. den Rappen, die Flamme), bringt die ins Sadistische verzeichnete Madonnenfigur des Jugendgedichtes in Erinnerung. Die Aggressionen des Knaben gegenüber der Mutter treten in Gestalt des sadistischen

Wunsches in Erscheinung, aber auch in Form aggressiver Abwertung: aus dem abweisenden wird ein abstoßendes Objekt, das Ekelgefühle weckt.

Die blaue Farbe des Madonnengewandes kennzeichnet auch die Muttergestalt, die im Gedicht »Drei Blicke in einen Opal« auftritt:

In blauem Schleim und Schleiern tanzt des Greisen Frau
Das schmutzstarrende Haar erfüllt von schwarzen Tränen,
Die Knaben träumen wirr in dürren Weidensträhnen
Und ihre Stirnen sind von Aussatz kahl und rauh. (I, 66)

Unschwer erkennen wir in »des Greisen Frau« die Mutter des Knaben (er einmal mehr im »universellen« Plural); mit dem Motiv des Schleiertanzes wird die erotische Beziehung zwischen Vater und Mutter angedeutet: die Strophe entwirft das Bild einer ödipalen Triade. Aggressiv abgewertet wird nun einmal der Vater – er erscheint als schwächlicher, impotenter Greis. Abgewertet wird zugleich die Muttergestalt: als Frau des Greisen ist sie implizit selbst eine »Greisin«; zudem präsentiert sie sich als ekelerregende Gestalt voll Schmutz und Schleim, als eine häßliche Hure. Die Mutter ist häßlich, weil sie den Haß des Knaben erregt: sie entzieht sich ihm. »Aussatz« meint ja nicht nur eine Krankheit, sondern konnotiert auch ein »Ausgesetztsein« – dieser Knabe ist eine Waise, ein Kaspar Hauser.

Diese Deutung kann sich stützen auf eine ganz ähnliche Strophe aus dem Gedicht »Im roten Laubwerk voll Guitarren«:

In brauner Schatten Ruh verstummen
Die Alten, die sich blöd umschlingen.
Die Waisen süß zur Vesper singen.
In gelben Dünsten Fliegen summen. (I, 17)

Diese Strophe ist nach dem gleichen ödipalen Muster gearbeitet: auch hier konfrontiert Trakl die aggressiv abgewerteten Eltern mit dem Kind; anstatt von Knaben ist jetzt (an exakt der gleichen Stelle wie in der Strophe des anderen Gedichts) die Rede von »Waisen«.

Von »blauem Schleim« bedeckt ist die Mutter des Knaben; das Farbwort strahlt semantisch aus auch auf das unmittelbar folgende, klanglich korrespondierende Wort »Schleier« (von »blauen Schleiern« spricht Trakl auch an anderer Stelle; I, 284). In diesem blauen Schleier erkennen wir das Madonnengewand wieder, das Gewand der Mutter Maria. Aus der mater dolorosa ist eine häßliche Hure geworden. Hinter diesen beiden Muttergestalten steht die Figur der Mutter mit »steinernem Antlitz«: es ist die Imago der abweisenden Mutter, die die Aggressionen weckt, die in solchen Bildern ihren Niederschlag finden. Das Motiv des Schleims begegnet im Gedicht »Drei Blicke in einen Opal« noch an anderer Stelle; überrascht stellen wir fest, mit welchem Motiv es eine Verbindung eingeht – mit dem Motiv des Steins: von »schleimigem

Gestein« ist die Rede in der Eingangsstrophe des Gedichts. Der Stein verkörpert prototypisch das abweisende, ungenießbare Objekt, das Haß und Abscheu erregt. Steinern wie die Mutter selbst war das Brot, das sie dem Kind reichte: es ist kein Zufall, wenn sich in Trakls Gedicht das verhäßlichende Attribut des Schleims einmal mit dem Motiv des Steins, einmal mit der Gestalt der Mutter verbindet. »Im kahlen Baum wohnt die Mutter«, kann Trakl schreiben (I, 456): die abweisende Mutter »wohnt« auch in diesem ekelhaften »schleimigen Gestein«.

Noch Eines schließlich muß am Gedicht »Drei Blicke in einen Opal« auffallen. Dieses Gedicht ist aufgebaut in drei Strophengruppen, deren jede wieder drei Strophen umfaßt. Genau in der Mitte dieses triadisch strukturierten Gedichts findet sich nun die zitierte Strophe, in der Trakl das Bild einer ödipalen Triade entwirft. Die Bedeutung der Strophe wird durch ihre Stellung akzentuiert; das formale Zentrum des Gedichts ist auch inhaltlich zentral. Und wenn das ganze Gedicht in seinem formalen Aufbau dem triadischen Schema der zentralen Strophe folgt, so wäre zu fragen, ob nicht eine solche triadische Form, die Trakl des öfteren benutzt, überhaupt als eine inhaltlich motivierte zu begreifen, als ödipale Form anzusprechen ist.

In den beiden Gedichtstrophen, die wir untersucht haben, konfrontierte Trakl den Knaben mit einem aggressiv abgewerteten Elternpaar. Dieser Knabe befindet sich in der Rolle einer Waise: er ist ausgestoßen, ungeliebt, hungrig. In beiden Gedichten tauchen denn auch Motive des Hungers auf. »O Armut, Bettelsuppe, Brot und süßer Lauch«, schreibt Trakl in »Drei Blicke in einen Opal« (I, 67); die letzte Strophe des anderen Gedichts hat folgenden Wortlaut:

> Vom lauen Himmel Spatzen stürzen
> In grüne Löcher voll Verwesung.
> Dem Hungrigen täuscht vor Genesung
> Ein Duft von Brot und herben Würzen. (I, 17)

Die »Waisen« in der zweiten Strophe korrespondieren also mit der Figur des »Hungrigen« in der vierten. Diesem wiederum sind eng verwandt die »Spatzen«: auch sie sind hungrig, gierig nach Nahrung. Was sie in den »Löchern voll Verwesung« vorfinden werden, das ist allerdings eine ekelerregende Kost – wieder stoßen wir auf die Vorstellung der »schlechten Nahrung«. Diese Spatzen sind häßlich, gierig und aggressiv (»stürzen«), es sind Geschöpfe aus dem Reich des Blaubart. So sind wir nicht überrascht, wenn sie wie er »Blut trinken«: »Im Schatten alter Dächer blutet Mais; / O Süße, die der Spatzen Hunger stillt« (I, 180).

Neben den Spatzen fungieren auch Raben, Ratten, Geier u. a. als Stellvertreter des Blaubart im Tierreich. In »Winterdämmerung« spricht Trakl von »hungertolle(n) Krähen« (I, 20) – die Beziehung zum »fressenden Haß« des Blaubart ist unverkennbar. Auch diese Krähen nähren sich von ekelhafter

Kost: »In Verfaultem süß und schal / Lautlos ihre Schnäbel mähen« (Ebd.). Im Gedicht »Der Spaziergang« schreibt Trakl: »Aufflattern Krähen um ein ekles Mahl« (I, 45). Das Motiv der Nahrung wird in der übernächsten Strophe wieder aufgenommen:

> Ein altes Wiegenlied macht dich sehr bang.
> Am Wegrand fromm ein Weib ihr Kindlein stillt.
> Traumwandelnd hörst du wie ihr Bronnen quillt.
> Aus Apfelzweigen fällt ein Weiheklang. (Ebd.)

Dieses Bild einer friedvollen Mutter-Kind-Dyade bringt den Gegenentwurf zum vorangegangenen Motiv der hungrigen Krähen, die um ein »ekles Mahl« aufflattern. Die Figur der »frommen« Mutter, die ihr Kind stillt, ist das genaue Gegenstück zu der Mutter mit »steinernem Antlitz«, die ihrem Kind »versteinertes Brot« reicht. Die Mutter gleicht der Nahrung, die sie ihrem Kind anbietet: so entspricht dem »eklen Mahl« die Gestalt der abstoßenden Hure. Erinnern wir uns daran, daß Trakl als Kind ein »ekles Mahl« samt Teller zum Fenster hinauswarf: die Aggressionen, die hier ausagiert werden, finden ihren Ausdruck auch in der Bilderwelt seiner Dichtung. Es sind Aggressionen, die sich richten auf die Imago der versagenden Mutter.

Die mörderischen Wünsche gegenüber der Mutter (»mit eigenen Händen ermorden«) haben ihre Entsprechung also im Wunsch, die Mutter aggressiv abzuwerten; implizit machte Trakl ja auch in seinem »Familienroman« die Mutter zur Hure. Die steinern-abweisende Muttergestalt in seiner Dichtung verwandelt sich in eine abstoßende Hurengestalt; beide Figuren werden immer wieder kontrastiert mit ihrem Gegenbild, der guten, liebevollen Mutter. Sehr deutlich wird diese Opposition in einer Strophe von »Romanze zur Nacht«:

> Die Mutter leis' im Schlafe singt.
> Sehr friedlich schaut zur Nacht das Kind
> Mit Augen, die ganz wahrhaft sind.
> Im Hurenhaus Gelächter klingt. (I, 16)

Zur Gestalt der guten Mutter gehört ein Kind, das nicht hungern und frieren muß, ein Kind, das »friedlich« und »wahrhaft« ist. Erfüllt von Haß, Lüge und Wollust ist demgegenüber der ungeliebte Knabe aus »Traum und Umnachtung«: »Sein Haupt verbrannte Lüge und Unzucht in dämmernden Zimmern« (I, 148). Das Kind der abweisenden Mutter ist böse, hungrig, aggressiv – es wird zu einem Blaubart heranwachsen.

Nicht nur syntagmatisch treten die gute Mutter und die Hure in Opposition, sondern auch im Variantenparadigma: »Dirnen« und »Mütter« erscheinen bei Trakl als Lesartvarianten (II, 422). Analog vertauscht der Dichter das Adjektiv »kindlich« mit »frierend« (II, 155). In Erinnerung bringt sich hier nicht nur der Knabe Sebastian, der an der »frierenden Hand der Mutter« über den Friedhof geht: das Verständnis dieser Varianten impliziert die Wahrnehmung der ganzen Lebenstragödie des Dichters, die Erinnerung an die Verzweiflung, die sich schon in der Seele des Kindes ansammelte. Im Gedicht »Delirium« ist die Rede vom »kalten Lächeln einer toten Dirne« (I, 306). Wenn Trakl nun »Dirne« reimt mit »Firne«, so ist diese klangliche Korrespondenz zugleich eine semantische. Verborgen muß diese Sinnbeziehung (samt ihren leidvollen Voraussetzungen) dem Interpreten bleiben, der sich von dem Begriff »Firne« allein verwiesen sieht auf Eis und Schnee in der Gebirgslandschaft Tirols, nicht aber auf das Wort, mit dem dieser Begriff im Gedicht selbst eine enge Beziehung unterhält, das in ihm aufklingt: die Kälte der »Firne« verweist auf die Kälte der »Dirne«, auf die Kälte, die die Muttergestalt in Trakls Dichtung regelmäßig kennzeichnet. Erst das Begreifen solcher Bezüge eröffnet einen Zugang zur »hermetischen« Bilderwelt dieses Dichters.

Als »des Greisen Frau« trat im Gedicht »Drei Blicke in einen Opal« die aggressiv abgewertete Mutter auf, zugleich als häßliche Hure. An anderer Stelle wird die Mutter selbst als »ein Greises« angesprochen (II, 460). Die steinern-abweisende Muttergestalt wird also abgewertet zur Greisin – als eine »steinerne Greisin« begegnet sie uns im Gedicht »Geburt«:

Geburt

Gebirge: Schwärze, Schweigen und Schnee.
Rot vom Wald niedersteigt die Jagd;
O, die moosigen Blicke des Wilds.

Stille der Mutter; unter schwarzen Tannen
Öffnen sich die schlafenden Hände,
Wenn verfallen der kalte Mond erscheint.

O, die Geburt des Menschen. Nächtlich rauscht
Blaues Wasser im Felsengrund;
Seufzend erblickt sein Bild der gefallene Engel,

Erwacht ein Bleiches in dumpfer Stube.
Zwei Monde
Erglänzen die Augen der steinernen Greisin.

Weh, der Gebärenden Schrei. Mit schwarzem Flügel
Rührt die Knabenschläfe die Nacht,
Schnee, der leise aus purpurner Wolke sinkt. (I, 115)

Mit wenigen Strichen skizziert Trakl in der ersten Zeile eine Gebirgslandschaft. Was diese Landschaft mit dem Thema der Geburt zu tun hat, wird sofort klar, wenn wir uns an den Reim »Dirne« / »Firne« aus »Delirium« erinnern: die schroffe, abweisende, kalte Gebirgslandschaft trägt die negativen Züge der Muttergestalt, weist auch jetzt wieder auf ein korrespondierendes Bild im Zusammenhang dieses Gedichts, auf die Figur der »steinernen

Greisin«. Dem Kind, das geboren wird in eine wenig anheimelnde, eine geradezu unheimliche Welt, präsentiert sich die Mutter einmal mehr in steinerner, abweisender Gestalt. Zugleich ist sie eine »nächtige Gestalt«, wie in »Traum und Umnachtung«: »in der Tür stand die nächtige Gestalt seiner Mutter« (I, 148). Diese »nächtige« Muttergestalt trägt eulenhafte Züge; sie tritt auf mit »schwarzem Flügel«, ihre Augen werden »zwei Monden« gleichgesetzt. Aus den Augen der Mutter kommt nicht ein wärmendes Sonnenlicht, sondern das kalte Licht des Mondes; diese assoziative Beziehung zwischen Mutter und Mond deutet sich schon an in der zweiten Strophe, klanglich und semantisch: wenn der Mond als »kalt« und »verfallen« bezeichnet wird, so versammeln sich hier die gleichen Vorstellungselemente, aus denen dann auch das Bild der »steinernen Greisin« mit »mondenen Augen« sich zusammensetzt. Kälte kennzeichnet diese Mutter: die Berührung dieser »nächtigen Gestalt« erscheint dem Knaben als »Schnee, der leise aus purpurner Wolke sinkt«. Auch hier ist der Bezug zum einleitenden Bild der Gebirgslandschaft deutlich.

Oftmals werden die Knabengestalten Trakls beim »Erwachen« (Analogon der Geburt; cf. »Schlaf und Tod«) mit dem kalten Licht des Mondes konfrontiert: »Der Knab aus Träumen wirr erwacht, / Sein Antlitz grau im Mond verfällt« (I, 18). Das Gedicht »Sebastian im Traum« beginnt mit der Zeile: »Mutter trug das Kindlein im weißen Mond« (I, 88). Auch die Eingangszeile des Gedichtes »Föhn« wird in diesem Zusammenhang verständlich: »Blinde Klage im Wind, mondene Wintertage, / Kindheit ...« (I, 121). Winterlich kalt ist es auch in dieser Kindheit, die ebenfalls überschattet wird von einer »nächtigen Muttergestalt« mit »mondenen Augen«. Von der »Klagegestalt / Der Mutter« ist gleich darauf die Rede, und das Gedicht schließt dann mit der beklemmenden Zeile: »Silbern zerschellt an kahler Mauer ein kindlich Gerippe« (Ebd.). Die »steinerne Greisin« ist in diesem Bild zugegen: wie im »kahlen Baum«, so »wohnt« auch in der »kahlen Mauer« die Mutter. »Und es trat aus verfallener Mauer die bleiche Gestalt der Mutter«, schreibt Trakl im Fragment »Erinnerung« (I, 382). Auf die gleiche Weise »wohnt« die Mutter auch semantisch im bleichen, kalten, verfallenen Mond: der Mond fungiert bei Trakl immer wieder als symbolische Mutterrepräsentanz. Zur Sonne verhält er sich wie die abweisende Mutter mit frierender Hand zur guten, liebevollen Mutter, wie die Hure zum »frommen Weib«, das »ihr Kindlein stillt«. Diese beiden kontrastierenden Muttergestalten werden einer Vaterfigur zugeordnet, wenn Trakl schreibt: »Weißbärtigen Gott umkreisen Mond und Sonne« (I, 283). Die ödipale Triade ist wieder komplett, wenn wir noch die Figur des Endymion hinzunehmen, die bei Trakl mehrfach begegnet: »Endymions Lächeln / Und mondener Schlummer« (I, 377).

In der zweiten Fassung des Gedichts »Die drei Teiche in Hellbrunn« ist die Rede von der Klage des Orpheus: in einer handschriftlichen Variante erscheint

Endymion (II, 358). Auf dessen Geliebte stoßen wir am Schluß dieses Gedichts: »Der Mond hüllt sich in grüne Schleier / Und wandelt langsam auf der Flut« (I, 178). Das Motiv des Schleiers führt uns wieder zurück zur »Frau des Greisen«, dieser Hurengestalt: der Mond vertritt symbolisch die Mutter. Die ödipalen Wünsche, die sich auf dieses mütterliche Gestirn der Nacht richten, werden massiv deutlich, wenn wir die ursprüngliche Fassung dieses Bildes anschauen: »Der Mond enthüllt fahlgrüne Schleier ...« (II, 359). Das Motiv der Entblößung weist uns, über den Schleiertanz der Greisin hinaus, noch weiter zurück auf das frühe Madonnengedicht Trakls: »Und dein verhüllter Leib erglüht, / O Fraue du, Maria!« (I, 252) Wenn wir endlich noch feststellen, daß Blaubart den Mond mit einer »besoffenen Dirne« vergleicht (I, 441), so schließt sich der Kreis: den Mond, insofern er symbolisch die Mutter vertritt, trifft deren Schicksal – er wird aggressiv abgewertet zur Hure. »Verschleimte Mondstrahlen«: die Aggression, die in dieser Wendung des jungen Trakl zum Ausdruck kommt, richtet sich erst in zweiter Linie gegen die überkommene romantische Mondscheinpoesie; sie gilt eigentlich, dem Dichter selbst freilich unbewußt, der Gestalt der Mutter. Hier spricht ein Endymion, dessen Liebe zu Selene von der Göttin bitter enttäuscht wurde.

Eine aggressiv abgewertete Muttergestalt zeichnet Trakl auch in seinem Gedicht »Westliche Dämmerung«; wieder tritt die Vorstellung des Schleims auf: »Ein Träumender sieht schwangere Fraun / In schleimigem Glanz vorübergleiten« (I, 282). Das Bild wird als Traumbild gekennzeichnet – wir haben es bei Trakls Bildern des Häßlichen mit gestalteten Phantasien zu tun, mit »wüsten Traumgesichten«. Bekannte Elemente finden sich wieder in dem häßlichen Bild, das Trakl in seinem Gedicht »Im Dorf« von einer schwangeren Bauernfrau entwirft:

29 Ans Fenster schlagen Äste föhnentlaubt.
Im Schoß der Bäurin wächst ein wildes Weh.
Durch ihre Arme rieselt schwarzer Schnee;
Goldäugige Eulen flattern um ihr Haupt.

Die Mauern starren kahl und grauverdreckt
Ins kühle Dunkel. Im Fieberbette friert
Der schwangere Leib, den frech der Mond bestiert.
Vor ihrer Kammer ist ein Hund verreckt.

Drei Männer treten finster durch das Tor
Mit Sensen, die im Feld zerbrochen sind.
Durchs Fenster klirrt der rote Abendwind;
Ein schwarzer Engel tritt daraus hervor. (I, 64)

Nicht von einer Magd (der »Schwester« des Knechts) ist die Rede, sondern von der Frau des Bauern, des »Hausmeisters«, der Vaterfigur: von einer Muttergestalt. Wieder folgt die Szenerie deutlich dem aggressiven, sadistischen

Muster. Die Leiden dieser Muttergestalt weisen zurück auf die Qualen der Madonna: »In süßen Qualen brennt dein Schoß, / Da lächelt dein Auge schmerzlich und groß, / O Mutter du, Maria!« Die Bäurin übernimmt die Rolle der mater dolorosa; der Mutterrepräsentanz zugeordnet sind eine Reihe symbolischer Selbstrepräsentanzen, darunter der uns inzwischen wohlbekannte »Föhn« und der diesem so eng verwandte »Hund«. Bemerkenswert ist, daß diese Vertreter des Selbst sich in der Position des Ausgeschlossenen befinden, insofern dem »aussätzigen Knaben« und der »Waise« gleichen; der Hund liegt tot vor der Kammertür, der Föhn macht sich laut am Fenster bemerkbar, durch das er dann schließlich auch »hereinbricht«: »Durchs Fenster klirrt der rote Abendwind«. In diesem »roten Wind« wiederum »wohnt« ein »schwarzer Engel«, er tritt aus ihm hervor, wie aus der kahlen Mauer die Mutter. Diesem Engel sind wir eben schon begegnet, in »Geburt«; das Kind der »steinernen Greisin« wurde so bezeichnet: »Seufzend erblickt sein Bild der gefallene Engel«. Ein gefallener, ein schwarzer Engel: wir haben es zu tun mit einem Dämon. Engel, Hund und Föhn bilden ein Paradigma aggressiver Selbstrepräsentanzen, sie alle spielen die Rolle des ungeliebten Kindes der Bäurin. Es sind nicht eigentlich die Geburtswehen, die diese Bäurin zu mater dolorosa machen – verantwortlich für diese Qual ist vielmehr der sadistische Wunsch, der im Föhn, im Hund, im Dämon Gestalt annimmt.

Auch auf den Mond stoßen wir in diesem Gedicht wieder, diesmal jedoch in einer anderen Rolle: er fungiert nicht als Mutterrepräsentanz, sondern vertritt das Selbst. Durchs Fenster herein bricht derWind, durchs Fenster herein stiert der Mond auf den schwangeren Leib der Muttergestalt. In dieser Rolle erscheint der Mond schon in der Blaubart-Dichtung Trakls. »Sieh nur, wie der Mond dich brünstig anschaut!« sagt Blaubart zu Elisabeth, projiziert damit seine eigenen Gefühle auf den Mond (I, 441). Mit den Wünschen des Blaubart korrespondieren die Worte der keuschen Elisabeth, die sich unter seinem Einfluß in eine Hure verwandelt: »Möcht nackend in der Sonne gehn, / Vor aller Augen mich lassen sehn« (I, 443). Wir erinnern uns, daß die Braut des Blaubart zunächst den mütterlichen Namen Maria trug – die Bezüge zum Gedicht »Im Dorf« und zu den zuvor erörterten Motiven der Entblößung liegen auf der Hand. Der Mond, der vielfach symbolisch die Mutter vertritt, erscheint also auch in der Reihe der Selbstrepräsentanzen. Er übernimmt die Rolle des Blaubart, des Jägers, wie wir schon früher konstatierten: »Von blutenden Stufen jagt der Mond / Die erschrockenen Frauen« (I, 165). »Du – ein purpurner Mond«, schreibt Trakl an anderer Stelle (I, 98). Die sadistische Szene, die im Gedicht »Im Dorf« entworfen wird, hat eine voyeuristische Färbung; der Mond wird – was naheliegt – einem Auge gleichgesetzt. Das Auge vertritt den Phallus, das Messer des Jägers; Bezüge deuten sich an auch zum (sadistischen) Motiv des »Hellsehens«. Wenn nun der Mond den Leib der Muttergestalt »bestiert«, so weckt dieses Verb die Assoziation an eben das Tier, das gemeinhin als prototypischer Repräsentant phallischer Kraft gilt, an den »Stier«. Von ihm ist denn auch die Rede im Blaubart-Drama:

Du Hur!
Ist's ein Affe oder ist's ein Stier –
Ein Wolf oder sonst reißend Getier!
Hei lustig geschnäbelt zur Nacht,
Bis zweie nur mehr eines macht – (I, 443)

Auch insofern erweist sich der voyeuristische Angriff auf die Mutter als ein Ausdruck phallischer Aggressivität, als sadistische Aktion.

Neben dem Mond stoßen wir im Gedicht »Im Dorf« auf ein weiteres Motiv, das – wenn auch nur implizit – im Gedicht »Geburt« auftrat: auf das Motiv der Eule. Die Beziehung der beiden Motive ist unschwer zu erkennen: wenn der Mond als ein im Dunkel leuchtendes Auge begriffen wird, liegt die Assoziation zu den Augen der Eule nahe. Eulenhaft leuchteten die »mondenen Augen« der »steinernen Greisin«, dieser zugleich »nächtigen Gestalt«; jetzt aber stellen die »goldäugigen Eulen«, die die Muttergestalt »umflattern«, für sie offenbar eine Bedrohung dar – wie der Mond, dem sie verwandt sind. Verwandt sind diese Eulen darüber hinaus aber auch dem unheimlichen geflügelten Wesen, von dem in der letzten Zeile des Gedichts die Rede ist, dem »schwarzen Engel«, dem Dämon, der durchs Fenster »hereinbricht«. Auch die Eulen also sind einzuordnen in die Reihe der der Muttergestalt szenisch zugehörigen aggressiven Selbstrepräsentanzen: Föhn, roter Wind, Hund, Mond, schwarzer Engel und Eulen bilden ein Paradigma.

Die Szenerie der letzten Strophengruppe von »Im Dorf« folgt unzweifelhaft dem sadistischen Muster; einmal mehr inszeniert der Dichter symbolisch einen Angriff auf die Mutter. Dem Aggressionswunsch, der in der Figur des »hereinbrechenden« Dämons deutlichste Gestalt gewinnt, trägt auch das Häßliche Rechnung, das in diesen Zeilen erscheint. Häßlich, »grauverdreckt«, ist die »kahle Mauer«, in der, wie wir inzwischen wissen, die dichterische Phantasie Trakls die Mutter »wohnen« sieht: ihr also gilt eigentlich auch die aggressive Abwertung, von der das steinerne Objekt, die Mauer, betroffen ist. Trakls Gedicht ist hervorgegangen aus einer unbewußten Phantasie, in der die versagende Mutter angegriffen, gequält, herabgesetzt, buchstäblich mit »Dreck« beworfen wird.

Diese phantasierte Szene zwischen Mutter und Kind erweitert sich nun zur ödipalen Triade, indem zur Reihe der Selbstrepräsentanzen und zur Muttergestalt noch die Vaterfigur tritt. Symbolisch repräsentiert wird die Vaterimago durch die »drei Männer«, die sich durch ihre »Sensen« als Bauern ausweisen: zur Bäurin gesellt sich der Bauer, die Vatergestalt. Die Sense des Bauern (wieder im »universellen« Plural) ist »zerbrochen«, wertlos geworden: auch die Vaterfigur ist von einer aggressiven Abwertung betroffen. Wie der »Hammer« zum Schmied, wie das »Messer« oder der »Pfeil« zum Jäger, das »Schwert« zum Krieger, so gehört die »Sense« zum Bauern: es handelt sich um eine Reihe vertrauter Symbole phallischen Charakters. Die Gestalt des Bauern mit zerbrochener Sense können wir mithin neben die Figur des »Greisen« stellen, die in »Drei Blicke in einen Opal« die Vaterrolle bekleidete: beide meinen einen genital abgewerteten, kastrierten Vater. Dem Bauern ist auch der »Pflug« zugeordnet – auch diesem Gerät begegnen wir bei Trakl. »Verrostet in faulender Jauche ein Pflug«, schreibt er in den Entwürfen zu »Landschaft« (II, 409). Die Bedeutung des Pflugs als Sexualsymbol illustriert Trakls Vergleich des Ackers mit einem Weib im Gedicht »Die Raben«:

> O wie sie die braune Stille stören,
> In der ein Acker sich verzückt,
> Wie ein Weib, das schwere Ahnung berückt (I, 11)

Alle diese phallischen Werkzeuge der verschiedenen Vatergestalten versammeln sich bei Trakl immer wieder unter dem Oberbegriff des »Geräts«. So schreibt er im Gedicht »Anif«: »O, wie alles ins Dunkel hinsinkt; / Die gestrengen Zimmer und das alte Gerät / Der Väter« (I, 114). Insofern der Vater als »Hausmeister« fungiert, ist er zuständig für das »Hausgerät«: »Und altes Hausgerät / Der Väter / Lag im Verfall«, heißt es in »Sebastian im Traum« (I, 88). Das Schicksal des väterlichen Geräts entspricht dem Schicksal der Vaterfigur selbst: diese Bilder führen die aggressive Abwertung der Vaterimago vor Augen, künden vom Verfall der väterlichen Autorität.

Im Gedicht »Drei Blicke in einen Opal« ergötzte sich ein schwächlicher Greis am lasziven Schleiertanz seines Weibes. Wir begegnen ihm wieder in »Unterwegs I«, und zwar auf Freiersfüßen:

> Im Finstern trippelt puppenhaft ein Greis
> Und lüstern lacht ein Klimperklang von Geld.
> Ein Heiligenschein auf jene Kleine fällt,
> Die vorm Kaffeehaus wartet, sanft und weiß. (I, 293)

Auch dieser Greis, der sich an eine Prostituierte heranmachen will, fungiert als aggressiv abgewertete Vaterfigur. In Analogie und Kontrast verweisen diese Zeilen auf die Szene in »Drei Blicke in einen Opal«. War dort der Vatergestalt eine häßliche, hurenhafte Greisin zugeordnet, so tritt jetzt ihr Gegenbild auf: »jene Kleine« zeichnet sich aus durch ihre Jugend und ihre Reinheit. Konfrontiert mit dieser madonnenhaften Figur, wirkt der lüsterne Greis umso häßlicher.[11]

---

11 Diese Szene hat eine frühe Parallele in Trakls Rezension von Gustav Streichers Drama »Monna Violanta« aus dem Jahr 1908. Trakl schildert hier seine Eindrücke so: »Man denkt und träumt dieser seltsamen Violanta nach (...), fühlt den Ekel, der ihren Leib schüttelt, gedenkt sie des toten Gatten, der mit senilen Perversionen ihren blüten-

Daß diese bei Trakl oftmals begegnende Figur des Greisen eine Vaterrolle spielt, geht aus den Eingangszeilen des Prosagedichts »Traum und Umnachtung« in aller Klarheit hervor. Vater und Mutter des ungeliebten Knaben Kaspar werden hier gleichermaßen ins Negative verzeichnet:

> Am Abend ward zum Greis der Vater; in dunklen Zimmern versteinerte das Antlitz der Mutter und auf dem Knaben lastete der Fluch des entarteten Geschlechts. Manchmal erinnerte er sich seiner Kindheit, erfüllt von Krankheit, Schrecken und Finsternis ... (I, 147)

Der Vater wurde zum Greis: nur eine naiv biographistische Leseweise konnte diesen Satz als eine Anspielung Trakls auf das Altern seines Vaters Tobias nehmen. Wir haben es nicht zu tun mit einem erzählerischen Nachvollzug des Lebensschicksals realer Personen, vielmehr spiegeln sich in diesen Sätzen die Schicksale psychischer Repräsentanzen, und das heißt: Triebschicksale. Ursprünglicher Wortlaut des Eingangssatzes ist: »Der Vater war gestorben« (II, 265). Ob der Vater nun zum Greis wird oder stirbt, das bleibt sich unter tiefenhermeneutischem Gesichtspunkt gleich: in beiden Fällen geht es um eine Entwertung, Entthronisierung des Vaters – die Motive vom Tod des Vaters und von seiner Vergreisung sind symbolisch äquivalent. So wurde auch »des Greisen Frau«, die häßliche, hurenhafte Mutter, in einer früheren Lesart als »des Toten Frau« angesprochen. In der Urfassung dieses Gedichts (veröffentlicht im Januar 1913) hatte die betreffende Zeile noch den Wortlaut: »In blauem Schleim und Schleiern tanzt des Toten Frau« (II, 124). Die Eingangszeile der folgenden Strophe bringt die Sexualphantasie, aus der das Gedicht hervorging, noch deutlicher zum Ausdruck: »In Schlinggewächs wogt Unruh, Stöße lind und lau« (Ebd.).

Bei der Überarbeitung des Gedichts ersetzt Trakl die Figur des »Toten« durch einen »Mohren«. Die Logik dieser Variante wird sofort einsichtig, wenn wir uns klarmachen, daß der »Mohr«, der Neger, in der Phantasie des Weißen sich auszeichnet durch eine besonders hohe Potenz: der »Mohr« ist insofern das Gegenbild des »Toten« und des »Greisen«, des genital entwerteten Vaters. Es handelt sich um kontradiktorische Varianten. Dem Mohren und seiner Frau begegnen wir wieder in Trakls Gedicht »Frauensegen«: »Seine liebe Frau zu grüßen / Naht ein Mohr dir braun und rauh« (I, 22). Diese Frau des Mohren tritt mit »geschwelltem Leib« auf – als Schwangere rückt sie in die Reihe der symbolischen Mutterrepräsentanzen. Die Wendung »seine liebe

---

jungen Leib begeifert hat ...« (I, 208) – Neben der Violanta Streichers dürfte aber auch Dostojewskis »Sonja« für dieses Mädchenbild Trakls Modell gestanden haben. Ihr Name taucht auf im Gedicht »Die Verfluchten«, in das Trakl auch die Szene aus »Unterwegs«, leicht verändert, übernahm; in seinem Gedichtband von 1915 folgt auf das Gedicht »Die Verfluchten« zudem ein mit »Sonja« überschriebenes Gedicht (I, 105).

Frau« weckt zudem Assoziationen an die Madonna: in der Frau des Mohren wird die Mutter Maria kenntlich, im Mohren der Vater. Als Madonna schließlich ist diese Frau eine mater dolorosa: »Dulde, dunkle Eva«, hatte Trakl ursprünglich unter jede der drei Strophen des Gedichts geschrieben. Als Variante erscheint »Dulde, liebe Fraue« (II, 65); auf Buschbecks Kritik (vgl. II, 751) hin wurden die drei Zeilen schließlich ganz gestrichen. Schon aufgrund anderer Überlegungen waren wir zum Schluß gekommen, daß in der Frau des Greisen bzw. Toten die Gestalt der Madonna sich verbirgt; auch in der Frau des Mohren konnten wir jetzt die Maria entdecken. Madonnenhafte Züge trug das Mädchen, dem in »Unterwegs I« ein Greis nachstellte; wird diese »Kleine« nun als »sanft und weiß« gekennzeichnet, so findet sie im Gedicht ihr genaues Gegenstück in einem »Mohrenmädchen«: »Ein Mohrenmädchen ruft im wilden Grün« (I, 295). Vertritt der Mohr den Vater, die Frau des Mohren die Mutter, so entpuppt sich dieses Mägdlein als eine Schwestergestalt: einmal mehr »zündet die Schwester ein Feuer an«.

Die Vatergestalt, die im Eingangssatz von »Traum und Umnachtung« als Greis bzw. Toter vorgestellt wird, taucht im dritten Abschnitt des Gedichts wieder auf – jetzt als ein »Blinder«:

> Eines Blinden klang die harte Stimme des Vaters und beschwor das Grauen. Weh der gebeugten Erscheinung der Frauen. Unter erstarrten Händen verfielen Frucht und Gerät dem entsetzten Geschlecht. (I, 149)

Dem Bild des verfallenden »Geräts« entspricht die Gestalt des Vaters, der zum »Greisen« wurde; eine genitale Abwertung stellt auch das Motiv der Blindheit dar. Schon vorher stellten wir fest, daß das Auge den Phallus vertreten kann (ein »mondenes« Auge »bestierte« den Leib der Muttergestalt): das Motiv der Blindheit ist ein Kastrationsmotiv. Der Vater als Greis, als Toter, als Blinder: diese Bilder sind bedeutungsgleich, austauschbar. Vom Tod eines blinden Vaters berichtet der Knabe Peter im Dramenfragment: »Der blinde Vater des Schulzen ist heute gestorben« (II, 495). Als Vorstand einer sozialen Gemeinschaft verkörpert dieser »Schulze« eine Vaterfigur (vgl. den »Hausmeister«); gestorben ist also gewissermaßen der Vater des Vaters, ein Großvater, ein Greis, ein »blinder« Greis zudem. Die konkurrierenden Vorstellungen der Blindheit, des Todes, der Vergreisung haben sich hier also auf eine Figur versammelt: dreifach wurde die Vatergestalt genital abgewertet.

Das Motiv des Auges, so wird jetzt klar, steht im Zentrum eines Kreises von Bildern, in denen ein ödipales Drama symbolisch inszeniert wird. Zu den verschiedenen Vorstellungen eines phallischen bzw. voyeuristischen Angriffs auf die Muttergestalt tritt die Vorstellung vom »blinden«, kastrierten Vater. Ödipus, der die Mutter begehrt, beraubt den Vater seiner phallischen Potenz, indem er ihn zum Blinden macht, zum Greisen, zu einem Toten. Der Vatermörder Ödipus blendet sich zur Strafe selbst: der Sohn des blinden Vaters im Werk Trakls, so wäre in Übereinstimmung mit dem Mythus und seiner psychoanalytischen Deutung zu erwarten, hätte selbst als Blinder in Erscheinung zu treten. In der Tat stoßen wir in der langen Reihe der symbolischen Selbstrepräsentanzen auch auf die Figur eines Blinden: »Finster blutet ein braunes Wild im Busch; / Einsam der Blinde, der über verfallene Stufen herabsteigt« (I, 424). Zu einem masochistischen Bild, einem Bild des Schuldgefühls, gesellt sich die Figur eines Blinden. Ähnlich der Bildzusammenhang in »Drei Blicke in einen Opal«; hier begegnen wir dem »aussätzigen« Knaben (im Plural) als einem Blinden (ebenfalls im Plural) wieder. »Dolche und schwärende Wunden gaukeln im Weiherauch« heißt es in der ersten Fassung (II, 124) – in der zweiten tritt zum Motiv der schwärenden Wunde die Vorstellung vom toten, erblindeten Auge: »Die Blinden streuen in eiternde Wunden Weiherauch« (I, 67). Dem Knaben Peter, der im Dramenfragment vom Tod des blinden Greisen berichtet, begegnen wir im frühen Einakter »Totentag« als einem blinden (zugleich »hellsehenden«) Knaben. Der blinde Vater hat einen blinden Sohn: dem ödipalen Angriff auf die Vaterfigur, der »Blendung« des Vaters, dem Vatermord, entspricht ein Verlangen nach Selbstbestrafung. Die Aggression kehrt sich gegen das eigene Selbst.

4.3. Jerusalem und Babylon: das Motiv der Stadt

Die Sinnverwandtschaft der Bilder der Versagung, des Hasses und des Häßlichen ist deutlich geworden. Dem Hunger des ungeliebten Kindes, dem die Mutter »versteinertes Brot« reicht, entspringt sein »fressender Haß«, und dieser Haß äußert sich in gewalttätigen Angriffen auf das Objekt und in dessen Herabsetzung, Verhäßlichung. Der Figur der abweisend-kalten, »steinernen« Mutter konnten wir so ein häßliches Mutterbild zuordnen, die Gestalt der Hure; ihr zur Seite stellten wir eine aggressiv abgewertete Vaterfigur, die Gestalt des blinden Greisen. Das Bild der steinern-abweisenden Mutter wird nun bei Trakl zum Vorbild einer ganzen Reihe steinerner Objekte mit mütterlicher Aura; der »Stein« fungiert in Trakls Dichtung als eine zentrale Chiffre der Versagung. Zum »versteinerten Brot« in der Hand der Mutter, zu ihrem »versteinerten Antlitz« gesellen sich die Motive des »steinernen Zimmers«, des »steinernen Hauses«, der »steinernen Stadt«. »In dunklen Zimmern versteinerte das Antlitz der Mutter«, schreibt Trakl in »Traum und Umnachtung«; das Attribut »steinern« geht über auf den Raum: »Neige in steinernem Zimmer« (I, 138). Steinern und häßlich ist das Zimmer, von dem im Gedicht »In Venedig« die Rede ist: »Schwärzlicher Fliegenschwarm / Verdunkelt den steinernen Raum« (I, 131). In der Eingangszeile dieses Gedichts verbindet »Zimmer« sich mit einem weiteren Adjektiv, das auch zur Charakterisierung der Muttergestalt dient: »Stille in nächtigem Zimmer« (Ebd.). »Blaue Firne« sinken im Gedicht »Delirium« in ein »kahles« Zimmer, und es folgen die Zeilen:

In schwere Stücke bricht das Haupt und sinnt
Den Schatten nach im Spiegel blauer Firne,
Dem kalten Lächeln einer toten Dirne. (I, 306)

In den kalten, blauen Firnen »spiegelt« sich semantisch die Dirne, damit ein kalt-abweisendes »Frauen-Zimmer«. In den kahlen Mauern des Zimmers »wohnt« die Mutter. Steinern wie die Gestalt der Mutter ist das Haus – Trakl nennt in »Abendland« (2. Fassg.) beide in einem Atemzug: »Oder laß treten ins steinerne Haus, / Im gramvollen Schatten der Mutter / Neigen das Haupt« (I, 406). Vom »Vaterhaus« ist bei Trakl oftmals die Rede. Wir erinnern uns, daß der Vater selbst als »Hausmeister« in Erscheinung trat; als solcher ist er zuständig für das »Hausgerät«. Der Hausmeister verfügt über das Haus, wie (in den Augen des Knaben) der Vater über die Mutter; »Haus«, »Hausgerät« und »Hausmeister« gehören zusammen wie »Acker«, »Pflug« und »Bauer«, wie Mutter, Phallus und Vater. Das Haus ist ein mütterliches Objekt, zieht insofern auch die Adjektive »steinern« und »nächtig« auf sich. Auch von einem »Hurenhaus« ist bei Trakl die Rede (I, 16).

In den Entwürfen zu »Hohenburg« schreibt er: »Nicht mehr liebst du das alte / Haus, das ehrwürdige Gerät in dämmerndem Zimmer« (II, 149). Ist hier noch von der Emotion des lyrischen Ich die Rede, so im zweiten Ansatz von seinen Wahrnehmungen: »Leer und erstorben / Erscheint dir das alte Haus«. Im dritten Ansatz ist das lyrische Ich nicht mehr genannt, anstelle des noch subjektiven »erscheint dir« finden wir jetzt die objektive Feststellung: »Leer und erstorben des Vaters Haus« (I, 376). Die Aussage hat sich verlagert vom Subjektpol auf den Objektpol, sie wurde entpersönlicht. Die vom Dichter als real gesetzte Szenerie erweist sich indessen als objektives Korrelat eines »état d'âme«, der Emotion, die zunächst ausgesprochen wurde: »Nicht mehr liebst du ...« Schön ist, was man liebt, häßlich, was man haßt: wenn in Trakls Gedichten das »Haus des Vaters« immer wieder als häßlich, verfallend geschildert wird, so folgen diese Bilder dem Wunsch nach aggressiver Abwertung von Vater und Mutter.

In dem verfallenden Vaterhaus tritt das aggressive Selbst als (hungrige) Ratte auf, als ein Geschöpf aus dem Reich des Blaubart, erfüllt von »fressendem Haß«:

In kühlen Zimmern ohne Sinn
Modert Gerät, mit knöchernen Händen
Tastet im Blau nach Märchen
Unheilige Kindheit,
Benagt die fette Ratte Tür und Truh, (I, 132)

Von den »purpurnen Flüche(n) / Des Hungers in faulendem Dunkel« ist in diesem Gedicht, das den Titel »Vorhölle« trägt, gleich darauf die Rede. Vor diesem Hintergrund also werden die überaus abstoßenden Bilder verständlich, die der Dichter immer wieder vom »Haus des Vaters« (oder auch des »Bauern«) zeichnet. Ein repräsentatives Gedicht möge als Illustration dienen:

Die Ratten

In Hof scheint weiß der herbstliche Mond.
Vom Dachrand fallen phantastische Schatten.
Ein Schweigen in leeren Fenstern wohnt;
Da tauchen leise herauf die Ratten

und huschen pfeifend hier und dort
Und ein gräulicher Dunsthauch wittert
Ihnen nach aus dem Abort,
Den geisterhaft der Mondschein durchzittert

Und sie keifen vor Gier wie toll
Und erfüllen Haus und Scheunen,
Die von Korn und Früchten voll.
Eisige Winde im Dunkel greinen. (I, 52)

Trakl bringt den Mond in Verbindung mit dem Abort – wir erinnern uns an seine (ebenfalls anal-aggressive) Wendung »verschleimte Mondstrahlen«. Vertritt der Mond symbolisch die Mutter, so ist der »herbstliche Mond« (auch von einem »verfallenden« Mond ist in den Gedichten mehrfach die Rede) das Analogon der Mutter, die als »Greisin« auftritt. Die Aggression, die der Mond auf sich zieht, richtet sich nun gleichermaßen gegen das Haus als ebenfalls mütterliches Objekt. Nahrung ist in diesem Haus ja reichlich vorhanden, hinter verschlossener Tür allerdings; das Selbst – wieder vertreten durch die Ratten – kann nur durch eine aggressive Handlung seinen Hunger stillen: auch hier muß es sich »Erfüllung erzwingen«. Auch dem Motiv des Windes begegnen wir in diesem Gedicht wieder; als »greinender« Wind gleicht er auffällig einem weinenden Kind, das keine Mutter tröstet, mithin dem ungeliebten Knaben Kaspar: »Wenn er in seinem kühlen Bette lag, überkamen ihn unsägliche Tränen. Aber es war niemand, der die Hand auf seine Stirne gelegt hätte« (I, 147). In einem Gedicht, das den Titel »Im Mondschein« trägt, lesen wir: »Der Wind schreit wie im Traume auf und wimmert« (I, 277). In dem wilden »Föhn«, diesem Bruder des Blaubart, verbirgt sich, wie erneut deutlich wird, ein »weinender« Wind: ein hungriges, ungeliebtes Kind.

Zu den Vorstellungen des steinernen Zimmers, des steinernen Hauses tritt nun bei Trakl das Motiv der »steinernen Stadt«. Im Gedicht »Abendland«, aus dem eben schon einige Zeilen zitiert wurden, weist die Motivkonstellation »Mutter« / »steinernes Haus« voraus auf das später auftretende Bild der »steinernen Stadt«. In der fünften Strophengruppe des Gedichts (»Brenner«-Fassung vom Mai 1914) schreibt Trakl:

> Groß sind Städte aufgebaut
> Und steinern in der Ebene;
> Aber es folgt der Heimatlose
> Mit offener Stirne dem Wind,
> Den Bäumen am Hügel;
> Auch ängstet öfter die Abendröte. (I, 407)

Fern der »steinernen Stadt« geht der »Fremdling« seiner Wege: dieses Bild kehrt in den Gedichten oftmals wieder. Über seine Deutung herrscht eine in der Trakl-Forschung sonst seltene Einhelligkeit: der Fremdling verkörpere die Fremdheit des Dichters in der modernen Welt. Dieser Interpretation soll hier nun zwar nicht widersprochen werden, doch ist ihr Einiges hinzuzufügen. Die Rolle des Fremdlings in der Dichtung Trakls ist nämlich keineswegs hinreichend dadurch zu bestimmen, daß man ihn einordnet in eine literarische Tradition, ihn in Beziehung setzt zu seinen Vorläufern etwa bei Hölderlin und bei George. Die individuellen Züge dieser Figur treten erst hervor, wenn man ihre Beziehung überprüft zu anderen Gestalten im Werk Trakls, ihre Rolle zu bestimmen versucht im Rahmen seiner poetischen Vorstellungswelt. Die Beziehung zwischen diesem »Fremdling« und der »steinernen Stadt« erfordert eine eingehendere Analyse.

Werfen wir dazu zunächst einen Blick in eine der frühen Prosadichtungen Trakls. Im Dialog »Maria Magdalena«, den im Juli 1906 das Salzburger »Volksblatt« veröffentlichte, zeigt der Dichter zwei Männer im Gespräch, Agathon und Marcellus. Ort und Zeit des Dialoges hebt Trakl in einem dem Text vorangestellten Hinweis besonders hervor: »Vor den Toren der Stadt Jerusalem. Es wird Abend.« (I, 195) Am Ende ihrer abendlichen Unterhaltung (Marcellus erzählt von der Hetäre Maria Magdalena und von Jesus: es geht um den Gegensatz von Dionysos und Christus) verabschiedet Marcellus sich von Agathon mit den Worten:

> Mir geziemt es, im Dunkeln zu wandern. Doch hier trennen sich unsere Wege. Deiner harrt die Geliebte, meiner – das Schweigen der Nacht! Leb' wohl, Agathon!(I, 198)

Wir haben es mit zwei gegensätzlichen Charakteren zu tun. Agathon ist in Jerusalem beheimatet, er weiß sich als zugehörig, als geliebt, und er steht in Einklang mit dem Leben: »Wir wollen leben und nicht fragen. Das Leben ist voll des Schönen« (I, 197). Marcellus hingegen ist Römer, ein Fremdling in diesem Land, und er ist ein Mensch, der »fragen« muß, ein Grübler, dem die »naive« Lebenshaltung des Agathon nicht mehr möglich ist, ein »sentimentalischer« Charakter:

> Die Götter lieben es, uns Menschen unlösbare Rätsel aufzugeben. (...) Mich verwirren die Dinge und die Menschen. Gewiß! Die Dinge sind sehr schweigsam! Und die Menschenseele gibt ihre Rätsel nicht preis. Wenn man sie fragt, so schweigt sie. (I, 197)

Während Agathon sich in seiner Welt geborgen fühlt, artikuliert Marcellus eine diffuse Angst: »In einem Augenblick kann Furchtbares geschehen« (I, 195). Wir können nun eine ganze Reihe von Gegensätzen konstruieren: Geborgenheit/Fremdheit; Liebe/Einsamkeit; Kommunikation/Schweigen; Zuversicht/Angst; Helligkeit/Dunkelheit. Es sind dies die antithetischen Vorstellungsfelder, aus denen sich das ganze Werk Trakls aufbaut; in dem Paar Marcellus-Agathon tritt die Gegenbildlichkeit Trakls uns personifiziert vor Augen. »Mir geziemt es, im Dunkeln zu wandern«, stellt Marcellus fest: als den Prototyp der Fremdlingsgestalten in Trakls Gedichten können wir Marcellus neben Blaubart, Sebastian und Kaspar Hauser stellen.

Inwiefern gibt es nun eine Beziehung zwischen dem »Fremdling« Marcellus und den anderen Figuren? Schauen wir uns seinen Begleiter Agathon genauer an:

> Marcellus, sieh, wie hoch das Getreide auf den Äckern steht. Jeder Halm beugt sich zur Erde – früchteschwer. Es werden herrliche Erntetage sein. (...) Ich gehe mit Rahel durch die Felder, durch die früchteschweren, gesegneten Äcker! O du herrliches Leben! (I, 198)

Wenn wir Agathon durch die »früchteschweren« Felder schreiten sehen, in froher Erwartung einer reichen Ernte und in zärtlicher Verbundenheit mit dem geliebten Mädchen, so können wir daraus unschwer folgern, wo wir seinen Antipoden Marcellus werden suchen müssen: einsam und hungrig auf einem Stoppelfeld oder auf unfruchtbarer Heide – in einer Landschaft, wie sie im Gedicht »De Profundis« entworfen wird. Und wenn Agathon seine Rahel liebevoll umarmt, so können wir uns auch das Gegenbild dazu ausmalen: wenn Marcellus auf der Heide einem weiblichen Wesen begegnet, so wird er sich als ein Jäger, ein Blaubart entpuppen. Marcellus antizipiert mithin die Rolle des lyrischen Ich in »De Profundis«: »Ein Schatten bin ich ferne finsteren Dörfern / Haß und Bitternis trank ich aus ihren Brunnen« (II, 96). Die enge Beziehung zwischen dem frühen Dialog »Maria Magdalena« und dem späteren Gedicht Trakls tritt noch deutlicher zutage in den Worten des Marcellus:

> Es dämmert. Und zur Zeit der Dämmerung harrt ein Mädchen vor den Toren der Stadt Agathons. Laß sie nicht warten, Agathon, laß sie nicht warten, deine Geliebte. (...) Laß sie nicht warten, deine Geliebte; denn man weiß nie, was geschehen kann. In einem Augenblick kann Furchtbares geschehen. (I, 195)

Wie in »De Profundis« dämmert es, und ein Mädchen »harrt« vor den Toren (vgl. »Am Weiler vorbei«) des Bräutigams. Eindringlich mahnt Marcellus den Agathon, seine Braut nicht warten zu lassen – ein anderer könnte kommen, ein Höllenbräutigam, und »Furchtbares« könnte geschehen. Wenn Marcellus nun auch noch davon spricht, daß er vor seinen »eigenen Worten und Gedanken erschaudern« müsse (Ebd.), so wird klar, daß in diesem »Fremdling« zugleich ein Blaubart verborgen liegt: er verspürt die »fürchterlichsten Möglichkeiten« in sich. Noch deutlichere Konturen gewinnt der Blaubart in Marcellus in dessen Bericht von der Kreuzigung Christi: »In Seine Augen wollte ich blicken ...« (I, 197). Den Schein der untergehenden Sonne empfindet Marcellus als eine Feuersbrunst: »Man könnte meinen, daß hinter den Wolken ein Ozean von Flammen loderte« (I, 197). Dieses hinter den Wolken verborgene Flammenmeer ist das Spiegelbild der Höllenflammen, die ebenso verborgen, im Herzen des Marcellus lodern: das in die Außenwelt projizierte »infernalische Chaos« seiner Seele. Marcellus steht nicht für »den Dichter« schlechthin: er hat höchst individuelle Züge, er ist eine Figur aus dem poetischen Universum des Georg Trakl, das Mitglied einer ganzen Figurenfamilie, aus der er nicht herauszulösen ist.

Marcellus also führt die Reihe der Fremdlingsgestalten an, die in Trakls Dichtung immer wieder »im Dunkeln wandern«, heimatlos sind wie Kaspar Hauser, die Waise. Die Mauern der Stadt Jerusalem haben für Marcellus eine andere Bedeutung als für Agathon; während sie diesem Schutz und Geborgenheit gewähren, haben sie für Marcellus, den Fremdling, ausschließenden Charakter, eine Qualität, die wir schon kennen: sie präsentieren sich als »steinern-abweisend« wie die Muttergestalt in Trakls Gedichten. Wenn nun Agathon als ein Bauer auftritt, in froher Erwartung einer reichen Ernte, so ist damit dem Marcellus implizit auch das Hunger-Motiv zugeordnet – er weist voraus auf das Bild der Waise auf dem Stoppelfeld. Als ein weinendes Kind blickt der Fremdling auf die »steinerne Stadt«, die die abweisende Mutter verkörpert:

> Am Saum des Waldes will ich ein Schweigendes gehn, dem aus sprachlosen Händen die härene Sonne sank; ein Fremdling am Abendhügel, der weinend aufhebt die Lider über die steinerne Stadt; (I, 169)

Das Bild der »steinernen Stadt« in Trakls Gedichten folgt dem Vorbild des »versteinerten Brotes« in der Hand der Mutter: gemeint ist nicht eine aus Stein erbaute Stadt, sondern ein Ort der Versagung, des Hungers. Die Stadt vertritt symbolisch die Imago der abweisenden, kalten Mutter.

Alle die steinern-abweisenden Objekte in Trakls Dichtung sind aggressiv besetzte Objekte, sie werden zum Ziel gewalttätiger oder herabsetzender Angriffe. So begegnet uns auch der Fremdling Marcellus, in dem wir schon Züge des Blaubart gefunden haben, in einem späten Gedicht als Gewalttäter, als ein »finsterer Korsar«:

> Fremdling! Dein verlorner Schatten
> Im Abendrot,
> Ein finsterer Korsar

Im salzigen Meer der Trübsal.
Aufflattern weiße Vögel am Nachtsaum
Über stürzenden Städten
Von Stahl. (I, 156)

Dieser Pirat reiht sich ein in das Paradigma der aggressiven Selbstrepräsentanzen, er ist ein »wilder Jäger«; in der Handschrift finden wir die Wendung »Des Bösen gewaltiger Schatten« (II, 289). In dem apokalyptischen Bild vom Untergang der Städte kommt nicht etwa ein »seismographisches Vorgefühl« Trakls für bevorstehende geschichtliche Katastrophen zum Ausdruck – um diese Untergangsvision verstehen zu können, brauchen wir dem Dichter keine parapsychologischen, mantischen Fähigkeiten zu unterstellen. Dieses apokalyptische Bild ist vielmehr zu begreifen als Wunschbild, als grandiose Zerstörungsphantasie, in der die destruktiven Regungen des Selbst (des Fremdlings, Korsaren, Bösen) sich manifestieren.[12] Ein massiver Aggressionswunsch ist der Vater des Bildes, nicht ein obskures »Vorgefühl«. In den Entwürfen zum Gedicht »Nachtergebung« taucht das Bild einer brennenden Stadt auf: »Einer Stadt verfallner Saum / Loht; die Feuerglocken hallen« (II, 308). An anderer Stelle finden wir ein brennendes Dorf: »Feuer im Dorf« (I, 316). Wie bei dem Mord im Dornbusch, wie beim rätselhaften Tod des kranken Mädchens Maria, so verläuft auch jetzt unsere Fahndung nach dem Täter erfolgreich – Brandstifter ist der böse Knabe, der Repräsentant des aggressiven Selbst: »Ein Knabe legt am Weiler einen Brand« (I, 44). Übertragen wir nun diesen Befund auf die oben zitierten Zeilen aus dem Gedicht »Der Schlaf«, so enthüllt sich uns der »Fremdling« selbst, dieser »finstere Korsar«, als Vernichter der Städte: sein Haß stürzt sie in den Abgrund. Trakls apokalyptische Untergangsvisionen setzen zerstörerische Phantasien in Szene, sie gestalten einen Wunsch.

Als abweisend-kaltes Objekt zieht die »steinerne Stadt« den Haß des »Fremdlings« auf sich, den gleichen Haß, den das hungrige Kind gegenüber der »steinernen Mutter« empfindet. Und wie die Mutter, so wird auch die Stadt zum Ziel einer destruktiven Handlung, oder sie wird aggressiv abgewertet, ins Häßliche verzeichnet. In seinem Gedicht »An die Verstummten« setzt Trakl die Stadt einer Hure gleich:

An die Verstummten

O, der Wahnsinn der großen Stadt, da am Abend
An schwarzer Mauer verkrüppelte Bäume starren,

[12] Der gleichen Fehlinterpretation fiel auch Georg Heyms berühmtes Gedicht »Der Krieg« zum Opfer. Durch einen Vergleich mit seinen vielen anderen Kriegsgedichten und einen Blick in Heyms Tagebücher läßt sich unschwer feststellen, daß auch dieses Gedicht einem Aggressionswunsch folgt. Dem kolossalen Kriegsdämon gleicht Heyms »Gott der Stadt«, der eine Stadt vernichtet; ein anderes Gedicht Heyms trägt den Titel »Verfluchung der Städte«.

Aus silberner Maske der Geist des Bösen schaut;
Licht mit magnetischer Geißel die steinerne Nacht verdrängt.
O, das versunkene Läuten der Abendglocken.

Hure, die in eisigen Schauern ein totes Kindlein gebärt.
Rasend peitscht Gottes Zorn die Stirne des Besessenen,
Purpurne Seuche, Hunger, der grüne Augen zerbricht.
O, das gräßliche Lachen des Golds.

Aber stille blutet in dunkler Höhle stummere Menschheit,
Fügt aus harten Metallen das erlösende Haupt. (I, 124)

Für Agathon war Jerusalem die gute Mutter, die Geborgenheit schenkt; hier nun ist die Stadt gezeichnet als abweisend-kalte Mutter – die Rede ist von der Hure Babylon. Zur »Hure« gehört das »Gold«, für das sie sich dem lüsternen Freier hingibt. »Und lüstern lacht ein Klimperklang von Geld«, schrieb Trakl in dem etwa ein Jahr früher (Ende 1912) entstandenen Gedicht »Unterwegs« (I, 293); dieses »lüsterne« Lachen hat sich jetzt gesteigert zu einem »gräßlichen«, einem dämonischen Lachen: »peinlich vernehmbar« sind hier die »Stimmen, die die Wirklichkeit spricht, die grausamen«, die Stimmen »all der animalischen Triebe, die das Leben durch die Zeiten wälzen« (I, 472). Das »Lachen des Golds« ertönt auch in der »verfluchten Stadt« (frühere Lesart: »steinerne Stadt«), von der Trakl in den Entwürfen zu »Offenbarung und Untergang« spricht: »Wandernd auf feurigen Sohlen durch die verfluchte Stadt, in eine Schenke trat ich, wo Tanz war, das böse Lachen des Golds« (II, 313).

Zu der Gestalt der steinern-abweisenden Mutter gehört andererseits das ungeliebte, hungrige Kind. Dieses tritt auf einmal als »totes Kindlein« der Hure, dann aber auch in Gestalt des »verkrüppelten Baums«, dem es an »schwarzer Mauer« an Sonnenlicht, Wärme und Nahrung mangelt. Der Baum hat die gleichen Bedürfnisse wie das Kind – so spricht der Dichter auch einmal von »saugenden Bäumen« (I, 126). Wie der Baum an der abweisenden Mauer, so stirbt auch das Kind der abweisenden Mutter, der Hure, den Hungertod: »Hunger, der grüne Augen zerbricht«. Das Grün der Kinderaugen verweist auf das Grün des Baumes – die Analogie der beiden Szenen ist unverkennbar. Diesem vegetativen Grün stehen entgegen Stein, Kälte, Dunkelheit; »eisige Schauer« ersticken alles Wachstum. In dieser Umgebung kann nichts »ergrünen«, nichts »aufblühen«. Das Zerbrechen der grünen Kinderaugen macht das Zerbrechen einer Hoffnung sinnfällig: »von Anfang an vergebliche Hoffnung des Lebens«.

»O, das gräßliche Lachen des Golds« – mit diesem Schreckensbild kontrastiert Trakl das idyllische Bild einer besseren Vergangenheit: »O, das versunkene Läuten der Abendglocken«. Die syntaktische und klangliche Parallele (Läuten/Glocken – Lachen/Gold) läßt diese Kontrastwirkung besonders nachdrücklich hervortreten. Die Zeile 6 hatte in der Handschrift zuerst den Wortlaut: »Und nimmer ist Ruh, das lange Läuten der Abendglocken« (II, 216). Dieser friedvollen Szenerie gegenüber stellt sich die »große Stadt« dar als Schauplatz eines Kampfes zwischen dem Licht und der Nacht. In der Handschrift stoßen wir an dieser Stelle auf eine der »kontradiktorischen Varianten« Trakls, die nicht wenig beigetragen haben zur Verunsicherung der Interpreten: die »steinerne Nacht« war nämlich ursprünglich eine »sanfte Nacht«. Diese Varianten müssen in der Tat unverständlich bleiben, solange man sie isoliert betrachtet, sie nicht untersucht auf ihre kompositorische Funktion im Bildzusammenhang der Zeile, der Strophe, oft des ganzen Gedichts. Die Zeile 5 hatte zunächst folgende Gestalt: »Das gottlose Licht, mit klirrender Geisel die sanfte Nacht verdrängt« (II, 216). Bildnerische Idee ist von Anfang an der Kampf zwischen Licht und Nacht; während das Licht durchwegs als »böses« Element fungiert, ist die Nacht hier noch als »gutes« Element gekennzeichnet. Als »sanfte Nacht« gehört sie zum idyllischen Vorstellungsfeld der folgenden Zeile, zu dem »versunkenen Läuten der Abendglocken«. Die »steinerne Nacht« in der Endfassung der Zeile 5 soll hingegen das Wesen der »großen Stadt« ausdrücken, ihren steinern-abweisenden, lebensfeindlichen Charakter, ihre Düsternis. Die »steinerne Nacht« wandelt das Motiv der »schwarzen Mauer« in Zeile 3 ab: in beiden Fällen haben wir es zu tun mit einer Synthese der gleichen Vorstellungselemente (Stein / Dunkelheit). Das Adjektiv »steinern« war auch ursprünglich den »Mauern« zugeordnet; hier redundant, wurde es ausgetauscht mit »schwarz«, während zugleich die »Nacht« das Attribut »steinern« zu sich nahm.

Im Kampf mit der lebensbedrohenden »steinernen Nacht« liegt jetzt das nicht weniger negativ gekennzeichnete Licht mit seiner »magnetischen Geißel«. Das Adjektiv »magnetisch« evoziert zunächst einmal die Vorstellung von Elektrizität – das Licht, das die »steinerne Nacht« zu verdrängen sucht, ist ein künstliches, ein kaltes Licht, kein warmes, lebensspendendes Sonnenlicht. Das Licht der steinernen Stadt ist bläulich-kalt:

So bläulich erstrahlt es
Gegen die Stadt hin,
Wo kalt und böse
Ein verwesend Geschlecht wohnt, (I, 159)

Andererseits weckt das Adjektiv »magnetisch« aber auch die Vorstellung der Anziehungskraft – und kontrastiert insofern semantisch mit dem Verbum »verdrängen« in der gleichen Zeile: »Licht mit magnetischer Geißel die steinerne Nacht verdrängt«. Die Wendung »magnetische Geißel« stellt eine contradictio in adjecto dar: diese Sprachfigur bringt auf engstem Raum den Konflikt, den Kampf zum Ausdruck, dessen Schauplatz die »große Stadt« ist: »Und nimmer ist Ruh ...« Auch in »Abendland« (1. Fassg.) kehrt diese Vorstellung vom Kampf zwischen Licht und Nacht wieder: »Strahlend nachtet die steinerne Stadt« (I, 410).

Das künstliche Licht der Stadt ist kalt wie das Licht des Mondes; es ist das Gegenteil des warmen, lebensspendenden Sonnenlichtes. Die Sonne fungiert als eine symbolische Repräsentanz der guten Mutter (von ihren Kindern, den »Sonnenkindern«, wird später zu sprechen sein): ihr entgegen setzt Trakl im Gedicht »An die Verstummten« die »steinerne Nacht«, die »schwarze Mauer« und die »Hure«, die sich auszeichnet durch ihre eisige Kälte. Diese drei Erscheinungsformen der bösen Mutter kennen wir ja bereits aus den vorangegangenen Untersuchungen: die Mutter als »nächtige Gestalt«, als »steinerne Gestalt« und als Hure. Den Mutterrepräsentanzen zuzuordnen sind als symbolische Repräsentanzen des Selbst nun das Kind und der Baum. Als wir uns bei der Untersuchung des Gedichtes »Landschaft« die Beziehung des verbrennenden Baums zum »Aufbäumen« des Pferdes vergegenwärtigten und in diesem Zusammenhang auf die Parallelstellen stießen, in denen von einem »bösen« und einem »rasenden« Baum die Rede ist, wurde schon deutlich, daß der Baum symbolisch das Selbst vertreten kann. Dem Bild vom »hungrigen«, verkrüppelten Baum an der Mauer können wir auch jetzt wieder eine signifikante Parallelstelle zu Seite stellen, die wir dem Prosagedicht »Verwandlung des Bösen« entnehmen: »Rasend an die Mauer von Stein klopft der kahle Baum« (I, 97). Die Szene ist uns vertraut, sie folgt dem aggressiven Klischee: das hungrige Kind setzt an zum Angriff auf die steinern-abweisende Mutter. Wir können das Bild vom rasenden Baum an der Mauer variieren: ein Fremdling namens Marcellus berennt als »finsterer Korsar« die Mauern der Stadt Jerusalem. Oder: »Ein Knabe legt am Weiler einen Brand« (I, 44). Oder: eine Blaubart-Gestalt »erzwingt Erfüllung« sich von der Madonna.

Der Satz aus dem Prosagedicht stellt nun zugleich das Bindeglied dar zwischen den Bildern vom verkrüppelten Baum, vom hungrigen Kind und der Figur des »Bösen« und »Besessenen« im Gedicht »An die Verstummten«:

4 Aus silberner Maske der Geist des Bösen schaut
8 Rasend peitscht Gottes Zorn die Stirne des Besessenen

Auch diese Gestalten repräsentieren das Selbst. Das hungrige Kind, der hungrige Baum sind erfüllt von »fressendem Haß«, sie sind böse, »hungertoll«, wie die Krähen und die Ratten. So wird der Baum an steinerner Mauer zu einem »rasenden« Baum, das hungrige Kind zu einem »Besessenen«, zu einem Blaubart. Wieder zeigt sich die enge Verwandtschaft der Bilder des Hungers und der Aggression bei Trakl. Das aggressive Selbst wiederum wird gepeinigt von Schuldgefühlen – so sieht der »Besessene« sich konfrontiert mit einer sadistisch strafenden Vaterfigur: »Rasend peitscht Gottes Zorn die Stirne des Besessenen«. Dem »Rasen« des hungrigen Kindes entspricht der »rasende

Zorn« des Vaters, dem »Kriegsschrei« des Knaben (»Das Gewitter«) dessen »gewaltiger Groll«. Zu »Gottes Zorn« gibt es eine frühere Lesart: »Gottes Sturm« (II, 216). Auch dies erinnert an das Gedicht »Das Gewitter«: Der »rasende«, »böse« Baum wird vom Sturm geknickt oder vom Blitz des Zeus getroffen. Der Jäger fällt seinen eigenen Pfeilen zum Opfer, Blaubart verwandelt sich in Sebastian.

Das Motiv der Peitsche in Zeile 8 gibt uns Anlaß, das Bild des Kampfes zwischen Licht und Nacht noch einmal genauer zu betrachten – dort war ja von einer »Geißel« die Rede. Gibt es hier latente Korrespondenzen, die noch herauszuarbeiten sind? In der »steinernen Nacht« entdeckten wir die »steinerne« und die »nächtige« Gestalt der Mutter – wie in der »schwarzen Mauer«. Fungiert nun die »steinerne Nacht« als symbolische Repräsentanz der abweisenden Mutter, so hätten wir in der Rolle des Aggressors das Selbst zu erwarten (vgl. »rasender Baum« / »steinerne Mauer«). Als Gegner der Nacht tritt das Licht auf; dieses »Licht mit magnetischer Geißel« haben wir in Beziehung gebracht mit gegenständlicher Wirklichkeit, dem kalten, künstlichen Licht der Stadt. Nun bezeichnet Trakl dieses Licht in der Handschrift als »gottlos«: es wird personifiziert und tritt damit in paradigmatische Beziehung zur Figur des »Bösen« und »Besessenen«, der den Zorn Gottes auf sich zieht. Dieses »gottlose Licht« fügt sich also ein in die Reihe der symbolischen Selbstrepräsentanzen: es vertritt das aggressive Selbst bei seinem Angriff auf die Mutter. Der sadistische Charakter der Szene wird durch das Motiv der »Geißel« sinnfällig genug. Die Strafe für diesen inzestuösen Angriff folgt dem Talionsprinzip: wir finden die Peitsche gleich darauf wieder in der Hand einer zornigen Vaterfigur, die das sadistisch strafende Überich vertritt. Aber auch die paradoxe Wendung »magnetische Geißel« gewinnt eine überraschende neue Bedeutung, wenn wir den Kampf zwischen Licht und Nacht als szenischen Entwurf einer unbewußten Phantasie begreifen. Der Streit des Sinns (der »Magnet« zieht das Objekt an, während die »Geißel« es forttreibt, »verdrängt«) erweist sich als symbolischer Ausdruck eines Konfliktes seelischer Kräfte: des Ambivalenzkonfliktes von Liebe und Haß in der Beziehung des Selbst zum mütterlichen Objekt. Die zunächst so unbegreiflich erscheinende Wendung »magnetische Geißel« erweist sich als eine symbolische Sprachfigur. Trakls Bild vom Kampf des Lichtes gegen die Nacht hat ein bewußtes Bezugsobjekt (den Unfrieden der »großen Stadt«) und ein unbewußtes, verweist auf gegenständliche Realität und intrapsychische Wirklichkeit zugleich.

Wir schließen die Interpretation des Gedichtes »An die Verstummten« hiermit vorläufig ab; die beiden Schlußzeilen werden an späterer Stelle noch unsere Aufmerksamkeit finden. Die Untersuchung zum Motiv der häßlichen Stadt bei Trakl kann nicht vorübergehen an seinem bekannten Gedicht »Vorstadt im Föhn« – auch dieses Gedicht soll einer eingehenden Analyse unterzogen werden:

Vorstadt im Föhn

Am Abend liegt die Stätte öd und braun,
Die Luft von gräulichem Gestank durchzogen.
Das Donnern eines Zugs vom Brückenbogen –
Und Spatzen flattern über Busch und Zaun.

Geduckte Hütten, Pfade wirr verstreut,
In Gärten Durcheinander und Bewegung,
Bisweilen schwillt Geheul aus dumpfer Regung,
In einer Kinderschar fliegt rot ein Kleid.

Am Kehricht pfeift verliebt ein Rattenchor.
In Körben tragen Frauen Eingeweide,
Ein ekelhafter Zug voll Schmutz und Räude,
Kommen sie aus der Dämmerung hervor.

Und ein Kanal speit plötzlich feistes Blut
Vom Schlachthaus in den stillen Fluß hinunter.
Die Föhne färben karge Stauden bunter
Und langsam kriecht die Röte durch die Flut.

Ein Flüstern, das in trübem Schlaf ertrinkt.
Gebilde tauchen auf aus Wassergräben,
Vielleicht Erinnerung an ein früheres Leben,
Die mit den warmen Winden steigt und sinkt.

Aus Wolken tauchen schimmernde Alleen,
Erfüllt von schönen Wägen, kühnen Reitern.
Dann sieht man auch ein Schiff auf Klippen scheitern
Und manchmal rosenfarbene Moscheen. (I, 51)

Das Bild der Vorstadt, das Trakl in den ersten vier Strophen dieses Gedichtes entwirft, setzt sich zusammen aus einer Reihe bedrohlicher und ekelerregender Sinnesreize. Aus den akustischen Wahrnehmungen (Donnern des Zugs; Geheul; Pfeifen der Ratten), den visuellen Wahrnehmungen (Schmutz; Blut; Kehricht; »öd und braun«; »flattern«; »Durcheinander«) und den Geruchswahrnehmungen (»gräulicher Gestank«) ergibt sich der Gesamteindruck einer häßlichen, abstoßenden Stadt, die den »Fremdling« wohl kaum zum Verweilen einladen dürfte. Das Häßliche, so unsere These, ist das Produkt des Hasses, destruktiver Regungen: können wir auch in diesem Gedicht einen Zusammenhang entdecken zwischen den Bildern des Häßlichen und einem Aggressionswunsch?

Wir werden fündig schon im Titel des Gedichts, der von den Interpreten bislang kaum einmal einer näheren Betrachtung gewürdigt wurde. Trakl zeichnet das Bild einer »Vorstadt«. Gehen wir nun davon aus, daß die Stadt als symbolische Mutterrepräsentanz fungiert (vgl. »steinerne Mutter« / »steinerne

Stadt«; die Stadt als Hure), so nimmt das Wort »Vorstadt« überraschende Bedeutung an: die Vorstadt meint einen Ort, an dem die Mutter noch nicht erreicht ist, an dem sie sich entzieht. Mit anderen Worten: die Vorstadt ist ein Ort, den wir schon in Trakls früher Prosadichtung »Maria Magdalena« definiert fanden: »Vor den Toren der Stadt Jerusalem. Es wird Abend.« (I, 195) Weitere für Trakl charakteristische Ortsbestimmungen sind hier anzuführen: »ferne den Dörfern«; »am Weiler vorbei«; »entlang an Mauern« etc. Diese »Vorstadt« verweist uns insofern nicht auf einen realen Ort in Wien, Innsbruck oder – wie Buschbeck behauptet[13] – Salzburg; sie verweist auf ein unbewußtes Konzept, auf die Imago der abweisenden Mutter. Dieses Mutterbild ist, wie wir wissen, aggressiv besetzt. Schauen wir uns nun den anderen Teil des Titels an: »im Föhn«. Dem Motiv des Sturms hatten wir im vorangegangenen Kapitel einen eigenen Abschnitt gewidmet, und hier war uns auch schon der »wilde Föhn« begegnet: er entpuppte sich als ein Bruder des Blaubart, als ein symbolischer Repräsentant des aggressiven Selbst. Überrascht stellen wir jetzt fest, daß der Titel »Vorstadt im Föhn« bereits eine vollständige symbolische Szene entwirft, eine aggressive Szene mit Selbstrepräsentanz und komplementärer Objektrepräsentanz: das Selbst, vertreten durch den wilden Föhn, setzt an zum Angriff auf die versagende Mutter. Als mütterliches Objekt wird die Stadt aggressiv abgewertet, ins Häßliche verzeichnet – sie erscheint als abstoßende Hure, als ekelhafte »Vorstadt«.

Der Föhn, auch dies konnten wir feststellen, steht in paradigmatischer Beziehung zur Figur des dahinstürmenden Rappen; dieser Rappe wiederum ist in der Phantasie Trakls benachbart der ebenso schwarzen und ebenso bedrohlich »rasenden« Lokomotive. Damit ergibt sich eine Beziehung zwischen dem im Titel genannten Föhn und dem donnernden Zug in der ersten Strophe des Gedichtes: »Das Donnern eines Zugs vom Brückenbogen«. Mit dem Bild »geduckte Hütten« setzt die folgende Strophe ein: wenn die Hütten sich angstvoll ducken, so hängt das zusammen mit der Bedrohung, die von dem über die Brücke donnernden Zug ausgeht. Das Wort »Brückenbogen« impliziert die Vorstellung von Höhe; der Zug, der in der Rolle des Aggressors auftritt, erinnert insofern an den sich aufbäumenden Rappen und an den hammerschwingenden Knecht der Schmiedeszene: zwischen dem Zug und den Hütten besteht das gleiche Subordinationsverhältnis wie zwischen dem Knecht (bzw. Rappen) und der Magd. Das Wort »geduckt« tritt bei Trakl außer in »Vorstadt im Föhn« nur noch einmal auf – in der Schmiedeszene des Gedichtes »Die junge Magd«: »Und sie taumelt in die Schmiede, / Scheu geduckt vor seinem Lachen, / Wie der Hammer hart und rüde.« (I, 13) Die Hütten übernehmen gegenüber dem donnernden Zug (vgl. das »Dröhnen«

---

13 Buschbeck, Requiem, S. 60.

des Hammers) die Rolle des weiblichen Objekts – sie sind femininen Geschlechts nicht nur im grammatikalischen Sinn. Die aggressive Szene, die sich schon im Titel »Vorstadt im Föhn« andeutete, kehrt verändert wieder im Verhältnis des oben über die Brücke donnernden Zuges zu den scheu sich dukkenden Hütten. In beiden Fällen geht es um einen Angriff auf das weibliche Objekt.

Dem Eisenbahnzug auf der Brücke ist ein anderer Zug zuzuordnen, von dem in der dritten Strophe die Rede ist:

> Am Kehricht pfeift verliebt ein Rattenchor.
> In Körben tragen Frauen Eingeweide,
> Ein ekelhafter Zug voll Schmutz und Räude,
> Kommen sie aus der Dämmerung hervor.

Ein Bild aus dem Elendsmilieu? Der Dichter als sozialkritischer Berichterstatter? Wie wirklichkeitsnah diese Bilder auch anmuten mögen – Trakl ist kein »naturalistischer« Dichter. Den Interpreten, die sich hier mit dem Hinweis begnügten, Trakl halte der großstädtischen Realität kritisch den Spiegel vor, entging der eigentliche Bedeutungsgehalt dieser Zeilen. So stellen wir bei näherem Zusehen fest, daß der Dichter in dieser Strophe einmal mehr feststehende Vorstellungselemente verarbeitet, »zusammengeschmiedet« hat. Was die Frauen in ihren Körben tragen, ist offenbar als Nahrung gedacht, soll den Kindern – wir finden sie in der zweiten Strophe versammelt zur »Kinderschar« – als Kost vorgesetzt werden: als ein »ekles Mahl« (I, 45). Das gleiche Motiv tritt auf im Gedicht »Das Herz«:

> Am kahlen Tor am Schlachthaus stand
> Der armen Frauen Schar;
> In jeden Korb
> Fiel faules Fleisch und Eingeweid;
> Verfluchte Kost! (I, 154)

Im Korb befindet sich also schlechte Nahrung, eine »verfluchte Kost«: eine Kost, die Haß und Ekel erregt. Die Mutter gleicht der Nahrung, die sie ihrem Kind anbietet: dem »versteinerten Brot« in der Hand der Mutter entsprach ihr »versteinertes Antlitz«, ihre »steinerne Gestalt«. So auch hier: dem ekelerregenden Inhalt ihrer Körbe gleichen die Mütter. Der Dichter bezeichnet sie als ekelhaft und schmutzig: »Ein ekelhafter Zug voll Schmutz und Räude, / Kommen sie aus der Dämmerung hervor.« »Schmutz und Räude«: hier geht es nicht um eine naturalistische Schilderung des großstädtischen Elendsmilieus, sondern um eine aggressive Entwertung des Mutterbildes, um einen Angriff auf die versagende Mutter. Der Begriff »Räude« impliziert eine Herabsetzung der Mutter zum Tier, zur Hündin. Im Gedicht »Drei Blicke in einen Opal«, in dem die Mutter als häßliche Hure und als »des Greisen Frau« auftrat, stoßen wir ebenfalls auf das Motiv der schlechten Nahrung: »O

Armut, Bettelsuppe, Brot und süßer Lauch« (I, 67); in den Entwürfen spricht Trakl von einer »Hündin« (II, 124). Die »verfluchte Kost« aus »faulem Fleisch und Eingeweid« steht zum »versteinerten Brot« in der gleichen Beziehung wie die steinerne Mutter zur abstoßenden Hure, wie die steinerne Stadt zur häßlichen Stadt: jedesmal wird das versagende Objekt einer Verhäßlichung unterzogen, aggressiv abgewertet. Wieder entpuppt sich das Häßliche als ein Produkt des Hasses.

Das Motiv der schlechten Nahrung korrespondiert schließlich auch mit der ersten Zeile dieser Strophe: »Am Kehricht pfeift verliebt ein Rattenchor.« Die Ratten sind, wie die zuvor genannten Spatzen, häßliche Tiere. Sie nähren sich eigentlich von dem, was nach Auskunft der folgenden Zeilen den Kindern vorgesetzt werden soll, von »faulem Fleisch und Eingeweide«. Es deutet sich somit eine Beziehung an zwischen der »Kinderschar« und dem »Rattenchor«; auch klanglich und rhythmisch sind die beiden Komposita sich auffällig ähnlich. Der hungrige Knabe aus »Traum und Umnachtung« erinnert sich, »daß er die Ratten fütterte im dämmernden Hof« (I, 147). Womit diese Ratten gefüttert werden, ist zwar nicht gesagt, doch können wir es erschließen: der Knabe reicht ihnen das »ekle Mahl«, das ihm selbst vorgesetzt wurde – von der Mutter. Noch einmal erinnern wir uns an das Essen, das der junge Trakl aus dem Fenster warf. Den Ratten gewidmet ist das Gedicht, das auf »Vorstadt im Föhn« unmittelbar folgt, und hier werden die Ratten charakterisiert als hungrige, gierige Tiere: »Und sie keifen vor Gier wie toll« (I, 52). Die Vorstellung der oralen Gier weist zurück auf den »fressenden Haß« des Blaubart – auch sein Haß ist aus dem Hunger geboren. Wenn nun in »Vorstadt im Föhn« vom Liebeswerben der Ratten die Rede ist, so bringt sich damit zugleich das schöne Liebespaar des Puppenspiels in Erinnerung: Blaubart und Evelyn. In der Ratte, so bemerken wir, verbirgt sich das hungrige, frustrierte, gierige Kind – sie fungiert als symbolische Repräsentanz des aggressiven Selbst.

Betrachten wir nun die vierte Strophe des Gedichts mit ihrem höchst abstoßenden Bild des Kanals, der Blut speit:

Und ein Kanal speit plötzlich feistes Blut
Vom Schlachthaus in den stillen Fluß hinunter.
Die Föhne färben karge Stauden bunter
Und langsam kriecht die Röte durch die Flut.

Was im Schlachthaus sich abspielt, können wir uns lebhaft vorstellen – die »Eingeweide« in den Körben der Frauen und das strömende Blut legen ein deutliches Zeugnis davon ab: dort schlachtet der Knecht ein Lamm, dort weidet der Jäger ein Wild aus, dort kommt Blaubart über sein Opfer.[14] Das

14 In Rimbauds »Illuminations« finden wir Blaubart im Schlachthaus: »Le sang coula, chez Barbe-Bleue, – aux abattoirs ...« Zit. nach: Arthur Rimbaud, *Sämtliche Dich-*

Schlachthaus ist ein »Ort des Mordes« (I, 97), ein Analogon zur Schmiede. Der »Kanal« wiederum präsentiert sich als eine Art Höllenschlund, als ein Schacht, der zur »Hölle im Herzen« führt: aus ihm ertönt diesmal nicht »ehern Geschrei«, er speit keine »purpurne Flamme« (II, 167), sondern rotes Blut. Der im Verdeckten agierende Schlächter reiht sich ein in das Paradigma der aggressiven Selbstrepräsentanzen, zusammen mit dem wilden Föhn und dem furchterregenden, dahindonnernden Zug. Das Bild vom Blutspeien steht zugleich in Verbindung mit dem Vorstellungsfeld des Hungers und der schlechten Nahrung. Das Erbrechen ist eine Ekelreaktion – die Reaktion des Kindes, dem »faules Fleisch und Eingeweide« vorgesetzt wird; die Vorstellung eines hungrigen und speienden Kindes steht bei diesem Bild im Hintergrund: »Im Schlaf: Blutspeien, Hunger und Lachen« (I, 316). Hunger und Ekel werden provoziert durch die Mutter, die dem Kind schlechte Nahrung reicht, durch die versagende Mutter. Die semantische Fracht, mit der das Bild vom blutspeienden Kanal beladen ist, enthüllt sich uns weiter, wenn wir begreifen, daß das Wasser bei Trakl symbolisch die Mutter repräsentiert – dies wird in einem späteren Abschnitt ausführlich darzulegen sein. Dann stellen wir nämlich fest, daß das erbrochene Blut die Mutter (vertreten durch den »stillen Fluß«) beschmutzt; auch dieses Bild hat – ungeachtet seines naturalistischen Charakters – symbolische Bedeutung: hier wird ein Angriff auf die Mutter inszeniert. Die Diskussion, ob dieser Fluß nun die Salzach oder den Inn meine, erweist sich von daher als müßig: zum Verständnis des Bildes vermag sie nichts beizutragen. Entscheidend ist vielmehr die Erkenntnis, daß der Fluß nicht nur ein äußerlich-reales Bezugsobjekt hat, sondern zugleich eines im Raum des Unbewußten, in der Welt der psychischen Repräsentanzen.

Mehrfach tritt im Gedicht »Vorstadt im Föhn« die Farbe Rot auf. Zuerst in der zweiten Strophe:

> Geduckte Hütten, Pfade wirr verstreut,
> In Gärten Durcheinander und Bewegung,
> Bisweilen schwillt Geheul aus dumpfer Regung,
> In einer Kinderschar fliegt rot ein Kleid.

Es ist ein unruhiges, ein beunruhigendes Bild; aus dem wirren Durcheinander fällt nur Eines deutlich ins Auge, das fliegende Rot. Die Farbe erscheint, isoliert vom eigentlichen Farbträger, dem Kleid, in adverbialer und zugleich metrisch betonter Position, zugeordnet dem Verbum der Bewegung. Trakl legt also den Akzent auf die Farbe selbst und auf ihre Bewegtheit, ihr Dahinfliegen. Mit den Konnotationen des Rot und mit dem Motiv der raschen Bewegung haben wir uns bereits eingehend beschäftigt; das fliegende Rot ist ein

---

tungen. Französisch und Deutsch. Herausgegeben und übersetzt von Walther Küchler. Heidelberg, 5. Aufl. 1978, S. 183.

wiederkehrendes Gestaltungselement, es gehört zu Trakls Optik und Motorik der Bedrohung:

> Einbrach ein roter Schatten mit flammendem Schwert in das Haus ... (I, 168)
>
> Feuerreiter sprengt vom Hügel (I, 27)
>
> Ein Zug von Rossen / Sprengt rot ins Dorf (I, 332)

Das zuletzt angeführte Beispiel läßt eine klare strukturelle Ähnlichkeit erkennen zu der Zeile aus »Vorstadt im Föhn« – auch hier geht es um die rasche Bewegung des Rot. Bei genauerem Zusehen entdecken wir weitere Parallelen. Ersetzen wir nämlich die dahinrasenden roten Rosse durch ihr Analogon, die dahindonnernde schwarze Lokomotive, das Dorf durch die Hütten, so erhalten wir die Szene aus »Vorstadt im Föhn«. Ganz unverkennbar haben wir es mit Varianten der aggressiven Szene zu tun: der ins Dorf hereinbrechende »Zug von Rossen« findet seine Entsprechung in dem Eisenbahnzug , der über die Brücke rast, so daß die Hütten angstvoll sich ducken. Ersetzen wir die dahinstürmenden Pferde durch ihr anderes Analogon, durch den Sturm, den wilden Föhn, und das Dorf durch die »Vorstadt«, so erhalten wir die Szene, die der Titel des Gedichtes entwirft: »Vorstadt im Föhn«.

Die Farbe Rot taucht wieder auf in der vierten Strophe, in der zugleich vom Föhn die Rede ist:

> Und ein Kanal speit plötzlich feistes Blut
> Vom Schlachthaus in den stillen Fluß hinunter.
> Die Föhne färben karge Stauden bunter
> Und langsam kriecht die Röte durch die Flut.

Aggressive Konnotationen hat das Rot auch hier – es ist die Farbe des Blutes, das aus dem Schlachthaus stammt. Aber auch die Vorstellung der rapiden Bewegung kehrt wieder, im Bild des blutspeienden Kanals: wieder haben wir es mit einem »hereinbrechenden« Rot zu tun (»brechen« hat ja auch die Bedeutung von »speien«). Das angegriffene Objekt (der »stille Fluß«) befindet sich im übrigen wieder »unten«, in der Position des Opfers: ausdrücklich ist vom »Hinunterspeien« die Rede. In der Realität ist dieses Arrangement (Kanal / Fluß) bedingt durch die physikalischen Gesetze der Schwerkraft – im Gedicht folgt es den Gesetzen der poetischen Phantasie Trakls, dem Diktat des aggressiven Wunsches, der vom femininen Objekt Unterwerfung verlangt. Dieses »Hinunterspeien« entspricht mithin der Bedrohung, die der oben über die Brücke donnernde Zug für die Hütten unten darstellt. In drei Zeilen dieser Strophe entwickelt der Dichter das Bild vom Blut, das den Fluß beschmutzt; dazwischen eingeblendet wird das Bild des Föhns: »Die Föhne färben karge Stauden bunter«. Der Föhn produziert die herbstlich bunten Farben, darunter gewiß ein flammendes, blutiges Rot – implizit ist die Farbe Rot auch in dieser Zeile anwesend. Das Rot des Blutes, von dem unmittelbar vorher und nachher die Rede ist, färbt gewissermaßen auch dieses Bild ein. Schließlich darf auch der ungewöhnliche Plural »Föhne« unserer Aufmerksamkeit nicht entgehen: diese Pluralform schafft eine Assonanz zur »Röte« des Blutes im Fluß. Auch im Gedicht »Die junge Magd« brachte Trakl den Föhn (»Südwind«) in Verbindung mit einem blutigen Rot: »Röte träufelt durch das Dunkel. / Jäh am Tor der Südwind rüttelt.« (I, 13) Die Untersuchung dieses Gedichtes ließ uns zugleich die Verwandtschaft erkennen zwischen dem wilden Föhn und dem rüden Schmiedeknecht; diese Verwandtschaftsbeziehung entdecken wir auch in »Vorstadt im Föhn«: der im Titel genannte aggressive Wind ist ein Bruder des ungenannten Knechtes im Schlachthaus, des Blaubart, der dort sein Opfer »ausweidet«.

Es ist also ein blutiges Rot, das der Föhn über die Stauden legt; in verschiedenen Gedichten setzt Trakl das fallende Laub ja auch mit Blutstropfen gleich: »Schon tropft vom rostigen Ahorn / Laub« (I, 348). So bringt der Föhn auch in der letzten Strophe von »Winterdämmerung« ein blutiges Rot mit sich:

Kirchen, Brücken und Spital
Grauenvoll im Zwielicht stehen.
Blutbefleckte Linnen blähen
Segel sich auf dem Kanal. (I, 20)

Der Wind bläht die Segel der Schiffe, taucht sie zugleich in eine blutrote Farbe, verwandelt sie in »blutbefleckte Linnen«: die aggressiven Regungen des Selbst bewirken eine »Metamorphose« des Objekts. Eine signifikante Parallelstelle findet sich in Trakls »Dezembersonett«: »Der rote Wind bläht Linnen schwarz und kalt« (I, 298). Der Föhn ist ein »roter Wind«, ein Jäger, dessen Hände »rauchen von Blut«. In der ersten Fassung dieses Gedichtes trat der Wind in Menschengestalt auf: »Der Wind schwingt Schild und Knüppel schwarz und kalt« (I, 297). In dieser Gestalt wird seine Verwandtschaft mit dem hammerschwingenden Schmiedeknecht noch augenfälliger. Wie in »Winterdämmerung«, so taucht auch im Gedicht »Vorstadt im Föhn« der aggressive Wind die Stadtszenerie in ein »grauenvolles Zwielicht«: die Dämonen des Blutes verzeichnen das Objekt ins Abstoßende. Aus der »steinernen Stadt« wird eine »Vorstadt im Föhn«, wie aus der steinernen Mutter eine häßliche Hure.

Als symbolischer Repräsentant des aggressiven Selbst steht der »Föhn« in paradigmatischer Beziehung zum dahindonnernden »Zug« und zum dahinrasenden »Pferd«. Diese Einsicht läßt nun auch die Bilderfolge der letzten beiden Strophen verständlich werden. Sie schlagen, nach deutlicher Zäsur, einen neuen Ton an, setzen der häßlichen Vorstadtszenerie schönere Traumbilder entgegen, Bilder, die an ein »früheres Leben« erinnern. Das blutige Rot im ersten Teil des Gedichts wird zu einer »rosigen« Farbe; »rosenfarbene

Moscheen« treten an die Stelle des Schlachthauses.[15] In diesem besseren »früheren Leben«, dieser Traumwelt, nehmen »schöne Wägen« den Platz des bedrohlich »rasenden« Eisenbahnzuges ein; das genaue Gegenbild zum Eisenbahnzug auf der (steinernen oder metallenen) Brücke finden wir im Gedicht »Unterwegs«: »Auf Brücken von Kristall Karossen ziehn« (I, 293).

In Begleitung der »schönen Wägen« tauchen »kühne Reiter« auf: es tritt jetzt auf das Motiv des Pferdes, das dem Motiv des Föhns so eng verwandt ist. Dieses Pferd ist nun kein »rasendes«, sondern ein gebändigtes Pferd: das dämonische Geschöpf befindet sich in der Kontrolle eines »Hirten«. Auch dies ist ein Bild, entworfen nach der Semantik des Wunsches – wir erinnern uns an den Wunsch des Kaspar Hauser: »Ich will ein Reiter werden« (I, 95). Ebenfalls im Gedicht »Unterwegs« spricht Trakl von einem »Knabenlächeln, das ein Wunsch verzehrt«, und diese Zeile korrespondiert nicht nur dem Reim nach mit der Schlußzeile der Strophe: »Ein Reiter trabt vorbei auf einem weißen Pferd« (I, 295). Der Reiter ist der Mann (im Gegensatz zum »Knaben«, der von Ängsten heimgesucht, von den Dämonen des Blutes »bedrängt« wird), der das bedrohliche Pferd seinem Willen unterworfen hat: er repräsentiert das Selbst, das die »animalischen Triebe« zu bändigen vermochte – insofern steht er auch für den Dichter. Die Bewegung des Pferdes hat sich ebenso verändert wie seine Farbe: aus dem unkontrollierten Dahinrasen ist ein kontrolliertes »Traben« geworden, das bedrohliche Schwarz (oder Rot) des Pferdes hat sich verkehrt in ein reines Weiß. Entsprechend hat auch der Föhn seinen Charakter verändert: von sanften »warmen Winden « ist jetzt die Rede. Auch das Bild von den »schimmernde(n) Alleen« gibt bei genauerer Betrachtung einen überraschenden Sinngehalt preis. Die Allee ist ja nichts Anderes als eine geordnete Ansammlung von »Bäumen« – ein »rasender Baum« hat in ihr ebensowenig Platz wie ein sich »aufbäumender« Rappe in der Herde des Hirten: »Der Hirt führt eine Herde von schwarzen und roten Pferden ins Dorf« (I, 97). Diese Allee erweist sich als Analogon der Herde, steht kontrastiv in Beziehung zu den vielen Motiven rascher (triebhafter) Bewegung im ersten Teil des Gedichts, zur Vorstellung von »Durcheinander und Bewegung«.

Fassen wir nun die Ergebnisse unserer Analyse des Gedichts »Vorstadt im Föhn« zusammen. In einer Reihe symbolischer Szenen, die auf vielfältige Weise assoziativ miteinander verflochten sind, wird ein Angriff des Selbst auf das Objekt gestaltet. Dieser Angriff erfolgt auf doppelte Weise. Einmal als

---

[15] Das Motiv der Moschee, das im Rahmen dieser Vision auftritt, hat Trakl von Rimbaud übernommen. Dieser schreibt in »Alchemie du Verbe«: »Ich gewöhnte mich an die einfache Halluzination: ich sah ganz deutlich eine Moschee an der Stelle einer Fabrik, ich sah ... Kutschen auf den Straßen des Himmels ...« Zit. nach Höllerer, Theorie der modernen Lyrik, S. 71/72.

offen aggressive Handlung: der wilde Föhn greift die Vorstadt an; der Eisenbahnzug bedroht die Hütten; Blaubart tötet im Schlachthaus sein Opfer; der »stille Fluß« wird angespien; der Föhn färbt die Stauden rot. Zum anderen kommt dieser Angriff zum Ausdruck in einer aggressiven Abwertung des Objekts: die Mütter erscheinen in abstoßend-häßlicher Gestalt, »voll Schmutz und Räude«; ebenso ekelhaft ist die Vorstadt mit ihrer Luft »von gräulichem Gestank durchzogen«; ekelerregend ist schließlich auch das vom Blut beschmutzte Wasser des Flusses. Einer Reihe mütterlicher Objekte (Vorstadt, Hütten, Zug der Frauen, Wasser, das Tier im Schlachthaus) entspricht eine komplementäre Reihe symbolischer Selbstrepräsentanzen (der Föhn, der Zug, die Ratten, das hungrige bzw. speiende Kind, der Schlächter). Das Bild, das Trakl von der »Vorstadt im Föhn« zeichnet, darf nicht als naturalistisches »Abbild« einer angeschauten Wirklichkeit mißverstanden werden; die einzelnen Elemente dieser Vorstadtszenerie ordnen sich zueinander nicht nach Maßgabe eines Realzusammenhangs, sondern nach Maßgabe der Gesetzmäßigkeiten, denen die dichterische Phantasie Trakls folgt. Nicht mit Abbildern haben wir es zu tun, sondern mit Wunschbildern, mit Bildern, die einem Aggressionswunsch folgen. Der Föhn, das aggressive Selbst, erzeugt diese Vorstadtszenerie, macht aus der »steinernen Stadt« eine häßliche Stadt. Das Häßliche ist ein Produkt des Hasses.

Sicherlich sind die Bilder in diesem Trakl-Gedicht vorstellbar, realitätsnah; ihre Bedeutung erschöpft sich jedoch keineswegs in ihrer Verweisfunktion auf gegenständliche Realität. Sie verweisen zugleich auf psychische Realität, ihre Signifikate liegen im Bereich des Unbewußten. Zu dieser »Zwei-Deutigkeit« des Sprachsymbols bemerkt David Beres:

> ... auch in den herkömmlichen Darstellungen in Sprache und Kunst (ist) echte ›Symbolik‹ (im psychoanalytischen Sinn. G. K.) insofern enthalten, als neben der herkömmlichen Bedeutung der manifesten symbolischen Ausdrucksweise eine zusätzliche unbewußte einherläuft. Der Dichter, der sich um die Darstellung seiner Phantasiegebilde bemüht und konventionelle Ausdrucksformen für seine Gedanken benutzt, ist ... auch von unbewußten Kräften motiviert, und über die konventionelle Bedeutung hinaus sind unbewußte Kräfte an der künstlerischen Schöpfung beteiligt und vertiefen die Bedeutung. Diese letztere ist es, die manchmal der Dichtung den dunklen, packenden, unübersetzbaren Klang gibt ...[16]

Neben der manifesten Bedeutung gibt es eine latente, unbewußte. »Stadt« meint bei Trakl: Stadt (+ Mutter), wobei der eingeklammerte Anteil den unbewußten bezeichnet. Erst die Wahrnehmung dieser symbolischen Bedeutungsschicht ließ uns die vielen verdeckten Querbeziehungen zwischen den in diesem Gedicht versammelten Bildern entdecken, ihre Verflechtung auch mit anderen Motiven Trakls. Die Szenerie des Gedichts »Vorstadt im Föhn« hat

---

[16] David Beres, »Symbol und Objekt«. In: *Psyche* 24, 1970, S. 933/94.

symbolischen Chararakter: sie ist die grandiose Gestaltung einer Aggressionsphantasie, deren unbewußtes Objekt die versagende Mutter ist.

Schon bei der Analyse von Trakls Brief aus Wien (vom 5. 10. 1908) waren wir zur Feststellung gelangt, daß der Dichter die Stadt als (hier: verschlingende) Mutter erlebt; in einem anderen Brief Trakls wird Wien pauschal als »Dreckstadt« abqualifiziert (I, 528). Man wird wohl kaum diesen Ausdruck erklären wollen mit einem Hinweis auf objektive Realität (als sei Wien eine besonders schmutzige Stadt): die Invektive Trakls gibt seinen subjektiven Haßregungen Ausdruck – nicht anders das Gedicht »Vorstadt im Föhn«. Auch Innsbruck bedenkt Trakl mit schlimmen Superlativen; er spricht von »der brutalsten und gemeinsten Stadt ... die auf dieser beladenen u. verfluchten Welt existiert« (I, 487). Auch diese (objektiv eher idyllische) Stadt erscheint ihm als eine gemeine »Hure«, die ihr Kind im Stich läßt. Er selbst sieht sich dieser abweisenden Mutter gegenüber als ungeliebtes Kind, als heimatlose Waise; er schließt seinen Brief mit dem Satz: »Wozu die Plage. Ich werde endlich doch immer ein armer Kaspar Hauser bleiben.« Die Dyade ist komplett, und sie läßt sich beliebig variieren: der Fremdling Marcellus und die Mauern Jerusalems, die Hure Babylon und das hungrige Kind, der »rasende Baum« an der steinernen Mauer. Der Wendung »Dreckstadt« können wir ein Bild zur Seite stellen, das sich in der ersten Fassung von »Delirium« findet, dem Gedicht, in dem zugleich von einem »kahlen Zimmer«, von »blauen Firnen« und vom »kalten Lächeln einer toten Dirne« die Rede ist: »Der schwarze Kot, der von den Dächern rinnt« (II, 396). Wenn auf diese Weise die »steinerne« Stadt zu einer »Dreckstadt« wird, so vollzieht sich das Gleiche, wie wenn das »versteinerte Brot« in der Hand der Mutter sich verwandelt in ein »ekles Mahl«, wie wenn die steinernabweisende Mutter selbst sich verwandelt in eine abstoßende Hure, bedeckt von »Schleim«, oder »voll Schmutz und Räude«: das versagende Objekt wird aggressiv abgewertet, verhäßlicht. Und sowenig uns nun in den Gestalten des blinden Greisen und der häßlichen Hure ein »Abbild« der realen Eltern des Dichters vor Augen tritt, sowenig sind die häßlichen Stadtszenerien Trakls der Realität abgeschaut. Es handelt sich um »wüste Traumgesichte« (I, 246), um dichterisch gestaltete Phantasien, die einem Aggressionswunsch Rechung tragen. Trakls Bilder der »Dreckstadt« sind ebenso Äußerungen des Hasses wie seine Wendung »verschleimte Mondstrahlen«, wie der Vergleich des Mondes mit einer »besoffenen Dirne« (I, 441). In ihrer steinern-abweisenden und ihrer abstoßend-häßlichen Gestalt gleicht die Stadt der Mutter; in dem Fremdling, der die Städte verflucht, verbirgt sich das hungrige, ungeliebte Kind, dem die Mutter »versteinertes Brot« reichte. Der Angriff auf die Stadt gilt im Unbewußten der abweisenden Mutter.

4.4. Herbstliche Landschaft und leere Transzendenz

Wie die Untersuchungen zum Motiv der Stadt gezeigt haben, unterscheidet Georg Trakl sich in wesentlichen Zügen von der Gruppe der expressionistischen »Dichter der Großstadt«, der er immer wieder zugezählt wurde. Das für diese Dichter charakteristische Vokabular aus dem Bereich der modernen, von Technik geprägten Umwelt fehlt bei ihm weitgehend. Von »Fabriken«, »Stahltürmen« und »Arbeitern« ist bei Trakl ein einziges Mal nur die Rede, in der ersten Fassung seines Gedichts »Unterwegs« (I, 293) – bezeichnend, daß gerade diese Elemente bei der Überarbeitung des Gedichts getilgt werden. Wenn bei Trakl von einer Laterne die Rede ist, so nicht von einer Gaslaterne, die die Straße einer Großstadt erleuchtet – er spricht von einer »Stallaterne« (I, 28). Eher ländliche Motive herrschen bei ihm vor; wollte man Trakl nach seiner dominanten Motivik charakterisieren, so wäre er beileibe nicht als Großstadtdichter anzusprechen, sondern als Dichter der herbstlichen Landschaft. Diese Bilder einer herbstlichen Natur sollen im folgenden näher untersucht werden.

Wieder gehen wir aus von einem frühen Gedicht Trakls, von seinem bekannten Sonett »Verfall«. Unter dem Titel »Herbst« findet es sich schon im Sonettzyklus der »Sammlung 1909«; zusammen mit nur einem weiteren Gedicht (»Musik im Mirabell« bzw. »Farbiger Herbst«) wurde es von Trakl in seinen Gedichtband von 1913 übernommen, im Wortlaut nur wenig verändert:

Verfall

Am Abend, wenn die Glocken Frieden läuten,
Folg ich der Vögel wundervollen Flügen,
Die lang geschart, gleich frommen Pilgerzügen,
Entschwinden in den herbstlich klaren Weiten.

Hinwandelnd durch den dämmervollen Garten
Träum ich nach ihren helleren Geschicken
Und fühl der Stunden Weiser kaum mehr rücken.
So folg ich über Wolken ihren Fahrten.

Da macht ein Hauch mich von Verfall erzittern.
Die Amsel klagt in den entlaubten Zweigen.
Es schwankt der rote Wein an rostigen Gittern,

Indes wie blasser Kinder Todesreigen
Um dunkle Brunnenränder, die verwittern,
Im Wind sich fröstelnd blaue Astern neigen. (I, 59)

Wie in einer Vielzahl anderer Trakl-Gedichte, so ist es auch hier Herbst und Abend zugleich; mit dem Tag neigt sich das Jahr. In den beiden Quartetten entwirft der Dichter eine Szenerie abendlichen Friedens, einen Garten der Träume. Wenn die Glocken »Frieden läuten« und die davonziehenden Vögel mit einer frommen Pilgerschar verglichen werden, so deutet dies an, daß das lyrische Ich sich in doppelter Weise geborgen fühlt: der Geborgenheit in der Natur, die sich als ein paradiesischer Garten präsentiert, entspricht eine metaphysische Geborgenheit. Das Naturthema verschränkt sich mit einem religiösen. Beim Übergang zu den Terzetten schlägt nun die Stimmung plötzlich um: »Da macht ein Hauch mich von Verfall erzittern.« Ein herbstlich kalter Windhauch streicht durch den Garten und weckt den Träumer aus seiner Versunkenheit, öffnet ihm die Augen für die Wirklichkeit: für die Bilder herbstlichen Verfalls. Wie in »Vorstadt im Föhn«, so kontrastiert Trakl auch schon in diesem frühen Gedicht eine deprimierende Szenerie des Verfalls mit einer schöneren Traumwelt, mit Bildern der »Erinnerung an ein früheres Leben«. Dieser herbstliche Garten im Sonett »Verfall« bleibt nicht nur ein Lieblingsmotiv des Dichters, auf das er ständig zurückgreift – der von Verfall ergriffene Garten kann geradezu als Modell der von Trakl gestalteten Welt gelten, als Keimzelle der poetischen Landschaft, die sich in seinem späteren Gedichten entfaltet. Sein Gedichtband von 1913 trug ursprünglich den Titel »Dämmerung und Verfall«. »Ich glaube, daß er alles Wesentliche ausdrückt«, schrieb Trakl an seinen Verleger Kurt Wolff (I, 511). Das Sonett »Verfall« ist ein Schlüsselgedicht im Werk Trakls: wesentliche Züge seiner Lyrik erschließen sich dem, der Herkunft und Wesen der herbstlichen Kühle begriffen hat, die sich über den Garten dieses frühen Gedichts legt.

Trakl vergleicht die frierenden Blumen mit todgeweihten Kindern. Eine ganze Reihe von Knabengestalten bringt sich in Erinnerung, allen voran der Knabe Sebastian, der »an der frierenden Hand der Mutter/ Abends über Sankt Peters herbstlichen Friedhof ging« (I, 88). Herbst und Abend ist es auch hier; der Garten erscheint jetzt als ein Friedhof. Die Analogie ist offensichtlich, ebenso klar unsere Folgerung: die frierende, verwelkende Blume ist dem Paradigma symbolischer Selbstrepräsentanzen zuzuordnen. Der kalte Windhauch läßt ja nicht nur die Blumen frieren, er macht zugleich das lyrische Ich »erzittern«. Betrachten wir aber dieses Blumenmotiv noch genauer. Dem Blumenkind mangelt es nicht nur an Wärme, sondern offenbar auch an Nahrung – an Wasser. Vor »dunkle Brunnenränder« postiert Trakl die Blumen; das Verbum »verwittern« ruft die Vorstellung des Steins herauf. Vor einer »steinernen Mauer« also stehen auch diese Blumen, dürstend, getrennt vom Wasser. Sie gleichen dem Baum im Gedicht »An die Verstummten«: »am Abend/ An schwarzer Mauer verkrüppelte Bäume starren« (I, 124). Auch in der Wendung »dunkle Brunnenränder«verbinden sich ja die Vorstellungen der Dunkelheit und des Steins.

Zum lyrischen Ich und zum Blumenkind tritt nun als weitere Selbstrepräsentanz die Figur der klagenden Amsel im kahlen Baum. Vom Knaben Sebastian heißt es: »Er aber war ein kleiner Vogel im kahlen Geäst« (I, 88). In der

»steinernen Mauer«, so wissen wir, »wohnt« die Gestalt der Mutter ebenso wie im »kahlen Baum«. In den Terzetten des Sonetts »Verfall« entdecken wir jetzt eine Reihe analoger Szenen: das lyrische Ich im verfallenden Garten; die klagende Amsel im kahlen Baum; das blasse Kind, das der Mutterliebe entbehrt; die Blume, die am steinernen Brunnenrand dürstet und friert. Dem Paradigma der Selbstrepräsentanzen entspricht eine komplementäre Reihe mütterlicher Objekte. Der Garten, eine Erscheinungsform von Mutter Natur, gibt sich als symbolische Mutterrepräsentanz zu erkennen. Damit wird aber auch klar, was es mit seinem herbstlichen Gewand auf sich hat: der verfallende Garten entspricht der Mutter, die als »Greisin« auftritt.

Die frierende Blume ist ein Kind von Mutter Natur, ein Kind des Gartens. Die zu dieser Dyade gehörige Vaterfigur brauchen wir nicht lange zu suchen: wie zum »Acker« der »Bauer«, zum »Haus« der »Hausmeister«, zu »Dorf« und »Stadt« der »Schulze«, so gehört zum »Garten« die Gestalt des »Gärtners«. Er tritt bei Trakl auf mit einem Attribut, das immer wieder die Vaterfigur kennzeichnet, mit »harter Hand«: »Purpurn reifte die Frucht am Baum und der Gärtner rührte die harten Hände« (I, 150). An der »harten Hand des Vaters« steigt auch der Knabe Sebastian den »Kalvarienberg« hinan (I, 89); die Vaterimago, die hier symbolisch gestaltet wird, hat strenge Züge, entsprechend der Strenge von Trakls Überich.[17] In der nächsten Strophengruppe des Gedichtes begegnet uns der Knabe Sebastian dann aber »an der knöchernen Hand des Greisen« (I, 90). Der Vater ist zum Greisen geworden, seine »harte Hand« zu einer »knöchernen«, zur Hand eines Toten: die Vatergestalt wurde aggressiv abgewertet. Wir erwarten geradezu, in Trakls Dichtung einem toten Gärtner zu begegnen. In seinem »Psalm« faßt Trakl die Szenerie der Terzette von »Verfall« knapp zusammen: »Der Garten ist im Abend« (I, 366). In der nächsten Zeile ist von den Kindern des »Hausmeisters« die Rede, in der übernächsten von einem toten Gärtner: »In der Laube hat sich der Gärtner erhängt« (I, 367). Zur greisen Vatergestalt gehört die Figur der Greisin, der häßlichen Hure, zum toten Vater die tote Dirne – zum toten Gärtner tritt das Bild des verfallenden Gartens.

In einem späteren Gedicht Trakls (Mai 1914) begegnet das Gartenmotiv in folgender Gestalt: »Der Garten braun und kalt./ Die Aster friert, am Zaun so

---

17 »An der Hand der Eltern macht der Knabe seine ersten Welterfahrungen«, schreibt Lachmann (S. 85), indem er den Knaben Sebastian einfach gleichsetzt mit dem Knaben Georg. Im Rahmen dieses biographistischen Denkens findet dann das Bild von der »harten Hand« des Vaters eine einfache Deutung: »Hier heißt die Hand des Vaters ›hart‹, die Hand des Eisenhändlers Trakl, fest, nicht zitternd.« (Ebd.) Die Vaterfigur der Dichtung Trakls ist nicht ein »Abbild« seines Vaters Tobias, sondern symbolische Repräsentanz seiner Vaterimago, deren Strenge und Härte sich herleitet aus Trakls eigener Aggressivität. Tobias Trakl wird als »gütiger Vater« geschildert.

zart gemalt / Der Sonnenblume Gold schon fast zerflossen.« (I, 332) Zur frierenden Aster gesellt sich hier noch eine verwelkende Sonnenblume. Im Gegensatz Sonne-Mond sahen wir den Gegensatz mütterlicher Imagines (gute vs. böse Mutter) symbolisch gespiegelt: im Begriff »Sonnenblume« ist also die Vorstellung einer Mutter-Kind-Dyade aufbewahrt. So zeugt es auch keineswegs von »gedanklicher Inkohärenz«, wenn Trakl von diesem Gartenmotiv, vom Bild der Sonnenblume, im unmittelbaren Anschluß zur Figur der Dirne kommt: »Der Dirnen Stimmen«. In der Handschrift ist zuerst von »Müttern« die Rede. Die Mutter, die hier Menschengestalt annimmt, ist in den vorhergehenden Zeilen schon in verhüllter Gestalt anwesend, vertreten durch die Sonne und den Garten (der »kalt« ist wie die Dirne). Dem Gartenmotiv unmittelbar voraus ging ein Bild, das wir schon kennen: »Ein Zug von Rossen / Sprengt rot ins Dorf«. Was diese aggressive Szene inhaltlich verbindet mit den folgenden Motiven des herbstlichen Gartens und der Dirne, bedarf keiner weiteren Erläuterung: die Sinnbeziehung der Bilder tritt erst dann hervor, wenn ihre symbolische Funktion begriffen ist. Die »Simultaneität des Disparaten« in den asyntaktischen Bildserien Trakls ist nur eine scheinbare.

Die in den Terzetten des frühen Sonetts entworfene Szenerie von »Dämmerung und Verfall« ist das Modell der in Trakls späteren Gedichten entworfenen Welt. An den Anfang seines Gedichtbandes von 1913 stellte Trakl das Gedicht »Die Raben«; da es mit dem Sonett »Verfall« in enger Beziehung steht, sei es an dieser Stelle kurz betrachtet:

Die Raben

Über den schwarzen Winkel hasten
Am Mittag die Raben mit hartem Schrei.
Ihr Schatten streift an der Hirschkuh vorbei
Und manchmal sieht man sie mürrisch rasten.

O wie sie die braune Stille stören,
In der ein Acker sich verzückt,
Wie ein Weib, das schwere Ahnung berückt,
Und manchmal kann man sie keifen hören

Um ein Aas, das sie irgendwo wittern,
Und plötzlich richten nach Nord sie den Flug
Und schwinden wie ein Leichenzug
In Lüften, die von Wollust zittern. (I, 11)

In »Verfall« verglich Trakl die fortziehenden Vogelscharen mit »frommen Pilgerzügen« – hier stehen wir vor dem genauen Gegenbild. Diese Vögel sind keine frommen Geschöpfe, sondern von »animalischen Trieben« beherrscht, von Dämonen getrieben. In ihrer schwarzen Farbe und ihrer Motorik gleichen diese Raben dem Pferd (das eben ins Dorf »hereinbrach«); ihr »ekles Mahl« teilen sie mit den Ratten. Der klanglichen Korrespondenz »Rabe«–»Rappe«–»Ratte« entspricht eine semantische. »Hungertolle Krähen« werden im

Gedicht »Winterdämmerung« so beschrieben: »Und vor Satans Flüchen drehen / Jene sich im Kreis und gehen / Nieder siebenfach an Zahl.« (I, 20) Krähen und Raben sind satanische Wesen, Geschöpfe aus dem Reich des Blaubart. Dies zeigt sich bei näherem Zusehen auch im Gedicht »Die Raben«. Als symbolische Repräsentanz des aggressiven Selbst tritt der Rabe in Beziehung zu einer Reihe weiblicher, mütterlicher Objekte. Zuerst streift sein Schatten eine »Hirschkuh«. Diesem weiblichen, mütterlichen »Wild« (»Kuh« assoziiert »Milch«, damit »Mutter«) sind wir schon in »Landschaft« begegnet: sie ist das Opfer des Jägers, auch ein Opfertier des Priesters. Wenn der Schatten der Raben auf sie fällt, so hat diese Hirschkuh also allen Grund, sich in Acht zu nehmen – sie könnte das Aas sein, an dem sie ihren »Blutdurst«, ihren »fressenden Haß« stillen: »Ein Wild verblutet sanft am Rain/ Und Raben plätschern in blutigen Gossen« (I, 39). Als ein mütterliches Objekt (in Bezug auf »Bauer« und »Pflug«) erweist sich auch der Acker, der mit einem Weib verglichen und in »Verzückung« vorgestellt wird: die erotischen Beiklänge sind unüberhörbar. Nicht als Garten präsentiert Mutter Natur sich in diesem Gedicht, sondern als ein Acker, als ein Weib, das »schwere Ahnung berückt«. Erahnt wird hier die Bedrohung, die von den Raben ausgeht, von Haß und Wollust des Blaubart. Schließlich werden die Raben einem Leichenzug verglichen; die Kookkurrenz der Begriffe »Leichenzug« und »Wollust« variiert das Thema der »Wollust des Todes«, der »schwülen, tödlichen Wonnen« (I, 215). Die Raben auf ihrem Flug nach Norden sind die Antipoden der frommen Vogelschar auf ihrer herbstlichen Pilgerreise nach Süden: der fromme Mönch tritt dem »bleichen Priester der Wollust« gegenüber. Zwischen dem Raben und dem Acker, der Hirschkuh, dem Weib besteht die gleiche aggressive Spannung wie zwischen der »Vorstadt« und dem »Föhn«. Der Vergleich von »Verfall« und »Die Raben« macht deutlich, daß der Szenenwechsel, der sich im Übergang von den Quartetten zu den Terzetten vollzieht, die Vorstellung eines Sündenfalls impliziert, die Vorstellung vom Verlust der kindlichen Unschuld durch das Auftreten der Dämonen des Blutes. Zum Paradiesgarten gehören die frommen Vögel, zur herbstlichen Szenerie die dämonischen Raben. Als »friedlich« und »wahrhaft« bezeichnete Trakl das Kind der guten Mutter (I, 16) – das Kind der Hure, der Greisin ist ein Blaubart, ein Sebastian und ein Kaspar Hauser in einer Person.

Die Naturbilder Trakls sind entworfen nach dem Vorbild der Mutter. Auch Mutter Natur präsentiert sich in diesen Gedichten einerseits in steinern-abweisender Gestalt, andererseits in häßlicher, verfallender Gestalt, als Greisin und Hure. Die Gebirgslandschaft in der Eingangszeile von »Geburt« antizipierte die steinerne Muttergestalt in diesem Gedicht, die Kälte der »Firne« korrespondierte mit der Kälte der »Dirne«. Dieser »schneeige(n) Öde« (II, 296) entspricht ein »ödes Feld« (I, 180), ein »Ödtal« (II, 196) und ein »steiniger Acker« (I, 148): sie alle stehen in einer Reihe mit dem »versteinerten Brot« in der Hand der Mutter, mit der »steinernen Stadt«. Alle diese Bilder illustrieren den Satz Trakls: »von Anfang an vergebliche Hoffnung des Lebens«. Die gegensätzlichen Vorstellungsfelder von Frustration und Erfüllung sind enggeführt in der Formel »in Milch und Öde« (I, 289).

Der abgewerteten Mutter, der häßlichen Hure, entsprach die »Dreckstadt«, die »Vorstadt im Föhn«: ihrem Vorbild folgen auch Trakls Szenerien herbstlichen Verfalls. Mutter Natur tritt auf in häßlichem Gewand, in abstoßender Gestalt: »Fäulnis wittert aus der Erde« (I, 13). Deutlich ist die Parallele der folgenden beiden Zeilen:

> Hure, die in eisigen Schauern ein totes Kindlein gebärt (I, 124)
>
> und es warf die Erde einen kindlichen Leichnam aus (I, 170)

Daß die Natur die negativen Züge der Mutter trägt, wird auch aus der Analogie dieser beiden Zeilen ersichtlich:

> Und dort verwest die Mutter mit dem Kind (I, 34)
> Auf der verdorrten Wiese läuft ein Kind (I, 53)

Faßt der Dichter seine Vorstellungen von der steinern-abweisenden und abstoßend-häßlichen Stadt zusammen in der abstrakten Formel »metallischer Brodem um Stahlarkaden/ Der Stadt« (I, 282), so entspricht diesem städtischen Sumpf im Bereich der Naturbilder die Moorlandschaft. Im Gedicht »Am Moor« schreibt Trakl:

> Aufruhr. In verfallener Hütte
> Aufflattert mit schwarzen Flügeln die Fäulnis;
> Verkrüppelte Birken seufzen im Wind. (I, 91)

Der verkrüppelte Baum ist uns ja auch schon im Rahmen der Stadt-Motivik im Gedicht »An die Verstummten« begegnet: Mutter Natur ist zu ihren Kindern nicht freundlicher als die Hure Babylon. Es ist deutlich, daß Trakl, wenn er ein negatives Bild von der modernen Zivilisation, von der Stadt zeichnet, deshalb doch nicht als Verkünder eines »Zurück zur Natur« in die Nachfolge Rousseaus gestellt werden kann. Mit dem programmatischen Lied der Jugendbewegung »Aus grauer Städte Mauern/ Ziehn wir in Wald und Feld« hat seine Poesie nichts gemein. Die Felder sind öde, steinig, der Wald steht »im grauen Totenhemd« (I, 273). Und in diesem Wald wohnt die Mutter: »es schwankt die Klagegestalt/ Der Mutter durch den einsamen Wald« (I, 121).

Markant steht ein Baum in herbstlicher Landschaft in Trakls Gedicht »De Profundis«, mit dem wir uns jetzt noch einmal eingehender beschäftigen müssen:

> De Profundis
> Es ist ein Stoppelfeld, in das ein schwarzer Regen fällt.
> Es ist ein brauner Baum, der einsam dasteht.
> Es ist ein Zischelwind, der leere Hütten umkreist.
> Wie traurig dieser Abend.

Am Weiler vorbei
Sammelt die sanfte Waise noch spärliche Ähren ein.
Ihre Augen weiden rund und goldig in der Dämmerung
Und ihr Schoß harrt des himmlischen Bräutigams.

Bei der Heimkehr
Fanden die Hirten den süßen Leib
Verwest im Dornenbusch.

Ein Schatten bin ich ferne finsteren Dörfern.
Gottes Schweigen
Trank ich aus dem Brunnen des Hains.

Auf meine Stirne tritt kaltes Metall
Spinnen suchen mein Herz.
Es ist ein Licht, das in meinem Mund erlöscht.

Nachts fand ich mich auf einer Heide,
Starrend von Unrat und Staub der Sterne.
Im Haselgebüsch
Klangen wieder kristallne Engel. (I, 46)

Beginnen wir die Analyse dieses Gedichts mit dem Bild des Baumes – mit seiner Rolle haben wir uns ja schon wiederholt befasst. Unser tiefenhermeneutischer Befund war dabei ein doppelter. Einmal ließ sich der Baum zweifelsfrei identifizieren als ein symbolischer Repräsentant des Selbst (»Rasend stand er ein böser Baum ...«), zum anderen jedoch kamen wir zum Ergebnis, daß der Baum im Unbewußten die Mutter vertritt. Ist dies nicht ein Widerspruch, in dem sich die Verfehltheit unseres Interpretationsansatzes dokumentiert? Ein Verweis auf die eigenwillige Semantik der Bildersprache Trakls mag diese Irritation beheben; er kann nämlich schreiben: »In kahlem Baum wohnt die Mutter, sieht mich mit meinen traurigen Augen an« (I, 456). Der Leser, der unserer Interpretation Widersprüchlichkeit vorgeworfen hat, wird nun den Dichter selbst dafür belangen müssen: wer auf Eindeutigkeit beharrt, muß diesen Satz Trakls als Unsinn abtun. Die paradoxe Wendung wird nur dann verständlich, wenn man davon ausgeht, daß der Baum tatsächlich eine Doppelrolle spielt: er vertritt das Selbst und die Mutter zugleich. Werfen wir einen Blick zurück – zu genau demselben Befund waren wir gelangt bei der Analyse des Bildes vom verbrennenden Baum in der Schlußzeile des Gedichtes »Landschaft«. Sowenig es möglich ist, ein Lexikon der Traumbilder zu erstellen, anhand dessen sich Träume ohne hermeneutische Anstrengung einfach aufschlüsseln ließen, sowenig ist es möglich, den Bildern Trakls eindeutige und konstante Bedeutungen zuzuordnen. Was in der Phantasie des Dichters festliegt, das sind die unbewußten Interaktionsfiguren, die unbewußten Szenen und ihre Rollen – die Besetzung dieser Rollen mit Sprachsymbolen wechselt. So spielt auch dieser Baum in »De Profundis« eine Doppelrolle; er ist als »einsamer« Analogon der Waise und des lyrischen Ich, das sich als ein Nachkomme des Marcellus zu erkennen gibt; zugleich variiert der Baum in herbstlichem Braun die anderen Naturmotive in diesem Gedicht, denen wir jetzt unsere Aufmerksamkeit schenken.

Das einleitende Bild des Stoppelfeldes legt die in Trakls Gedicht entworfene Szenerie zunächst einmal jahreszeitlich fest: es ist Herbst, die Ernte ist vorbei. Zugleich ist es Abend – wieder entsprechen sich Tages- und Jahreszeit. Ein düsteres Landschaftsbild steht am Anfang des Gedichts. Der helle, warme Sonnenschein des Sommers wurde abgelöst von einem »schwarzen Regen«; das Feld ist abgeerntet, kahl, nur »spärliche Ähren« sind hier noch zu finden. Wir dürfen annehmen, daß die Waise an diesem »Herbstabend« ihren Hunger nicht wird stillen können. Eine mittlerweile vertraute Szene gewinnt Konturen: das hungrige Kind und die abweisende Mutter (vgl. »Auf der verdorrten Wiese läuft ein Kind«; I, 53). Das »Stoppelfeld« ist ein Analogon des »steinigen Ackers«, wie dieser eine negative Mutterrepräsentanz. Mütterliche Geborgenheit schenken sollte andererseits auch das Dorf, zu dem die Waise offensichtlich keinen Zutritt hat (»Am Weiler vorbei«) – wir denken an Marcellus und Jerusalem. Die Waise ist ohne Heimat, ausgeschlossen, zur Einsamkeit verurteilt, wie der oben genannte Baum. Es gibt somit eine Analogiebeziehung zwischen dem »Stoppelfeld« und dem »Weiler«; hinzu gesellt sich das Bild der »leeren Hütten«. Auch hier wird die Waise keine liebende Aufnahme finden können, hier wartet kein gedeckter Tisch auf sie, an dem sie ihren Hunger stillen könnte, wie es der Dichter in der letzten Zeile von »Elis« (1. Fassg.) vor Augen führt: »Bereitet fanden im Haus die Hungernden Brot und Wein« (I, 372). Das »Stoppelfeld« ist weiterhin das Analogon der »Heide«, des unfruchtbaren Landes; die »Heide« wiederum ist das Gegenstück zu der ihr klanglich verwandten fruchtbaren »Weide«: »Ihre Augen weiden rund und goldig in der Dämmerung«. Das Stoppelfeld kontrastiert mit dem Feld in »Frucht und Fülle« (I, 109), mit dem Feld, wie es sich Agathon darbietet. Es verweist aber nicht nur auf das Hunger-Motiv Trakls, zeichnet sich nicht nur aus durch das Fehlen des sättigenden Korns (= Brot), sondern auch durch seine harten Stoppeln – insofern nimmt es das Bild des Dornbuschs in Zeile 12 vorweg. Das Stoppelfeld kontrastiert also auch mit der Vorstellung einer weichen Wiese, des Mooses, auf das man sich sanft bettet. Diese Stoppeln sind Analogon der Dornen, sie sind »starres« oder »hartes Gras«, wie Trakl in »Melancholie« schreibt – in dem Gedicht, in dem er von seiner Gartenszene mit Sonnenblumen so unvermittelt auf »Dirnen« zu sprechen kam: »Der Dirnen Stimmen; Tau ist ausgegossen / Ins harte Gras« (I, 332). Das »harte Gras« evoziert »Dornen«, die wiederum den »Dirnen« klanglich eng verwandt sind – auch semantisch. Die abweisenden Züge von Mutter Natur könnten kaum prägnanter in Erscheinung treten: selbst das Gras ist »steinern«. Wir finden in »De Profundis« also eine ganze Reihe negativer

Mutterrepräsentanzen: »Stoppelfeld« – »leere Hütten« – »am Weiler vorbei« – »Dornenbusch« – »ferne finsteren Dörfern« – »Heide«.

Betrachten wir nun die Zeile 4: »Es ist ein Zischelwind, der leere Hütten umkreist.« Das Wort »Zischelwind« weckt sofort Assoziationen an ein gefährliches Tier: dieses »umkreist« die Hütten auf der Suche nach einem Angriffspunkt, nach einer Stelle, an der es »hereinbrechen« könnte. Die »leeren Hütten«, so wurde klar, symbolisieren die versagende Mutter; wenn wir uns jetzt besinnen auf die Bedeutung des Windes, des Sturms, des Föhns bei Trakl, so enthüllt sich der Sinngehalt dieser Zeile und ihre enge Verwandtschaft zur Szenerie der »Vorstadt im Föhn«: auch hier wird ein Angriff des Selbst (»Zischelwind«) auf das versagende mütterliche Objekt (»leere Hütten«) inszeniert. Zugleich entdecken wir eine Sinnverwandtschaft dieser Zeile mit der Zeile 13: »Ein Schatten bin ich ferne finsteren Dörfern.« Wie der »Zischelwind«, so fungiert auch dieses lyrische Ich als aggressive Selbstrepräsentanz. Dies war noch deutlicher in der ursprünglichen Fassung der vierten Strophe (H^1):

> Ein Schatten bin ich vorbei an finsteren Dörfern
> Haß und Bitternis
> Trank ich aus ihren Brunnen. (II, 96)

»Schlechte Nahrung« nur wurde diesem Fremdling in den »finsteren Dörfern« gereicht, »Haß und Bitternis« wurden bei ihm geweckt. Jetzt umkreist er die Hütten als ein »finsterer Korsar« (I, 156), als ein angriffslustiger »Zischelwind«, als ein Blaubart, erfüllt von »fressendem Haß« – und als ein hungriger »Wolf«. Damit ergibt sich eine Verbindung zum Mordmotiv in diesem Gedicht, zum Tod der »Waise«, für den nach Auskunft der Zeile 9a der Handschrift die »Hunde« verantwortlich sind: »Hunde zerfleischen den süßen Leib«. Und daß der (Zischel-)Wind und diese Hunde in Trakls Phantasie enge Verwandte sind, das wissen wir längst:

> Und auf den Feldern heulten laut die Hunde,
> Und in den Wipfeln wühlte wild der Föhn. (I, 220)

Der »Zischelwind« ruft zugleich aber auch das Bild der Schlange herauf. Im Komplex »Lange lauscht der Mönch dem sterbenden Vogel am Waldsaum« stoßen wir auf eine Zeile, die ebenfalls den Wind mit Schlangen in Verbindung bringt: »Im Winde verstummt das Zischeln der Schlangen« (II, 451). Die Schlange hat phallische Bedeutung, während die Hütte ein weibliches Objekt darstellt: auch unter diesem Aspekt erweist sich der symbolische Charakter des Bildes in Zeile 4 von »De Profundis«. Der »Zischelwind« entpuppt sich als ein Bruder des Blaubart, als ein phallischer Aggressor.

Welche Beziehung besteht nun aber zwischen der Figur der Waise im ersten Teil von »De Profundis« und dem lyrischen Ich, das im zweiten Teil des

Gedichtes in Erscheinung tritt? Als wir uns im Rahmen der Untersuchungen zur Blaubart-Thematik bei Trakl zuerst mit diesem Gedicht beschäftigten (Kap. 2.1.), kamen wir zum Ergebnis, daß es sich hier um eine phantasierte Objektbeziehung handelt, die dem sadistischem Muster folgt. Eine Parallelstelle aus den Entwürfen zu »Traum und Umnachtung« ließ diesen Schluß plausibel erscheinen:

> Also fandst du im Dornenbusch das weiße Nönnlein, das in Tränen seinen himmlischen Bräutigam rief; lachtest vergraben in dein stählernes Haar, da der Fuchs eine Henne zerriß. (II, 272)

Wird hier das lyrische Ich bei der Mordtat vertreten durch einen »Fuchs«, während in der (weißen) »Henne« das »weiße Nönnlein« sich verbirgt, so bedient es in »De Profundis« sich der »Hunde« als Erfüllungsgehilfen. Die Beziehung zwischen der Waise und dem lyrischen Ich ist eine verhüllte Täter-Opfer-Beziehung; im Kontext dieser sadistischen Szene fungiert die Waise als symbolische Repräsentanz des femininen Objekts. Ist die Waise insofern ganz klar als weibliches Wesen bestimmt (vgl. »Schoß«), so ist sie doch auf der anderen Seite dem lyrischen Ich auch sehr ähnlich. Beide sind sie Fremdlingsgestalten, einsam und hungrig in abweisender Landschaft (Stoppelfeld/Heide); in der Handschrift gebraucht Trakl die präpositionale Bestimmung »vorbei an« zweimal, was die Analogie von Waise und lyrischem Ich besonders hervorhebt:

> Am Weiler vorbei/ Sammelt die sanfte Waise …
>
> Ein Schatten bin ich vorbei an finsteren Dörfern

In beiden erkennen wir den Marcellus, dessen Weg »vorbei an« Jerusalem führt, in die Einsamkeit, in das »Schweigen der Nacht«. Offenbar stehen Waise und lyrisches Ich auch in einer paradigmatischen Beziehung, fungiert die Waise mithin auch als symbolische Selbstrepräsentanz: diese Figur spielt eine Doppelrolle. Wie das ihr verwandte »Wild« in Trakls Gedichten (das Verbum »weiden« setzt die Waise implizit dem »sanften Tier«, dem Wild gleich) ist die Waise einmal männlich, ein Kaspar Hauser, einmal weiblich (Schoß/himmlischer Bräutigam); in »De Profundis« ist sie beides zugleich: ein Zwitter. Diese Figur ist überdeterminiert: sie vertritt symbolisch das Selbst und zugleich das feminine Objekt. Das aber heißt: der Mord im Dornbusch ist auch ein Selbstmord. Wieder einmal ist der Jäger sein eigenes Opfer, Kaspar Hauser, das Waisenkind, sein eigener Mörder: »Purpurne Wolke umwölkte sein Haupt, daß er schweigend über sein eigenes Blut und Bildnis herfiel, ein mondenes Anlitz« (I, 150). Zugleich mit einer sadistischen Phantasie (Blaubart-Motiv) hat in »De Profundis« also ein Selbstbestrafungswunsch symbolische Gestaltung gefunden; dieses Gedicht ist eine Wunscherfüllung in doppelter Hinsicht. Die mörderischen Regungen, die durch die wilden Hunde repräsentiert sind,[18] richten sich auf ein sanftes weibliches Geschöpf, kehren sich zugleich aber auch gegen das eigene Selbst: symptomatisches Korrelat dieser symbolischen Szene ist das Schuldgefühl Trakls. In »De Profundis« wird in symbolischem Handeln eine Schuld zugleich begangen und gesühnt, das Gedicht ist beides : Schuld und Sühne.

Zu klären bleibt jetzt noch die Frage, was das Blaubart-Motiv in »De Profundis« inhaltlich zu tun hat mit den Naturbildern des Gedichtes auf der einen, dessen religiöser Thematik auf der anderen Seite. Welchen Sinnzusammenhang gibt es zwischen dem Bild vom Schweigen Gottes, dem Bild herbstlicher Landschaft und dem mörderischen Geschehen im Dornbusch, dem Tod der Waise? Ein Waisenkind ist per definitionem ohne Vater und ohne Mutter. Die Vorstellungen vom Verlust der mütterlichen Geborgenheit in diesem Gedicht haben wir eben erörtert: als symbolische Mutterrepräsentanzen zu begreifen waren »Stoppelfeld«, »Baum«, »Heide«, »Dornbusch«, die »leeren Hütten« und »finsteren Dörfer«. Der Hunger des Selbst (Waise/Ich) bleibt in solcher Umgebung ungestillt, es wird zu einem Blaubart, erfüllt von Blutdurst und »fressendem Haß«. Die abweisende Mutter und der hungrige, aggressive Knabe: diese Figurenkonstellation, die uns, vielfach variiert, in Trakls Gedichten schon so häufig begegnet ist, tritt auch in »De Profundis« auf. Die religiösen Bilder vom Ausbleiben des himmlischen Bräutigams und vom Schweigen Gottes nehmen nun das komplementäre Thema der Vaterlosigkeit auf. Mit dem Motiv vom Tod des Vaters (seiner Vergreisung, seiner Blindheit) in Trakls Dichtung haben wir uns ja bereits beschäftigt. Dabei hat sich gezeigt, daß die Figur des Vaters ein ganzes Paradigma väterlicher Gestalten anführt. »Hausmeister«, »Schulze«, »Bauer«, »Gärtner«, »Schmied«: sie bilden eine Väterreihe. Wenn Trakl einmal das »Haus des Vaters« vertauscht mit dem »Schulgebäude« (II, 265), so können wir auch den »Lehrer« (I, 42) in diese Reihe einordnen. Als »Mesnerknabe« folgt der Kaspar des Prosagedichtes »stille dem schweigenden Priester« (I, 148). In die Reihe dieser Vaterfiguren gehört nun nicht zuletzt auch Gott-Vater selbst.

---

[18] In seiner Schrift »Zur Genealogie der Moral« bezeichnet Nietzsche die Affekte des Menschen als eine »Meute wilder Hunde«. Mit seinen Bemerkungen zur Genese des »schlechten Gewissens« nimmt Nietzsche Freuds psychoanalytische Theorie des Schuldgefühls vorweg: »Ich nehme das schlechte Gewissen als die tiefe Erkrankung, welcher der Mensch unter dem Druck jener gründlichsten aller Veränderungen verfallen mußte, die er überhaupt erlebt hat – jener Veränderung, als er sich endgültig in den Bann der Gesellschaft und des Friedens eingeschlossen fand. (...) Alle Instinkte, welche sich nicht nach außen entladen, wenden sich nach innen ... Die Feindschaft, die Grausamkeit, die Lust an der Verfolgung, am Überfall, am Wechsel, an der Zerstörung – alles das gegen die Inhaber solcher Instinkte sich wendend: das ist der Ursprung des ›schlechten Gewissen‹«. In: *Werke in drei Bänden*, hg. v. Karl Schlechta, München 1966, Bd. 2, S. 880 und S. 824/25.

Alle diese Figuren fungieren als symbolische Repräsentanten der Vaterimago des Dichters, sind insofern austauschbar.

In Trakls »Psalm« (1. Fassg.) tritt zur Vorstellung vom Tod des Gärtners die von der Abwesenheit Gott-Vaters; dem verfallenden Garten entspricht das verfallende Gotteshaus:

25 Der Garten ist im Abend. Im Kreuzgang flattern die Fledermäuse umher,
32 Es ist ein Flüsterwind – Gott der traurige Stätten verläßt.
Die Kirchen sind verstorben, Würmer nisten sich in den Nischen ein. (I, 367)

Entsprechendes gilt für das Haus des Bauern: ist der »Hausmeister« zum Greis geworden oder gestorben, so verfällt das Haus, die Ratten halten ihren Einzug. Schauen wir uns den Vater des Knaben Sebastian näher an: auch er trägt Züge Gott-Vaters. Am Anfang des Gedichts tritt er auf mit einem traditionellen Attribut des christlichen Gottes: »Und stille/ Neigte in Mitleid sich über jene ein bärtiges Antlitz« (I, 88). »Jene« meint die Mutter mit ihrem Kind. Diese Mutter trägt sowohl Züge der Maria Trakl als auch der Madonna; entsprechend verbinden sich in dem Knaben Sebastian Züge des Knaben Georg (vgl. die autobiographischen Anspielungen) mit Zügen der Christusgestalt. Wenn der Knabe an der »harten Hand« des Vaters den »Kalvarienberg« hinansteigt, so wird in dieser Vatergestalt erneut Gott-Vater kenntlich – und er ist demnach mitgemeint von der Figur des Greisen mit »knöcherner Hand«, in dessen Begleitung Sebastian schließlich auftritt. »Am Abend ward zum Greis der Vater«: nicht vom Altern des Tobias Trakl ist hier die Rede, sondern vom Verfall eines Vaterbildes, von der Entwertung der Vaterimago.

Zu erinnern ist an die Feststellung, die wir im Rahmen der psychobiographischen Untersuchungen zur Adoleszenzkrise Trakls machten: das Vaterbild des Jugendlichen ist ein »legiertes«, es setzt sich aus verschiedenen Komponenten zusammen; der Vaterimago zugeschlagen wird das gesamte väterliche Erbe, die kulturelle Tradition, damit auch die religiöse. Trakls Bilder vom Tod des Vaters, vom Tod des Gärtners, vom Tod Gottes spiegeln den Niedergang der väterlichen Autorität, die Entwertung der Vaterimago: sie müssen begriffen werden im Kontext der epochalen Generationskrise. Wenn in einem frühen Gedicht Trakls, das ebenfalls den Titel »De Profundis« trägt, der Sohn sich »fühllos und verstummt« vom aufgebahrten Leichnam des Vaters (um den schon die Fliegen summen) abwendet (I, 262), so kommt also in diesem Bild nicht nur ein persönliches Vater-Sohn-Verhältnis zum Ausdruck: verstorben und der Sohnesliebe verlustig gegangen ist die Gesamtheit dessen, aus dem die Vaterimago sich zusammensetzt, das väterliche Erbe schlechthin. Die ganze Väterreihe liegt hier aufgebahrt, damit auch Gott-Vater. Als ein begeisterter Leser Nietzsches hat Trakl vom Tod Gottes und von der Grablegung der Metaphysik natürlich Kenntnis genommen; dies zeigen solche Bilder:

Und schwarz schwankt Gottes Himmel und entlaubt (I, 53)

Verfallene Götter standen im Garten, hintrauernd am Abend (I, 147)

Ich sah die Götter stürzen zur Nacht (I, 216)

Ein Himmel, aus dem kein Gott mehr blüht (I, 227)

Gott hat diesen schwarzen Himmel verlassen (II, 141)

In diese Reihe gehören nun auch die Bilder transzendentaler Obdachlosigkeit, die in »De Profundis« auftreten: das Bild vom Ausbleiben des himmlischen Bräutigams und vom Schweigen Gottes. Und jetzt wird auch klar, was die düstere Landschaft in diesem Gedicht zu tun hat mit seiner religiösen Thematik – wenn die Waise symbolisch das Selbst vertritt, so repräsentieren Mutter Natur und Gott-Vater die elterlichen Imagines. Wie in vielen anderen Gedichten Trakls, so entspricht auch die Figurenkonstellation in »De Profundis« der ödipalen Triade. In seiner Studie über Leonardo da Vinci schreibt Sigmund Freud:

Die Psychoanalyse hat uns den intimen Zusammenhang zwischen dem Vaterkomplex und der Gottesgläubigkeit kennengelehrt, hat uns gezeigt, daß der persönliche Gott psychologisch nichts anderes ist als ein erhöhter Vater, und führt uns täglich vor Augen, wie jugendliche Personen den religiösen Glauben verlieren, sobald die Autorität des Vaters bei ihnen zusammenbricht. Im Elternkomplex erkennen wir so die Wurzeln des religiösen Bedürfnisses; der allmächtige, gerechte Gott und die gütige Natur erscheinen uns als großartige Sublimierungen von Vater und Mutter, vielmehr als Erneuerungen und Wiederherstellungen der frühkindlichen Vorstellungen von beiden.[19]

Ausgegangen in diesem Abschnitt sind wir von Trakls frühem Sonett »Verfall«. Der Garten in diesem Gedicht, so stellten wir fest, meint auch einen Paradiesgarten – eine ungenannte Vaterfigur, ein Gärtner ist diesem Garten zugeordnet: Gott-Vater. Der Geborgenheit des lyrischen Ich in der Natur entsprach seine metaphysische Geborgenheit. Nach dem Verlust dieses Paradieses, wie er sich vollzog im Übergang zu den Terzetten, findet das lyrische Ich sich wieder in der Welt, wie sie in »De Profundis« geschildert wird: als ein von »animalischen Trieben« beherrschtes Geschöpf in herbstlicher Landschaft und unter leerem Himmel. Als Greisin präsentiert sich jetzt Mutter Natur, gestorben ist der Gärtner, Gott-Vater. In vergrößertem Maßstab und ins Negative gewendet, kehrt in »De Profundis« die Garten-Motivik des frühen Sonetts wieder: der Konstellation »Garten-Gärtner-Blume« entspricht die Konstellation »Natur-Gott-Mensch«. Symbolisch gestaltet ist in beiden Szenen eine ödipale Triade.

Diese Einsicht in das ödipale Grundmuster von »De Profundis« läßt jetzt Beziehungen dieses Gedichts zu vielen anderen entdecken, Verwandtschaftsverhältnisse, die von der Forschung bislang nicht bemerkt wurden. Werfen wir

19 Freud, G. W. VIII, S. 195.

zunächst einen Blick zurück auf die zentrale Strophe des triadisch strukturierten Gedichts «Drei Blicke in einen Opal«:

> In Schleim und Schleiern tanzt des Greisen Frau
> Das schmutzstarrende Haar erfüllt von schwarzen Tränen,
> Die Knaben träumen wirr in dürren Weidensträhnen
> Und ihre Stirnen sind von Aussatz kahl und rauh. (I, 66)

Auch hier finden wir die triadische Konstellation, und wie in »De Profundis« sind Vater und Mutter ins Negative gezeichnet, entwertet: der abstoßenden Hure entspricht die abweisende Landschaft, dem zum Greisen abgewerteten Vater (andere Lesart: »des Toten Frau«) der schweigende, entwertete, tote Gott in »De Profundis«. Die Rolle des »aussätzigen« Knaben (Aussatz impliziert Ausgestoßensein) wiederum hat in »De Profundis« erst die Waise, dann das lyrische Ich übernommen. Analog war die Situation in der Strophe eines anderen Gedichts, in der die »Alten, die sich blöd umschlingen« konfrontiert werden mit »Waisen« (I, 17), analog ist auch die einleitende Szene von »Traum und Umnachtung«:

> Am Abend ward zum Greis der Vater; in dunklen Zimmern versteinerte das Antlitz der Mutter und auf dem Knaben lastete der Fluch des entarteten Geschlechts. (I, 147)

Auch hier haben wir es zu tun mit einer entwerteten Vaterfigur (im Entwurf war vom Tod des Vaters die Rede), mit einer abweisenden Mutter und mit einem ungeliebten Knaben. Betrachten wir sodann die Worte des »Pächters«, der im Dramenfragment die Vaterrolle spielt:

> Peter, dunkelster Sohn, ein Bettler sitzest du am Saum des steinigen Ackers, hungernd, daß du die Stille deines Vaters erfülltest. (I, 456)

Wieder die bekannte Triade: ein entwerteter, »schweigender« Vater, eine steinern-abweisende Mutter Natur und ein hungriges Kind. Die Bezüge zur Szenerie in »De Profundis« sind hier nun ganz unübersehbar: der »Stille des Vaters« entspricht dort »Gottes Schweigen«, dem »steinigen Acker« das »Stoppelfeld« und die »Heide«. Die Gestalt der ährenlesenden Waise findet ihr Pendant in Peter, der als »hungriger Bettler« bezeichnet wird. Es wird an dieser Stelle deutlich, daß »Hunger« ein Doppeltes meint: das Kind ist hungrig nach Nahrung, nach einem Stück Brot aus der Hand der Mutter, nach ihrer Wärme, ihrer Zuwendung, dann aber auch nach einem orientierenden Wort aus dem Mund des Vaters, nach väterlicher Führung. So verlangt es den hungrigen Knaben aus »Traum und Umnachtung« einerseits »nach dem roten Fleisch von Früchten« (II, 265), andererseits heißt es von ihm: »An der Pforte des Klosters bat er um ein Stück Brot«(I, 147). Dieser Hunger ist ein zugleich physischer und metaphysischer – entsprechend auch der doppelten Bedeutung von »Brot und Wein« in Trakls Gedichten: »Bereitet fanden im Haus die

Hungernden Brot und Wein« (I, 374). In diesem Zusammenhang wird auch das Bild in »De Profundis« verständlich: »Gottes Schweigen / Trank ich aus dem Brunnen des Hains«.

Trakls Motiv vom Tod des Vaters ist , wie wir feststellen konnten, ein verhülltes Vatermord-Motiv. Die Figur des greisen, blinden, toten Vaters ist geboren aus dem Aggressionswunsch, der auch die Mutter in eine häßliche Greisin, eine Hure verwandelte: die Vaterimago wird aggressiv abgewertet. Diese Vatermord-Motivik ist ein epochales Phänomen, hat ihre historische Voraussetzung in dem beschriebenen Niedergang der väterlichen Autorität. Der Vater, der die ödipalen Aggressionen des Sohnes nicht dadurch zu neutralisieren vermag, daß er sich ihm als Objekt der Identifikation anbietet, wird zum Ziel ungezügelter ödipaler Mordwünsche. Der schwache Vater wird vom Thron gestürzt, umgebracht – so ist auch der schweigende, tote Gott in Trakls Gedichten ein getöteter Gott.[20] Schauen wir uns die Strophe des frühen Gedichtes »Dämmerung«, die uns den Weg gewiesen hatte zum Verständnis des Häßlichen bei Trakl, jetzt noch einmal an:

> Wer hat den Feind, den Mörder dir bestellt,
> Der deiner Seele letzten Funken stahl,
> Wie er entgöttert diese karge Welt
> Zur Hure, häßlich, krank, verwesungsfahl! (I, 218)

Der »Mörder«, so heißt es hier, verzeichnet die »karge Welt« zur häßlichen Hure – er läßt Mutter Natur in häßlichem Gewand, in den Farben und Gerüchen des Herbstes und der Verwesung erscheinen. Aber nicht nur Mutter Natur fällt ihm zum Opfer; der »Mörder«, in dem wir eine symbolische Repräsentanz des aggressiven Selbst sahen, »entgöttert« auch die Welt – auch Gott-Vater bleibt nicht von ihm verschont. Der Sinnzusammenhang der düsteren Landschaftsbilder in »De Profundis« mit der religiösen Thematik dieses Gedichts dürfte jetzt wohl hinreichend klar geworden sein.

Klar wird jetzt aber auch der Sinnzusammenhang zwischen dem Bild vom Tod Gottes und dem Bild vom Tod der »sanften Waise«. Die beiden Motive treten auch in »Traum und Umnachtung« in enger Verbindung auf:

> Fiebernd saß er auf der eisigen Stiege, rasend gen Gott, daß er stürbe. O, das graue Antlitz des Schreckens, da er die runden Augen über einer Taube zerschnittener Kehle aufhob. (I, 148)

---

[20] Schon Nietzsches »toller Mensch« schildert den Tod Gottes als einen solchen Vatermord: »›Wohin ist Gott?‹ rief er, ›ich will es euch sagen! Wir haben ihn getötet – ihr und ich! Wir alle sind seine Mörder! (...) Riechen wir noch nichts von der göttlichen Verwesung? – auch Götter verwesen! Gott ist tot! Gott bleibt tot! Und wir haben ihn getötet! Wie trösten wir uns, die Mörder aller Mörder? Das Heiligste und Mächtigste, was die Welt bisher besaß, es ist unter unsern Messern verblutet – wer wischt dies Blut von uns ab?« In: »Fröhliche Wissenschaft«, Werke Bd. 2, S. 127.

Die mörderischen Wünsche des Knaben gelten Gott-Vater und einem zarten weiblichen Geschöpf; Blaubart, der die Taube Elisabeth schlachtet, ist zugleich ein Vatermörder. So tritt auch die Gestalt des Jägers, die zum einen das sanfte Wild bedroht, an anderer Stelle auf als Mörder Gottes, als »ein Jäger, der die Pfeile schickt nach Gott« (I, 447). So bezeichnet wird die Gestalt des Don Juan, der sich, indem er zum Urheber einer »Greueltat« wird (I, 449), als ein Vorläufer des Blaubart ausweist. In beiden Fällen tritt zum Motiv vom Tod des Vaters die sadistische Szene – genau wie in »De Profundis«. Die Psychoanalyse vermag den engen Zusammenhang dieser Motive aufzuklären. Jäger und Wild, Blaubart und Elisabeth, Knecht und Magd sind in der Welt Trakls immer auch Bruder und Schwester, und so ist der phantasierte, symbolisch inszenierte Gewaltakt inzestuöser Natur. Dem inzestuösen Angriff auf die Schwester entspricht ein Angriff auf die Mutter, der in Trakls Gedichten nicht weniger häufig dargestellt ist. Maria war ursprünglich die Braut des Blaubart; die Schwester übernimmt das Erbe der Mutter. Auf Mutter und Schwester richtet sich das Begehren der Knabengestalten in Trakls Werk. Aufgabe des Vaters ist es aber, die Inzestschranke zu errichten und zu verteidigen; väterliche Unterstützung ist unerläßlich, wenn es darum geht, die »animalischen Triebe« zu beherrschen, den wilden Rappen zu zähmen – beim Bemühen des Kaspar Hauser, ein »Reiter« zu werden. Die Abdankung des Vaters (seine Vergreisung, sein Tod, der Tod Gottes) schafft die psychologische Bedingung dafür, daß die Dämonen des Blutes »hereinbrechen«, von dem Knaben Besitz ergreifen: für die Wiederkehr des Verdrängten, der inzestuösen und aggressiven Regungen des Es. Das inzestuöse Begehren impliziert die Beseitigung des Vaters, einen Vatermord: dies ist das psychodramatische Substrat des Gedichtes »De Profundis«, in dem wir neben einer entwerteten Vaterfigur Bilder finden, die einen inzestuösen Angriff auf Mutter (»Hütte«/»Zischelwind«) und Schwester (»Hunde«/»Waise«) symbolisch darstellen. Das Selbst, das zunächst als hungrig und ausgestoßen erscheint, wird zum wilden Jäger, zum Blaubart, erfüllt von »fressendem Haß«, zum »Zischelwind«: in dieser Gestalt kommt es über das feminine Objekt, über Mutter und Schwester. Der entwertete Vater vermag die Inzestschranke nicht zu verteidigen.

Erinnern wir uns an die analoge Figurenkonstellation des Gedichtes »Im Dorf«. Dort fanden wir neben einer entwerteten (kastrierten) Vaterfigur, neben dem Bauern mit »zerbrochener Sense«, eine Muttergestalt, die angegriffen wird vom »Mond«, der voyeuristisch durchs Fenster »hereinstiert«, von einem »roten Wind« der durchs Fenster »hereinbricht«. Oder betrachten wir die Zeilenfolge im Schlußterzett von Trakls »Dezembersonett«:

Ein Knabe gleitet scheu zu einer Frau.
Man sieht noch in der Sakristei den Küster
Und rötliches Geräte, schön und düster. (I, 297)

Auch der »Küster« mit seinem »Gerät« ist eine Vaterfigur, die ihre Autorität verloren hat: er ist ferngerückt, man »sieht ihn noch« – bald wird er gänzlich verschwunden sein. Auch dieser Vater kann den Knaben von seinem Tun nicht mehr zurückhalten, dessen Triebwünsche zügeln. Wieder stoßen wir auf die triadische Konstellation Vater-Mutter-Kind. In der zweiten Fassung dieses Sonetts finden wir dann das Motiv der blutbefleckten Linnen und die Zeile: »Des Greisen Hütte schwindet nah im Grau« (I, 298). Und nicht zufällig reimt diese Zeile sich auf die Eingangszeile des letzten Terzetts: »Ein Knabe gleitet scheu zu einer Frau«. In der ursprünglichen Fassung »stiehlt sich« der Knabe zu dieser Frau – zu »des Greisen Frau«.

Verstohlen regt sich Begierde auch zwischen Knecht und Magd, zwischen Bruder und Schwester, im Gedicht »Die Bauern«:

> Und manchmal treffen sich Blicke voll Gier,
> Wenn tierischer Dunst die Stube durchweht.
> Eintönig spricht ein Knecht das Gebet
> Und ein Hahn kräht unter der Tür. (I, 33)

Knechte und Mägde sitzen allein bei Tisch; der »Hausmeister«, der Bauer ist abwesend – vielleicht auch zum Greisen geworden, verstorben. Keine verbietende Vaterfigur greift ein, »animalische Triebe« regen sich, und der Bruder erblickt in der Schwester das Objekt seiner Begierde: »Im Park erblicken zitternd sich Geschwister« (I, 29). Insofern dieses Mittagsmahl von Knechten und Mägden zugleich eine religiöse Veranstaltung ist, ein Abendmahl mit »Brot und Wein«, vertritt der abwesende Bauer auch Gott-Vater. Auch in der analogen Tischszene in »Traum und Umnachtung« ist der Vater nicht zugegen; er ist zum Greis geworden, verstorben. Der Knabe ist allein mit Mutter und Schwester:

> Schweigende versammelten sich jene am Tisch; Sterbende brachen sie mit wächsernen Händen das Brot, das blutende. Weh der steinernen Augen der Schwester, da beim Mahle ihr Wahnsinn auf die nächtige Stirne des Bruders trat, der Mutter unter leidenden Händen das Brot zu Stein ward. O, der Verwesten, da sie mit silbernen Zungen die Hölle schwiegen. (I, 150)

Eine abweisende Mutter, ein entwerteter, toter (Gott-)Vater und ein schreckliches Geschehen, das sich zwischen Bruder und Schwester anbahnt – wir haben es wieder mit der Motivkonstellation zu tun, die auch in »De Profundis« auftritt. Die Entmachtung des Vaters, der Tod Gottes setzt das Inzestverbot außer Kraft; jetzt sind den Dämonen des Blutes Tür und Tor geöffnet. Der Knabe wird zum »verboten Liebenden« (II, 434), und es kommt zur »Blutschuld«, zur »Blutbrautnacht«, zur Hochzeit der Wölfe:

> Zwei Wölfe im finsteren Wald
> Mischten wir unser Blut in steinerner Umarmung
> Und die Sterne unseres Geschlechts fielen auf uns. (I, 393)

Wenn Gott tot ist, dann ist alles erlaubt: dieser Satz, über den bei Dostojewski (»Die Brüder Karamasow«) verhandelt wird, definiert auch den Sinnzusammenhang, der in Trakls Gedicht zwischen dem »Schweigen Gottes« und dem Tod der Waise im Dornbusch besteht. Zugleich definiert dieser Satz einen Sachverhalt, den die Psychoanalyse triebtheoretisch formuliert: wenn kein verbietendes Vaterbild eingreift, dann ist das Ich den Dämonen des Blutes, den mörderischen und inzestuösen Impulsen des Es preisgegeben, dann wird das Selbst zu einem Blaubart; wo der himmlische Bräutigam der Seele ausbleibt, da fällt sie einem höllischen zum Opfer. Die Hermeneutik des Sinns entdeckt eine Dynamik seelischer Kräfte, eine Energetik der Triebe.

4.5. Das häßliche Selbst

Wir haben uns befaßt mit dem Spektrum häßlicher Objekte in der poetischen Welt Trakls. Das »ekle Mahl« aus »faulem Fleisch und Eingeweid«; die »verschleimten Mondstrahlen«; die Mutter, die als Hure und Greisin erscheint; Blaubarts häßliche Braut Evelyn; der Vater, der zum blinden Greisen wurde; die sich als »Dreckstadt« präsentierende »Vorstadt im Föhn«; die Szenerien herbstlichen Verfalls: immer haben wir es zu tun mit aggressiv abgewerteten Objekten. Betrachten wir nun aber die letzte Strophe von »De Profundis«:

> Nachts fand ich mich auf einer Heide,
> Starrend von Unrat und Staub der Sterne.
> Im Haselgebüsch
> Klangen wieder kristallne Engel. (I, 46)

Abgewiesen von Mutter Natur, in vergeblicher Hoffnung auf ein orientierendes Wort aus dem Munde Gott-Vaters, erscheint das Selbst als elternlose Waise, als Kaspar Hauser, zugleich aber als Mörder, als Blaubart. Und dieses Selbst tritt auf in abstoßender Gestalt, »starrend von Unrat«. Neben einer Vielfalt häßlicher Objekt gibt es in der Vorstellungswelt Trakls auch ein häßliches Selbst.

Dem lyrischen Ich in »De Profundis« gleicht der mörderische Knabe Kaspar des Prosagedichts, auf dem der »Fluch des entarteten Geschlechts« lastet: »In einem verödeten Durchhaus erschien ihm starrend von Unrat seine blutende Gestalt« (I, 148). Blaubart tritt auf in der Rolle des Sebastian, in der masochistischen Position, in blutender Gestalt: die destruktiven Regungen haben sich gegen das eigene Selbst gekehrt. Diese Regungen äußern sich auch in Form aggressiver Abwertung – das mörderische Selbst wird zum häßlichen Selbst. Häßlich ist auch die Knabenfigur, die Trakl in »Drei Blicke in einen Opal« dem aggressiv abgewerteten Elternpaar gegenüberstellt: die Stirn des Knaben ist »von Aussatz kahl und rauh« (I, 66). Auf das Motiv des Aussatzes greift der Dichter häufig zurück; verschiedene Vorstellungen überlagern sich in diesem Motiv. Der Aussatz ist ja die prägnanteste Erscheinungsform einer abstoßenden Krankheit; die von ihm Befallenen werden aus der Gemeinschaft ausgestoßen, verbannt an einen Ort »ferne den Dörfern«:

> Herbst: schwarzes Schreiten am Waldsaum; Minute stummer Zerstörung; auflauscht die Stirne des Aussätzigen unter dem kahlen Baum. (I, 97)

Insofern sich im Motiv des Aussatzes also die Vorstellungen von abstoßender Häßlichkeit und vom »Ausgesetztsein« verbinden, korrespondiert die Figur des aussätzigen Knaben sowohl mit der »Waise« in »De Profundis«, mit der Kaspar-Hauser-Gestalt, als auch mit dem häßlichen lyrischen Ich. Erscheint die keusche Elisabeth in Gestalt einer Blume, einer Lilie, so tritt ihr Blaubart gegenüber als ein häßlicher »Molch« (I, 445). Die Kröte, die im Sumpf lebt, die gierige Ratte, die im Abfall wühlt – eine ganze Reihe von häßlichen Tieren schließt sich hier an. Sie alle vertreten symbolisch das häßliche, das gehaßte Selbst: wieder erweist sich das Häßliche als ein Produkt des Hasses.

Aussatz meint eine Krankheit – auch das Motiv der Krankheit spielt in Trakls Gedichten eine wichtige Rolle. Schauen wir uns die folgende Strophe aus »Romanze zur Nacht« an:

> Der Mörder lächelt bleich im Wein,
> Die Kranken Todesgrausen packt.
> Die Nonne betet wund und nackt
> Vor des Heilands Kreuzespein. (I, 16)

Nacheinander genannt werden der Mörder, die Kranken, die Nonne, der Gekreuzigte. Was haben diese Figuren miteinander zu tun, wo liegt der Sinnzusammenhang dieser Zeilen? Wie in der letzten Strophe von »Musik im Mirabell«, so ist auch hier die »Simultaneität des Disparaten« nur eine scheinbare. Den Mörder und die Nonne kennen wir inzwischen als komplementäre Repräsentanzen einer sadistischen Szene; dieser Blaubart erscheint zugleich als ein Märtyrer, ein Christus – von »Gott gequält« finden wir ihn am Kreuz. Daß in diesem gekreuzigten Christus tatsächlich ein Blaubart steckt, macht der Umstand sinnfällig, daß die Nonne »wund und nackt« vor ihm kniet; die Parallele zur Elisabeth des Puppenspiels liegt auf der Hand: »Möcht nackend in der Sonne gehn, / Vor aller Augen mich lassen sehn, / Und tausend Schmerzen auf mich flehn« (I, 443). Wie aber fügt sich nun der »Kranke« in diese Figurenreihe? Die Alliterationsbeziehung zu »Kreuzespein« deutet seine Verwandtschaft mit dem Gekreuzigten, dem Märtyrer an: beide sind Leidensgestalten, vertreten das Selbst in der masochistischen Position. Die im ersten Zeilenpaar geschaffene Beziehung zwischen dem Mörder und dem Kranken wird damit klar: der Kranke wird von Todesangst erfaßt, *weil* dieser Mörder lächelt. Sein Leiden ist darauf zurückzuführen, daß dieser Mörder, dieser bleiche Dämon, sich in seiner Seele regt: »Dämonen durch die kranke Seele gehn« (I, 291). Die enge syntaktische Beziehung der beiden Figuren ist auch eine semantische: von Disparatheit kann keine Rede sein. Verständlich wird von daher auch, warum bei Trakl der Kranke das »Tiergesicht« eines Mörders, eines Wolfs trägt: »Kranke, weinend aus stummen Tierfratzen« (II, 439). »Ein böser Traum hat mich krank gemacht / Nun weine ich die ganze Nacht«, sagt der Knabe Herbert im Blaubart-Fragment (I, 439). Der »Kranke«, der in so vielen Gedichten Trakls begegnet, ist nicht mit einem körperlichen Leiden behaftet, seine Krankheit ist ein Leiden der Seele: das quälende Schuldgefühl, das die Dämonen des Blutes heraufbeschwören. So ist auch der Aussatz, der ihn häufig entstellt, ein seelisches Leiden: »Purpurne Seuche entstellend des Menschen / Mondenes Antlitz / Finsternis, Laster des Geistes« (II, 430).

Diese auf die Psychodynamik des Schuldgefühls sich gründende Verwandtschaft von Mörder und Krankem läßt sich an einer zunächst unscheinbar anmutenden Passage der Blaubart-Dichtung überzeugend demonstrieren. Blaubart singt – vor seiner »Blutbrautnacht« – das Lied vom Drachen, der ein Mägdlein freite; dort heißt es im Entwurf ganz lapidar: »Er fraß sie auf, mit Haut und Haar« (II, 478). Trakl ändert die Zeile jedoch ab und schreibt: »Und fraß er ihr Herze, da ward er krank«. So tragikomisch der Dichter hier ist – wir erhalten hier Einblick in elementare Zusammenhänge seiner poetischen Bilderwelt. Blaubart, der von »fressendem Haß« erfüllte Drache, wird krank – offenbar leidet er unter Verdauungsstörungen: das Mädchen, das er verschlungen hat, liegt ihm schwer im Magen. Der Blaubart vermag seine Untat nicht zu verarbeiten, zu »verdauen«: auf diese Weise wird der »Mörder« zum »Kranken«. Mit dieser Deutung der semantischen Beziehung des Mörders zum Kranken, so stellen wir überrascht fest, befinden wir uns in Übereinstimmung mit Gedankengängen Nietzsches. In seiner Schrift »Zur Genealogie der Moral« deutet auch Nietzsche das Schuldgefühl des Menschen als eine Art von »Verdauungsstörung«. Die »Sündhaftigkeit« des Menschen, so betont er, sei kein Tatbestand, »vielmehr nur die Interpretation eines Tatbestandes, nämlich einer physiologischen Verstimmung – letztere unter einer moralisch-religiösen Perspektive gesehn, welche für uns nichts Verbindliches mehr hat.«[21] Und er fährt fort:

> Ein starker, wohlgeratner Mensch verdaut seine Erlebnisse (Taten, Untaten eingerechnet), wie er seine Mahlzeiten verdaut, selbst wenn er harte Bissen zu verschlukken hat. Wird er mit einem Erlebnisse ›nicht fertig‹, so ist diese Art Indigestion so gut physiologisch wie jene andere – und vielfach in der Tat nur eine der Folgen jener anderen.[22]

---

[21] Werke in drei Bänden, Bd. 2, S. 870.
[22] Ebd.

Nun wäre es sicherlich abwegig, dem Dichter zu unterstellen, er sei mit seinem Bild des Drachen, der an Verdauungsstörung leidet, bewußt den Gedanken Nietzsches gefolgt. Es handelt sich dabei vielmehr um eine spontane Produktion seiner poetischen Phantasie, um eine Produktion, die allerdings naheliegt, wie die Psychoanalyse zeigt. Über die körperlichen Begleiterscheinungen des Schuldgefühls bemerkt Fenichel folgendes:

> Schuldgefühle hängen auf das engste mit oralen oder vielmehr mit intestinalen Empfindungen zusammen. (...) So werden z. B. Reue und Zwangssymptome, die unbewußt eine Buße intendieren, ebenso wie alle Versuche, etwas ungeschehen zu machen, um das Gewissen zu beruhigen, unbewußt regelmäßig als Rückgabe des Körperinhaltes vorgestellt. Das ist nicht nur bei Handlungen der Fall, die an sich schon als Einverleibung erlebt wurden. Es verdankt sich vielmehr dem Umstand, das das Über-Ich als ein Introjekt empfunden wird, das von innen heraus Druck ausübt.[23]

Die zunächst so absonderlich anmutende Vorstellung vom Drachen, der krank wird, an Verdauungsstörung leidet, hat also einen ganz simplen Sinngehalt: der Drache vertritt symbolisch das von Schuldgefühlen gequälte Selbst, entspricht insofern dem Blaubart, der in der Rolle des »von Gott Gequälten«, des Märtyrers Sebastian auftritt, in der masochistischen Position. Und diese »Erkrankung« des Drachen entspricht der poetischen Transformation des »Mörders« in den »Kranken«. Das Schuldgefühl verlangt nach einer Rückgabe des Einverleibten – so muß auch bei Trakl der Drache seine Beute wieder herausgeben: »So schlug im Wald ihn ein junger Tor / Da stieg aus dem Drachen das Mägdlein hervor« (II, 478). Befragen wir den jungen Helden, der hier seinen glorreichen Auftritt hat, nach seinem Namen: der Drachentöter heißt Georg! Wir erkennen in ihm den Dichter bei seinem Feldzug gegen die Dämonen des Blutes.

In der letzten Strophe von »De Profundis« konfrontiert Trakl das lyrische Ich, »starrend von Unrat«, mit der Figur eines »kristallnen Engels«. Schmutz steht gegen die Reinheit des Kristalls, der schöne Engel gegen das häßliche Selbst. Insofern der Kristall auch die Vorstellung von »Maß und Gesetz« heraufruft, kontrastiert er mit der Welt »animalischer Triebe«, dem »infernalischen Chaos«; seine Härte, Reinheit, Unvergänglichkeit bringt ihn zudem in Gegensatz zur Welt der Fäulnis, des Verfalls. Dem »schönen Engel« sind wir in den Briefen Trakls ja schon einmal begegnet: »Viel Licht, viel Wärme und einen ruhigen Strand, darauf zu wohnen, ich brauchte nicht mehr, um ein schöner Engel zu werden ...« (I, 491) Dieser Engel ist der symbolische Vertreter des Idealselbst, des Selbstbildes also, das mit dem höchsten Maß narzißtischen Wohlbefindens verbunden ist. Der schöne Engel, der in so vielen Gedichten auftritt, repräsentiert das (buchstäblich:) hochfliegende Ichideal

23 Neurosenlehre, Bd. 1, S. 197.

Trakls, die andere Komponente seines Überich. In dieser Rolle tritt der Engel nun dem aggressiv abgewerteten Selbst gegenüber, dem gehaßten und häßlichen Selbst. Die Szene am Schluß von »De Profundis« kehrt in »Traum und Umnachtung« in ähnlicher Gestalt wieder:

> O die strahlenden Engel, die der purpurne Nachtwind zerstreute. Nachtlang wohnte er in kristallener Höhle und der Aussatz wuchs silbern auf seiner Stirne. Ein Schatten ging er den Saumpfad hinab unter herbstlichen Sternen. (I, 149)

Einmal mehr übt ein »roter Wind« seine zerstörerische Wirkung aus – die Dämonen des Blutes vertreiben die »strahlenden Engel«. Jetzt erscheint das Selbst in häßlicher Gestalt, als aussätziger Knabe. Insofern präsentiert sich dieser Knabe als ein »gefallener Engel«: »Seufzend erblickt sein Bild der gefallene Engel« (I, 115). So heißt es auch vom Knaben Kaspar: »Wenn der Herbst kam, ging er, ein gefallener Engel, in brauner Au« (II, 266). Dieser gefallene Engel ist ein häßliches Geschöpf: »Aus grauen Zimmern treten Engel mit kotgefleckten Flügeln. / Würmer tropfen von ihren vergilbten Lidern.« (I, 56). Ist der Engel als Vertreter des Idealselbst von »strahlender«, »kristallner« Gestalt, so ist der gefallene Engel von schwarzer Farbe: ein »schwarzer Engel«, so erinnern wir uns, tritt im Gedicht »Im Dorf« aus dem »roten Abendwind« hervor (I, 64).

Als ein »gefallener Engel« wurde in »Geburt« das Kind der »steinernen Greisin« bezeichnet – ein analoges Geburtsmotiv leitet das Gedicht »An einen Frühverstorbenen« ein: »O, der schwarze Engel, der leise aus dem Innern des Baums trat« (I, 117). Erneut macht dieses Bild deutlich, daß der Baum symbolisch die Mutter vertritt. Während nun der »schöne Engel« sanft schwebt (»schwebt ein Engel in frommem Geläut«; II, 188), wird sein Antipode charakterisiert durch eine Bewegung, die wir schon kennen: »In verfallener Hütte / Flattert mit schwarzen Flügeln ein gefallener Engel« (II, 157). Der gefallene Engel nimmt die Gestalt einer Fledermaus an: wir begreifen jetzt, was die »aufflatternden« Fledermäuse mit ihren »dunklen Gesichtern« am Schluß von »Landschaft« mit der Figur des sich »aufbäumenden« Rappen zu tun haben – sie fungieren wie er als symbolische Selbstrepräsentanz. Auch mit dem Motiv des Feuers standen sie in Verbindung (vgl. die Varianten »aufflattern« / »aufflackern«); entsprechend stoßen wir bei Trakl auch auf einen »feurigen Engel« (I, 121), einen »Flammenengel« (II, 325) – ihn wiederum stellt Trakl neben den »Föhn« (Ebd.). Der gefallene Engel ist ein Dämon, eine Fledermaus; wieder schließt sich eine ganze Reihe analoger Tiere an: die Raben, die Krähen, die Spatzen, die Dohlen, die Eulen. Auch ein Aasgeier erscheint in dieser Reihe: »Ein feuriger Engel / Stürzt mit zerbrochener Brust auf steinigen Acker, / Wiederaufflatternd ein Geier« (I, 329). Die Metamorphose des Engels wird uns hier bildhaft vorgeführt; die Bedeutung der häßlichen geflügelten Wesen in der Welt Trakls geht aus diesen Zeilen klar hervor. Auch sie gestalten einmal mehr eine bekannte symbolische Szene, den Angriff auf die versagende Mutter, die beim Bild des »steinigen Ackers« Modell gestanden hat.

Ein Dämon greift die Mutter an, die Madonna: kehren wir dieses Bild um in sein Gegenbild, so stehen wir vor der folgenden Szene:

> Ein sanfter Mönch
> Faltet die erstorbenen Hände.
> Ein weißer Engel sucht Marien heim. (I, 120)

Bilder von »Heimsuchungen« ganz anderer Art haben wir zu Genüge kennengelernt. Der »schöne Engel« erweist sich als ideales Gegenbild des von »animalischen Trieben« beherrschten Knaben. Von »heiteren Bildern« spricht Trakl am Schluß seines Gedichts »Im Mondschein«, das beginnt mit den Zeilen: »Ein Heer von Ungeziefer, Mäusen, Ratten / Tollt auf der Diele, die im Mondschein schimmert«. Ein »heiteres« Gegenbild beschließt das Gedicht: »Engel, die vor Mariens Throne singen« (I, 277). Dieses Bild ist die genaue Umkehrung des Bildes vom »Qualschrei« des Heiligen im frühen Gedicht.

Mit der Schlüsselstellung, die das Motiv des Auges in der dichterischen Phantasie Trakls einnimmt, haben wir uns bereits befaßt. Es tritt auch auf in Verbindung mit der Figur des Engels. Der schöne Engel zeichnet sich aus durch einen strahlenden Blick aus blauen Augen:

> Gemalte Engel hüten die Altäre;
> Und Ruh und Schatten; Strahl aus blauen Augen. (I, 283)

> In der Stille
> Tun sich eines Engels blaue Mohnaugen auf. (I, 58)

Er gleicht damit dem schönen Knaben, der in »Offenbarung und Untergang« dem Ich gegenübertritt, als ideales Selbstbild: »Seufzend erhob sich eines Knaben Schatten in mir und sah mich strahlend aus kristallnen Augen an, daß ich weinend unter den Bäumen hinsank« (I, 169). Der gefallene Engel hingegen hat »vergilbte Lider«, seine Augen sind erloschen: »Die Bläue meiner Augen ist erloschen in dieser Nacht« (I, 96). Der gefallene Engel ist blind.

In diesem Zusammenhang wird nun auch die Bedeutung des gespenstischen Bildes einsichtig, das sich in der zweiten Strophe von »Trübsinn« findet:

> Auf der verdorrten Wiese läuft ein Kind
> Und spielt mit seinen Augen schwarz und glatt.
> Das Gold tropft von den Büschen trüb und matt.
> Ein alter Mann dreht traurig sich im Wind. (I, 53)

Wieder stehen wir vor einer herbstlichen Szenerie. Im Zusammenhang mit der »verdorrten Wiese« und dem Laub, das von den Büschen tropft, scheint die Figur des »alten Mannes«, der sich »im Wind dreht«, zunächst leicht deutbar:

Trakl, so könnte man annehmen, meint eine Vogelscheuche. Wie aber fügt sich das Kind, das mit seinen Augen spielt, in diese herbstliche Szenerie? Als eine »herbstliche Impression« läßt dieses Bild sich kaum deuten. Vor dem Hintergrund der Ergebnisse unserer bisherigen Untersuchungen enthüllt sich uns sofort der symbolische Charakter dieser Szenerie. Der »alte Mann« stellt sich jetzt dar als ein »Greis«, eine entwertete Vaterfigur: der Vater wird zu einer »Vogelscheuche« abgewertet. Ihm entspricht die Gestalt des vom Thron gestürzten Gottes, die in der ebenfalls letzten Zeile der folgenden Strophe auftritt: »Und schwarz schwankt Gottes Himmel und entlaubt«. Haben wir erst begriffen, daß dieser »alte Mann« den entwerteten Vater des Kindes darstellt, so brauchen wir nach seiner Mutter nicht lange zu suchen: Mutter Natur präsentiert sich in abweisender Gestalt, als »verdorrte Wiese«, als häßliche Greisin. Die »Weide« ist zur dürren »Heide« geworden, die Brüste von Mutter Natur sind verdorrt. Auch in dieser Strophe also stoßen wir bei näherem Zusehen auf die Konstellation »Vater-Mutter-Kind«, auf eine ödipale Triade. Bezüge stellen sich her zum Knaben Sebastian an der Hand des »Greisen«, an der »frierenden Hand der Mutter«, Bezüge auch zu »De Profundis«. Auch im Rahmen dieser Triade erscheint das Kind als ein gefallener Engel mit erloschenen Augen: dem abgewerteten Elternpaar tritt gegenüber das häßliche Selbst. Die Aggression kehrt sich gegen das eigene Selbst – die Gestalt des gefallenen Engels, des blinden Knaben ist geboren aus dem Schuldgefühl.

Nun hatten wir früher schon das Motiv der Blindheit als ein Kastrationsmotiv begriffen: der »blinde Greis« meinte den entmachteten, kastrierten, getöteten Vater. Im Rahmen der ödipalen Triade dieser Strophe erscheint der Knabe selbst als blind, als ein geblendeter Ödipus; er »spielt mit seinen Augen schwarz und glatt«. »Schwarz und glatt«: die Assoziation der phallischen Schlange liegt nahe. Es ist nicht bloß die Assoziation des von Freud inspirierten Interpreten, es ist die Assoziation Trakls. In einer Handschrift aus dem Nachlaß spricht der Dichter von den »weichen Augen / Helians«, gleich darauf von dessen Antipoden, einem »Verruchten«, einem »Mönch«, einem »Toten«, einem »Blinden« (so die Lesartvarianten), der mit Schlangen spielt:

> Wo in finsteren Zimmern einst die Liebenden schliefen
> Spielt der Blinde mit silbernen Schlangen,
> Der herbstlichen Wehmut des Mondes. (II, 452)

Die Figur des Blinden verbindet sich mit dem Motiv der Schlange und mit dem Motiv des Mondes, den Trakl ja wiederholt einem Auge gleichsetzte – wir erinnern uns an das voyeuristische Bild aus dem Gedicht »Im Dorf«. In einer anderen Handschrift werden erloschene Augen in Verbindung gebracht mit »toten Schlangen«:

> Rosiger Spiegel: ein häßliches Bild,
> Das im schwarzen Rücken erscheint,

Blut aus brochenen Augen weint
Lästernd mit toten Schlangen spielt. (I, 302)

Kein schöner Engel mit strahlendem Blick aus blauen Augen zeigt sich im Spiegel, sondern ein häßliches, bedrohliches (»im Rücken«) Selbstbild, eine Gestalt mit toten Augen, die mit ebenso toten Schlangen spielt.

Von einem »erblindeten Spiegel« ist in Trakls »Psalm« die Rede, in dem wir neben einem »toten Gärtner« und einem verfallenden »Garten« eine tote »Waise« finden: »Die toten Waisen liegen an der Gartenmauer« (I, 56). Die Waisen (es sind zugleich die Kinder des »Gärtners« und des »Hausmeisters«) verwandeln sich in häßliche Engel, in Dämonen:

> Wo die Toten von gestern lagen, trauern Engel mit weißen zerbrochenen Flügeln.
> Unter Eichen irren Dämonen mit brennenden Stirnen. (I, 367)

In der zweiten Fassung treten diese Engel dann mit »vergilbten Lidern« auf, als Blinde (I, 56), von deren Augen »Würmer« tropfen. Das Motiv der Würmer weist voraus auf das Motiv der Schlangen in der vorletzten Zeile: »In seinem Grab spielt der weiße Magier mit seinen Schlangen«. Daß dieser »Tote« zugleich ein »Blinder« ist, geht nicht nur hervor aus seiner Beziehung zu den blinden Engeln: an anderer Stelle spricht Trakl von dem »magische(n) Finger des Blinden« (I, 422). Wir finden dieses Bild ebenfalls in den Entwürfen zum »Helian«, kurz nach der oben zitierten Passage.

Von Helian ist auch in der handschriftlichen Fassung des »Psalm« die Rede, dessen Schlußzeile unsere Darlegungen ein weiteres Mal bestätigt. Von der Figur des blinden Magiers, der mit Schlangen spielt, kommt Trakl nämlich (nur scheinbar unvermittelt) auf »Gottes goldene Augen« zu sprechen: »Schweigsam über der Schädelstätte öffnen sich Gottes goldene Augen« (I, 56). Dem blinden Repräsentanten des Selbst tritt die Vaterfigur gegenüber, mit schönen Augen. Bei den Interpreten, die das Schlußbild des »Psalm« als ein Dokument christlicher Glaubensgewißheit des Dichters genommen hatten, war die Verwirrung nicht gering, als die handschriftliche Urfassung dieser Zeile bekannt wurde; heißt es doch hier ganz anders: »Immer über der Schädelstätte tanzen magnetene / grinsende Monde« (II, 107). Einmal mehr setzt Trakl den Mond für das Auge, hier für das Auge des Vaters. Dieses Auge ist nicht »golden«, sondern ins Häßliche gezeichnet: es ist ein gehaßtes Auge. Daraus erhellt schließlich auch, warum es »magnetisch« genannt werden kann: es zieht die Aggressionen des Sohnes auf sich, den Haß des blinden »Magiers« – die Klangbeziehung ist wieder zugleich eine Sinnbeziehung. Zu erinnern ist hier an die paradoxe Fügung »magnetische Geißel«, die die Triebkonflikte des Selbst in der Beziehung zum mütterlichen Objekt symbolisch darstellte; auch mit dem »Antlitz der Schwester« bringt Trakl das Adjektiv »magnetisch« einmal in Verbindung (II, 167). »Magnetisch« war schließlich auch der Baum, der den Blitz, den Zorn des Vaters, auf sich zog (I, 158). Der Befund ist wohl unstrittig: in der Phantasie Trakls stehen Auge, Mond und Schlange in enger assoziativer Beziehung. Und dieser Befund läßt nur eine Deutung zu: es handelt sich um eine Reihe von Phallussymbolen. Der blinde Knabe, der blinde Engel, der im Rahmen der ödipalen Triade in Trakls Gedichten immer wieder auftritt, ist also ein blinder Ödipus, symbolischer Repräsentant des kastrierten Selbst. Kastration aber ist die phantastische Strafe des Vaters für den Sohn, der Mutter und Schwester begehrt. Der Bauer, dessen »Sense« zerbrochen wurde, und dessen Frau vom Sohn mit »mondenem Auge« »bestiert« wird, rächt sich, indem er den Sohn blendet, ihm den Phallus nimmt.

In der letzten Strophe von »De Profundis« konfrontiert Trakl das Idealselbst mit dem häßlichen Selbst, den schönen Engel mit einem lyrischen Ich, das bedeckt ist von Schmutz und vom »Staub der Sterne«. Nicht nur an den Fall des Engels ist hier also zu denken, sondern auch an den Sturz, das Erlöschen eines Sterns:

> Zwei Wölfe im finsteren Wald
> Mischten wir unser Blut in steinerner Umarmung
> Und die Sterne unseres Geschlechts fielen auf uns. (I, 393)
>
> Erlöschende Sterne unter unwürdigen Händen (II, 193)

Stern und Engel treten in Trakls Gedichten oft gemeinsam auf; beide spielen als symbolische Vertreter des Idealselbst die gleiche Rolle. Gemeinsam einer überirdischen, himmlischen Sphäre zugeordnet, halten Stern und Engel die Gegenposition zum Reich der satanischen Unterwelt, zur »Hölle im Herzen«. Das von den Dämonen des Blutes bedrohte Selbst hat den Wunsch, »Stern und Engel zu schauen«:

> Orgel seufzt und Hölle lacht
> Und es faßt das Herz ein Grauen;
> Möchte Stern und Engel schauen. (I, 163)

In einer Vielzahl von Bildern führt uns der Dichter diesen Wunsch als erfüllt vor Augen. Im »Idealfall« sind Engel und Stern nahe; der Knabe »spielt« mit dem Engel, wird von »seinem« Stern umarmt:

> Und dem Knaben leise sein rosiger Engel erschien (I, 89)
>
> süßer Gespiele nahte ihm ein rosiger Engel (I, 150)
>
> In dieser Stunde füllen sich die Augen des Schauenden
> Mit dem Gold seiner Sterne (I, 71)
>
> Umfängt den Tönenden mit purpurnen Armen sein Stern (I, 87)

Solchen Bildern gegenüber stellt der Kontrast zwischen Engel und häßlichem Selbst, wie er in »De Profundis« gestaltet ist, symbolisch die narzißtische

Spannung zwischen Realselbst und Idealselbst dar, einen Konflikt, der sich auch im Bereich der Symptome manifestiert: als depressive Verstimmung und Schuldgefühl.[24] Das Ich, das hinter den Forderungen des Ichideals zurückbleibt, ruft die strafende Gewalt des Überich auf den Plan; das Selbst verliert die Liebe seines »Sterns« oder »Engels«. Nicht länger ist der Engel ein »süßer Gespiele«, er tritt jetzt auf mit »flammendem Schwert« (I, 456), als Kontrahent des von den »animalischen Trieben« beherrschten Selbst: »Ein roter Wolf, den ein Engel würgt« (I, 128). Analog erscheint im Gedicht »Untergang« das Motiv des Sterns: »Am Abend weht von unseren Sternen ein eisiger Wind« (I, 116). Das grandiose Gegenbild zu dieser Zeile finden wir in einer früheren Fassung des gleichen Gedichts: »Unsere Wangen kosen verliebte Sterne« (II, 196).

Unter den vielen Stellen, an denen in Trakls Dichtung das Motiv des Sterns auftritt, sei eine herausgegriffen, die in besonderem Maße Verständnisschwierigkeiten bereitet. Es handelt sich um eine Passage aus dem Prosagedicht »Verwandlung des Bösen«:

> Was zwingt dich still zu stehen auf der verfallenen Stiege, im Haus deiner Väter? Bleierne Schwärze. (...) Aber durch die Mauer von Stein siehst du den Sternenhimmel, die Milchstraße, den Saturn; rot. Rasend an die Mauer von Stein klopft der kahle Baum. Du auf verfallenen Stufen: Baum, Stern, Stein. Du, ein blaues Tier, das leise zittert; du, der bleiche Priester, der es hinschlachtet am schwarzen Altar. (I, 97)

Als ein »rasender Baum« tritt das Selbst hier auf; den »animalischen Trieben« vermag es nur noch durch katatone Erstarrung zu wehren: steinern wirft der Knabe Sebastian sich dem Rappen in den Weg. Von der entsprechenden psychopathologischen Symptomatik bei Trakl war bereits die Rede. Zum Stein erstarrt, blickt das Ich nun auf zum Sternenhimmel, zu »seinem« Stern. Am Himmel stehen sich indessen gegenüber der rote Saturn und die (weiße, strahlende) »Milchstraße«. Betrachten wir zunächst den Saturn genauer. Er ist traditionell der Planet der Melancholie; in diesem Sinne erscheint er auch bei Trakl: »Saturn lenkt stumm ein elendes Geschick« (I, 53). Diese herkömmliche Deutung vermag jedoch die Rolle des Saturn im Kontext der zitierten Passage kaum zu erhellen, auch nicht seine Rolle in der folgenden Szene: »Saturn, der rot durchs Fenster stiert« (II, 119). Diese Szene mutet bekannt an

[24] »... eine Herabsetzung des Selbstwertgefühls, die Schuldgefühle oder moralische Scham hervorruft, (hat) ihre Ursache in Konflikten zwischen Ich und Überich und ist Ausdruck einer Disharmonie zwischen (bewußten oder unbewußten) Ich-Ideal-Komponenten und den Selbstrepräsentanzen. (...) Solche Konflikte entstehen aus der Diskordanz zwischen wunschbestimmten Selbstimagines, welche die narzißtischen Ziele des Ichs verkörpern und einem Selbst, das im Vergleich dazu als scheiternd, defekt, minderwertig, schwach und verachtenswert erscheint.« Jacobson, S. 166/67.

– es handelt sich um eine Lesartvariante zu dem Bild aus »Im Dorf«: »Der schwangere Leib, den frech der Mond bestiert« (I, 64). Der Saturn tritt in paradigmatische Beziehung zum Mond, erweist sich wie dieser als phallischer Aggressor. Insofern enthüllt er sich nun in der Tat als der Stern des Ich, das »rasend« vor »steinerner Mauer« steht: er ist nicht dessen ideales Gegenbild, sondern das Ebenbild, ein bedrohlicher Dämon, Analogon des »Flammenengels«.

Am Himmel zeigt sich neben dem roten Saturn die hell strahlende »Milchstraße«. Wie kommt der Dichter ausgerechnet auf dieses Himmelsgebilde? Der Begriff »Milchstraße« tritt bei Trakl nur einmal auf; eine Erkundung seiner Konnotationen anhand der Parallelstellenmethode scheint zunächst ausgeschlossen. Der Rückgriff auf eine Vielzahl von Parallelstellen wird indessen möglich, wenn wir begreifen, daß diese »Milchstraße« ein synthetisches Gebilde ist, entstanden durch ein »Zusammenschmieden« zweier wichtiger Motive Trakls: nämlich »Milch« und »Stern«. Was aber haben diese beiden Motive inhaltlich miteinander zu tun, was ermöglicht ein solches »Zusammenschmieden«? Die »Milch« weist auf das archaische Objekt des Kindes, auf die gute, befriedigende Mutterbrust; sie steht in elementarer Opposition zur Vorstellung vom »versteinerten Brot«, zur Gestalt der steinern-abweisenden Mutter. Den »Stern« andererseits haben wir begriffen als eine symbolische Repräsentanz des Idealselbst, der Selbstimago, die mit den Forderungen des Ichideals in Einklang steht. Und zwischen der gratifizierenden, guten Brust, die »Milch« spendet, und dem Ichideal, auf das der »Stern« verweist, gibt es nun in der Tat eine bedeutsame Gemeinsamkeit.

Milch, so konnten wir feststellen, meint bei Trakl nicht nur Nahrung, sondern, umfassender, mütterliche Zuwendung, narzißtische Zufuhr; diesem Befund entspricht die Feststellung Fenichels: »Der primäre Hunger verlangt nach Milch; die narzißtische Zufuhr wird späterhin auf ähnliche Weise in einer Art seelischem Hunger vermißt.«[25] Die Nahrungsaufnahme dient nicht nur der Stillung des physiologischen Hungergefühls, sondern ist auch ein Regulator des Selbstgefühls; narzißtische Zufuhr hat insofern für das Selbst die gleiche Wirkung wie die Milch für den Säugling. Als Quelle narzißtischer Zufuhr dient im späteren Entwicklungsstadium aber auch das Ichideal:

> Die Entwicklung des Ichs besteht in einer Entfernung vom primären Narzißmus und erzeugt ein intensives Streben, diesen wieder zu gewinnen. Diese Entfernung geschieht vermittels der Libidoverschiebung auf ein von außen aufgenötigtes Ichideal, die Befriedigung durch die Erfüllung dieses Ideals. (...) Ein Anteil des Selbstgefühls ist primär, der Rest des kindlichen Narzißmus, ein anderer Teil stammt aus der durch Erfahrung bestätigten Allmacht (der Erfüllung des Ichideals), ein dritter aus der Befriedigung der Objektlibido.[26]

---

25 Fenichel, Neurosenlehre Bd. I, S. 195.

26 S. Freud, »Zur Einführung des Narzißmus«, G. W. X, S. 167/68.

Die Gemeinsamkeit von »Milch« und »Stern«, von Mutterbrust und Ichideal, liegt also in ihrer Funktion als Quelle narzißtischer Zufuhr.

Begreiflich wird von daher die enge Verwandtschaftsbeziehung zwischen zwei Bildern, die wir bei Trakl gefunden haben, zwischen dem Bild des Kindes, das von der Mutter gestillt wird, und dem Bild vom Selbst, das von seinem Stern »umarmt« wird. »Daß sich Stern und Liebe des Geneigten erbarme!« schreibt Trakl in den Entwürfen zu »Hohenburg« (II, 150); gleich darauf entwirft er ein Bild, in dem dieser Wunsch sich erfüllt: »Umfängt den Tönenden mit purpurnen Armen sein Stern.« Als Variante zu »Stern« erscheint: »Mutter«. Die Vorstellungen der milchspendenden Mutterbrust und des Geliebtwerdens vom »Stern« sind verschmolzen in den folgenden beiden Zeilen aus dem Gedicht »Im Dorf«:

> Auch neigt ein weißes Haupt sich hochbejahrt
> Aufs Enkelkind, das Milch und Sterne trinkt. (I, 63)

Dieses Bild ist der grandiose Gegenentwurf zu den Szenerien ödipalen Musters, wie wir sie in so vielen Gedichten gefunden haben: der verstorbene Vater kehrt wieder, der »Greis« versöhnt sich mit dem »Enkel«; anstelle der abweisenden Mutter, die ihrem Kind »versteinertes Brot« reicht, finden wir hier eine gute Mutter, die ihr Kind stillt, aus der öden »Heide« ist eine »Weide« geworden; zugleich kommt es zur Versöhnung von Selbst und Idealselbst, das Kind wird gekost von einem liebenden Stern. »Milch und Sterne trinken«: der Leser, der dem psychoanalytischen Deutungsverfahren ablehnend gegenübersteht, möge versuchen, eine plausiblere Erklärung dieses befremdenden Bildes zu entwickeln, möge auf andere Weise darlegen, welche Bedeutung die »Milchstraße« im poetischen Universum Trakls besitzt.

Kommen wir jetzt zurück auf die Motivkonstellation in der zitierten Passage aus »Verwandlung des Bösen«. In der »Milchstraße«, so stellte sich heraus, sind zwei Vorstellungen verschmolzen, die Vorstellung des liebenden Sterns (als dem Repräsentanten des Ichideals) und das Bild der liebenden Mutter, die ihr Kind stillt. Die Verhältnisse erweisen sich damit als höchst komplex. Zum einen tritt das Bild des liebenden Sterns in Gegensatz zum »roten Saturn«: der schöne Engel wird konfrontiert mit dem Dämon. Insofern aber in der »Milchstraße« die Mutter »wohnt«, tritt der Saturn ihr als aggressive Selbstrepräsentanz gegenüber; die Szene, die auf der Erde sich abspielt (»rasender Baum« / »steinerne Mauer«), wiederholt sich in der Konstellation der Gestirne am Himmel. Hinter der »steinernen Mauer« verbirgt sich ja (räumlich und semantisch) die nährende Mutter. Am Himmel gespiegelt ist damit auch die Szene aus »Im Dorf«: »Saturn, der rot durchs Fenster stiert« – dieser Angriff gilt ebenfalls der Mutter. Wenn wir zuvor den »Stern« in Trakls Gedichten begriffen haben als symbolischen Repräsentanten des Idealselbst, ihn damit neben die Figur des »schönen Engels« stellten, so zeigt sich jetzt, daß er sich auf diese Bedeutung nicht festlegen läßt: er ist, wie schon an anderen Motiven zu konstatieren war, ein polyfunktionaler Signifikant. Er kann im Rahmen verschiedener Szenen verschiedene Rollen übernehmen. In Gestalt des Saturn tritt dieser Stern als ein Dämon auf, als Vertreter des aggressiven Selbst, als Verwandter auch von »Mond«, »Auge« und »Schlange«. Darauf wird gleich noch einzugehen sein.

Als Vorläufer des »Mondes« tritt in den besprochenen Strophen von »Im Dorf« der »Saturn« in Beziehung zum »Föhn«, zur »Eule«, zum »roten Abendwind«, zum »schwarzen Engel«: er reiht sich ein in dieses Paradigma aggressiver Selbstrepräsentanzen. Er steht damit auch in Analogiebeziehung zum »Hund«: »Saturn, der rot durchs Fenster stiert / Indes im finstern Hof der Hund verreckt« (II, 119). Zusammen mit dem Hund tritt der Saturn auch im Gedicht »Trübsinn« auf, im Rahmen eben der Passage, mit der wir uns schon einmal befaßt haben:

6 Auf der verdorrten Wiese läuft ein Kind
Und spielt mit seinen Augen schwarz und glatt.
Das Gold tropft von den Büschen trüb und matt.
Ein alter Mann dreht traurig sich im Wind.

Am Abend wieder über meinem Haupt
Saturn lenkt stumm ein elendes Geschick.
Ein Baum, ein Hund tritt hinter sich zurück
Und schwarz schwankt Gottes Himmel und entlaubt. (I, 53)

Die Bilder, die sich hier im Zeilenstil aufreihen, erwiesen sich unter tiefenhermeneutischem Gesichtspunkt als keineswegs so unverbunden. Die ödipale Konstellation in der ersten Strophe haben wir aufgedeckt: zum blinden Kind gesellt sich ein entwertetes Elternpaar. Die Rolle des abgewerteten Vaters übernimmt in der zweiten Strophe Gott-Vater; ihm zugeordnet als Kind ist jetzt das lyrische Ich, dessen Ebenbild am Sternenhimmel der Saturn ist. Als ein weiterer Vertreter des Selbst ist uns der Hund hinlänglich bekannt. Suchen wir jetzt nach der zu dieser Vater-Kind-Dyade gehörigen Muttergestalt, so sehen wir uns verwiesen einmal mehr auf den Baum; Baum, Hund und Gott sind eng verbunden im Rahmen einer syntaktischen Einheit, und sie bilden, begriffen als symbolische Repräsentanzen, eine ödipale Triade, die die Struktur der vorangegangenen Strophe wiederholt. Die gleiche Struktur weist die Eingangsstrophe von »Ein Frühlingsabend« auf:

Ein Strauch voll Larven; Abendföhn im März;
Ein toller Hund läuft durch ein ödes Feld
Durchs braune Dorf des Priesters Glocke schellt;
Ein kahler Baum krümmt sich in schwarzem Schmerz. (I, 180)

In dem »kahlen Baum« dieses Gedichts »wohnen«, wie das Variantenparadigma zeigt, eine »Magd« und eine «Mutter« – auf Mutter und Schwester richten sich die Triebwünsche, die der »tolle Hund« repräsentiert. Zwischen Hund und Baum tritt hier die Vaterfigur, der Priester; im Gedicht »Trübsinn« ist diese Schranke gefallen (entsprechend haben wir es zu tun mit einem entwerteten, entmachteten Gott-Vater). Was sich jetzt zwischen Baum und Hund, mütterlichem Objekt und aggressivem Selbst abspielt, mag der Phantasie des Lesers überlassen bleiben; der Hund, so deutet sich in dieser Zeile an, fungiert nicht nur als ein oraler Aggressor.

Bezüge werden jetzt aber auch kenntlich zwischen der Figur des blinden Knaben und dem Saturn; dieser ist ja, wie wir sahen, austauschbar mit dem Mond, kann dessen voyeuristische Rolle übernehmen. Saturn, der Stern, erweist sich insofern als ein »Auge«. Das gespenstische Bild vom Kind, das mit seinen (schlangenähnlichen) Augen spielt, findet mit einem Mal eine ganze Reihe überraschender Parallelen. In den Entwürfen zum »Helian« fanden sich die Zeilen: »Wo in finsteren Zimmern einst die Liebenden schliefen / Spielt der Blinde mit silbernen Schlangen, / Der herbstlichen Wehmut des Mondes« (I, 421). Wenig später aber lesen wir:

> Ein Dornenbusch der den roten Mantel des Büßenden sucht;
> Leise folgt der magische Finger des Blinden
> Seinen erloschenen Sternen. (II, 453)

Aus den »Schlangen« sind jetzt »Sterne« geworden, und explizit wird der Blinde als ein »Büßender« tituliert; er ist ein zur Strafe Geblendeter, Opfer des phallischen Dorns. »Purpurne Höhlen, darin verblichene Augen rollen«, schreibt Trakl einige Zeilen später (I, 422).

Ein ganz ähnliches Bild fanden wir im »Psalm«, in dem auch von blinden Engeln die Rede war: »In seinem Grab spielt der weiße Magier mit seinen Schlangen« (I, 56). Dieses Bild weist zurück auf eines, das vorausging, ein kryptisches Bild:

> Die fremde Schwester erscheint wieder in jemands bösen Träumen.
> Ruhend im Haselgebüsch spielt sie mit seinen Sternen. (I, 56)

Unverständlich muß dieses Bild bleiben, solange die enge assoziative Beziehung zwischen Auge, Mond, Stern, Schlange nicht erkannt ist, solange die Schlüsselstellung dieser phallischen Symbole im Rahmen der ödipalen Szenerien Trakls nicht begriffen wird. Der Knabe, der Mutter und Schwester zu Objekten seines Begehrens machte, der den Vater zum »Blinden« und »Toten« machte, ihm den Phallus raubte, wird zur Strafe seiner Augensterne beraubt, wird geblendet. Als Blinder büßt Ödipus seine Schuld.

Blicken wir von hier aus noch einmal zurück auf die Schlußstrophe von »De Profundis«: »Nachts fand ich mich auf einer Heide, / Starrend von Unrat und Staub der Sterne«. Konfrontiert werden auch in diesem Gedicht der schöne Engel und der gefallene Engel, der strahlende Stern und der erloschene Stern. Konnotiert sind zugleich Aussatz und Blindheit. Das Selbst erscheint als »ausgesetzt«, als ein Kaspar Hauser, und in abstoßend häßlicher Gestalt: beide Vorstellungen sind in dem von Trakl so häufig gebrauchten Motiv des Aussatzes verbunden. Die Vorstellung der Blindheit schwingt mit, insofern der erloschene Stern – wie eben sich gezeigt hat – für das erloschene Auge eintreten kann. Stern und Auge gaben sich als Phallussymbole zu erkennen, als enge Verwandte der phallischen Schlange: diese aber haben wir in »De Profundis« schon an früherer Stelle aufgespürt, gut versteckt in dem »Zischelwind«. Aber auch das Motiv des Dorns (wiederum Analogon zum Messer des Jägers, der unausgesprochen mit dem Hirten kontrastiert) tritt ja in diesem Gedicht auf, das, wie so viele andere, eine ödipale Grundstruktur aufweist. Auch in diesem Gedicht tritt das Selbst, konfrontiert mit aggressiv besetzten elterlichen Imagines, in blinder und aussätziger Gestalt auf. Das häßliche Selbst ist ein gehaßtes, ein büßendes Selbst.

Als eine häßliche Gestalt beschreibt Trakl das eigene Selbst auch in seinem Brief an Ludwig von Ficker im Juni 1913:

> Zu wenig Liebe, zu wenig Gerechtigkeit und Erbarmen, und immer zu wenig Liebe; allzuviel Härte, Hochmut und allerlei Verbrechertum – das bin ich. Ich bin gewiß, daß ich das Böse nur aus Schwäche und Feigheit unterlasse und damit meine Bosheit noch schände. Ich sehne den Tag herbei, an dem die Seele in diesem unseeligen von Schwermut verpesteten Körper nicht mehr wird wohnen wollen und können, an dem sie diese Spottgestalt aus Kot und Fäulnis verlassen wird, die nur ein allzugetreues Spiegelbild eines gottlosen, verfluchten Jahrhunderts ist. Gott, nur einen kleinen Funken reiner Freude – und man wäre gerettet; Liebe – und man wäre erlöst. (I, 519)

Eine »Spottgestalt aus Kot und Fäulnis«: dies ist das Bild, das Georg Trakl von sich selbst zeichnet;[27] zugleich spricht er von dem Bösen, das er in sich verspürt, von seiner Blaubart-Natur. Das Blaubart-Selbst ist ein gehaßtes, ein häßliches Selbst; die destruktiven Regungen des Es werden vom Überich aufgenommen, gegen das Ich gekehrt und treten jetzt als Selbsthaß, Depression und Schuldgefühl zutage. Bei aller Begeisterung des jungen Trakl für Nietzsche – dessen »Umwertung aller Werte«, dessen Hochschätzung des Verbrechers als vitalem Menschen vermochte er sich nicht in aller Konsequenz anzuschließen. Im Gegenteil: im Sinne Nietzsches gehört der Dichter zu den

[27] Bei Trakls Formulierung handelt es sich offenkundig um eine Goethe-Reminiszenz; Faust nennt den Mephisto eine »Spottgeburt von Dreck und Feuer« (Faust I, 3536). Wenn nun im Blaubart-Fragment die Elisabeth den »Heinrich« liebt (I, 443), so gibt sie selbst sich als eine »Margarete«, damit als Schwestergestalt zu erkennen; zugleich wird in Blaubart, dem Nebenbuhler dieses »Heinrich«, ein Mephisto kenntlich: ein höllischer Bräutigam, wie er u.a. in »De Profundis« auftritt. Trakl besetzt also die Rollen seines eigenen Dramas mit den Figuren aus Goethes »Faust«.

»kranken Seelen«, zu den Menschen, die ihren Instinkten den Krieg erklärt haben, an sich selbst leiden, das »härene Hemd« anlegen und nach Erlösung schreien. Dionysos erscheint bei Trakl als Blaubart, zugleich als Sebastian und als »Spottgestalt aus Kot und Fäulnis«.

Der Begriff »Spottgestalt« begegnet auch in einem Gedicht Trakls, im Sonett »Dämmerung«, das zur gleichen Zeit entstand wie »De Profundis« (Herbst 1912). »Die Sterne weiße Traurigkeit verbreiten«, heißt es hier; das Selbst tritt auf als »Kranker«, als »Spottgestalt«:

> Formlose Spottgestalten huschen, kauern
> Und flattern sie auf schwarz-gekreuzten Pfaden.
> O! trauervolle Schatten an den Mauern.
>
> Die andern fliehn durch dunkelnde Arkaden;
> Und nächtens stürzen sie aus roten Schauern
> Des Sternenwinds, gleich rasenden Mänaden. (I, 48)

»Formlos« sind diese Spottgestalten – ohne »Maß und Gesetz« (I, 144). Fledermäusen gleich, flattern sie als gefallene Engel umher und bedrohen das Selbst, das zugleich den »roten Schauern / Des Sternenwinds« ausgesetzt ist: das Selbst ist gequält von Schuldgefühl. Aus dem eisigen Wind, der von den Sternen her weht, stürzen schließlich die Dämonen hervor, einer Meute wilder Hunde gleich, als »rasende Mänaden«, die das Selbst zerfleischen: als »Gewissensbisse«. Dionysos hetzt seine Mänaden auf Orpheus; der wilde Jäger wird das Opfer seiner eigenen Hunde.

Die intrapsychischen Konflikte, die hier gestaltet sind, führt eine Passage aus »Traum und Umnachtung« noch viel plastischer vor Augen:

> Am Abend ging er mit dem Krüppel am Berge hin; auf eisigem Gipfel lag der rosige Glanz der Abendröte und sein Herz läutete leise in der Dämmerung. Schwer sanken die stürmischen Tannen über sie und der rote Jäger trat aus dem Wald. Da es Nacht ward, zerbrach kristallen sein Herz und die Finsternis schlug seine Stirne. Unter kahlen Eichbäumen erwürgte er mit eisigen Händen eine wilde Katze. Klagend zur Rechten erschien die weiße Gestalt eines Engels, und es wuchs im Dunkel der Schatten des Krüppels. Er aber hob einen Stein und warf ihn nach jenem, daß er heulend floh, und seufzend verging im Schatten des Baums das sanfte Antlitz des Engels. Lange lag er auf steinigem Acker und sah staunend das goldene Zelt der Sterne. Von Fledermäusen gejagt, stürzte er fort ins Dunkel. (I, 148)

Mit drei Figuren wird der Knabe Kaspar hier konfrontiert, mit dem Krüppel, dem Jäger, dem Engel: sie alle sind Spiegelbilder seiner selbst. Ein häßlicher Krüppel ist der Knabe, insofern er die Rolle des Jägers übernimmt: Blaubart ist häßlich. Antipode des Krüppels als dem Vertreter des abgewerteten Selbst ist der Repräsentant des Idealselbst, der Engel: zwischen beiden steht der Knabe. Dem Bild des Streits zwischen Krüppel und Engel entspricht ein Streit seelischer Kräfte, der Konflikt zwischen Es und Überich, dem die Schwermut

Trakls und sein Schuldgefühl entstammen. Wir können in dieser Passage aber auch verfolgen, wie das Schuldgefühl sich verwandelt in paranoide Angst. Der Engel, Agent des strafenden Überich, wird zu einer bedrohlichen Fledermaus, einem Verfolger, vor dem der Knabe flieht: die masochistische Szene gewinnt jetzt paranoiden Charakter, der Blaubart-Kaspar wurde zum Kaspar Hauser. Kosmische Dimensionen hat dieser symbolische Kampf im späten Dramenfragent angenommen: »Stürzende Sterne! Gewitter ziehen über das Schloß, Höllenfratzen und die flammenden Schwerter der Engel« (I, 459). Das Gewitter, das hier tobt, ist genau jenes, das Trakl schon 1912 in seiner Seele heraufziehen sah: »Irgendwie wird sich das Gewitter, das sich in mir ansammelt, schon entladen« (I, 488). Und dieses Gewitter entlädt sich in der Tat in »Krankheit und Melancholie« (Ebd.).

Der Krüppel fungiert als Vertreter des häßlichen, gehaßten, des von Schuldgefühlen heimgesuchten Selbst; er reiht sich ein in das Paradigma der vielen »Spottgestalten«, die in Trakls Welt als Kontrahenten des idealen Selbst auftreten. Nun läßt der Begriff »Krüppel« nicht nur an Verwachsung denken, sondern auch an Verstümmelung – und das meint: Kastration. Unter diesem Gesichtspunkt aber gibt das Motiv vom »verkrüppelten Baum« einen überraschenden Sinngehalt zu erkennen. Symbolisiert der Baum nämlich das phallische Selbst (vgl. den sich »aufbäumenden« Rappen, den »rasenden Baum«, die sich bäumende »Flamme« und »Schlange«), so stellt er als »verkrüppelter Baum« zugleich das bestrafte, kastrierte Selbst dar: der »verkrüppelte Baum« ist eine symbolische Sprachfigur, die Schuld und Sühne zugleich ins Bild setzt. Der skeptische Leser, der diese Deutung für eine freudianische Fehlspekulation zu halten geneigt ist, möge sich durch folgenden Befund überzeugen lassen.

Neben einem »verkrüppelten« Baum taucht in Trakls Gedichten auch ein »verschnittener« Baum auf: im Gedicht »Trompeten« spricht der Dichter von »verschnittenen Weiden« (I, 47). Wie der Baum überhaupt, so fungiert auch die Weide immer wieder als symbolische Selbstrepräsentanz: sie erscheint in der Rolle des weinenden Kindes (»Die Weide weint«; I, 177), wobei der fallende Tau den Tränen gleichgesetzt wird (»schwarz der Tau tropft von den kahlen Weiden«; I, 109); sie erscheint als »seufzende Fieberweide« (II, 196) in der Rolle des Kranken. Die Folgerung ist unabweisbar: die »verschnittene Weide« vertritt symbolisch das kastrierte Selbst. Letzte Evidenz stellt sich her, wenn Trakl die Weide nun im Rahmen der ödipalen Triade des Gedichts »Drei Blicke in einen Opal« mit dem aussätzigen Knaben gleichsetzt: »Die Knaben träumen wirr in dürren Weidensträhnen / Und ihre Stirnen sind von Aussatz kahl und rauh« (I, 66). Der Knabe »wohnt« in der Weide, ihre Zweige sind die Strähnen seines Haars. Ein »verkrüppelter« Baum ist in Trakls Phantasie also ein »verschnittener«, ein kastrierter Baum, getroffen vom Zorn des Vaters: wie die Fichte, die vom Blitz des Zeus getroffen wird.

Noch Eines aber ist im Hinblick auf diesen Weidenbaum zu bedenken. In der Phantasie Trakls, so stellten wir fest, vertritt der Baum einmal das Selbst, einmal die Mutter: gilt das auch für die Weide? Tatsächlich begegnet uns die Weide auch »gehüllt in weiße Schleier« (I, 181), sodann als eine »Windsbraut«: »Es bäumt sich die Weide im Föhn« (II, 295). Aus dem Gesagten geht hervor, daß in diesem Bild der Weidenbaum eine Doppelrolle spielt: er vertritt das angegriffene mütterliche Objekt und zugleich das phallische Selbst, den Rappen, der sich »aufbäumt«. Um die wahrlich phantastischen Verhältnisse in der Bilderwelt Trakls noch klarer hervortreten zu lassen, sei am Rande noch vermerkt, daß »Weide« ja nicht nur den Baum meint, sondern zugleich auch die saftige Wiese, den Gegensatz zur »Heide«: auch in dieser Lesart weist uns die »Weide« auf Mütterliches.

Die Untersuchungen in diesem Abschnitt nahmen ihren Ausgang von der Gestalt des häßlichen Selbst in der Schlußstrophe von »De Profundis«. Dem lyrischen Ich, das hier auftritt »starrend von Unrat und Staub der Sterne«, konnten wir eine lange Reihe von analogen Figuren zur Seite stellen, die alle das aggressiv abgewertete, Schuldgefühlen unterworfene Selbst symbolisch darstellen. Angeführt wird dieses Paradigma der »Spottgestalten« von der Figur des gefallenen Engels, der als häßlicher Dämon erscheint. Diese Repräsentanten des häßlichen, gehaßten Selbst wurden gekennzeichnet durch vielfältige abwertende Attribute; in auffälliger Regelmäßigkeit kehrten dabei wieder die Vorstellungen von Krankheit, Aussatz, Blindheit, Verkrüppelung . Wir konnten feststellen, daß es sich um Kastrationsmotive handelt: der Knabe büßt für seinen ödipalen Angriff auf Vater, Mutter und Schwester. Die Kranken in Trakls Dichtung sind nicht mit einem körperlichen Leiden behaftet, sondern mit einem Leiden der Seele – mit dem Schuldgefühl, das auch ihn selbst zum poetischen Schaffen drängt. Im Zusammenhang mit diesem Schuldgefühl verlangt abschließend das Motiv des Aussatzes noch einmal unsere Aufmerksamkeit.

»Aussatz« meint zugleich Krankheit und Ausgestoßensein. Diese Krankheit ist ansteckend – der Aussätzige ist ein Unberührbarer, er steht unter dem Gesetz des Tabu. Wir haben das dichterische Schaffen Trakls begriffen als eine magische Beschwörung der Dämonen des Blutes, als eine rituelle Sühnehandlung, die das sadistisch strafende Überich besänftigen, das quälende Schuldgefühl beruhigen soll; eine Blockierung dieser poetischen Sühnehandlung setzt beim Dichter paranoide Ängste frei. Mit dieser These postulierten wir eine Verwandtschaft der Poesie Trakls zum zwangsneurotischen Ritual, zu religiösen Bußübungen und zu magischen Gebräuchen primitiver Völker. In Gesellschaften, die noch das Gesetz des Tabu kennen, gilt: wer das Tabu verletzt hat, wird selbst tabu, er wird zu einem Ausgestoßenen, zum Unberührbaren; er wird gemieden, als litte er an einer ansteckenden Krankheit. Freud stellt fest:

Der Mensch, der ein Tabu übertreten hat, wird selbst tabu, weil er die gefährliche Eignung hat, andere zu versuchen, daß sie seinem Beispiel folgen. Er erweckt Neid; warum sollte ihm gestattet sein, was anderen verboten ist? Er ist also wirklich *ansteckend*, insofern jedes Beispiel die Nachahmung ansteckt, und darum muß er selbst gemieden werden.[28]

Freud hat nun die Übereinstimmung aufgedeckt zwischen dem Berührungsverbot des Tabu-Gesetzes und einem häufigen zwangsneurotischen Phänomen: »Das Tabu hat in seiner Erscheinungsform die größte Ähnlichkeit mit der Berührungsangst der Neurotiker, dem ›délire-de-toucher‹«.[29] Nicht gering ist die Überraschung, wenn wir uns jetzt daran erinnern, daß uns genau dieses Symptom der Berührungsangst ja auch bei Trakl begegnet ist. Buschbeck erinnert sich: »Auch körperlich schließt er sich ab. Seine Empfindlichkeit steigert sich bis zu dem Gefühl der Unberührbarkeit.«[30] Als er bei einer nächtlichen Auseinandersetzung einen leichten Schlag erhält, »droht er wahnsinnig zu werden« – man hatte die »Heiligkeit« seines Körpers mißachtet.[31] Ängstlich vermeidet Trakl die körperliche Berührung: er fühlt sich tabu. Tabu ist, wer gegen das Tabu verstoßen hat; wir entdecken eine Beziehung zwischen dem Symptom der Berührungsangst bei Trakl und den symbolischen Szenen seiner Dichtung, den dichterisch gestalteten Phantasien, in denen es um Verstöße gegen das vom Vater errichtete Inzesttabu geht. »Grundlage des Tabu ist ein verbotenes Tun, zu dem eine starke Neigung im Unbewußten besteht«, schreibt Freud.[32] Wer gegen das Tabu verstoßen hat, darf nicht berührt werden, er ist ein ansteckend Kranker: wir begreifen jetzt, warum die Motive des Aussatzes und der Blindheit bei Trakl so eng verwandt sind, austauschbar: Ödipus wird zum Blinden und zum Unberührbaren, zum Aussätzigen, der unter dem Gesetz des Tabu steht. Der Verstoß gegen dieses Gesetz zwingt den jetzt selbst tabu Gewordenen zu zeremoniellen Handlungen, die eine Reinigung, eine Sühne der Schuld herbeiführen sollen: »Gewisse Gefahren, die aus der Verletzung eines Tabu entstehen, können durch Bußhandlungen und Reingungszeremonien beschworen werden.«[33] Diese magischen Verrichtungen finden ihre Entsprechung im zwangsneurotischen Ritual – und in der poetischen Sühnehandlung des Georg Trakl. Nur die psychoanalytische Hermeneutik vermag den Sinnzusammenhang aufzudecken, der zwischen Trakls Schuldgefühl, seiner Berührungs- und Verfolgungsangst und anderen Symptomen einerseits, seinem Konzept vom Gedicht als einer Sühne und den symbolischen Szenen in diesem Gedicht andererseits besteht.

---

28 »Totem und Tabu«, G. W. IX, S. 43.
29 Ebd., S. 90.
30 Requiem, S. 63.
31 Ebd.
32 »Totem und Tabu«, S. 42.
33 Ebd., S. 28/29.

5. Das narzißtische Klischee

5.1. Das verlorene Paradies

Trakls frühes Sonett »Verfall« erwies sich als ein Schlüsselgedicht in seinem Werk: die in den Terzetten entworfene Szenerie eines verfallenden, von einem herbstlich kühlen Windhauch durchzogenen Gartens ist das Modell der von Trakl gestalteten düsteren Welt, wie sie dann etwa in »De Profundis« sich darbietet. Das Motiv des Verfalls impliziert bei Trakl die Vorstellung eines Sündenfalls; der Garten, der dem lyrischen Ich anfänglich Geborgenheit schenkt, weist auf den Paradiesgarten, dem als Gärtner Gott-Vater zugeordnet ist, während er selbst eine Erscheinungsform von Mutter Natur darstellt. Wie im biblischen Mythos, so hängt auch in der mythischen Bilderwelt Trakls die Austreibung aus diesem Paradies zusammen mit dem Auftreten der Sexualität: sie führt den Sturz des Engels herbei. Die Entgegensetzung der mit »frommen Pilgern« verglichenen Vogelschar und der dämonischen Raben, die sich als Geschöpfe aus dem Reich Blaubarts zu erkennen gaben, deutete es an: der kalte Windhauch, der den Träumer aufschreckt, vertritt symbolisch die Regungen der »animalischen Triebe«, nimmt das Motiv des Föhns schon vorweg. Das Wesen dieses Sündenfalls wird in dem benachbarten Sonett »Andacht« deutlicher bestimmt:

Andacht

Das Unverlorne meiner jungen Jahre
Ist stille Andacht an ein Glockenläuten,
An aller Kirchen dämmernde Altare
Und ihrer blauen Kuppeln Himmelweiten.

An einer Orgel abendliche Weise,
An weiter Plätze dunkelndes Verhallen,
Und an ein Brunnenplätschern, sanft und leise
Und süß, wie unverstandnes Kinderlallen.

Ich seh' mich träumend still die Hände falten
Und längst vergessene Gebete flüstern,
Und frühe Schwermut meinen Blick umdüstern.

Da schimmert aus verworrenen Gestalten
Ein Frauenbild, umflort von finstrer Trauer,
Und gießt in mich den Kelch verruchter Schauer. (I, 221)

Auch hier ist vom Sturz des Engels die Rede, von einer Austreibung aus dem Paradies – vom Verlust der kindlichen Unschuld durch das Auftreten der Dämonen des Blutes. Ein »Frauenbild« gewinnt Konturen, »umflort von finstrer Trauer«, und weckt bei dem Knaben »verruchte Schauer«: bei ihm regt sich die »Wollust des Todes«. Die »Andacht« geht verloren bei dem betenden Knaben – wir können dieses Sonett unschwer mit den Madonnengedichten Trakls in Verbindung bringen. »Da schimmert aus verworrenen Gestalten / Ein Frauenbild«, schreibt Trakl; die Parallele zu »Verfall« ist deutlich: »Da macht ein Hauch mich von Verfall erzittern«. Dieser Sündenfall ereignet sich in einem anderen Gedicht in folgender Gestalt:

Der Schatten

Da ich heut morgen im Garten saß –
Die Bäume standen in blauer Blüh,
Voll Drosselruf und Tirili –
Sah ich meinen Schatten im Gras,

Gewaltig verzerrt, ein wunderlich Tier,
Das lag wie ein böser Traum vor mir.

Und ich ging und zitterte sehr,
Indes ein Brunnen ins Blaue sang
Und purpurn eine Knospe sprang
Und das Tier ging nebenher. (I, 266)

Hier geht das paradiesische Dasein im Garten verloren, als das »Tier« die Szene betritt, das triebhafte Selbst: das szenische Komplement des femininen Objekts, des »Frauenbildes«, das der Knabe in »Andacht« erblickt. Wenn Selbst und Objekt, das Tier und die Madonna, Blaubart und Elisabeth, sich jetzt begegnen, so ist die sadistische Szene komplett, es kommt zu einer »Blutbrautnacht«. Diese Begegnung muß verhindert werden, etwa durch eine Flucht des Knaben in eine »Dachstube«, einen »Holzverschlag« – oder aber durch ein isolierendes, parataktisches Verfahren, das das Zustandekommen einer solchen Szene ebenfalls verhindert. Mit diesem Sündenfall, dem Auftreten des »Tiers« und des »Frauenbildes«, ist der Konflikt programmiert, den wir in so vielen Gedichten Trakls symbolisch gestaltet fanden, der Konflikt zwischen Ich und Es, der Kampf des Knaben mit den Dämonen des Blutes:

Du Fratze, die ein geiler Schreck gebar,
Mich ekelt, sehe ich dich an – ich möcht'
Es nicht und muß. So fass' ich dich verfluchtes
Gebilde du Auswurf meiner heißen Sinne
Erwürge dich mit diesen Händen, versenge
Mit meines Atems Glut, dich, Tiergesicht! (I, 450/51)

So spricht Don Juan, wie er bei Trakl erscheint: von animalischen Trieben bedrängt, verzweifelt bemüht, sie unter Kontrolle zu halten, um nicht die

»fürchterlichsten Möglichkeiten« Wirklichkeit werden zu lassen, die Möglichkeiten eines Blaubart.

Mit der Welt, in der sich das Selbst nach diesem Sündenfall wiederfindet, haben wir uns in den vorangegangenen Kapiteln eingehend beschäftigt. Als Blaubart, Sebastian und Kaspar Hauser wohnt der gefallene Engel, ein häßliches, krankes Geschöpf, in einer Welt des Steins und des Verfalls, bevölkert von Dämonen. Unfrieden herrscht hier, eine »Zerrissenheit / Feuriger Kräfte« (II, 290): die Welt, die sich uns darbot, war eine Seelenlandschaft im Zeichen ödipaler Konflikte, unterstellt dem Gesetz von Schuld und Sühne. Zu untersuchen sind jetzt Trakls Entwürfe der Welt, die dieser vorausging, seine verschiedenen Entwürfe von einem Paradies unschuldiger Kindheit.

Neben dem Paradiesgarten, wie er in »Verfall« und vielen anderen Gedichten erscheint, finden wir bei Trakl die Vorstellung einer idyllischen Stadt, wie sie in »Andacht« skizziert wird. Breit ausgeführt finden wir dieses Motiv in der frühen Prosadichtung »Traumland«. Die »kleine Stadt«, in der der Erzähler glückliche Kindheitstage verbracht hat, liegt in einem »Talesgrund«, abgeschlossen von der Außenwelt:

> Und sanft geschwungene Hügel, über die sich feierliche, schweigsame Tannenwälder ausdehnen, schließen das Tal von der Außenwelt ab. Die Kuppen schmiegen sich weich an den fernen, lichten Himmel, und in dieser Berührung von Himmel und Erde scheint einem der Weltraum ein Teil der Heimat zu sein. (I, 189)

Mit ihren verträumt plätschernden Brunnen und einer »Allee prachtvoller Lindenbäume« ist diese »kleine Stadt« ein locus amoenus, der »großen Stadt« aus »An die Verstummten« und der häßlichen »Vorstadt im Föhn« genau entgegengesetzt: hier herrscht Frieden, kein »rasender Baum« verstößt gegen »Maß und Gesetz« der schönen »Allee«. Von der Außenwelt abgeschlossen ist dieser idyllische Ort; die Hügel »schmiegen« sich an den Himmel, das Tal wird zu einer Wiege: entworfen wird ein mütterlich bergender Ort. Folgten Trakls »steinerne Stadt« und die »Dreckstadt« dem Vorbild der abweisenden, gehaßten Mutter, so ist diese »schöne Stadt« nach dem Modell der guten Mutter gestaltet. Trakls Topographie folgt einer Vorstellung des Umfangenseins; diese Szenerie der Geborgenheit wiederholt sich bei der Beschreibung des Hauses, in dem der Knabe wohnt, in kleinerem Maßstab:

> Ich sehe mich wieder als Schulbube in dem kleinen Haus mit einem kleinen Garten davor, das, etwas abgelegen von der Stadt, von Bäumen und Gesträuch beinahe ganz versteckt liegt. Dort bewohnte ich eine kleine Dachstube...(I, 189)

Der Paradiesgarten, die Stadt im Talesgrund, das hinter Bäumen versteckte Haus, die kleine Dachstube – alle diese Orte meinen symbolisch nur einen: die gute, umfangende Mutter, den Mutterschoß. So erscheint der Paradiesgarten bei Trakl zugleich als ein »Kindergarten« (II, 288), oder es ist die Rede von »kindlichen Gärten« (I, 141). Auch der Knabe in »Traumland« wird aus seinem Kindheitsparadies vertrieben, als er ein »Frauenbild, umflort von finstrer Trauer« erblickt: »Da aber fiel mein Blick auf das Erkerfenster des Hauses. Dort sah ich die kranke Maria sitzen...« (I, 191). Dieses »Da aber« kennen wir aus den zuvor betrachteten Gedichten: es markiert den Augenblick des Verfalls, den Sturz des Engels. Das Paradies ist verloren: »Und scheu, still verließ ich den Garten, als hätte ich kein Recht, in diesem Tempel zu verweilen« (Ebd.). Das Bild des leidenden Mädchens geht dem Knaben nicht mehr aus dem Sinn; er fühlt eine »angstvolle Beklemmung« und irrt, »von unerklärlichen Gedanken überwältigt«, ziellos umher (I, 191). Das Inferno, von dem Trakl Jahre später sprechen wird, kündigt sich an. In der Seele des Knaben ist der Blaubart erwacht: »Wenn ich sie sah, stieg in mir ein dunkles Gefühl auf, daß sie sterben werde müssen. Und dann fürchtete ich sie anzusehen« (Ebd.).

Im Zusammenhang mit diesem Sündenfall des Knaben gewinnt nun ein unscheinbares Detail der Episode »Traumland« Bedeutung. Der alte »Onkel«, bei dem der Knabe seine Ferien verbringt, hat nämlich offenbar keine Frau. Dieser Onkel ist eine Vaterfigur, die Cousine des Knaben eine Schwestergestalt: wo ist die Mutter des Knaben verblieben, die doch, wie die bisherigen Untersuchungen gezeigt haben, regelmäßig im Zentrum der von Trakl symbolisch inszenierten ödipalen Konflikte stand? Es ist keineswegs so, daß dem Knaben keine Muttergestalt zugeordnet wäre; dieser hat vielmehr zwei Mütter, d.h. wir haben es zu tun mit zwei verschiedenen mütterlichen Imagines. Die eine Mutter verbirgt sich in der Gestalt der leidenden Maria: diese repräsentiert Schwester und Mutter zugleich – ist sie doch deutlich der »mater dolorosa« verwandt, die in so vielen Gedichten Trakls zum Ziel sadistischer Regungen des Knaben wird. Erscheint nun die eine Mutter in Gestalt der Maria als ein klar konturiertes, libidinös und aggressiv besetztes Objekt, so tritt die andere Mutter als ein diffuses Objekt in Erscheinung: in Gestalt der mütterlich-bergenden Szenerie, die in diesem Prosastück entworfen wird. Talesgrund, kleine Stadt, Garten, Haus und Dachstube: sie alle vertreten symbolisch die Mutter, die das Selbst »liebevoll in sich aufgenommen« (I, 190) hat, die gute, umfangende Mutter.

Die Beziehung von Selbst und mütterlichem Objekt wird also in doppelter Weise gestaltet, erscheint in zwei symbolischen Szenen mit sehr unterschiedlichem Charakter. Ist die Beziehung des Selbst zur ödipalen Mutter gekennzeichnet durch eine triebhafte Spannung, so tritt in der anderen Szene die präödipale Mutter auf als ein bergendes, umfangendes Objekt, das Selbst in narzißtischem Wohlbefinden. Zu unterscheiden sind eine libidinöse (bzw. aggressive) und eine narzißtische Objektbeziehung:

> Der primäre Narzißmus entspricht dem Bild der nutritiven Einheit mit dem Objekt Mutter im Sinne der Sicherheit; die Libido als später entwickelte Triebform besetzt

die Mutter (Brust) als lustspendendes Objekt. Primärer Narzißmus und Libido stehen auf der gleichen Stufe hinsichtlich der psychopathologischen Konsequenzen, die sich aus ihrer Entwicklung im Seelenleben ergeben. Beide verwirklichen ihre Ziele mit Hilfe eines Objektes, die Libido nach dem Lustprinzip, gekennzeichnet durch die wechselnde Triebspannung, der Narzißmus nach dem Sicherheitsprinzip, gekennzeichnet durch einen unendlichen, seligen psychischen Zustand, ein ›ozeanisches Gefühl‹. (...) Beide Komponenten – Triebe und Narzißmus – sind innerseelisch in primärnarzißtischen und Triebrepräsentanzen vertreten, gestalten je nach der Entwicklungsstufe mit ihren Objekten eine Szene und behalten die Fähigkeit zur szenischen Verarbeitung in äußeren Beziehungen bei, solange nicht eine Neutralisierung eintritt...[1]

Während die aggressiven und libidinösen Triebregungen dem Lustprinzip folgen (Spannung – Entlastung), arbeiten die narzißtischen Regungen nach dem Sicherheitsprinzip; sie zielen auf eine narzißtische Homöostase, auf ein ozeanisches Gefühl:

Die libidinöse Besetzung eines Objekts entspricht inhaltlich einer lustvollen Szene mit Spannungszuständen, ihrer Entlastung und den begleitenden körperlichen Gefühlen der Lust, die narzißtische Besetzung eines Objekts führt zu einer Szene völlig anderen Inhalts mit einem begleitenden ozeanischen Gefühl.[2]

Triebhafte Spannung und ozeanisches Gefühl: so sind auch die gegensätzlichen Szenarien in Trakls Dichtung grundsätzlich zu unterscheiden. Dem aggressiven Klischee (mit seinen sadistischen, masochistischen und paranoiden Varianten) können wir jetzt ein anderes zur Seite stellen, das in Trakls dichterischer Phantasie keine geringere Rolle spielt: das narzißtische Klischee. Erscheint in der sadistischen Szene Maria als Frau, auf die sich die triebhaften Regungen des Knaben richten, so erscheint sie in der Szene narzißtischen Musters als gute Mutter, die ihr Kindlein wiegt:

Marie thront dort im blauen Gewand
Und wiegt ihr Kindlein in der Hand. (I, 292)

Analog begegnet das Motiv des Baums im Gedicht »Sonniger Nachmittag«: »Ein Ast wiegt mich im tiefen Blau« (I, 264). Auch dieses Kindheitsparadies wird zerstört. Die dem Reim nach korrespondierende Zeile lautet: »Axtschläge hallen in der Au«. »Axt« verweist klanglich und semantisch auf »Ast«: ein ungenannter »Feind«, ein Aggressor, ist schon unterwegs, das lyrische Ich aus seinem »Traumland« zu vertreiben, diesen Ast abzuhacken. Wir können uns diesen Feind lebhaft vorstellen: von der Statur wird er dem rüden Schmiedeknecht gleichen, seine Axt schwingen wie dieser den Hammer. Die Szene narzißtischen Wohlbefindens weicht einer Szene triebhafter Spannung, »fressenden Hasses«, wenn die nächste Strophe einsetzt:

---

1 Hermann Argelander, »Ein Versuch zur Neuformulierung des primären Narzißmus.« In: *Psyche* 25, 1971, S. 367.
2 Hermann Argelander, *Der Flieger*. Frankfurt/M. 1972, S. 23.

»In roten Beeren verbeißt sich mein Mund« (Ebd.). Vor der Madonna als ödipaler Muttergestalt steht jetzt, »wutgeifernd« und mit einem »Qualschrei« auf den Lippen, der Heilige, der sich Erfüllung erzwingen will: »Exaudi me, o Maria!«

Das Charakteristische der dem narzißtischen Klischee folgenden symbolischen Szenen ist, daß Selbst und Objekt sich nicht eigentlich gegenübertreten, daß es vielmehr um ein Ineinander geht, um die Vorstellung des Umfangenseins von einer bergenden Mutter. Für Agathon (im Gegensatz zum »Fremdling« Marcellus) definieren die Mauern Jerusalems einen schützenden Bezirk; ihnen entspricht die Mauer, die den Paradiesgarten von der Außenwelt abgrenzt. Dieser Garten präsentiert sich als ein »kindliches Eiland« (II, 250), als eine Insel, die Trakl auch in der Südsee sich vorstellt: »Es ist eine Insel der Südsee, / Den Sonnengott zu empfangen« (I, 55).[3] Trakls Traum von »Borneo« bringt sich in Erinnerung (I, 488), sein Traum von einem »ruhigen Strand«, an dem er als ein »schöner Engel« wohnen könnte (I, 491). Das Wort »empfangen«, so wird in diesem Zusammenhang deutlich, führt als Konnotation den »Schoß« mit sich – auch die Insel erscheint als ein mütterlich bergender Ort. »Ich möchte mich gerne ganz einhüllen und anderswohin unsichtbar werden«, schreibt Trakl in einem anderen Brief (I, 477). Auch die Topographie von »Traumland« folgte unverkennbar dem Vorbild der Insel.

Die »umfangende« Mutter, die der »kleinen Stadt« als Vorbild diente, kann auch erscheinen in Gestalt eines idyllischen Dorfes:

Ein friedliches Dorf im Sommer
Beschirmte die Kindheit einst
Unsres Geschlechts,
Hinsterbend nun am Abend –

Hügel die weißen Enkel
Träumen wir die Schrecken
Unseres nächtigen Blutes
Schatten in steinerner Stadt. (I, 331)

Die »steinerne Stadt« ist ein Ort der Versagung, an dem Hunger und »fressender Haß« herrschen: sie vertritt symbolisch die abweisende, gehaßte Mutter. Der aus seinem Paradies vertriebene Knabe wird heimgesucht von einem »entsetzlichen Alp«, von den Dämonen des Blutes. Das Kind der Hure Babylon ist ein Blaubart: dieser sehnt sich zurück hinter die Mauern Jerusalems, an den mütterlich bergenden Ort, an dem er einst wohnte.

Als ein solcher Ort kann auch die Natur erscheinen, die immer wieder als abweisende Mutter auftrat: »Verwandelt sich herbstlich die Landschaft in

---

3 Diese Zeile aus dem »Psalm« weist auf Hölderlins Gedicht »Dem Sonnengott«. Dort heißt es: »Doch fern ist er zu frommen Völkern, / Die ihn noch ehren, hinweggegangen.«

dunklen Schoß« (II, 194). Eine Topographie des Umfangenseins kehrt bei den Landschaftsbildern des Dichters klischeehaft wieder:

Rund schweigen Wälder wunderbar
Und sind des Einsamen Gefährten. (I, 37)

Der Saum des Walds schließt blaue Tiere ein (I, 63)

Und rings erglänzen Hügel und Wald (I, 119)

Und es blühten die Veilchen rings (I, 321)

Die Drosseln lachen rings aus sanften Kehlen (I, 284)

Liebevoll nimmt Mutter Natur ihr Kind in sich auf; der Wald, der in »grauem Totenhemd« stand, verwandelt sich in ein sanftes Bett, eine Wiege: »Es kehret der Heimatlose / Zurück zu moosigen Wäldern« (I, 430). Über dem paradiesischen Tal des Knaben in »Traumland« wölbt sich ein »lichter Himmel«, und »in dieser Berührung von Himmel und Erde scheint einem der Weltraum ein Teil der Heimat zu sein« (I, 189). Das Tal gleicht einer Wiege; zusammen mit dem Gewölbe des Himmels ergibt sich die Vorstellung einer Höhle, eines Schoßes. Symbolisch gestaltet ist eine primärnarzißtische Phantasie:

> Während die Triebe sich in Objektbesetzungen geltend machen, die zunehmend menschliche Konturen annehmen, wirkt sich der primäre Narzißmus in der ... Verzeichnung des menschlichen Objekts aus, macht dieses ständig größer, bis es sich ins Kosmische und damit in Verbindung mit den Elementen Wasser, Erde oder Luft auflöst und zur uniformen Versorgungseinheit mit einem ursprünglichen diffusen Objekt zurückkehrt.[4]

In den narzißtischen Szenen Trakls stehen sich Selbst und Objekt nicht gegenüber; das mütterliche Objekt verliert seine Konturen, wird zu einem diffusen »umfangenden« Objekt, zur Höhle, zum Schoß.

Noch einmal können wir jetzt zurückkommen auf die Schlußstrophe von »De Profundis«. Ein Motiv blieb hier bislang unerörtert, das Motiv des Haselgebüschs: »Im Haselgebüsch / Klangen wieder kristallne Engel« (I, 46). In Gestalt des schönen Engels, so hatten wir festgestellt, wird das Idealselbst konfrontiert mit dem aggressiv abgewerteten, ödipalen Schuldgefühlen unterworfenen Selbst, einer »Spottgestalt aus Kot und Fäulnis«. Weshalb aber plaziert Trakl diesen Engel in ein »Haselgebüsch«? Bei der Analyse des Gedichts konnten wir eine Reihe von Korrespondenzen und Kontrasten aufdecken. Dieses »Haselgebüsch« verweist durch eine Alliterationsbeziehung auf die »Heide«, findet sein Gegenstück im »Dornbusch«, in dem die tote Waise liegt. Als Analogon dieses Dornbuschs erwies sich das »Stoppelfeld«, das als Gegenentwurf der angedeuteten »Weide« (»Ihre Augen weiden...«) zugleich korrespondiert mit der kargen »Heide«, auf der das lyrische Ich sich selbst findet.

---

4 Argelander ('71), S. 368.

Wie das »früchteschwere« Kornfeld (von dem Agathon sprach) zum Stoppelfeld (oder »steinigen Acker«), so verhält sich die Weide zur Heide, der Haselbusch zum Dornbusch. Nun erwies sich die Reihe »Stoppelfeld–Dornbusch–Heide« als ein Paradigma negativer Mutterrepräsentanzen: symbolisch dargestellt ist die Imago der abweisenden Mutter, die ihr Kind hungern läßt. Der Analogieschluß drängt sich auf, daß dieses Haselgebüsch, wie Kornfeld und Weide, symbolisch die gute Mutter vertritt, die Mutter, die ihr Kind stillt. Den schlagenden Beweis für die Richtigkeit unseres Schlusses liefert eine Zeile aus dem Gedicht »Kleines Konzert«: »Ein Duft von Milch in Haselzweigen« (I, 42). Die mütterliche Bedeutung des Haselgebüschs ist evident; nur wenn seine symbolische Funktion ins Auge gefaßt wird, kann die zitierte Zeile als sinnvoll begriffen werden. Es ist in diesem Zusammenhang auch daran zu denken, daß der »Haselbusch« (wie der ihm verwandte »Nußbaum«) sich dadurch auszeichnet, daß er – auch hierin im Gegensatz zum »Dornbusch« – Früchte trägt, mit denen der Knabe seinen Hunger stillen kann: »Von Früchten voll hängt Busch und Baum« (I, 262)

Haselbusch, Nußbaum und Holunder sind regelmäßige Requisiten der Kindheitsszenerien Trakls:

Mutter trug das Kindlein im weißen Mond,
Im Schatten des Nußbaums, uralten Hollunders (I, 88)

Die Hütten der Dörfler der Hollunder,
Wo vor Zeiten das Kind gewohnt (I, 342)

Unter den wilden / Hollunderbüschen der Kindheit (I, 431)

Traurige Kindheit, die nachmittags im Haselgebüsch spielt (I, 422)

Hinter dunklen Haselbüschen spielen Kinder mit blau und roten Kugeln (II, 404)

Die Rekurrentenanalyse zeigt, daß Busch und Baum nicht nur die nährende Mutter vertreten, sondern auch als bergender Ort fungieren, den Mutterschoß darstellen. Trakls Gedicht »Kindheit« beginnt mit der Zeile: »Voll Früchten der Hollunder; ruhig wohnte die Kindheit in blauer Höhle« (I, 79). Der Busch erscheint als Höhle, ebenso der Nußbaum, wenn er als ein »Schattengewölbe« angesprochen (I, 89) oder als Behältnis empfunden wird, das etwas in seinem Inneren birgt: »Flöte im Innern des Nußbaums« (II, 462). Analog erscheint das Haselgebüsch: »Der blaue Ton der Flöte im Haselgebüsch – sehr leise« (I, 308). Als eine Geburtsphantasie hatten wir früher schon das Eingangsbild des Gedichts »An einen Frühverstorbenen« verstanden: »O, der schwarze Engel, der leise aus dem Innern des Baums trat« (I, 117). Explizit als ein Schoß angesprochen wird der Busch im Gedicht »Der Spaziergang«: »Goldammern wiegt ein Busch in seinem Schoß« (I, 44). In einem Dornbusch findet auch dieser mütterlich bergende Ort sein Gegenbild: »Im Dornenstrauch verendet weich ein Wild« (I, 45).

Ein sanftes Geschöpf, das im Dornenstrauch stirbt, und ein schönes geflügeltes Wesen in einem bergenden Busch: wir sind wieder bei der Szenerie von »De Profundis« angelangt. Das Bild vom Engel im Haselgebüsch, so ist jetzt klar geworden, folgt dem narzißtischen Klischee: wir finden das Selbst geborgen im Schoß der archaischen Mutter, im Schoß eines Buschs, der zugleich »nach Milch duftet«. Das Bild vom Engel im Haselgebüsch ist der genaue Gegenentwurf zum Bild der Waise auf dem Stoppelfeld, im Dornbusch, zum Bild vom lyrischen Ich auf der Heide. Der düsteren Szenerie in diesem Gedicht, dessen ödipale Grundstruktur wir aufgedeckt haben, setzt Trakl ein »heiteres Bild« entgegen, ein Bild der »Erinnerung an ein früheres Leben«, an ein Leben, das dem ödipalen Sündenfall vorausging: eine primärnarzißtische Phantasie.

Das Haselgebüsch, so stellte sich heraus, fungiert als eine Miniatur des Paradiesgartens. So kann sich in diesem Busch auch ein Sündenfall ereignen: »Grüne Schlangen flüstern im Haselbusch« (I, 455). Hier verwandelt der Engel sich in einen Dämon, einen Blaubart: »Unter dem Haselgebüsch weidet der grüne Jäger ein Wild aus« (I, 97). Der locus amoenus wird zu einem locus terribilis: »Und die metallene Stirne tastet frierend durchs Haselgebüsch« (I, 377). Das Verbum »tasten« evoziert die Vorstellung der Blindheit – der gefallene Engel erscheint als blinder Knabe, als bestrafter Ödipus auch in diesem Haselbusch: »Verfallene Lider öffnen sich weinend im Haselgebüsch« (I, 424). Das Kindheitsparadies ist zerstört:

> Im Hasel spielen Mädchen blaß und blind,
> Wie Liebende, die sich im Schlaf umschlingen.
> Vielleicht, daß um ein Aas dort Fliegen singen,
> Vielleicht auch weint im Mutterschoß ein Kind. (I, 62)

Noch Eines ist in diesem Zusammenhang zu bedenken. In »De Profundis« ist ja nicht von einem Engel die Rede – Trakl gebraucht den Plural. Wir können davon ausgehen, daß der Dichter von zwei Engeln spricht: in diese verwandelt haben sich die beiden Figuren, die zuvor im Gedicht auftraten – das lyrische Ich und die Waise. Im Haselgebüsch finden wir also eben das Paar, das sich begegnet ist als Jäger und Wild, begegnet zu einer »Blutbrautnacht«. Jäger und Wild aber meinen bei Trakl immer auch Bruder und Schwester: die Hochzeit des Blaubart stellte sich dar als ein inzestuöser Gewaltakt. Das Bild von den Engeln im Haselgebüsch gibt somit einen überraschenden Sinn preis: im Schoß der archaischen Mutter finden sich Bruder und Schwester vereint wieder, an paradiesischem Ort als geschlechtslose Engel. So auch im Gedicht »Abendländisches Lied«:

Aber strahlend heben die silbernen Lider die Liebenden:
E i n Geschlecht. Weihrauch strömt von rosigen Kissen
Und der süße Gesang der Auferstandenen. (I, 119)

Damit wird auch das letzte Vorstellungselement, das in dem zunächst so gänzlich dunklen Bild der Engel im Haselgebüsch enthalten ist, verständlich, das »Tönen« dieser Engel: »Im Haselgebüsch/ Klangen wieder kristallne Engel.« Der Gegensatz der Geschlechter, der die ganze inzestuöse Dramatik heraufbeschwor, ist aufgehoben; im Mutterschoß sind Bruder und Schwester friedlich vereint als »sanfte Gespielen«.

Der schöne Engel, so zeigt sich jetzt, vertritt nicht nur das Idealselbst, sondern auch die Schwesterimago. Aus der Welt geschlechtlicher Entgegensetzung, in der Eros nicht als Gott, sondern als finsterer Dämon herrscht, träumt Georg Trakl sich in eine andere, schönere; zurück in den Schoß der Mutter oder vorwärts in ein Leben nach dem Tod, in eine Welt ohne »animalische Triebe«. » E i n Geschlecht«: dies war, wie jetzt sich in Erinnerung bringt, auch der Wunsch, der dem mörderischen Handeln des Blaubart zugrundelag; er wollte die verlorene Einheit gewaltsam wiederherstellen: »Hei lustig geschnäbelt zur Nacht-/ Bis zweie nur mehr eines macht!/ Und eins ist der Tod!« (I, 445). So führt auch in »De Profundis« der Weg in das paradiesische Haselgebüsch, in dem Bruder und Schwester sich vereint wiederfinden, durch den Dornbusch, durch eine »Blutbrautnacht«. Das Bild von den Engeln im Haselgebüsch ist ein Wunschbild, geboren aus einem inzestuösen Verschmelzungswunsch. Mit Trakls Träumen von einer paradiesischen Welt werden wir uns jetzt näher zu befassen haben, mit Szenen, die dem narzißtischen Klischee folgen. Wir verlassen die Welt des Steins, des Feuers, des Verfalls, die Welt der Dämonen, und betreten eine gänzlich andere, eine Welt »verlorener Tage, ohn' Schuld und Sühne« (I, 241). Die Landschaft der Seele, die sich jetzt auftut, trägt präödipale Züge.

5.2. Umfangende Mutter, verschlingende Mutter: das Motiv des Wassers

Bis zu seinem zwanzigsten Lebensjahr, so erklärte Trakl einmal den Freunden, habe er von der Außenwelt nichts wahrgenommen als das Wasser[5]. Mit dieser magischen Anziehungskraft, die das Wasser auf ihn ausübte, haben wir uns schon im Zuge der psychobiographischen Untersuchungen befaßt; sie manifestiert sich auch im Werk des Dichters: hier ist das Motiv des Wasser ein hochrekurrentes Element.

---

5 Vgl. Spoerri, S. 31.

In einer Handschrift aus dem Nachlaß experimentiert Trakl mit den folgenden Bildvariationen:

I * Gestalt , die lange in Stille blauer Wasser gewohnt
* Narziß |:der:| in |:blauen:| Höhlen
*(Gestalt) [(Wasser)]
* Kühle Gewölbes

(II, 392)

Das Paradigma »Wasser / Höhle / Gewölbe« umschreibt einen mütterlich bergenden Ort – symbolisch dargestellt wird der Schoß der archaischen Mutter. Auf pränatales, intrauterines Dasein weist in aller Deutlichkeit die Vorstellung vom Wohnen im Wasser: diese Szene hat nun wahrhaft »ozeanischen« Charakter. Dem Paradigma symbolischer Mutterrepräsentanzen zugeordnet ist das Idealselbst, hier vertreten durch den schönen Knaben Narziß, einen Bruder des schönen Engels, den wir im Schoß eines Haselgebüschs gefunden haben: beide sind sanft, rein, ohne Angst, unbehelligt von den Dämonen des Blutes. Wenig später wandelt Trakl das Bild ab; ein Baum fungiert jetzt als Mutterschoß: »In Bläue eines Baumes / Und ohne Schmerz atmet das Vollkommene« (II, 393). Und wie zuvor im Haselgebüsch ein »Duft von Milch« lag, so kann auch das blaue Wasser eine andere, verwandte Farbe annehmen: »Die Kühle milchiger Wasser« (II, 194). Das blaue Wasser, in dem das Blau des Madonnengewandes sich spiegelt, ist ein mütterliches Element: »ruhig wohnte die Kindheit in blauer Höhle« (I, 79).

Als symbolische Repräsentanz der archaischen Mutter tritt die »blaue Höhle« des Wassers in paradigmatische Beziehung zum Haselgebüsch. Zwei Engel hatten wir im Schoß dieses Buschs gefunden, ein Geschwisterpaar. Wir erwarten geradezu, nun eine analoge Szene im Schoße des Wassers zu finden, und sehen uns auch nicht enttäuscht. »Mägde gehn / Durch feuchte Bläue«, schreibt Trakl im Gedicht »Ein Herbstabend« (I, 61), und noch klarer im Fragment »Erinnerung«: »Stille begegnet in feuchter Bläue das schlummernde Antlitz der Schwester« (I, 382). Im blauen Wasser findet der Knabe die Schwester wieder, im Schoß der archaischen Mutter erfüllt sich der Verschmelzungswunsch. Wenn auf diese Weise die Schwester im Wasser wohnt, so wird klar, daß sie gemeint ist, wenn der Dichter verschiedentlich von einer »Nymphe« spricht: »verschleierte Nymphe / Neigt sich über den Mond« (II, 300). Als Lesartvariante erscheint hier in der Tat die »Schwester«; einmal mehr fungiert der Mond als symbolische Selbstrepräsentanz. Mehrfach ist bei Trakl auch die Rede von einem ertrunkenen Mädchen: »Die Kleine, die im Weiher heut ertrank, / Ruht eine Heilige im kahlen Zimmer« (I, 278). Zweimal erscheint bei ihm der Name »Ophelia«: es ist die Gestalt der Schwester, die bei Trakl diesen Namen trägt.

Die Vorstellung vom ertrunkenen Mädchen im Teich begegnet schon in Trakls früher Prosadichtung »Verlassenheit« aus dem Jahr 1906. Hier bezeichnet der Dichter »bleiche Lilien«, die am Rande eines Teiches stehen, wiederholt als »kleine, tote Frauenhände« (I, 200). Auf diesen Vergleich greift Trakl zurück bei der Überarbeitung seines Gedichts »Die drei Teiche von Hellbrunn« im Jahre 1909. »Nymphische Blumen« erscheinen hier als »kleine Hände, verstorben und weiß« (II, 357). Zugleich wird der Teich als ein »Krötentümpel« (I, 44) gezeichnet, als »der Ort / Für schwarzer Kröten ekle Brunst« (II, 358). Die keusche Lilie und die häßliche Kröte – in Erinnerung bringen sich Blaubart und Elisabeth. In einer fragmentarischen Szene des Blaubart-Dramas konfrontiert Trakl »Wasserrosen« mit »Kröten im Sumpf« (II, 485). Es ist deutlich, daß alle diese »nymphischen« Blumen im Wasser nicht nur botanische Objekte meinen. Bei einer weiteren Überarbeitung des Gedichts »Die drei Teiche in Hellbrunn« im Jahr 1912 erhält die erste Strophe eine völlig neue Gestalt. Am Rande eines Teiches tritt jetzt Orpheus auf – seine verlorene Braut finden wir natürlich im Wasser, als eine Wasserrose: »silbern rührt die Rose, / Die rein erblüht in feuchtem Schoße« (II, 358). Orpheus wird in das Wasser hinabsteigen müssen, um seine Braut wiederzufinden. Tatsächlich finden wir ihn in der Endfassung der Strophe selbst in diesem Teich: »silbern tönt die Leier / Des Orpheus fort im dunklen Weiher« (I, 178). Orpheus ist an die Stelle des schönen Knaben Narziß gerückt, wohnt wie dieser in der »blauen Höhle« des Wassers.

Daß auch Narziß eine Schwester in Blumengestalt hat, ist unschwer zu erraten. Betrachten wir die folgende Strophe aus dem Gedicht »Ein Frühlingsabend«:

> Der heitere Wind spült Holdes her von wannen,
> Narzissenduft, der silbern dich berührt.
> Im Haselstrauch die Amsel musiziert –
> Ein Hirtenlied gibt Antwort aus den Tannen. (I, 279)

Kein wilder Föhn, sondern ein sanfter Wind weht hier und weckt »heitere Bilder«, Bilder des Frühlings, nicht des Herbstes. Das lyrische Ich fühlt sich berührt vom Duft einer »Narzisse«, von ihm »umspült« – die Vorstellung des Wassers (in dem Narziß wohnt) ist auch hier enthalten. Und aus dem Haselgebüsch kommt einmal mehr ein schöner Ton, das Lied eines gefiederten Orpheus: Orpheus, den wir eben im Schoß des Teichs gefunden haben, wohnt jetzt im Schoß des Busches. Diese Strophe entwirft eine beeindruckende Szenerie narzißtischen Musters. Das Selbst, vertreten durch lyrisches Ich und Amsel, implizit zudem durch den Knaben Narziß, wohnt zugleich im Wasser und im Haselbusch, zusammen mit der Schwester, der Narzisse. Wieder finden wir das Geschwisterpaar vereint im Mutterschoß; die Szene wird ergänzt durch eine Vatergestalt, den Hirten. Die familiale Triade ist wieder komplett, friedlich beisammen, nicht zerrissen von ödipalen Gegensätzen.

Wird in der poetischen Welt Trakls die Schwestergestalt vertreten durch eine (Wasser-)Rose, eine (Wasser-)Lilie, eine Narzisse, so läßt diese Reihe sich fortsetzen – unter vielen weiteren Blumen stoßen wir auch auf eine »Georgine«: »Erinnerung, begrabne Hoffnung/ Bewahrt dies braune Gebälk,/ Darüber Georginen hangen,/ Daß er darnach die Hände ringe« (I, 342). Diese Zeilen sind dem Gedicht »Heimkehr« entnommen, in dem gleich darauf von einem »verboten Lieben« die Rede ist. Auch dem Selbst, das als Engel im Haselgebüsch auftritt, ist eine Schwester zugeordnet, die einen Namen trägt: »Angelens Ruh im Zweiggedüster« (I, 285), schreibt Trakl im Gedicht »An Angela«. Im gleichen Gedicht erscheinen auch »Narzissen«, und Angela wird mit einer Nymphe verglichen (I, 348). Offenkundig wohnt auch diese Schwestergestalt im Wasser: »Schlaflose Nacht am Weiher um Angelen« (Ebd.).

Unsere Deutung des Bildes von den Engeln im Haselgebüsch dürfte vor dem Hintergrund der eben betrachteten analogen Szenen ozeanischen Charakters wohl hinlänglich plausibel geworden sein. In Kenntnis der symbolischen Bedeutung des Motivs vom Wohnen im Wasser und der paradigmatischen Beziehung des Wassers zu anderen Motiven fällt es nun nicht schwer, die folgende dunkle Formulierung des Dichters zu verstehen:

> Anschaut der Wald; als wohnte der Knabe ein blaues Wild
> In der kristallnen Woge des kühlen Quells (I, 336)

Wieder stoßen wir auf die primärnarzißtische Phantasie vom Selbst im Mutterschoß; einige Zeilen später folgt ein analoges Bild: »schweigend umfängt/ Des Weihers Kühle den Schläfer« (Ebd.). Wie aber ist die seltsame Eingangsformel zu verstehen: »Anschaut der Wald; als wohnte ...«? Wenn wir uns an die Vorstellung vom »umfangenden« Waldsaum erinnern (»Der Saum des Walds schließt blaue Tiere ein«), stellen wir fest, daß hier zwei Szenen sich überlagern, »zusammengeschmiedet« wurden, zwei Szenen, die dem gleichen Klischee folgen: das Selbst wohnt als Wild im Schoß des Walds und als Knabe im Wasser. Die symbolische Äquivalenz dieser Szenen läßt auch die Eingangsformulierung verständlich werden: der Wald, der »anschaut, als ob«, ruft ein ihm analoges mütterliches Objekt herauf (vgl. das aktive »Anschauen«), das Wasser. Die Vorstellung vom Wild im Wald weckt die korrespondierende Vorstellung vom Knaben, der im Wasser wohnt. Im Gedicht »An Mauern hin« schreibt Trakl: »O der purpurne Mensch./ Ihm aber gleichen Wald, Weiher und weißes Wild« (I, 411). Was Wald, Weiher und Wild mit dem Menschen zu tun haben, inwiefern sie ihm »gleichen«, können wir nur begreifen, wenn wir die angedeuteten Szenen komplettieren – dann finden wir das Selbst (den Menschen) als »Wild« im »Wald«, im Wasser als schönen Knaben oder als Fisch:

> Goldfische glitzern tief im Wasserspiegel (I, 181)

> Dunkler umfließen die Wasser die schönen Spiele der Fische (I, 141)

Das Verb »umfließen« impliziert die leitende Vorstellung des »Umfangenseins«, des bergenden Schoßes. Wald und Wasser sind beide Orte des ozeanischen Daseins, beide fungieren als symbolische Repräsentanzen der archaischen Mutter. Beide zeichnen sich im übrigen aus durch ein Rauschen:

> Die Bäume rauschen und die Quellen laut (I, 248)
>
> das Rauschen des Laubs// Ein gleiches, wenn das blaue Wasser
> im Felsen tönt. (I, 79)

Das Bild vom Wild in der »Woge des Quells« findet sich in fast gleichem Wortlaut in einem anderen Nachlaßgedicht; hier allerdings tritt ein lyrisches Ich an die Stelle des Knaben:

> Als wohnt' ich ein sanftes Wild
> In der kristallnen Woge
> Des kühlen Quells
> Und es blühten die Veilchen rings. (I, 321)

Zum Bild vom Wohnen im Wasser gesellt sich in diesen Zeilen die analoge Vorstellung des Umfangenseins von Mutter Natur: »rings« blühen die Veilchen (vgl. »umfließen«).

Bei Trakls Bildern vom Wohnen im Wasser, im Gewölbe, in »blauer Höhle« handelt es sich also um symbolische Szenen, um poetische Entwürfe einer primärnarzißtischen Phantasie. Als Repräsentanz der archaischen Mutter tritt das Wasser in paradigmatische Beziehung zum Wald, zum Paradiesgarten der Kindheit, zum Haselbusch. Der Vertreibung aus dem Paradies entspricht mithin die Vertreibung aus dem Wasser, wie sie etwa im Gedicht »Geburt« dargestellt wird:

> 8 O, die Geburt des Menschen. Nächtlich rauscht
> Blaues Wasser im Felsengrund;
> Seufzend erblickt sein Bild der gefallene Engel,
>
> Erwacht ein Bleiches in dumpfer Stube.
> Zwei Monde
> Erglänzen die Augen der steinernen Greisin. (I, 115)

Der schöne Knabe Narziß, der im Wasser wohnt, wird vertrieben aus seiner ozeanischen Umgebung; als bleicher Engel findet er sich wieder in einer Welt des Steins, des Hungers: »Seufzend hob sich das saugende Haupt / Aus feuchter Bläue« (II, 247). Die archaische, »umfangende« Mutter verwandelt sich in ein abweisendes, bedrohliches Objekt, mit dem sich das Selbst jetzt konfrontiert sieht, in eine »steinerne Greisin« mit »mondenen Augen«, eine eulenhafte Gestalt. Ganz ähnlich ist die Geburtsszene, die wir zu Beginn des Fragments »Erinnerung« finden:

> Stille wohnte in nächtiger Höhle das Kind lauschend in der blauen Woge des Quells dem Geläute einer strahlenden Blume. Und es trat aus verfallener Mauer die

> bleiche Gestalt der Mutter und sie trug in schlummernden Händen das Schmerzgeborne nachtwandelnd im Garten. (I,382)

Auch hier werden zwei Welten konfrontiert, die Welt ozeanischen Daseins in der Höhle, im Wasser, und eine postnatale Welt im Zeichen des Steins. Die Mutter, zunächst gezeichnet als diffuses, elementares Objekt, gewinnt menschliche Konturen, tritt als »bleiche Gestalt« aus der steinernen Umgebung hervor, der sie zugehört, in der sie (semantisch) »wohnt«. Als »Versteinerte« wird die Mutter in der Handschrift charakterisiert (II, 166). Der sanfte, schöne Knabe Narziß, geboren in eine Welt des Steins, ist ein gefallener Engel, ein Dämon; in der zweiten Fassung des Prosagedichtes (jetzt mit dem Titel »Verwandlung des Bösen«) finden wir ihn wieder in der Rolle eines Blaubart:

> Die Stimmen des Rohrs, hadernder Männer im Rücken schaukelt jener auf rotem Kahn über frierende Herbstwasser, lebend in dunklen Sagen seines Geschlechts und die Augen steinern über Nächte und jungfräuliche Schrecken aufgetan. Böse. (I, 97)

Der Knabe, der in der blauen Höhle des Quells wohnte, fährt jetzt »über frierende Herbstwasser« – nicht länger ist das Wasser ein bergender Schoß. Wir erinnern uns an den Knaben Sebastian, der an der »frierenden Hand der Mutter« geht, von ihr abgewiesen, ungeliebt, hungrig. Der semantische Kontrast »roter Kahn«/»frierendes Wasser« deutet die aggressive Spannung an, die zwischen dem Selbst und dem abweisenden mütterlichen Objekt besteht. Der wohl markanteste Gegenentwurf zu den Bildern ozeanischen Daseins ist die schon mehrfach zitierte Zeile, die ebenfalls dem Prosagedicht »Verwandlung des Bösen« entstammt: »Rasend an die Mauer von Stein klopft der kahle Baum« (I, 97).

Auf das Motiv der Geburt, der Vertreibung aus dem Wasser, stoßen wir auch in den faszinierenden Eingangszeilen des Gedichts »Ruh und Schweigen«:

> Hirten begruben die Sonne im kahlen Wald.
> Ein Fischer zog
> In härenem Netz den Mond aus frierendem Weiher. (I, 113)

Die Rede ist offensichtlich vom Untergang der Sonne und vom Aufgang des Mondes, zugleich vom Wechsel der Jahreszeiten, vom Einzug des Winters (»kahler Wald«). Diese Feststellung bringt indessen nur wenig Licht in das rätselhafte Dunkel dieser Zeilen. Man spürt, daß ihr tieferer Bedeutungsgehalt, eine weniger evidente, gleichwohl wirksame Sinnschicht, damit unausgeschöpft bleibt. Betrachten wir die drei Zeilen vor dem Hintergrund unserer bisherigen Ergebnisse. Wir waren zur Auffassung gelangt, daß Sonne und Mond als konkurrierende Mutterrepräsentanzen fungieren: die Sonne vertritt die gute, liebend-wärmende Mutter, der Mond die böse, kalt-abweisende

Mutter (vgl. die steinerne Greisin mit »mondenen« Augen, die »verschleimten« Mondstrahlen). Die Imago der kalt-abweisenden Mutter liegt nun ebenso dem Bild vom »frierenden Weiher« und dem Bild vom »kahlen Wald« zugrunde (»In kahlem Baum wohnt die Mutter«; I, 456). Der Wechsel von Sonne und Mond, der Einzug des kalten Winters entspricht demnach dem Szenenwechsel, den wir in »Geburt« und in »Erinnerung« gefunden haben, dem Verlust der ozeanischen Existenz und der Konfrontation des Selbst mit der steinernen Mutter:

> Zwei Monde / Erglänzen die Augen der steinernen Greisin (I, 115)

> Und es trat aus verfallener Mauer die bleiche Gestalt der Mutter und sie trug in schlummernden Händen das Schmerzgeborne nachtwandelnd im Garten. (I, 382)

Daß es sich in der ersten Strophe von »Ruh und Schweigen« tatsächlich um ein Geburtsmotiv handelt, macht vor allem das Bild des Fischzugs deutlich: im Weiher, im Schoß der archaischen Mutter, hat, wie wir wissen, Narziß seine Wohnstatt, der strahlende Engel, der Goldfisch – das Idealselbst.

Nun zieht allerdings der Fischer nicht – wie zu erwarten wäre – einen Fisch aus dem Wasser, sondern den Mond: unsere Interpretation scheint sich in Widersprüche zu verwickeln. Dies ist allerdings nur scheinbar so; es handelt sich nicht um einen Widerspruch unserer Deutung, sondern um eine Doppeldeutigkeit des Textes. Der Mond, so hat sich gezeigt, fungiert nämlich nicht konstant als Mutterrepräsentanz, sondern vertritt vielfach auch das Selbst. Daß der Mond in »Ruh und Schweigen« beide Rollen zugleich spielt, macht ein vergleichender Blick auf die folgenden – deutlich analogen – Bilder einsichtig:

> Hure, die in eisigen Schauern ein totes Kindlein gebärt (I, 124)

> und es warf die Erde einen kindlichen Leichnam aus, ein mondenes Gebilde (I, 170)

> Mond, als träte ein Totes / Aus blauer Höhle (I, 139)

Im letzten Beispiel symbolisiert der Mond unzweifelhaft das Kind, das den Mutterschoß verläßt, geboren wird aus der »blauen Höhle«, die in Trakls Phantasie ja auch der Weiher darstellt. Der Mond in »Ruh und Schweigen« vertritt symbolisch zugleich die abweisende Mutter und das Selbst. Das Kind wird tot geboren: der schöne Knabe Narziß stirbt, wenn er seiner ozeanischen Umgebung entrissen wird. Geboren wird im gleichen Augenblick ein anderer: der böse Knabe, der Blaubart. In dessen Rolle ist uns ja auch der Mond begegnet:

> Der schwangere Leib, den frech der Mond bestiert (I, 64)

> Sieh nur, wie der Mond dich brünstig anschaut! (I, 441)

> Von blutenden Stufen jagt der Mond / Die erschrockenen Frauen (I, 165)

Das Selbst, das in »Ruh und Schweigen« als ein »Mond« geboren wird, aus dem mütterlich bergenden Schoß des Wassers heraustritt, wird – konfrontiert jetzt mit einer abweisenden Muttergestalt – zu einem aggressiven Geschöpf, zu einem Mond, der eben diese Mutter angreift.

Noch einmal ist an dieser Stelle Mendel zu zitieren, der die entscheidende Bedeutung der frühen Beziehung des Selbst zum mütterlichen Objekt so beschrieben hatte:

> Von nun an wird das Subjekt entweder genügend Befriedigungen in seinem Austausch mit dem Objekt finden und sein Objekt-Ich stärken, die Versagung ertragen, seine Aggression auf sich nehmen; oder aber, wenn die Befriedigungen unzulänglich sind, einen tödlichen Haß gegenüber dem Objekt, dem großen Versagenden, hegen; dann wird es der von der Realität gewährten Lust die paradiesische Ekstase der Phantasiewelt entgegenhalten und seine Sehnsucht nach ihr nicht unterdrücken können: Sehnsucht nach dem Paradies und Haß auf das Objekt sind dann die beiden Pfeiler des psychischen Lebens.[6]

Eben dieses Nebeneinander von aggressivem Objektbezug und regressivem Verschmelzungswunsch, von Sadismus und ozeanischem Begehren kennzeichnete das Seelenleben Trakls, und es stellt auch die Grundmuster bereit, denen seine dichterische Phantasie beständig folgt: das aggressive und das narzißtische Klischee.

Der seiner ozeanischen Umgebung entrissene Narziß sehnt sich zurück in den Schoß des Weihers; der Knabe Sebastian (und mit ihm der Knabe Georg), der an der »frierenden Hand« der Mutter keine Geborgenheit findet, steigt hinab in das Wasser, zu »silbernen Fischen« (I, 88). Diese Vorstellung vom Hinabsteigen zum Wasser begegnet bei Trakl recht häufig; einige Beispiele mögen genügen:

> Erscheinender stieg der Schläfer den schwarzen Wald hinab,
> Und es rauschte ein blauer Quell im Grund (I, 126)
>
> Auf schwärzlichem Kahn fuhr jener schimmernde Ströme hinab,
> Purpurner Sterne voll, und es sank
> Friedlich das ergrünte Gezweig auf ihn,
> Mohn aus silberner Wolke. (I, 127)
>
> Umschlungen tauchen wir in blaue Wasser (I, 386)
>
> tiefer neigt / Die Stirne sich über bläuliche Wasser, Weibliches (I, 338)

Dem räumlichen Hinab entspricht ein zeitliches Zurück: symbolisch inszeniert wird eine Regression, die Rückkehr in den Schoß der archaischen Mutter. Nicht von ungefähr zieht bei Trakl das Motiv des Wassers wiederholt das Adjektiv »alt« auf sich. Alle diese Bilder folgen dem primärnarzißtischen Wunsch, von dem Trakl beherrscht wird, und den Karl Kraus so treffend formulierte: »Zurück in deinen Leib, o Mutter, wo es gut war!«[7] Meist erscheint diese Abwärtsbewegung zum Wasser unter positivem Vorzeichen – hat sie

---

6 Mendel, Generationskrise, S. 66/67.

7 Zit. nach Basil, S. 119.

doch den Charakter einer Wunscherfüllung. Betrachten wir nun aber die folgende Passage aus »Verwandlung des Bösen«:

> Angst, grünes Dunkel, das Gurgeln eines Ertrinkenden: aus dem Sternenweiher zieht der Fischer einen großen, schwarzen Fisch, Antlitz voll Grausamkeit und Irrsinn. (I, 97)

Unter zwei gegensätzlichen Aspekten ist hier das Wasser thematisiert, zuerst als das dem Menschen feindliche, ihn verschlingende Element, dann als das Element, in dem der Fisch beheimatet ist, das ihn mütterlich umfängt. Wie häufig bei Trakl, so ist auch hier der Doppelpunkt der Umschlagspunkt der Bildsequenz. Im Bild des Fischzugs in der zweiten Hälfte des Satzes erkennen wir eine Geburtsphantasie, analog der aus »Ruh und Schweigen«. Das dem Mutterschoß entrissene Selbst präsentiert sich nicht länger als ein »silberner« oder ein »Goldfisch«, sondern als ein »schwarzer Fisch« mit dem Gesicht eines Blaubart: »voll Grausamkeit und Irrsinn«. Narziß stirbt bei der Geburt, geboren wird an seiner Stelle ein Anderer, das aggressive Selbst. Der gefallene Engel ist ein Dämon.

Diesem Geburtsmotiv setzt Trakl nun ein Bild des Ertrinkens entgegen, ein Bild der Angst. Dieses Angstbild vom Ertrinken erweist sich als Kehrseite des Wunschbildes vom Hinabsteigen in den Schoß des Weihers. Die Sehnsucht nach Rückkehr in die Welt des primären Narzißmus provoziert nämlich die Angst, von der archaischen Mutter vernichtet, verschlungen zu werden:

> Doch wenn ... der Wunsch nach der ödipalen Mutter unbewußt die ganze Sehnsucht nach der gratifizierenden archaischen Mutter, nach ihren nährenden, sensorischen Gaben, ihrer Wärme, ihrer Liebe, und gleichzeitig damit auch die ganze Sehnsucht nach der magischen und megalomanischen Welt des primären Narzißmus weckt, der die Beziehung zur archaischen Mutter begleitet, – dann weckt dieser Wunsch auch unvermeidbar den ganzen Abscheu, der mit der Imago der archaischen bösen Mutter, der zerstückelnden und vernichtenden Mutter zusammenhängt, die eine Folge der Projektion der ersten, verinnerlichten Aggressionen des Subjekts ist.[8]

Der Wunsch, von der archaischen Mutter »umfangen« zu werden, weckt die Angst, von ihr »verschlungen« zu werden – auf diesem psychologischen Gesetz basiert die Ambivalenz des Wasser-Motivs bei Trakl, die im folgenden Bild sehr deutlich sich zeigt: »Die alten Wasser gurgeln ein blaues Lachen« (I, 301). Wunschbild und Angstbild sind hier zu einer Einheit verschmolzen. Auch Trakls beliebte Formel von der »Woge des Quells« (die im übrigen auf Novalis zurückweist) führt diese innere Antinomie des Wasser-Motivs vor Augen: der Quell, aus dem man trinken, in dem das Selbst (als Knabe, Wild, Fisch) »wohnen« kann, ist zugleich eine verschlingende »Woge«, in der das Selbst ertrinkt. Solche Ertrinkensängste sind eine häufige Begleiterscheinung akuter psychotischer Vorgänge – dem Psychiater ein vertrautes Phänomen.

---

[8] Mendel, S. 43.

Die Entwertung des Vaterbildes hebt die Inzestschranke auf; väterlichen Haltes entbehrend, erliegt Trakl der Anziehungskraft der Mutter, der Macht der konfligierenden mütterlichen Imagines. Schicksal des von keiner Vaterfigur gezügelten inzestuösen Verschmelzungswunsches ist die Psychose. Der Wunsch Trakls, in den Schoß des Wassers zurückzukehren, verwandelt sich in Angst vor dem Ertrinken, in psychotische Angst. Auch der Knabe, der diesen übermächtigen Wunsch ausagierte, tatsächlich »zu kühlen Wassern, silbernen Fischen hinabstieg«, geriet ja in tödliche Gefahr, drohte zu ertrinken. So schlägt auch in Trakls Dichtung das Bild des Wunsches unversehens um in ein Bild der Angst. »Ich fuhr auf gebogenem Kahn über den ruhenden Weiher«, schreibt Trakl einerseits (I, 170) – dieser Kahn gleicht einer Wiege, sanft bewegt von der Mutter. Andererseits aber endet diese schöne Fahrt plötzlich mit einem Schiffbruch: »Angst und Schaukeln auf gurgelndem Nachen« (I, 316). Ein solches Bild des Schiffbruchs und des Ertrinkens ist eindrucksvoll gestaltet in dem Gedicht, das, von Trakl noch in der Zelle des Garnisonsspitals Krakau vollendet, den Schluß seines dichterischen Schaffens und seines Lebens markiert:

Klage

Schlaf und Tod, die düstern Adler
Umrauschen nachtlang dieses Haupt:
Des Menschen goldnes Bildnis
Verschlänge die eisige Woge
Der Ewigkeit. An schaurigen Riffen
Zerschellt der purpurne Leib
Und es klagt die dunkle Stimme
Über dem Meer.
Schwester stürmischer Schwermut
Sieh ein ängstlicher Kahn versinkt
Unter Sternen,
Dem schweigenden Antlitz der Nacht. (I, 166)

Die sanfte Kahnfahrt endet mit einem schrecklichen Schiffbruch; Narziß, der im Wasser wohnte und in seine ozeanische Umgebung zurückkehren wollte, wird verschlungen von einer »Woge« und ertrinkt. Die »umfangende« Mutter hat sich verwandelt in eine »verschlingende« Mutter. Nicht ein im medizinischen Sinne »Geisteskranker« schrieb diese eindringlichen Zeilen, sondern ein Dichter, der in einer Welt des Steins und der »animalischen Triebe« seiner Sehnsucht nach Rückkehr in das Wasser, den Schoß der archaischen Mutter, nicht Herr zu werden vermochte: der inzestuöse Verschmelzungswunsch führt schließlich einen seelischen Zustand herbei, den der Psychiater als Psychose kennzeichnet.

5.3. Tod und Wahnsinn: das Motiv der Nacht

Das Bild vom »schweigenden Antlitz der Nacht« setzte im Gedicht »Klage« den Schlußpunkt. Mit 291 Belegstellen ist das Substantiv »Nacht« das von Trakl mit Abstand am häufigsten gebrauchte; es folgen »Schatten« (225) und »Abend« (175). Entsprechend ist der Befund bei den Adjektiven: hier rangiert »dunkel« an vorderster Stelle (315); es folgt »schwarz« mit 273 Belegstellen. Baudelaire bemerkte einmal: »Um die Seele eines Dichters zu durchschauen, muß man in seinem Werk diejenigen Wörter aufsuchen, die am häufigsten vorkommen. Das Wort verrät, wovon er besessen ist.«[9] Der statistische Befund bei Trakl erweist zweifelsfrei – auch ohne Berücksichtigung einer Vielzahl von Synonymen und Komposita – eine »Besessenheit« dieses Dichters von der »Nacht«.

Wenn vom »Antlitz« der Nacht die Rede ist, so erscheint sie anthropomorph; wir erinnern uns, daß die Mutter in Trakls Gedichten verschiedentlich als »nächtige Gestalt« gezeichnet wurde. In Trakls frühem »Gesang zur Nacht« aus der »Sammlung 1909« wird die Nacht als Muttergestalt angesprochen, als ,mater dolorosa: »Süße Schmerzensmutter – du!« (I, 225) Gleich darauf erscheint sie als »süße Braut« (Ebd.). Die Parallele zu den Madonnengedichten Trakls liegt auf der Hand. Das in zwölf Strophengruppen aufgebaute Gedicht endet schließlich mit dem Quartett:

> Du bist in tiefer Mitternacht
> Ein Unempfangner in süßem Schoß,
> Und nie gewesen, wesenlos!
> Du bist in tiefer Mitternacht. (I, 227)

Die Nacht als Mutter, als Braut, als »süßer Schoß« – ohne Zweifel vertritt die Nacht symbolisch die Mutter, auf die inzestuöse Verschmelzungswünsche sich richten. Auf Trakls Dichtung trifft die schon einmal zitierte Bemerkung Horkheimers zu: »die gehemmte Neigung zur Mutter kehrt in der schwärmerischen, sentimentalen Empfänglichkeit für alle Symbole dunkler, mütterlicher, erhaltender Mächte wieder.«[10]

Das Selbst, geborgen im Schoße der Nacht – solche Szenen pränatalen Daseins kehren bei Trakl klischeehaft wieder; sie gestalten symbolisch eine primärnarzißtische Phantasie. »Und Ungebornes pflegt der eignen Ruh«, heißt es in einem späteren Gedicht (I, 50). Mit den bereits analysierten Zeilen »Mond, als träte ein Totes / Aus blauer Höhle« beginnt das Gedicht »Abendland« (I, 139); wenig später spricht Trakl vom »kühlen Schoß / Der Nacht« (I, 140). Die Nacht ist die »blaue Höhle«, der Schoß, aus dem der Mond als totge-

---

9 Zit. nach: Hugo Friedrich, *Struktur der modernen Lyrik*, S. 45.
10 »Autorität und Familie«, S. 224/25.

borenes Kind hervortritt. Schließlich stoßen wir im gleichen Gedicht noch auf die Wendung »am Strande der Nacht« (Ebd.); die Analogie der Motive »Nacht« und »Wasser« wird sinnfällig. Diesem »Strand der Nacht« entspricht auch das Kompositum »Nachtsaum«, das Trakl im Gedicht »Der Schlaf« prägt (I, 156). In der ersten Fassung dieses Gedichts stoßen wir auf »weiße Hirsche am Nachtsaum« (I, 412); in der Handschrift hieß es zunächst »braune Hirsche am Strand« (II, 288). Und es folgt eine Lesartvariante, die an Deutlichkeit nichts zu wünschen übrig läßt: »Brünstige Hirsche am Nachtsaum« (Ebd.). Am »Nachtsaum«, am »Saum des Waldes« (wo der Hirsch eigentlich seinen Platz hat), am »Saum des Quells«, am »Ufer des Weihers«, am »Rand des Brunnens« – es ist immer der gleiche Ort, die gleiche Szene: Nacht, Wald und Wasser symbolisieren den Mutterschoß, in den das Selbst zurückkehren möchte. Wenn das Selbst hier symbolisch vertreten wird durch einen »brünstigen Hirsch«, so bringt sich das »Exaudi me« des Heiligen vor der Madonnengestalt in Erinnerung, zugleich aber auch die Figur der »Hirschkuh« aus dem Gedicht »Landschaft«. Auch die Nacht führt in der Phantasie Trakls einen Duft von Milch mit sich. In den Entwürfen zum Gedicht »Die Nacht« spricht Trakl vom »wollüstigen Schoß / Der Nacht« (II, 297); im Gedicht »Nachtergebung« redet der Dichter (selbst in der Rolle des Mönchs) die Nacht als »Mönchin« an: »Mönchin! schließ mich in dein Dunkel!« (I, 164) In den Entwürfen zu diesem Gedicht ist vom »lüstern Wolkendunkel« der Nacht die Rede (II, 308); »Nacht« wird vertauscht mit »Mönchin« und »Nymphe«. Wieder erweist sich die symbolische Äquivalenz von Nacht und Wasser, einmal mehr auch sind die Imagines von Mutter und Schwester amalgamiert. Die Nacht ist die Mutter und die Braut des Mönchs, der Madonnengestalt eng verwandt. So sind auch die folgenden Zeilen nicht an die Mutter Maria, sondern an die Nacht gerichtet:

> Laß treten mich in deinen Dom
> Wie einst, ein Tor, einfältig, fromm,
> Und stumm anbetend vor dir stehn. (I, 227)

Von daher wird es begreiflich, warum die Nacht bei Trakl immer wieder in blauem Gewand auftritt, etwa im Gedicht »Nachts«: »Dein blauer Mantel umfing den Sinkenden« (I, 96). Ganz ähnlich schreibt Trakl in einem Nachlaßgedicht: »Umfängt dich endlich der blaue Mantel der Herrin« (I, 322). Daß hier von der Nacht die Rede ist, geht eindeutig hervor aus dem Wunsch, der einige Zeilen zuvor formuliert wurde: »Daß feuriger sich die Seele der Nacht vermähle« (Ebd.). Im Gedicht »Immer Dunkler« nennt Trakl die Nacht in einem Atemzug mit der Madonna:

> Marie thront dort im blauen Gewand
> Und wiegt ihr Kindlein in der Hand.
> Die Nacht ist sternenklar und lang. (I, 292)

Die Madonna im blauen Gewand, die Motive des Wassers und der Nacht verbinden sich in dem markanten Bild aus »Traum und Umnachtung«: »Das blaue Rauschen eines Frauengewandes ließ ihn zur Säule erstarren und in der Tür stand die nächtige Gestalt seiner Mutter« (I, 148). Die für Trakl so charakteristische blaue Farbe verbindet die Gestalt der Madonna mit dem Wasser, mit der Nacht, mit dem Himmelsgewölbe: es ist ein mütterlich-bergendes, ein ozeanisches Blau. Narziß, der in der »blauen Höhle« des Wassers wohnte, findet eine analoge Wohnstätte im Schoß der Nacht: »O das Wohnen in der beseelten Bläue der Nacht« (I, 144). An die Figur des Narziß im Wasser erinnert das Bild, das Trakl im »Helian« entwirft:

Schön ist der Mensch und erscheinend im Dunkel,
Wenn er staunend Arme und Beine bewegt,
Und in purpurnen Höhlen stille die Augen rollen. (I, 70)

Der schöne, strahlende Mensch im »Dunkel« stellt, wie wir jetzt unschwer erkennen, das Selbst im Schoße der Nacht dar – es handelt sich auch hier um eine Szene primärnarzißtischen Charakters. Eine spielerische Bewegung voll Anmut kennzeichnet das Kind im Mutterschoß – in der pränatalen Welt gibt es noch keine triebhafte Motorik.

Zum Bild eines »nächtigen Weihers« verbunden haben sich die Vorstellungen des Wassers und der Nacht im Gedicht »Geistliche Dämmerung«; die beiden letzten Strophen dieses Gedichts entwerfen das genaue Gegenbild zur Szenerie des Schiffbruchs im Gedicht »Klage«, das nur wenige Monate später entstand:

Auf schwarzer Wolke
Befährst du trunken von Mohn
Den nächtigen Weiher,

Den Sternenhimmel.
Immer tönt der Schwester mondene Stimme
Durch die geistliche Nacht. (I, 118)

Als Kahn dient in diesen Zeilen eine Wolke: die Kahnfahrt über den »nächtigen Weiher« ist zugleich eine Fahrt durch die Weiten des Sternenhimmels – vielleicht sogar über die »Milchstraße«. Dem sanften Dahingleiten über das Wasser entspricht das Schweben in Wolken; Narziß, der als ein Fisch im Wasser wohnt, verwandelt sich in ein geflügeltes Wesen, einen Engel – der Fisch wird zum Vogel. Auch der Traum vom Fliegen und Schweben ist eine Größenphantasie, ein narzißtisches Wunschbild:

> Unter dem Einfluß dieses primären Narzißmus vergrößern sich zunächst die libidinös besetzten Objekte bzw. das Selbst, die gesamte Szenerie wird grandios, und es treten die bekannten Größenphantasien bis hin zu den ›reinen‹ Phantasien des

primären Narzißmus auf: zum Schweben in der Luft, dem Wandeln auf dem Wasser oder über den Wolken.[11]

In den narzißtischen Szenen Trakls kann neben Mutter Natur, neben Wasser und Nacht auch die Luft als ein »umfangendes« Element auftreten, als symbolische Repräsentanz der archaischen Mutter. Solche Phantasien vom Schweben finden sich häufig in seinen Gedichten:

Und manchmal schwebst du leicht und wunderbar (I, 44)

schwebt ein Engel in frommem Geläut (II, 188)

Tanzende heben sich von einer schwarzen Mauer (I, 47)

Ein goldener Kahn / Schaukelt, Elis, dein Herz am einsamen Himmel (I, 85)

Solche Bilder vom Schweben sind als pure Reflexe der Drogenerlebnisse Trakls völlig unzureichend begriffen – es handelt sich hier um narzißtische Phantasien, um Wunschbilder. Vertritt nun die Luft als diffuses umfangendes Objekt die archaische Mutter, so wird klar, daß das Bild vom Sturz des Engels (auch von Ikarus ist einmal die Rede) das Geburtsmotiv variiert:

O, die Geburt des Menschen. Nächtlich rauscht
Blaues Wasser im Felsengrund;
Seufzend erblickt sein Bild der gefallene Engel. (I, 115)

Im Gedicht »Geistliche Dämmerung« finden wir im Rahmen einer grandiosen primärnarzißtischen Phantasie das Selbst zugleich im Kahn auf dem »nächtigen Weiher« und auf einer Wolke am Nachthimmel – und durch diese Nacht tönt »der Schwester mondene Stimme«. Im Schoße der Nacht wohnt auch die Schwester, hier finden sich die Geschwister ebenso wieder wie im Wasser.

Ein Blick in die Entwürfe zum Gedicht »Unterwegs II« läßt weiter deutlich werden, welche Rolle die Nacht in der dichterischen Phantasie Trakls spielt:

A:17	Eine	finstere	Wolke	ist	mein Antlitz	über	dir. Gewaltig	(α)
*		blaue		schwebt			einem	(β)
*		einsame						(γ)
	Eine	blaue	Wolke	schwebt	dein Antlitz	über	mir	(δ)
				ist		auf mich gesunken		(ε)
								(ζ)

(α) dröhnen die Hämmer auf rotes Metall
(β) dunklen Weiher ∧ ∧
(γ)
(δ) ∧ ∧
(ε) und leise löst uns die Nacht *[auf.]*
(ζ) in der ∧ ∧ Dämmerung
weißen

(II, 142)

[11] Argelander ('71), S. 368.

Mit dem bekannten Schmiede-Motiv enthält die ursprüngliche Fassung der Zeile 17 ein aggressiv getöntes Bild, das sich schließlich jedoch in sein genaues Gegenteil verkehrt: die sadistische Szene verwandelt sich in eine ozeanische. Die »finstere Wolke«, die auf das bevorstehende Gewitter, eine destruktive Handlung deutet (vgl. wieder das Subordinationsverhältnis zwischen Selbst und femininem Objekt!), verliert ihren bedrohlichen Charakter, ihre Farbe wechselt in ein sanftes Blau. Als Wolke »schwebt« das Selbst jetzt über einem »Weiher«: wir stehen vor einer narzißtischen Szene mit den entsprechenden Repräsentanzen, dem Größenselbst und der archaischen Mutter. In den aufeinander folgenden Fassungen der Zeile vollzieht sich ein bemerkenswerter Rollenwechsel. Zunächst tritt im Rahmen einer sadistischen Szene das Selbst in der aktiven, in einer Täterrolle auf: »Eine finstere Wolke ist mein Antlitz über dir«. Dagegen heißt es in der letzten Fassung: »Eine blaue Wolke ist dein Antlitz auf mich gesunken«. Das Selbst läßt sich einhüllen, liebevoll »umfangen« von dem femininen Objekt, das seine Konturen verliert, zur »blauen Wolke« wird; das Selbst hat nun eine passive Rolle übernommen. Der wilde Wolf, der Schmiedeknecht, hat sich in ein sanftes Kind verwandelt, umhüllt vom blauen Mantel der Mutter, geborgen in ihrem Schoß. Diesem Wechsel von der sadistischen zur narzißtischen Szene tragen die übrigen Änderungen Rechnung: der bedrohliche Lärm des ursprünglichen Bildes weicht einer sanften Stille; die Vorstellungen von Feuer und Metall sind ersetzt durch Vorstellungen des Wassers, der Kühle, des Dunkels. Die aggressive Dynamik des Schmiedebildes wandelt sich in ein sanftes »Schweben« und »Sinken«. Der Dichter spinnt die primärnarzißtische Phantasie weiter aus: »... und leise löst uns die Nacht auf«. Selbst und Objekt, die sich erst als Täter und Opfer, Knecht und Magd, Jäger und Wild gegenüberstanden, verlieren ihre Konturen, verschmelzen zu einer Einheit. Im Schoß der archaischen Mutter, der Nacht, ist die Spaltung von Selbst und Objekt aufgehoben, damit die triebhafte Spannung beseitigt. Die Abfolge der Varianten in diesem Entwurf entspricht dem Szenenwechsel, den wir in »De Profundis« gefunden hatten: auch hier fanden sich die Geschwister, die sich zuvor zu einer »Blutbrautnacht« getroffen hatten, vereint im Schoß des Haselgebüschs wieder. Die dichterische Phantasie Trakls geht immer wieder den gleichen Weg.

In der Endfassung von »Unterwegs« stoßen wir auf die folgenden Zeilen:

> 6 Im Nebenzimmer spielt die Schwester eine Sonate von Schubert.
> Sehr leise sinkt ihr Lächeln in den verfallenen Brunnen,
> Der bläulich in der Dämmerung rauscht. (...) (I, 81)

Der Interpret, der in der Zeile 6 nur eine autobiographische Reminiszenz Trakls sieht, wird das sich anschließende Bild damit wohl kaum in einen Sinnzusammenhang bringen können. Betrachten wir die Ortsbestimmung »im

Nebenzimmer« genauer, so stellen wir fest, daß hier die Vorstellung einer »steinernen Mauer« impliziert ist, die trennend zwischen Selbst und Objekt steht, zwischen Bruder und Schwester; die wichtige Rolle, die »Stein« und »Mauer« in der Bilderwelt Trakls spielen, ist ja hinlänglich deutlich geworden. Dem tiefenhermeneutischen Ansatz erschließt sich nun mühelos der Sinnzusammenhang zwischen der Vorstellung vom »Nebenzimmer« und dem befremdend-schönen Bild in Zeile 7: »Sehr leise sinkt ihr Lächeln in den verfallenen Brunnen«. In der Welt des Steins, der trennenden Mauern, regt sich der Wunsch nach der verlorenen Welt des Wassers, nach der »blauen Höhle« der Kindheit, der ozeanische Verschmelzungswunsch: »Umschlungen tauchen wir in blaue Wasser« (II, 191). Fungierte in den Entwürfen zu »Unterwegs II« die Nacht als archaische Mutterrepräsentanz, so ist es jetzt das Wasser. Das blaue Wasser in der Tiefe des Brunnens kennen wir als den Ort, an dem es zwischen Selbst und Objekt keine trennende Mauer mehr gibt, an dem der Fusionswunsch seine Erfüllung findet: »Stille begegnet in feuchter Bläue das schlummernde Antlitz der Schwester« (I, 382).

Neben dem Wasser und der Nacht erscheint bei Trakl auch immer wieder der Tod in mütterlicher Gestalt, als ein bergender Schoß. In den Entwürfen zu »Ein Winterabend« lesen wir:

> Der mit Engeln stumm gerungen
> Sinkt von Gottes Haupt bezwungen
> In den weißen Schoß dem Tod. (II,176)

In »Grodek« schreibt Trakl: »Umfängt die Nacht/ Sterbende Krieger« (I, 167). Hier fungiert der Tod als gute, umfangende Mutter, und er tritt auf in »nächtiger Gestalt«. Dem Hinabsteigen in das Wasser, in die Nacht, in die »blaue Höhle« der Kindheit entspricht somit das Sterben:

> Jener aber ging die steinernen Stufen des Mönchsbergs hinab,
> Ein blaues Lächeln im Antlitz und seltsam verpuppt
> In seine stillere Kindheit und starb; (I, 117)

Diese Entsprechung meint nicht eine metaphorische Beziehung; es handelt sich vielmehr um eine Analogie, um eine symbolische Äquivalenz: als archaische Mutterrepräsentanz tritt das Motiv des Todes in paradigmatische Beziehung zu den Motiven der Nacht und des Wassers. So wird das Hinabsteigen des »Frühverstorbenen«, von dem in den eben zitierten Zeilen die Rede ist, nicht nur als ein Sterben, ein Gang in die Todesnacht gekennzeichnet, sondern zugleich als ein Hinabsteigen zum Wasser; in der vorangegangenen Strophe finden wir diesen Knaben – zusammen mit dem lyrischen Ich – »am Rande des bläulichen Brunnens« (Ebd.). Das »blaue Lächeln«, das ihn bei seinem Hingang auszeichnet, deutet hin auf das ozeanische Blau des Wassers, der Nacht, der Höhle, des »umfangenden« Mantels der Muttergestalt.

Im Schoß der archaischen Mutter findet der Bruder die Schwester wieder. Eine Handschrift aus dem Nachlaß Trakls beginnt mit den folgenden Zeilen:

> Die blaue Nacht ist sanft auf unsren Stirnen aufgegegangen.
> Leise berühren sich unsre verwesten Hände
> Süße Braut! (I, 313)

Auch hier ist die Todesnacht eine ozeanisch blaue, ein bergender Schoß, in dem es zu einer Verschmelzung von Selbst und Objekt kommt; die folgende Strophe führt diese Vorstellung prägnant vor Augen:

> Bleich ward unser Antlitz, mondene Perlen
> Verschmolzen im grünen Weihergrund. (Ebd.)

Der Ort, an dem die Subjekt-Objekt-Spaltung aufgehoben wird, ist dreifach bestimmt: es ist die blaue Nacht, der Tod und das Wasser. In dieser dreifachen Gestalt erscheint die archaische Mutter auch in der vierten Strophe dieses Gedichts:

> Sanfte Harmonien, da wir in kristallnen Wogen
> Fahren durch die stille Nacht
> Ein rosiger Engel aus den Gräbern der Liebenden tritt. (Ebd.)

In der Nacht, im Wasser, im Grab sind Bruder und Schwester »Ein Geschlecht« (I, 119) geworden, die triebhafte Spannung zwischen Selbst und Objekt ist aufgehoben. Aus den beiden Gräbern der Liebenden tritt *ein* Engel, ein reines, geschlechtsloses Wesen. Wenn Trakl hier von einem »rosigen Engel« spricht, so ist damit nicht nur verwiesen auf Blühendes im Gegensatz zu Herbstlichem, auf einen »Frühling der Seele«. Erinnern wir uns daran, daß der Engel der symbolische Vertreter des Idealselbst ist, daß andererseits eine »Rose« immer wieder die Braut, die Schwester darstellte – Orpheus und die »Wasserrose« etwa bildeten ein solches Paar. Jetzt wird klar, daß in der Figur des »rosigen Engels« in der Tat Bruder und Schwester zu einer Einheit geworden, »verschmolzen« sind. Die Wendung »rosiger Engel« entpuppt sich als eine symbolische Sprachfigur, geboren aus dem inzestuösen Verschmelzungswunsch.

In den bislang herangezogenen Beispielen fungierte die Nacht als diffuses, mütterlich »umfangendes« Objekt, als bergender Schoß. Wir haben im letzten Abschnitt gesprochen vom Antagonismus der mütterlichen Imagines: tritt die Nacht auch als aggressives Element, als »verschlingende« Mutter auf? In der Tat gebraucht Trakl im Zusammenhang mit dem Motiv der Nacht auch das Verbum »verschlingen«:

> die Nacht das verfluchte Geschlecht verschlang (I, 150)
>
> Rote Gesichter verschlang die Nacht (I, 341)
>
> Nacht: ein Schiff stürzt mit zerbrochenen Masten ins Dunkel (II, 439)

In der zuletzt zitierten Zeile aus den Entwürfen zum » Psalm II« wird die Austauschbarkeit, die paradigmatische Beziehung der Motive »Nacht« und »Wasser« noch einmal deutlich. In den folgenden Ansätzen dieser Handschrift spricht Trakl von einem Antlitz, »das schweigend die Nacht verschlingt« (II, 440).

Das Gedicht mit dem Titel »Am Rand eines alten Brunnens« beginnt mit den Zeilen:

> Dunkle Deutung des Wassers: Zerbrochene Stirne im Munde der Nacht,
> Seufzend in schwarzem Kissen des Knaben bläulicher Schatten (I, 308)

Inwiefern die nach dem Doppelpunkt folgenden Bilder eine »Deutung« des Wassers darstellen, wird klar, wenn wir uns die eigentümlichen Formulierungen Trakls in Gedächtnis rufen: »Dieses erinnert an ...«, «Ein Gleiches, wenn ...«. Besonders markant waren die Zeilen: »Anschaut der Wald; als wohnte der Knabe ein blaues Wild / In der kristallnen Woge des kühlen Quells« (I, 336). Der gleichen Logik folgen auch die Eingangszeilen dieses Gedichts: das Spiegelbild im Wasser mutet an, »als wohnte« das Selbst (»Stirne«) im »Munde der Nacht«, oder als »bläulicher Schatten« eines Knaben »in schwarzen Kissen« (vgl. das Bild vom Knaben als »blauem Wild« im Wasser). Wir finden das Selbst also »im Munde der Nacht«; der Brunnen erscheint als Schlund, zugleich des Wassers und der Nacht. Drei analoge symbolische Szenen hat Trakl hier »zusammengeschmiedet«; das Selbst ist vertreten durch das (implizite) Spiegelbild im Wasser, die Stirne, den Schatten des Knaben, während die szenisch komplementäre Gestalt der archaischen Mutter erscheint als Wasser, Nacht und »schwarzes Kissen«.[12] Die Nacht, so zeigt sich, hat nicht nur einen Schoß, sondern auch einen Mund: durch diesen ist sie in der eben analysierten Szene ausgewiesen als symbolische Repräsentanz der verschlingenden Mutter. Vom Mond, der in einer »Höhle« schläft, spricht Trakl in einer Handschrift aus dem Nachlaß; in der überarbeiteten Fassung der Zeile erscheint diese Höhle als »Mund der Nacht«: »An einer Nacht da

---

[12] Binder interpretiert, sich an Heidegger anlehnend, diese Zeilen so: »Die Höhle der Nacht könnte ihr ›Mund‹, ein heller Wasserspiegel darin der ›Stirne‹ heißen. Aber damit wäre die ›*Deutung* des Wassers‹, die der Vers abverlangt, noch nicht erbracht. In vielen Gedichten versinnbildlicht die Lichtreflexion eines Wasserspiegels das reflektierende Denken – darum ›Stirne‹ –, der ›Mund‹ aber das Sprechen und die ›Nacht‹ die Tiefe des Weltgrundes. ›Stirne im Mund der Nacht‹ hieße dann übersetzt: das Denken im Sprechen des Grundes, und bedeutete: In den Dingen zeigt sich der Grund, aus dem sie kommen, sie sind seine Sprache, gleichsam ins Dasein hinausgesprochen. Aber noch sind sie nicht erkannt; erst ihr Spiegelbild – im Wasser – bringt sie in den Grund zurück. In ihm gewinnt er denkend wieder, was er sprechend ins Dasein entlassen hatte.« Wolfgang Binder, »Trakls späte Lyrik«. In: *Aufschlüsse. Studien zur deutschen Literatur.* Zürich/München 1976, S. 350/51.

der Mond in ihrem Munde schlief« (II, 400). Einmal mehr vertritt der Mond symbolisch das Selbst, die Nacht die archaische Mutter, auch hier mit »verschlingendem« Charakter.

Wald, Wasser und Nacht erscheinen in einer Passage des Dramenfragments gemeinsam als bedrohliche, verschlingende Objekte. Hier ruft der mörderische Kermor:

> Der Schatten der Ulmen fiel auf mich, das blaue Lachen des Wassers. Nacht und Mond! Wo bin ich. Einbrech ich in süßen Schlummer, umflattert mich silbernes Hexenhaar! Fremde Nähe nachtet um mich. (I, 458)

Der Ausruf »Nacht und Mond!« wird vor dem Hintergrund des eben Erörterten und im Zusammenhang mit dem folgenden Satz »Fremde Nähe nachtet um mich« ohne Weiteres verständlich: wieder vertritt der Mond das Selbst, die Nacht die verschlingende Mutter. Auch hier erscheint das Selbst als ein Mond im »Mund der Nacht«. Zugleich hat das blaue Wasser, in dem Narziß wohnte, seinen bergenden Charakter verloren, sich verwandelt in eine »Woge«, die auf das Selbst herabfällt, es verschlingt; auch der Wald, der dem Knaben Zuflucht bot, ein »blaues Tier« liebevoll in sich aufnahm, droht jetzt mit Vernichtung: »Ein Eichenwald in kahle Stuben bricht« (I, 296). In den Entwürfen zu Trakls »Stundenlied« ist zunächst die Rede von einem »heimlich Lebenden« im Wald, im Wasser und im Mutterleib (II, 139); wenig später stoßen wir auf eine ganz andere Vortellung: »Saum und Schwärze des Walds; Ertrinken im Weiher« (Ebd.). Wald und Weiher haben jetzt bedrohlichen, verschlingenden Charakter angenommen; wenn Trakl hier schließlich schreibt »Abendängste im Grün«, so tritt auch noch die Nacht in diese Reihe bedrohlicher Mutterrepräsentanzen. Als eine verschlingende »Woge« erscheint der Wald bei Trakl explizit in einem späten Gedicht, das ebenfalls mit »Klage« überschrieben ist: »Waldes Woge rot und fahl/ In der schwarzen Abendstunde« (I, 163). Wenige Zeilen später lesen wir: »Schwester, deine blauen Brauen/ Winken leise in der Nacht« (Ebd.). In der Handschrift war erst von den Brauen der Mutter die Rede (II, 304). Neben dem Wunschbild steht ein Bild der Angst, ein Bild des verschlingenden Wassers.

Wir gelangen also – um zusammenzufassen – beim Motiv der Nacht zum gleichen Befund wie beim Motiv des Wassers, zum Befund, daß die Nacht als symbolische Repräsentanz der archaischen Mutter zwei gegensätzliche Erscheinungsformen hat: sie ist einerseits die umfangende, andererseits die verschlingende Mutter. So schreibt Trakl in den Entwürfen zu »Hohenburg« in einem Ansatz »Droht die Nacht der Stirn« im anderen jedoch: »Umfängt den Tönenden mit purpurnen Armen die Nacht« (II, 150). Als Lesartvariante erscheint: »mit blauem Mantel die Mutter«. Vernichtungsangst ist die Kehrseite des regressiven, inzestuösen Verschmelzungswunsches; dem Wunsch,

»daß feuriger sich die Seele der Nacht vermähle« (I, 322), folgt die entsprechende Angstvorstellung auf dem Fuß: »Rote Gesichter verschlang die Nacht« (I, 341). »Süße Wollust/ Im Schoß der Nacht«, schreibt Trakl in den Entwürfen zum Gedicht »Die Nacht« – kurz zuvor aber sprach er von den »schaurigen Schluchten/ Der Nacht« (II, 296/97). Hierauf folgt unmittelbar ein Bild, das in seiner Ambivalenz den Widerstreit der mütterlichen Imagines auf engstem Raum zu Ausdruck bringt, in einer symbolischen Sprachfigur: »Finstre Lokkung des Abgrunds« (Ebd.). Das unwiderstehlich anziehende Bild der umfangenden Mutter (lockende Tiefe) konfligiert mit dem bedrohlichen Bild der verschlingenden Mutter (finstrer Abgrund), der Verschmelzungswunsch mit Vernichtungsangst. »Fremde Nähe nachtet um mich«, ruft Kermor – im »Don Juan« stoßen wir auf ein ähnliches Bild der Angst:

> (...) Es engt der Raum sich und
> Verschlingt der nahen Dinge sichere
> Gestalt. Es steigt an mir empor und schon
> Droht es mich zu umfassen. Weg – Wesenloses! (I, 453)

Solche Bilder vom Verschlungenwerden haben ihr symptomatisches Korrelat in der Klaustrophobie Trakls, in seiner Angst vor geschlossenen Räumen, vor dem Fahrstuhl, vor dem Lebendig-Begrabenwerden. Das Symptom geht aus der gleichen unbewußten Phantasie hervor wie die symbolische Szene in den Gedichten: aus der Angstvorstellung, im Körper der Mutter gefangen zu sein, der Angst, die Kehrseite des inzestuösen Verschmelzungswunsches ist.

Das Bild der Nacht, die das Selbst umfängt oder verschlingt, ruft die Vorstellung einer Todesnacht herauf, aber auch die Vorstellung der »Umnachtung«, des Wahnsinns. In einem Entwurfskomplex aus dem Vorfeld des »Helian« schreibt der Dichter:

> O wie schön ist der sterbende Mensch und erscheinend im Dunkel,
> Wenn er leise Arme und Beine bewegt,
> In purpurnen Höhlen langsam die Augen rollen. (II, 453/54)

Schön und strahlend ist der sterbende Mensch, insofern der Tod hier vorgestellt ist als eine Rückkehr in den Mutterschoß, in die umfangende Nacht. Als Variante zu »der sterbende Mensch« erscheint nun »im Wahnsinn der Mensch«; die Motive »Tod« und »Wahnsinn« stehen in paradigmatischer Beziehung, sind austauschbar: beide meinen ein Umfangensein von der Nacht, von der Mutter. So spricht Trakl auch von einem »nächtigen Wahnsinn« (II, 224); an anderer Stelle stoßen wir auf die Varianten »in blauem Wahnsinn«/»in lallendem Wahnsinn« (II, 278). Wird hier dem Wahnsinn erst ein mütterliches Blau zugeordnet, so läßt andererseits das Attribut »lallend« an ein Kind denken: die beiden Varianten sind szenisch komplementär und machen klar, daß in Trakls Phantasie der Wahnsinn als ein Umfangensein von der Mutter begriffen wird. So finden wir auch nicht zufällig beim Motiv des Wahnsinns die Ambivalenz, die schon bei den Motiven »Wasser« und »Nacht« zu konstatieren war, in gleicher Weise wieder. Neben Bildern eines Wahnsinns mit ozeanischem Charakter stoßen wir auch auf Bilder dieser Art: »Der Wahnsinn, der den sanften Menschen faßt. / Die alten Wasser gurgeln ein blaues Lachen« (I, 301). Hier erscheint der Wahnsinn nicht als ein sanft umfangendes, sondern als verschlingendes Element, in dem das Selbst ertrinkt. »Und manchmal öffnet sich ein dunkler Schacht«, lautet die folgende Zeile, die wiederum im Reim korrespondiert mit dieser: »Und ein Antlitz zerfällt in schwarzer Nacht« (Ebd.). Diese Ambivalenz des Motivs vom Wahnsinn zeigt sich sehr deutlich in den Zeilen aus dem »Helian«:

> O ihr zerbrochenen Augen in schwarzen Mündern,
> Da der Enkel in sanfter Umnachtung
> Einsam dem dunkleren Ende nachsinnt, (I, 73)

Wieder konfligieren die Vorstellungen des Umfangenseins (»sanfte Umnachtung«) und des Verschlungenwerdens (»schwarze Münder«) von der Nacht, der archaischen Mutter. Das eindringlichste Bild der Umnachtung finden wir im Prosagedicht »Offenbarung und Untergang«:

> Aber da ich den Felsenpfad hinabstieg, ergriff mich der Wahnsinn und ich schrie laut in der Nacht; und da ich mit silbernen Fingern mich über die schweigenden Wasser bog, sah ich daß mich mein Antlitz verlassen. Und die weiße Stimme sprach zu mir: Töte dich! (I, 169)

Das Selbst, das der Anziehungskraft der archaischen Mutter erliegt, hinabsteigt zum Wasser, in die Nacht, gerät in die Gewalt der schrecklichen, verschlingenden Mutter, fällt der Umnachtung, dem Wahnsinn anheim. Schicksal des ungezügelten inzestuösen Verschmelzungswunsches ist die Psychose, und als Ausweg aus der psychotischen Angst bleibt oft genug nur noch der Selbstmord. Diese Passage des Prosagedichtes, das im Mai 1914 entstand, nimmt die Ereignisse in Krakau symbolisch vorweg – und läßt uns diese auch verständlich werden.

5.4. Die Welt des Wohllauts

Regelmäßig stoßen wir im Rahmen der narzißtischen Szenerien Trakls auf die Vorstellung eines harmonischen Tönens, auf das Motiv des »Wohllauts«. In den Mittelpunkt unserer Untersuchungen zu diesem Motiv stellen wir den wahrlich phantastischen Satz, der das Fragment »Erinnerung« einleitet:

> Stille wohnte in nächtiger Höhle das Kind lauschend in der blauen Woge des Quells dem Geläute einer strahlenden Blume. (I, 382)

Sehen wir einmal ab von den bisherigen Ergebnissen: ein inhaltliches Verständnis dieses Satzes scheint dann kaum möglich – beispielhaft führt er die Hermetik der Dichtung Trakls vor Augen. Was hat der Leser sich unter einem Kind vorzustellen, das zugleich in »nächtiger Höhle«, in einem »Quell« und einer »Woge« wohnt, was unter einer Blume, die im Wasser leuchtet und läutet? Angesichts einer solchen absurden Bilderfolge mag sich in der Tat der Verdacht regen, daß hier die Grenze zu psychotischem Unsinn überschritten sei. Die Tiefenhermeneutik hat uns einen Zugang zu dieser phantastischen Welt eröffnet, nicht länger erscheint Trakls Gedicht als ein Raum, der »unbetretbar ist, wie der Raum im Spiegel« (Rilke). Wir kennen inzwischen das Klischee, dem diese Bilder folgen, die symbolische Szene, die hier entworfen wird: einmal mehr stehen wir vor einem Bild ozeanischen Daseins, finden wir das Selbst als Kind im Schoß der archaischen Mutter, im blauen Wasser, in der Nacht, in einer Höhle. Daß wir mit dieser Deutung des Satzes als einem szenischen Entwurf pränataler Existenz richtig liegen, erweist sich nicht zuletzt daran, daß im unmittelbar folgenden Satz sich ein Geburtsmotiv anschließt:

> Und es trat aus verfallener Mauer die bleiche Gestalt der Mutter und sie trug in schlummernden Händen das Schmerzgeborne nachtwandelnd im Garten. (Ebd.)

An die Stelle der archaischen Mutter, die als diffuses umfangendes Objekt in Erscheinung tritt, rückt jetzt eine konturierte Muttergestalt, die »hervortritt« aus der steinernen Mauer, in der sie »wohnt«; der aus seiner ozeanischen Umgebung vertriebene Narziß erscheint als ein »Schmerzgebornes«. Als eine »Versteinerte« wird die Mutter in der Handschrift bezeichnet, als eine abweisende Gestalt, die Aggressionen weckt; so verstehen wir auch den sich anschließenden Satz: »es erhob sich frierend der Nachtwind« (II, 166). Die Bildersprache Trakls erschließt sich dem szenischen Verstehen der psychoanalytischen Hermeneutik.

Ein »Tönen«, ein »Geläute«, ist nun also Bestandteil der Bildsequenz, mit der Trakl eine primärnarzißtische Phantasie symbolisch getaltet. Diesem Motiv, das in seiner Dichtung eine wichtige Rolle spielt, begegnen wir schon in den frühen Arbeiten Trakls. So vergleicht im Dialog »Maria Magdalena« Marcellus den Himmel mit einer tönenden Glocke: »Und der Himmel ist wie eine blaue Glocke. Es ist, als ob man sie tönen hörte, in tiefen, feierlichen Tönen« (I, 197). Hier schwingt natürlich die traditionelle Vorstellung vom Klang der Sphären mit, doch ist auch daran zu denken, daß die Glocke zugleich eine räumliche Vorstellung evoziert, das Bild eines Gewölbes, einer Höhle. Himmelsgewölbe und »Talesgrund« ergänzten sich in »Traumland« zu einer Topograhie des »Umfangenseins«, die klischeehaft wiederkehrte, zu einer mütterlichen Topographie. Das Motiv des Glockentons begegnet sodann regelmäßig im Rahmen der friedvollen Dorfszenerien Trakls:

Der Bauern braune Stirnen. Lange tönt
Die Abendglocke; schön ist frommer Brauch (I, 63)

die Abendglocke und die schöne Gemeine der Menschen (I, 149)

es läutet/ Lange eine dunkle Glocke im Dorf; friedlich Geleit (I, 141)

Eine Glocke läutet und der Hirt führt eine Herde von schwarzen und roten Pferden ins Dorf. (I, 97)

Das Tönen der Glocke ist das Kennzeichen einer geordneten, harmonischen Welt, es ist der akustische Ausdruck dieser Harmonie. Dies wird sinnfällig, wenn in dem Sonett »Verfall« anfänglich »die Glocken Frieden läuten«, zugleich die Rede ist von der frommen »Pilgerschar« der Vögel (I, 59). Das Motiv des harmonischen Tönens korrespondiert insofern auch mit den Bildern der »Allee«, der »Herde«, des »Kristalls«. So stoßen wir in den Entwürfen zu »Abendland« auf die Lesartvarianten: »Des Quells kristallne Glocke«/»Die kristallne Woge des Quells« (II, 247). Wieder verbinden sich im Bild der Glocke die Vorstellungen des Tönens und eines bergenden Gewölbes. Und auch hier folgt ein Geburtsmotiv: »Seufzend hob sich das saugende Haupt/ Aus feuchter Bläue« (Ebd.).

Der Wohllaut kennzeichnet eine Welt vor dem Sündenfall, eine Welt unschuldiger Kindheit, eine pränatale Welt: so tritt das Motiv des Tönens auch immer wieder auf im Kontext der Bilder einer friedlichen Mutter-Kind-Dyade:

Fromm und dunkel ein Orgelklang.
Marie thront dort im blauen Gewand
Und wiegt ihr Kindlein in der Hand.
Die Nacht ist sternenklar und lang. (I, 292)

Die Mutter leis' im Schlafe singt.
Sehr friedlich schaut zur Nacht das Kind
Mit Augen, die ganz wahrhaft sind.
Im Hurenhaus Gelächter klingt. (I, 16)

Mit dem Gesang der Mutter kontrastiert das »Gelächter« aus dem Hurenhaus, mit der Madonnen-Idylle die Szene, die etwa im Gedicht »Der Heilige« entworfen wird – auch hier ist ja mit dem »Qualschrei« eine Klangvorstellung impliziert. Den genauen Gegenentwurf zu dieser Szene haben wir im Gedicht »Im Mondschein« gefunden: »Engel, die vor Mariens Throne singen« (I, 277). Zum Qualschrei des Heiligen und zum Hurengelächter tritt eine lange Reihe negativer Klangvorstellungen, die alle dem ozeanischen Wohllaut entgegengesetzt sind. In der Welt der »animalischen Triebe« tönt die Glocke anders: »Plötzlich flattern Glockenklänge« (II, 67). Hier hallen »Feuerglocken« (II,308) oder »Sturmglocken« (I, 438); Trompetentöne sind zu vernehmen und »schwarzes Eisen schellt« (I, 43). In der Schmiedewerkstatt »dröhnt der Hammer« (I, 13), im Gasthaus »schrein/ Toller auf verstimmte Geigen« (I, 183). »Sein Ohr zerriß ein eisernes Klirren«, heißt vom Knaben Kaspar des Prosagedichts (I, 148). Die Reihe ließe sich beliebig fortsetzen; die Welt, in der der gefallene Engel wohnt, präsentiert sich als »ein wilder Tanz,/ Zu kraus zerrißnem, seelenlosem Klang« (I, 218). Der dissonante Klang in dieser Welt ist der akustische Ausdruck ihrer Friedlosigkeit, einer »Zerrissenheit/ Feuriger Kräfte« (II, 290).

Bei den vielfach variierten ozeanischen Szenerien Trakls fällt auf die regelmäßige Kookkurrenz eine Reihe von Motiven. Die Vorstellungen des Wassers, der Höhle, der Nacht, des ozeanischen Blaus, des Wohllauts, die im Eingangssatz von »Erinnerung« eine innige Verbindung eingegangen sind, treten in Trakls Gedichten auch sonst ständig gemeinsam auf, in wechselnder Zusammensetzung; die folgenden Beispiele belegen dies:

Hoch im Blau sind Orgelklänge (I, 23)

ein Brunnen ins Blaue sang (I, 266)

das blaue Wasser im Felsen tönt (I,79)

Nächtlich rauscht/ Blaues Wasser im Felsengrund (I, 115)

es tönen/ Die blauen Quellen im Dunkel/ Daß ein Sanftes/ Ein Kind geboren werde (I, 399)

Es sind immer wieder die gleichen Elemente, die von Trakl »zusammengeschmiedet« werden. Eine Synthese der Motive »Wasser« und »Wohllaut« ergibt die auf den ersten Blick kaum verständliche Wendung »feuchte Glocken« (I, 345); ganz ähnlich spricht Trakl auch von »feuchter Bläue«: »Der Abend tönt in feuchter Bläue fort« (I, 64). Wird die Farbvorstellung des Blau amalgamiert mit der akustischen Vorstellung vom Tönen, so entstehen die charakteristischen synästhetischen Sprachfiguren Trakls: »blaue Musik« (I, 422), »blaue Glocken« (I, 105), »der blaue Ton der Flöte im Haselgebüsch« (I, 308), »blaue Guitarrenklänge« (II, 277). Auch die Blume und der Kristall kehren im Rahmen der narzißtischen Szenerien häufig wieder:

Als wohnt' ich ein sanftes Wild
In der kristallnen Woge
Des kühlen Quells
Und es blühten die Veilchen rings (I, 321)

Rings um das Selbst gruppiert sind diese blauen Blumen; an anderer Stelle schreibt Trakl: »Blaue Blümchen umrahmen dein Antlitz«(II, 239). Diese Bilder folgen der primärnarzißtischen Vorstellung des Umfangenseins. Zum ozeanischen Blau tritt noch eine andere Farbe, ein frühlingshaftes Grün, ein Grün aufsteigenden Lebens, der Kindheit: »die grüne Blume, der lallende Quell« (I, 119). Dieses vegetative Grün (zu erinnern ist an die grünen Augen des Kindes in »An die Verstummten«) tritt immer wieder im Verbund auf mit dem ozeanischen Blau:

> Dunkle Stille der Kindheit. Unter grünenden Eschen
> Weidet die Sanftmut bläulichen Blickes; goldene Ruh. (I, 138)

> Schon blühen ihre Blumen, die ernsten Veilchen
> Im Abendgrund, rauscht des blauen Quells
> Kristallne Woge. So geistlich ergrünen
> Die Eichen (I, 153)

> auf grünem Grund/ Blauer Blumen Geheimnis und Stille (I, 316)

> Süß duften die Veilchen im Wiesengrund (I, 406)

> das nächtige Rauschen des Quells im Veilchengrund (II, 316)

> ein Quell sehr fern durch grüne Pfühle (I, 290)

> Balde an verfallner Mauer blühen
> Die Veilchen,
> Ergrünt so stille die Schläfe des Einsamen. (I, 92)

Es handelt sich also um eine relativ kleine Gruppe von Motiven, die sich immer wieder zusammenfinden im Rahmen einer narzißtischen Szene, diese in wechselnder Konfiguration gestalten. Die Kenntnis dieser Variationsketten ist bedeutsam für die Interpretation der poetischen Bilder Trakls – sie verhindert Mißverständnisse.

»Der blaue Fluß rinnt schön hinunter«, schreibt Trakl in »Seele des Lebens« (I, 36). Blau sei der Fluß, so meinte nun ein Interpret, weil der Himmel sich darin spiegele.[13] Hier wird das dichterische Bild als Abbild genommen, als Kopie der Wirklichkeit, seine Semantik des Gesetzen der Optik unterstellt. Wohl spiegelt sich im Blau des Flusses die Bläue des Himmels, doch auf andere Weise, als der Interpret meinte: wir haben es mit semantischen, nicht mit optischen Spiegelungen zu tun. Und unter diesem Gesichtspunkt spiegeln sich in dem Blau des Wassers auch das Blau des Madonnenmantels, das Blau der Nacht, die blauen Augen des schönen Knaben, der im Wasser wohnt. Das Farbadjektiv ist von hoher evokativer Potenz, hat nicht bloß deskriptive Funktion. Wenn nun in einem anderen Gedicht Trakls der Fluß von grüner Farbe ist, so hätte der am Mimesis-Begriff festhaltende Interpret zu schließen, daß hier von einem anderen Fluß die Rede ist, vom »grünen Inn« (im Gegensatz zur »blauen Donau«). Wieder bliebe bei solcher Deutung die Evokationskraft des Grüns unbeachtet, seine Kraft, dem Motiv des Wassers die Vorstellung aufsteigenden Lebens, des Frühlings zur Seite zu stellen – wie es in den oben angeführten Beispielen der Fall ist. »Das Blau des Frühlings winkt« im Gedicht »Frühling der Seele« (I, 141), und gleich darauf heißt es: »Grünlich dämmert

[13] Vgl. Lachmann, S. 20.

der Fluß«. Nicht auf den Inn weist uns dieses grüne Wasser, sondern auf den Frühling, von dem in diesem Gedicht die Rede ist, auf einen Frühling der Seele, den zugleich das ozeanische Blau kennzeichnet. Eine ganze Sequenz ozeanischer Bilder schließt sich an:

> Grünlich dämmert der Fluß, silbern die alten Alleen
> Und die Türme der Stadt. O sanfte Trunkenheit
> Im gleitenden Kahn und die dunklen Rufe der Amsel
> In kindlichen Gärten. Schon lichtet sich der rosige Flor.
>
> Feierlich rauschen die Wasser. O die feuchten Schatten der Au,
> Das schreitende Tier; Grünendes, Blütengezweig
> Rührt die kristallene Stirne; schimmernder Schaukelkahn. (I, 141)

Wenn Trakl nun in einem anderen Gedicht schreibt »Die Wasser schimmern grünlich-blau« (I, 177), so werden wir diese Farbbestimmung nicht nur als eine durch die Realität vorgegebene begreifen: dieses Wasser schillert nicht nur farblich, es oszilliert zugleich semantisch. »Es blaut die Nacht«, schreibt Trakl gleich darauf, während er in einem anderen Gedicht ebenso selbstverständlich vom »Grünen« der Nacht spricht: »Frohen Mut auch gib/ Grünende Nacht dem Einsamen« (I, 344). Auch die Nacht also schimmert »grünlich-blau«: als symbolische Mutterrepräsentanz ist sie, wie das Wasser, assoziativ verknüpft mit dem Blau des Madonnenmantels und mit dem Grün kindlichen, frühlingshaften Lebens.

Nach diesen grundsätzlichen Überlegungen zur poetischen Verfahrensweise Trakls, seiner Kunst, Worte »zusammenzuschmieden«, und zu den hermeneutischen Konsequenzen, die aus dieser Poetik zu ziehen sind, können wir jetzt zurückkommen auf die phantastische Szenerie, die der Eingangssatz von »Erinnerung« entwirft. Es dürfte klar geworden sein, wie der Dichter zu seinem befremdend-schönen Bild der läutenden Blume im Wasser gelangt ist. In der »blauen Höhle« des Wassers, im Schoß der archaischen Mutter, vernimmt das Selbst einen Wohllaut, ein harmonisches Tönen: die Welt ozeanischen Daseins ist eine Welt der Harmonie – hier »läuten die Glocken Frieden«. Eine Blume erzeugt diesen Glockenton: eine »Glockenblume«, beim Wort genommen. Die Sprache und die Natur selbst kommen dem kühnen Bild Trakls entgegen. Vor dem Hintergrund der eben angestellten Überlegungen zur poetischen Schmiedekunst Trakls können wir das Bild der »läutenden Blume« nicht mehr als einfache Metapher mißverstehen: gemeint ist nicht »eigentlich« eine Glockenblume, eine botanische Spezies, obgleich diese Sachvorstellung natürlich mitschwingt. Wir haben es zu tun mit einem synthetischen, einem ungegenständlichen Bild, dessen Bedeutung nicht in einem Verweisbezug auf empirische Realität zu suchen ist – diese Blume verweist auf die Welt des Wunsches, der sie entsprossen ist. »Blaues Blumengeläut« läßt Trakl auch in der ozeanischen Welt eines anderen Gedichts ertönen (II, 461).

Nun zeichnet die schöne Blume in »Erinnerung« sich nicht nur durch ein »Läuten«, sondern auch durch ein »Strahlen« aus. Nachdem klar geworden ist, warum diese Blume »läutet«, warum sie in der Nacht, im Wasser und im Blau läutet, dürfte es nicht mehr schwer fallen, auch ihr »Strahlen« einem Verständnis zu erschließen. Zunächst ist festzustellen, daß dieses Strahlen (das einen wirkungsvollen Kontrast bildet zum Dunkel der »nächtigen Höhle«) das optische Korrelat zur akustischen Vorstellung des Tönens darstellt. Dem »Lauschen« des Kindes entspricht sein »Schauen«. »Öffnen sich, zu lauschen, die weichen Augen/ Helians«, formuliert Trakl in den Entwürfen zum »Helian« (II, 452); an anderer Stelle schreibt er: »In feuchter Bläue wohnt des Schauenden Antlitz« (II, 404). So kann in der phantastischen Welt Trakls auch ein Tönen im Spiegel erblickt werden: »In eines Spiegels Bläue tönt die sanfte Sonate« (I, 311). Im Bild der »läutenden Blume«, so stellten wir fest, schwingt die Sachvorstellung einer Glockenblume mit; analog evoziert die »strahlende Blume« die Vorstellung einer Sonnenblume – damit ein Motiv, von dem Trakl sehr häufig Gebrauch macht. Soll die Bedeutung der »strahlenden Blume« in der ozeanischen Landschaft des Fragments »Erinnerung« erhellt werden, so ist dazu die Rolle der »Sonnenblume« in Trakls Werk zu erkunden.

Werfen wir zuerst einen Blick auf das wohlbekannte Motiv eines herbstlichen Gartens, wie es in dem Gedicht »Melancholie« erscheint; hier stoßen wir auf das Bild einer verwelkenden Sonnenblume. In der ersten Fassung dieses Gedichtes (noch unter dem Titel »Leise) schreibt Trakl:

> Am Zaune lehnen Astern, die verstarben
> Und Sonnenblumen schwärzlich und verwittert,
> Gelöst in Schminken und Zyanenfarben. (I, 360)

Daß in diesen Zeilen nicht nur eine herbstliche Impression gestaltet ist, deutet sich schon an, wenn wir uns klarmachen, von welch erlesenen Blumen hier die Rede ist: von einer »Sonnen-Blume« und einer »Stern-Blume« nämlich, von zwei »strahlenden Blumen« also. Wenn nun die Sonnenblume, verwelkend und zugleich »erlöschend«, sich präsentiert »gelöst in Schminken«, so wird in ihr ein menschliches Wesen kenntlich, ein weibliches – ein weinendes Mädchen. Eine Analogie Blume-Mensch wird im Gedicht selbst gleich darauf hergestellt:

> Und unsere Stirnen schattenhaft vergittert
> Versinken leise in Zyanenfarben
> Mit Sonnenblumen schwärzlich und verwittert
> Und braunen Astern, die am Zaun verstarben.

Von einem Versinken, Sich-Auflösen in »Zyanenfarben« ist die Rede – überrascht stellen wir fest, daß hier etwas uns bereits Vertrautes sich volllzieht: die Rückkehr in das ozeanische Blau, in dem der Subjekt-Objekt-Gegensatz aufgehoben ist. In der zweiten Fassung des Gedichts (jetzt unter dem Titel »Melancholia«) gewinnt diese Vorstellung noch deutlichere Konturen:

6 Des Todes ernste Düsternis bereiten
Nymphische Hände, an Purpurbrüsten saugen
Verfallne Lippen und in braunen Laugen
Des Sonnenjünglings feuchte Locken gleiten. (I, 361)

Ein Bild des Todes, der Rückkehr ins Wasser wird hier entworfen; von einer Nymphe wird der Sonnenjüngling ins Wasser hinabgezogen, in ein Wasser mit bemerkenswerter Eigenschaft: die »Lauge« ist eine Flüssigkeit, die »auflöst«. Der Sonnenjüngling tritt bei Trakl wiederholt auf, zunächst unter dem Namen »Phöbus« (I, 270), dann unter dem Namen »Helian« (der zugleich den Christus assoziiert). In der Nymphe, so haben wir bereits festgestellt, verbirgt sich die Gestalt der Schwester: Helian steigt also hinab in das Wasser, um sich mit der Schwester zu vereinen. Was sich auf den ersten Blick als metaphorische Umschreibung des Sonnenuntergangs darbietet, erweist sich bei genauerem Zusehen als eine symbolische Szene, in der sich ein inzestuöser Verschmelzungswunsch erfüllt. Wir erinnern uns an Orpheus, der zu der Wasserrose in den Teich hinabsteigt. Auch der Sonnenjüngling Helian hat eine Braut, eine Schwester in Blumengestalt: die Sonnenblume. Herkunft und Bedeutung des in der Forschung vielumrätselten Namens »Helian« finden damit eine einfache Aufklärung: «Helianthus« ist nämlich der botanische Name der Sonnenblume. Sonnenjüngling und Sonnenblume, Helian und Helianthus, bilden ein Geschwisterpaar wie Narziß und Narzisse, wie Georg und Georgine.

Die Sonnenblume fällt ins Auge durch ihr leuchtendes Gelb; lassen wir nun die Schwestergestalten der Gedichte Trakls Revue passieren, so bemerken wir, daß diese Mädchen immer wieder blondes Haar haben. Vom wunderschönen »Goldhaar« seiner Cousine Maria zeigt sich der Knabe in »Traumland« beeindruckt (I, 192), auch die »gelben Haare« der Magd dürften für den Knecht nicht der erotischen Anziehungskraft entbehren (I, 12). »Du träumst: die Schwester kämmt ihr blondes Haar«, schreibt Trakl im Gedicht »Der Spaziergang« (I, 44). Daß wir mit unseren Überlegungen nicht fehlgehen, erweist sich schließlich in einem den Sonnenblumen gewidmeten Gedicht, in dem diese Blumen explizit als »demutsvolle(!) Schwestern« angesprochen werden:

Ihr goldenen Sonnenblumen,
Innig zum Sterben geneigt,
Ihr demutsvollen Schwestern
In solcher Stille
Endet Helians Jahr
Gebirgiger Kühle. (I, 353)

Die Sonnenblume gibt sich hier nun in der Tat als die »Schwester« des Sonnenjünglings Helian zu erkennen. Die paradigmatische Beziehung von Schwestergestalt und Sonnenblume erscheint häufig als eine syntagmatische:

Im roten Laubwerk voll Guitarren
Der Mädchen gelbe Haare wehen
Am Zaun, wo Sonnenblumen stehen.
Durch Wolken fährt ein goldner Karren. (I, 17)

Auf dem »goldenen Karren« am Himmel dürfen wir einen Lenker vermuten, den Sonnenjüngling Helian, den Bruder zugleich der Sonnenblumen und der Mädchen mit gelbem Haar. Wie im Traum drückt Bedeutungsverwandtschaft sich aus in räumlicher Nähe:

Sonnenblume, sanftgeneigte / Über Sonjas weißes Leben (I, 105)

Afras Lächeln rot in gelbem Rahmen / Von Sonnenblumen (I, 108)

»In Sonnenblumen gelb klapperte morsches Gebein«, schreibt Trakl in einer Vorstufe des Gedichts »Sebastian im Traum« – gleich darauf ist von der »verstorbenen Schwester« des Knaben Sebastian die Rede (I, 425).

Die Einsicht, daß die Sonnenblume für die Schwester eintritt, ermöglicht uns überhaupt erst ein Verständnis des Sinnzusammenhangs, der die zunächst recht disparat anmutenden Bilder mancher Gedichte verbindet. So etwa im folgenden Sonett:

In der Heimat

Resedenduft durchs kranke Fenster irrt;
Ein alter Platz, Kastanien schwarz und wüst.
Das Dach durchbricht ein goldener Strahl und fließt
Auf die Geschwister traumhaft und verwirrt.

Im Spülicht treibt Verfallnes, leise girrt
Der Föhn im braunen Gärtchen; sehr still genießt
Ihr Gold die Sonnenblume und zerfließt.
Durch blaue Luft der Ruf der Wache klirrt.

Resedenduft. Die Mauern dämmern kahl.
Der Schwester Schlaf ist schwer. Der Nachtwind wühlt
In ihrem Haar, das mondner Glanz umspült.

Der Katze Schatten gleitet blau und schmal
Vom morschen Dach, das nahes Unheil säumt,
Die Kerzenflamme, die sich purpurn bäumt. (I, 60)

Im ersten Quartett wird das Geschwisterthema aufgenommen; Bruder und Schwester erscheinen als »Sonnenkinder«. In der zweiten Strophe hat die Schwester sich verwandelt in eine Sonnenblume, die in szenische Beziehung tritt zum wohlbekannten »Föhn«. Warum das Liebeswerben des Föhns einer aufmerksamen »Wache« bedarf, braucht wohl nicht mehr erläutert zu werden.

In der dritten Strophe hat der »girrende« Föhn sich in einen aggressiven »Nachtwind« verwandelt, der mit der Schwester verfährt wie Blaubart mit seiner Braut: »Erbarmen! Was zerrst du mich am Haar!« (I, 444). Die sadistische Szene wird variiert in der letzten Strophe, in der das Selbst vertreten wird durch die sich »aufbäumende« Kerzenflamme, die Schwester durch eine Katze. Die Adjektive »blau« und »schmal« dienen wiederholt zur Kennzeichnung der Schwester. Welches »Unheil« hier droht, liegt auf der Hand – eine »Blutbrautnacht« steht bevor: »Unter kahlen Eichbäumen erwürgte er mit eisigen Händen eine wilde Katze« (I, 148). Blaubart ist das alter ego auch des Sonnenjünglings Helian. Die in der ersten Strophe des Sonetts vorgeführte Einheit der Geschwister wird also im folgenden aufgespalten in eine triebhaft gespannte Beziehung von Selbst und Objekt. Fungieren Föhn, Nachtwind und Kerzenflamme als symbolische Selbstrepräsentanzen, so erscheint das szenisch komplementäre feminine Objekt als Schwester, Sonnenblume und Katze. Die Schwester wird einmal mehr als eine »Windsbraut« vorgestellt, wie auch die von Kermor bedrohte Johanna im Dramenfragment: »Lachende Bräutigamsstimme im Nachtwind« (II, 505).

Kennen wir diese Rolle der Schwester als Windsbraut, wissen wir weiterhin, daß sie oft vertreten wird durch eine Sonnenblume, so haben wir keine Mühe, die folgenden überaus kryptischen Zeilen des Dichters zu verstehen:

> Das rote Gehämmer der Schmiede, ein pochendes Herz.
> Stille; in langsamen Händen verbirgt die hyazinthene Stirne die Magd
> Unter flatternden Sonnenblumen. (...) (I, 346)

Diese Zeilen aus dem späten »Psalm« müssen unverständlich bleiben, wenn nicht all das wahrgenommen wird, was in ihnen nur angedeutet ist. Mitzudenken ist die Schmiedeszene mit ihrem rüden Knecht, der den Hammer schwingt und den bedrohlichen Lärm erzeugt: er gibt der Magd Anlaß, ängstlich ihr Gesicht zu verhüllen. Diese Zeilen müssen unverständlich bleiben, wenn nicht das blonde Haar dieser Magd mitgedacht wird und ihre Verwandtschaft mit der Sonnenblume, wenn nicht die Verwandtschaft des Schmiedeknechts mit dem Föhn und die Rolle der Magd als Windsbraut vergegenwärtigt wird. »Flatternde Sonnenblumen«: dies ist kein psychotischer Unsinn und keine reine Sprachfigur. Wir haben es zu tun mit einer symbolischen Sprachfigur: als symbolische Repräsentanz der Schwester tritt die Sonnenblume in der Rolle einer Windsbraut auf, als angegriffenes Objekt.

Unsere Beschäftigung mit dem Motiv der Sonnenblume hat nun auch das Bild der »strahlenden Blume« im Wasser einem Verständnis erschlossen. Eine Sonnenblume und eine Nymphe fungierten in »Melancholia« als Schwestern des Sonnenjünglings: die strahlende Blume im Wasser ist Sonnenblume und Nymphe zugleich, die Schwester des schönen Knaben, der in »nächtiger Höhle« und in der »blauen Woge des Quells« wohnt. Im Schoß der archaischen Mutter vereint finden wir einmal mehr die Geschwister: »Stille begegnet in feuchter Bläue das schlummernde Antlitz der Schwester« (I, 382). Die Schwester begegnet als Sonnenblume und als Glockenblume: sie »läutet Frieden«. Knecht und Magd, die sich geschlechtlich entgegengesetzt waren, sich in triebhafter Spannung gegenübertraten, haben sich versöhnt, sind in ozeanischer Welt » E i n Geschlecht« geworden: »Mägde gehn / Durch feuchte Bläue und bisweilen sehn / Aus Augen sie, erfüllt von Nachtgeläuten« (I, 61). Der Wohllaut ist der akustische Ausdruck der Versöhnung, die stattgefunden hat; »sanfter Gesang« ertönt in der Welt, die von den Dämonen des Blutes erlöst ist. So auch in der grandiosen ozeanischen Szenerie aus »Offenbarung und Untergang«:

> Da ich in den dämmernden Garten ging, und es war die schwarze Gestalt des Bösen von mir gewichen, umfing mich die hyazinthene Stille der Nacht; und ich fuhr auf gebogenem Kahn über den ruhenden Weiher und süßer Frieden rührte die versteinerte Stirne mir. Sprachlos lag ich unter den alten Weiden und es war der blaue Himmel hoch über mir und voll von Sternen; und da ich anschauend hinstarb, starben Angst und der Schmerzen tiefster in mir; und es hob sich der blaue Schatten des Knaben strahlend im Dunkel, sanfter Gesang; hob sich auf mondenen Flügeln über die grünenden Wipfel, kristallene Klippen das weiße Antlitz der Schwester. (I, 170)

Die Dämonen sind ausgetrieben, die »Zerrissenheit / Feuriger Kräfte« ist »süßem Frieden« gewichen; als reine, geschlechtslose Engel begegnen sich Bruder und Schwester, und es ertönt »sanfter Gesang«. In der ozeanischen Welt ist kein Mißklang und kein Qualschrei zu vernehmen – nur ein harmonisches Tönen. Wohl an keiner Stelle in der Dichtung Trakls wird der wunscherfüllende Charakter seiner symbolischen Szenen sinnfälliger.

Die enge Verwandtschaft der Motive des Wassers, der Nacht, des ozeanischen Blau und des Wohllauts ist deutlich geworden. Wenn Trakl nun im Gedicht »Das Gewitter« schreibt: »Wo plötzlich die Bläue / Seltsam verstummt« (I, 157), so bereitet diese Wendung keine Verständnisschwierigkeiten mehr. Die Bläue kann »verstummen«, insofern sie »tönt«, assoziiert ist mit der Vorstellung vom »Wohllaut«; dieses harmonische Tönen verstummt, sobald die Dämonen des Blutes sich regen, den Frieden der Seele stören. Sie sind es ja, die das Gewitter heraufbeschwören, die ödipale Dramatik in Gang setzen. Umgekehrt wird einsichtig, warum in der letzten Strophe von »Musik im Mirabell« ein Wohllaut zu vernehmen ist, nachdem eine Flamme gelöscht wurde:

> Ein weißer Fremdling tritt ins Haus.
> Ein Hund stürzt durch verfallene Gänge.
> Die Magd löscht eine Lampe aus,
> Das Ohr hört nachts Sonatenklänge. (I, 18)

Gelöscht wurde die »purpurne Flamme der Wollust« – der Frieden der Seele ist wiederhergestellt, das narzißtische Gleichgewicht wiedergefunden. Das

Schlußbild knüpft an das Eingangsbild des Gedichts an: »Ein Brunnen singt«. Wieder sind die Motive »Wasser«, »Nacht« und »Wohllaut« versammelt. Zwischen den ozeanischen Bildern am Anfang und am Schluß des Gedichts stand ein Bild der Angst: »Ein Feuerschein glüht auf im Raum / Und malet trübe Angstgespenster«. Die Welt, in der die Dämonen des Blutes ihn Unwesen treiben, steht im Zeichen des Feuers; sie ist der ozeanischen diametral entgegengesetzt. In ihr ertönt ein dämonisches Geheul, während in der Welt des Narziß ein Sonatenklang, ein sanftes Tönen zu vernehmen ist: »Narziß im Endakkord von Flöten« (I, 42).

Wir erinnern uns jetzt an den Brief, den Trakl 1908 in Wien verfaßte – schon hier zeigte sich ja diese Gegensätzlichkeit. Im ersten Teil des Briefes spricht Trakl von dem »entsetzlichen Alp«, der ihn bedrängt: »Ich habe die fürchterlichsten Möglichkeiten in mir gefühlt, gerochen, getastet und im Blute die Dämonen heulen hören ...« Diesem Alptraum setzt er im zweiten Teil des Briefes eine schöne Traumwelt entgegen, eine Welt des Wohllauts:

> Vorbei! Heute ist diese Vision der Wirklichkeit wieder in Nichts versunken, ferne sind mir die Dinge, ferner noch ihre Stimme und ich lausche, ganz beseeltes Ohr, wieder auf die Melodien, die in mir sind, und mein beschwingtes Auge träumt wieder seine Bilder, die schöner sind als alle Wirklichkeit! Ich bin bei mir, bin meine Welt! Meine ganze, schöne Welt, voll unendlichen Wohllauts. (I, 472)

Ich bin meine Welt: Narziß ist zurückgekehrt in die blaue Höhle der Kindheit, in das Wasser, in den Schoß der archaischen Mutter. In dieser präödipalen, ozeanischen Welt ertönt ein Wohllaut, ein Sonatenklang, hier läuten die Glocken Frieden. Und in dieser Welt findet Narziß die Schwester wieder, als Narzisse, als Blume und Nymphe. Der Sonnenjüngling Helian »schaut« und »lauscht«: ihm begegnet die Schwester als Sonnenblume, als eine Blume, die zugleich »strahlt« und »läutet«. Noch Eines ist schließlich zu bedenken. Wenn wir dem Krakauer Krankenblatt Glauben schenken dürfen, so litt Trakl unter akustischen Halluzinationen:

> Seit seiner Kindheit schon hat er zeitweise Gesichtshallucinationen, es kommt ihm vor wie wenn hinter seinem Rücken ein Mann mit gezogenem Messer steht. Von 12–24 Jahren hat er keine solche Erscheinungen gehabt, jetzt seit 3 Jahren leidet er wieder an diesen Gesichtstäuschungen außerdem hört er sehr oft Glockenläuten. (II, 730)

Der Wunsch ist nicht nur der Vater des poetischen Bildes, der symbolischen Szene – von ihm stammt auch das Symptom ab, in dem die Schulpsychiatrie nicht mehr zu erkennen vermochte als ein Anzeichen einer physiologischen Fehlfunktion, des endogenen Prozesses. Der narzißtische Wunsch, der die ozeanische Welt der Gedichte schuf, findet nicht nur eine symbolische Erfüllung, sondern auch eine halluzinatorische. Zum Symbol tritt wieder das korrespondierende Symptom.

6. Poetologische Motive im Werk Trakls

6.1. Orpheus und die blaue Blume

Viele Gedichte Trakls sind überschrieben mit »Lied« oder »Gesang«. Als Sänger mit der Harfe tritt schon der junge Dichter auf, so im »Gesang zur Nacht«: »Ich bin die Harfe in deinem Schoß« (I, 224). Trakl stellt sich in die Nachfolge des Orpheus, des mythologischen Stammvaters aller Lyriker; sein Gedicht erscheint als ein Saitenspiel: »Nächtlich tönt der Seele einsames Saitenspiel« (I, 394). Orpheus ist uns begegnet in der Entwürfen zur zweiten Fassung des Gedichts »Die drei Teiche in Hellbrunn«: am Rand eines Teichs, auf der Suche nach der verlorenen Braut, die als Nymphe und Wasserrose im »feuchten Schoße« des Weihers wohnte. Zu ihr stieg Orpheus hinab; in der Endfassung haben die betreffenden Zeilen den Wortlaut: »silbern tönt die Leier / Des Orpheus fort im dunklen Weiher« (I, 178). In ozeanischer Umgebung also finden wir bei Trakl die Gestalt des Orpheus, im Schoß der Nacht, im Schoß des Wassers. Er rückt an die Stelle des Narziß. Mit dem »Wohllaut«, der in dieser ozeanischen Umgebung ertönt, haben wir uns im letzten Abschnitt befaßt, mit dem schönen Bild der läutenden und strahlenden Blume. Wenn nun in der »blauen Höhle« des Wassers auch das Saitenspiel des Orpheus ertönt, so deutet sich eine Verwandtschaft an zwischen dem Saitenspiel und der läutenden Blume, eine Beziehung mithin dieser Blume zum Lied des Georg Trakl. Wir haben diese Blume begriffen als eine symbolische Repräsentanz der Schwesterimago, als eine Metamorphose der verlorenen Braut, der Eurydike – offenbar ist ihr Sinngehalt damit aber noch nicht ausgeschöpft.

Die Beziehung zwischen der tönenden Blume und dem Gedicht selbst wird offenkundig in den Zeilen, die Trakl Novalis gewidmet hat:

> In dunkler Erde ruht der heilige Fremdling.
> Es nahm von sanftem Munde ihm die Klage der Gott,
> Da er in seiner Blüte hinsank.
> Eine blaue Blume
> Fortlebt sein Lied im nächtlichen Haus der Schmerzen. (I, 325)

Auch Novalis wird als Sänger angesprochen, und sein Lied wird einer »blauen Blume« gleichgesetzt. Eine frühere Lesart stellt ausdrücklich fest: »Eine blaue

Blume / Ist sein Lied ...« (II, 416). Vom »Aufblühen« und vom Ersterben – das man sich entsprechend als ein »Verwelken« vorzustellen hat – des Saitenspiels spricht Trakl in der überarbeiteten Fassung dieser Zeilen:

In dunkler Erde ruht der heilige Fremdling
In zarter Knospe
Wuchs dem Jüngling der göttliche Geist,
Das trunkene Saitenspiel
Und verstummte in rosiger Blüte. (I, 326)

Zu »in rosiger Blüte« tritt als Variante: »in strahlender Blüte« (II, 417). Diese »strahlende Blume« vertritt also das »Saitenspiel«, das Lied des Orpheus, somit das Lied des Georg Trakl, das Gedicht. Und im Rückblick erscheint es von daher auch als keineswegs so befremdlich, wenn die »strahlende Blume«, die das Kind im Wasser erblickt, zugleich eine »tönende« oder »läutende« Blume ist. Das Tönen dieser schönen Blume verweist uns auf das orphische Saitenspiel, ihr Läuten auf den sakralen Klang der Glocke, die »Frieden läutet«. »Saitenspiel«, »Wohllaut« und »Glocke« bilden bei Trakl auch ein Variantenparadigma (II, 143). In einem Handschriftenkomplex aus dem Vorfeld des »Sebastian im Traum« stoßen wir auf die Zeilen: »Rosige Glocke, da aus seinem schwärzlichen Grab / Der Heiland aufstand« (II, 459). Im nächsten Ansatz ruft diese »rosige Glocke« zum »Abendmahl« (II, 460). Schließlich verwandelt das christlich-sakrale Tönen sich in ein orphisches Tönen; der »Schläfer« vernimmt das Tönen einer »blauen Blume«: »Klangen leise ihm blaue Blumen nach« (II, 461). Im nächsten Ansatz schreibt der Dichter: »Sänger blauer Blumen im dämmernden Garten« (II, 462). Und zuletzt wird das orphische Bild mit dem christlichen »zusammengeschmiedet«, der Glokkenklang verschmilzt mit dem Tönen der blauen Blume: »blaues Blumengeläut im dämmernden Garten« (II, 461). Der Entstehungsprozeß dieser für Trakl so charakteristischen Wendung läßt sich im Handschriftenmaterial also genau nachvollziehen, und der genetische Befund bestätigt unsere Behauptung: das »blaue Blumengeläut« verweist nicht auf gegenständliche Realität, auf eine Glockenblume, sondern auf das Gedicht selbst: auf die Versöhnung stiftende Funktion des Saitenspiels, des Gesangs, der »Lieder« Trakls. Das orphische Saitenspiel des Georg Trakl besänftigt die wilden Tiere, die rasenden Rappen, die Dämonen des Blutes. Bei den seltsamen Formeln vom »Geläute einer strahlenden Blume« und vom »Läuten bläulicher Blumen« handelt es sich mitnichten um Unsinnsformeln eines Geisteskranken; diese Bilder wandeln vielmehr ein poetologisches Motiv ab, weisen auf das Gedicht selbst. Die schöne Blume, die im Wasser, in nächtlicher Höhle läutet, steht für das Gedicht, das gelang; ihr Tönen kündet von der Versöhnung, von der Wiederherstellung des seelischen Gleichgewichts. Die tönende Blume ist das Spiegelbild des schönen Knaben Narziß, des von den Dämonen des Blutes befreiten Selbst; in ozeanischer Umgebung erscheinen auch die symbolischen Repräsentanten des Selbst in »tönender« und »strahlender« Gestalt: »In heiliger Bläue läuten leuchtende Schritte fort« (I, 79). Den »Wohllaut«, den das Selbst in diesem ozeanischen Blau zugleich erzeugt und vernimmt, gibt diese Zeile durch ihre imponierende Klangfülle, ihre Musikalität, selbst wieder. Orpheus ist ein »Tönender«, ein »Sänger blauer Blumen«; als Narziß findet er sich in einer Welt ohne »animalische Triebe«, in einer Welt »unendlichen Wohllauts«.

Den Eingangssatz von »Erinnerung« hatten wir begriffen als szenischen Entwurf einer primärnarzißtischen Phantasie, als eine symbolische Szene, in der sich ein inzestuöser Verschmelzungswunsch erfüllt: im Schoß der archaischen Mutter fanden wir einmal mehr das Geschwisterpaar friedlich vereint. Nun hat diese narzißtische Szene zugleich poetologische Bedeutung, sie führt uns die dichterische Utopie Trakls vor Augen, seinen Wunschtraum von der Erlösung durch das orphische Saitenspiel, das Gedicht. Szenisch gestaltet ist also eine Phantasie, in der nicht nur die Schwester vorkommt, sondern auch das Gedicht selbst – eine »Opus-Phantasie«. Peter von Matt hat dargelegt, daß im kreativen Prozeß nicht allein die Tagträume des Dichters eine Rolle spielen, in denen das eigene Ich im Mittelpunkt steht, sondern auch Phantasien, in deren Zentrum das zu schaffende Werk steht; er spricht von einer »Metaphantasie«: »Insofern diese Metaphantasie nichts anderes zum Inhalt hat als das fertige Werk, das Opus, kann man sie die *Opus-Phantasie* nennen.«[1] Diese Opus-Phantasie spielt nun im poetischen Produktionsprozeß insofern eine wichtige Rolle, als sie in Interaktion tritt mit den Ich-Phantasien, bei deren symbolischer Gestaltung modifizierend mitwirkt. In den Tagträumen, die der Dichter literarisch gestaltet, ist das zu erschaffende Werk schon zugegen; die Opus-Phantasie ist ein konstitutives Element des poetischen Prozesses:

> ... sie ist die dauernd wirksame Selektions- und Mutationsinstanz, die über das Schicksal der potentiell fiktionsfähigen Phantasien entscheidet. Unter dem Aspekt der Opus-Phantasie ist also der kreative Prozeß nicht mehr linear zu denken, sondern kreisförmig: kreisförmig insofern, als die Ich-Phantasien in der Interaktion mit der Opus-Phantasie modifiziert werden, diese Modifikationen aber wiederum in Interaktion treten mit der im gleichen Vorgang modifizierten Opus-Phantasie ...[2]

Bedeutsam in unserem Zusammenhang ist nun vor allem die Überlegung, die von Matt an dieses Konzept der Opus-Phantasie knüpft. Sie spiele nicht nur im kreativen Prozeß eine wichtige Rolle, so betont er, sondern werde selbst häufig symbolisch gestaltet, gehe ein in das literarische Werk:

> Es ist deren stete Tendenz, den Charakter einer Metaphantasie aufzugeben und sich selbst zum Inhalt des entstehenden Werkes zu machen, sich in den Inhaltsbereich

[1] Peter von Matt, »Die Opus-Phantasie«. In: *Psyche* 33 ('79), S. 200.
[2] Ebd.

gewissermaßen einzuschmuggeln. Das lyrische Gedicht spricht – seit der Antike – mit jener Leidenschaft, mit der es vom Lieben und Umarmen redet, sonst nur noch von sich selbst, seinem Entstehen, seiner eigenen Schönheit und seiner Unsterblichkeit.[3]

In diesem Sinne hat die phantastische Szenerie, die Trakl im Eingangssatz von »Erinnerung« entwirft, doppelte Bedeutung: symbolisch gestaltet ist eine inzestuöse Verschmelzungsphantasie und eine Opus-Phantasie. Im Bild der tönenden und strahlenden Blume haben die Schwester und das Gedicht selbst einen gemeinsamen Signifikanten gefunden.

Diese Gemeinsamkeit kommt nicht von Ungefähr; unter triebtheoretischem Gesichtspunkt ist die Schwester dem Gedicht in der Tat verwandt. Im Rahmen der narzißtischen Phantasien Trakls tritt die Schwester nicht als ein vom Selbst klar getrenntes, libidinös und aggressiv besetztes Objekt auf, sondern erscheint als ein Teil des Selbst, als narzißtisch besetztes Selbst-Objekt. Als Narzisse ist sie das Spiegelbild des Narziß, beide sind » E i n Geschlecht«. Für den Dichter aber ist auch das Gedicht ein solches Spiegelbild des Selbst, ein narzißtisch besetztes Objekt. Dies hat Heinz Kohut hervorgehoben:

> Die wohlbekannte Tatsache ..., daß schöpferische Menschen in ihren Perioden der Produktivität dazu neigen, zwischen Phasen zu schwanken, in denen sie von ihrem Werk das Höchste halten oder aber überzeugt sind, daß es überhaupt keinen Wert habe, ist ein sicherer Hinweis darauf, daß das Werk mit einer Form narzißtischer Libido besetzt ist.[4]

Die Beziehung des Dichters zu seinem Werk stellt also nicht eine Form der Objektliebe dar, sondern entspricht der »Fixierung an ein frühes Objekt, das noch als Teil des Selbst erlebt wird«.[5] Die Dichter unterhalten zum Gegenstand ihres schöpferischen Interesses eine narzißtische Beziehung und versuchen, »in ihrem Werk eine Vollkommenheit wiederherzustellen, die sie früher als direktes Attribut ihrer selbst empfanden«.[6] Fungieren also in der Phantasie Trakls die Schwester und das Gedicht als narzißtisch besetzte Selbst-Objekte, als Spiegelbilder des Selbst, so ist es kein Zufall, wenn beide im Bild der tönen-

---

3 Ebd., S. 208.

4 Heinz Kohut, »Formen und Umformungen des Narzißmus«. In: *Psyche* 20 ('66), S. 577.

5 Ebd.

6 Ebd., S. 577/78. Zum gleichen Ergebnis gelangt Niederland bei der Beschäftigung mit den künstlerischen Arbeiten seiner Patienten; auch er begreift deren Kreativität als ein reparatives Bemühen: »Durch fortgesetzte schöpferische Leistungen versuchten die Patienten, eine ›Vollkommenheit‹ reparativ zu erschaffen, von der sie im geheimen glaubten, daß sie sie vor ihrer Deformierung besessen hätten – im wesentlichen also ein narzißtischer Wunsch, der in eine kreative (d. h. rekreative) Aktion umgesetzt wurde.« William G. Niederland, »Klinische Aspekte der Kreativität«. In: *Psyche* 23, 1969, S. 908.

den Blume einen gemeinsamen Signifikanten gefunden haben. Nicht zufällig auch kann in der Welt Trakls der Wohllaut, das Tönen, im Spiegel erblickt werden: »In eines Spiegels Bläue tönt die sanfte Sonate« (I, 311). Auch diese Sonate weist zugleich auf das orphische Tönen, auf das Lied des Dichters, und auf die Gestalt der Schwester – von ihrem Klavierspiel ist mehrfach die Rede: »Im Nebenzimmer spielt die Schwester eine Sonate von Schubert« (I, 81). Im Spiegel erscheint der Wohllaut, im Spiegel erblickt das Selbst auch die Schwester: »Aus blauem Spiegel trat die schmale Gestalt der Schwester« (I, 147). In der Dichtung Trakls tritt das Lied des Orpheus an die Stelle der verlorenen Braut.

Als narzißtisch besetztes Selbst-Objekt tritt im Rahmen der ozeanischen Phantasien Trakls die Gestalt der Schwester in paradigmatische Beziehung zum Gedicht. Nun hat sich immer wieder gezeigt, daß die Schwester das Erbe der Mutter übernommen hat. Steht also auch die Muttergestalt in Beziehung zum Gedicht? Mit dem Wunsch, den der Dichter in den Entwürfen zu »Hohenburg« formuliert, haben wir uns schon befaßt: »Daß sich Stern und Liebe des Geneigten erbarme!« (II, 150). An die Stelle des formulierten Wunsches tritt in der zweiten Fassung dieser Passage ein Bild, das den Wunsch als erfüllt vorstellt: »Umfängt den Tönenden mit blauem Mantel die Mutter / Da er trunken vom Wein (Mohn) hinsinkt« (Ebd.). Die Sucht Trakls, so wird hier sinnfällig, entspringt aus einer Sehnsucht, aus dem primärnarzißtischen Wunsch. Umfangen vom blauen Mantel der Mutter, wird das Selbst zum »Tönenden«: wir kennen das Klischee, dem dieses Bild folgt. Nun wandelt Trakl das Bild aber ab; an die Stelle der Mutter treten »Schlaf« und »Nacht«, schließlich ein »Stern«. Auch die zweite Zeile wird verändert; der neue Wortlaut ist: »Umfängt den Tönenden mit purpurnen Armen sein Stern / Und das Läuten bläulicher Blumen«. Die Vorstellung des Umfangenseins von einer liebenden Muttergestalt wurde ersetzt durch ein Bild mit poetologischem Gehalt: die »läutende« blaue Blume steht für das Lied des Dichters, der »Tönende« für den orphischen Sänger. Er ist selbst der »Sänger blauer Blumen« (II, 462). Die Rolle der Mutter wurde also von der blauen Blume übernommen, die für das Gedicht steht: das Lied des Georg Trakl übernimmt eine Mutterfunktion. Sein Lied ersetzt den beruhigenden Gesang der Mutter, von dem in vielen Gedichten die Rede ist, und den Trakl in seiner Kindheit so schmerzlich vermißte, den beruhigenden Gesang der Mutter, der die Dämonen vertreibt: »Die Mutter leis' im Schlafe singt. / Sehr friedlich schaut zur Nacht das Kind / Mit Augen die ganz wahrhaft sind.« (I, 16) An die Stelle einer Phantasie, in der das Selbst von einer liebenden Muttergestalt umarmt wird, tritt in den Entwürfen zu »Hohenburg« ein poetologisches Bild, eine Opus-Phantasie.

Neben dem Bild des umfangenden Blumengeläuts erscheint, als ebenfalls umfangendes Objekt, der Stern – in ihm hatten wir, wie im Engel, einen symbolischen Repräsentanten des Idealselbst gesehen. Hier nun ist eine Parallele zur tönenden Blume offensichtlich: auch der Stern kann im Rahmen einer Opus-Phantasie eintreten für das Gedicht. Stern und Blume sind insofern eng assoziiert: »Klangen leise ihm blaue Blumen nach, leise ein Stern« (I, 425). »Es blühte kein Stern in jener Nacht«, schreibt Trakl schon in einem frühen Gedicht (I, 231). Tönende Sterne finden wir neben einer läutenden Glocke im Gedicht »Sebastian im Traum«: »Rosige Osterglocke im Grabgewölbe der Nacht / Und die Silberstimmen der Sterne« (I, 90). Auch von einem »Sternengesang« ist bei Trakl einmal die Rede (II, 219). Der Stern kann also eintreten für das Lied des Georg Trakl; insofern der Dichter nicht nur ein orphischer Sänger, sondern zugleich ein Träumer ist, erscheint das Gedicht nicht nur als »Sternengesang«, sondern auch als »Sternentraum«: »Silbern blühte der Mohn auch, trug in grüner Kapsel unsere nächtigen Sternenträume« (I, 150). Nicht erst bei Trakl spielte die Droge eine Rolle als Stimulans im kreativen Prozeß, bei der Entstehung des Gedichts.

Vom Saft des Mohns ist auch die Rede in den beiden letzten Strophen des Gedichts »Verklärung«, die wir abschließend noch betrachten wollen:

> Stille wohnt
> An deinem Mund der herbstliche Mond,
> Trunken von Mohnsaft dunkler Gesang;
>
> Blaue Blume,
> Die leise tönt in vergilbtem Gestein. (I, 120)

Das Gedicht selbst ist auch in diesen Zeilen thematisiert, als »dunkler Gesang« und als »blaue Blume«. Aber der »dunkle Gesang« ist nicht nur Thema dieser Zeilen: im Spiel der Konsonanten und Vokale führen sie ihn sinnlich vor. Dunkel ist dieser Gesang Trakls nicht nur hinsichtlich seiner Klangfarbe – er scheint auch inhaltlich nicht mehr deutbar. Hier präsentiert der Dichter sich in der Tat als Sänger, seine Verse sind reine Wortmusik – so hat es zunächst den Anschein. Weshalb – wenn nicht aus klanglichen Gründen – wohnt am »Mund« des orphischen Sängers der »Mond«? Erinnern wir uns, daß Trakl in den Entwürfen zu »Die drei Teiche in Hellbrunn« die Gestalt des Orpheus vertauschte mit der Figur des Endymion, erinnern wir uns weiter an die symbolische Rolle des Mondes als Mutterrepräsentanz: wenn am Mund des Orpheus / Endymion der Mond wohnt, so ist dieses Bild höchst sinnhaltig, nicht reines Klangspiel. Die Gestalt der Mutter tritt auch in diesen Zeilen in paradigmatische, zugleich syntagmatische Beziehung zur tönenden Blume, zum dunklen Gesang: erneut überlagern sich eine Phantasie, in der die liebende Mutter auftritt, und eine Opus-Phantasie. Von »Bedeutungsentleerung« kann keine Rede sein. Diese Zeilen, die in ihrer Musikalität den »dunklen Gesang« des Georg Trakl beispielhaft zu Ohren bringen, lassen damit noch kein sinnentbundenes, reines Tönen vernehmen: sie folgen einer Semantik des Wunsches. Aber auch dieses machen die so faszinierend dunkel tönenden Zeilen des Dichters klar: nicht nur folgt die Sprache Trakls den Gesetzen seiner dichterischen Phantasie – seine Einbildungskraft folgt auch den Gesetzen der Sprache. Im Prozeß der Symbolbildung kommt der Wunsch zur Sprache, artikuliert sich nach Maßgabe der Möglichkeiten, die sie bereitstellt; das Verhältnis von Wunsch und Sprache ist ein dialektisches. Vater der poetischen Sprachfigur, so sagten wir, sei der Wunsch; um nun im Bilde zu bleiben: ihre Mutter ist die Sprache. Der Wunsch kommt zur Sprache und zeugt mir ihr ein Kind: die symbolische Sprachfigur. In der Opus-Phantasie Trakls erscheint sein Gedicht als eine tönende Blume, als »dunkler Gesang« – insofern präsentieren sich die symbolischen Sprachfiguren dieses Dichters zugleich als musikalische: »In heiliger Bläue läuten leuchtende Schritte fort.«

6.2. Das Klagelied

Die primärnarzißtische Phantasie, die der Dichter im Eingangssatz des Fragments »Erinnerung« entwirft, haben wir zugleich als eine Opus-Phantasie begriffen, die uns die dichterische Utopie Trakls vor Augen führt, seinen Wunschtraum von der Erlösung durch das orphische Saitenspiel. Nun ist aber diese Welt des Wohllauts noch nicht Wirklichkeit geworden, noch ist der Dichter weit davon entfernt, sich als ein »Narziß im Endakkord von Flöten« zu fühlen. Noch ist die poetische Wiedergutmachung nicht gelungen; so bezeichnete Trakl sein Gedicht auch als eine »unvollkommene Sühne«. Die Versöhnung steht noch aus, noch ist der Seelenfrieden nicht wiedergefunden; die Welt der Harmonie, des »unendlichen Wohllauts«, liegt in einer erhofften Zukunft. »Man tut gut daran, sich gegen vollendete Schönheit zu wehren, davor einem nichts erübrigt als ein blödes Schauen«, schreibt Trakl in einem Brief (I, 551). Schönheit und »Wohllaut« sind Wunschtraum, nicht Wirklichkeit, sie entsprechen nicht der Wahrheit, die zu gestalten er sich verpflichtet fühlt: »... ich werde mich immer und immer wieder berichtigen müssen, um der Wahrheit zu geben, was der Wahrheit ist« (I, 486). Die Welt, die es wahrheitsgetreu darzustellen gilt, ist nicht die Welt des Narziß, die von friedlichem Glockengeläut erfüllte, sondern die Welt, in der die Dämonen des Blutes herrschen, eine dissonante, häßliche Welt. »Ich habe kein Recht, mich der Hölle zu entziehen«, bemerkte Trakl in einem Gespräch, das im Januar 1914 im Brenner-Kreis geführt wurde.[7] Die Hölle: das ist für Trakl nicht nur die äußere Wirklichkeit, es ist zugleich die eigene seelische Wirklichkeit, die »Hölle im

---

7 Limbach, in: *Erinnerung an Georg Trakl*, S. 123.

Herzen«. Die »animalischen Triebe«, die der Dichter »das Leben durch die Zeiten wälzen« sieht, verspürt er nur zu deutlich auch in seiner eigenen Seele. Diese zugleich äußere und innere Hölle ist die Wirklichkeit, die es wahrheitsgetreu darzustellen gilt, die Wahrheit, der er sich zu stellen und bedingungslos unterzuordnen hat. So finden wir im Werk Trakls neben den ozeanischen Szenerien, den Bildern einer paradiesischen Welt, Entwürfe einer unerlösten, einer häßlichen Welt, bevölkert von Dämonen.

Das Lied, das der Dichter in dieser Welt anstimmt, tönt mitnichten sanft und harmonisch; die Harfe des Sängers bringt hier keinen Wohllaut hervor:

> Zerwühlt, verzerrt bist du von jedem Schmerz
> Und bebst vom Mißton aller Melodien,
> Zersprungne Harfe du – ein armes Herz
> Aus dem der Schwermut kranke Blumen blühn (I, 218)

In dieser Welt erscheint der Dichter nicht als ein »Sänger blauer Blumen« – Trakl bezeichnet seine Gedichte als »der Schwermut kranke Blumen«. Dissonante Klänge liegen in seiner Lyrik im Streit mit dem harmonisch tönenden »dunklen Gesang«; die ozeanische Welt des »unendlichen Wohllauts« findet ihr Gegenstück in einer Welt des Steins und des Feuers, in der die dämonische Akustik des Triebs zu vernehmen ist, ein Dröhnen, ein Klirren, ein gräßliches Lachen. Die tönende blaue Blume Trakls ist umgeben von einer zerklüfteten Sprachlandschaft: »Dich sing ich wilde Zerklüftung« (I, 160). In Anlehnung an Baudelaire spricht Trakl von seinen Gedichten als »Blumen des Bösen«: »Silbern schimmern die bösen Blumen des Bluts an jenes Schläfe« (I, 149). Diese Blumen, auf steinigem Grund, sind krank, bleich, »pestfarben« (I, 222). In einem frühen Gedicht heißt es: »Dumpfe Fieberglut / Läßt giftige Blumen blühn aus meinem Munde« (I, 220). Es sind »Höllenblumen« (I, 393), Blumen, die der »Hölle im Herzen« entwachsen, »Blumenfratzen« (I, 67). Im Spiegel, in dem der Dichter sich betrachtet, erscheint keine schöne Blume, sondern ein häßliches Bild: »Blutfarbne Blüten in der Spiegel Hellen« (I, 222). Der Sänger ist kein schöner Knabe, kein »tönender Engel« im »Haselgebüsch«, sondern ein gefallener Engel, ein häßlicher Krüppel. Orpheus tritt auf als ein aus dem Paradies Verstoßener, als ein Narziß, der aus seiner ozeanischen Umgebung vertrieben wurde: »Narziß, der lange in blauen Höhlen gewohnt / Tönt mit bleichen Armen durch die Nacht« (II, 392). In seinen »bleichen Armen« hält Narziß die Leier, auf der er sein Klagelied anstimmt: »Seufzend hob sich das saugende Haupt / Aus feuchter Bläue« (II, 247).

Dieser klagende Orpheus sehnt sich zurück in den Schoß des Weihers, und so finden wir ihn immer wieder am Ufer des Teichs, am »Strand der Nacht«, am »Saum der Quelle«. Auch die »kranken Blumen der Schwermut«, die für das Klagelied des Dichters eintreten, stehen häufig am Rand des Wassers:

Indes wie blasser Kinder Todesreigen
Um dunkle Brunnenränder, die verwittern,
Im Wind sich fröstelnd blaue Astern neigen. (I, 59)

In Kenntnis der poetologischen Bedeutung des Blumen-Motivs werden wir jetzt die folgenden beiden Zeilen aus dem Gedicht »Landschaft« (deren Analyse wir uns noch aufgespart hatten) nicht mehr naiv als Zeilen eines »Herbstgedichts« lesen können:

Und die gelben Blumen des Herbstes
Neigen sich sprachlos über das blaue Antlitz des Teichs. (I, 83)

Zum einen vertreten diese herbstlichen Blumen, die (im doppelten Wortsinn) eine Neigung zum blauen Wasser zeigen, symbolisch das Selbst, das sich zurücksehnt aus der Welt »animalischer Triebe« (deren Wirken das Gedicht ja deutlich genug vor Augen führte) in die ozeanische Welt, den Schoß der archaischen Mutter. Dort wird das Selbst auch die Braut finden, die Magd mit ihren »hyazinthenen Locken« – jetzt als Nymphe, als Wasserblume: »Mägde gehn / Durch feuchte Bläue« (I, 61). Wir entdecken jetzt, daß die Magd, die im ersten Teil des Gedichts in szenische Beziehung gestellt wird zu dem wilden Rappen, die Züge einer »blauen Blume« trägt, damit vorausdeutet auf das Bild der Blume am blauen Teich. Zu Narziß und Narzisse, zu Sonnenjüngling und Sonnenblume gesellt sich ein weiteres Geschwisterpaar: Hyazinth und Hyazinthe. Die Teichszene in »Landschaft« hat also symbolischen Charakter: Orpheus sucht im Weiher nach der verlorenen Braut. Zugleich stehen diese herbstlichen Blumen aber auch für das Lied von Orpheus, für das Gedicht selbst, für das Klagelied des Georg Trakl.

Orpheus tritt auf als ein gefallener Engel, mit einem Klagelied auf den Lippen. Er begegnet uns im Tierreich wieder als ein geflügeltes Wesen, als Singvogel, so bereits im Sonett »Verfall«: »Die Amsel klagt in den entlaubten Zweigen« (I, 59). Die merkwürdige Metamorphose des Knaben Sebastian findet damit eine einfache Erklärung: »Er aber war ein kleiner Vogel im kahlen Geäst, / Die Glocke lang im Abendnovember« (I, 88). Häufig erscheint in Trakls Gedichten Orpheus in Gestalt eines klagenden Vogels: »Des Singenden trauriger Vogelmund« (I, 391). Im Gedicht »Nächtliche Klage« (1. Fassg.) schreibt Trakl:

Ein wildes Tier im Garten dein Herz fraß.
Ein feuriger Engel
Liegst du mit zerbrochener Brust auf steinigem Acker,

Oder ein nächtlicher Vogel im Wald
Unendliche Klage
Immer wiederholend in dornigem Nachtgezweig. (I, 328)

Als gefallener Engel und klagender Vogel tritt uns hier der Dichter vor Augen; Engel und Vogel stehen in paradigmatischer (vgl. »oder«) und syntagmatischer Beziehung. Das Bild des klagenden Vogels im »dornigen« Gezweig ruft sein Gegenbild herauf: das Bild des tönenden Engels im Haselgebüsch.

Als einen klagenden Vogel fanden wir eben den Dicher im Dornbusch. Erinnern wir uns jetzt an die Ambiguität des Dorn-Motivs bei Trakl: der Dorn ist einmal das phallisch-aggressive Attribut der Blaubart-Gestalten, im Rahmen der sadistischen Szene richtet er sich gegen ein feminines Objekt; andererseits kehrt dieser Dorn sich im Rahmen der masochistischen Szene gegen das eigene Selbst. Blaubart verwandelt sich in Sebastian, in einen dornengekrönten Christus: »Des Heilands schwarzes Haupt im Dornenstrauch« (I, 63). In dieser masochistischen Position, ausgesetzt den stechenden Dornen, tritt bei Trakl nun also auch Orpheus auf, der Dichter. »Ein blaues Wild / blutet leise im Dornengestrüpp« (I, 86): hat also dieses Bild auch eine poetologische Lesart?

Schon in einem Jugendgedicht vergleicht Trakl das Klagelied des Dichters mit einer blutenden Wunde: »Über nächtlich dunkle Fluten/ Sing' ich meine traurigen Lieder, / Lieder, die wie Wunden bluten« (I, 235). Die hier vom jungen Dichter noch in sentimentale Reimstrophen gefaßte Vorstellung vom Lied als einer blutenden Wunde kehrt wieder im späten Gedicht »An einen Frühverstorbenen«:

> O, das Blut, das aus der Kehle des Tönenden rinnt,
> Blaue Blume; o die feurige Träne
> Geweint in die Nacht. (I, 117)

In dieser dreizeiligen Gedichtstrophe konstituiert sich aus den Vorstellungen von Blut und von Tränen, von Feuer und Wasser, von Helligkeit und Dunkelheit, des Tönens und des Blühens, aus den Farben Blau, Rot und Schwarz ein Bildfeld, das durch seine internen Spannungen, durch die Korrespondenzen und Kontraste auf klanglicher und semantischer Ebene eine ungemein suggestive Wirkung ausübt. Die Phantasie des Lesers wird nicht wie in der früheren Version festgelegt, sondern in Bewegung gesetzt. Von einem Dorn ist hier nun nicht die Rede: das Lied fließt als Blut aus der Kehle des »Tönenden«, suggeriert wird die Vorstellung eines Messers. Blicken wir zurück – neben dem Dorn spielte in den sadistischen Szenen Trakls auch immer wieder das Messer eine Rolle:

> Doch soll ich dich Kindlein ganz besitzen –
> Muß ich, Gott will's den Hals dir schlitzen!
> Du Taube, und trinken dein Blut so rot
> Und deinen zuckenden, schäumenden Tod!
> Und saugen aus deinem Eingeweid
> Deine Scham und deine Jungfräulichkeit (I, 444)

> O, das graue Antlitz des Schreckens, da er die runden Augen über einer Taube zerschnittener Kehle aufhob. (I, 148)

Auch der sadistische Jäger aus »Verwandlung des Bösen« hat ein Messer in der Hand: »Unter dem Haselgebüsch weidet der grüne Jäger ein Wild aus. Seine Hände rauchen von Blut ...« (I, 97). Das Selbst, das hier in der aktiven Rolle auftritt, als Blaubart dem »schwarzen Wahnsinn des Messers« (II, 170) erliegt, erscheint wenig später im Rahmen einer masochistischen Szene in der passiven Position, in der Rolle des Opfertiers:

> Du, ein blaues Tier, das leise zittert; du, der bleiche Priester, der es hinschlachtet am schwarzen Altar. (I, 97)

Das Messer des Blaubart kehrt sich gegen das eigene Selbst: diese symbolische Szene findet ihr symptomatisches Korrelat im Schuldgefühl des Dichters. Wir begreifen jetzt, daß diese masochistische Szene zugleich von zentraler poetologischer Bedeutung ist: diese Selbstopferung ist der Ursprung des Gedichtes. Das Lied Trakls fließt als Blut aus der Kehle des Tiers, das auf dem Altar als Sühneopfer dargebracht wird: »O, das Blut, das aus der Kehle des Tönenden rinnt ...« Bluten muß, so will es das Talionsgesetz, wer Blut vergossen hat: das Lied, das als Blut aus der Kehle rinnt, ist die Sühne des Blaubart für seine Schuld, es ist »Blut blühend am Opferstein« (I, 119). Blaubart büßt seine Blutschuld als Christus mit der Dornenkrone, als Orpheus, der sich selbst opfert, als ein »blaues Wild«, das im Dornbusch blutet. Zu Beginn des letzten Abschnittes von »Verwandlung des Bösen« tritt dieses Motiv der Selbstopferung noch einmal auf: »Ein Toter besucht dich. Aus dem Herzen rinnt das selbstvergossene Blut ...« (I, 98). Ganz ähnlich schreibt Trakl in »Sebastian im Traum«: »Aus der Wunde unter dem Herzen purpurn das Blut rann« (I, 89). Der Dichter muß sich in die Rolle des leidenden Christus begeben, sich als Opferlamm darbringen, muß als ein Sebastian das Martyrium auf sich nehmen, durch seine eigenen Pfeile sterben:

> Triff mich Schmerz! Die Wunde glüht.
> Dieser Qual hab' ich nicht acht!
> Sieh aus meinen Wunden blüht
> Rätselvoll ein Stern zur Nacht!
> Triff mich Tod! Ich bin vollbracht. (I, 261)

Das Martyrium des Christus / Sebastian ist produktiv: aus den Wunden entstehen zugleich ein Stern und eine Blume – die Lieder, das Gedicht Trakls. Der Stern kann nur blühen, die Blume tönen und strahlen, wenn Blut fließt, wenn das Opfertier geschlachtet wird, wenn Orpheus auf dem Altar der Sühne stirbt. In den Entwürfen zu »Abendland« lesen wir: »Und die Wunde in deiner Brust / Singt das dunkle Lied der Schmerzen« (II, 248). Diese Zeilen richten sich an die Schwester, doch gelten sie, in spiegelbildlicher Umkehrung, auch für den Bruder, den Orpheus: aus der Wunde quillt, als Blut, das Klagelied. Die folgende Lesart lautet: »die Wunde in deiner Seite«. Wieder erscheint der Sänger als eine Christus-Gestalt. Schließlich heißt es: »die Wunde in deinem Hals«. Erneut wird das Zusammenspiel der Figuren Orpheus, Christus und Blaubart deutlich: Blaubart, der seiner Braut die Kehle schlitzte, liegt nun als Opferlamm auf dem Altar, als Orpheus und Christus, und aus seiner Kehle rinnt das Lied – als »selbstvergossenes Blut«, das als Sühne dargebracht wird.

Es sollte klar geworden sein, daß wir, wenn wir von den »masochistischen Phantasien« Trakls sprechen, damit nicht den Dichter als Perversen abstempeln wollen. Die masochistischen Szenen in Trakls Dichtung sind vielmehr von grundlegender poetologischer Bedeutung, sie thematisieren die Genese dieser Lyrik, ihre Herkunft aus der Wunde des Schuldgefühls und ihre Sühnefunktion, die der Dichter ja 1914 in einem Gespräch mit Ludwig von Ficker ausdrücklich hervorhob. Schon Ende 1912 kritisiert Trakl in einer Unterhaltung mit Karl Röck Goethe wegen seiner »Oberflächlichkeit«, seiner »Herzlosigkeit« und seiner Hingabe an die »Sinnlichkeit«; ihm stellt er gegenüber als positive Beispiele Mörike, Liliencron – und Christus. Röck notiert in seinem Tagebuch:

> Er sei kein echter Dichter, habe sich nicht darangegeben wie Mörike. Wie Liliencron, der sich verblutet habe an seine Stoffe. Goethe habe niemals, auch nicht als junger Mensch neurasthenisch gedichtet, Liliencron schon.[8]

Dem dichterischen Selbstverständnis, wie es hier implizit formuliert wird, entspricht die masochistische Szene im Werk Trakls: der Dichter muß sich ganz »darangeben«, er muß sich »verbluten«, sich opfern auf dem Altar der Sühne, als ein Christus. Das Gedicht Trakls ist die Sühne einer Schuld, es soll das sadistisch strafende Überich besänftigen, das quälende Schuldgefühl beseitigen.

Kehren wir jetzt noch einmal zurück zu den eindrucksvollen Zeilen aus dem Gedicht »An einen Frühverstorbenen«:

> O, das Blut, das aus der Kehle des Tönenden rinnt,
> Blaue Blume; o die feurige Träne
> Geweint in die Nacht.

Aus den Wunden des Orpheus erblüht auch hier eine Blume, das Blühen setzt das Bluten voraus. Zugleich wird in diesen Zeilen das Bluten dem Weinen gleichgesetzt, wie auch in dieser Wendung: »Blut aus brochenen Augen weint« (I, 302). Hier erscheint das Auge als eine Wunde – wir erinnern uns an die Bedeutung des Auges im Rahmen der ödipalen Szenerien Trakls. Die Blendung ist die Sühne der ödipalen Schuld, und aus dem blinden Auge quellen jetzt Blut

8 Szklenar, S. 227

und Tränen: sie sind der Stoff, aus dem das Klagelied des Georg Trakl entsteht. So begegnen wir dem Orpheus auch als einem Kranken, einem Aussätzigen (auch mit diesen Motiven haben wir uns eingehend befaßt), der Tränen vergießt über seine Schuld:

Silbern weinet ein Krankes,
Aussätziges am Weiher,
Wo vor Zeiten
Froh im Nachmittag Liebende geruht. (I, 404)

Wie die Blindheit, so sind auch Krankheit und Aussatz Motive, die auf das Schuldgefühl verweisen. »Ein böser Traum hat mich krank gemacht, / Nun weine ich die ganze Nacht«, schreibt Trakl im Blaubart-Fragment (I, 439). Der dichterische Prozeß ist bildhaft dargestellt als das Bluten eines Märtyrers oder das Weinen eines Kranken; diese Einsicht läßt uns den Sinnzusammenhang der folgenden (wieder so gänzlich »hermetisch« erscheinenden) Zeilen mühelos verstehen:

Ein purpurner Weinberg ist mein Herz, der leise in die Nacht hinblutet,
Ein Wild das niederbricht in einem kahlen Busch (II, 142)

Was das »Wild« mit dem »Weinberg« zu tun hat, liegt nicht länger im Dunkeln: das blutende Wild vertritt den Dichter ebenso wie der Weinberg, der den Wein liefert, den Trakl in verschiedenen Gedichten dem Blut gleichsetzt (Vgl. etwa »Ballade«; I, 229). Wieder entspricht der klanglichen Beziehung eine semantische. Eine Beziehung wird darüber hinaus auch deutlich zwischen diesem »Weinberg« und dem Motiv vom »Weinen«: »die feurige Träne / Geweint in die Nacht« (I, 117). Als ein »Weinberg« liefert das Herz des Dichters zugleich die Traube und die Träne. Beide Zeilen enthalten somit ein poetologisches Bild, sie führen die Genese von Trakls Klagelied vor Augen.

Auch die beiden markanten Zeilen aus »De Profundis« und aus dem »Psalm« werden jetzt gemeinsam verständlich vor dem aufgezeigten Zusammenhang der Motive »Blut«, »Wein« und »Tränen«:

Spinnen suchen mein Herz (I, 46)

Es ist ein Weinberg, verbrannt und schwarz mit Löchern voll Spinnen. (I, 55)

»Blumen des Bösen« wachsen im Garten unseres Dichters, und auch sein Weinberg trägt keinen guten Wein. Der Dichter tritt auf in der Rolle des Winzers, des Kellermeisters; in seinem Keller aber hausen die Dämonen: »Aus meinem Herzen keltern Flammenbrünste« (I, 222). In arkadischer Zeit, vor dem Sündenfall, war dies anders:

O, ihr Zeiten der Stille und goldener Herbste,
Da wir friedliche Mönche die purpurne Traube gekeltert;
Und rings erglänzten Hügel und Wald. (I, 119)

Dieser Mönch ist noch kein »bleicher Priester der Wollust«, und so wird auch der Wein, den er keltert, zu einem edlen Getränk heranreifen: »In alten Kellern reift der Wein ins Goldne, Klare« (I, 38). »O daß stille im roten Herzen das Gift stürbe!« schreibt Trakl in den Entwürfen zu »Traum und Umnachtung«; die folgende Lesart hat den Wortlaut: »O da stille im roten Herzen das Gift sich wandelt in Wein« (II, 272). Baudelaire versuchte, aus dem Kot, den er vorfand, Gold zu machen – Trakls alchemistische Hoffnung ist es, aus den giftigen Gewächsen seines Weinbergs einen Wein zu keltern, den Wein »rechten Lebens« (I, 107), den Wein, der den »Frieden des Mahls« (I, 144) stiftet, Versöhnung ermöglicht, den »Frieden der Seele« wiederherstellt.

Wenn der Dichter sich wiedererkennt in der Gestalt des Winzers, so wirft dies auch ein Licht auf das Motiv des Herbstes bei Trakl, auf die Mehrdeutigkeit auch dieses Motivs. Hatten wir die Bilder herbstlichen Verfalls in Beziehung gebracht zu der Muttergestalt, die als »Greisin« auftritt, so erweist sich der Herbst auf der anderen Seite doch auch als die Zeit »voll Frucht und Fülle« (I, 109), als Erntezeit – als Zeit, in der auch der Dichter seine Ernte einbringt. Daneben ist aber nicht zu vergessen, daß der Herbst auch die Zeit des Jägers ist; so schreibt Trakl im Frühherbst 1910 oder 1911 in einem Brief: »Es kommt vor, daß ich tagelang herumvagabundiere, bald in den Wäldern, die schon sehr rot und luftig sind und wo die Jäger jetzt das Wild zu Tode hetzen ...« (I, 551). Im Herbst überzieht ein blutiges Rot die Landschaft, im Herbst fließt Blut – das Blut eines sanften weiblichen Geschöpfs, aber auch das Blut des Sebastian, des Dichters.

Ihren poetologischen Charakter geben jetzt die folgenden beiden Strophen aus dem Gedicht »Elis« zu erkennen:

> Ein blaues Wild
> Blutet leise im Dornengestrüpp.
>
> Ein brauner Baum steht abgeschieden da;
> Seine blauen Früchte fielen von ihm. (I, 86)

Die Doppeldeutigkeit der ersten Strophe haben wir herausgearbeitet, zugleich den Sinn dieser Ambiguität begriffen: wir haben es zu tun mit einem Bild der Schuld (sadistische Szene) und mit einem Bild der Sühne (masochistische Szene). Orpheus wird verwiesen in die Rolle des blutenden Opfertiers, tritt auf als dornengekrönter Christus. Aber auch in der zweiten Strophe ist die Genese des Gedichts selbst thematisiert. Der Baum, so erinnern wir uns, vertritt häufig symbolisch das Selbst; verbirgt sich in diesem »abgeschiedenen« Baum nun der Dichter (der ja oftmals als »Fremdling«, »Einsamer« und »Abgeschiedener« bezeichnet wird), so verweist uns die Frucht des Baums auf die Frucht des Dichters, auf das Gedicht. Der Bezug dieser »blauen Früchte«

zur »blauen Blume« ist unverkennbar. Zumeist gleicht die Frucht des Baumes jedoch den »kranken Blumen der Schwermut«:

> Früchte, die von verkrüppelten Bäumen fielen (I, 147)
>
> Schwärzlich fallen / Faule Früchte dumpf vom Baum (I, 164)
>
> Verfaulte Früchte fallen von den Zweigen (I, 108)

Der Baum vertritt symbolisch das Selbst des Dichters, die Frucht das Gedicht: auch in dieser Gestalt präsentiert sich die Opus-Phantasie Trakls.

Auf den poetischen Prozeß selbst verweisen Trakls Bilder vom Bluten und vom Weinen, die wir untersucht haben. Ihre natürliche Entsprechung finden nun die Tränen in Regentropfen und Tautropfen. So lesen wir bei Trakl: »daß von blauen Lidern / Tau tropft unaufhaltsam« (I, 413). Die frühere Fassung dieser Zeilen hatte noch den Wortlaut: »daß von blauen Lidern die Tränen stürzten / Dem Fremdling unaufhaltsam« (Ebd.). Bereitet das Bild vom Tau, der von den Lidern tropft, noch wenig Verständnisprobleme, so ist der Sinn der folgenden Zeile schon nicht mehr so unmittelbar zugänglich: »schwarz der Tau tropft von den kahlen Weiden« (I, 109). Der unbefangene Leser wird nur ein reines Naturbild erkennen. Ein Vergleich mit Parallelstellen macht indessen sofort klar, was es mit diesen Tautropfen auf sich hat:

> Die Weide am dunklen Teich / Weint lautlos in die Nacht (I, 247)
>
> Die Weide weint, das Schweigen starrt (I, 238)
>
> Verkrüppelte Birken seufzen im Wind (I, 91)

Wenn wir uns dann noch die wichtige Rolle vergegenwärtigen, die bei Trakl der Baum als symbolische Selbstrepräsentanz spielt, so werden die poetologischen Implikationen des Naturbildes deutlich: der Tau, der vom Baum tropft, verweist auf die Tränen, die der Dichter vergießt, auf sein Klagelied, auf das Gedicht selbst. Und damit wird jetzt auch einsichtig, wie Trakl in der ersten Strophe von »Die drei Teiche in Hellbrunn« vom Saitenspiel des Orpheus auf das sich unmittelbar anschließende Naturbild kommt:

> Hinwandelnd an den schwarzen Mauern
> Des Abends, silbern tönt die Leier
> Des Orpheus fort im dunklen Weiher
> Der Frühling aber tropft in Schauern
> Aus dem Gezweig in wilden Schauern
> Des Nachtwinds silbern tönt die Leier
> Des Orpheus fort im dunklen Weiher
> Hinsterbend an ergrünten Mauern. (I, 178)

Auch das Bild vom Baum, aus dessen Gezweig der Regen oder der Tau tropft, handelt von Orpheus, von seinem Klagelied: es ist eine »Träne, geweint in die Nacht«. Der Baum weint, singt ein Klagelied, und als Sänger finden wir ihn zugleich in einer wohlbekannten Situation: er ist den Angriffen des wilden »Nachtwinds« ausgesetzt, befindet sich in der masochistischen Position, in der Rolle des Opfers, die dem Dichter regelmäßig zugeschrieben wird. Wir erinnern an die Lesartvarianten aus »An die Verstummten«: »Gottes Sturm« / »Gottes Zorn« (II, 216). Im Gedicht »Föhn« schreibt Trakl: »Tief im Schlummer aufseufzt die bange Seele, / Tief der Wind in zerbrochenen Bäumen« (I, 121). Das Fallen des Taus und den orphischen Gesang bringt der Dichter auch an anderen Stellen in Verbindung, so etwa in einer Handschrift aus dem Nachlaß:

> Der Tau des Frühlings der von dunklen Zweigen
> Herniederfällt; in grünem Kristall
> Singt ein ernstes Antlitz; (II, 412)

Einen semantischen Zusammenhang zwischen dem Fallen des Taus und dem Gesang scheint es auf den ersten Blick nicht zu geben – der Interpret ist ratlos, konstatiert eine »Inkohärenz des Gedankengangs«. Die Kluft zwischen beiden Bildern ist indessen leicht zu überbrücken: man muß nur das fehlende assoziative Bindeglied substituieren, die Vorstellung vom Lied als einer Klage, einem Weinen.

Den Blutstropfen und den Tränentropfen, die von der Passion des Dichters und von der Geburt seines Liedes künden, können wir also die Tautropfen zur Seite stellen, die aus den Zweigen eines Baums fallen. Von daher erhellt sich der verdeckte poetologische Sinn der Wendung: »Niederblutet dunkler Tau« (I, 164). Wieder wird der dichterische Prozeß als ein Weinen und ein Bluten vor Augen geführt, damit die Sühnefunktion des Gedichtes angesprochen. So auch im »Gesang einer gefangenen Amsel«:

> So leise blutet Demut,
> Tau, der langsam tropft vom blühenden Dorn.
> Strahlender Arme Erbarmen
> Umfängt ein brechendes Herz. (I, 135)

Der Dorn war als Analogon des Messers die Waffe, der das weibliche Wesen zum Opfer fiel; jetzt hat er sich gegen das eigene Selbst gekehrt und die Verletzung verursacht, die Wunde, aus der das Blut tropft, die Träne, der Tau – demütig gibt sich der Dichter hin, der, wie schon im Sonett »Verfall«, in Gestalt einer Amsel auftritt. Ein ganzer Komplex poetologischer Vorstellungen wurde hier »zusammengeschmiedet«. Von »Bedeutungsentleerung« kann bei der dunklen Bildersprache Trakls keine Rede sein – sie zeichnet sich vielmehr aus durch ihre Bedeutungsfülle.

Die eben analysierten Zeilen stammen aus dem Frühjahr 1914; eine ähnliche Konfiguration von Motiven finden wir bereits in dem frühen Sonett »Das Grauen«, mit dem wir uns schon einmal beschäftigt haben. Es gibt jetzt einen überraschenden poetologischen Sinngehalt zu erkennen:

Das Grauen

Ich sah mich durch verlass'ne Zimmer gehn.
– Die Sterne tanzten irr auf blauem Grunde,
Und auf den Feldern heulten laut die Hunde,
Und in den Wipfeln wühlte wild der Föhn.

Doch plötzlich: Stille! Dumpfe Fieberglut
Läßt giftige Blumen blühn aus meinem Munde,
Aus dem Geäst fällt wie aus einer Wunde
Blaß schimmernd Tau, und fällt, und fällt wie Blut.

Aus eines Spiegels trügerischer Leere
Hebt langsam sich, und wie ins Ungefähre
Aus Graun und Finsternis ein Antlitz: Kain!

Sehr leise rauscht die samtene Portiere,
Durchs Fenster schaut der Mond gleichwie ins Leere,
Da bin mit meinem Mörder ich allein. (I, 220)

Wie noch unschwer zu erkennen ist, wird in der zweiten Strophe mit dem Bild der »giftigen Blumen«, die am Munde des lyrischen Ich erblühen, das dichterische Schaffen thematisiert. Das Gedicht erscheint als eine »Blume des Bösen«. Wenn nun eine »Fieberglut« diese Gewächse hervortreibt, so sehen wir uns verwiesen auf die Krankheitsthematik Trakls und auf seinen Brief, in dem er von einem »Fieber« als der Triebkraft seines Schaffens spricht (I, 478). Unvermittelt scheint nun der Dichter jedoch das Thema zu wechseln – in den Blick rückt das Geäst eines Baums. Der thematische Zusammenhang der Bilder in dieser Strophe ist aus unseren vorangegangenen Untersuchungen indessen vertraut. Aus dem Baum fällt Tau – er weint, singt ein Klagelied. Und dieses Weinen wird einem Bluten gleichgesetzt: wieder verbinden sich die Vorstellungen von Blut, von Tränen und von Tautropfen. Der Baum, aus dessen Geäst Tau tropft, wie Blut aus einer Wunde, tritt ein für den Dichter, der sein Blut, seine Tränen als Sühneopfer darbringt. Von diesem Baum ist ja bereits in der ersten Strophe die Rede: »Und in den Wipfeln wühlte wild der Föhn«. Für das »Weinen«, das Klagelied des Baums, dürfen wir wieder den Föhn, diesen Repräsentanten aggressiver Regungen, verantwortlich machen (vgl. die Funktion des »Nachtwinds« in der eben besprochenen Strophe aus »Die drei Teiche in Hellbrunn«), für die blutende Wunde entsprechend die wilden »Hunde«, von denen ebenfalls in der ersten Strophe die Rede ist. Wir finden also diesen weinenden, blutenden Baum in der Opferrolle des Dichters, in der Rolle des Sebastian, des Christus – in der masochistischen Position. Diesem Thema der Selbstopferung entspricht schließlich auch das in den beiden Terzetten entwikkelte Kains-Thema: »Da bin mit meinem Mörder ich allein«. Die aggressiven Regungen kehren sich gegen das eigene Selbst, treten als Schuldgefühl in Erscheinung: das Weinen und das Bluten, das dichterische Schaffen, ist eine Sühnehandlung. Das Blut, das aus dem Geäst des Baumes fällt, ist ein selbstvergossenes, das Blut des Blaubart, der sein Messer gegen sich selbst gerichtet hat und als Christus und Orpheus auftritt. Dieses von der Forschung kaum beachtete Jugendgedicht erweist sich aufgrund seiner von uns aufgedeckten poetologischen Sinnschicht als ein Schlüsselgedicht, von dem aus sich grundlegende Einsichten eröffnen in die Zusammenhänge der poetischen Bilderwelt Trakls.[9]

Ein weiteres Beispiel für die auf den ersten Blick oft kaum kenntliche poetologische Bedeutung eines Bildes entnehmen wir dem Gedicht »Das Gewitter«, das bereits ausführlich untersucht wurde. Auch hier führt uns der Dichter einen Baum vor Augen:

> Schon zuckt im schwarzen Gewühl
> Der Rosse und Wagen
> Ein rosenschauriger Blitz
> In die tönende Fichte. (I, 157/58)

Die vom Blitz getroffene, dem Zorn des Gottes ausgesetzte, von ihm »gepeitschte« (vgl. »An die Verstummten«) Fichte »tönt«. Der Interpret, der sich nicht der Mühe unterzogen hat, die Konnotationen des »Tönens« bei Trakl im Gang durch das Gesamtwerk zu erkunden, wird diese wichtige Stelle einfach überlesen. Dieser Baum, der schon in der ersten Strophe des Gedichts als geduldiges »Lamm« gekennzeichnet wurde und dessen »magnetisches Haupt« den Blitz auf sich zieht, vertritt das Selbst in der masochistischen Position, das Selbst, das sich aufgrund seines Schuldgefühls nach Bestrafung sehnt: »Er aber stand ein rasender Baum am steinernen Rand des Himmels, rief den schwarzen Blitz« (II, 275). Die sadistischen Angriffe des Überich erst lassen das Lied entstehen, bringen dieses »Tönen« hervor: die »tönende Fichte« vertritt den Dichter selbst, führt die Herkunft seines Gedichtes aus dem Schuldgefühl vor Augen.

Viele Passagen in Trakls Lyrik lassen bei genauer Analyse eine solche poetologische Sinnschicht erkennen. So stoßen wir in den Entwürfen zum »Helian« auf die Zeilen:

> O ihr Psalmen in feurigen Mitternachtsregen
> Da die Knechte mit Nesseln die sanften Augen schlugen (II, 130)

---

[9] Auf dem Trakl-Symposion 1978 stellte Alfred Doppler den Dichter in die Tradition der Artistenmetaphysik Nietzsches und vertrat die Ansicht, daß das Konzept vom Gedicht als einer Sühne sich bei Trakl »erst gegen das Ende hin« entwickelt habe. Diese Behauptung darf in Anbetracht der vielen frühen Gedichte, die wie »Das Grauen« den Dichter als Märtyrer vorstellen, als unhaltbar gelten. Die Vorstellung vom Gedicht als Sühne ist in der Phantasie Trakls bedeutsam, lange bevor sie explizit formuliert wird. Vgl. *Salzburger Trakl-Symposion* Hg. v. Walter Weiß und Hans Weichselbaum. Salzburg 1978, S. 114.

Kenntlich wird hier zunächst die Gestalt des gegeißelten Christus. Bei näherem Zusehen entdecken wir neben der christlichen die orphische Dimension dieser Zeilen: das Martyrium bringt Lieder hervor, »Psalmen«. Und mit »Psalm« überschrieb Trakl mehrere seiner Gedichte, darunter ursprünglich auch »De Profundis«. Einmal mehr also tritt das Selbst auf in der masochistischen Position, als ein leidender Christus und zugleich als Sänger, als Orpheus. Das Martyrium des Selbst besteht in der Erduldung der Schläge mit »Nesseln« und des »feurigen Mitternachtsregens«. Bevor Trakl zu diesem Bild des nächtigen Feuerregens gelangte, hatte er von »stürmischen Nächten«, »schwarzen Stürmen«, schließlich von »roten Stürmen« gesprochen (II, 129/30). Das Bild des nächtigen Feuerregens ist die beste Variante, die Variante mit der höchsten Suggestivkraft: hier sind die Vorstellungen von Feuer und von Wasser, die Farben Schwarz und Rot amalgamiert, während die Vorstellung des Feuers zugleich von den »Nesseln« evoziert wird (zuerst sprach Trakl tatsächlich von »Brennesseln«). Neben den Schlägen mit (Brenn-)Nesseln hat der Dichter also das Feuer und den Sturm zu erdulden – beide kennen wir zu Genüge als symbolische Repräsentanzen aggressiver Regungen, die sich auf ein Objekt, oder aber gegen das eigene Selbst richten. Frappierende Einsichten in die Bedeutung dieses nächtlichen Feuerregens verschafft uns die Hinzunahme einer signifikanten Parallelstelle aus »Offenbarung und Untergang«. »Da ich ein wilder Jäger aufjagte ein schneeiges Wild«, schreibt der Dichter dort, und gleich darauf lesen wir: »... und leise rann aus silberner Wunde der Schwester das Blut und fiel ein feuriger Regen auf mich« (I, 169). Im Dramenfragment, das dem Prosagedicht ja eng verwandt ist, findet sich eine weitere Parallelstelle, die in diesem Zusammenhang von Bedeutung ist. Dort verflucht nämlich Johanna den Kermor mit diesen Worten: »Mein Blut über dich – da du brachest in meinen Schlaf« (I, 459). Damit ist nun die Bedeutung der beiden Zeilen aus dem »Helian« (der, wie ausdrücklich zu vermerken ist, ein Jahr zuvor entstand) klar: der Psalmen singende Märtyrer ist der Blaubart, der seine Schuld sühnt – in Gestalt des »feurigen Mitternachtsregens« kommt das von ihm vergossene Blut der Schwester über ihn. Der Fluch der Schwester – erst ein Jahr später ausdrücklich formuliert – geht in Erfüllung. Es ist eine Inzestschuld, die dieser Märtyrer zu sühnen hat: nicht zufällig zielen die Schläge der Knechte auf seine Augen. Hier wird einmal mehr ein Ödipus geblendet. Das Selbst tritt auf zugleich als ödipaler Blaubart, als Christus und als Orpheus: die masochistische Szene hat zugleich poetologische Bedeutung, sie illustriert die Herkunft des Gesangs, der »Psalmen« Trakls, aus dem Schuldgefühl.

6.3. Das Schweigen und der Schrei

Vertrieben aus dem Wasser, findet sich der »Schmerzgeborene« in einer Welt des Steins, der Versagung, in einer von »animalischen Trieben« regierten Welt. In dieser Welt kann der Dichter, will er bei der Wahrheit bleiben, nur ein Klagelied anstimmen; sein Lied ist eine »feurige Träne / Geweint in die Nacht«. Das Klagelied des Georg Trakl ist jedoch ständig bedroht durch das Schweigen, durch ein schreckliches Verstummen: »Es schweigt der versteinerte Mund / Das dunkle Lied der Schmerzen« (I, 404). Das orphische Saitenspiel erstirbt:

> Hinwandelnd an den schwarzen Mauern
> Des Abends, ein Vergessenes sinnt
> Ein Saitenspiel hinsterbend im Wind (II, 358)

Ein paralleles Bild des Verstummens finden wir in den Entwürfen zum Gedicht »Am Moor«: »Das leise Guitarrenspiel des Kummers erstirbt« (II, 155). »Am dunklen Munde erfror ihm die Klage«, schreibt Trakl über Novalis (II, 416). Bevor wir nun dieses Motiv des Verstummens in Trakls Dichtung weiterverfolgen, ist ausdrücklich festzuhalten, daß das Schweigen nicht durchgehend diesen negativen, tödlichen Charakter hat. Ein sanftes Schweigen nämlich kennzeichnet immer wieder die ozeanischen Szenerien:

> Rund schweigen Wälder wunderbar (I, 37)

> Geduldig schweigt das harte Leben in den Hütten;
> Der Kühe linden Schlaf bescheint die Stallaterne. (I, 28)

> Liebend auch umfängt das Schweigen im Zimmer die Schatten der Alten (I, 144)

> Es wohnt in Brot und Wein ein sanftes Schweigen (I, 43)

In diesen Beispielen konnotiert das Schweigen Ruhe, Harmonie, Geborgenheit, die »Windesstille der Seele« (I, 126); insofern steht es in Opposition zum »Geheul«, zum »Klirren«, »Dröhnen« und ähnlichen negativen Klangvorstellungen. Dieses sanft-umfangende, ozeanische Schweigen ist dem Motiv des Tönens, dessen poetologische Implikationen wir herausgearbeitet haben, also keineswegs entgegengesetzt, sondern ihm analog.

Gänzlich anderen, eindeutig negativen Charakter hat hingegen das Schweigen, das in der letzten Strophe der »Romanze zur Nacht« thematisiert ist:

> Beim Talglicht drunt' im Kellerloch
> Der Tote malt mit weißer Hand
> Ein grinsend Schweigen an die Wand.
> Der Schläfer flüstert immer noch. (I, 16)

Hier ist vom Schweigen des Todes die Rede, von einem Schweigen, das den Tod des Dichters bedeutet. Noch »flüstert« allerdings der Schläfer, noch ist er nicht in der Situation des Toten, des in den Kerker, in das Grab des Schweigens

Geworfenen. Ein Flüstern am Rande des Verstummens: auch dieses Bild charakterisiert das lyrische Sprechen des Dichters selbst, der diese Zeilen schrieb. Tatsächlich trägt ein Gedicht Trakls den Titel »In den Nachmittag geflüstert« (I, 51). Wenn wir uns nun die Analogiebeziehung der Vorstellungen vom Tönen, vom Blühen und vom Strahlen in Erinnerung rufen, so fällt in der Strophe aus »Romanze zur Nacht« sofort die Korrespondenz der Bilder vom »Talglicht« und vom »Flüstern« ins Auge. Dem poetologischen Motiv der verwelkenden Blume (das Gedicht als »kranke Blume der Schwermut«) entspricht auf akustischem Gebiet das Flüstern des Schläfers, auf optischem das Kerzenlicht, das das Kellerloch gerade noch mühsam zu erhellen vermag. Ziehen wir zum Vergleich die erste Strophe von »In Venedig« hinzu:

> Stille in nächtigem Zimmer.
> Silbern flackert der Leuchter
> Vor dem singenden Odem
> Des Einsamen;
> Zaubrisches Rosengewölk. (I, 131)

Ganz ähnlich heißt es in »Stunde des Grams«: »Silbern flackert im dämmernden Zimmer der Leuchter des Einsamen« (I, 327). Im »nächtigen Zimmer« erkennen wir das »Kellerloch« wieder, im »Leuchter« das ebenfalls weniger preziöse »Talglicht«. Auch der ideale Gegenentwurf zu diesen Bildern ist uns bekannt: Narziß, der im Wasser dem Tönen einer strahlenden Blume lauscht. Die enge Wechselbeziehung dieser Szenen wird noch deutlicher, wenn wir im ozeanischen Blau anstelle der schönen Blume die Leier des Orpheus, oder aber ein Lämpchen finden: »In feuchter Bläue leuchtet das Lämpchen« (I, 407).

Dem »Tönen« ist ein »Blühen« und ein »Strahlen« analog, und so weisen das flackernde Licht, die verwelkende Blume, das Flüstern des Schläfers auf die bedrohte Stellung des Klageliedes, des Gedichts. Dem Erlöschen des Lichts entspricht mithin das Verstummen des Liedes, der Tod des Sängers:

> Ein Herz erlischt – und sacht
> Die Nebel fluten und steigen –
> Schweigen, Schweigen! (I, 247)

> Leise erlosch im Herzen des Schattens / Ein flackerndes Lämpchen (II, 237)

> Das goldne Lämpchen, das ein flackernder Flügelschlag auslöscht (II, 440)

Ganz klar wird diese Korrespondenz Tönen/Strahlen, Lied/Licht in der letzten Strophe von »Unterwegs«:

> O, wie dunkel ist diese Nacht. Eine purpurne Flamme
> Erlosch an meinem Mund. In der Stille
> Erstirbt der bangen Seele einsames Saitenspiel.
> Laß, wenn trunken von Wein das Haupt in die Gosse sinkt. (I, 82)

Auch in einer Zeile aus »De Profundis« setzt Trakl das Verstummen des Liedes dem Erlöschen eines Lichtes gleich: »Es ist ein Licht, das in meinem Mund erlöscht« (I, 46). Dem verstummten, »von Unrat und Staub der Sterne« bedeckten lyrischen Ich auf der Heide stellt Trakl die Figur des »tönenden« Engels im Haselgebüsch gegenüber.

Der akustischen Vorstellung vom Verstummen des Liedes entspricht im Bereich des Optischen die Vorstellung vom Erlöschen des Lichts (auch des Sterns, des Engels, des Sonnenjünglings). Analog ist aber auch eine motorische Vorstellung, die bei Trakl häufig auftritt und mit der wir uns schon befaßt haben: die Vorstellung vom Erstarren der Bewegung. Besonders markant gestaltet fanden wir dieses Motiv der Petrifikation in den Zeilen von Trakls »Nachtlied«:

Nachtlied

Des Unbewegten Odem. Ein Tiergesicht
Erstarrt vor Bläue, ihrer Heiligkeit.
Gewaltig ist das Schweigen im Stein

Die Maske eines nächtlichen Vogels. Sanfter Dreiklang
Verklingt in einem. Elai! dein Antlitz
Beugt sich sprachlos über bläuliche Wasser.

O! ihr stillen Spiegel der Wahrheit.
An des Einsamen elfenbeinerner Schläfe
Erscheint der Abglanz gefallener Engel. (I, 68)

Der Sinngehalt der ersten Strophe erschloß sich uns im Vergleich dieser Zeilen mit Trakls frühem Gedicht »Der Heilige«. In dem »Unbewegten« mit dem »Tiergesicht« erkannten wir den Heiligen wieder, der in »wutgeifernder Ekstase« vor die Madonna im blauen Mantel trat, in »rasender Wut«, mit einem Qualschrei auf den Lippen: Exaudi me, o Maria!« (I, 254). Das »Erstarren«, so zeigte die Analyse, dient der Abwehr des »Rasens«: in steinerner Gestalt wirft sich der Knabe Sebastian den wilden Rappen in den Weg. Die dieser symbolischen Szene entsprechende katatone Symptomatik bei Trakl wurde erörtert. Das Verstummen scheint nun analog zu begreifen zu sein als eine Abwehr des »Qualschreis«, als eine Abwehrmaßnahme des Ich gegen die bedrohlichen Regungen des Es, die Dämonen des Blutes – als eine Abwehr ihres »Geheuls«. Das »Schweigen im Stein« tritt an die Stelle des rasenden Qualschreis. Der Wolf erstarrt, zieht sich zurück hinter die Maske des Schweigens: »Aus bleichen Masken schaut der Geist des Bösen« (I, 29).

Dem »Qualschrei« setzt Trakl in diesem Gedicht zwei Vorstellungen entgegen, das Bild steinernen Schweigens und das Bild eines sanften Tönens, des »Dreiklangs«. Über das blaue Wasser beugt sich wieder einmal der Sänger, bewegt von dem Wunsch, in die ozeanische Welt zurückzukehren. Die Parallele zum Bild der Herbstblume am blauen Teich aus »Landschaft« ist evident.

Zwei symbolische Szenen gewinnen also in diesen Zeilen Kontur. Zuerst wird das Selbst konfrontiert mit der ödipalen Mutter, der Madonna im blauen Gewand; der inzestuöse Angriff wird blockiert durch das Erstarren und das Verstummen. In der zweiten Strophe gilt der Inzestwunsch der präödipalen, der archaischen Mutter: das Selbst sehnt sich zurück aus der Welt »animalischer Triebe« in die blaue Höhle des Wassers, die Welt des Wohllauts. Nicht nur das orphische Motiv des »sanften Dreiklangs« weist auf die drei Strophen von Trakls »Nachtlied« selbst – auch die Wendung vom »stillen Spiegel der Wahrheit« hat poetologischen Gehalt: das Gedicht ist der Spiegel des Dichters, ein Spiegel, der die »Wahrheit« zum Vorschein bringt. Und so zeigt sich im Spiegel die bekannte Gestalt des »gefallenen Engels«, zugleich die Maske eines Vogels, ein »Tiergesicht« – erstarrt, um nicht in ein unkontrolliertes »Rasen« zu verfallen, verstummt, um nicht den »Qualschrei« hören zu lassen, der sich »zudrängt«.

Die Bedeutung des Verstummens in Trakls Gedichten wird weiter sinnfällig in der Tischszene des Prosagedichts »Traum und Umnachtung«:

> Schweigende versammelten sich jene am Tisch; Sterbende brachen sie mit wächsernen Händen das Brot, das blutende. Weh der steinernen Augen der Schwester, da beim Mahle ihr Wahnsinn auf die nächtige Stirne des Bruders trat, der Mutter unter leidenden Händen das Brot zu Stein ward. O der Verwesten, da sie mit silbernen Zungen die Hölle schwiegen. Also erloschen die Lampen im kühlen Gemach und aus purpurnen Masken sahen schweigend sich die leidenden Menschen an. (I, 150)

»Die Hölle schweigen« – diese Formulierung zeigt deutlich, daß das Schweigen ein Verschweigen meint. »Wir verschwiegen uns, was uns grauend erfaßt«, schreibt Trakl in seinem frühen Gedicht »Ballade«, das den inzestuösen Sündenfall der Geschwister thematisiert (I, 231). Das gleiche drückende Schweigen charakterisiert auch die Tischszene im Gedicht »Die Bauern«, wo die Geschwister sich als Knecht und Magd gegenübersitzen – auch hier stören die Dämonen des Blutes den »Frieden des Mahls«, wird die »Hölle im Herzen« verschwiegen. »Eine schwarze Höhle ist unser Schweigen«, heißt es in einem anderen Gedicht (I, 84). Diese »Höhle« kann nun unter zwei Aspekten gesehen werden. Sie ist ja nicht nur eine Grabkammer, ein finsteres »Kellerloch«, sondern auch ein vorzügliches Versteck, ein Versteck für den Wolf: »Aber in dunkler Höhle verbrachte er seine Tage ... und verbarg sich, ein flammender Wolf, vor dem weißen Antlitz der Mutter« (I, 147). Auch an das Bild vom Knaben im »Holzverschlag« (I, 271) ist zu erinnern – auch hier verbarg sich ein Wolf in der Höhle, um die Begegnung mit den Schwestern im weißen Kleid zu vermeiden. Der Rückzug in die »Höhle des Schweigens« ist als eine defensive Maßnahme zu begreifen, als eine Abwehrmaßnahme des Ich gegen die bedrängenden Regungen des Es:

Akute Auseinandersetzungen mit den Triebimpulsen werden mit Hilfe einer chronischen Einschränkung der Flexibilität des Ichs vermieden, das zum Schutz gegen unwillkommene äußere oder innere Reize vollkommen starr wird.[10]

Zu den wichtigsten Funktionen des Ich gehört die Handhabung des Symbols, die Sprachfunktion. So kann die defensive Regression der Ichfunktionen über die körperliche Motorik hinaus auch die Sprachfunktion erfassen – zur katatonen Erstarrung tritt der Mutismus.

Das sprachliche Symbol, so stellten wir fest, ist das Instrument, mit dem der Dichter seinen Kampf gegen die Dämonen des Blutes führt, mit dem er sie »beschwört«, bändigt. Auf dem von ihm gewählten Schlachtfeld, dem Feld der Sprache, droht dem Dichter die Niederlage, wenn die Kräfte des Gegners die eigenen übersteigen, wenn die wilden Pferde mit »schmächtigen Händen« (I, 382) nicht mehr zu bändigen sind, ihre rasende Bewegung durch »langsame Hände« (I, 168) nicht mehr aufgehalten werden kann. Es ist dies der Augenblick, in dem das »Lämpchen« in der Hand sich verwandelt in ein Messer: »Wer hat die Lampe aus meinen Händen genommen. Wildes Vergessen. Wer drückt das Messer in meine rote Rechte« (I, 457). Dieser infernalische Augenblick, in dem die Rappen der Kontrolle entgleiten, die Dämonen ihre Fesseln abstreifen, ist zugleich der Augenblick, in dem das Klagelied sich verwandelt in den »Qualschrei«, in einen unkontrollierten Aufschrei des Schmerzes und des Entsetzens: »Aufschrei im Schlaf; durch schwarze Gassen stürzt der Wind« (I, 141). Diesem Dahinstürzen kann jetzt nur noch durch ein völliges Erstarren gewehrt werden, dem Schrei durch das Verstummen. In »Verwandlung des Bösen« schreibt Trakl:

Du, ein grünes Metall und innen ein feuriges Gesicht, das hingehen will und singen vom Beinerhügel finstere Zeiten und den flammenden Sturz des Engels. O! Verzweiflung, die mit stummem Schrei ins Knie bricht. (I, 98)

Der Dichter bekundet seinen Willen, den Schmerz in Worte zu fassen, ein Klagelied zustandezubringen, zu »singen vom Beinerhügel« – in der Rolle des Christus. Zu groß ist indessen der Schmerz, zu schrecklich das innere »feurige Gesicht«, als daß sie noch mit sprachlichen Mitteln zu »überwältigen« wären. Die Seelenqualen sind unsäglich: »Unsäglich ist das alles, o Gott, daß man erschüttert ins Knie bricht« (I, 81). Ein unartikulierter Schrei droht sich Bahn zu brechen – ihn verhindert der Dichter durch das Verstummen. Nur die Starre des Metalls vermag das flammende Inferno der sich zudrängenden Bilder noch einzudämmen. Dem Oxymoron »stummer Schrei« gingen im Entwurf voraus die kontradiktorischen Varianten:

45	O Verzweiflung, die	schweigend	in	die Knie bricht.
*		nächtlich	| :ins: |	∧
*		schreiend		(II, 171)

[10] Fenichel, Neurosenlehre Bd. II, S. 465.

Das Gedicht Georg Trakls, so stellten wir zu Beginn dieses Abschnittes fest, grenze an das Schweigen; wie nun diese kontradiktorischen Varianten und die aus ihnen hervorgegangene paradoxe Fügung deutlich machen, ist es genauso richtig, zu sagen, das Gedicht Trakls stehe am Rande des Schreis.

Verfolgen wir nun das Motiv des Schreis in Trakls Dichtung weiter, so stoßen wir wiederholt auch auf das Bild vom Geschrei eines Kranken. Von »Spitälern, wirr erfüllt von Fieberschrein und Flüchen« ist etwa die Rede (I, 66); im Gedicht »Der Gewitterabend« schreibt Trakl: »Kranke kreischen im Spitale« (I, 27). Daß es sich bei dem Leiden des Kranken nicht um ein körperliches, sondern um ein seelisches Leiden handelt, um das Schuldgefühl, haben wir schon festgestellt; auch dieser Kranke »weint«, singt ein Klagelied: »Kranke, weinend aus stummen Tierfratzen« (II, 439). Seine Krankheit, sein »Fieber«, ist eine poetische Produktivkraft, sie läßt das Lied entstehen. Aus diesem Klagelied wird ein »Kreischen«, ein Schrei, wenn das Leiden des Kranken sich verschlimmert, wenn ihn »Todesgrausen packt« (I, 16). Und schließlich schlägt auch der Schrei des Kranken um in ein schreckliches Verstummen: »Geschrei verstummt im Spital« (I, 141).

Die Verwandtschaft dieses Kranken mit dem gefolterten Märtyrer ist deutlich geworden; auch das Klagelied des Sebastian wird zum Schrei, wenn der Schmerz unerträglich wird:

> Oder es sind Schreie im Schlaf,
> Wenn ein eherner Engel im Hain den Menschen antritt,
> Das Fleisch des Heiligen auf glühendem Rost hinschmilzt. (I, 72)

Die »glühenden Martern/ Des Fleisches« (I, 119) sind zu schlimm, als daß sie sich noch in Form eines Liedes artikulieren ließen – ein unkontrollierter Aufschrei des Schmerzes kommt über die Lippen des Gemarterten. Diesem Schrei kann der Dichter nur noch begegnen durch ein Verstummen: »Geistesfolter – ein Stein verstummt« (I, 341). Diese Zeile entstammt einem späten Gedichtentwurf aus dem Nachlaß Trakls; die Handschrift ließ die Ursache dieses Martyriums nicht unbestimmt: »Wollust – so leise leidet/ Ein blaues Blümchen die Seele« (II, 431). Wenn dieses Leiden der Seele zur »Geistesfolter« wird, so geht das Klagelied des Dichters über in einen Schrei – oder es verstummt. Kein Stern »erblüht« mehr aus den Wunden des Sebastian: an die Stelle des Liedes tritt das »Schweigen im Stein«. Das »steinerne Schweigen«, das Trakl in seinen Gedichten immer wieder thematisiert und von dem sein Lied ständig bedroht ist, muß also als eine Abwehrreaktion begriffen werden, als letzte Waffe gegen die Dämonen des Blutes, die sich mit den Mitteln der Sprache nicht mehr bändigen lassen. »Es spie die Hölle hinter dem kahlen Hügel ihre purpurne Flamme und der Verdammten Geschrei«, schreibt Trakl in den Entwürfen zu »Verwandlung des Bösen« (II, 167) – als kontradiktorische Variante erscheint:

»Es schwieg die Hölle ...« Der Streit des Sinns weist auf einen Kampf psychischer Kräfte, auf einen seelischen Konflikt; das Verstummen hat defensiven Charakter. Das Verstummen bei Georg Trakl, so ist gegenüber bisher gängigen Auffassungen seiner Interpreten ausdrücklich zu betonen, hat völlig anderen Charakter, andere Ursachen als das Verstummen des Lord Chandos bei Hofmannsthal.

Die Vorstellung von der Hölle im Herzen, die ihre Flammen »speit«, bringt uns abschließend noch einmal zurück zu der zentralen Zeile aus dem Gedicht »An einen Frühverstorbenen«: »O, das Blut, das aus der Kehle des Tönenden rinnt« (I, 117). Wir brachten dieses Bild der Sühne in Verbindung mit einem korrespondierenden Bild der Schuld, mit dem Bild des Blaubart, der seiner Braut die Kehle schlitzt. Nach dem Talionsprinzip liegt Blaubart nun selbst als ein Opferlamm auf dem Altar, aus seiner Kehle fließt das Blut, das Lied. Erinnern wir uns nun aber daran, daß dieser Blaubart seinem Opfer nicht nur die Kehle durchschnitt, sondern auch das Blut der Elisabeth trank. Erinnern wir uns weiter an die Feststellung Fenichels, daß die Sühnehandlung im Unbewußten oftmals als eine Rückgabe des schuldhaft Inkorporierten erscheine – das Bild vom Drachen, der an Verdauungsstörung leidet, war ja von unvergeßlicher Komik. Vor diesem Hintergrund entdecken wir jetzt plötzlich eine zweite Lesart der Zeile aus »An einen Frühverstorbenen«. Als Bild der Sühne korrespondiert sie ja auch (wieder nach dem Talionsprinzip) mit dem schuldhaften »Blutdurst« des Blaubart, mit der Vorstellung vom Trinken des Blutes, die uns bei Trakl mehrfach begegnet ist. Die Sühnehandlung präsentiert sich in dieser Lesart als eine Rückgabe des Einverleibten, des getrunkenen Blutes: »O, das Blut, das aus der Kehle des Tönenden rinnt«. Dieses Bild, das die poetische Sühnehandlung vor Augen führt, hat also zwei Lesarten, es oszilliert.

Mit dieser zweiten Deutung der Zeile haben wir uns nicht in freudianischer Phantastik verloren, sondern sind wir der dichterischen Phantasie Trakls auf der Spur – das erweist sich, wenn wir den Bezug der Vorstellung vom Blut, das aus der Kehle rinnt, zur Vorstellung des »Speiens« bedenken. Wenn das aus der Kehle rinnende Blut immer wieder dem »Weinen«, dem Klagelied des Dichters gleichgesetzt wird, so wäre in der zweiten Lesart dieses Bildes der »Qualschrei«, in den das Lied überzugehen droht, entsprechend gleichzusetzen der Vorstellung des Speiens, genauer: des Blutspeiens. Dieses Motiv des Blutspeiens tritt bei Trakl nicht nur auf – es wird vom Dichter auch genau im beschriebenen Sinne eingesetzt. In einem Nachlaßgedicht, das den Titel »Gericht« trägt, stoßen wir auf die Zeile: »Wahnsinn öffnet den purpurnen Mund:« (I, 316). Der Doppelpunkt hat stauende Funktion – man erwartet den Schrei. Und im Entwurf folgte in der Tat ein Schrei: «Strahl und Schrei an Mauern stille« (H^3; II, 406). Der Dichter verwirft jedoch dieses Bild und ersetzt es durch sein Gegenteil, ein Bild des Schweigens: »Dies irae – Grab und Stille«. Gleich in der nächsten Strophe allerdings bricht dieser Schrei sich dann doch Bahn, in verwandelter Gestalt, als ein Blutspeien:

Tasten an grünen Dornen hin;
Im Schlaf: Blutspeien, Hunger und Lachen; (I,316)

Zum Motiv des Dornbuschs, in dem die Sühne sich vollzieht, tritt wieder einmal das Motiv der Blindheit (»Tasten«); die Vorstellung vom Blut, das aus der Kehle rinnt, hat sich gesteigert zur Vorstellung vom »Blutspeien«. Das Klagelied ist zum Schrei geworden. Was das »Blutspeien« mit dem »Hunger« zu tun hat, ist klar: dem Hunger, dem »fressenden Haß« des Blaubart entspricht sein Blutdurst – die Umkehrung dieses Blutdurstes ist das Blutspeien. Wenn der Blaubart bei Trakl nun auftritt »mit einem Schrei, der wie ein Lachen klingt« (II, 484), so erhellt sich hieraus auch die Beziehung zwischen dem »Lachen« und dem »Blutspeien«: dieses »Blutspeien« ist das Analogon des Schreis, dem wiederum das Lachen des Wahnsinns entspricht. Als Analogon des Schreis korrespondiert das Blutspeien mit dem Lachen; als Umkehrung des Blutdurstes korrespondiert es mit dem Hunger: die semantischen Wechselbeziehungen in dieser Zeile sind komplex, doch nicht »dunkel«. »Blutspeien im Schlaf« – diese Vorstellung ruft auch die Eingangszeile des Gedichts »Frühling der Seele« in Erinnerung:

Aufschrei im Schlaf; durch schwarze Gassen stürzt der Wind (I, 141)

Die Analogie der Vorstellungen vom Schrei und vom Blutspeien wird hier noch einmal deutlich; vom Blutspeien ist es schließlich nicht mehr weit bis zum Ersticken, der Entsprechung des Verstummens: »Blut stickt und würgt mir die Kehle zu« (I, 443).

Werfen wir zum Abschluß noch einen Blick auf ein anderes zunächst recht absonderlich erscheinendes Bild Trakls. In »Drei Blicke in einen Opal« spricht der Dichter von blutspeienden Schnecken:

Die Purpurschnecken kriechen aus zerbrochenen Schalen
Und speien Blut in Dorngewinde starr und grau. (I, 67)

Diese Schnecken sind in Trakls Werk sonst ohne Parallele – und dennoch finden wir bei näherem Zusehen Bekanntes. Die Schnecke ist ein weiches, ein sanftes, ein schutzloses Tier; wie das »sanfte Wild« ist sie den messergleichen Dornen ausgesetzt, nachdem ihr Haus, ihr Panzer zerbrochen ist. Wir stellen fest: diese Szene folgt dem masochistischen Muster; die Schnecke vertritt symbolisch das Selbst in der Rolle des Opfertiers, den Dichter, der im Dornbusch blutet. Die folgende Strophe begann ursprünglich mit der Zeile: »Dolche und schwärende Wunden gaukeln im Weiherauch« (II, 124). In der Zeile, die dem Bild der blutspeienden Schnecken unmittelbar vorausgeht, ist die Rede von den »schwarzen Wundenmalen« eines Heiligen; zuvor hieß es da: »Ein Sterbender will sich an schwarzen Mauern malen« (II, 124). Das dichterische Schaffen selbst ist Gegenstand dieser Zeilen. Der Begriff »Dorngewinde« weiterhin bringt, wie auch das »purpurne Gewand« der Schnecke, die Gestalt des leidenden Christus ins Spiel, den Christus, der zugleich ein Orpheus ist. Sodann ist die Schnecke, wie die ihr verwandte Kröte, ein häßliches Tier. Der Unterwelt zugehörig, ist die Schnecke ein extremes Gegenstück zum Vogel und zum Engel: sie repräsentiert symbolisch das häßliche, das aggressiv abgewertete Selbst. In den Entwürfen zu »Die drei Teiche in Hellbrunn« verwandelt Trakl den Orpheus in eine Kröte (»der Kröten dunkle Liebesklage«; II, 359); so abwegig ist es mithin keineswegs, wenn er an anderer Stelle den Sänger, mit ihm sich selbst, »zur Schnecke macht« (die Analogie seines Bildes zu dieser ebenfalls aggressiven, herabsetzenden umgangssprachlichen Wendung dürfte Trakl indessen wohl kaum bewußt gewesen sein). Der Dichter als »weiches Tier« (I, 385) im Dornbusch, der Dichter als Christus mit der Dornenkrone, der Dichter als ein häßliches Geschöpf: diese drei Vorstellungen überlagern sich in der Figur der Schnecke, die wir somit als eine »Mischperson«, wie sie häufig im Traum auftritt, als ein Verdichtungsprodukt aus verschiedenen Figuren begreifen müssen. Welche Schuld das durch die Schnecke repräsentierte Selbst auf sich geladen hat, erhellt sich aus der Beziehung dieser Schnecke zum Motiv des Schleims, das zuvor im Rahmen der zentralen ödipalen Szenerie dieses Gedichts auftrat: »In Schleim und Schleiern tanzt des Greisen Frau«. Auch die »verschleimten Mondstrahlen« bringen sich wieder in Erinnerung: Orpheus/ Endymion erweist sich in der Tat als häßliche, schleimige Kröte. Die masochistische Szene hat poetologische Bedeutung, und so hat auch das »Blutspeien« der Schnecke seinen guten Sinn: es steht für den Qualschrei des von Schuldgefühlen gequälten Dichters.

6.4. Die Verwandlung des Bösen

Wenn Georg Trakl 1910 in einem Brief an Buschbeck von einem »Fieber« sprach, aus dem seine Gedichte hervorgegangen seien (I, 478), so hat die Untersuchung gezeigt, daß in der Tat eine Krankheit, ein Leiden der Seele, die Triebkraft seines poetischen Schaffens ist: das quälende Schuldgefühl, das von der »Hölle im Herzen« heraufbeschworen wird. In seinem Aphorismus vom August 1914 kennzeichnete Trakl sein Gedicht als »unvollkommene Sühne« einer Schuld; die Beschäftigung mit seinem lyrischen Werk führte uns zur Einsicht, daß diese Vorstellung von der Sühnefunktion des Gedichts für sein poetisches Schaffen von grundlegender Bedeutung ist: als implizite Poetik erscheint sie schon in den frühen Gedichten, lange bevor sie explizit formuliert wird. Als symbolisches Korrelat des Schuldgefühls haben wir die in Trakls Dichtung stereotypisch wiederkehrende masochistische Szene begriffen: sie ist zugleich das zentrale poetologische Motiv. In der Rolle des leidenden Christus, des Sebastian, muß der Dichter die Schuld sühnen, die er als ödipaler Blaubart auf sich geladen hat; der wilde Jäger schlachtet als Opfertier auf dem Altar der Sühne sich selbst, und aus der Kehle des Opfertiers fließt als Blut das Lied, das Gedicht. Die Sühne soll eine Versöhnung herbeiführen, die seelischen Konflikte zwischen Es und Überich beilegen; das poetische Schaffen ist eine magische Beschwörung der Dämonen des Blutes und zugleich eine Sühnehandlung, die das sadistisch strafende Überich besänftigen soll. Der poetische Prozeß zielt damit ab auf eine personale Synthese, auf die Selbstbehauptung des Ich gegenüber dem Es und dem Überich. Ziel des dichterischen Martyriums ist die Überwindung der »Zerrissenheit/ Feuriger Kräfte«, die Wiederherstellung des »Friedens der Seele«. Der Weg der Sühne, den der Dichter zu gehen hat, folgt den Stationen des Passionswegs Christi: er führt durch Leiden und Tod zur Erlösung und Auferstehung. An seinem Ende steht eine neue Gestalt des Selbst. Den Motiven der Wiedergeburt in Trakls Gedichten gilt in diesem Abschnitt unser Interesse.

Mit der Metamorphose des Knaben im Gedicht »Sebastian im Traum« hatten wir uns befaßt: »Er aber war ein kleiner Vogel im kahlen Geäst,/ Die Glocke lang im Abendnovember« (I, 88). Der Knabe wird hier zu einem »Tönenden«, einem Orpheus, der ein Klagelied singt. Als Orpheus aber begegnet er uns auch auf einem Passionsweg zum Kreuz, als eine Christus-Gestalt:

29 Oder wenn er an der harten Hand des Vaters
Stille den finstern Kalvarienberg hinanstieg
Und in dämmernden Felsennischen
Die blaue Gestalt des Menschen durch seine Legende ging,
Aus der Wunde unter dem Herzen purpurn das Blut rann.
O wie leise stand in dunkler Seele das Kreuz auf. (I, 89)

An der Hand einer strengen Vaterfigur geht Sebastian den Weg zum Kreuz, an dem er sich verblutet: die poetologischen Implikationen dieses Bildes sind klar. Weniger klar ist jedoch die Schuld des Knaben, die er zu sühnen hat; das Gedicht schweigt darüber, nicht gänzlich jedoch – der mit der Bildersprache Trakls Vertraute vernimmt die Anspielungen, die auf diese Schuld gemacht werden. Auffallen muß zunächst, daß die Figuren, zu denen der Knabe Sebastian in Beziehung gesetzt wird, dem Personenverzeichnis des ödipalen Dramas entnommen sind, das Trakl immer wieder inszeniert. Da ist zunächst die Mutter, die als Mutter des Christus-Sebastian den Namen Maria trägt; da ist der Vater, dessen »Hausgerät« im Verfall liegt, der zum »Greisen« wird. In den Entwürfen erscheint auch die Mutter als ein »Greises« (II, 460), zudem ist von ihrer »Heimsuchung« die Rede (II, 461). Im »Schatten des Nußbaums«, in dem die Mutter zunächst das Kindlein trägt (Z. 1/2), erscheint später der »Geist des Bösen« (Z. 55); steinern wirft der Knabe sich den wilden Rappen in den Weg. Das Bild vom Hinabsteigen des Sebastian in das Wasser hatten wir verstanden als symbolische Erfüllung des inzestuösen Verschmelzungswunsches; vom Hinabsteigen ist noch ein zweites Mal die Rede: »Des Vaters Stille, da er im Schlaf die dämmernde Wendeltreppe hinabstieg« (Z. 22). Bedenken wir die symbolische Bedeutung des »stillen Vaters« und des Dunkels, in das der Knabe hinabsteigt, so gibt die Zeile einen überraschenden Sinngehalt zu erkennen: der Knabe, väterlichen Halts entbehrend, erliegt der Anziehungskraft der archaischen Mutter; mit dem Tod des Vaters fällt die Inzestschranke. Die Zeile enthält keine autobiographische Reminiszenz,[11] sondern entwirft eine symbolische Szene. Schließlich erscheint, um die ödipale Szenerie zu vervollständigen, auch noch die Gestalt der Schwester, als ein »zarter Leichnam« – im Entwurf war noch von der »verstorbene(n) Schwester« Sebastians die Rede (II, 457). Die Schuld, die der Knabe zu sühnen hat, geht aus all dem deutlich genug hervor; sein Klagelied hat, wie im Entwurf explizit gesagt ist, die Geschlechtlichkeit zum Anlaß und zum Gegenstand: »Blaue Seele weint ein dunkles Geschlecht« (II, 459).

Die ödipale Schuld wird am Kreuz gesühnt, wo Sebastian sich als Dichter »verblutet«. Auf den Tod am Kreuz folgt nun aber eine Auferstehung, eine Wiedergeburt, auf die Winternacht des Todes ein »Frühling der Seele«:

> Liebe; da in schwarzen Winkeln der Schnee schmolz,
> Ein blaues Lüftchen sich heiter im alten Hollunder fing,
> In dem Schattengewölbe des Nußbaums;
> Und dem Knaben leise sein rosiger Engel erschien.
>
> Freude; da in kühlen Zimmern eine Abendsonate erklang,
> Im braunen Holzgebälk
> Ein blauer Falter aus der silbernen Puppe kroch.

Im Juni 1913 schrieb Trakl in seinem Brief an Ludwig v. Ficker, in dem er mit sich selbst ins Gericht gegangen war, abschließend: »Gott, nur einen kleinen Funken reiner Freude – und man wäre gerettet; Liebe – und man wäre erlöst« (I, 519). »Liebe« und »Freude«: diese beiden Worte stellte Trakl auch an den Anfang der beiden zitierten Strophen aus dem »Sebastian im Traum«, der einige Monate nach dem Brief entstand. Der Wunsch nach Erlösung von der »Hölle im Herzen«, den Trakl in seinem Brief bekundet, findet in diesen beiden Strophen seine symbolische Erfüllung. Im »Schattengewölbe« von Hollunder und Nußbaum, im Paradiesgarten der Kindheit, erscheint dem Knaben »sein« rosiger Engel: dieser ist zugleich symbolischer Repräsentant

11 »... als Schlafwandler stieg er im Vaterhaus die Treppe hinab, Stille war um ihn, der Vater weckte ihn nicht.« Lachmann, S. 85.

des Idealselbst, der Antipode von Wolf und Krüppel, und symbolischer Repräsentant der Schwester, »Rose« und »Engel« in einem. Wieder finden wir das Geschwisterpaar im Schoß der archaischen Mutter, als »Ein Geschlecht«. Die Szene der Liebe, die Trakl in dieser Strophe entwirft, führt eine inzestuöse Verschmelzung von Bruder und Schwester vor Augen. Das sich anschließende Bild der Freude nimmt mit dem Motiv des Sonatenklangs zugleich das Schwesterthema wieder auf und führt die poetologische Thematik des Gedichts weiter. Was es mit der Geburt des Falters auf sich hat, erhellt seine Verwandtschaft zu dem geflügelten Wesen, von dem zuvor die Rede war, aber auch die folgende Parallelstelle: »Die Liebenden in Faltern neu erglühn/ Und schaukeln heiter hin um Stein und Zahl« (I, 45). Die Geburt des Falters entspricht der Geburt des schönen Engels, in dessen Gestalt die Geschwister zu einer Einheit verschmolzen sind. Insofern das Bild der »silbernen Puppe« nun auch in den Umkreis der Bilder vom »Schweigen im Stein« gehört (»Knöcherne Maske, die einst Gesang war«; I, 422), verweist der »blaue Falter«, der aus ihr geboren wird, auf das Gedicht selbst, auf die blaue Blume, die jenseits der Winternacht erblüht, auf das Lied, das aus dem Schweigen hervorgeht. Vergleichen wir dazu nur die drei verschiedenen Fassungen zweier Zeilen aus »Verklärung«, die das ihnen vorangehende Bild vom »dunklen Gesang« weiter ausmalen:

A: Ein blauer Quell,
Der nächtlich bricht aus abgestorbenem Stein

B: Nachts das Böse
Hebt sich stumm aus abgestorbenem Stein

C: Blaue Blume
Die leise tönt in abgestorbenem Stein (II, 206/07)

Das Böse, die »Hölle im Herzen«, machte das Verstummen nötig, das »Schweigen im Stein«, den Rückzug hinter die »knöcherne Maske« des Schweigens; mit der Austreibung der Dämonen wird neues Leben möglich, ein »Frühling der Seele«. Aus der Todesnacht, der winterlichen Erstarrung, wird das Selbst neu geboren, im Lied, als »blaue Blume«, oder als ein »blauer Falter«. Die Metamorphose des Falters ist eine eindrucksvolle Entsprechung zum Passionsweg des Dichters, der vom Klagelied durch das »steinerne Schweigen« zum »sanften Gesang« der Auferstandenen führt, vom Herbstabend durch die Winternacht zu einem Frühlingsmorgen.

Auf Wiedergeburtsmotive mit poetologischem Gehalt stoßen wir auch in Trakls Gedicht »An den Knaben Elis«, das im April 1913 auf der Hohenburg entstand:

An den Knaben Elis

Elis, wenn die Amsel im schwarzen Wald ruft,
Dieses ist dein Untergang.
Deine Lippen trinken die Kühle des blauen Felsenquells.

Laß, wenn deine Stirne leise blutet
Uralte Legenden
Und dunkle Deutung des Vogelflugs.

Du aber gehst mit weichen Schritten in die Nacht,
Die voll purpurner Trauben hängt,
Und du regst die Arme schöner im Blau.

Ein Dornenbusch tönt,
Wo deine mondenen Augen sind.
O, wie lange bist, Elis, du verstorben.

Dein Leib ist eine Hyazinthe,
In die ein Mönch die wächsernen Finger taucht.
Eine schwarze Höhle ist unser Schweigen,

Daraus bisweilen ein sanftes Tier tritt
Und langsam die schweren Lider senkt.
Auf deine Schläfen tropft schwarzer Tau,

Das letzte Gold verfallener Sterne. (I, 84)

Wieder treffen wir auf die Stationen einer Passionsgeschichte, auf die Abfolge von Leiden, Tod und Verwandlung. Elis tritt auf mit blutender Stirn: dieses Bild impliziert die Vorstellung einer Verletzung, einer Wunde. Deren Ursache ist zu suchen in einer Dornenkrone, oder aber in den Peitschenhieben eines zornigen Gottes: »Rasend peitscht Gottes Zorn die Stirne des Besessenen« (I,124). Mit blutender Stirn, in der Christus-Rolle, tritt der Mörder Kermor auf: »Seine Schläfe blutet« (I, 458). So hat auch Elis einen Passionsweg zu gehen, als dornengekrönter Christus – von einem Dornenbusch wird gleich in der vierten Strophe die Rede sein. Das Verb »bluten« wird von Trakl hier transitiv gebraucht (daher kein Komma am Zeilenende); das einleitende »Laß« hat nach Trakls eigener Auskunft die Bedeutung von »Dulden« (I, 518). Die Stirne des Elis »blutet Legenden«: dieses Bluten ist ein produktiver Prozeß. Auch im »Sebastian im Traum« brachte Trakl die blutende Wunde des Knaben in Verbindung mit »seiner Legende«:

32 Die blaue Gestalt des Menschen durch seine Legende ging,
Aus der Wunde unter dem Herzen purpurn das Blut rann. (I, 89)

Das »Bluten«, so konnten wir feststellen, steht wie das »Weinen« für das orphische Klagelied, für das dichterische Schaffen: es handelt sich um ein poetologisches Motiv. Das »Bluten« wäre somit einem »Singen« und einem »Sagen« gleichzusetzen. In seinem Gedicht »Am Mönchsberg« schreibt Trakl: »die hyazinthene Stimme des Knaben,/ Leise sagend die vergessene Legende des Walds« (I, 381). Wird hier die Legende »gesagt«, so wird sie an anderen Stellen zur »Sage« und als solche wiederum dem »Lied« gleichgesetzt:

Dunkle Lieder
Singt dein purpurner Mund in mir,
Die schweigsame Hütte unserer Kindheit,
Vergessene Sagen; (I, 321)

Nicht eine »Wunde« singt oder »blutet« diese Lieder und Sagen, sondern der »purpurne Mund« der Schwester; die Sinnbeziehung dieses »Mundes« zur »Wunde« des Sängers ist jedoch unschwer zu entdecken: »Dein purpurner Mund/ Wohnt eine Wunde in mir« (I, 330). Diese »Legende«, so ist festzuhalten, wird »gesagt«, »gesungen«, »geblutet« – sie ist das Produkt eines schöpferischen Prozesses, steht mithin für das Lied, das Gedicht Trakls. Dieser schöpferische Prozeß ist zugleich der Prozeß der Deutung eines Unbegriffenen, Geheimnisvollen (»Vogelflug«). Nehmen wir dieses Bild als ein poetologisches, so trifft es sich mit unserer Auffassung vom Wesen des dichterischen Schaffensprozesses bei Trakl: diesen haben wir beschrieben als einen Prozeß innerer Selbstverständigung, einen Prozeß der Symbolbildung, bei dem Unbewußtes zur Sprache gebracht wird, insofern als einen »Deutungsvorgang«. Nicht eigentlich der »Vogelflug« wird also vom Dichter gedeutet, sondern das, was ihm aus dem eigenen Innern entgegentritt, sich »zudrängt« und nach sprachlicher Gestaltung verlangt: »Stirn, die sich fürchtig belauscht« (I, 106).

Vom Bild der blutenden Stirn des Elis, das die Vorstellung einer Dornenkrone heraufruft, gelangen wir zum Motiv des Dornbuschs in der übernächsten Strophe: »Ein Dornenbusch tönt,/ Wo deine mondenen Augen sind.« Inhaltlich nicht mehr deutbar schien angesichts solcher Zeilen die Lyrik Trakls bislang – der Sinngehalt dieses Bildes erschließt sich uns mittlerweile mühelos, nachdem wir klären konnten, was das »Auge« mit dem »Mond« und dem »Dorn« verbindet: das »mondene Auge«, das gegen das Inzesttabu verstieß, wird geblendet, wird zu einer Wunde, aus der Blut fließt, das Lied des Georg Trakl. Deshalb »tönt« der Dornbusch, in dem wir die Augen des Knaben finden; der büßende Knabe tritt auf als ein blinder Ödipus, ein blinder Sänger. In dem benachbarten Gedicht »Elis« (Trakl erwog, beide Texte zu einem Gedicht zusammenzustellen; vgl. I, 373ff.) wird der Knabe Elis gekennzeichnet durch »runde«, blaue Augen (I, 85); später erscheint er als blutendes Wild im Dornbusch: »Ein blaues Wild/ Blutet leise im Dornengestrüpp« (I, 86). Das »runde« Auge, zusammengebracht mit dem spitzen, stechenden Dorn, ergibt die Vorstellung einer blutenden Wunde, der Blendung. Elis präsentiert sich als ein blinder Sänger und als ein Christus mit der Dornenkrone; »Ein Kreuz ragt Elis/ Dein Leib auf dämmernden Pfaden«, schreibt Trakl an anderer Stelle (I, 429). Elis stirbt den Tod im Dornbusch, den Tod am Kreuz, auf dem Altar der Sühne; die vierte Strophe endet mit der Zeile: »O, wie lange bist, Elis, du verstorben.« Das Tönen im Dornbusch, das Klagelied des Elis verstummt; das Schweigen des Todes herrscht, bis die nächste Strophe einsetzt (die Pause zwischen den Strophen ist integraler Teil des Gedichts):

> 14 Dein Leib ist eine Hyazinthe,
> In die ein Mönch die wächsernen Finger taucht

Aus der Nacht des Todes wird Elis wiedergeboren, als eine blaue Blume: als Lied, als ein Gedicht. Die Wiedergeburtsphantasie ist zugleich eine Opus-Phantasie.

Wie aber ist das befremdende Bild vom Mönch zu deuten, der seine Finger in diese Blume taucht? Wieder gibt eine Parallelstelle aus einem anderen Gedicht Aufschluß: »Sankt Thomas taucht die Hand ins Wundenmal« (I, 43). In dem Knaben Elis, der als Blume wiedergeboren wird, erkennen wir jetzt zugleich einen auferstandenen Christus. An die Stelle des Wundenmals ist die Hyazinthe getreten, eine blaue Blume. Ein paralleles Bild finden wir auch in den Entwürfen zu »Ruh und Schweigen«: »Und wächsern tauchen die Finger ins Heilige blauer Blumen« (II, 186). Vielfach bringt Trakl so das Blühen der Blume mit dem Bluten der Wunde in Verbindung:

> Blut blühend am Opferstein (I, 119)
>
> Sieh aus meinen Wunden blüht / Rätselvoll ein Stern (I, 261)
>
> O, das Blut, das aus der Kehle des Tönenden rinnt, / Blaue Blume (I, 117)

Das Bluten ist die Voraussetzung des Blühens: nur dem Dichter, der sich als Opferlamm hingibt, sich am Kreuz verblutet, kann die Sühne der Schuld gelingen, damit die Verwandlung vom Wolf in den Engel, in einen Stern, eine Blume. Doch führen wir unsere interpretatorischen Überlegungen noch weiter. Wenn die Hyazinthe als »blaue Blume« für das Gedicht Trakls selbst eintritt, zugleich als Symbol des neuen, von den Dämonen erlösten Selbst fungiert, so läßt sich auch die Figur des Mönchs, der dieser Blume als ein ungläubiger Thomas gegenübertritt, näher bestimmen: er stellt eine Verkörperung des Zweifels dar, den der Dichter am Gelingen der poetischen Sühne hat, des Zweifels an der Möglichkeit einer Erlösung durch das Gedicht.

Das Schweigen, das zwischen den Strophen 4 und 5 des Gedichts herrscht, tritt gleichermaßen ein am Schluß von Strophe 5: »Eine schwarze Höhle ist unser Schweigen«. Trakl führt den Satz weiter in der Anfangszeile der folgenden Strophe: »Daraus bisweilen ein sanftes Tier tritt«. Wieder haben wir es zu tun mit einer Metamorphose, mit einem Geburtsmotiv: der Wolf, der sich in die Höhle des Schweigens geflüchtet hat, wird – »bisweilen« – verwandelt und wiedergeboren, als ein »sanftes Tier«, ein Lamm. Der Strophensprung (über den zwischen den Strophen liegenden Raum des Schweigens) macht die unendliche Mühe sinnfällig, die diese Metamorphose erfordert. Wenn nun dieses »sanfte Tier« hervortritt aus dem Schweigen, so gibt es sich damit als

Analogon der Hyazinthe zu erkennen, als symbolische Repräsentanz zugleich des Selbst und des Gedichts.

Im Hinblick auf die Motive der Wiedergeburt in diesem Gedicht wird nun auch der andere Aspekt verständlich, unter dem der Weg des Elis in den Tod begriffen wird. Die Amsel ruft zu Beginn des Gedichts den Elis in den »Untergang«. Der Weg, auf den Elis sich jetzt begibt, ist nicht nur ein dorniger Passionsweg zum Kreuz, ein Martyrium, das er als Dichter zu erdulden hat, sondern auch ein Weg, der in schönen Bildern beschrieben wird: als ein Gang hinunter zum »blauen Felsenquell«, als ein Gang in die ozeanisch blaue Nacht. Der Gang in den Tod wird vorgeführt als ein Hinabsteigen in den Schoß der archaischen Mutter, zum Ort pränataler Existenz: aus diesem Schoß wird Elis wiedergeboren. In »Abendland« (2. Fassg.) schreibt Trakl:

> Und es tönen
> Die blauen Quellen im Dunkel,
> Daß ein Sanftes,
> Ein Kind geboren werde, (I, 403)

In diesem Gedicht begegnet uns auch der Knabe Elis wieder, als eine »Gestalt / Geformt aus kristallenen Tränen« (I, 405). Die Hyazinthe, die blaue Blume, erwuchs aus dem Blut, das auf dem Altar der Sühne vergossen wird, und Elis erschien in Gestalt dieser Blume – hier nun ist seine Gestalt aus Tränen »geformt«, aus den Tränen, die ein Leidender vergießt: »Silbern weinet ein Krankes, / Aussätziges am Weiher, / Wo vor Zeiten / Froh im Nachmittag Liebende geruht.« (I, 404) Blut und Tränen sind der Stoff, aus dem der Knabe Elis hervorgeht: wie das Lied des Georg Trakl selbst.

Werfen wir schließlich noch einen Blick auf die Schlußzeile von Strophe 6: »Auf deine Schläfen tropft schwarzer Tau«. Mit dem Motiv des Taus haben wir uns schon beschäftigt, und es stellte sich heraus, daß die dichterische Phantasie Trakls die Tautropfen gleichsetzt mit Blutstropfen und Tränentropfen:

> daß von blauen Lidern / Tau tropft unaufhaltsam (I, 413)
>
> Aus dem Geäst fällt wie aus einer Wunde
> Blaß schimmernd Tau, und fällt, und fällt wie Blut. (I, 220)
>
> So leise blutet Demut,
> Tau, der langsam tropft vom blühenden Dorn. (I, 135)

Dem Tropfen des Taus entspricht also das »Bluten« und das »Weinen« des Dichters; das Bild vom Tau auf den Schläfen des Elis variiert das Bild von seiner blutenden Stirne, hat also ebenfalls poetologische Bedeutung. In der letzten Zeile des Gedichts werden diese Tautropfen nun bezeichnet als »Das letzte Gold verfallener Sterne«. Das Bild der »verfallenen Sterne« deutet zurück auf die »mondenen Augen« des Elis: der Stern, so konnten wir feststellen, tritt bei Trakl häufig ein für das Auge. Die Vorstellung eines erblindeten und zugleich weinenden Auges wird also in der letzten Zeile heraufgerufen, abgewandelt wird das Bild vom Auge im Dornbusch. Aber auch das Motiv des Sündenfalls klingt an, die Vorstellung vom Sturz des Engels und des Sterns: aus den Tränen des gefallenen Engels entsteht das Gedicht.

Eine andere Art von Tropfen finden wir auf der Stirn des Knaben im benachbarten Gedicht »Elis«:

> Blaue Tauben
> Trinken nachts den eisigen Schweiß,
> Der von Elis' kristallener Stirne rinnt. (I, 86)

Die Untersuchung des Rekurrentenmaterials zeigt, daß Trakl auch die Schweißtropfen als Analogon der Blutstropfen und Tränentropfen begreift. Im Dramenfragment lesen wir: »Stimme im Innern kündet Unheil, heilige Mutter trockne den Schweiß auf meiner Stirne, das Blut« (I, 457). Dem von Dämonen Verfolgten, dem Kranken, dem von Schmerzen Geplagten, dem gefolterten Märtyrer tritt der Angstschweiß auf die Stirne: »O die Nähe des Todes, die beinerne Stätte am Hügel / Der Angstschweiß der auf die wächserne Stirne tritt« (I, 368). Wie auf der Stirne Christi in Gethsemane, so erscheinen auf der Stirne des Dichters Schweiß und Blut – er »schwitzt Blut« in seiner Seelenqual. Es ist auch daran zu denken, daß in der Sprache des Jägers das Blut des verwundeten Wildes als »Schweiß« bezeichnet wird.[12] Blut, Schweiß und Tränen verlangt das Werk der Sühne vom Dichter. »Schweiß und Schuld«, ruft der Knabe Peter im Dramenfragment; kurz zuvor erblickte er die blutende Gestalt seiner Schwester im Dornbusch:

> O die Schwester singend im Dornenbusch und das Blut rinnt von ihren silbernen Fingern, Schweiß von ihrer wächsernen Stirne. Wer trinkt ihr Blut? (I, 459)

Hier erscheint die Schwester zugleich als das Opfer eines blutdürstigen Blaubart und als eine Büßerin, »singend im Dornbusch«; die enge Beziehung der Vorstellungen von Schweiß und Blut zum »Lied« wird erneut deutlich. Deutlich wird aber auch die Beziehung dieser Szene zu den Bildern der Sühne in den Elis-Gedichten. Wenn hier ein »blaues Wild« im Dornengestrüpp blutet, so hat dieses Wild doppelte symbolische Bedeutung: es vertritt im Rahmen einer sadistischen Szene das feminine Objekt, die Schwester, im Rahmen einer masochistischen Szene das Selbst, den Blaubart, der seine Schuld sühnt. »Blaue Tauben« trinken nun den Schweiß von der Stirn des Elis, den Schweiß, den er, wie sein Blut und seine Tränen, als Sühneopfer darbringt: das Sühneopfer wird akzeptiert. Die »blauen Tauben der Versöhnung« (I, 154) trinken

---

[12] Parallelen gibt es auch zur Sprache der Winzer. Nach dem Rebschnitt beginnen die Reben vor dem Austrieb an den Schnittstellen zu »bluten«; der austretende Saft wird als »Tränen« bezeichnet. Die Knospen, aus denen Neutriebe sich entwickeln, werden »Augen« genannt, ihre Entfernung geschieht mit dem »Blendmesser«.

seinen Schweiß, trocknen seine Tränen und – so ist nach den dargelegten Analogiebeziehungen weiter zu schließen – sie trinken auch das Blut, das Elis als Opfertier auf dem Altar der Sühne vergießt. Das Bild der Sühne nimmt, nach dem Talionsprinzip, Bezug auf ein Bild der Schuld. Kehren wir nun, diesem Prinzip folgend, das Bild der Taube, die das Blut des Elis trinkt, einfach um – nicht gering ist unsere Überraschung, wenn wir jetzt vor dem wohlbekannten Bild der Schuld, vor einer sadistischen Szene stehen: der böse Knabe schlitzt einer Taube die Kehle, Blaubart trinkt das Blut der »Taube« Elisabeth. Die Schuld, die der Knabe Elis als Wild im Dornbusch, als Christus am Kreuz zu sühnen hat, wird damit einsichtig. Aber auch der Name »Elis«, über dessen Bedeutung in der Trakl-Forschung so viel gerätselt wurde, läßt jetzt einen überraschenden Sinngehalt erkennen: Elis ist der Bruder der Elisabeth. Dieses Geschwisterpaar fügt sich ein in eine lange Reihe analoger Paare: Knecht und Magd, Mönch und Nönnlein (bzw. Mönchin), Hirsch und Hirschkuh, Kranker und »Krankenschwester« (II, 106), Jüngling und Jünglingin, Fremdling und Fremdlingin, Sonnenjüngling und Sonnenblume, Helian und Sonja, Narziß und Narzisse, Hyazinth und Hyazinthe, Georg und Georgine. Nicht die hebräische oder griechische Etymologie des Namens »Elis«, nicht seine mögliche Herkunft von Hofmannsthal ist das eigentlich Interessante, sondern seine Funktion im Rahmen von Trakls poetischem Universum: seine Beziehung zur Elisabeth als der Schwestergestalt. Elis muß sich im Dornbusch verbluten, weil er das Blut der Schwester vergossen, das Blut der Taube Elisabeth getrunken hat; das Schuldgefühl verlangt von ihm ein Martyrium. Und die Sühne ist die Umkehrung der Schuld: die Taube trinkt den Schweiß, das Blut des Elis – das Sühneopfer wird angenommen.

Zu einer ganz anderen Interpretation des Bildes von der blutenden Stirn des Elis gelangt Sharp in seiner jüngst erschienen Trakl-Studie, die sich ebenfalls mit der Schizophreniefrage befaßt, auf völlig anderer Grundlage allerdings als unsere Untersuchungen; die Problematik seiner Studie wird an der Deutung der Elis-Figur exemplarisch deutlich. Orientiert an der Antipsychiatrie Ronald Laings, interpretiert Sharp den »Untergang« des Elis als eine schizophrene »Reise«, das »Bluten« der Stirne als eine Befreiung des Geistes von falschem Bewußtsein, von seinem »Wahrnehmungsfilter«:

> The forehead bleeding ›age-old legends and dark interpretation of the birds flight‹ is literally being emptied of structures and interpretations of reality inherent to the stage of existence from which Elis has fallen. (...) The speaker in Trakls's poem gently enjoins Elis to let the process of destructuralization of consciousness, the rite of passage to the psychical underworld, take its course. The ›quietly‹ bleeding forehead points to the gentle, nonviolent transition upon which Elis embarks.[13]

---

[13] Francis Michael Sharp, *The Poet's Madness. A Reading of Georg Trakl.* Ithaca, London 1981. S. 117/18.

Problematisch ist nicht nur der theoretische Hintergrund dieser Interpretation, das mystifizierende Schizophreniekonzept, das im psychotischen Prozeß einen Befreiungs- und Selbstfindungsprozeß sieht; Widerspruch fordert vor allem die These heraus, Trakls Gedicht reflektiere »schizophrene Erfahrung«, eine »schizophrene Reise«. Nicht ein psychotischer Prozeß ist Gegenstand dieses Gedichts, sondern der poetische; das »Bluten« der Stirne meint nicht eine »Entleerung« von falschen Bewußtseinsinhalten, sondern den schöpferischen Prozeß der poetischen »Legendenbildung«. Nicht von seinen »schizophrenen Erfahrungen« spricht Trakl, sondern von der Passion des Dichters, von der Genese und der Sühnefunktion des Gedichts. Wohl ist Sharp bei seiner Beschäftigung mit Trakl auch auf die Tagebucheintragung Röcks gestoßen, in der Trakl den Dichter mit Christus gleichsetzt und davon spricht, daß er sich »verbluten« müsse, doch schiebt er dieses bedeutsame Dokument, das gerade das Verständnis des Bildes von der blutenden Stirn des Elis (des zentralen, hochrekurrenten Motivs vom Bluten überhaupt) hätte ermöglichen können, ohne überzeugende Begründung beiseite:

> Yet as evidence of a theoretical cast of mind, Trakl's pronouncement is doubly impugned – as a memory of a conversation reportet by a second person and by the circumstances of its origin in the alcoholic haze of an Innsbruck bar.[14]

Demgegenüber ist zu betonen, daß die Bemerkung Trakls keineswegs isoliert steht; ihre grundlegende poetologische Bedeutung belegen die überaus zahlreichen Bilder vom »Bluten« des Dichters, von seinem Leiden, die von den frühesten Gedichten bis hin zum Aphorismus von 1914 auftreten. Wenn Sharp mit diesen Bildern wenig anzufangen weiß (auch das markante Bild vom Blut, »das aus der Kehle des Tönenden rinnt«, bleibt ohne Deutung), wenn er am Erinnerungsvermögen Röcks und an Trakls Zurechnungsfähigkeit zweifelt, so kommt dies nicht von Ungefähr: das Unverständnis ist methodisch induziert. Der anti-psychiatrischen und ebenso anti-freudianischen Schizophrenietheorie Laings mangelt ein triebtheoretisches Fundament; dies kann nicht ohne Folgen bleiben, wenn sie als methodischer Rahmen einer Interpretation Trakls dienen soll, in dessen Dichtung ja, wie zu Genüge deutlich wurde, die »Dämonen des Blutes« allerorts ihr Unwesen treiben.

So vermag Sharp auch dem Wunsch des Kaspar Hauser (»Ich will ein Reiter werden«) keinen überzeugenden Sinn abzugewinnen. Er bietet zwei Interpretationen dieses Satzes an, zunächst eine »ironische« Lesart: »The words in Kaspar's mouth can mean everything and thus mean nothing. They are spoken by him but were not conceived by him nor do they stem from his own volition.«[15] So ist vielleicht der Kaspar eines Peter Handke zu interpretieren, doch

---

14 Ebd., S. 82.
15 Ebd., S. 129/30.

nicht der Kaspar des Georg Trakl. Als zweite erwägt Sharp eine wörtliche Lesart: »They are the lamentful wish of the youth who has just embarked upon a painful transit through an alien world. In words of total candor, Kaspar longs for the means to shorten his passage.«[16] Daß das Pferd für Kaspar nicht einfach ein Fortbewegungsmittel darstellt, müßte eigentlich, auch ohne den Rückgriff auf Biographisches, aus der Beschäftigung mit Trakls Gedichten hervorgehen, aus der Rekurrentenanalyse. Der Wunsch des Kaspar, »ein Reiter zu werden«, erhellt sich aus der triebhaften Bedeutung des Pferdes: eben dieses Konzept der Triebrepräsentanz, des Symbols, fehlt in der Theorie Laings, und so ist die Fehlinterpretation Sharps methodisch begründet. Erst wenn die symbolische Funktion des Pferdes als einem Vertreter der »animalischen Triebe« begriffen ist, kann auch die Beziehung dieses Pferdes zur Figur des Mörders beschrieben werden, kann dieser Mörder, dem Kaspar zum Opfer fällt, in Bezug gesetzt werden zu den Märtyrer-Gestalten in Trakls Werk, zur Figur auch des Elis mit blutender Stirn. Dem Interpreten, der nicht über ein differenziertes Triebkonzept und eine entsprechende Theorie des Schuldgefühls verfügt, bleibt nicht nur der Sinngehalt vieler zentraler Bilder in Trakls Werk verschlossen (auch die Ambiguität des Bildes vom blutenden Wild im Dornbusch kann nicht als sinnvolle begriffen werden), er muß das Spezifische dieser Dichtung überhaupt verkennen: ihre Verankerung in Triebkonflikten, ihre Sühnefunktion, ihren magischen Charakter, ihre Nähe zur religiösen Zeremonie, die Funktion des Sprachsymbols in der Auseinandersetzung des Ich mit den »Dämonen des Blutes«, die Beziehung des Symbols zum Symptom, von Poesie und Psychose.[17] Nur im Rahmen der Tiefenhermeneutik, die im Konzept der symbolischen Repräsentanz den Bereich des Sinns an den Bereich psychischer Kräfte koppelt, kann die Gestalt des blutenden, geblendeten Elis (die Phantasien Trakls sind gewiß nicht »nonviolent«!), kann

[16] Ebd., S. 130.

[17] Nach Fertigstellung meines Manuskripts erschien auch die Arbeit von Hans Esselborn: *Georg Trakl. Die Krise der Erlebenslyrik*. Köln/Wien 1981. Diese literarhistorisch orientierte Studie sieht die Leistung Trakls in »der poetischen Entdeckung des Unbewußten« (144) und beschreibt die »Herausbildung der szenischen Sprache als Präsentationsform unbewußter seelischer Vorgänge« (225). Hermeneutische Konsequenzen aus dieser wichtigen Erkenntnis sind aber nicht wirklich gezogen, wenn der Interpret etwa das »blaue Wild« als »Repräsentanten der naturhaften Seele« begreift (195) oder in der Teichszene aus »Landschaft« nur eine »reine Naturspiegelung« sieht (231). Methodisch unklar bleibt der zugrundegelegte Symbolbegriff; nicht bedacht wird das Verhältnis von Hermeneutik und Energetik, von Symbol und Symptom. Damit kann auch Trakls Poetik der Sühne nicht begriffen werden; dem Gedicht, so schreibt Esselborn, werde eine Sühnefunktion »manchmal zuerkannt« (185). Die sinnerschließende Kraft der Tiefenhermeneutik ist nur dann zu nutzen, wenn der »szenischen Sprache« Trakls mit einem »szenischen Verstehen« des Interpreten begegnet wird.

der Wunsch des Kaspar Hauser eine plausible Deutung finden.[18] Der Gegenstand ruft nach der Methode – die psychoanalytische Hermeneutik ist als einzige eine genaue Umkehrung der Poetik Trakls.

Nach diesem kurzen Exkurs kehren wir zurück zu Trakls Bildern der Sühne. Blut, Schweiß, Tau und Tränen fanden wir auf der Stirn des Knaben Elis. Ein ganz anderer Stoff indessen tritt auf die Stirn des lyrischen Ich in »De Profundis«: »Auf meine Stirne tritt kaltes Metall« (I, 46). Dieses Bild scheint auf den ersten Blick aus dem eben dargelegten Zusammenhang gänzlich herauszufallen. Was hat »kaltes Metall« mit den flüssigen Stoffen zu tun, die sonst auf die Stirne des Selbst treten, sein Sühneopfer darstellen, den dichterischen Prozeß selbst? Offenbar ist diese Zeile komplizierter gebaut. Mit ihrer einleitenden Formel »Auf meine Stirne tritt ...« suggeriert sie zweifellos den produktiven Vorgang des Blutens oder Schwitzens, das Martyrium, dem das Lied entspringt; andererseits ruft das »kalte Metall« das ganze Vorstellungsfeld vom Erstarren und Verstummen herauf. Das Metall deutet auf eine seelische Verhärtung, auf die Blockierung eben der produktiven Funktionen, die sonst das Gedicht zustande bringen. Mit ihrer paradoxen Fügung führt diese Zeile also einen seelischen Konflikt vor Augen, den gleichen Konflikt, den wir schon in einer Passage aus »Verwandlung des Bösen« breiter gestaltet fanden:

> Du, ein grünes Metall und innen ein feuriges Gesicht, das hingehen will und singen vom Beinerhügel finstere Zeiten und den flammenden Sturz des Engels. O! Verzweiflung, die mit stummem Schrei ins Knie bricht. (I, 98)

Auch hier steht das Metall dem Wunsch, zu singen, entgegen – damit dem Wunsch, zu bluten als Opfertier auf dem Altar, zu schwitzen wie Christus in Gethsemane. Es artikuliert sich der Wunsch, zu singen, den seelischen Schmerz zu äußern, ganz konkret: ihn nach außen zu bringen, als Lied, als Blut, als Tränen, als Schweiß. Es ist zu erinnern an die Beziehung des Schuldgefühls zur Vorstellung von der Rückgabe des Körperinhaltes. Diese »Äußerung«, dieser produktive Vorgang wird jedoch blockiert durch die seelische Abwehrformation, die den Schrei, ein »Blutspeien«, verhindern soll: durch »steinerne« oder »metallene« Erstarrung. Die Zeile aus »De Profundis« enthält also ein Bild des Erstarrens und des Verstummens, das dem in der übernächsten Zeile folgenden Bild vom Erlöschen des Lichts analog ist: »Spinnen suchen mein Herz. / Es ist ein Licht, das in meinem Mund erlöscht.«

---

[18] Metzner bringt den Wunsch Kaspars in Zusammenhang mit Trakls Entschluß, seine Reaktivierung beim Militär zu betreiben. Vgl.: Ernst Erich Metzner, »›Die dunkle Klage des Gerechten‹ – Poésie pure? Rationalität und Intentionalität in Georg Trakls Spätwerk, dargestellt am Beispiel ›Kaspar Hauser Lied‹.« In: GRM 24 (1974), S. 462.

Das Erstarren, so sagten wir, verhindere das »Rasen«, das Verstummen den unartikulierten »Schrei«. Nun verhindert diese Erstarrung nicht nur, daß die Dämonen des Blutes sich austoben – eine Gestalt, »gefügt aus kalten Metallen« (I, 126), vermag auch den Weg der Sühne nicht zu beschreiten, sich »ganz hinzugeben«, sich zu »verbluten«. Eine ähnliche Antinomie wie die Zeile aus »De Profundis« lassen auch die folgenden Beispiele erkennen:

beut in Dornen das metallene Herz (I, 458)

Gottes Geier zerfleischen dein metallenes Herz (I, 128)

Gottes Zorn züchtigte seine metallenen Schultern (I, 147)

Die für das Gelingen der dichterischen Sühnehandlung unabdingbare Haltung ist die Haltung des »Laß«, des »Dulde«, die demütige Hingabe an das Martyrium. Das Metall indessen leistet dem Messer, dem Dorn Widerstand, verhindert dieses Bluten; »metallene Schultern« spüren die Geißelhiebe des zürnenden Gottes nicht, wehren sich gegen das Leiden, die Passion. Von hier aus fällt nun auch ein erhellendes Licht auf das früher erörterte Bild der blutspeienden Purpurschnecken:

Ein Heiliger tritt aus seinen schwarzen Wundenmalen.
Die Purpurschnecken kriechen aus zerbrochenen Schalen
Und speien Blut in Dorngewinde starr und grau. (I, 66)

Erst wenn der Panzer der Schnecke zerbrochen ist, die Abwehrformation gegen den Stachel des Schuldgefühls zusammengebrochen ist, kann das Werk der Sühne vollbracht werden, erst dann kann der Dorn ein »Wundenmal« verursachen, kann das »weiche Wild« sich im Dornbusch verbluten. Aus diesem Wundenmal wird das Selbst schließlich neu geboren, als Blume, als hyazinthener Knabe, als Engel oder – wie in diesen Zeilen – als ein »Heiliger«.

Das Metall, das »auf die Stirne tritt«, zeugt also von einer seelischen Verhärtung, vom Fehlen der Demut, der Hingabe an das Leiden, von einer Blokkierung der produktiven Funktion, die das Lied, das Gedicht zustandebringt. So stellt dieses Metall den Dichter auch vor eine besondere Aufgabe. Es gilt, diese »metallne Minute« (I, 411) seelischer Erstarrung, »steinernen Schweigens«, zu überwinden. Das Eis, das die Seele überzogen hat, muß zum Schmelzen gebracht werden – und ebenso das »kalte Metall«. Wir erinnern uns, daß der Dichter sein poetisches Schaffen als eine handwerkliche Tätigkeit begriff, als ein »Zusammenschmieden«. Die Werkstatt des Dichters dürfen wir uns somit als eine Schmiedewerkstatt vorstellen – und hier begegnen wir dem »kalten Metall« wieder, als dem Werkstoff des Schmiedes, des Dichters. Im Feuer der Schmiede wird dieses Metall zum Glühen gebracht, hier wird es bearbeitet vom Schmied mit »harter Hand«. In einem Brief vom 28. Juni 1913 schreibt Ludwig von Ficker an Trakl:

> Was Sie an sich Härte nennen, ist gut und gerecht. Ich darf darüber urteilen, denn ich hab' mir ihre Härte zu Herzen genommen und fand, daß sie ein guter Schmied sei. Da war kein Schlag, der nicht etwas getroffen hätte, was wert war getroffen zu werden und das getroffen werden *mußte*, wenn es sich läutern sollte. (II, 761)

Ficker bezieht sich hier auf die Selbstvorwürfe Trakls in seinem Brief vom 26. Juni (I, 519); hier hatte der Dichter von seinem »Verbrechertum«, seinem Mangel an Liebe, von seiner Härte und von seinem Hochmut gesprochen. Die Worte Fickers werfen ein Licht auf das dichterische Schmiedehandwerk, wie Trakl es begriff: notwendig ist eine Härte des Dichters gegen sich selbst, wenn das Werk der Sühne, der Prozeß der »Läuterung« gelingen soll. Als priesterlicher Schlächter muß der Dichter sich selbst auf dem Altar der Sühne opfern; als Schmied muß er mit »harter Hand« die Schläge gegen sich selbst führen: dem Altar des Priesters entspricht der Amboß des Schmieds.

Zuerst kennengelernt hatten wir die Schmiede als einen Tatort (»Die junge Magd« u. a.) – jetzt hat sie sich verwandelt in einen Ort konstruktiver Tätigkeit. Aus dem Ort der Schuld ist ein Ort der Sühne geworden, ein Ort, an dem das Werk der Wiedergutmachung vor sich geht: in ihrer Doppeldeutigkeit entspricht die Schmiede genau dem anderen poetologischen Ort, dem Dornbusch. In den Entwürfen zu »Unterwegs II« hatten wir die folgenden Zeilen gefunden:

> Ein purpurner Weinberg ist mein Herz, der leise in die Nacht hinblutet,
> Ein Wild das niederbricht in einem kahlen Busch
> Eine finstere Wolke ist mein Antlitz über dir. Gewaltig dröhnen die Hämmer auf rotes Metall. (II, 142)

Bei der ersten Untersuchung dieser Zeilen hatten wir das Schmiede-Motiv, wie es hier auftritt, den sadistischen Szenen Trakls zugeordnet, was nicht nur durch das vorangehende Gewitterbild als plausibel erschien. Jetzt aber vermögen wir den Doppelsinn dieses Bildes zu erfassen: hier bedroht nicht nur ein Blaubart ein sanftes weibliches Geschöpf – das »rote Gehämmer der Schmiede« (I, 346) verweist ja zugleich auf die konstruktive Arbeit des Dichters. Unter diesem Gesichtspunkt führt das Schmiedebild die vorausgegangenen poetologischen Bilder weiter: neben die Vorstellung vom Dichter als einem Jäger, der sich als Wild selbst erlegt, und die Vorstellung vom Dichter als dem Winzer, der die Trauben, die Blutstropfen und Tränentropfen seines »Weinbergs« erntet, tritt die Gestalt des Schmiedes, der die läuternden Schläge gegen sich selbst führt, die »harten Metalle« bearbeitet.

Auch in der zweizeiligen Schlußstrophe des Gedichts »An die Verstummten« treten die Bilder vom »Bluten« des Dichters und von seinem Schmiedehandwerk gemeinsam auf:

> Aber stille blutet in dunkler Höhle stummere Menschheit,
> Fügt aus harten Metallen das erlösende Haupt. (I, 124)

Trakl spricht von der Aufgabe der Dichter in der friedlosen, von »animalischen Trieben« beherrschten Welt, die er in den beiden vorangegangenen Strophen des Gedichts entworfen hat. Er wendet sich »An die Verstummten«, an die »stummere Menschheit«, der das »gräßliche Lachen« in der von Dämonen bevölkerten Welt die Sprache verschlagen hat, die sich zurückgezogen hat in die »Höhle des Schweigens«. Diesen Verstummten ist es aufgetragen, stellvertretend zu sühnen, als Dichter die Rolle des Christus auf sich zu nehmen, sich als Sühneopfer hinzugeben, das den Zorn Gottes besänftigt, als ein »Lamm, des Blut die Welt entschuldet« (I, 334). Diese dichterische Sühnehandlung wird vorgestellt zugleich als ein »Bluten« und ein »Zusammenschmieden«: der Altar der Sühne ist zugleich ein Amboß. Destruktion ist das Werk der Dämonen; die poetische Wiedergutmachung ist eine konstruktive Tätigkeit, eine Schmiedekunst, die vom Dichter »harte Hände« erfordert – mit »schmächtigen Händen« ist diese Arbeit nicht zu leisten. »Fügt aus harten Metallen das erlösende Haupt«: die dichterische Schmiedekunst läßt das Haupt Christi entstehen, das Haupt des Erlösers. Daß Trakl hier nicht an einen Christus aus Metall denkt, geht klar hervor aus den vorangegangenen Überlegungen zum dichterischen Schmiedehandwerk. Die »harten Metalle« sind der Werkstoff, den der Dichter vorfindet, den er zu bearbeiten hat, ein Stoff, der, wie sich gezeigt hat, auf seelische Verhärtung weist, auf das Gegenteil also der demütig duldenden Haltung Christi – das Haupt des Erlösers ist nicht aus Metall, sondern »voll Blut und Wunden«. Eine »metallene Stirne« (I, 377) spürt die Dornenkrone nicht, ein »metallenes Herz« (I, 458) verblutet sich nicht, »metallene Schultern« (I, 147) setzen den Geißelhieben des zürnenden Gottes Widerstand entgegen. Daraus wird einsichtig, daß das dichterische Schmiedehandwerk die Vorstellung einer Metamorphose impliziert, einen Schmelzungsvorgang, der die »metallene«, »steinerne« Verhärtung der Seele auflöst. Die aus »kalten Metallen« gefügte Gestalt des Menschen soll sich verwandeln in die Gestalt des sanften, duldenden Christus, der sich in seine Passion schickt; nicht zufällig folgt in Trakls Gedichtband »Sebastian im Traum« auf das Gedicht »An die Verstummten« die »Passion«. Das Schmiedehandwerk Trakls bewirkt eine Metamorphose, eine »Verwandlung des Bösen«: der Mörder Barrabas, der sein Haupt »trotzig hoch« trägt, es mit Rosen bekränzt (I, 193), verwandelt sich unter den läuternden Schlägen des Schmieds in einen dornengekrönten Christus. Auf dem Amboß des Schmieds erhält das Selbst eine neue Gestalt, und zugleich entsteht hier das Gedicht: das »erlösende Haupt« meint zugleich den Christus und das Gedicht. Zum gleichen Befund waren wir im Gedicht »An den Knaben Elis« gelangt; hier erschien der auferstandene Knabe zugleich als eine Christus-Gestalt und als eine Hyazinthe, eine blaue Blume. Als symbolischer Repräsentant des Selbst trat er zugleich ein für das

Gedicht Georg Trakls. So ist auch im Gedicht »An die Verstummten« das »erlösende Haupt« ein Produkt des poetischen Schmiedehandwerks – die Erlösung des Selbst vollzieht sich im Gedicht.

Um das zentrale Thema Trakls, um Schuld und Sühne, geht es also auch im Gedicht »An die Verstummten«. Dem Bild der Sühne in den beiden Schlußzeilen ging voraus ein Bild der Schuld, entworfen in zwei Strophen. Vom »Wahnsinn der großen Stadt« war hier die Rede, vom »Geist des Bösen« und vom Zorn Gottes. Das Bild einer friedlosen, von »animalischen Trieben« regierten Welt, das Trakl hier entwirft, erwies sich uns zugleich als ein Bild seiner eigenen Seele, seiner »Hölle im Herzen«. Die Szenerie hatte symbolischen Charakter, folgte dem ödipalen Muster: gestaltet fanden wir einen inzestuösen Angriff auf die Mutter (vgl. »magnetische Geißel«), der den Zorn der Vaterfigur weckt (»Rasend peitscht Gottes Zorn die Stirne des Besessenen«), Schuldgefühle provoziert, eine Szene also, die uns auch in vielen anderen Gedichten Trakls begegnet ist. Immer wieder ist es eine ödipale Schuld, die der Dichter zu sühnen hat, eine Inzestschuld: ein Verstoß gegen das Gesetz des Vaters, das Inzesttabu und das Aggressionsverbot. Der Zorn des Vaters verlangt die Bestrafung des Knaben; Gottes Zorn kann nur besänftigt werden durch den Opfertod des Sohnes, durch den Tod des Christus am Kreuz. Dies sind die Verhältnisse in der Bilderwelt, die die dichterische Phantasie Trakls geschaffen hat; hier erscheint der Dichter auf seinem Weg der Sühne zugleich als Christus und als geblendeter Ödipus. Nun hat Sigmund Freud die biblische Passionsgeschichte aber selbst als einen ödipalen Mythos gedeutet:

> Im christlichen Mythos ist die Erbsünde des Menschen unzweifelhaft eine Versündigung gegen Gottvater. Wenn nun Christus die Menschen von dem Drucke der Erbsünde erlöst, indem er sein eigenes Leben opfert, so zwingt er uns zu dem Schlusse, daß diese Sünde eine Mordtat war. Nach dem im menschlichen Fühlen tiefgewurzelten Gesetz der Talion kann ein Mord nur durch die Opferung eines anderen Lebens gesühnt werden; die Selbstaufopferung weist auf eine Blutschuld zurück. Und wenn dies Opfer des eigenen Lebens die Versöhnung mit Gottvater herbeiführt, so kann das zu sühnende Verbrechen kein anderes als der Mord am Vater gewesen sein. (...) Die Versöhnung mit dem Vater ist um so gründlicher, weil gleichzeitig mit diesem Opfer der volle Verzicht auf das Weib erfolgt, um dessentwillen man sich gegen den Vater empört hatte.[19]

Wenn Trakl in seiner Dichtung den Christus mit Ödipus gleichsetzt, den Sebastian mit Blaubart, die ödipale Dramatik, die seine Phantasie beherrscht, projiziert auf die Passion Christi, so zieht seine dichterische Einbildungskraft

---

19 »Totem und Tabu«, G. W. IX, S. 182ff. – Diese Deutung bleibt unberührt von der Tatsache, daß Freuds Rückschluß auf einen realgeschichtlichen Mord am »Urvater« (in Anlehnung an Darwins Theorie der »Urhorde«) vom ethnologischen Standpunkt als überholt gelten kann. Freud selbst betont, daß auf diese hypothetische Rekonstruktion auch verzichtet werden kann. Ebd., S. 192ff.

genau die Parallele, die auch Freuds Analyse aufgedeckt hat. Man wird Trakl nicht unterstellen wollen, er habe bei Freud abgeschrieben: eine solche Behauptung würde seiner Lyrik ihren existentiellen Ernst absprechen, die Bedingungen ihrer Genese völlig verkennen. Daß seine Dichtung nicht ein bloßes Spiel mit Mythen ist, verbürgt nicht zuletzt die Beziehung des Symbols zum korrespondierenden Symptom. Die ödipale Schuld, die der Dichter zu sühnen hat, ist authentisch; zugleich aber ist sie keine »begrenzt persönliche«, sondern von »universeller Wahrheit«. In der Rolle des leidenden Christus, als Opferlamm auf dem Altar der Sühne, wird der Dichter zum Sündenbock und zum Erlöser der Menschheit: »Gemordet Lamm, des Blut die Welt entschuldet« (I, 334). Wie Dionysos und Christus wird der Dichter als Held der Tragödie zum Erlöser des Chors.[20] Wir beschließen unsere Studie mit einer Analyse des Gedichts, in dem der ödipale Mythos des Georg Trakl seine eindringlichste Gestaltung gefunden hat, mit einer Analyse der »Passion«.

6.5. Die Passion des Orpheus

In seiner Urfassung, der »Brenner«-Fassung vom Februar 1914, hat Trakls Gedicht »Passion« einen Umfang von 18 Strophen. Der Titel des Gedichts läßt zunächst an die Leidensgeschichte Christi denken – gleich in der ersten Zeile der »Passion« ist indessen von Orpheus die Rede:

> 2 Wenn silbern Orpheus die Laute rührt,
> Beklagend ein Totes im Abendgarten –
> Wer bist du Ruhendes unter hohen Bäumen?
> Es rauscht die Klage das herbstliche Rohr,
> Der blaue Teich.

Wie in so vielen anderen Gedichten Trakls, finden wir auch hier den Sänger als symbolischen Repräsentanten des Selbst am Rande des Wassers – an einem Herbstabend. Der »blaue Teich«, in dem als Nymphe, als Wasserrose die Braut und Schwester des Orpheus wohnt (vgl. »Die drei Teiche in Hellbrunn«), vertritt symbolisch die archaische Mutter: die Szene folgt der Semantik des ozeanischen Verschmelzungswunsches. Wem gilt die Totenklage des Orpheus? Nicht von Eurydike, der toten Braut, ist in den unmittelbar folgenden beiden Strophen die Rede, sondern vom Knaben und der Mutter im »blauen Gewand«:

> 7 Weh, der schmalen Gestalt des Knaben,
> Die purpurn erglüht,
> Schmerzlicher Mutter, in blauem Mantel
> Verhüllend ihre heilige Schmach.

---

[20] Ebd., S. 186ff.

Weh, des Geborenen, daß er stürbe,
Eh er die glühende Frucht,
Die bittere der Schuld genossen.

Es geht um den Sündenfall des Knaben in seiner Beziehung zur Mutter; worin die »Schuld« des Knaben und die korrespondierende »Schmach« der Mutter begründet liegen, macht ein Vergleich dieser Szene mit den frühen Madonnengedichten Trakls sofort deutlich: bedrängt von den Dämonen des Blutes, tritt der Knabe vor die Mutter, mit dem Qualschrei auf den Lippen: »Exaudi me, o Maria« (I, 254). Das Klagelied des Orpheus gilt also zunächst der eigenen Schuld, die er als Knabe auf sich geladen hat, durch sein inzestuöses Begehren der Mutter: »Anbetung, purpurne Flamme der Wollust« (I, 98). Das Motiv des Sündenfalls korrespondiert mit dem Bild des »Abendgartens« im Herbst – zu erinnern ist an das Sonett »Verfall«. Das Blau des (mütterlichen) Teichs kehrt wieder als Blau des Madonnengewandes; der Antithese von Feuer und Wasser, von »glühendem« Purpur und ozeanischem Blau entspricht eine triebhafte Spannung: »Ein Bursche singt am Fluß / – Feuer, das Dunkeles sucht« (I, 345). Ganz deutlich weist das Bild vom »verhüllenden« Mantel der Mutter auf die korrespondierenden Bilder der Entblößung, die wir bei Trakl gefunden haben, allen voran das Bild in »Metamorphose«: »Dein bleiches Bildnis ist erblüht / Und dein verhüllter Leib erglüht, / O Fraue du, Maria!« (I, 252). Aber auch die »schmerzliche Mutter« hat in diesem Gedicht ihr Vorbild: »In süßen Qualen brennt dein Schoß ...« Der Knabe tritt der Mutter als ein ödipaler Blaubart gegenüber. In Orpheus, der seine Schuld beklagt, erkennen wir den Ödipus, zugleich aber – insofern er der Sohn der mater dolorosa, der Madonna im blauen Gewand ist – auch einen Christus; beide Gestalten wiederum verweisen auf den Sohn der Maria Trakl: sie fungieren als symbolische Repräsentanten des Selbst.

Die Thematik der schuldhaften Mutterbeziehung wird nun in der vierten Strophe abgelöst durch ein anderes Thema, das Thema der Schwesterbeziehung:

14 Wen weinst du unter dämmernden Bäumen?
Die Schwester, dunkle Liebe
Eines wilden Geschlechts,
Dem auf goldenen Rädern der Tag davonrauscht.

Die Totenklage des Orpheus gilt nunmehr der Schwester, sie ist seine verlorene Braut: als Objekt des inzestuösen Begehrens übernimmt die Schwester das Erbe der Mutter. Wir bemerken jetzt auch den Doppelsinn des Gedichttitels: »Passion« meint Leidenschaft und Leiden zugleich. Das Klagelied des Sängers wird einmal mehr einem »Weinen« gleichgesetzt; beweint wird die Schwester und die »dunkle Liebe / Eines wilden Geschlechts«. Von dieser Liebe wird in Strophe 11 deutlicher die Rede sein; das Bild vom auf Rädern »davonrauschenden Tag« bringt die Vorstellung des Sonnenuntergangs ebenso ins Spiel wie die Vorstellung der »Sonnenkinder«, wie sie zu Beginn des Sonetts »In der Heimat« auftrat (I, 60); der Sonnenjüngling und die Sonnenblume bilden ja eines der Geschwisterpaare in Trakls Dichtung. Wir haben das Komma in Zeile 15 als ein »und« gelesen; eine andere Lesart scheint, im Hinblick auf die Blaubart-Thematik Trakls, nicht weniger richtig zu sein: die Schwester *ist* die Liebe eines »wilden Geschlechts«, Objekt der Begierde eines Blaubart. Als Braut eines Wolfes wird sie uns gleich wiederbegegnen.

Die Strophen 5 und 6 nehmen nun zum ersten Mal explizit Bezug auf die Passionsgeschichte des Christus. Sein Name wird jetzt genannt:

> 18 O, daß frömmer die Nacht käme,
> Kristus.
>
> Was schweigst du unter schwarzen Bäumen?
> Den Sternenfrost des Winters,
> Gottes Geburt
> Und die Hirten an der Krippe von Stroh.

Ein Erlösungswunsch artikuliert sich in Strophe 5, den wir aber nicht einfach verstehen können als Ausdruck einer Glaubensgewißheit Trakls im Sinne der christlichen Religion: schon die befremdende Schreibweise »Kristus« sollte solche Voreiligkeit verhindern. Überdies ist ja nicht nur von Christus die Rede, sondern zugleich von der Nacht: mit ihrer eminent wichtigen Funktion in Trakls Bilderwelt haben wir uns eingehend beschäftigt. Die Nacht fungiert als symbolische Repräsentanz der archaischen Mutter, während die Gestalt des Christus, wie eben deutlich wurde, in paradigmatischer Beziehung steht zu Orpheus und zu dem Knaben, der als Ödipus der Mutter Maria gegenübertritt. Die Strophe 5 erschließt ihren tieferen Sinngehalt nur dem szenischen Verstehen: der Wunsch, der hier formuliert wird, hat ebenfalls inzestuösen Charakter. Der »Kristus« tritt an die Stelle des Orpheus der ersten Strophe, die Nacht an die Stelle des »blauen Teichs«, und der Wunsch, der sich artikuliert, ist identisch mit dem Wunsch, den der Mönch im Gedicht »Nachtergebung« äußert: »Mönchin! schließ mich in dein Dunkel« (I, 164). »O, daß frömmer die Nacht käme, / Kristus«: Trakl gebraucht den Komparativ keineswegs absolut, sondern durchaus relativ. Das Wunschbild nämlich, in dem »Kristus« und die Nacht in szenische Beziehung treten, hat in seinem präödipalen Charakter in der Tat »frömmere« Züge als das Bild, das vorausging, das Bild, in dem der Knabe Christus / Orpheus der Mutter mit ödipalem Begehren begegnete. Die Nacht (die selbst oft mit blauem Mantel auftrat) weist als archaische Mutterrepräsentanz zurück auf die Madonna, die ödipale Mutter; »frömmer« ist der Knabe, der als »Kristus« der »nächtigen Gestalt der Mutter« zugeordnet wird, insofern er noch nicht die Dämonen im Blute heulen hört, noch keine »purpurne Flamme der Wollust« in sich trägt: frömmer als der Knabe Christus, der zuerst der Mutter Maria gegenübertrat. Die Schreibweise »Kristus« läßt das Motiv des Kristalls assoziieren, samt all den Vorstellungen, die sich daran knüpfen: die Vorstellung der Reinheit (vs. Verfall, Sündenfall, Fäulnis), die Vorstellung von »Maß und Gesetz« (vs. Wildheit, Flamme, Aufbäumen). »Kristus« deutet zugleich voraus auf »Krippe« – von der Geburt dieses Knaben ist die Rede in Strophe 6: »Gottes Geburt / Und die Hirten an der Krippe von Stroh«. Diese Geburt wird in der Handschrift als »sanft« und »rosig« gekennzeichnet – sie hat ganz anderen Charakter als die Geburt des »gefallenen Engels« (»Geburt«; I, 115): sie ist nicht die Geburt des Knaben, der als Ödipus vor die Mutter Maria tritt und später als Orpheus sein Klagelied singt, sondern deren »heiteres« Gegenbild. So wird diese Geburt auch »verschwiegen«, in der zweiten und dritten Fassung der »Passion« faktisch getilgt. Erst im Rahmen der Erlösungsthematik am Schluß des Gedichts tritt das Geburtsmotiv dann wieder auf.

Von der Leidensgeschichte des Knaben Christus, Ödipus und Orpheus spricht die folgende Strophe wieder:

> 24 Blaue Monde
> Versanken die Augen des Blinden in härener Höhle.

Von der Schuld des Knaben gegenüber der Mutter war in den Strophen 2 und 3 die Rede, von seinem inzestuösen Begehren; jetzt folgt ein Bild der Sühne, das auf diese Schuld Bezug nimmt mit dem Motiv der Blindheit: sie ist die Strafe für den voyeuristischen Angriff auf die Mutter, für die Wollust der »mondenen Augen«, die den Leib der Mutter »bestierten« (I, 64). Die »blauen Augen«, die den schönen Knaben, den Engel, kennzeichnen, sind erloschen; die Farbe Blau schafft auch deutlichen Bezug zum Blau des »verhüllenden« Madonnengewandes, zur Szene der Schuld. Das Adjektiv »hären« weist auf das »härene Gewand« des Mönchs, des Büßers, auf das Gewand des Christus (I, 196), läßt jedoch auch an das Haar denken. Eine »härene Höhle« hat aber unverkennbar sexuelle Konnotationen: insofern entwirft die Strophe 7 auch ein Bild der Schuld, das mit der ödipalen Szene in Strophe 2 und einer ganzen Reihe analoger Bilder in anderen Gedichten korrespondiert. Das Bild oszilliert: es ist ein Bild der Schuld und ein Bild der Sühne zugleich. Der Knabe tritt jetzt auf als ein geblendeter Ödipus; in der Handschrift stoßen wir auf das Variantenparadigma »Verfluchter-Aussätziger-Blinder« (II, 220). Was das Motiv der Blindheit mit dem Motiv des Aussatzes zu tun hat, haben wir aufgeklärt – zu erinnern ist an das Gesetz des Tabu und an die Berührungsangst Trakls. Ursprünglich wollte Trakl in Strophe 7 das Erlösungsmotiv fortführen: »Silberner Sternengesang / Über des Verfluchten Hölle und Finsternis« (II, 220/21). Der Stern wird zu einem »Mond des Frühlings«, zu einem

»Pfingstmond«; die Assoziation Mond / Auge gibt dem Bild schließlich eine Wendung zum Negativen, läßt erneut das Thema der Schuld in den Vordergrund treten.

Der Sohn der Mutter Maria im blauen Gewand begegnet uns jetzt also in Gestalt eines Blinden – Christus ist Ödipus. Wir erinnern uns an das markante Bild Trakls: »Blut aus brochenen Augen weint« (I, 302). Der blinde Ödipus blutet und weint, er singt ein Klaglied – der Ödipus ist zum Orpheus geworden. Im Gedicht »Abendland«, das kurz nach der »Passion« entstand, schreibt Trakl: »Und steinern erblinden / Dem die schauenden Augen, / Daß von der Lippe / Süßer fließe das Lied« (I, 399). Orpheus, der in der ersten Strophe der »Passion« im »Abendgarten«, am Rand eines Teichs »ein Totes« beklagte, erscheint nun in Strophe 8 selbst als ein Toter:

26 Ein Leichnam suchest du unter grünenden Bäumen
Deine Braut,
Die silberne Rose
Schwebend über dem nächtlichen Hügel.

Dieser »Leichnam« steht in einer Reihe mit den Figuren, die in der vorigen Strophe ein Variantenparadigma bildeten, mit dem »Verfluchten«, dem »Aussätzigen«, dem »Blinden«. Auch der Tod ist die Sühne einer Schuld. »Den Tod erlittst du unter grünenden Bäumen«, schrieb Trakl zunächst, änderte dann den Wortlaut ab: »Wollust Tod erleiden« (II, 220). Die Braut des Orpheus wird als eine »schwebende Rose« gezeichnet, sie ist Blume und Engel in Einem. Tatsächlich ist in der Handschrift von einem »rosigen Engel« die Rede; ihm werden wir im Rahmen der Erlösungsvision am Schluß des Gedichts wiederbegegnen.

Die Braut als schöne Blume, als reiner Engel – diesem Idealbild setzen die folgenden beiden Strophen ein gänzlich anderes entgegen; mit ihnen beginnt zugleich die zweite der drei Strophengruppen, in die die »Passion« sich gliedert:

30 Wandelnd an den schwarzen Ufern
Des Todes,
Purpurn erblüht im Herzen die Höllenblume.

Über seufzende Wasser geneigt
Sieh dein Gemahl: Antlitz starrend von Aussatz
Und ihr Haar flattert wild in der Nacht.

Das »purpurne Erblühen« der Höllenblume weist zurück auf das »purpurne Erglühen« des Knaben; zugleich kontrastiert diese »Höllenblume« mit der »silbernen Rose« in der vorausgegangenen Strophe, mit dem Bild der Braut, die als Engel in der Höhe schwebt. Jetzt richtet der Blick sich nach unten, auf die »Hölle im Herzen«. Im Wasserspiegel erblickt Orpheus seine Braut, die

Schwester: als eine »Windsbraut« mit »flatterndem Haar«, als ein häßliches Geschöpf, von Aussatz entstellt. Dieses Bild der Braut ist zugleich das Spiegelbild des Orpheus selbst – auch er ist aussätzig, zudem ein Blinder. Blindheit und Aussatz sind die Strafe für die Übertretung des Tabu, des väterlichen Inzestverbotes, für die Schuld, die in der folgenden Strophe in eindrucksvollen Bildern geschildert wird:

> 36 Zwei Wölfe im finsteren Wald
> Mischten wir unser Blut in steinerner Umarmung
> Und die Sterne unseres Geschlechts fielen auf uns.

Von der Liebe eines »wilden Geschlechts« war in Strophe 4 die Rede; diese Liebe wird durch das Bild von der Hochzeit der Wölfe illustriert. Die Windsbraut ist zugleich eine Wolfsbraut, Bruder und Schwester treffen sich zu einer »Blutbrautnacht«. Das Bild vom Sturz des Sterns variiert das Sündenfall-Motiv, ist dem Bild vom Sturz des Engels analog; die Parallele zu »De Profundis« ist deutlich. Insofern Trakl den Stern häufig dem Auge gleichsetzt, klingt auch das Motiv der Blindheit an. Wenn die Umarmung als »steinern« gekennzeichnet wird, so ist hier das Beängstigende dieses triebhaften Geschehens angedeutet; die »steinerne Erstarrung« soll das animalische »Rasen« aufhalten.

Die Schuld, die der Knabe als Orpheus und Christus zu sühnen hat, ist also eine »Blutschuld«, ein inzestuöser Angriff auf Mutter und Schwester. Impliziert ist damit die Auflehnung gegen die Autorität des Vaters, der Hüter der Inzestschranke ist. Der Verstoß gegen das väterliche Gesetz weckt den Zorn des Vaters, den Zorn Gottes; die Blutschuld kann nur mit Blut gesühnt werden, durch den Tod der Geschwister:

> 39 O, der Stachel des Todes.
> Verblichene schauen wir uns am Kreuzweg
> Und in silbernen Augen
> Spiegeln sich die schwarzen Schatten unserer Wildnis,
> Gräßliches Lachen, das unsere Münder zerbrach.

Die Wendung »Stachel des Todes« steht in ihrer Ambiguität in enger Beziehung zum Doppelsinn des Begriffs »Passion«. Der Dorn, dessen Vorstellung sie heraufruft, spielt einmal eine Rolle im Rahmen der Bilder von der Leidenschaft des »wilden Geschlechts«, als phallisches Symbol; bei den Bildern des Leidens, der Sühne, fungiert er sodann, gekehrt gegen das eigene Selbst, als Stachel des Schuldgefühls. Auch der »Kreuzweg« meint ein Doppeltes: den Passionsweg zum Kreuz, den der Büßer zu gehen hat, zugleich einen Ort der Trennung, des Abschieds. Nachdem es in Strophe 11 zu der schuldhaften Vereinigung der Geschwister gekommen ist, zur Blutbrautnacht der Wölfe, zerbricht in Strophe 12 die Gemeinschaft der Geschwister (»wir«). Am »Kreuzweg« trennen sich die Wege von Bruder und Schwester, jeder hat seinen eigenen Leidensweg zu gehen.

Die Passion der Schwester ist Gegenstand der beiden folgenden Strophen:

> 44 Dornige Stufen sinken ins Dunkel,
> Daß röter von kühlen Füßen
> Das Blut hinströme auf den steinigen Acker.
>
> Auf purpurner Flut
> Schaukelt wachend die silberne Schläferin.

Der Passionsweg der Schwester ist ein dorniger Weg, ein Weg durch »Stacheln und Stein« (I, 456), ein Weg hinab ins Dunkel, in den Tod. Den gleichen Weg hat im Dramenfragment die Johanna zu gehen: »O das wilde Gras auf den Stufen, das die frierenden Sohlen zerfleischt« (I, 459). Im benachbarten Prosagedicht »Offenbarung und Untergang« ist es die Schwester:

> Aus verwesender Bläue trat die bleiche Gestalt der Schwester und also sprach ihr blutender Mund: Stich schwarzer Dorn. Ach noch tönen von wilden Gewittern die silbernen Arme mir. Fließe Blut von den mondenen Füßen ... (I, 168)

Auch hier hat der Dorn eine Doppelfunktion: er ist einerseits Phallussymbol, Analogon zum Messer des Jägers, das sich gegen das sanfte weibliche Geschöpf kehrt, andererseits der Stachel des Schuldgefühls, Analogon zum Messer des Priesters, der als Opfertier sich selbst schlachtet. Die Vorstellung vom dornigen Passionsweg, der mit blutenden Füßen zu beschreiten ist, kehrt bei Trakl häufig wieder: »O der Schauer, da jegliches seine Schuld weiß, dornige Pfade geht« (I, 149). An die Stelle des Blutes, das auf diesem dornigen Weg vergossen wird, kann auch der Tau treten: »Tau ins starre Gras tropft« (I, 162). Aus der Wolfsbraut ist jetzt also eine Büßerin geworden, die einen Passionsweg zu gehen hat, einen Weg hinab in den Tod – und hinunter zum Wasser. Als »Schläferin« finden wir sie auf »purpurner Flut«, auf einem See von Blut. Das Adjektiv »silbern« schafft einen Bezug zur »silbernen Rose« (Z. 28), zur Braut des Orpheus, der »silbern die Laute rührt«: die tote Schwester erscheint als Engel und als »Wasserrose«. Das strömende Blut hat sich gesammelt zu einem See; die beiden Aspekte, unter denen der Untergang des Knaben Elis geschildert wurde (dorniger Passionsweg / Hinabsteigen zum Wasser) sind in diesem Bild zusammengefaßt. Der Weg der Sühne führt über das »Bluten« zur Erlösung, zum »Frieden der Seele«, zurück zum ozeanischen Dasein. Ein ähnliches Bild findet sich im Gedicht »Jahr«: hier sind »der Tränen nächtige Bilder zum Quell versammelt« (I, 138). Im Schoße der Nacht wohnt jetzt die Schwester als »Schläferin«, in »purpurner Flut« als eine »Wasserrose«: die Bezüge zum Bild des Orpheus am Teich und zum Motiv der Nacht in Strophe 5 sind nicht zu übersehen. »Wieder begegnet der zarte Leichnam / Am Tritonsteich«, schreibt Trakl in der dritten Fassung der

»Passion« (I, 125), in der die drei Strophengruppen des Gedichts verkürzt und zu drei Strophen zusammengezogen wurden; der Triton ist das maskuline Gegenstück zur Nymphe – ihr »Bruder«.

Vom Passionsweg der Schwester war bislang die Rede; die folgende Strophe, die die dritte Strophengruppe der »Passion« einleitet, spricht nun vom Weg, den der Bruder zu gehen hat, der Orpheus und Christus:

> Jener aber ward ein schneeiger Baum
> Am Beinerhügel,
> Ein Wild äugend aus eiternder Wunde,
> Wieder ein schweigender Stein.

Der Knabe, der zuvor »purpurn erglühte«, als Wolf und wilder »Föhn« agierte (»Windsbraut«), durchläuft eine Reihe von Metamorphosen, verwandelt sich in einen Baum, in ein Wild, einen Stein. Den Band mit Trakl-Gedichten in der Linken, die Bibel in der Rechten, hatte Lachmann keine Mühe, herauszufinden, was »ein schneeiger Baum / Am Beinerhügel« im Klartext zu bedeuten habe: »das von Himmelsglanz überschimmerte Kreuz auf Golgatha«.[21] Zweifellos schwingt die Vorstellung vom Tod Christi auf dem Hügel Golgatha (»Schädelstätte« / »Beinerhügel«) mit, doch ist zu bedenken, daß ja auch vom Schicksal des Orpheus die Rede ist: das Verstummen seines Liedes, das »Schweigen im Stein«, ist in der vierten Zeile der Strophe thematisiert. Auch schon das Bild des Baums in winterlicher Landschaft ruft die Vorstellungen des Erstarrens und Verstummens herauf: ein »schneeiger Baum« trägt keine Früchte, die Zeit der dichterischen Ernte ist vorbei. »Ein Herz / Erstarrt in schneeiger Stille«, schreibt Trakl in »Vorhölle« (I, 133) – auf ein versöhnliches Licht aus dem Jenseits scheint das Adjektiv »schneeig« also kaum zu deuten, vielmehr auf Todeskälte, winterliche Starre, auf den Tod, das Verstummen des Dichters. Auch an das Gegenbild vom »rasenden Baum« ist in diesem Zusammenhang zu denken: dieser ist ja Analogon des Wolfs, des Föhns. Daß von der Passion des Orpheus die Rede ist, belegt die Handschrift, in der dieser Sequenz von Metamorphosen der Satz vorausgeht: »O der Seele schmerzliches Saitenspiel« (II, 223).

Vom Leiden des Orpheus handelt auch das so befremdende Bild in der dritten Zeile der Strophe: »Ein Wild äugend aus eiternder Wunde«. Das verletzte Wild symbolisiert das von Schuldgefühlen gequälte Selbst; aus der Wunde, die der »Stachel des Todes« verursacht hat, fließt das Blut, das Lied des Orpheus – diese Wunde »singt das dunkle Lied der Schmerzen« (II, 248). Die Handschrift hatte zunächst den Wortlaut: »Ein Wild, blutend aus purpurner Wunde« (II, 223). In der folgenden Lesart erscheint diese Wunde zugleich als ein Auge: »Ein Wild äugend aus purpurner Wunde« (Ebd.). Trakl greift

[21] Lachmann, Kreuz und Abend, S. 98.

also das Motiv der Blindheit aus Strophe 7 wieder auf – der Christus, der am Kreuz auf Golgatha stirbt, ist zugleich ein Orpheus und ein blinder Ödipus. Die Gleichsetzung von Wunde und Auge ist uns bei Trakl ja häufig begegnet: »Blut aus brochenen Augen weint« (I, 302). Ebensogut läßt diese Sprachfigur sich umkehren: »Blick aus purpurner Wunde« (II, 188). Aus Blut und Tränen entsteht das Klagelied Trakls; in der Endfassung der Zeile 51 ist indessen von »Eiter« die Rede. Der Eiter gehört in das Vorstellungsfeld des Häßlichen; wenn nun aus der Wunde anstelle des Blutes Eiter fließt, so wird auch das Lied, um dessen Entstehen es ja geht, kein schönes Lied sein können, keine »blaue Blume«, sondern nur eine »kranke Blume der Schwermut«. Das Bild der eiternden Wunde hat poetologischen Charakter, es weist auf das Klagelied des sühnenden Orpheus. Damit wird nun auch einsichtig, warum dieses Bild zwischen zwei Bildern des Schweigens steht: »Jener aber ward ein schneeiger Baum ... / Wieder ein schweigender Stein«. Nicht von Ungefähr sagt der Dichter hier »wieder«. »Da jener ein schneeiges Wild am Hügel erwacht«, schreibt Trakl in den Entwürfen zu »Heimkehr«; daneben finden wir die Variante: »Da jener ein Stein am Hügel erwacht« (II, 434). Wenn das blutende Wild sich in einen »schneeigen Baum« oder einen »schweigenden Stein« verwandelt, so ist nicht nur vom Tod des Christus die Rede, sondern auch vom Tod des Orpheus, vom Verstummen seines Klageliedes. Es ist von daher auch klar, warum Lachmann, fixiert auf die christologische Perspektive, mit dem »Wild äugend aus eiternder Wunde« nichts anzufangen wußte. Der Sinngehalt dieses Bildes erschließt sich nur, wenn neben der christlichen Bedeutungsdimension der »Passion« auch ihre orphische und ödipale ins Auge gefaßt wird.

Ein Bild der Petrifikation steht am Schluß von Strophe 15; das Klagelied des Orpheus ist verstummt, der Christus ist am Kreuz gestorben. Doch ist nicht der Tod, das »steinerne Schweigen«, Endpunkt des Passionswegs, den der Dichter zu gehen hat. Der Sühnetod führt die Versöhnung des zürnenden Gottes herbei, macht eine Erlösung möglich:

> 53 O, die sanfte Sternenstunde
> Dieser kristallnen Ruh,
> Da in dorniger Kammer
> Das aussätzige Antlitz von dir fiel.

Die »sanfte Sternenstunde« bezeichnet den Augenblick, in dem der Erlösungswunsch in Erfüllung geht, insofern steht sie in Opposition zum »Sternenfrost des Winters« in Strophe 6. Dieses Bild der Erlösung findet sich in ähnlicher Gestalt schon in den Entwürfen zu Strophe 7, die dann aber mit dem Motiv der Blindheit sich in andere Richtung entwickelte. »Silberner Sternengesang / Über des Verfluchten Hölle und Finsternis« ist der urprüngliche Wortlaut der Handschrift, dann folgt die Variante: »Ein Stern / ist über des Aussätzigen finsterer Höhle aufgegangen« (II, 219/20). Die Motive des Aussatzes und des

Sterns kehren nun also wieder in Strophe 16. Ödipus, der seine Schuld gesühnt hat, wird befreit vom Aussatz, ist nicht länger tabu; die »sanfte Sternenstunde« weist zurück auf die Szene der Schuld, auf die wilde (zugleich »steinerne«) Umarmung der Wölfe, auf den Sturz der Sterne. Der wilde Wolf, getrieben von der »purpurnen Flamme der Wollust«, hat, nachdem er seinen Passionsweg gegangen ist, zu einer »kristallnen Ruh« gefunden, hat sich in einen »Kristus« verwandelt. Die Reinheit des Kristalls kontrastiert mit dem »Aussatz«, seine architektonische Ordnung mit dem »infernalischen Chaos«, das die Dämonen des Blutes verursacht haben. Bei der ersten Niederschrift hatte Trakl in Strophe 5 noch »Christus« geschrieben, nachträglich abgeändert in »Kristus«; hier wird beispielhaft deutlich, wie der Dichter bemüht ist, zwischen den einzelnen Bildern seines Gedichts ein möglichst dichtes Netz von Wechselbeziehungen herzustellen, das Gedicht selbst nach dem architektonischen Vorbild des Kristalls zu formen.

Die Motive der Blindheit und des Aussatzes sind, wie wir feststellen konnten, eng verwandt: Ödipus, der gegen das väterliche Inzestverbot verstoßen hat, wird geblendet (als Ersatz der Kastration) und wird selbst tabu, zum Unberührbaren. Wenn die Erlösung des Ödipus in der »Passion« als eine Befreiung vom »aussätzigen Antlitz« geschildert wird, so entspricht dieser Heilung die Heilung des Blinden. Von ihr ist bei Trakl oftmals die Rede, etwa im Helian. Das Motiv der Augen ist in diesem Gedicht geradezu ein Leitmotiv. Von den schönen Augen des unschuldigen Kindes spricht der Dichter hier, sodann von einem Sündenfall (»verwüsteter Garten«); auch Helian tritt auf als Ödipus, Orpheus und Christus zugleich in dem Bild der Sühne, das wir analysiert haben: »O ihr Psalmen in feurigen Mitternachtsregen, / Da die Knechte mit Nesseln die sanften Augen schlugen« (I, 71). Helian wird geblendet; in der folgenden Strophe »rollen vergilbte Monde / Über die Fieberlinnen des Jünglings«. Der Blinde ist zugleich ein Kranker und ein Aussätziger. Schließlich begegnen wir dem Knaben als einem »Verwesten, der bläulich die Augen aufschlägt« (I, 72), sehen zugleich »Schnee und Aussatz von seiner Stirne sinken« (I, 73). In einer Handschrift aus dem Vorfeld des »Helian« sind die Parallelen zur »Passion« noch klarer:

> Wo vordem ein Baum war, ein blaues Wild im Busch
> Öffnen sich, zu lauschen, die weichen Augen
> Helians. (I, 421)

Auch der Blinde in der »Passion« schlägt, nachdem er »ein Baum und ein Wild war«, die Augen wieder auf. Unter den vielen Variationen, in denen Trakl die abschließende Erlösungsvision gestaltet, findet sich die folgende Fassung:

> In der feuchten Bläue des Quells
> Glänzt das hyazinthene Antlitz
> Des Knaben,

Daß die Schönheit reiner das Herz erfreue.
O der kristallne Spiegel,
Da in Schauern du erkennst die himmlische Büßerin
O die Stunde in angstvoller Kammer,
Da dein Antlitz steinern von dir fiel. (II, 223/24)

Wir können diese Zeilen neben die Szene stellen, die der Eingangssatz von »Erinnerung« entwirft. Von seinem aussätzigen und »steinernen« Antlitz (voraus geht das Bild der Petrifikation) wird der Knabe befreit, er hat eine neue Gestalt angenommen. Ursprünglich war hier eine Geburtsphantasie gestaltet: »Aus der feuchten Bläue des Quells / Trat der hyazinthene Knabe«. Wenn nun dieser hyazinthene Knabe, wie es im zweiten Ansatz der Fall ist, in den Spiegel schaut und dort die verlorene Schwester als »himmlische Büßerin« erblickt, so wird diese die Gestalt einer Hyazinthe haben, identisch sein mit seinem eigenen Spiegelbild. In Gestalt einer »blauen Blume« sind die toten Geschwister auferstanden; das Gegenbild dieser Vereinigung ist das Bild von der Hochzeit der Wölfe, dem ja ebenfalls ein Spiegelmotiv voranging: »Über seufzende Wasser geneigt / Sieh dein Gemahl: Antlitz starrend von Aussatz ...« Aus der Windsbraut und Wolfsbraut ist jetzt eine »himmlische Büßerin« geworden, ein Engel. Insofern die Schwester zugleich das Spiegelbild des Knaben ist, wird auch dieser selbst als ein »himmlischer Büßer« vorgestellt, als ein Orpheus, dem die Sühne seiner Schuld gelungen ist. Als solcher tritt er in der vorletzten Strophe der »Passion« auf:

57 Nächtlich tönt der Seele einsames Saitenspiel
Dunkler Verzückung
Voll zu den silbernen Füßen der Büßerin
Im verlorenen Garten;
Und an dorniger Hecke knospet der blaue Frühling.

Die Dämonen sind ausgetrieben, die Schuld ist gesühnt, und so wird die Rückkehr in den »verlorenen Garten«, in das Paradies der Kindheit möglich; zugleich finden wir die Geschwister im Schoße der Nacht – unsere Deutung der Strophe 5 bestätigt sich. Verwandelt tritt Orpheus aus dem Grab des Schweigens hervor, als ein auferstandener »Kristus«, und anders tönt jetzt sein Saitenspiel: voll »dunkler Verzückung«.

Orpheus findet also die Braut, die er infolge des ödipalen Sündenfalls verloren hat, von der er am »Kreuzweg« Abschied nehmen mußte (die Passion, so auch die Deutung Freuds, impliziert den Verzicht auf das Objekt inzestuösen Begehrens), im Paradiesgarten wieder. Der Sänger sitzt »zu den Füßen« der »himmlischen Büßerin«: dieses szenische Arrangement verdient unsere Aufmerksamkeit. Im Vergleich mit Parallelstellen erweist es sich nämlich als in hohem Maße bedeutungsvoll. In Trakls frühem Prosastück »Barrabas«, entstanden acht Jahre vor der »Passion«, stoßen wir auf die genaue Umkehrung dieses Bildes. Hier sitzt ein Mädchen »zu den Füßen« des Mörders Barrabas, der sein Haupt »trotzig hoch« trägt, und läßt ihr Saitenspiel ertönen:

> Auf weichem Kissen ruhte Barrabas; Dienerinnen salbten seinen Leib mit den köstlichsten Narden und zu seinen Füßen tönte das liebliche Saitenspiel eines Mädchens ... (I, 194)

Das Haupt des Barrabas ist mit Rosen bekränzt, er ist der Antipode des dornengekrönten Christus, der zur gleichen Zeit gekreuzigt wird, und ein Vorläufer des Blaubart. Das Mädchen sitzt zu den Füßen des Mörders: diese Haltung deutet Unterordnung, Unterwerfung an, die Unterwerfung, die dann auch Blaubart von seiner Braut fordern wird. Diesem sadistischen Thema von Beherrschung und Subordination sind wir bei Trakl immer wieder begegnet: Blaubarts Braut muß »niederknien« (I, 439); die Magd »duckt« sich vor dem rüden Schmiedeknecht (I, 13). In einer Passage des »Helian« heißt es von der Schwester (im Plural): »O wie starrt von Kot und Würmern ihr Haar, / Da er darein mit silbernen Füßen steht« (I, 71). Zurückgekehrt von »weißen Greisen«, der Macht des (entwerteten) Vaters entzogen, unterwirft sich hier die Schwester als reuige Sünderin dem Bruder, in dem wir neben dem Christus (biblisches Vorbild der Szene ist die Salbung Jesu durch die Sünderin; vgl. Lukas 7, 37ff.) auch den ödipalen Blaubart sehen müssen. Die sadistischen Beiklänge des Bildes sind unverkennbar; wenn nun am Schluß der »Passion« der Orpheus »zu den Füßen« der Schwester sitzt, so erweist sich dieses Detail vor dem skizzierten Hintergrund als durchaus signifikant: wieder nimmt ein Bild der Sühne nach dem Talionsprinzip Bezug auf ein Bild der Schuld.

Das Motiv der Wiedergeburt, mit dem Trakl schon in den Entwürfen zur vorletzten Strophe operiert hatte (»hyazinthener Knabe«), entfaltet sich nun in der letzten Strophe der »Passion«:

> 62 Unter dunklen Olivenbäumen
> Tritt der rosige Engel
> Des Morgens aus dem Grab der Liebenden.

Die »dunklen Olivenbäume« bilden den Schlußpunkt der Reihe von Metamorphosen, die auch das Motiv des Baumes in der »Passion« durchlaufen hat. Von den »hohen Bäumen« im Herbst (Str. 1) und den »dämmernden Bäumen« am Abend (Str. 4) führt die Entwicklung über die »schwarzen Bäume« im Winter (Str. 5) und den »finsteren Wald«, in dem die Wölfe sich begegnen (Str. 11), schließlich zum »schneeigen Baum / Am Beinerhügel« (Str. 15), zum Kulminationspunkt. Die »grünenden Bäume« in Strophe 8, die sich in diese Entwicklung der Tages- und Jahreszeit nicht einzufügen scheinen, stellen einen Vorgriff dar auf die »Olivenbäume« in der letzten Strophe: unter grünen Olivenbäumen wird Orpheus die verlorene Braut, nach der er sucht, tatsächlich wiederfinden. Durch ihre Zugehörigkeit zum christlichen Vokabular in der

»Passion« schlagen diese Olivenbäume im Rahmen der Baum-Motivik einen neuen Ton an – von vornherein haben sie einen heilsgeschichtlichen Beiklang. Von der »Versühnung des Ölbaums« spricht Trakl in der verkürzten Schlußpassage der zweiten Fassung des Gedichts (I, 397).

Wie der Olivenbaum, so hat auch die »Zeder«, von der im »Helian« die Rede ist, paradiesische, ozeanische Konnotationen:

> Ein erhabenes Schicksal sinnt den Kidron hinab,
> Wo die Zeder, ein weiches Geschöpf,
> Sich unter den blauen Brauen des Vaters entfaltet,
> Über die Weide nachts ein Schäfer seine Herde führt. (I, 72)

Ein »weiches Geschöpf« ist die Zeder, ein Kind Gottes, kein »rasender«, sich »aufbäumender«, kein »böser«, »verkrüppelter«, kein »verschnittener« Baum – eine ganze Serie von Gegenbildern bringt sich in Erinnerung. Als Kind Gottes ist die Zeder, ebenso der Ölbaum, Analogon des vom Hirten beschützten Herdentieres – ein »Wolf« hat bei dieser Herde ebensowenig zu suchen wie ein »rasender Baum« in einer »Allee«. Erscheint in der Strophe aus dem »Helian« das Selbst in Gestalt der »Zeder« und als Mitglied der »Herde« (wir bemerken die zugleich klangliche und semantische Korrespondenz), tritt die Vatergestalt als Gott und guter Hirte auf, so erkennen wir einmal mehr in der »Weide« eine symbolische Mutterrepräsentanz. Den genauen Gegenentwurf zu dieser harmonischen Triade haben wir in »De Profundis« gefunden.

Fungiert nun der Olivenbaum wie die Zeder als symbolische Selbstrepräsentanz, so gibt er, begriffen als Gegenbild zum »schneeigen Baum«, sich als eine Metamorphose des erlösten Orpheus zu erkennen: wies uns der winterliche Baum auf das Verstummen des Klageliedes, so deutet der fruchtbare, grüne Ölbaum auf das Tönen des Saitenspiels im Paradiesgarten. Der Olivenbaum ist nicht bloßes Requisit einer nazarenischen Szenerie – er hat symbolische Funktion, poetologische Bedeutung. »Ein heiterer Sinn / Wohnt in der Winzer dunklem Gesang, / Der blauen Stille des Ölbaums«, schreibt Trakl in der ersten Fassung von »Elis« (I, 372). Deutlich ist die Opposition der Olivenbäume zum »finsteren Wald«, in der die Blutbrautnacht der Wölfe stattfindet:

> 36 Zwei Wölfe im finsteren Wald
> Mischten wir unser Blut in steinerner Umarmung
> Und die Sterne unseres Geschlechts fielen auf uns.
>
> 62 Unter dunklen Olivenbäumen
> Tritt der rosige Engel
> Des Morgens aus dem Grab der Liebenden.

»Der finstere Wald« ist der Ort, an dem die Wölfe, die Dämonen hausen, der Ort der Schuld; die Olivenbäume kennzeichnen den utopischen Ort, auf den der Passionsweg und das Gedicht selbst zuhalten, den Ort der Versöhnung, dessen zeitliche Entsprechung ein ozeanisch blauer Frühlingsmorgen ist. Zwei

Wölfe haben sich, nach Durchleiden ihrer Passion, nach Erleiden des Sühnetodes, verwandelt in einen Engel: aus der triebhaften Entgegensetzung von Selbst und Objekt ist ein Ineinander geworden, aus dem Plural ein Singular. Zerlegen wir den »rosigen Engel« in seine Bestandteile, so stoßen wir tatsächlich auf einen femininen und einen maskulinen Anteil (die Rose / der Engel), nicht anders als bei der Figur des »hyazinthenen Knaben« der sein Vorläufer war. In beiden Fällen sind Bruder und Schwester »Ein Geschlecht« geworden. Wie in so vielen anderen Gedichten Trakls, hat sich am Schluß der »Passion« ein inzestuöser Verschmelzungswunsch erfüllt. Der Wunsch kommt zur Sprache und zeugt mit ihr ein Kind, eine symbolische Sprachfigur: den »rosigen Engel«.

Es ist kaum möglich, das dichte Netz offener und verdeckter Wechselbeziehungen erschöpfend darzustellen, das die einzelnen Bilder der »Passion« untereinander verbindet, dieses Netz der Assoziationen ganz aufzuknüpfen und in eine lineare Darstellung zu transponieren. So hat sich unsere Analyse darauf beschränkt, die wichtigsten Zusammenhänge herauszuarbeiten. Wohl nimmt das Gedicht Trakls Bezug auf die Passion Christi, keinesfalls jedoch läßt es sich lesen als poetische Paraphrase der christlichen Heilsgeschichte. In kritischer Wendung gegen Lachmanns verkürzende christologische Deutung der »Passion« stellte Walther Killy treffend fest:

> Wohl kann man sagen, daß die Verse das Leiden Christi enthalten; aber indem man sie darauf beschränkt, wird die Einheit des Gedichts vernichtet. (...) Jede einzelne Identifikation verfehlt das Ganze, mag sie in sich noch so evident sein. Wenn das Gedicht von Christus handelt, handelt es von Orpheus. Wenn es von Orpheus handelt, handelt es vom Dichter. Wenn es vom Dichter spricht, stellt es einen Menschen in der Verstrickung schrecklichster Schuld dar. (...) Alle Vorstellungen, so isoliert sie sinnlich dastehen, sind in ständigem Übergang begriffen und gegeneinander offen.[22]

Killy stellt einen Befund fest. Eine Deutung dieses Befundes ermöglichte die psychoanalytische Hermeneutik, die uns die dichterischen Bilder Trakls nicht als »reine Sprachfiguren«, als »Chiffren«, sondern als symbolische Sprachfiguren begreifen ließ und zugleich die Theorie bereitstellte, die uns den verstehenden Zugang zur hermetischen Bilderwelt Trakls ermöglichte: die Theorie des Schuldgefühls. Wie in vielen anderen Gedichten Trakls, so muß auch in der »Passion« das Selbst in der Rolle des Orpheus und des Christus die Schuld sühnen, die es in der Rolle des Ödipus auf sich geladen hat, den Verstoß gegen das väterliche Inzestverbot. Der ödipale Angriff des Blaubart auf Mutter und Schwester weckt den Zorn der Vaterfigur, die Aggression des Überich, und unter dem Druck des Schuldgefühls verwandelt der Blaubart sich in einen Sebastian, der Sohn der Madonna sich in einen blinden Ödipus, einen Aus-

---

[22] Killy, *Über Georg Trakl*, S. 35.

sätzigen, einen Christus mit der Dornenkrone. Der Streit der Interpreten um die »richtige« Deutung des Bildes vom blutenden Wild im Dornbusch erwies sich als müßig: das Wild vertritt symbolisch das feminine Objekt und das Selbst, das seine »Blutschuld« sühnt. Die Tiefenhermeneutik ließ diese Ambiguität verständlich werden, erschloß uns eine ganze Reihe »dunkler« Bilder Trakls, so auch das Bild vom »Wild äugend aus eiternder Wunde«. Hier erscheint das von Schuldgefühlen gequälte Selbst zugleich als blinder Ödipus, als leidender Christus und als klagender Orpheus. So rekapituliert Trakls »Passion« nicht etwa, wie Lachmann meinte, den Weg abendländischer Dichtung von Orpheus zu Christus.[23] Dargestellt ist vielmehr der Weg des Orpheus *als* Christus, als ein Christus, der die ödipale Schuld abzutragen hat, die er als Sohn der Maria im blauen Gewand auf sich geladen hat. Indem Georg Trakl den Christus mit Ödipus identifiziert, projiziert er seine eigene ödipale Problematik in die Passionsgeschichte Christi; seine dichterische Phantasie nimmt damit eine Identifikation vor, zu der auch Freud sich aufgrund seiner tiefenpsychologischen Überlegungen genötigt sah. Wie die christliche Passionsgeschichte selbst in ihrem Kern ein ödipaler Mythus ist, so erscheint auch in Trakls »Passion« der dornengekrönte Christus als ein sühnender Ödipus.

Bedrängt von den inzestuösen und aggressiven Impulsen des Es, gequält zugleich von schweren Schuldgefühlen, bezeichnete der Dichter sich in seinem Brief an Ludwig von Ficker als eine »Spottgestalt aus Kot und Fäulnis« (I, 519), als häßlichen Krüppel mit einem von »Schwermut verpesteten Körper«. In einem früheren Brief gab er seinem Wunsch Ausdruck, »ein schöner Engel zu werden« (I, 491). Der Weg, der vom Krüppel und Wolf zum schönen Engel führt, ist der Weg der Dichtung, der Passionsweg, den Orpheus zu gehen hat. Der Weg der Sühne führt vom »Herbstabend« durch die »Winternacht« zu einem »Frühlingsmorgen«, einem »Frühling der Seele«, vom »Klagelied« durch das »Schweigen im Stein« zum »sanften Gesang«. Am Ende dieses Passionswegs steht eine neue Gestalt des Selbst: nachdem Orpheus sein Martyrium durchlitten, sich auf dem Altar der Sühne verblutet hat, den Tod am Kreuz gestorben ist, kann er wiedergeboren werden in neuer, schöner Gestalt, als »rosiger Engel«, als »hyazinthener Knabe«, als »blaue Blume«. Die Passion erscheint so als eine »Verwandlung des Bösen«, als eine Metamorphose. Am Ende dieses Prozesses steht nicht nur das wiedergeborene, von der Krankheit des Schuldgefühls geheilte Selbst – am Ende dieses Wegs steht zugleich das Gedicht. Der »hyazinthene Knabe« wird nicht nur *im* Gedicht, sondern auch *als* Gedicht geboren. Orpheus stirbt den Sühnetod, um als Gedicht aufzuerstehen.

---

[23] Lachmann, Kreuz und Abend, S. 96.

Blicken wir noch einmal zurück auf die vorletzte Strophe der »Passion«, in der der »Frühling der Seele« in folgendes Bild gefaßt war: »Und an dorniger Hecke knospet der blaue Frühling«. Verwandelt hat sich nicht nur der Wolf in einen Engel, verwandelt hat sich auch der Dorn: an »dorniger Hecke« (Variante: »an blutender Hecke«) entspringt jetzt eine Blume. Als phallisches Symbol spielte der Dorn zuerst eine Rolle im Rahmen der sadistischen Szene, bei den Bildern schuldhaften Tuns; als Stachel des Schuldgefühls, als Dornbusch und Dornenkrone begegnete er sodann im Rahmen der masochistischen Szene, im Kontext der Bilder der Sühne; jetzt wird auch der aggressive, phallische Dorn verwandelt, in eine Blume:

So leise blutet Demut,
Tau, der langsam tropft vom blühenden Dorn.
Strahlender Arme Erbarmen
Umfängt ein brechendes Herz. (I, 135)

Die Passion des Orpheus bewirkt eine Metamorphose des Dorns, verwandelt ihn in eine Blume, ein Lied. Die phallische Bedeutung des Dorns bleibt noch in diesem Bild der Verwandlung deutlich genug. Die Metamorphose des Dorns hebt den Fluch auf, der auf Ödipus und Orpheus lastet; das als Sühneopfer dargebrachte Gedicht ermöglicht die Versöhnung mit dem Vater. Dieser Metamorphose des Dorns analog ist der Funktionswandel der Flamme, wie er sich in den Entwürfen zu »Verwandlung des Bösen« vollzieht. Hier schreibt Trakl:

> Bei der Mühle zündet die Schwester ein Feuer an, lachend vergraben in ihr scharlachfarbenes Haar; blutet die Nacht lang ein weißes Lamm im Dornenbusch. (II, 167)

Wenig später fällt die Schwester nicht dem Dorn, dem Messer zum Opfer, sondern deren Analogon, der »purpurnen Flamme der Wollust«, die sie entzündet hat:

> O das Lächeln des Bösen traurig und kalt, daß der Schläferin rosige Wange erbleicht. Schweigend verhüllte ein schwarzes Linnen das Fenster. Und es sprang eine Flamme aus jenes Herzen und es verbrannte ein Falter daran. (II, 168)

Den letzten Satz wandelt der Dichter nun mehrfach ab; schließlich stehen wir vor einem Bild mit gänzlich anderem Charakter:

> Und es sprang eine Flamme aus jenes Herzen und sie brannte silbern im Dunkel, ein singender Stern. (Ebd.)

Die »purpurne Flamme der Wollust« hat sich verwandelt in einen »singenden Stern«, in ein Lied, ein Gedicht. Auf engstem Raum, in einem Variantenparadigma, ist hier das Geschehen zusammengefaßt, das Trakl auch in den 18 Strophen des Gedichts »Passion« vorführt: eine »Verwandlung des Bösen«. Der Dorn wird zur Blume, die Flamme zu einem tönenden Stern, der Phallus zum

Gedicht: was diese Metamorphose bildhaft vor Augen führt, ist genau der Vorgang, den die Psychoanalyse als den Prozeß dichterischer Sublimierung beschreibt. Das Gedicht des Georg Trakl ist eine Metamorphose des phallischen Begehrens; so ist auch die Passionsgeschichte des Ödipus, der nach seinem Sühnetod als eine Blume wiedergeboren wird, die Geschichte einer poetischen Sublimierung, an deren Ausgang das Gedicht selbst steht. Das Lied Trakls ist ein »silberner Sternengesang / Über des Verfluchten Hölle und Finsternis« (II, 220), eine »rosige Geburt« (II, 219), ein erlösender »Kristus«: aus dem »infernalischen Chaos« entsteht im poetischen Prozeß ein Kristall. Das Bild der Wiedergeburt am Ende der »Passion« ist eine inzestuöse Verschmelzungsphantasie und eine Opus-Phantasie zugleich; der »rosige Engel« vertritt symbolisch das Selbst, das mit der Schwester zu einer Einheit verschmolzen ist, und er vertritt symbolisch das Gedicht, das aus dem Sühnetod des Orpheus hervorgeht. Insofern ist das Gedicht »Passion« in dem der ödipale Mythos Trakls sich am eindrucksvollsten entfaltet, zugleich ein poetologisches Gedicht.

Am Ende des Passionsweges, den Orpheus zu gehen hat, stehen zugleich das Gedicht und das erlöste, von den Dämonen des Blutes und der Wunde des Schuldgefühls befreite Selbst. Die Passionsgeschichte Trakls ist die Geschichte einer Sublimierung und einer Heilung: sein Gedicht ist die Sühne einer Schuld. Wie vereinbart sich aber nun diese Poetik der Sühne mit unserem Befund, daß das Gedicht, darin dem Traum verwandt, als die verhüllte Erfüllung des verdrängten Wunsches zu begreifen ist? Das Gedicht ist die Sühne der Schuld und zugleich der symbolische Vollzug der Schuld: ist dies nicht ein Widerspruch? Wie der Traum, so ist auch das Gedicht eine Kompromißbildung, die den Ansprüchen des Es und des Überich gleichermaßen Rechnung trägt. Eine solche Kompromißbildung ist auch das zwangsneurotische Ritual, zu dem wir das Gedicht Trakls in Beziehung gesetzt haben:

> Die gegenseitige Hemmung der beiden ringenden Mächte erzeugt ein Bedürfnis nach Abfuhr, nach Verringerung der herrschenden Spannung, in welchem man die Motivierung der Zwangshandlungen erkennen darf. Diese sind bei der Neurose deutlich Kompromißaktionen, in der einen Ansicht Bezeugungen von Reue, Bemühungen zur Sühne u. dgl., in der anderen aber gleichzeitig Ersatzhandlungen, welche den Trieb für das Verbotene entschädigen. Es ist ein Gesetz der neurotischen Erkrankung, daß diese Zwangshandlungen immer mehr in den Dienst des Triebes treten und immer näher an die ursprünglich verbotene Handlung herankommen.[24]

---

[24] Freud, »Totem und Tabu«, S. 40/41. Solchen Kompromißcharakter hat auch die christliche Eucharistie: »Unser Blick verfolgt durch die Länge der Zeiten die Identität der Totenmahlzeit mit dem Tieropfer, dem theanthropischen Menschenopfer und mit der christlichen Eucharistie und erkennt in all diesen Feierlichkeiten die Nachwirkung jenes Verbrechens, welches die Menschen so sehr bedrückte und auf das sie doch so stolz sein mußten. Die christliche Kommunion ist aber im Grunde eine neuerliche Beseitigung des Vaters, eine Wiederholung der zu sühnenden Tat.« Ebd., S. 186.

Die Ambiguität des Sinns, die bei so vielen Bildern Trakls zu konstatieren war, ist ein Ausdruck dieses Streits seelischer Kräfte. Das Wild, das im Dornbusch blutet, vertritt sowohl das feminine Objekt des sadistischen Wunsches, als auch das Selbst in der masochistischen Position, den Dichter, der seine Schuld sühnt. Die Waise in »De Profundis« ist männlichen und weiblichen Geschlechts; Dornbusch, Schmiede und Altar sind Orte des schuldhaften Tuns und Orte der Sühne; das Bild vom blühenden Dorn zeigt die Erlösung vom »Fluch des Geschlechts«, führt zugleich massiv den Phallus vor Augen. Das poetische Bild, das Gedicht ist eine Kompromißbildung, es trägt den Ansprüchen des Es ebenso Rechnung wie den Forderungen des Überich, dem Triebwunsch wie dem Schuldgefühl. Die poetische Sühnehandlung dient der Besänftigung des Schuldgefühls, und sie ist eine magische Beschwörung der Dämonen des Blutes: die den Dichter »bedrängenden« Dämonen werden »überwältigt«, indem der Wunsch zur Sprache gebracht, symbolisch gestaltet wird – nicht durch seine bloße Abwehr, eine Verdrängung, sondern durch seine Sublimierung. Im Gedicht werden Triebenergien abgeführt, indem sie gestaltet werden; das Gedicht ist nicht reine »Ersatzbefriedigung«, sondern zugleich Sinnschöpfung, nicht nur »Traum des Bösen«, sondern auch »Verwandlung des Bösen«. Im Gedicht kommen nicht nur die ungelösten Konflikte des Dichters zum Ausdruck, es ist auch der Ausdruck ihrer Lösung, der Ort, an dem diese »Zerrissenheit / Feuriger Kräfte« (II, 290) überwunden wird, der Ort, an dem sich das Ich gegenüber den Kräften des Es und des Überich behauptet: ein Medium der personalen Synthese. Trakls Gedicht ist nicht nur der Traum des Ödipus, sondern auch die Erlösung des Ödipus. Im Juni 1909 schreibt Trakl an Buschbeck:

> Du kannst Dir nicht leicht vorstellen, welch eine Entzückung einen dahinrafft, wenn alles, was sich einem jahrlang zugedrängt hat, und was qualvoll nach einer Erlösung verlangte, so plötzlich und einem unerwartet ans Licht stürmt, freigeworden, freimachend. Ich habe gesegnete Tage hinter mir – o hätte ich noch reichere vor mir, und kein Ende, um alles hinzugeben, wiederzugeben, was ich empfangen habe – und es wiederempfangen, wie es jeder Nächste aufnimmt, der es vermag. (I, 475)

Im Gedicht wird der bedrängende Wunsch nicht nur verhüllt, sondern auch entschleiert, indem er ans Licht kommt, ans Licht der Sprache. Und anders als der Traum und das neurotische Ritual ist das Gedicht eine soziale Veranstaltung:

> Wenn der Traum ein privater, in der Einsamkeit des Schlafs verlorener Ausdruck bleibt, so deshalb, weil ihm die Vermittlung der Arbeit fehlt, welche die Phantasie in ein hartes Material gießt und sie einem Publikum mitteilt. Aber diese Vermittlung der handwerklichen Arbeit und diese Mitteilung fällt nur solchen Träumen zu, die gleichzeitig Werte tragen, welche das Bewußtsein zu einem neuen Verständnis seiner selbst voranzutreiben vermögen. Wenn der ›Moses‹ des Michelangelo, der ›König Ödipus‹ des Sophokles, der ›Hamlet‹ des Shakespeare Kunstschöpfungen sind, dann

insofern, als sie keine bloßen Projektionen der Konflikte der Künstler, sondern auch die Konturen ihrer Lösung darstellen; weil im Traum die Verkleidung über die Entschleierung vorwaltet, blickt er eher nach rückwärts, in die Vergangenheit, in die Kindheit. Und weil im Kunstwerk die Entschleierung dominiert, ist es eher ein prospektives Symbol der persönlichen Synthese und der Zukunft des Menschen und nicht nur ein regressives Symptom seiner ungelösten Konflikte.[25]

Das Gedicht ist nicht nur ein privater Tagtraum, individuelle Wunscherfüllung. So ist Georg Trakl auch darum bemüht, sein Gedicht aus dem Bereich des »begrenzt Persönlichen« hinauszuheben, ihm »universelle Form und Art« zu verleihen: sein Gedicht tritt auf mit einem Anspruch auf allgemein verbindliche »Wahrheit« (I, 485).

Unsere Untersuchungen haben die Herkunft seiner Lyrik aus den Triebkonflikten Trakls aufgezeigt, die enge Beziehung zwischen Leben und Werk, Dichtung und Krankheit, Symptom und Symbol deutlich werden lassen. Wie steht es nun vor dem Hintergrund dieses Befunds mit der »universellen« Wahrheit des Gedichts? Wenn in ihm die intimen Wünsche des Autors zur Sprache kommen, seine psychischen Konflikte symbolisch gestaltet werden, bleibt es dann nicht doch dem »begrenzt Persönlichen« verhaftet, ein Dokument individueller seelischer Not? Von der Verankerung dieser Gedichte in den psychischen Konflikten Trakls kann nicht abgesehen werden – nur auf eine Weise also kann die Frage nach der »Wahrheit« des Gedichts sinnvoll gestellt werden: inwiefern haben die Konflikte, die in ihm symbolisch ausgetragen werden, repräsentativen Charakter, inwiefern kommt im »Persönlichen« ein »Universelles« zu Darstellung?

Im Leben und im Werk Trakls, so haben die psychobiographischen Untersuchungen und die Gedichtanalysen gezeigt, nimmt das ödipale Drama und das mit ihm verbundene Schuldgefühl die Schlüsselstellung ein. Nun hat Freud in seinen kulturkritischen Studien dargelegt, daß das Schuldgefühl von zentraler Bedeutung ist in der Entwicklungsgeschichte der menschlichen Zivilisation, für die Ontogenese und die Phylogenese des Menschen. Aus psychoanalytischer Sicht gründet sich die menschliche Zivilisation auf die von den Individuen erbrachten Triebverzichtsleistungen; diesen Verzicht auf unmittelbare, umfassende Befriedigung der Triebe macht die Lebensnot erforderlich, der dem Menschen auferlegte Zwang zur Produktion seiner Lebensmittel, zur Arbeit. Die anarchischen Triebwünsche des Es müssen also gezügelt, das Lustprinzip muß dem Realitätsprinzip unterworfen werden. In der Aggressivität des Menschen sieht nun Freud eine ständige elementare Bedrohung der Kulturgemeinschaft:

Infolge dieser primären Feindseligkeit der Menschen gegeneinander ist die Kulturgesellschaft beständig vom Zerfall bedroht. Das Interesse der Arbeitsgemeinschaft

---

25 Ricœur, S. 532/33.

würde sie nicht zusammenhalten, triebhafte Leidenschaften sind stärker als vernünftige Interessen. Die Kultur muß alles aufbieten, um den Aggressionstrieben der Menschen Schranken zu setzen, ihre Äußerungen durch psychische Reaktionsbildungen niederzuhalten.[26]

Die Zivilisation muß sich verteidigen gegen die destruktiven Tendenzen des Individuums: dies geschieht durch die Einsetzung des Überich. Mit dieser Errichtung des Überich im Subjekt ist aber auch der »Krankheit« der Boden bereitet, die das Leben Georg Trakls überschattet und die seine Poetik der Sühne begründet, dem Schuldgefühl:

> Die Aggression wird introjiziert, verinnerlicht, eigentlich aber dorthin zurückgeschickt, woher sie gekommen ist, also gegen das eigene Ich gewendet. Dort wird sie von einem Anteil des Ichs übernommen, das sich als Über-Ich dem übrigen entgegenstellt und nun als ›Gewissen‹ gegen das Ich dieselbe strenge Aggressionsbereitschaft ausübt, die das Ich gerne an anderen, fremden Individuen befriedigt hätte. Die Spannung zwischen dem gestrengen Über-Ich und dem ihm unterworfenen Ich heißen wir Schuldbewußtsein; sie äußert sich als Strafbedürfnis. Die Kultur bewältigt also die gefährliche Aggressionslust des Individuums, indem sie es schwächt, entwaffnet und durch eine Instanz in seinem Inneren, wie durch eine Besatzung in der eroberten Stadt, überwachen läßt.[27]

Nietzsches Auffassung von der »Genealogie der Moral« findet in der psychoanalytischen Theorie des Schuldgefühls ihre Entsprechung. Der kulturell erzwungene Triebverzicht wird zur dynamischen Quelle des Schuldgefühls; die unterlassene, verdrängte Aggression wird vom Überich übernommen und kehrt sich gegen das Ich: der wilde Jäger wird zum blutenden Wild, der Blaubart zum Sebastian. Zur Einsetzung des Überich kommt es im Verlauf des ödipalen Dramas; das hier entstehende Schuldgefühl ist der Ausdruck des Ambivalenzkonfliktes von Liebe und Haß, von Eros und Destruktionstrieb:

> Dieser Konflikt wird angefacht, sobald den Menschen die Aufgabe des Zusammenlebens gestellt wird; solange diese Gemeinschaft nur die Form der Familie kennt, muß er sich im Ödipuskomplex äußern, das Gewissen einsetzen, das erste Schuldgefühl schaffen. Wenn eine Erweiterung dieser Gemeinschaft versucht wird, wird derselbe Konflikt in Formen, die von der Vergangenheit abhängig sind, fortgesetzt, verstärkt und hat eine weitere Steigerung des Schuldgefühls zur Folge. Da die Kultur einem inneren erotischen Antrieb gehorcht, der sie die Menschen zu einer innig verbundenen Masse vereinigen heißt, kann sie dies Ziel nur auf dem Wege einer immer wachsenden Verstärkung des Schuldgefühls erreichen. Was am Vater begonnen wurde, vollendet sich an der Masse. Ist die Kultur der notwendige Entwicklungsgang von der Familie zur Menschheit, so ist unablösbar mit ihr verbunden, als Folge des mitgeborenen Ambivalenzkonflikts, als Folge des ewigen Haders zwischen Liebe und Todesstreben, die Steigerung des Schuldgefühls vielleicht bis zu Höhen, die der Einzelne schwer erträglich findet.[28]

---

[26] »Das Unbehagen in der Kultur«, G. W. XIV, S. 471.
[27] Ebd., S. 482/83.
[28] Ebd., S. 492.

Dieses Schuldgefühl, mit dem der zivilisierte Mensch behaftet ist, bleibt weithin unbewußt, manifestiert sich als eine diffuse Unzufriedenheit, als ein »Unbehagen in der Kultur«. Bei vielen Menschen kommt es indessen deutlicher zum Vorschein, in Form einer psychischen Störung: die typischen »Krankheiten des Schuldgefühls« sind die Zwangsneurose und die Melancholie. Als eine kollektive Zwangsneurose erscheint aus psychoanalytischer Sicht die christliche Religion; in ihrem Kern ein ödipaler Mythos, stellt sie die Riten bereit, die das Schuldgefühl des Menschen lindern.

Die »Krankheit«, an der Trakl leidet und die ihn zum poetischen Schaffen drängt, ist, wie sich jetzt erwiesen hat, mitnichten ein »morbus« im Sinne der Medizin, ein obskurer endogener Prozeß: das Schuldgefühl ist ein »universelles« Phänomen, die unvermeidliche Folge des im Prozeß der Zivilisation dem Menschen abverlangten Triebverzichts. Als ein Leiden der Seele ist das Schuldgefühl der Preis, den der Mensch für den Fortschritt der Kultur zu zahlen hat. Die Triebkonflikte, in die wir Trakl verstrickt fanden, sind nicht bloß ein Ausdruck privater Psychopathologie, sie haben gesellschaftlichen Charakter. Die mörderischen Figuren, die in Trakls Werk als symbolische Vertreter der destruktiven Wünsche des Dichters fungieren, treten nicht nur ein für Privates, für die »Dämonen des Blutes«, von denen Trakl sich »bedrängt« sieht; als symbolische Selbstrepräsentanzen sind der Blaubart, der Jäger, der Wolf zugleich Repräsentanten von Kräften, die im seelischen Haushalt jedes Menschen zu berücksichtigen sind, Vertreter der »animalischen Triebe«, die die menschliche Kultur bedrohen. Die Dämonen des Blutes stören den »Frieden des Mahls«: diese Szene, die wir nicht nur im Gedicht »Die Bauern« gestaltet fanden, führt die individuellen seelischen Konflikte Trakls vor Augen *und* setzt eine »universelle Wahrheit« ins Bild. Es erweist sich mithin als absurd, wenn Interpreten, besorgt um die Geltung des Gedichts, dessen »allgemeine Bedeutung« gegen seinen »persönlichen Gehalt« ins Feld führen. Wenn Georg Trakl, getrieben von einem Schuldgefühl, das sich nicht mehr besänftigen läßt durch die von der christlichen Religion bereitgestelle Tröstung, aufbricht zu seinem Feldzug gegen die Dämonen des Blutes, wenn er als Sankt Georg gegen den Drachen kämpft, der er selbst ist, so hat dieser Kampf repräsentativen Charakter: es ist der Kampf des Menschen gegen die Kräfte, die seine Zivilisation bedrohen, der Kampf der Kultur gegen die Trieb-Natur. Sebastian, der die Schuld sühnt, die er als Blaubart auf sich geladen hat, steht nicht nur für den von Schuldgefühlen gequälten Dichter Georg Trakl selbst – er tritt ein für den Menschen, der für seine Kultur den Preis des Leidens bezahlt, den sie ihm abverlangt. So ist auch die Passionsgeschichte des Ödipus, der als Christus und Orpheus seine Schuld sühnt, nicht nur die Geschichte einer dichterischen Sublimierung, an deren Ausgang das Gedicht steht, sondern auch eine Geschichte der Zivilisation, an deren Ausgang der Mensch steht, als ein erlöster, von Aussatz und Blindheit geheilter Ödipus. Die dichterische Schmiedewerkstatt Trakls ist mehr als nur ein Laboratorium der Sprache; hier wird Seelenarbeit geleistet, die Seelenarbeit, die der Prozeß der Zivilisation dem Menschen abfordert, ontogenetisch und phylogenetisch: die gesellschaftliche Bearbeitung, Sozialisierung seiner inneren Natur. Indem in dieser Werkstatt das Gedicht »zusammengeschmiedet« wird, vollzieht sich eine Metamorphose, eine »Verwandlung des Bösen«: die zerstörerische Flamme wird zu einem »singenden Stern«, der phallische Dorn zu einer Blume. Zugleich wird der rüde »Knecht« zum »Meister«, werden die wilden Rappen gezähmt und zur Herde versammelt. Indem das Gedicht entsteht, wird auch der Knabe Kaspar Hauser zum Mann, zu einem »Reiter«. Georg Trakls Poetik der Sühne ist zugleich ein dichterisches, ein therapeutisches und ein zivilisatorisches Programm. Wo Es war, soll Ich werden: die Seelenarbeit, die der Dichter leistet, ist kulturelle Arbeit.

Schluss:
DAS SCHULDGEFÜHL, KRITISCH BETRACHTET

Der Weg, den diese Trakl-Studie zurückgelegt hat, war lang; seine Beschwerlichkeit entsprach der Komplexität des zu erkundenen Problemfeldes, der Schwierigkeit der zu klärenden Fragen. Die Untersuchungen nahmen ihren Ausgang von der Frage nach dem Wesen der Krankheit, die bei Trakl diagnostiziert wurde, und nach ihrer Bedeutung für sein dichterisches Schaffen. Das Schizophrenieproblem, so hatte der Blick auf die kontroverse Forschungsdiskussion gezeigt, kann bei der Beschäftigung mit Trakls Dichtung und ihrer Genese nicht einfach ausgeklammert werden. Die Überprüfung der theoretischen Grundlagen der psychiatrischen Diagnose führte uns zur Einsicht, daß mit dem klinischen Gutachten, das dem Dichter ein »im medizinischen Sinne schweres Geistesleiden« bescheinigte, in ihm das Opfer eines schicksalhaft-unerklärlichen »endogenen Prozesses« sah, das letzte Wort nicht gesprochen sein konnte. Ein gänzlich anderes Krankheitsverständnis, eine Schizophrenietheorie, die sich von der naturwissenschaftlich-medizinischen der Schulpsychiatrie grundlegend unterscheidet, stellte die Psychoanalyse bereit. Begriffen als ein kritisch-hermeneutisches Verfahen, ermöglichte sie uns einen verstehenden Zugang zum Seelenleben Trakls, eine Rekonstruktion seiner psychischen Bildungsgeschichte und seines Wegs in den Wahnsinn. Die beeindrukkende Vielfalt psychopathologischer Symptome, die sich schon seit dem Kindesalter bei Trakl zeigte, erwies sich keineswegs als sinnloses Produkt eines physiologischen Zerstörungsprozesses: das Symptom legte Zeugnis ab von den seelischen Konflikten des Dichters, vom Schicksal der Triebe. Es war klar, daß unsere Archäologie des Subjekts nicht unter rein individualpsychologischen Gesichtspunkten betrieben werden konnte; Subjektivität wird gesellschaftlich hergestellt, bildet sich durch Interaktion: wo Triebschicksale erörtert werden, steht auch das soziale Schicksal des Subjekts zur Diskussion. Im Zuge der psychobiographischen Untersuchungen gelang es, Zusammenhänge aufzudecken zwischen einer Vielzahl von lebensgeschichtlichen Fakten, die herkömmliche Biographie nur chronologisch aufzureihen, nicht aber systematisch zu integrieren und zu erhellen vermochte. Die emotionale Frigidität der Maria Trakl und die schismatische Ehe der Eltern; die frühkindlichen Verhaltensstörungen Trakls, sein Mutterhaß, seine Wasser-Fixierung, seine Klaustrophobie, sein Schulversagen und seine inzestuösen Tendenzen, seine Drogensucht, seine Aggressivität und sein Schuldgefühl, seine Berührungs- und Verfolgungsangst, sein wahnhafter »Familienroman«: all dies steht in einem engen Zusammenhang, der indessen nur beschrieben werden konnte mit den Mitteln psychoanalytischer Hermeneutik. Auch die Schizophrenie Trakls stellte sich nicht länger dar als ein Fremdes, das schicksalhaft und unvermittelt eingreift in das Leben des Dichters, ihn verändert und zerstört: der psychotische Zusammenbruch ließ sich einfügen in den Kontext seiner Lebensgeschichte, seiner inneren Biographie. Nicht als eine medizinische Krankheitsgeschichte konnte Trakls Weg in den Wahnsinn beschrieben werden, aber auch nicht als Geschichte einer individuellen psychischen Fehlentwickung – das Symptom wies über das verzerrte Schicksal der Triebe hinaus auf das soziale Schicksal Trakls, auf verzerrte Interaktionsformen. Aufgedeckt werden konnte die »wirkliche«, die soziale Genese seines Leidens. Der Passionsweg des Georg Trakl hatte seine Stationen, Stationen, die nacheinander beschrieben wurden. Er begann mit der mikrosozialen Katastrophe der frühen Interaktionsdyade, der verfehlten Synthese von Mutter und Kind, fand seine Fortsetzung in der mißglückten Einigung der familialen Triade, in der Verstrickung des Knaben in unaufgelöste ödipale Konflikte; das Scheitern Trakls an den Konflikten der Adoleszenz war sodann zu begreifen im Zusammenhang mit der epochalen Generationskrise. In der makrosozialen Katastrophe, im »infernalischen Chaos« des Weltkrieges nahm der Passionsweg Trakls schließlich sein katastrophales Ende in einem seelischen Zusammenbruch und dem Suizid des Dichters. Die Stationen dieses Leidensweges sind Stationen mißglückter menschlicher Einigung, Stationen der Entfremdung. Beschrieben wurde keine medizinische Krankheitsgeschichte, sondern eine Individualgeschichte der Entfremdung, einer Entfremdung, die faßbar wird als seelisches Leiden.

Die seelischen Konflikte Trakls, aus denen das Symptom hervorging, begriffen wir dann auch als die Triebkraft seines poetischen Schaffens; die Wahrnehmung dieser Konflikte erst ließ seine Poetik der Sühne verständlich werden. Der Dichter wird »bedrängt« von den »Dämonen des Blutes«, von den nicht neutralisierten inzestuösen und destruktiven Triebregungen, zugleich gequält von schweren Schuldgefühlen, die durch diese Invasion von Es-Impulsen heraufbeschworen werden. Für das von den beängstigenden Kräften des Es bedrängte, zugleich von einem sadistisch strafenden Überich gepeinigte Ich gewinnt das poetische Schaffen die Bedeutung einer Abwehrstrategie: es dient als eine magische Beschwörung der Dämonen des Blutes und als zeremonielle Reinigungshandlung, die das grausame Überich besänftigen, das Schuldgefühl beruhigen soll. Das sprachliche Symbol ist das Werkzeug, mit dem das Ich seine Verteidigung gegenüber dem Es und dem Überich betreibt. Das Gedicht ist ein Mittel zur Abwehr der Angst, steht insofern in

Nähe zum Gebet, zur Zauberformel, zum exorzistischen Ritual und zur neurotischen Zwangshandlung. Die Einsicht in die triebökonomische Unverzichtbarkeit der poetischen Sühnehandlung ließ uns verständlich werden, warum Trakl tatsächlich nicht »für anderes Zeit« hatte, als dafür, das ihn Bedrängende »zum geringsten Teile zu gestalten« (I, 479), warum er, trotz verzweifelter Bemühungen, sein dichterisches Schaffen nicht mit einem bürgerlichen Brotberuf vereinbaren konnte. Wenn die dichterische Sühnehandlung durch äußere Umstände behindert wird, oder wenn das Vertrauen in die wiedergutmachende Kraft des poetischen Schaffens verloren geht (im Anblick des grandiosen Zerstörungswerks von Grodek), dann ist Trakl seinem Inferno schutzlos preisgegeben, dann muß das Ich zu anderen Abwehrmitteln greifen – dann droht die Psychose. Mit der konstruktiven Tätigkeit des »Zusammenschmiedens« tritt der Dichter seinem »infernalischen Chaos« formend entgegen. Das Gedicht Trakls ist nicht ein Produkt des Wahnsinns, sondern die Burg, in der er sich gegen den Wahnsinn verteidigt, nicht Chaos, sondern Bewältigung des Chaos durch Kristallbildung; es ist nicht Zerfall, sondern Synthese, nicht Ausdruck einer Krankheit, sondern deren Heilung.

Die Interpretationsstudien im dritten Teil dieser Arbeit gingen aus von einer genaueren Überprüfung der in der Trakl-Forschung immer wieder vermerkten Verwandtschaft des Gedichts zu den Gebilden des Traums. Der poetische Schaffensprozeß stellte sich dar als ein Vorgang der Symbolbildung unter der Herrschaft des Ich, als Prozeß einer inneren Selbstverständigung, bei dem die in der seelischen Bildungsgeschichte des Dichters aus dem Bewußtsein verstoßenen , desymbolisierten Interaktionsformen zur Sprache gebracht werden, unbewußte Phantasien ihre szenische Darstellung finden. Was dem Dichter sich zudrängt, ist das ins Unbewußte Verdrängte, Exkommunizierte; es wird von ihm »überwältigt« und kommt ans Licht der Sprache: »freigeworden, freimachend« (I, 475). Diese Einsicht in die Natur des poetischen Schaffensprozesses konnte nicht ohne methodische Konsequenzen für die Gedichtinterpretation bleiben. Im poetischen Prozeß kommt der Wunsch zur Sprache, werden Phantasien symbolisch inszeniert: als Umkehrung dieser Poetik ist die psychoanalytische Hermeneutik das den Gedichten angemessene Deutungsverfahren. Die Tiefenhermeneutik konnte denn auch ihre sinnerschließende Kraft vielfältig unter Beweis stellen. Es gelang, die wichtigsten, in vielfacher Variation wiederkehrenden Motive Trakls in ihrem Bedeutungszusammenhang verständlich zu machen, die sadistische Szene in Beziehung zu setzen zur masochistischen und zur paranoiden Szene, sowie zu den Bildern, die dem narzißtischen Klischee, dem ozeanischen Wunsch folgen. Die Beziehung des Blaubart zu Sebastian, Christus, Orpheus und Kaspar Hauser konnte geklärt werden, auch die Logik der Metamorphosen, die die Figuren in Trakls Dichtung immer wieder durchlaufen: die Verwandlung des Jägers in ein Wild, des Mörders in einen Kranken, des Knaben in einen Blinden und Aussätzigen. Trakls Ästhetik des Häßlichen ließ sich in Beziehung bringen zum sadomasochistischen Motivkreis seiner Lyrik, zu den Bildern des Hungers und des Hasses. Eine Vielzahl von Bildern, deren Sinngehalt bislang gänzlich dunkel geblieben oder nur unzureichend begriffen worden war, konnte mithilfe der Tiefenhermeneutik erschlossen werden. Lassen wir einige davon noch einmal Revue passieren: die »Windsbraut« und die »Vorstadt im Föhn«, der »Zischelwind« und die »flatternden Sonnenblumen«; die »steinerne Greisin« mit »mondenen Augen« und die »magnetischen Monde«; das Kind, das »Milch und Sterne trinkt«, und die Haselzweige, die nach Milch duften; die blutspeienden Purpurschnecken und das Wild, »äugend aus eiternder Wunde«; den »rasenden« Baum und die »tönende Fichte«; die »feuchte Bläue« und das »blaue Blumengeläut«. Wenn die inhaltliche Deutung solcher Bilder immer wieder ausgedehnte Erkundungsgänge durch Trakls Gesamtwerk erforderlich machte, so war dies bedingt durch die poetische Verfahrensweise des Dichters, durch sein »Zusammenschmieden« von Bildern, seine verdichtende Kombinationskunst. Bilder von hohem spezifischem Gewicht sind das Produkt dieser Schmiedekunst, Bilder, deren semantische Auseinanderfaltung viel Raum und eine genaue Kenntnis des Rekurrentenmaterials erfordert. Trakl selbst, so ist hier zu betonen, hätte die Frage nach der Bedeutung dieser befremdend dunklen Bilder, die auf assoziativem Wege entstanden sind, wohl kaum zu beantworten gewußt. Im poetischen Prozeß wird ja nichts Bekanntes, Vorformuliertes verschlüsselt, vielmehr Unbekanntes, Unbewußtes zur Sprache gebracht: was die poetische Sprachfigur zum Ausdruck bringt, kann der Dichter nicht anders formulieren. Wir stehen somit vor dem bemerkenswerten Befund, daß uns die Tiefenhermeneutik in die Lage versetzt hat, mehr über den Bedeutungsgehalt des Gedichts zu wissen als sein Autor selbst. Die Herkunft des poetischen Bildes vom unbewußten Klischee, vom Wunsch, ließ nicht zuletzt auch die auffällige Wiederkehr des Gleichen in Trakls Dichtung und ihren szenisch-dramatischen Charakter verständlich werden.

Verabschiedet werden konnten die verschiedenen Trakl-Bilder, die sich bislang unvereinbar gegenüberstanden. Widerlegt wurde zunächst die pathographische Auffassung vom Gedicht als einem Dokument der Geisteskrankheit seines Autors. Diese Lyrik ist keine »Bilderspreu« (Haeckel), nicht der »Wortsalat« eines Schizophrenen, ein Spiegel geistiger Zerrüttung. Noch die esoterischsten Klangkombinationen Trakls ließen ihren Sinngehalt erkennen. Von einer Unfähigkeit Trakls, »sich und sein Leben zu gestalten und den Versuchungen und Verfinsterungen seines eigenen Innern formend entgegenzutreten«[1], kann nur derjenige sprechen, der die Bedeutung des schöpfe-

[1] Spoerri, S. 107.

rischen Prozesses nicht erfaßt hat und das Symbol dem Symptom einfach gleichsetzt.

Zum Zweiten wurde klar, warum die Trakl-Interpreten bei ihrer Suche nach der eigentlichen »Aussage« des Gedichts, nach der »Botschaft« des Dichters, keinen Erfolg haben konnten. Das Gedicht läßt sich nicht auf einen gedanklichen, weltanschaulichen Gehalt festlegen, es ist kein Rebus, dessen Lösung dem Dichter bekannt und vom Interpreten zu erraten wäre: was das »hermetische« Gedicht Trakls sagt, kann der Dichter nicht anders sagen. Das Gedicht bringt nicht eigentlich bewußte Gedanken, sondern unbewußte Phantasien zur Sprache – Vater des poetischen Bildes ist der Wunsch, nicht der Gedanke.

Drittens konnte gezeigt werden, daß auch die in der Trakl-Forschung vertretenen Auffassungen vom dichterischen Symbol als einer Offenbarung aus dem Unbewußten ein falsches Bild von Trakls Dichtung entwerfen. Der Dichter ist kein passiver Visionär, der nur wiedergibt, was aus den Tiefen eines ererbten »kollektiven Unbewußten« emporsteigt. Deutungen, die von dem Theorem ausgingen »Nicht ich träume, sondern ein Traum geschieht in mir«,[2] wurden dem Sprachkünstler Trakl nicht gerecht. Wir haben es in Trakls Dichtung zu tun mit »künstlichen Träumen«, mit artifiziell hergestellten Bildern: hergestellt von dem mit Sprachsymbolen operierenden Ich, nicht fertig bereitgestellt vom Es. Der Dichter ist Produzent des poetischen Bildes, nicht sein Empfänger aus der Hand einer archaisch-mythischen Macht.[3] Gegenüber einer Ontologisierung des Unbewußten, wie sie von der Archetypenlehre Jungs vorgenomen wird, war die Beziehung des Symbols zu einem individuellen Unbewußten, hergestellt in konkreter Lebensgeschichte in Prozessen der Exkommunikation, der Desymbolisierung, aufzuzeigen und in szenischem Verstehen zu bedenken: die dichterisch gestaltete Phantasie zeugte vom Schicksal der Triebe und vom sozialen Schicksal des Autors.

Als eine fatale Verkürzung erwies sich schließlich auch ein viertes Trakl-Bild, das vor allem von der jüngeren Forschung kultiviert wurde, das Bild vom Dichter als reinem Sprachartisten, der mit seinen poetischen Figuren Gedichte konstruiert, die über sich selbst nicht mehr hinausweisen, nicht mehr deutbar sind, nur noch ästhetisch wahrgenommen und in ihrer Architektur beschrieben werden können. Wer die poetischen Bilder Trakls als »reine Sprachfiguren« betrachtet, seine Lyrik nur als ein faszinierendes Spiel mit Worten begreift, verkennt das Wesen der Sprachmagie dieses Dichters gründlich: sie

---

[2] Goldmann, S. 8.

[3] »Bei einer schöpferischen Konstellation des Mutter-Anima-Archetyps ... wird immer das Ganze der Psyche und die Vielheit der archetypischen Welt in Bewegung gesetzt. Deswegen läßt sich in Trakls Dichtung eine große Fülle archetypischen Materials nachweisen.«. Neumann, S. 249.

ist in der Tat eine Beschwörung der Dämonen, magische Zauberformel, die vor den Mächten des Bösen schützt. Die poetischen Bilder Trakls haben es sehr wohl zu tun mit einer Realität jenseits des Gedichts, jenseits der Sprache: mit der Realität des Unbewußten, mit den Konflikten des Dichters, seinen Wünschen und Ängsten. »Schneeiges Feuer«, »süße Martern«, »stummer Schrei«, »magnetische Geißel«: diese antithetischen Sprachfiguren folgen nicht einfach einem abstrakten Formprinzip, dem undeutbaren »Modell einer Polarität« (Preisendanz) – im Streit des Sinns spiegelt sich ein Konflikt seelischer Kräfte. Mit einer Vermessung der »Fläche« des Gedichts (Kemper) kann also die Aufgabe des Interpreten nicht erfüllt sein: die Architektur des Sinns folgt einer Semantik des Wunsches.

Die Funktion des Sprachsymbols in der Ökonomie der Triebe ist bei der Beschäftigung mit den Spachfiguren Trakls nicht aus den Augen zu verlieren: dieser Bindung des Sinns an die Kraft trug unser analytisches Konzept der »symbolischen Sprachfigur« Rechnung. So deckte die Hermeneutik immer wieder eine Energetik auf: die Beziehung des Blaubart zu Sebastian, des Ödipus zu Christus erhellte sich aus der Psychodynamik des Schuldgefühls, ebenso die Beziehung des Mörders zu Kaspar Hauser, zum Kranken, zum Blinden, zum Aussätzigen. Auch der Sinn der Amibiguität vieler Motive Trakls ließ sich nur im Rückgriff auf eine ihr zugrundeliegende Ambivalenz, einen psychischen Konflikt erläutern. Die psychoanalytische Hermeneutik, die im Konzept der symbolischen Repräsentanz den Bereich des Sinns an den Bereich seelischer Kräfte koppelt, machte es auch möglich, das dichterische Symbol immer wieder in Beziehung zu setzen zum konkurrierenden psychopathologischen Symptom. Aus dem Reich des Wunsches, der unbewußten Phantasien, führt ein Weg zum Symbol, ein anderer zum Symptom, ein Weg zur Dichtung, ein anderer zur Krankheit:

> Das Überwuchern und Übermächtigwerden der Phantasien stellt die Bedingungen für den Verfall in Neurose oder Psychose her; die Phantasien sind auch die nächsten seelischen Vorstufen der Leidenssymptome, über welche unsere Kranken klagen. Hier zweigt ein breiter Seitenweg zur Pathologie ab.[4]

Der sadistischen Szene im Werk Trakls sind entsprechende Triebwünsche zuzuordnen, die den Dichter »bedrängen«; der Blaubart ist wohl im Zusammenhang einer literarischen Tradition zu sehen, aber auch im Zusammenhang mit dem Triebprofil Trakls. Er ist symbolischer Repräsentant des Wunsches, nicht nur überkommenes Motiv. Die masochistische Szene in Trakls Werk findet ihr Korrelat im Schuldgefühl des Dichters, die paranoide Szene entspricht seiner Verfolgungsangst. Dem Motiv der Blindheit entspricht die Kastrationsangst, dem Motiv des Aussatzes die Berührungsangst Trakls.

4 Freud, »Der Dichter und das Phantasieren«, G. W. VII, S. 218.

Seinen Bildern des Erstarrens ließ sich der katatone Stupor zuordnen, den Bilder des Verstummens der Mutismus. Als Abkömmlinge des Wunsches sind Symbol und Symptom wohl eng verwandt, keinesfalls aber gleichzusetzen. Während der Vorgang der Symbolbildung als ein Akt innerer Selbstverständigung zu begreifen ist, versagt bei der Bildung des Symptoms diese Kommunikation des Subjekts mit sich selbst – das Symptom ist der Ausdruck einer spezifischen Selbstentfremdung des Subjekts:

> Weil die Symbole, welche die unterdrückten Bedürfnisse interpretieren, aus der öffentlichen Kommunikation ausgeschlossen sind, ist die Kommunikation des sprechenden und handelnden Subjekts mit sich selber unterbrochen.[5]

Mit dem Symbol »überwältigt« der Dichter die ihn bedrängenden Phantasien, erobert er sich ein Stück seines inneren Auslands; das Symptom ist Ausdruck seiner Niederlage in diesem Kampf. Im Symbol kommt das Dunkel des Wunsches an das Licht der Sprache; den Ort, den das Symbol nicht zu erobern vermag, besetzt das Symptom: die Dichtung weicht der Krankheit. Nur als eine Beziehung von Symptom und Symbol vor dem gemeinsamen Hintergrund der unbewußten Phantasie ließ sich das Verhältnis von Dichtung und Krankheit bei Trakl sinnvoll erörtern.

Anhand des Konzeptes der symbolischen Repräsentanz ließ sich schließlich auch darlegen, inwiefern die Sprachlandschaften der Dichtung Trakls zugleich Landschaften der Seele sind, inwiefern das poetische Bild als »objektives Korrelat« eines »état d'âme« zu begreifen ist. Der Dichter, so formulierte Killy in einem seiner Trakl-Aufsätze, macht keine »Aussage«, sondern »transformiert ... ›existentielle‹ Verhältnisse in ›musikalische‹«.[6] Er bat um Nachsicht für dieses »Gleichnis«, im Bewußtsein seiner mangelnden Präzision. Unsere psychoanalytische Studie vermochte diesen Transformationsprozess präziser zu beschreiben, zu zeigen, wie psychische Verhältnisse produktiv umgesetzt werden in sprachliche, wie seelische Konflikte symbolisch gestaltet werden, eine szenische Darstellung finden. Im Prozeß der dichterischen Symbolbildung kommt der Wunsch zur Sprache und zeugt mit ihr ein Kind: die symbolische Sprachfigur. Das dichterische Schaffen Trakls ist nicht nur ein Vorgang in der Sprache, sondern auch ein psychischer Vorgang: die poetische Arbeit ist Seelenarbeit.

Auch die Frage nach dem Verhältnis des »begrenzt Persönlichen« im Werk Trakls zu dem Anspruch des Gedichts auf »universelle« Wahrheit konnte eine Antwort finden. Die psychischen Verhältnisse, die im Gedicht sich als sprachliche Verhältnisse niederschlagen, sind, wie sich gezeigt hat, keineswegs nur »begrenzt persönliche« Verhältnisse: die psychischen Konflikte Trakls

[5] Jürgen Habermas, *Erkenntnis und Interesse*. Frankfurt/M., 2. Aufl. 1973, S. 278.
[6] Über Georg Trakl, S. 75

haben repräsentativen Charakter, es sind die »existentiellen Verhältnisse«, in denen sich der zivilisierte, zum Triebverzicht gezwungene Mensch vorfindet. Das Schuldgefühl, das Trakl zum poetischen Schaffen treibt und seine Poetik der Sühne begründet, ist kein Phänomen individueller Psychopathologie, sondern ein zentrales Problem der menschlichen Kultur. Die Seelenarbeit, die Trakl in seiner poetischen Schmiedewerkstatt leistet, ist die Arbeit, die die Kultur dem Individuum abfordert: die Bearbeitung seiner inneren Natur – eine »Verwandlung des Bösen«.

Die Beschäftigung mit dem Schuldgefühl, das im Leben und im Werk Georg Trakls von zentraler Bedeutung ist, hat uns am Ende unserer Untersuchungen nun in der Tat vor eine »universelle« Problematik geführt: die psychoanalytische Theorie des Schuldgefühls ist zugleich eine Theorie der menschlichen Kultur. Das Schuldgefühl Trakls war zu begreifen als individuelle Erscheinungsform eines universellen Phänomens, des »Unbehagens in der Kultur«; seine Triebkonflikte erschienen als repräsentativ für den Antagonismus von Triebstruktur und Gesellschaft, von Natur und Kultur in der Phylogenese des Menschen. Vor dem Hintergrund der Ergebnisse unserer psychobiographischen Studie kann diese These nun aber nicht so ganz befriedigen – sie bedarf einer Differenzierung. Betrachten wir nämlich die Triebkonflikte Trakls genauer, so steht ja hier nicht abstrakt menschliche Triebnatur gegen Kultur: die Triebwünsche, die den Dichter bedrängen und sein Schuldgefühl provozieren, sind nicht als unmittelbar biologische Gegebenheit zu verstehen, sie haben eine Geschichte hinter sich, ein soziales Schicksal, das sich zurückverfolgen ließ bis in die frühen Austauschprozesse der Mutter-Kind-Dyade. Diese Triebwünsche sind also nicht als unverfälscht »natürliche« Regungen zu begreifen:

> Triebwünsche sind Produkte einer dialektischen Auseinandersetzung, nicht unabhängige Entitäten; Triebwünsche deuten zurück auf Natur, auf Körperbedürfnis. Aber auch diese sind nie *bloße* Natur, sondern stehen immer schon unter dem Eindruck der Auseinandersetzung der Mutter-Kind-Dyade. Wohl ist das Es – als Abstraktum (nicht als empirisch-konkrete geschichtliche gewordene Triebformation) – Natur im Sinne des letztlich Vorgegebenen. Sie ist als konkreter Trieb aber Körperbedürfnis, das sich in der Dialektik zwischen dieser Natur und der der Mutter selbst vermittelten Praxis bildet.[7]

Wir machten es uns also zu leicht, wollten wir die »Hölle im Herzen«, auf die Trakls Poetik der Sühne zurückweist, einfach gleichsetzen mit der menschlichen Triebnatur. Der Triebwunsch, als dessen symbolischer Repräsentant der Blaubart in Erscheinung trat, wurde gesellschaftlich geformt: der »fressende Haß« dieses Blaubart deutete auf das »versteinerte Brot« in der Hand der

[7] Lorenzer ('72), S. 97.

Mutter, die vehemente Destruktiviät Trakls auf das Übermaß an Versagung, dem das Kind in der frühen Interaktionsdyade ausgesetzt war. Das Interaktionsangebot, das die Mutter dem Kind macht, ist aber das Produkt ihrer eigenen Lebenspraxis – so war auch das abweisende Verhalten der Maria Trakl gegenüber ihrem Kind nicht bequem auf einen individuellen charakterlichen Defekt zurückzuführen, sondern zu begreifen als ein integraler Teil der verzerrten Lebenspraxis dieser Frau:

> So wie die mütterliche Praxis von Anbeginn an gesellschaftliche Formbestimmung im kontinuierlichen Gang der Einigung in der Mutter-Kind-Dyade hervorbringt, erwachsen die vergleichsweise groben Eingriffe einschneidender Versagungen nicht aus privatistischer Zufälligkeit, sondern folgen dem Profil *systematischer Brechung der mütterlichen Interaktionsmöglichkeit.* Auch die Versagungen, d. h. die Unfähigkeiten der Mutter in der Mutter-Kind-Dyade, eine utopisch-harmonische Entsprechung der kindlichen Bedürfnisse zu bieten, sind profiliert entsprechend dem Zuschnitt der gesellschaftlichen Interaktionsformen in den sozialen Gruppen und Schichten.[8]

Im Leben des Kindes ist die Mutter die erste Repräsentantin der Gesellschaft, in die es hineinwachsen soll; die mütterliche Praxis ist Teil der gesellschaftlichen Praxis. Die Triebkonflikte Trakls und sein Schuldgefühl lenken somit unseren Blick nicht auf einen abstrakten Antagonismus von Natur und Kultur, von Lustprinzip und Realitätsprinzip, sondern auf den Konflikt des von seinen Wünschen bestimmten Subjekts mit konkreter gesellschaftlicher Praxis.

Das Schuldgefühl ist die Folge der Unterwerfung des Wunsches unter die Ananke, des Lustprinzips unter das Realitätsprinzip: es resultiert aus der dem sozialisierten Menschen auferlegten Triebversagung. Das begehrende Subjekt gerät nicht in Konflikt mit unmittelbarer Naturnotwendigkeit, sondern mit den Triebverzichtsgeboten einer bestimmten Gesellschaft; das »Realitätsprinzip« ist ein Imperativ, der durch die Praxis einer historisch konkreten Gesellschaft festgelegt wird:

> Die Realität, mit der es zusammenstößt und angesichts derer die konfliktträchtigen Triebregungen selbst als Gefahrenquelle erscheinen, ist das System der Selbsterhaltung, ist die Gesellschaft, deren institutionelle Forderungen gegenüber dem Heranwachsenden durch die Eltern repräsentiert werden. Die äußere Autorität, die durch Aufrichtung des Über-Ich intrapsychisch verlängert wird, ist mithin *ökonomisch* begründet.[9]

Das Ausmaß der objektiv notwendigen Triebversagung bestimmt sich durch die Lebensnot, d. h. den Umfang der kollektiven Arbeit, die für die Reproduktion der Gesamtgesellschaft erforderlich ist. Dieses Quantum notwendiger Arbeit ist wiederum abhängig vom Stand der Produktivkräfte und von der Organisationsform der Gesellschaft:

---

[8] Ebd., S. 96. Vgl. dazu Teil II, Kap. 1.3.

[9] Jürgen Habermas, *Erkenntnis und Interesse*, S. 334.

> Wenn aber der Grundkonflikt durch die Bedingung der materiellen Arbeit und durch den ökonomischen Mangel, die Knappheit der Güter, definiert ist, so sind die Versagungen, die er auferlegt, eine geschichtlich variable Größe. Der Realitätsdruck und das entsprechende Maß gesellschaftlicher Repression hängen dann vom Grad der technischen Verfügung über die Naturkräfte ebenso ab wie von der Organisation ihrer Ausbeute und der Verteilung der produzierten Güter. Je mehr die technische Verfügungsgewalt erweitert und der Realitätsdruck gelockert wird, um so schwächer wird die vom System der Selbsterhaltung erzwungene Triebzensur, um so stärker die Organisation des Ich und damit die Fähigkeit, die Versagungen rational zu ertragen.[10]

Freuds Begriff »Realitätsprinzip« enthüllt sich bei genauerer Überprüfung als eine historisch-gesellschaftliche Kategorie; die »kulturell notwendige« Versagung ist eine vom technischen Entwicklungsstand und von der Organisationsform der jeweiligen Gesellschaft abhängige Variable.

Marcuse hat nun in seiner Freud-Studie darauf hingewiesen, daß in einer antagonistischen Gesellschaft das Individiuum einem Übermaß an Triebversagung ausgesetzt ist, einer zusätzlichen Unterdrückung (»surplus-repression«), die sich herleitet aus dem Herrschaftsinteresse:

> Während des gesamten Verlaufs der uns bekannten Kulturgeschichte wurde die von der Lebensnot erzwungene Triebeinschränkung durch Maßnahmen verschärft, die durch die hierarchische Verteilung des Mangels und der Arbeit den Individuen auferlegt wurden; die Interessen der Herrschaft fügten der Organisation der Triebe unter dem Realitätsprinzip zusätzliche Unterdrückung hinzu.[11]

Das Realitätsprinzip, dem das Subjekt sich mit seinen Wünschen zu unterwerfen hat, ist historisch-gesellschaftlich zu konkretisieren: es präsentierte sich unserem Dichter als Leistungsprinzip. Der seelische Bildungsprozeß des Individuums zeigt sich also sozioökonomischen Bestimmungskräften unterworfen; über das Ausmaß an Versagung und Triebunterdrückung, das dem Kind im Zuge seiner familialen Sozialisation auferlegt wird, wird letztlich jenseits der Familie entschieden. Der gesellschaftliche Antagonismus impliziert Repression; diese kehrt wieder in den mikrosozialen Strukturen, in den Agenturen der Sozialisation. Hier vermittelt sich das äußere Unterdrückungsverhältnis hinein in die Psychologie des Subjekts, wird umgesetzt in innere Repression, in Triebverdrängung, in destruktive Arbeit des Individuums gegen sich selbst: in Schuldgefühl. Der Antagonismus der Gesellschaft wird nicht nur als ein Gegensatz der Klassen faßbar, er kehrt auch wieder in ihren mikrosozialen Strukturen, in Gestalt einer systematischen Verzerrung der Interaktionsmuster und des Dialogs. Unterdrückung führt zur Selbstentfremdung, zur Störung der Verständigung des Subjekts mit sich selbst und das heißt: zu

---

10 Ebd., S. 334/35.

11 Herbert Marcuse, *Triebstruktur und Gesellschaft. Ein philosophischer Beitrag zu Sigmund Freud.* Frankfurt/M. 1973, S. 44.

neurotischen und psychotischen Störungen. Die Gestalt des Kaspar Hauser, der sich von einem Mörder verfolgt fühlt, der er selbst ist, führt diese Selbstentfremdung des Subjekts eindringlich vor Augen. Die Individualgeschichte der Entfremdung beginnt im pädagogischen, nicht im ökonomischen Prozeß.

Wir haben die Sozialisationsgeschichte Georg Trakls als eine Passionsgeschichte beschrieben, deren Stationen als Stationen mißglückter menschlicher Einigung. Die Passionsgeschichte Trakls ist eine Individualgeschichte der Entfremdung, einer Entfremdung, die schon begann in der frühen Mutter-Kind-Beziehung und schließlich manifest wurde in psychischem Leiden. Das Symptom des Leidens deutete zurück auf das verzerrte Schicksal der Triebe, darüber hinaus auf die verzerrten Interaktionsformen, aus denen die Subjektivität des Dichters hervorging, auf das soziale Schicksal Trakls. Die Leidensgeschichte des Georg Trakl ist nicht einfach die Geschichte des Menschen, der auf dem Weg der Zivilisation sich abzufinden hat mit notwendigen Verzichten: es ist die Leidensgeschichte des Menschen in einer entfremdeten Gesellschaft. Vor diesem Hintergrund erscheint nun auch das Schuldgefühl des Dichters in einem etwas veränderten Licht. Es kann keine hinreichende Erklärung finden in dem von Freud beschriebenen »ewigen« Ambivalenzkonflikt zwischen Eros und Destruktionstrieb, dem phylogenetisch unvermeidlichen Antagonismus zwischen menschlicher Triebnatur und Kultur. Die starken destruktiven Regungen Trakls, die in seiner Phantasie den Ödipus als Blaubart agieren ließen, konnten nicht als rein biologische Gegebenheit, als Ausdruck eines mächtigen angeborenen Todestriebes, gelten – sie waren das Produkt der verzerrten Interaktionsformen der Dyade. Wenn nun diese destruktiven Regungen das Schuldgefühl heraufbeschwören, das das Leben des Dichters »ganz ins Dunkle und Verzweifelte geraten« (I, 520) läßt, so ist auch die Quelle dieses seelischen Leidens nicht biologisch zu bestimmen, sondern historisch. Das Schuldgefühl, das Trakl quält, sich steigert zur Verfolgungsangst, weist nicht zurück auf die kulturell unvermeidlichen Triebverzichte, sondern auf das Übermaß an Versagung und Repression, das der Dichter zu erdulden hatte, auf den Passionsweg des Kindes, dem schon die Erfüllung seiner elementaren Bedürfnisse versagt blieb. Unter den letzten Aufzeichnungen Freuds findet sich ein Satz, dessen Richtigkeit die seelische Bildungsgeschichte Trakls eindringlich vor Augen führt: »Schuldbewußtsein entsteht auch aus unbefriedigter Liebe. Wie Haß.«[12] In der Destruktivität von Trakls Überich spiegelt sich also nicht die kulturell unverzichtbare Beschränkung des Wunsches, sondern die Repressivität der Gesellschaft, in der der Dichter aufwuchs, eine Repressivität, die für ihn zur schmerzlichen Erfahrung wurde schon in der Begegnung mit der ersten Repräsentantin dieser Gesellschaft, im Austausch mit der kalt-

[12] Freud, G. W. XVII, S. 152.

abweisenden Mutter. Der »fressende Haß« des Blaubart wurzelt in dem Hunger des von der Mutter zurückgewiesenen Kindes, dem »versteinertes Brot« gereicht wurde; der Knabe, der zum »flammenden Wolf« wird, hat zuvor eisige Kälte gespürt. In dem wilden Föhn, so konnten wir wiederholt erkennen, steckt ein weinendes Kind.

In seiner dichterischen Phantasie setzt Trakl die »steinerne Mutter« mit der »steinernen Stadt« gleich; mit dieser Identifikation bringt der Dichter nicht nur sein persönliches Leid, sondern eine objektive Wahrheit zum Ausdruck: die Praxis der Mutter spiegelt die gesellschaftliche Praxis, ihre Kälte nimmt das Klima einer entfremdeten Gesellschaft vorweg, die den Bedürfnissen des Menschen nicht entspricht, die Kälte einer Gesellschaft, in der sich die Menschen als »Fremdlinge« begegnen. »Es ist die Seele ein Fremdes auf Erden« (I, 141): dieser Satz, gesprochen von einem leidenden Sebastian, einem Kaspar Hauser, ist nur vordergründig eine religiöse Aussage – in Wahrheit beschreibt er die Existenz des Menschen in der entfremdeten Gesellschaft. Und die Hölle im Herzen dieses Kaspar Hauser ist nicht einfach das »Böse«, das sich in der Seele des Menschen eben regt, nicht einfach die angeborene Triebnatur: dieses flammende Inferno wird erst hervorgerufen durch die Versagungen, die dem Knaben auferlegt wurden in einer Welt, die im Zeichen des Steins steht. Der »Besessene« ist in der Tat ein Kind der »steinernen Stadt«, der Hure Babylon, die sich dem Gold verschrieben hat: »Hunger, der grüne Augen zerbricht./ O, das gräßliche Lachen des Golds« (I, 124). Gegenüber einer solchen Mutter greift das Kind zur «Geißel« – und dies nicht nur aufgrund eines »natürlichen« Aggressionstriebs. Im Gedicht »An Johanna« schreibt Trakl: »Träumen wir die Schrecken/ Unseres nächtigen Blutes/ Schatten in steineren Stadt« (I, 331). Solche symbolischen Szenen künden wohl vom verzerrten Schicksal der Triebe, lassen sich in szenischem Verstehen zurückführen auf die reale Bildungsgeschichte des Dichters; zugleich aber kommt in ihnen ein Objektives zum Vorschein, eine »universelle Wahrheit«: sie setzen eine Gesellschaft ins Bild, deren Entfremdung sich spiegelt in der Selbstentfremdung der Subjekte, in ihrem seelischen Leiden, eine Gesellschaft, in der das dem Kind mit seiner Geburt gegebene Versprechen auf Heimat systematisch gebrochen wird. Geglückte Kindheit kann der Vorschein einer Gesellschaft sein, in der Entfremdung aufgehoben wäre; das Scheitern der Synthese von Mutter und Kind, mit dem die Passionsgeschichte des Georg Trakl ihren Anfang nahm, steht paradigmatisch für eine Gesellschaft, in der menschliche Einigung noch aussteht.

Im Licht einer kritischen Theorie der Gesellschaft stellt sich das seelische Leiden Georg Trakls, sein quälendes Schuldgefühl, nun etwas anders dar als zuvor. Pointiert ausgedrückt: sein Schuldgefühl ist nicht das eines *zivilisierten*, sondern das eines *unterdrückten* Menschen. Das Schuldgefühl des Sebastian und die Verfolgungsangst des Kaspar Hauser sind Ausdruck der Selbstentfremdung des Menschen in der entfremdeten Gesellschaft; die Passionsgeschichte des Orpheus, an deren Ausgang das Gedicht steht, ist die Geschichte einer Rückkehr aus der Entfremdung: die Geschichte der Heilung eines Leidens, das gesellschaftlichen Charakter hat. Krankheiten des Schuldgefühls sind die Zwangsneurose und die Melancholie. Mit dem zwangsneurotischen Reinigungszeremoniell brachten wir die dichterische Sühnehandlung Trakls in Verbindung; in melancholischen Selbstbezichtigungen ergeht sich der Dichter in seinem Brief an Ludwig von Ficker, aus dem wir abschließend noch einmal zitieren:

> Zu wenig Liebe, zu wenig Gerechtigkeit und Erbarmen, und immer zu wenig Liebe; allzuviel Härte, Hochmut und allerlei Verbrechertum – das bin ich. Ich bin gewiß, daß ich das Böse nur aus Schwäche und Feigheit unterlasse und damit meine Bosheit noch schände. Ich sehne den Tag herbei, an dem die Seele in diesem unseeligen von Schwermut verpesteten Körper nicht mehr wird wohnen wollen und können, an dem sie diese Spottgestalt aus Kot und Fäulnis verlassen wird, die ein nur allzugetreues Spiegelbild eines gottlosen, verfluchten Jahrhunderts ist. (I, 519)

Unkritisches, simplifizierendes Denken nahm diese Selbstvorwürfe Trakls als Beleg für ein ausgeprägtes christliches Sündenbewußtsein des Dichters. Wir sahen in diesen Zeilen den Ausdruck eines quälenden Schuldgefühls, eines sadistisch strafenden Überich: es handelt sich um die Selbstvorwürfe eines Depressiven. »Das Krankheitsbild der Melancholie läßt das moralische Mißfallen am eigenen Ich vor anderen Ausstellungen hervortreten«, schreibt Freud.[13] Den Schlüssel zu diesem Krankheitsbild habe man in der Hand, wenn man erkenne, daß diese Selbstvorwürfe eigentlich Vorwürfe gegen ein Liebesobjekt sind, unter dem Einfluß des Überich gewendet gegen das eigene Selbst. So handelt es sich bei den Selbstanklagen der Melancholiker recht eigentlich um Anklagen:

> Ihre *Klagen* sind *Anklagen*, gemäß dem alten Sinne des Wortes; sie schämen und verbergen sich nicht, weil alles Herabsetzende, was sie von sich aussagen, im Grunde von einem anderen gesagt wird ... Dies ist alles nur möglich, weil die Reaktionen ihres Benehmens noch von der seelischen Konstellation der Auflehnung ausgehen, welche dann durch einen gewissen Vorgang in die melancholische Zerknirschung übergeführt worden ist.[14]

Die Selbstanklage Trakls, der sich «Härte« und Lieblosigkeit vorwirft, ist eigentlich eine Anklage, die sich gegen die »steinerne Mutter« richtet, nicht nur gegen die Kälte der Maria Trakl, sondern gegen das Klima der Gesellschaft, deren erste Repräsentantin diese Mutter war. Der Sohn, der sich Herzenskälte vorwirft, identifiziert sich mit der Mutter; der Dichter, der sich als

---

13 »Trauer und Melancholie«, G. W. X, S. 433/34.

14 Ebd., S. 434/35.

»Spottgestalt aus Kot und Fäulnis« sieht, identifiziert sich mit seinem gehaßten Jahrhundert: er ist das »Spiegelbild« der Gesellschaft, in der er lebt. Die »Krankheit« des Georg Trakl ist kein »morbus« im Sinne der Medizin: sein Schuldgefühl ist ein gesellschaftliches Leiden. In der Destruktivität seines Überich hat die Repressivität der Gesellschaft, die es inthronisierte, ihren Niederschlag gefunden; im Druck des Schuldgefühls spiegelt sich die Last der Versagungen, die dem Dichter aufgebürdet wurde. Der Passionsweg, den Georg Trakl als Dichter zu gehen hat, weist zurück auf den Passionsweg, den seine seelische Bildungsgeschichte bedeutete, auf das Leiden des Menschen in einer Gesellschaft, die seinen Bedürfnissen nicht entspricht.

Der Entstehungsprozeß des Gedichts ist mehr als der Prozeß seiner sprachlich-technischen Herstellung: im Gedicht ist Geschichte gespeichert, die soziale Geschichte des Subjekts. Indem unsere psychoanalytischen Untersuchungen eine Beziehung herstellen konnten zwischen den symbolischen Sprachfiguren Trakls und den Interaktionsfiguren, die seine seelische Bildungsgeschichte bestimmten, zwischen den von der dichterischen Phantasie Trakls entworfenen Szenen und den in seiner Lebensgeschichte realisierten, ließ der Entstehungsprozeß des Gedichts sich zurückverfolgen bis auf die gesellschaftliche Basis. Das Subjektive in Trakls Gedicht erwies sich selbst als ein Objektives, das Individuelle ließ seinen gesellschaftlichen Charakter erkennen: die »existentiellen Verhältnisse«, die im Gedicht Trakls ihren Niederschlag gefunden haben, sind nicht »begrenzt persönliche« Verhältnisse. Das szenische Verstehen der Psychoanalyse vermochte den Sozialcharaker der Dichtung Trakls zu entziffern, konnte die »Glieder konkreter Vermittlung zwischen der Struktur von Gebilden und der gesellschaftlichen«[15] substituieren. Der Qualschrei des gepeinigten Märtyrers bringt nicht nur eine private seelische Not des Dichters zu Gehör, das Weinen des Kranken zeugt nicht nur von individuellem Schmerz: das Klagelied des Georg Trakl ist eigentlich eine Anklage – sein Gedicht setzt ein Zeichen des objektiven Protests.

[15] Theodor W. Adorno, *Ästhetische Theorie*. Frankfurt/M., 2. Aufl. 1974, S. 20.

Literaturverzeichnis

1. Quellen

Trakl, Georg: Dichtungen und Briefe. Historisch-kritische Ausgabe. Hg. v. Walther Killy und Hans Szklenar. 2 Bde. Salzburg 1969.
– Nachlaß und Biographie. Gedichte, Bilder, Briefe, Essays. Hg. v. Wolfgang Schneditz. Salzburg 1949.
Erinnerung an Georg Trakl. Zeugnisse und Briefe. Hg. v. Hans Szklenar. Innsbruck, 3., erw. Aufl. 1966.
Georg Trakl in Zeugnissen der Freunde. Hg. v. Wolfgang Schneditz, Salzburg 1951.
Bondy, Barbara: 'Ein Kind wie wir anderen auch ...' Unterhaltung mit dem Bruder Trakls. In: Die neue Zeitung Nr. 28 vom 2/3. Februar 1952.
Buschbeck, Erhard: Georg Trakl – Ein Requiem. In: Mimus Austriacus. Hg. v. Lotte von Tobisch. Salzburg / Stuttgart 1962, S. 59–68
v. Ficker, Ludwig: Denkzettel und Danksagungen. Aufsätze. Reden. Hg. v. Franz Seyr. München 1967.
Stupp, Johann Adam: Der Vater des Dichters Georg Trakl. In: Südostdeutsche Semesterblätter H. 19 (1967), S. 32–39
– Georg Trakl der Dichter und seine südostdeutsche Abkunft. Hg. v. der Landsmannschaft der Donauschwaben. Stuttgart 1969.
Bahr, Hermann: Zur Überwindung des Naturalismus. Hg. v. Gotthart Wunberg. Stuttgart 1968.
Benn, Gottfried: Gesammelte Werke. 4 Bde. Hg. v. D. Wellerhoff. Wiesbaden 1958ff.
Bronnen, Arnolt: Vatermord. Berlin 1925.
Hasenclever, Walter: Der Sohn. München / Leipzig 1917.
Heym, Georg: Dichtungen und Schriften. Hg. v. Karl Ludwig Schneider 4 Bde. Hamburg / München 1960ff.
Kafka, Franz: Hochzeitsvorbereitungen auf dem Lande und andere Prosa aus dem Nachlaß. Frankfurt/M. 1953.
Nietzsche, Friedrich: Werke in drei Bänden. Hg. v. Karl Schlechta. München 1966.
Pinthus, Kurt (Hg.): Menschheitsdämmerung. Symphonie jüngster Dichtung. Berlin 1919. Neuauflage Hamburg 1963ff.
Rimbaud, Arthur: Leben und Dichtung. Übertragen von K. L. Ammer, Leipzig, 2. Aufl. 1921.
– Sämtliche Dichtungen. Französisch und Deutsch. Herausgegeben und übersetzt von Walther Küchler. Heidelberg, 5. Aufl. 1978.
v. Unruh, Fritz: Ein Geschlecht. München / Leipzig 1917.

2. Psychiatrie, Psychoanalyse, Soziologie

Abraham, Karl: »Die psychosexuellen Differenzen der Hysterie und der Dementia Praecox.« In: Psychoanalytische Studien, G. W. II. Hg. v. Johannes Cremerius, Frankfurt/M. 1971. S. 132–145.

Adorno, Theodor W.: »Die revidierte Psychoanalyse.« In: Gesammelte Schriften, hg. v. G. Adorno u. R. Tiedemann, Frankfurt/M. 1970ff. Bd. VIII, S. 20–41.

– »Zum Verhältnis von Soziologie und Psychologie«. G. S. VIII, 42–93.

Argelander, Hermann: »Ein Versuch zur Neuformulierung des primären Narzißmus.« In: Psyche 25 (1971), S. 358–373.

– Der Flieger. Frankfurt/M. 1972

Arlow, Jacob A.: »Phantasie, Erinnerung und Realitätsprüfung.« In: Psyche 23 (1969), S. 881–898.

Arlow, J. A. / Brenner, Ch.: »Zur Psychopathologie der Psychosen.« In: Psyche 23 (1969), S. 402–418.

– Grundbegriffe der Psychoanalyse. Die Entwicklung von der topographischen zur strukturellen Theorie der psychischen Systeme. Reinbek bei Hamburg 1976.

Bateson, G. / Jackson, D. D. / Laing, R. D. / Lidz, Th. / Wynne, L. C. u. a.: Schizophrenie und Familie. Frankfurt/M., 2. Aufl. 1974.

Battegay, Raymond: Narzißmus und Objektbeziehungen. Bern 1977.

Beres, David: »Symbol und Objekt.« In: Psyche 24 (1970), S. 921–941.

Binswanger, Ludwig: Schizophrenie. Pfullingen 1957.

– Wahn. Beiträge zu seiner phänomenologischen und daseinsanalytischen Erforschung. Pfullingen 1965.

Bleuler, Eugen: Dementia Praecox oder Gruppe der Schizophrenien. Leipzig / Wien 1911.

– Lehrbuch der Psychiatrie. Umgearbeitet von Manfred Bleuler. Berlin / Heidelberg, 10. Aufl. 1966.

Bürger-Prinz, Hans: »Über die künstlerischen Arbeiten Schizophrener.« In: Oswald Bumke (Hg.): Handbuch der Geisteskrankheiten. Leipzig 1932. Bd. IX, S. 668–704.

Conrad, Klaus: Die beginnende Schizophrenie. Versuch einer Gestaltanalyse des Wahns. Stuttgart, 3. Aufl. 1971.

Cooper, David: Psychiatrie und Anti-Psychiatrie. Frankfurt/M. 1971.

Döbert, R. / Nunner-Winkler, G.: Adoleszenzkrise und Identitätsbildung. Frankfurt/M., 2. Aufl. 1979.

Eisnitz, Alan J.: »Narzißtische Objektwahl, Selbstrepräsentanz.« In: Psyche 23 (1969), S. 419–437.

Engels, Friedrich: Der Ursprung der Familie, des Privateigentums und des Staats. Berlin, 11. Aufl. 1973.

Erikson, Erik H.: Identität und Lebenszyklus. Frankfurt/M., 2. Aufl. 1974.

– Jugend und Krise. Stuttgart 1970.

Fenichel, Otto: Psychoanalytische Neurosenlehre. 3 Bde. Olten 1974ff.

Freud, Anna: Das Ich und die Abwehrmechanismen. München, 11. Aufl. 1978.

Freud, Sigmund: Die Traumdeutung (1900). In: Gesammelte Werke, Imago, London 1940ff. Bd. II/III.

– »Drei Abhandlungen zur Sexualtheorie« (1905). G. W. V.

– »Der Dichter und das Phantasieren« (1908). G. W. VII.

– »Die ›kulturelle‹ Sexualmoral und die moderne Nervosität« (1908). G. W. VII.

– »Der Familienroman der Neurotiker« (1909). G. W. VII.

– »Eine Kindheitserinnerung des Leonardo da Vinci« (1910) G. W. VIII.

Freud, Sigmund: »Formulierungen über die zwei Prinzipien des psychischen Geschehens« (1911). G. W. VIII.
– »Psychoanalytische Bemerkungen über einen autobiographisch beschriebenen Fall von Paranoia« (1911). G. W. VIII.
– »Totem und Tabu« (1912/13). G. W. IX.
– »Zur Einführung des Narzißmus« (1914). G. W. X.
– »Triebe und Triebschicksale« (1914). G. W. X.
– »Das Unbewußte« (1915). G. W. X.
– »Die Verdrängung« (1915). G. W. X.
– »Einige Charaktertypen aus der psychoanalytischen Arbeit« (1916). G. W. X.
– »Trauer und Melancholie« (1917) G. W. X.
– »Vorlesungen zur Einführung in die Psychoanalyse« (1917). G. W. XI.
– »Jenseits des Lustprinzips« (1920). G. W. XIII.
– »Massenpsychologie und Ich-Analyse« (1921). G. W. XIII.
– »Das Ich und des Es« (1923). G. W. XIII.
– »Der Untergang des Ödipuskomplexes« (1924). G. W. XIII.
– »Neurose und Psychose« (1924). G. W. XIII.
– »Der Realitätsverlust bei Neurose und Psychose« (1924). G. W. XIII.
– »Das ökonomische Problem des Masochismus« (1924). G. W. XIII.
– »Hemmung, Symptom und Angst« (1926). G. W. XIV.
– »Dostojewski und die Vatertötung« (1928). G. W. XIV.
– »Das Unbehagen in der Kultur« (1930). G. W. XIV.
– »Abriß der Psychoanalyse« (1938). G. W. XVII.
– Letzte Aufzeichnungen. G. W. XVII.
Gottschalch, Winfried u. a.: Sozialisationsforschung. Materialien, Probleme, Kritik. Frankfurt/M., erg. u. erw. Ausgabe 1975.
Griesinger, Wilhelm: Die Pathologie und Therapie der psychischen Krankheiten. Stuttgart 1845.
Habermas, Jürgen: »Stichworte zu einer Theorie der Sozialisation.« In: J. H.: Kultur und Kritik. Verstreute Aufsätze. Frankfurt/M. 2. Aufl. 1977. S. 118–194.
– »Der Universalitätsanspruch der Hermeneutik.« in: Kultur und Kritik, S. 264–301.
– Erkenntnis und Interesse. Frankfurt/M., 2. Aufl. 1973.
– Legitimationsprobleme im Spätkapitalismus. Frankfurt/M., 4. Aufl. 1977.
Habermas, J. / Luhmann, N.: Theorie der Gesellschaft oder Sozialtechnologie? Frankfurt/M. 1971.
Horkheimer, Max: »Autorität und Familie.« In: Traditionelle und kritische Theorie. Vier Aufsätze. Frankfurt/M., 4. Aufl. 1973.
Jacobson, Edith: Das Selbst und die Welt der Objekte. Frankfurt/M. 1978.
Jappe, Gemma: Über Wort und Sprache in der Psychoanalyse. Frankfurt/M. 1971.
Joffe, W. G. / Sandler, J.: »Über einige begriffliche Probleme im Zusammenhang mit dem Studium narzißtischer Störungen.« In: Psyche 21 (1967), S. 152–165.
– »Kommentare zur psychoanalytischen Anpassungspsychologie mit besonderem Bezug zur Rolle der Affekte und der Repräsentanzenwelt.« In: Psyche 21 (1967), S. 728–744.
Jung, Carl Gustav: Psychogenese der Geisteskrankheiten. Gesammelte Werke, Olten 1971ff., Bd. III.
– Symbole der Wandlung. Analyse des Vorspiels zu einer Schizophrenie. G. W. V.
Kind, Hans: »Welche Fakten stützen heute eine psychogenetische Theorie der Schizophrenie?« In: Psyche 19 (1965), S. 188–218.

Kernberg, Otto F.: Borderline-Störungen und pathologischer Narzißmus. Frankfurt/M. 1978.
Klein, Melanie: Die Psychoanalyse des Kindes. Wien 1932. (Neuausgabe München 1973).
– Das Seelenleben des Kleinkindes und andere Beiträge zur Psychoanalyse. Reinbek bei Hamburg, 2. Aufl. 1976.
Kohut, Heinz: »Formen und Umformungen des Narzißmus«. In: Psyche 20 (1966), S. 561–587.
– »Die psychoanalytische Behandlung narzißtischer Persönlichkeitsstörungen«. In: Psyche 23 (1969), S. 321–348.
– Narzißmus. Eine Theorie der psychoanalytischen Behandlung narzißtischer Persönlichkeitsstörungen. Frankfurt/M. 1976.
– Die Heilung des Selbst. Frankfurt/M. 1979.
Kraepelin, Emil: Lehrbuch der Psychiatrie. 6. Aufl. Leipzig 1889.
Krappmann, Lothar: Soziologische Dimensionen der Identität. Strukturelle Bedingungen für die Teilnahme an Interaktionsprozessen. Stuttgart, 2. Aufl. 1972.
Kris, Ernst: Psychoanalytic Explorations in Art. New York 1952.
– Die ästhetische Illusion. Phänomene der Kunst in der Sicht der Psychoanalyse. Frankfurt/M. 1977. (Textauswahl aus Kris '52).
Kris, Ernst: »Probleme der Ästhetik«. In: Psyche 24 (1970), S. 841–880.
Kuiper, Pieter C.: »Die psychoanalytische Biographie der schöpferischen Persönlichkeit.« In: Psyche 20 (1966), S. 104–127.
Laing, Ronald D.: Phänomenologie der Erfahrung. Frankfurt/M. 1969.
– The Divided Self. An Existential Study in Sanity and Madness. London 1960.
Lange, Wilhelm: Hölderlin. Eine Pathographie. Stuttgart 1909.
Lange-Eichbaum, W. / Kurth, W.: Genie, Irrsinn und Ruhm. Genie-Mythus und Pathographie des Genies. München / Basel, 6. Aufl. 1967.
Lempp, Reinhart: Psychosen im Kindes- und Jugendalter – eine Störung des Realitätsbezugs. Eine Theorie der Schizophrenie. Bern 1973.
Loch, Wolfgang: »Psychoanalytische Aspekte zur Pathogenese und Struktur depressiv-psychotischer Zustandsbilder.« In: Psyche 21 (1967), S. 758–779.
– Die Krankheitslehre der Psychoanalyse. Eine Einführung. Stuttgart, 3. überarb. u. erw. Aufl. 1977.
Lombroso, Cesare: Genio e Follia. Pavia 1864. Dt.: Genie und Irrsinn in ihren Beziehungen zum Gesetz, zur Kritik und zur Geschichte. Leipzig 1887.
Lorenzer, Alfred: Sprachzerstörung und Rekonstruktion. Vorarbeiten zu einer Metatheorie der Psychoanalyse. Frankfurt/M., 2. Aufl. 1976. (Zuerst 1970).
– Kritik des psychoanalytischen Symbolbegriffs. Frankfurt/M., 2. Aufl. 1972.
– Zur Begründung einer materialistischen Sozialisationstheorie. Frankfurt/M. 1972.
– Über den Gegenstand der Psychoanalyse oder: Sprache und Interaktion. Frankfurt/M. 1973.
– »Das Spiel der Phantasie. Anmerkungen zu dem Verhältnis von Psychoanalyse, Literaturwissenschaft und Literatur.« In: Sprache im technischen Zeitalter 46 (1973), S. 146–163.
– Die Wahrheit der psychoanalytischen Erkenntnis. Ein historisch-materialistischer Entwurf. Frankfurt/M. 1976.
– Sprachspiel und Interaktionsformen. Vorträge und Aufsätze zu Psychoanalyse, Sprache und Praxis. Frankfurt/M. 1977
Mahler, Margaret S.: Symbiose und Individuation. Bd. 1: Psychosen im frühen Kindesalter. Stuttgart 1972.

Marcuse, Herbert: Triebstruktur und Gesellschaft. Ein philosophischer Beitrag zu Sigmund Freud. Frankfurt/M. 1970.
v. Matt, Peter: »Die Opus-Phantasie«. In: Psyche 33 (1979), S. 193–212.
Mead, Margaret: Der Konflikt der Generationen. Jugend ohne Vorbild. Olten/Freiburg 1971.
Mendel, Gérard: Die Generationskrise. Eine soziopsychoanalytische Studie. Frankfurt/M. 1972.
Mette, Alexander: Über Beziehungen zwischen Spracheigentümlichkeiten Schizophrener und dichterischer Produktion. Dessau 1928.
Meyer, Joachim-Ernst: Die Entfremdungserlebnisse. Über Herkunft und Entstehungsweisen der Depersonalisation. Stuttgart 1959.
Milhoffer, Petra: Familie und Klasse. Ein Beitrag zu den politischen Konsequenzen familialer Sozialisation. Frankfurt/M., 2. Aufl. 1975.
Mitscherlich, Alexander: Die Idee des Friedens und die menschliche Aggressivität. Frankfurt/M., 2. Aufl. 1971.
– Auf dem Weg zur vaterlosen Gesellschaft. München 1963.
Navratil, Leo: Schizophrenie und Sprache. Zur Psychologie der Dichtung. München, 2. Aufl. 1968.
Neumann-Schönwetter, Marina: Psychosexuelle Entwicklung und Schizophrenie. Zur Theorie familialer Sozialisation in der bürgerlichen Gesellschaft. Frankfurt/M. 1973.
Nierderland, William G.: »Klinische Aspekte der Kreativität«. In: Psyche 23 (1969), S. 900–928.
Parsons, Talcott: »Das Inzesttabu und seine Beziehung zur Sozialstruktur und Sozialisation des Kindes.« In: T.P.: Sozialstruktur und Persönlichkeit. Frankfurt/M. 1968. S. 73–98.
Rank, Otto: Das Inzest-Motiv in Dichtung und Sage. Grundzüge einer Psychologie des dichterischen Schaffens. Leipzig/Wien, 2. Aufl. 1926.
Rattner, Josef: Wirklichkeit und Wahn. Das Wesen der schizophrenen Reaktion. Frankfurt/M. 1976.
Ricœur, Paul: Die Interpretation. Ein Versuch über Freud. Frankfurt/M. 1974.
Schorsch, E. / Becker, N.: Angst, Lust, Zerstörung. Sadismus als soziales und kriminelles Handeln. Zur Psychodynamik sexueller Tötungen. Reinbek bei Hamburg 1977.
Searles, Harold F.: Der psychoanalytische Beitrag zur Schizophrenieforschung. Hg. v. Dieter Eicke. München 1974.
Sechehaye, Marguerite: Tagebuch einer Schizophrenen. Selbstbeobachtung einer Schizophrenen während der psychotherapeutischen Behandlung. Frankfurt/M. 1973.
Spitz, René A.: Hospitalism: An Inquiry into the Genesis of Psychiatric Conditions in Early Childhood. The Psychoanalytic Study of the Child 1. 1945.
– Vom Säugling zum Kleinkind. Naturgeschichte der Mutter-Kind-Beziehungen im ersten Lebensjahr. Stuttgart, 2. Aufl. 1969.
– Vom Dialog. Studien über den Ursprung der menschlichen Kommunikation und ihre Rolle in der Persönlichkeitsentwicklung. Stuttgart 1976.
Tellenbach, Hubertus: Melancholie. Problemgeschichte, Endogenität, Typologie, Pathogenese, Klinik. Berlin/Heidelberg, 3. Aufl. 1976
Völkel, Heinz: Neurotische Depression. Ein Beitrag zur Psychophatologie und Klinik. Stuttgart 1959.
Wolff, R. / Hartung, K.: »Psychische Verelendung und die Politik der Psychiatrie.« In: Kursbuch 28: Das Elend mit der Psyche. Berlin 1972. S. 1–104.

Wyrsch, Jakob: Die Person des Schizophrenen. Studien zur Klinik, Psychologie, Daseinsweise. Bern 1949.
Ziehe, Thomas: Pubertät und Narzißmus. Frankfurt/Köln, 2. Aufl. 1. 1987.

3. Zu Georg Trakl

Abraham, Werner: »Trakls ‚Trompeten' – Spiel mit Syndesen und Asyndesen.« In: Jahrbuch für Internationale Germanistik XI (1979), S. 133–144.
Bartsch, Kurt: Die Hölderlin-Rezeption im deutschen Expressionismus. Frankfurt/M. 1974.
Basil, Otto: Georg Trakl in Selbstzeugnissen und Bilddokumenten. Reinbek bei Hamburg 1965.
Benedetti, Gaetano: »Ein Schicksal der radikalen Verzweiflung«. Festvortrag in Salzburg am 2. Februar 1976. (Vervielfältigtes Typoskript).
Bergsten, Gunilla: »Georg Trakls traumatischer Kode«. In: Studia Neophilologica 43 (1971), S. 333-351.
Binder, Wolfgang: »Trakls späte Lyrik«. In: W.B.: Aufschlüsse. Studien zur deutschen Literatur. Zürich/München 1976, S. 347–367.
Blass, Regine: Die Dichtung Georg Trakls. Von der Trivialsprache zum Kunstwerk. Berlin 1968.
Böschenstein, Bernhard: »Wirkungen des französischen Symbolismus auf die deutsche Lyrik der Jahrhundertwende.« In: Euph. 58 (1964), S. 375–395.
Bolli, Erich: Georg Trakls ‚dunkler Wohllaut'. Ein Beitrag zum Verständnis seines dichterischen Sprechens. Zürich/München 1978.
Brinkmann, Richard: »‚Abstrakte' Lyrik im Expressionismus und die Möglichkeit symbolischer Aussage.« In: Der deutsche Expressionismus. Formen und Gestalten. Hg. v. Hans Steffen. Göttingen, 2. Aufl. 1970, S. 88–114.
Buch, Karl Wilhelm: Mythische Strukturen in den Dichtungen Georg Trakls. Göttingen 1954.
Calbert, Joseph P.: Dimensions of Style and Meaning in the Language of Trakl and Rilke. Tübingen 1974.
Cierpka, Helga: Interpretationstypen der Trakl-Literatur. Eine kritische Betrachtung der wissenschaftlichen Arbeiten über das Werk Georg Trakls. Berlin 1963.
Doppler, Alfred: »Poetisches Bild als historisches Abbild. Der Wandlungsprozeß in der Lyrik Georg Trakls.« In: A.D.: Wirklichkeit im Spiegel der Sprache. Aufsätze zur Literatur des 20. Jahrhunderts in Österreich. Wien 1975.
Esselborn, Hans: Georg Trakl. Die Krise der Erlebenslyrik. Köln/Wien 1981.
Eykman, Christoph: Die Funktion des Häßlichen in der Lyrik Georg Heyms, Georg Trakls und Gottfried Benns. Zur Krise der Wirklichkeitserfahrung im deutschen Expressionismus. Bonn 1964.
Falk, Walter: Leid und Verwandlung. Rilke, Kafka, Trakl und der Epochenstil des Impressionismus und Expressionismus. Salzburg 1961.
Focke, Alfred S.J.: Georg Trakl – Liebe und Tod. Wien/München 1955.
Goldmann, Heinrich: Katabasis. Eine tiefenpsychologische Studie zur Symbolik der Dichtungen Georg Trakls. Salzburg 1957.
Goltschnigg, Dietmar: »Büchners ‚Lenz', Hofmannsthals ‚Andreas', Trakls ‚Traum und Umnachtung'«. In: Sprachkunst 5 (1974), S. 231–243.
Grimm, Reinhold: »Georg Trakls Verhältnis zu Rimbaud.« In: R. G. (Hg.): Zur Lyrik-Diskussion. Darmstadt 1966. S. 271–313.

Grimm, Reinhold: »Die Sonne. Bemerkungen zu einem Motiv Georg Trakls.« In: DVjs. 35 (1961), S. 224–246.
Haeckel, Hanns: »Verfall und Verfallenheit. Anläßlich eines Deutungsversuchs an einem Gedicht Georg Trakls.« In: ZfdPh. 78 (1959), S. 369–394.
Heidegger, Martin: »Georg Trakl. Eine Erörterung seines Gedichtes.« In: Merkur 7 (1953), S. 226-258.
Hermand, Jost: »Der Knabe Elis. Zum Problem der Existenzstufen bei Georg Trakl.« In: Monatshefte 51 (1959), S.225–236.
Heselhaus, Clemens: »Das metaphorische Gedicht von Georg Trakl«. In: C.H.: Deutsche Lyrik der Moderne von Nietzsche bis Yvan Goll. Die Rückkehr zur Bildlichkeit der Sprache. Düsseldorf 1961. S.228–257.
– »Die Elis-Gedichte von Georg Trakl«. In: DVjs. 28 (1954), S.384–413.
– »Georg Trakl. Gesang des Abgeschiedenen.« In: Die deutsche Lyrik. Form und Geschichte. Hg. v. Benno v. Wiese. Bd. 2: Interpretationen von der Spätromantik bis zur Gegenwart. Düsseldorf 1962. S.401–408.
Höllerer, Walter: »Georg Trakl. Trübsinn.« In: Wiese: Die deutsche Lyrik, Bd. 2, S. 409-418.
– »Georg Trakl. Grodek.« In: Wiese, Die deutsche Lyrik, Bd.2, S. 419–424.
Kars, Gustav: »Georg Trakl in wechselnder Deutung«. In: Literatur und Kritik 1975, S.132–144.
Kaufmann, Hansjakob: Fallender Mensch und entgleitende Wirklichkeit. Zürich 1956.
Kemper, Hans-Georg: Georg Trakls Entwürfe. Aspekte zu ihrem Verständnis. Tübingen 1970.
– Trakl-Forschung der sechziger Jahre. Korrekturen über Korrekturen. In: DVjs. 45, Sonderheft Forschungsreferate 1971, S.496–571.
– »Varianten als Interpretationshilfe. Zur Genese von Georg Trakls ‚Melancholie'«. In: Sonderheft Text und Kritik 4/4a: Georg Trakl. 1969. S.36–41.
Kemper, Hans-Georg: »Gestörter Traum. Georg Trakl: ‚Geburt'. In: Vietta, S. / Kemper, H.-G.: Expressionismus. München 1975. S. 229–285.
Killy, Walther: Wandlungen des lyrischen Bildes. Göttingen, 7. Aufl. 1978.
– Über Georg Trakl. Göttingen, 3., erw. Aufl. 1967.
– »Die Entstehung von Georg Trakls Gedicht ‚Melancholie'.« In: Sonderheft Text und Kritik 1969, S. 33–35.
Klein, Johannes: »Georg Trakl«. In: Expressionismus als Literatur. Hg. v. Wolfgang Rothe. Bern/München 1969. S. 374–397.
Kohlschmidt, Werner: »Der deutsche Frühexpressionismus im Werke Georg Heyms und Georg Trakls.« In: Orbis Litterarum 9 (1954) S. 3–17, 100–119.
Lachmann, Eduard: Kreuz und Abend. Eine Interpretation der Dichtungen Georg Trakls. Salzburg 1954.
– »Georg Trakls herbstliche Passion«. In: Euph. 52 (1958), S. 397–399.
Lindenberger, Herbert: »Georg Trakls ‚Traum und Umnachtung'.« In: Festschrift für Bernhard Blume. Hg. v. Egon Schwarz u.a., Göttingen 1967. S.258–270.
Magnusson, Karl: »Consonant Repetition in the Lyric of Georg Trakl. In: The Germanic Review 37 (1962), S. 263–281.
v. Matt, Peter: »Die Dynamik von Trakls Gedicht.« In: Expressionismus – sozialer Wandel und künstlerische Erfahrung. Hg. v. Horst Meixner und Silvio Vietta. München 1982. S. 58–72.
Mautz, Kurt: »Die Farbensprache der expressionistischen Lyrik.« In: DVjs 31 (1957), S. 198–240.
Metzner, Ernst Erich: »‚Die dunkle Klage des Gerechten' – Poésie pure? Rationalität

und Intentionalität in Georg Trakls Spätwerk, dargestellt am Beispiel ‚Kaspar Hauser Lied'.« In: GRM 24 (1974), S. 446–472.
Nagel, Jutta: »Für welches Publikum? Mängel einer Rowohltschen Monographie über Georg Trakl.« In: Die Zeit Nr. 19, 6. Mai 1966, S. 27–28.
Neumann, Erich: »Georg Trakl. Person und Mythos.« In: E.N.: Der schöpferische Mensch. Zürich 1959. S. 247–310.
Philipp, Eckard: Die Funktion des Wortes in den Gedichten Georg Trakls. Linguistische Aspekte ihrer Interpretation. Tübingen 1971.
Preisendanz, Wolfgang: »Auflösung und Verdinglichung in den Gedichten Georg Trakls.« In: Immanente Ästhetik – Ästhetische Reflexion. Lyrik als Paradigma der Moderne. Hg. v. Wolfgang Iser. München 1966. S. 227–261. Diskussion: S. 485–495.
Riese, Walther: Das Sinnesleben eines Dichters. Georg Trakl. Stuttgart 1928.
Rölleke, Heinz: Die Stadt bei Stadler, Heym und Trakl. Berlin 1966.
Saas, Christa: Georg Trakl. Stuttgart 1974. (Sammlung Metzler: Realien zur Literatur).
Schier, Rudolf Dirk: Die Sprache Georg Trakls. Heidelberg 1970.
– »Büchner und Trakl. Zum Problem der Anspielungen im Werk Trakls. In: PMLA 87 (1972), S. 1052–1064.
Schlenstedt, Silvia: »Georg Trakl«. In: Weimarer Beiträge 1959, S. 513–526.
Schlocker, Georges: »Exkurs über Georg Trakl«. In: Deutsche Literatur im 20. Jahrhundert. Strukturen und Gestalten. Hg. v. Otto Mann und Wolfgang Rothe. Bern/München, 5. erw. u. veränd. Aufl. 1967. Bd. I, S. 327–343.
Schneider, Karl Ludwig: Der bildhafte Ausdruck in den Dichtungen Georg Heyms, Georg Trakls und Ernst Stadlers. Studien zum lyrischen Sprachstil des deutschen Expressionismus. Heidelberg, 3. Aufl. 1968.
– »Das Bild der Landschaft bei Georg Heym und Georg Trakl«. In: Der deutsche Expressionismus. Formen und Gestalten. Hg. v. Hans Steffen. Göttingen, 2. Aufl. 1970, S. 44–62.
Schweckendiek, Adolf: »Dichter und Krankheit. Zum Leben und Werk Georg Trakls.« In: Psychobiologie. Korrespondenz der Psychobiologischen Geselschaft 15,. Nr. 3/4 (1967), S. 69–75.
Sharp, Francis Michael: The Poet's Madness. A Reading of Georg Trakl. Ithaca, London 1981.
Simon, Klaus: Traum und Orpheus. Eine Studie zu Trakls Dichtungen. Salzburg 1955.
Sokel, Walther H.: Der literarische Expressionismus. Der Expressionismus in der deutschen Literatur des 20. Jahrhunderts. München 1962.
Spinner, Kaspar H.: Zur Struktur des lyrischen Ich. Frankfurt/M. 1975.
Spoerri, Theodor: Georg Trakl. Strukturen in Persönlichkeit und Werk. Eine psychiatrisch-anthropographische Untersuchung. Bern 1954.
Staiger, Emil: »Zu einem Gedicht Georg Trakls.« In: Euph. 55 (1961), S. 279–296.
Szklenar, Hans: »Beiträge zur Chronologie und Anordnung von Georg Trakls Gedichten aufgrund des Nachlasses von Karl Röck.« In: Euph. 60 (1966), S. 222-262.
Uhlig, Helmut: »Die Grenzen des Sagbaren. Ein Versuch über Georg Trakl.« In: Der Monat 6 (1954), S. 385–395.
Vietta, S. / Kemper, H.G.: Expressionismus. München 1975.
Völker, Ludwig: Muse Melancholie – Therapeuticum Poesie. Studien zum Melancholie-Problem in der deutschen Lyrik von Hölty bis Benn. München 1978.
Walter, Jürgen: »Orientierung auf der formalen Ebene. Paul Klee und Georg Trakl. Versuch einer Analogie. In: DVjs 42 (1968), S. 637–661.
Weiß, W. / Weichselbaum, H. (Hg.): Salzburger Trakl-Symposion. Salzburg 1978.

Wetzel, Heinz: Klang und Bild in den Dichtungen Georg Trakls. Göttingen, 2. erg. Aufl. 1972.
– »Über Georg Trakls Gedicht ‚Nachtergebung‘. Eine Untersuchung der fünf Fassungen.« In: Text und Kritik 4/4a, 1969, S. 17–29.
– Konkordanz zu den Dichtungen Georg Trakls. Salzburg 1971.
Wölfel, Kurt: »Entwicklungsstufen im lyrischen Werk Georg Trakls.« In: Euph. 52 (1958), S. 50–81.
Zeller, Rosemarie: »Destruktion und Konstruktion in Trakls Gedicht ‚Trompeten‘.« In: Jahrbuch für Internationale Germanistik XI (1979), H.1, S. 144–148.

4. Weitere Literatur

Adorno, Theodor W.: Ästhetische Theorie. Hg. v. G. Adorno und R. Tiedemann. Frankfurt/M., 2. Aufl. 1974.
Anz, Thomas: Literatur der Existenz: literarische Psychopathographie und ihre soziale Bedeutung im Frühexpressionismus. Stuttgart 1977.
Bertaux, Pierre: Friedrich Hölderlin. Frankfurt/M. 1978.
Bindseil, Ilse: Ambiguität und Ambivalenz. Über einige Prinzipien literaturwissenschaftlicher und psychoanalytischer Begriffsbildung. Kronberg 1976.
Bloch, Ernst: »Der Expressionismus, jetzt erblickt.« In: E. B.: Erbschaft dieser Zeit. Frankfurt/M. 1962. S. 255–263.
– »Diskussionen über Expressionismus.« In: Erbschaft dieser Zeit, S. 264–275.
– »Philosophische Ansicht des Detektivromans.« In: Literarische Aufsätze, Gesamtausgabe Bd. IX, S. 242–263.
Brinkmann, Richard: Expressionismus. Forschungsprobleme 1952–1960. Stuttgart 1961.
– Expressionismus: internationale Forschung zu einem internationalen Phänomen. Stuttgart 1980.
Demetz, Peter: »Zur Situation der Germanistik.« In: Methodenfragen der deutschen Literaturwissenschaft. Hg. v. R. Grimm und J. Hermand. Darmstadt 1973. S. 162–184.
Friedrich, Hugo: Die Struktur der modernen Lyrik. Von der Mitte des neunzehnten bis zur Mitte des zwanzigsten Jahrhunderts. Hamburg, 3. Aufl. der erw. Neuausgabe 1970.
Gorsen, Peter: »Literatur und Psychose. Zur Rekapitulation einer grenzüberschreitenden bürgerlichen Ästhetik.« In: Ästhetik und Kommunikation 9 (1972), S. 35–54. Auch in: W. Kudszus (Hg.) Literatur und Schizophrenie, S. 13–68.
Groeben, Norbert: Literaturpsychologie. Stuttgart 1972.
Hamann, R. / Hermand, J.: Expressionismus. Epochen deutscher Kultur von 1870 bis zur Gegenwart. Bd. 5. München 1976.
Hermand, Jost: Synthetisches Interpretieren. Zur Methodik der Literaturwissenschaft. München 1968.
Höllerer, Walter: Theorie der modernen Lyrik. Dokumente zur Poetik. Reinbek bei Hamburg 1965.
Kayser, Wolfgang: Das sprachliche Kunstwerk. Bern, 13. Aufl. 1968.
Kudszus, Winfried (Hg.): Literatur und Schizophernie. Theorie und Interpretation eines Grenzgebietes. München 1977.
Langer, Susanne K.: Philosophie auf neuem Wege. Das Symbol im Denken, im Ritus und in der Kunst. Berlin 1965.
Laplanche, Jean: Hölderlin und die Suche nach dem Vater. Stuttgart 1976

Martens, Gunter: Vitalismus und Expressionismus. Ein Beitrag zur Genese und Deutung expressionistischer Stilstrukturen und Motive. Stuttgart 1971.
Martini, Fritz: »Der Expressionismus als dichterische Bewegung.« In: Begriffsbestimmung des literarischen Expressionismus. Hg. v. Hans Gerd Rötzer. Darmstadt 1976. S. 137–179.
Mayer, Hans: »Rückblick auf den Expressionismus.« In: Begriffsbestimmung des literarischen Expressionismus, S. 263–281.
Metzner, Joachim: Persönlichkeitszerstörung und Weltuntergang. Das Verhältnis von Wahnbildung und literarischer Imagination. Tübingen 1976.
Peters, Uwe Hendrik: Hölderlin. Wider die These vom edlen Simulanten. Reinbek bei Hamburg 1982.
Praz, Mario: Liebe, Tod und Teufel. Die schwarze Romantik. München 1963.
Salter, Ronald: Georg Heyms Lyrik. Ein Vergleich von Wortkunst und bildender Kunst. München 1972.
Wellek, R. / Warren, A.: Theorie der Literatur. Frankfurt/M./Berlin 1968.
Wolff, Reinhold (Hg.): Psychoanalytische Literaturkritik. München 1975.
Wunberg, Gotthart: Der frühe Hofmannsthal. Schizophrenie als dichterische Struktur. Stuttgart 1965.

Gedichteverzeichnis